www.ingramcontent.com/pod-product-compliance
Lightning Source LLC
Chambersburg PA
CBHW040511170726
48295CB00012B/157

تخلیقی اقلیت

اُن لوگوں کی داستانِ حیات
جو من کی پگڈنڈی پر چلتے ہیں

تخلیق ڈاکٹر خالد سہیل
ترجمہ نعیم اشرف

اقبال مارکیٹ، اقبال روڈ، کمیٹی چوک، راولپنڈی۔ فون : 0300-5211201

کتاب	:	تخلیقی اقلیت
مصنف	:	خالد سہیل
مترجم	:	نعیم اشرف
کمپوزنگ	:	ربیعہ طارق
سالِ اشاعت	:	2025ء
ایڈیشن	:	دوم
سرورق	:	شاہد شفیق
آئی ایس بی این نمبر	:	978-969-7836-22-2
قیمت	:	2000/- روپے

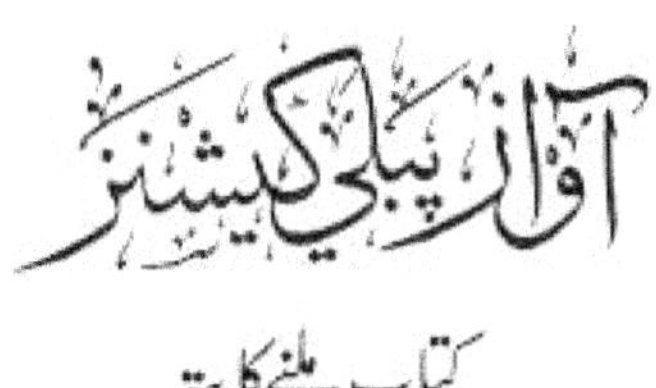

کتاب ملنے کا پتہ

اقبال مارکیٹ، اقبال روڈ، کمیٹی چوک، راولپنڈی۔ فون 0300-5211201

اندیشہ

باہر کے اس شور میں خالد
مجھ کو ڈر ہے
اندر کی موسیقی اِک دن
مر جائے گی

(خالد سہیل)

اُن نابغۂ روزگار شخصیات کے نام

جنہوں نے اپنی اقدار اور اپنی شرائط پر زندگی بسر کی

انسانی ارتقاء میں اپنا حصہ ڈالا

اور اس کے لیے جو قیمت ادا کرنی پڑی

خوشی سے ادا کی

فہرستِ مضامین

تخلیقی اقلیت کیا ہے؟

دنیا کے ہر معاشرے میں افراد کے دو گروہ ہر وقت موجود ہوتے ہیں۔ روایتی اکثریت اور تخلیقی اقلیت۔ روایتی اکثریت پر مشتمل افراد مروّجہ معاشرتی رسم و رواج اور اصول وضوابط کے تحت زندگی گزارتے ہیں۔ ان کی سوچ اور ترجیحات معاشرے اور خاندان کے بنائے گئے سانچوں میں ڈھلی ہوتی ہیں۔ جن سے انحراف گناہ اور جرم کے زمرے میں آتا ہے۔ مشاہدے میں آیا ہے کہ روایتی اکثریت میں تخلیقی اذہان نہ ہونے کے برابر ہوتے ہیں۔ کیونکہ تخلیقیت کے لیے شعوری آزادی بنیادی شرط ہے۔ جب کہ تخلیقی اقلیت کا گروہ روایتی شاہراہ کی بجائے من کی پگڈنڈی پر چلتا ہے۔ کیونکہ تخلیقی افراد آزاد سوچ کے حامل ہوتے ہیں۔ عظیم اذہان، جیسے سائنسداں، فلسفی، شاعر، ادیب، فنکار، انقلابی رہنما اور اصلاح کار ہمیں تخلیقی اقلیت کے گروہ میں نظر آتے ہیں۔ یہ لوگ اقلیت میں ہونے کے باوجود انسانیت کے کارواں کو ارتقاء کی اگلی منازل سے ہمکنار کرتے ہیں۔ یہ خواب دیکھتے ہیں، آدرش رکھتے ہیں اور دریا کے بہاؤ کی مخالف سمت میں تیرتے ہیں۔ انسانی تاریخ گواہ ہے کہ جب بھی دنیا میں کوئی بڑی تبدیلی رونما ہوئی اس کا سہرا اسی گروہ کے سر رہا۔

زیرِ نظر کتاب: ''تخلیقی اقلیت'' ان ہی افراد کی زندگیوں کا احاطہ کرتی ہے۔ یہ ان لوگوں کی رُوداد ہے جو روایتی اکثریت کے برعکس آزاد شعور رکھتے ہیں اور اسی وجہ سے منفرد (Out of Box) سوچ رکھتے ہیں۔ مگر بدقسمتی سے تخلیقی اقلیت، ہمیشہ سے روایتی اکثریت کے زیرِ عتاب رہی ہے اور کئی قسم کی صعوبتیں برداشت کرتی آئی ہے۔ نتیجتاً تخلیقی افراد یا تو مختلف نفسیاتی عارضوں کا شکار ہو کر ہسپتالوں میں جا پہنچتے ہیں، قید کر دیے جاتے ہیں، مار دیے جاتے ہیں یا جلاوطن ہونے پر مجبور کر دیے جاتے ہیں۔ مگر جب یہی افراد اپنے سچ اور اپنے آدرش کی قیمت ادا کر دیتے ہیں تو آنے والے وقت کی گود میں امر ہو جاتے ہیں۔ ان سے محبت کی جاتی ہے، یاد کیا جاتا ہے اور انسانی کارواں کو شعوری ارتقاء کی اگلی منزل پر پہنچانے کے لیے ان کا شکریہ ادا کیا جاتا۔ یہ بات بہت دلچسپ ہے کل کے وِلن آج کے ہیرو بن جاتے ہیں۔ اور کل جو لوگ راندۂ درگاہ تھے آج ان کو سر پر بٹھایا جاتا ہے۔

میں کینیڈا کے شہر کیلگری میں جہاں رہتا ہوں، اس کے عقب میں نیلسن مینڈیلا ہائی اسکول ہے۔ میں جب بھی اس اسکول کے سامنے سے گزرتا ہوں تو جنوبی افریقہ کے اس انقلابی لیڈر کو یاد کرتا ہوں جس نے اپنے آدرش (نسلی امتیاز کا خاتمہ) کی خاطر ایک ربع صدی جیل میں گزار دی اور جس نے جنوبی افریقی کی سیاہ فام اقوام کے حقوق کی جنگ لڑی۔ جب نیلسن مینڈیلا نے اپنی پُر امن تحریک کو مسلح جدوجہد میں تبدیل کیا تو ان پر دہشت گردی کا الزام لگا کر قید کر دیا گیا۔ مگر ان کی طویل جدوجہد بالآخر کامیاب ہوئی۔ نصف صدی قبل کا دہشت گرد بالآخر دنیا کے سامنے ایک امن پسند انقلابی رہنما بن کر اُبھرا۔ 1993 میں نیلسن مینڈیلا کو امن کے نوبل انعام سے نوازا گیا۔ آج بھی ان کا نام دنیا بھر میں عزت واحترام سے لیا جاتا ہے۔

یونانی فلسفی سقراط کا عہد پانچ سو سال قبل مسیح کا ہے۔ سقراط کو زہر کا پیالہ پینا پڑا۔ ان کو یہ سزا مذہبی پیشوائیت کی طرف سے اس لیے سنائی گئی کیونکہ وہ یونانی خداؤں کو نہیں مانتے تھے اور ان پر الزام تھا کہ وہ نوجوانوں کو گمراہ کر رہے ہیں۔ سقراط سائنسداں نہیں تھے بلکہ فلسفی تھے جو طب اور طبیعات کی بجائے انسانی زندگی، روح، شعور اور منطق پر تحقیق کرتے اور علم و دانش پھیلاتے تھے: ان کا قول ہے:

”جس زندگی میں احتساب نہ ہو وہ جینے کے لائق نہیں ہوتی۔“

پولینڈ کے ریاضی داں، فلکیات داں اور یورپ کی نشاۃِ ثانیہ کے کثیر الجہت مفکر اور کیتھولک کارکن ”نیکولاز کُوپرنکس“ (1473ء-1547ء) نے جب دریافت کیا کہ سورج ساکن ہے اور زمین اس کے گرد چکر کاٹ رہی ہے، ناں کہ اس کے برعکس، تو وہ اپنی دریافت لوگوں کے سامنے لانے سے گریزاں ہو گئے کیونکہ مذہبی پیشوائیت کی طرف سے ان کو سخت ترین سزا سنائے جانے کی فکر تھی۔ انسانیت کی بدقسمتی جانیے کہ جس دن کُوپرنکس اس دنیا سے کُوچ کر رہے تھے اس دن ان کی کتاب چھپ کر منظرِ عام پر آئی۔ ان کو اندازہ نہیں تھا کہ ان کی دریافت انسانوں کی فلکیات کے بارے میں سوچ میں کتنا بڑا انقلاب برپا کر دے گی۔ اس سے ایک صدی بعد جب اٹلی کے نامور فلکیات دان، طبیعات داں اور انجینئر ”گلیلیو گلیلی“ (1564-1642) نے کُوپرنکس کی دریافت کی توثیق کی تو انھیں مذہبی پیشوائیت کی طرف سے ایسے ہی شدید ردِعمل کا سامنا کرنا پڑا جس کا خدشہ کُوپرنکس کو اپنے زمانے میں تھا۔ کیتھولک چرچ نے گلیلیو پر مقدمہ چلایا۔ معافی مانگنے پر ان کی جان بخشی تو ہو گئی مگر باقی تمام عمر اُن کو گھر میں نظر بند کر دیا گیا۔ گلیلیو نے مذہبی رہنماؤں کو یہ بتانے کی کوشش کی انجیلِ مقدس اخلاقیات کی کتاب ہے سائنس کی نہیں۔ دلچسپ بات یہ ہے کہ گلیلیو کی وفات کے تین سو سال بعد کیتھولک چرچ کے پوپ نے تسلیم کیا کہ کیتھولک چرچ اپنے فیصلے میں سخت گیر رہا تھا اور اس نے گلیلیو سے معافی مانگی۔

حیاتیات کے علاقے میں نظریۂ ارتقاء پیش کرنے والے ماہرِ ارضیات، حیاتیات داں اور فطرت شناس، چارلس ڈارون (1809-1882) نے تین چار دہائیوں کی طویل تحقیق کے بعد یہ دریافت کیا کہ زندگی کا آغاز ایک یکتا سالمے سے ہوا اور پھر کروڑوں سالوں میں مختلف النوع اور کروڑوں اقسام کی زندگی کرہ ارض پر وقوع پذیر ہوئی۔ اور یہ کہ زندگی بے شمار ارتقائی منازل طے کرتی ہوئی موجودہ شکل میں پہنچی ہے۔ جس کی بنیاد Natural Selection اور Variation ہے۔ ان کی دو کتب :Origin of Species اور Descent of Man توہینِ مذہب قرار دے دی گئیں۔ مگر ان الزامات کے باوجود اس زمانے میں سب سی زیادہ فروخت ہونے والی کتابوں میں شمار ہونے لگیں۔ ڈارون کی دریافت نے دنیا بھر کے کروڑوں انسانوں کو خدا، مقدس صحیفوں اور کائنات میں انسان کے اشرف المخلوقات ہونے جیسے عقائد کا از سر نو جائزہ لینے پر مجبور کر دیا۔ مگر اپنے زمانے میں کلیسا کی مذہبی پیشوائیت نے ڈارون کو کافر اور ملحد قرار دیا اور قابل سرزنش گردانا تھا۔

عبداللہ شاہ المعروف بلھے شاہ 1680ء میں بہاولپور میں پیدا ہوئے اور 1757ء میں 77 برس کی عمر میں قصور میں وفات پا گئے۔ بلھے شاہ پنجابی اور سرائیکی کے صوفی شاعر ہونے کے ساتھ ساتھ ایک فلسفی بھی تھے۔ وہ عبادات سے زیادہ اخلاقیات کے پرچارک تھے۔ بلھے شاہ انسان دوست شاعر تھے۔ وہ انسانی ذات کو انا پرستی، جھوٹ، فریب، حسد، منافرت اور منافقت جیسی آلائشوں سے پاک دیکھنا چاہتے تھے۔ وہ روایتی مذہبی عبادات کی بجائے خود شناسی اور ذات کی تطہیر کے قائل تھے۔ انھوں نے کہا:

'مکے' گیاں گل مُکدی ناہیں
پوہیں سو سو جمعے پڑھ آیئے
'گنگا' گیاں گل مُکدی ناہیں
پوہیں سو سو غوطے کھایئے
'گیاہ' گیاں گل مُکدی ناہیں
پوہیں سو سو پنڈ پڑھایئے
بلھے شاہ گل تاھیں مکدی
جے 'میں' نوں دلوں گوایئے

(مکے جانے سے بات نہیں بنتی۔ خواہ وہاں جا کر سو بار جمعہ پڑھو۔ گنگا جانے سے بات نہیں بنتی۔ خواہ وہاں جا کر سو بار غوطہ لگاؤ۔ گیاہ جانے سے بھی بات نہیں بنتی۔ خواہ وہاں جا کر رام کی سو بار پوجا کرو۔ بلھے شاہ! اگر بات بنانی ہے تو اپنی انا کو خلوص دل سے مار ڈالو۔)

پوجا پاٹ کے بجائے انسانی ذات کی نشوونما کا پرچار کرنے والے اپنے وقت کے عظیم صوفی شاعر کو اس وقت کی مذہبی پیشوائیت نے راندۂ درگاہ قرار دے رکھا تھا۔ چنانچہ ان کی وفات کے بعد مذہبی پیشواؤں نے ان کی نمازِ جنازہ پڑھانے سے انکار کر دیا۔ بالآخر ان کی نماز جنازہ مخنثوں کی ایک جماعت نے پڑھائی اور اپنے قبرستان میں دفن کیا۔ مگر بلھے شاہ اپنی شاعری اور فلسفے کی وجہ سے لاکھوں انسانوں کے دلوں میں نہایت احترام کے ساتھ آج بھی زندہ ہیں۔

برصغیر پاک وہند کے بے مثال انقلابی شاعر فیض احمد فیض 1912ء میں سیالکوٹ میں پیدا ہوئے۔ وہ ابتدائی تعلیم سیالکوٹ سے حاصل کرنے کے بعد لاہور چلے گئے جہاں انھوں نے عربی اور فارسی میں اعلیٰ تعلیم حاصل کی۔ وہ غالبؔ، اقبالؔ، بلھےؔ شاہ اور کارل مارکس سے متاثر تھے۔ فیض دوسری جنگِ عظیم کے زمانے میں فوج میں بھی رہے۔ کارل مارکس کی تعلیمات سے متاثر ہونے کی وجہ سے اپنی شاعری میں کیمونسٹ نظریات کا پرچار کرتے اور معاشرے کے کمزور اور مظلوم طبقات کی برملا حمایت کرتے تھے۔ سوشلسٹ لیڈران، جنرل اکبر خان، سجاد ظہیر اور ظفر پوشنی سے قربت اور مبینہ طور راولپنڈی سازش کیس میں شامل ہونے کے الزام میں فیض کو چار سال کے لیے جیل میں ڈال دیا گیا۔ ان کا اصل جرم معاشرے کے مزدوروں اور محروم ومظلوم طبقات کے لیے آواز اٹھانا تھا۔ جس کے لیے فیض کو متعدد بار پاکستان سے دیس نکالا بھی سہنا پڑا۔ مگر وہ حق اور سچ کی آواز بلند کرتے رہے اور عدم تشدد کے ساتھ تبدیلی کے خواب دیکھتے رہے۔ انھوں نے کہا:

جو ہم پہ گزری سو گزری مگر شبِ ہجراں
ہمارے اشک تری عاقبت سنوار چلے

اپنے وقت کے عظیم افسانہ نگار سعادت حسن منٹو کو زندگی میں بے شمار مصائب کا سامنا اس لیے تھا کہ وہ منافق معاشرے کو بے نقاب کرتے تھے اور اپنے افسانوں کے ذریعے زندگی کی تلخ اور بھیانک حقیقتوں کو بے نقاب کرتے تھے۔ ان پر فحاشی اور عریاں نگاری کے الزامات کے تحت متعدد مقدمات قائم کیے گئے۔ مگر وہ لکھتے رہے کیونکہ ان کا تعلق اسی تخلیقی اقلیت سے تھا۔

ارشمیدس، نیوٹن، آئن سٹائن، سٹیفن ہاکنگ، ابنِ رُشد، فریڈرک نطشے، کارل مارکس، سگمنڈ فرائڈ، لیوٹالسٹائے، انائس نن، منصور الحلاج، چے گویرا اور فرانٹز فینن کا تعلق تخلیقی اقلیت کے اسی قبیلے سے ہے۔

زیرِ نظر کتاب: ''تخلیقی اقلیت'' میرے خیال میں دنیا بھر میں اپنی نوعیت کی پہلی کتاب ہے جس میں مصنف، ڈاکٹر خالد سہیل نے تخلیقی شخصیات کی نفسیات کا تجزیہ بطور ایک نفسیاتی معالج کر کے نفسیات، فلسفے اور ادب کی دنیا میں ایک نئے باب کا اضافہ کیا ہے۔ انھوں نے ان شخصیات کی خصوصیات بہت باریکی بینی سے بیان کی ہیں۔

تخلیقی شخصیات کیسے سوچتی ہیں؟

ان کا طرزِ زندگی کیسا ہوتا ہے؟

ان کے کیا اوصاف ہیں؟

وہ کیسے خواب دیکھتے ہیں اور ان کے کیا المیے ہیں؟ یہ سب کچھ آپ کو اس کتاب میں ملے گا۔ یہ کتاب جہاں مصنف کی انسانی نفسیات پر پوری گرفت کی آئینہ دار ہے وہیں پر تخلیقی بچوں کے والدین کے لیے مفید مشورے بھی اپنے اندر رکھتی ہے۔ میں ایسی نایاب کتاب تصنیف کرنے پر مصنف کو مبارک باد پیش کرتا ہوں۔ یہ بات میرے لیے باعثِ مسرت و افتخار ہے کہ مجھے ایسی بے مثال کتاب کو اُردو میں ترجمہ کرنے کا موقع دیا گیا۔ اس موقع پر میں اپنی ادبی دوست ربیعہ طارق کا خصوصی شکریہ ادا کرنا ضروری سمجھتا ہوں جنہوں نے نہ صرف ترجمے کو بہت محنت اور لگن سے کمپوز کیا بلکہ مفید مشورے بھی دیئے۔ شکریہ ربیعہ!

نعیم اشرف

مئی 2024ء

حرفِ آغاز

اب جبکہ میں اپنی زندگی کی شام میں قدم رکھ رہا ہوں، اپنے ماضی پر ایک عمیق نظر ڈالتا ہوں تو یوں نظر آتا ہے کہ میری جواں عمری کا زیادہ حصہ عظیم تخلیقی شخصیات کی پُراسرار زندگیوں کے راز جاننے میں بسر ہوا۔ اوائلِ عمری کی میری تلاش کا یہ سفر بہت دلچسپ، حیران کن اور سودمند رہا۔ کیونکہ ان عظیم انسانوں کی سوانح ہائے حیات کے مطالعے کے ذریعے ان سے ملاقاتوں کا ایک سلسلہ قائم ہوا۔ میری خوش قسمتی جانیے کہ زندگی نے مجھے اپنے وقت کے عظیم سائنسدانوں، دانشوروں، فلسفیوں، فنکاروں، صوفیوں، اصلاح کاروں اور انقلابیوں کی زندگیوں کو جاننے کا موقع فراہم کیا۔ یہ اشخاص پورے خُلوص کے ساتھ سچ کی تلاش میں نکلے ہوئے مسافر تھے، جو انسانوں کے دُکھوں کو سُکھوں میں بدلنا چاہتے تھے اور دنیا کو امن و آشتی کی جنتِ ارضی بنانا چاہتے تھے۔ میں جب ان کی داستانِ حیات پر غور کرتا ہوں تو معلوم ہوتا ہے کہ وہ اپنے تخلیقی سفر میں کئی ادوار سے گزرے۔

پہلی منزل پر انھیں روایتی سوچ اور رائج الوقت طرزِ زندگی کی کم مائیگی کا ادراک ہوا۔ وہ بتدریج اپنے ماحول سے مایوس اور اپنے بارے میں دلبرداشتہ رہنے لگے۔ دوسری منزل پر انھوں نے روایتی سوچ اور طرزِ حیات کا جامہ اُتار پھینکا۔ مگر ایسا کرنے سے ان کے من کو شانتی تو مل گئی مگر زندگی بحران کا شکار ہوگئی۔ ان کی تخلیقی شخصیت اور ان کی زندگی سے منسلک اہم رشتوں میں تناؤ پیدا ہو گیا۔ لیکن روایتی طرزِ فکر اور اہم رشتوں سے دُوری کا مثبت نتیجہ یہ برآمد ہوا کہ ان کے باطن میں برسوں سے موجود روایتی نظریات اور پرانے فلسفے دم توڑ گئے۔ تیسری منزل پر ان تخلیقی شخصیات نے نئے آدرش، ابلاغ کے مؤثر طریقے، نیا فلسفہِ زندگی اور طرزِ زندگی دریافت کرلیا۔ آگے چل کر یہی تخلیقی افراد اپنے رجحان، قابلیت اور سماجی و سیاسی ماحول کے مطابق اپنے اپنے شعبوں میں کارہائے نمایاں سرانجام دینے لگے۔

تخلیقی شخصیات میں سے کچھ تو سائنسداں بنے جو دُوربین و خُوردبین کو کام میں لاکر اور اپنے شعور، وجدان و ذہانت کا استعمال کرتے ہوئے قوانینِ فطرت دریافت کرنے میں مشغول ہو گئے۔

جو فنکار بنے وہ انسانیت کے دُکھ درد اور خوشیوں کو اپنے اندر جذب کر کے نظمیں، ڈرامے، تصویر نگاری اور آرٹ کے دیگر شاہکار تخلیق کر کے ہماری زندگیوں کو حسین و دلفریب بنانے میں لگ گئے۔

ان میں سے جو ریفارمر اور اصلاح کار بنے وہ سیاسی اور سماجی تحاریک کے رہنما بن کر اپنے اپنے معاشروں کو اس نظریئے پر قائل کرنے لگے کہ وہ ظالمانہ نظامِ حکومت کو مسترد کر کے اپنے حقوق اور آزادی کے لیے برسرِ پیکار ہو جائیں اور معاشرے میں ایک ایسا طرزِ زندگی قائم کرنے کے لیے ان کے ساتھ مل کر جدوجہد کریں جو شخصی آزادی اور سماجی انصاف کی ضمانت دیتا ہو۔

وہ سائنسداں ہوں، فنکار ہوں، انقلابی لیڈر ہوں یا اصلاح کار، یہ لوگ ہمیشہ دریا کے بہاؤ کی مخالف سمت میں تیرتے ہیں۔ زندگی ایسے افراد کا قدم قدم پر امتحان لیتی ہے۔ ان کے اپنے ہی خاندان ان کو ایسے ایسے امتحان میں ڈال دیتے ہیں جہاں ان کی سمجھ ماؤف ہو جاتی ہے اور زندگی کے لیے خطرات پیدا ہو جاتے ہیں۔ ایسی ابتلاؤں سے تخلیقی افراد اس حد تک اُداس اور غمگین ہو جاتے ہیں کہ ذہنی بحران کا شکار ہو سکتے ہیں، بعض تو خودکشی تک کر جاتے ہیں۔ اگر ان مصیبتوں سے بچ نکلیں تو قدامت پسند روایتی معاشرہ ان کو بے دخل کر کے ان کی زندگی اجیرن بنا دیتا ہے یا پھر زندگی ہی لے لیتا ہے۔ ذاتی مشکلات اور خطرات کے باوجود یہ تخلیقی شخصیات اپنی دھن کی پکی ہوتی ہیں۔ اپنی زندگیوں کو خطرے سے دوچار دیکھ کر بھی یہ لوگ خواب دیکھنے اور ان کی تعبیر پانے کے لیے جدوجہد کرنے سے دست بردار نہیں ہوتے۔ اقلیت میں ہونے کے باوجود یہ لوگ روایتی اکثریت کو انسانی ارتقاء کی اگلی منزل پر پہنچانے کا کارنامہ سرانجام دیتے ہیں۔

خالد سہیل

مئی 2024ء

انٹرویو، مکالمے اور مطالعاتی جائزے

تخلیقی شخصیات کی نفسیات اور فلسفے کو سمجھنے کے لیے میں نے گزشتہ چالیس برس کے دوران متعدد کاوشیں کی ہیں۔ میں اس تخلیقی سفر کے چند سنگِ میل آپ کے سامنے رکھنا چاہتا ہوں تا کہ آپ کو میری اس طویل لگن کو صحیح طور سے سمجھنے میں آسانی ہو۔

میرا پہلا سنگِ میل مشرق کے بارہ تارکینِ وطن لکھاریوں کے انٹرویو تھے جو ہجرت کر کے مغرب میں آن تو بسے تھے مگر لکھتے ایسی زبان میں تھے جو نہ تو یہاں بولی جاتی ہے اور نہ سمجھی جاتی ہے لہٰذا ان کے پڑوسی اور رفقائے کار تک ان کی تحریروں سے بے بہرہ رہتے تھے۔ میں یہ جاننا چاہتا تھا کہ تارکینِ وطن ادیب ان ادیبوں سے کیسے مختلف تھے جنھوں نے کبھی اپنا گھر بار اور وطن نہیں چھوڑا تھا۔ ان مکالمات کو سامنے رکھ کر اور متعلقہ لٹریچر کے مطالعے کے بعد میں نے انگریزی اور اردو میں ایک کتاب لکھی۔ جس کا انگریزی نام (Literary Encounters)، رکھا۔

میرا دوسرا سنگِ میل برِصغیر پاک و ہند کے بارہ جانے پہچانے اور معتبر ادباء اور شعراء کو انٹرویو کرنا تھا جو کینیڈا میں منعقد ہونے والے بین الاقوامی سیمیناروں میں اپنی شاعری اور مضامین پڑھنے کے لیے تشریف لاتے تھے۔

میرا تیسرا سنگِ میل بیسویں صدی کے چھ اصلاح کاروں اور چھ انقلابیوں کی سوانح حیات کا گہرا مطالعہ کرنا تھا۔ وہ اصلاح کار جو پُرامن ذرائع اپنا کر اپنے اپنے معاشروں میں سماجی انقلاب برپا کرنے میں کامیاب ہو گئے اور ایسے انقلابی لیڈران جو مسلح جدوجہد پر یقین رکھتے تھے۔ ان بارہ رہنماؤں کی زندگیوں پر نظرِ ثانی کے بعد میں نے ایک کتاب لکھی، جس کا عنوان تھا:

Prophets of Peace, Prophets of Violence

اس سفر کا چوتھا سنگِ میل پانچ سو قبل مسیح سے لے کر دو ہزار عیسوی تک کے ساٹھ فلسفیوں کی سوانح ہائے حیات، نظریات اور تعلیمات سے متعلق ایک طویل مکالمہ تھا، جو میں نے اپنے عزیز دوست ڈاکٹر بلند اقبال کے ساتھ مل کر کینیڈا ون ٹیلی وژن پر کیا۔ ہم نے ان عظیم شخصیات کے نظریات کو تفصیل

سے دنیا کے سامنے پیش کیا یہ پروگرام یوٹیوب پر In Search of Wisdom کے نام سے محفوظ ہے۔ اس پروگرام کی پہلی چھتیس اقساط کو ہمارے پیارے دوست عبدالستار نے تحریری شکل دے دی۔ جس سے ایک اور کتاب مرتب ہوگئی۔ گویا صدیوں پر محیط دانائی کا بحرِ بیکراں ایک مشکیزے میں بند ہو گیا۔ اس کتاب کا نام "دانائی کا سفر" رکھا گیا ہے۔ مختصراً یہ کہ گزشتہ چار دہائیوں کے دوران، میں ایک سو کے قریب تخلیقی شخصیات، مفکرین اور فلسفیوں کی زندگیوں کا عمیق جائزہ لے چکا ہوں۔ اس کتاب میں، مَیں ان فلسفیوں کی ذات کی نشوونما اور انسان کے مجموعی سماجی وشعوری ارتقاء میں ان کے کردار کی رُوداد پیش کروں گا۔ مجھے امید ہے کہ یہ نگارشات پڑھ کر آپ اتنے ہی محظوظ ہوں گے جتنی خوشی مجھے ان کو تحریر میں لاتے ہوئے ہوئی۔ مجھے یہ بھی امید ہے کہ اس کتاب کا مطالعۂ آپ کو انسانی ارتقاء کی کہانی سمجھنے میں مدد دے گا۔ اور عجب نہیں کہ آپ ان منتخب افراد کی صدیوں پر محیط تخلیقی کاوشوں کا تفصیلی مطالعہ کرنے پر مائل ہو جائیں اور اس مطالعے سے حاصل شدہ اجتماعی دانشمندی آپ کی زندگیوں میں رنگ بھر دے۔

ooo

روایتی اکثریت اور تخلیقی اقلیت

انسانی نفسیات کے طالبِ علم اور ایک نفسانی معالج ہونے کے ناطے میرے اندر ذاتی اور اجتماعی زندگیوں میں انسانی دماغ، ذہن اور شخصیت کے ارتقاء کے حوالے سے گہری دلچسپی پیدا ہو چکی ہے۔ گزشتہ دہائیوں میں متعدد نفسیات دانوں نے انسانی شخصیت کے حوالے کئی دلچسپ اور متاثر کن نظریات پیش کیے ہیں۔ میں نے بھی اپنے پیشہ وارانہ تجربات اور سماجی مشاہدات کی بنیاد پر ایک تھیوری مرتب کی ہے۔ جس کا نام "روایتی اکثریت اور تخلیقی اقلیت" رکھا ہے۔ اس مضمون میں، میں اس تھیوری کے چند اہم نقاط پیش کروں گا۔

فطری شخصیت

تمام بچے ایک منفرد مزاج اور اپنے تحفہ خاص کے ساتھ پیدا ہوتے ہیں۔ جس کو انسان کی فطری شخصیت کہا جا سکتا ہے۔ یہ درخت کے بیج کی طرح ہے۔ جس طرح ایک بیج کو صحتمند درخت بننے کے لیے زرخیز مٹی، وافر دھوپ اور تازہ ہوا کی ضرورت ہوتی ہے تاکہ وہ ایک تناور درخت بن کر پھل پھول دے سکے۔ اسی طرح ہمارے بچوں کو دیکھ بھال، محبت بھرے مشفقانہ گھرانوں، سکولوں اور صحتمند معاشرتی ماحول کی ضرورت ہوتی ہے۔ تاکہ وہ بڑے ہو کر صحتمند، دلنواز اور امن پسند شہری بن سکیں۔ وہ بچے جو بچپن میں غفلت، بدسلوکی یا تشدد کا شکار ہو جائیں وہ بڑے ہو کر ناراض، غصیلے اور بعض اوقات تشدد پسند بن جاتے ہیں۔ جو اپنے لیے اور اپنے معاشرے کے لیے خطرناک ثابت ہو سکتے ہیں۔

ساختہ شخصیت اور تخلیقی شخصیت

سنِ بلوغت میں داخل ہونے تک بچوں کی فطری شخصیت دو واضح شخصیات میں تبدیل ہو چکی ہوتی ہے:

ا۔ ساختہ شخصیت

ایسی شخصیت گھریلو ماحول، اسکول اور معاشرے میں ہونے والی شعوری اور لاشعوری سکھلائی سے تشکیل پاتی ہے۔ اور "یہ کرو، یہ تو کرنا پڑے گا اور یہ ضرور کرنا چاہیے" جیسے الفاظ سے تحریک لیتی ہے۔

ب۔ تخلیقی شخصیت

یہ دراصل کسی فرد کی شخصیت کے تخلیقی پہلو کا اظہار ہے۔ تخلیقی شخصیت افراد کے پسندیدہ مشاغل، شوق اور خُوش کن سرگرمیوں سے تشکیل پاتی ہے۔

روایتی اور تخلیقی شخصیات

انسانی شخصیات کو ایک وسیع منظر نامے پر دیکھا جا سکتا ہے۔ اس منظر نامے کے ایک سرے پر روایتی افراد نظر آتے ہیں جو ایک مضبوط روایتی ذات کے حامل ہیں۔ جبکہ منظر نامے کے دوسرے سرے پر تخلیقی ذات رکھنے والی شخصیات نظر آتی ہیں۔ جن کی تخلیقی ذات پختہ ہو چکی ہے۔ ہم یہ بھی دیکھتے ہیں کہ اکثر خوش باش، صحت مند اور امن پسند اشخاص اپنی شخصیت میں موجود روایتی اور تخلیقی ذات کے درمیان توازن قائم کر لیتے ہیں۔ جب کہ ہم میں سے کچھ عمر بھر یہ توازن قائم نہیں کر پاتے لہٰذا ان کی شخصیت کے دونوں پرت آپس میں برسرِ پیکار رہتے ہیں۔ پھر یوں ہوتا ہے کہ یہ باطنی لڑائی ان کی طبیعت میں احساسِ جرم، شرمندگی، گھبراہٹ اور مایوسی پیدا کر دیتی ہے۔ کیونکہ ذات کا تخلیقی حصہ اپنے من کی موج میں جو کرنا چاہتا ہے ذات کا روایتی پرت اس کی مذمت کرتا ہے کیونکہ وہ اس کام کو غلط بُرا اور گناہ سمجھتا ہے۔

سماجی ساخت کے تین ذرائع

نفسیات کے طالبِ علموں کو اکثر تین سوالات درپیش ہوتے ہیں:

صحیح کیا ہے؟ اور غلط کیا ہے؟

اچھا کیا ہے اور بُرا کیا ہے؟

گناہ کیا ہے اور نیکی کیا ہوتی ہے؟

جب ہم مختلف معاشروں اور تہذیبوں کا گہرائی سے مطالعہ کرتے ہیں تو ہمیں معلوم ہوتا ہے کہ صحیح، غلط، اچھائی، بُرائی، نیکی اور گناہ جیسی اقدار تین ذرائع سے وجود میں آئی ہیں:

ا : مذہبی روایت

کچھ تہذیبوں کے بیچ مضبوط مذہبی روایت اور مذہبی پیشوا موجود ہوتے ہیں۔ یہ مذہبی پیشوا پادری، ربیؒ، مولانا اور پنڈت کی صورت میں ہوتے ہیں جو عوام کو تاکید کرتے رہتے ہیں کہ ان کو کیا کرنا ہے اور کیا نہیں کرنا۔ اور اگر اس کے برعکس کام کریں گے تو ان کو اس کی سزا اس دنیا میں بھی ملے گی اور آخرت میں بھی۔ اب مذہبی روایت پر قائم عوام جب ایسا نہیں کر پاتے تو احساسِ جرم میں مبتلا ہو جاتے ہیں۔ ایسے معاشروں میں صحیح اور غلط کا تعین آسمانی خدا اور مذہبی صحیفے کرتے ہیں۔

ب : قانونی روایت

جو معاشرے غیر مذہبی ہوتے ہیں وہاں پر قانونی روایت نافذ ہوتی ہے۔ یہ معاشرے باہمی مشاورت ملکی تشکیل دیتے ہیں جن میں عوام کے لیے قوانین ہوتے ہیں۔ اس معاشرے کے افراد کو کیا کرنا چاہیے اور کیا نہیں، اس کی رہنمائی یہی قوانین کرتے ہیں۔ جو لوگ ان قوانین کو توڑتے ہیں ان کو مجرم گردانا جاتا ہے۔ ایسے افراد پر عدالتوں میں مقدمات چلتے ہیں اور جرائم ثابت ہونے پر جیل کی ہوا بھی کھانی پڑتی ہے۔ غیر مذہبی دیسوں میں غلط اور صحیح کا فیصلہ خدا نہیں بلکہ انسان کرتے ہیں۔

ج : حفظانِ صحت کی روایت

ایسے معاشرے جہاں صحتِ عامہ کو اہمیت دی جاتی ہے وہاں پر ایسی سماجی روایات قائم ہوتی ہیں جو ڈاکٹروں، نرسوں، ماہرینِ نفسیات، نفسیاتی معالجوں، طبی سائنسدانوں اور ماہرینِ صحتِ عامہ سے رہنمائی لیتی ہیں۔ یہ پیشہ ور افراد اپنے مشاہدات، سائنسی تجربات اور تحقیق کے نتائج سے عوام الناس کو مطلع رکھتے ہیں تا کہ وہ ایک صحت مندانہ زندگی اپنا سکیں۔ یہی رہنما اصول اس بات کا تعین کرتے ہیں کہ انسان کو ذہنی اور جسمانی طور پر صحت مند رہنے کے لیے کیا کرنا چاہیے اور کن چیزوں سے اجتناب کرنا چاہیے۔ جو لوگ ان ہدایات پر عمل نہیں کرتے وہ مختلف عارضوں کا شکار ہو کر زندگی بھر تڑپتے رہتے ہیں۔

دنیا کے مختلف ممالک کی سماجی روایات مذہبی، قانونی اور حفظانِ صحت کی روایات کا مرکب ہیں۔ اور وقت کے ساتھ ارتقائی منازل طے کر رہی ہیں۔

روایتی اکثریت اور تخلیقی اقلیت

جب ہم انسانی تہذیبوں کا مطالعہ کرتے ہیں تو اس نتیجے پر پہنچتے ہیں کہ ہر تہذیب اور ہر معاشرے میں ایک روایتی اکثریت اور ایک تخلیقی اقلیت ہر وقت موجود ہوتی ہے۔ روایتی شخصیات کے حامل افراد ہمیشہ مروّجہ قوانین اور روایات کی پیروی کرتے ہیں۔ وہ ان تنظیموں اور اداروں کی حمایت کرتے ہیں خواہ وہ ادارے سماجی ہوں، مذہبی یا سیاسی۔ دوسری طرف تخلیقی شخصیات کے مالک افراد تحکمانہ طاقت کو مسترد کرتے ہیں۔ وہ ان قوانین کو توڑ ڈالنا چاہتے ہیں جو غیر منصفانہ اور غیر منطقی ہوتے ہیں۔ وہ ایسے قوانین جن میں بے جا پابندیاں اور گھٹن ہو، بنانے والی مقتدرہ کو للکارتے رہتے ہیں۔ مگر یہ فلسفہ بھی زمان و مکان کا پابند ہے۔ دلچسپ بات یہ ہے کہ ایک صدی کی تخلیقی اقلیت اگلی صدی کی روایتی اکثریت بن جاتی ہے۔ اور آنے والی صدی میں ایک نئی تخلیقی اقلیت پیدا ہو جاتی ہے۔ جو تہذیب کو ارتقاء کی اگلی منزل کی جانب لے کر چل پڑتی ہے۔ کتنی انوکھی بات ہے کہ ایک صدی کے ولن اگلی صدی کے ہیرو بن جاتے ہیں۔

تخلیقی شخصیات کی سوانح حیات

جب ہم تخلیقی شخصیات کی زندگی کی روداد کا مطالعہ کرتے ہیں تو ہمیں یہ معلوم ہوتا ہے کہ تخلیقی شخصیات خواہ سائنسداں ہوں، فنکار ہوں، شاعر ہوں، فلاسفی ہوں، اصلاح کار ہوں یا انقلابی، ہمیشہ اپنے روایتی خاندانوں اور معاشروں کے ہاتھوں سرزنش کا نشانہ بنے۔ مگر یہ بھی ہوا کہ کچھ دہایاں یا صدیاں گزرنے کے بعد اسی روایتی اکثریت نے تخلیقی اقلیت سے وابستہ افراد کو انعام و اکرام سے نوازا۔ بیسویں صدی میں ہمیں اس طرزِ عمل کی بہت مثالیں ملتی ہیں۔ یہاں میں صرف دو مثالیں پیش کرنا چاہونگا۔ ایک کا تعلق سیاست اور دوسری کا تعلق سائنس اور مذہب سے ہے۔

نیلسن مینڈیلا نے جنوبی افریقہ کی سفید فام حکومت کی نسل پرستانہ اور غیر مساویانہ پالیسیوں کے خلاف اُٹھ کھڑے ہوئے تھے۔ اس مزاحمت کے نتیجے میں ان کو دہشت گرد قرار دے کر جیل بھیج دیا گیا۔ ایک چوتھائی صدی جیل میں گزارنے کے بعد ان کو نہ صرف رہا کر دیا گیا بلکہ مجاہدِ آزادی قرار دیا گیا۔ بعد ازاں تاریخ کا دھارا بدل گیا اور جنوبی افریقہ میں ایک کثیر الثقافتی، کثیر النسل اور جمہوری حکومت قائم کرنے پر نیلسن مینڈیلا کو امن کا نوبل انعام بھی دیا گیا۔

دوسری مثال کیتھولک چرچ کی ہے جنھوں نے گلیلیو کی دریافتوں کو تسلیم کیا۔ اس سائنسداں کو

چرچ کی طرف سے تین سو سال تک لعن طعن، ملامت کا سامنا رہا تھا۔ کیونکہ کائنات کے بارے میں ان کی دریافت انجیل مقدس کے روایتی اور لغوی ترجمے اور تعلیمات کے خلاف تھیں۔

اور انسانی معاشرے میں تخلیقی شخصیات ہمیشہ شخصی آزادی کی حفاظت کی کوشش کرتی آئی ہیں۔ ان کا ایمان ہے کہ انسانوں کو آزاد ہونا چاہیے تاکہ وہ اپنے اپنے منفرد انداز میں تخلیقیت کا تجربہ کر سکیں۔ ایسی تخلیقیت کا اظہار ہمیں سائنس، آرٹس، محبت اور روحانیت میں نظر آتا ہے۔ تخلیقی شخصیات فکرمند رہتی ہیں کہ تحکمانہ اور پابندی لگانے والے مذہبی اور سیاسی ادارے لوگوں کے اندر موجود تخلیقی چنگاری کو ختم کر سکتے ہیں۔

جب ہم دنیا کے مختلف معاشروں اور تہذیبوں کا مطالعہ کرتے ہیں تو ہمیں نظر آتا ہے کہ انسانی تاریخ نے ایسا وقت بھی دیکھا جب روایتی اکثریت اور تخلیقی اقلیت آپس میں برسرِ پیکار تھیں۔ ان کے آپس کے یہ تنازعات کبھی ناراضگی، کبھی تلخی اور کبھی سنگین اور پرتشدد تصادم کی صورت ظاہر ہوئے۔ اور ایسا وقت بھی آیا جب دونوں گروہ آپس میں ہم آہنگ بھی تھے۔ اور انھوں نے ایک دوسرے کے ساتھ مل کر ایک ایسا ماحول پیدا کیا جو انسانی نشوونما اور ارتقا کے لیے سازگار تھا۔ ایسے ادوار میں تخلیقی اقلیت یہ تسلیم کرتی ہے کہ روایتی اکثریت ماضی کے تخلیقی تحفے سنبھال کر رکھ رہی ہے اور روایتی اکثریت انسانی ارتقاء کو اگلی منزل پر لے جانے کی تخلیقی اقلیت کی کاوش کو قدر کی نگاہ سے دیکھتی ہے۔ اس طرح روایتی اکثریت اور تخلیقی اقلیت کے درمیان ایک صحتمندانہ توازن قائم ہوتا ہے جو ترقی پسندانہ اور سودمند روایات قائم کرتا ہے۔ ایسا توازن بہت مشکل سے حاصل ہوتا ہے اور زیادہ عرصہ قائم بھی نہیں رہ پاتا مگر یہ ایک ایسا مثالی نشانِ منزل ہے جس کو حاصل کرنے کی سعی کی جانی چاہیے۔

بند اور کھلے نظام ہائے زندگی

تاریخ شاہد ہے کہ جب بھی کوئی نظامِ زندگی روایات کی دیواروں کے اندر بند ہوتا، وقت کے ساتھ قدم ملا کر نہیں چلتا اور دریا کی طرح بہے جانے کی روش اختیار نہیں کرتا، ایک ایسے تالاب کی مانند ہوتا ہے جس کا پانی ایک ہی جگہ کھڑا رہ کر اپنی تروتازگی کھو دیتا ہے۔ اس کیفیت کے برعکس جو نظامِ زندگی کھلا ہوتا ہے اور جس کی باگ ڈور ترقی پسند اور وسیع القلب افراد کے ہاتھوں میں ہوتی ہے وہ نظام اپنی نشوونما اور ارتقاء کا سفر جاری رکھتا ہے اور محبت اور محنت سے ثمر بار ہوتا رہتا ہے۔ زندگی کا پہیہ پیچھے کی بجائے ہمیشہ آگے کی طرف چلتا ہے۔ کسی بھی معاشرے یا تمدن میں مختلف افراد، خواہ وہ روایت پسند ہوں یا تخلیقی اذہان کے حامل، نہ صرف اپنے اپنے خوابوں کی پیروی کر سکتے ہیں بلکہ

معاشرے میں ایک باوقار مقام بھی پا سکتے ہیں مگر ضروری یہ ہے کہ دونوں گروہ ایک دوسرے کی رائے کا احترام کریں اور ایک متوازن زندگی اور معاشرہ قائم کرنے کے لیے دیگر افراد کے کردار کو تسلیم کریں۔ وقت گزرنے کے ساتھ ساتھ ہمیں یہ احساس ہو رہا ہے کہ انسانوں میں ایک صحت مند عنصر پرورش پا رہا ہے۔ 'ان کے تنوع میں اتفاق ہے اور اتفاق میں تنوع ہے۔' اور یہی احساس آنے والے زمانے میں انسانی نشوونما اور ارتقاء کی کنجی ہے۔ مجھے قوی امید ہے کہ ایک دن ضرور آئے گا جب روایتی اکثریت اور تخلیقی اقلیت سے وابستہ لوگ ایک دوسرے کا احترام و پذیرائی کرنا سیکھ لیں گے اور انسانیت کے وسیع تر مفادات کے لیے مل کر کام کریں گے۔ اگر انسانیت کو میں ایک سفینہ کہوں تو روایتی اکثریت اس کے لنگر جبکہ تخلیقی اقلیت اس کے بادبان ہیں۔ اسی طرح اگر انسانیت ایک شجر ہے تو روایتی اکثریت اس کی جڑیں اور تخلیقی اقلیت اس کی شاخیں اور پھل ہیں۔ انسانی تاریخ کے ہر دور میں روایتی اکثریت نے ہمیشہ ماضی کی شاندار روایات کو زندہ رکھا جب کہ تخلیقی اقلیت نے ہمیشہ روشن مستقبل کے حصول کے لیے رہنمائی کی۔

ooo

پہلا باب

تخلیقی شخصیات کے بارہ اوصاف

تخلیقی شخصیات کے ساتھ نشستیں

جب میں اپنی ادبی زندگی کو یاد کرتا ہوں تو یہ خوشگوار احساس ہوتا ہے کہ میں نے اپنی جواں عمری میں ادبی تخلیقات کی اشاعت کے ساتھ ساتھ کچھ اچھوتے تجربات بھی کیے۔ اور یہ دل آویز تجربات تخلیقی شخصیات کے ساتھ میری بالمشافہ ملاقاتیں تھیں۔ جن کا تعلق مختلف شعبہ ہائے زندگی اور متعدد سماجوں سے تھا۔ ان میں سے کچھ کے ساتھ تو میں ایک بار ہی ملا اور انٹرویو کیا کیونکہ ہم نے مل کر کتابیں لکھنی تھیں یا پھر دیگر ادبی سرگرمی کرنی تھی۔ مگر کچھ میرے دوست بن گئے۔ میری خوش قسمتی کہ ان تخلیقی شخصیات میں شاعر، ادیب، فنکار، موسیقار، صحافی، فلسفی، سائنسداں اور سیاسی کارکن شامل تھے۔ کچھ تو مقامی تھے جن سے میں ہر روز ملاقات کرسکتا تھا۔ مگر اکثر سے میری ملاقات میرے ایشیا، مشرقِ وسطیٰ، یورپ، شمالی امریکہ اور جنوبی افریقہ کے دوروں کے دوران ہوئی۔

ان تمام اشخاص کی شخصیات اور طرزِ زندگی منفرد تھا۔ یہ امر باعثِ دلچسپی تھا کہ جو لوگ میرے لیے قابلِ تقلید اور مثالی تھے وہ اپنے خاندان، دوستوں اور معاشروں کے لیے قابلِ مذمت تھے۔ ان کا انوکھا مزاج اور سنکی پن میرے لیے قطعی طور پر تکلیف دہ ہونے کی بجائے پُرلطف تھا۔ میں نے انسانی نفسیات کے جو درس ان سے سیکھے، نفسیات کی کتابوں میں نہیں پڑھے۔ کیونکہ ان کو انسان کی مختلف کیفیات و احساسات کا ادراک تھا۔ ان کی باتوں سے عقل و دانش کے موتی جھڑتے تھے۔ میں نے ان کی گفتگو کو دلچسپ ہی نہیں پُرمغز بھی پایا۔ میں ہمیشہ ایسے افراد کی دلکش شخصیات سے متاثر ہوا اور میری ان میں دلچسپی بڑھتی چلی گئی۔ کیونکہ میرا ماننا ہے کہ خلق کرنے والا بھی اپنی تخلیق کی طرح پیچیدہ و پُراسرار ہوتا ہے۔ اس طرح میرے ادبی، نفسیاتی اور فلسفیانہ سفر میں ادبی شخصیات کا کلیدی اور قابلِ تقلید کردار رہا ہے۔ جب مجھے ان شخصیات اور ان کے ساتھ کی گئی ملاقاتوں کا خیال آتا ہے تو میں اپنے آپ سے ایک سوال ضرور کرتا ہوں: یہ تخلیقی شخصیات میرے دیگر روایتی مگر مخلص احباب سے مختلف کیسے تھیں؟ اور پھر ان کی شخصیات کا خاکہ اور طرزِ زندگی میری نگاہوں کے سامنے گھوم جاتا ہے اور دماغ میں تازہ ہو جاتا ہے۔

مجھے معلوم ہے کہ تخلیقی شخصیت کا یہ مطالعہ کسی سائنسی تحقیق کا نتیجہ نہیں، بلکہ زندگی نے مجھے کچھ نایاب مواقع فراہم کیے۔ جن سے فائدہ اُٹھا کر مجھے ان شخصیات کے ساتھ جذباتی طور پر منسلک ہو کر ان کی زندگیوں میں ایک جذباتی قُربت کے ساتھ جھانکنے کا موقع ملا جس کی بدولت مجھ پر ان کی دنیاؤں کے وہ گوشے آشکار ہوئے جو ان کے قرابت داروں، ہمسائیوں حتیٰ کہ ان کے دوستوں سے بھی پوشیدہ تھے۔ اکثر نے تو اپنی نہایت ذاتی باتیں بھی انٹرویوز کے دوران مجھے بتا دیں۔

مجھے وہ شام اچھی طرح یاد ہے جس دن میں نے ڈاکٹر گوپی چند نارنگ کو انٹرویو کیا تھا۔ انٹرویو کے بعد میں نے اعتراف کیا کہ اس سے قبل درجنوں لکھاریوں کو انٹرویو کرنے کے باوجود اس دن میں نروس تھا، کیونکہ میں نے کسی ایسے عبقری کو انٹرویو نہیں کیا تھا جس کو ادبی میدان میں اتنے زیادہ انعامات سے نوازا جا چکا ہو اور وہ ایک نامور نقاد بھی ہو۔ میرا اعتراف سننے کے بعد نارنگ صاحب نے مسکراتے ہوئے جواب دیا کہ سچ تو یہ تھا کہ وہ بھی ذرا نروس تھے کیونکہ ان کو بھی درجنوں صحافیوں نے انٹرویو کیا ہوگا مگر کسی نفسیات داں نے کبھی انٹرویو نہیں کیا تھا۔ بعد ازاں یہ انٹرویو ہندوستان کے ایک مشہور میگزین نے شائع کیا تو نارنگ صاحب نے اس کی ایک کاپی مجھے بھجوائی اور فون کر کے بتایا کہ دنیا بھر سے تہنیتی خطوط ان کو موصول ہوئے ہیں۔ احباب نے ان کو باور کروایا ہے کہ انھوں نے اس انٹرویو کے دوران اپنی ذاتی زندگی سے متعلق وہ انکشافات کیے تھے جو اس سے قبل کبھی کسی پر منکشف نہیں کیے تھے۔ ڈاکٹر نارنگ نے نہایت شفقت سے اس کا سہرا میرے سر پر سجاتے ہوئے کہا کہ میں نے بہت درست سوالات کیے تھے۔ ہم جانتے ہیں کہ درست جوابات تک پہنچنے کے لیے درست سوالات بہت ضروری ہوتے ہیں۔ اور یہ بات ڈاکٹر نارنگ تک ہی محدود نہیں بلکہ کئی دیگر تخلیقی شخصیات نے یہ اعتراف کیا ہے کہ انٹرویوز کے دوران میں صحیح صحیح سوالات کرتا ہوں۔ عین ممکن ہے کہ میرا نفسیات داں ہونا ان افراد کو اتنا اطمینان دیتا ہو کہ وہ کھل کر دل کی باتیں کر جاتے ہوں۔ بہرحال وجہ جو بھی رہی ہو، ان نشستوں سے مجھے ان افراد کی شخصیات کا فلسفہ حیات اور طرزِ زندگی جاننے میں بہت مدد ملی تھی۔

جب میں گزشتہ برسوں میں تخلیقی شخصیات کے ساتھ کی گئی ملاقاتوں اور مکالموں کو یاد کرتا ہوں اور ان کی زندگیوں اور فلسفوں کو گہری نظر سے دیکھتا ہوں تو اس نتیجے پر پہنچتا ہوں کہ تخلیقی شخصیات اپنے ہم عصروں کے مقابلے میں کسی اور ہی مٹی کی بنی ہوتی ہیں۔ یہ لوگ ان راہوں کے مسافر ہوتے ہیں جن پر بہت کم لوگ چلتے ہیں۔

تخلیقی شخصیات کے ساتھ انٹرویوز اور ملاقاتوں کے نتیجے میں، ایسے افراد کی شخصیتوں اور طرزِ

زندگی کے حوالے سے کچھ تاثرات اور خلاصے اخذ کیے ہیں۔ نفسیات کے طالبِ علم کے طور پر مجھے ہمیشہ سے ہی تخلیقی شخصیت کی پُراسراریت میں گہری دلچسپی رہی ہے۔ اگرچہ ہر تخلیقی شخصیت اپنی ایک انفرادیت رکھتی ہے۔ میں محسوس کرتا ہوں کہ بطورِ تخلیقی گروہ ان کے کچھ اوصاف ان کو روایتی شخصیات سے ممتاز کرتے ہیں اور کچھ میں یہ اوصاف دیگر سے قدرے زیادہ ہوتے ہیں:

1۔ تخلیقی شخصیات اپنے ماحول کے بارے میں نہایت حساس ہوتی ہیں

تخلیقی شخصیات کا سب سے اہم اور اوّلین وصف جو میرے مشاہدے میں آیا ہے وہ ان کا اپنے ماحول کے حوالے سے نہایت حساس ہونا ہے۔ ماحول خواہ قریبی افراد سے ترتیب پاتا ہو، جذبات سے متعلق ہو یا سماج اور معاشرے کا بنایا ہوا ہو، ان افراد پر اثرانداز ہوتا ہے۔ یہ لوگ بہت سُرعت سے ہنس بھی دیتے ہیں اور ہنسا بھی دیتے ہیں، رو بھی سکتے ہیں اور رُلا بھی سکتے ہیں۔ کچھ یہ کام بطورِ فرد کرتے ہیں اور کچھ اپنی تخلیقات کے ذرائع، نظموں، ڈراموں اور فن پاروں کے ذریعے کرتے ہیں۔ تخلیقی شخصیات کا جذبات کے ساتھ اتنا غیر معمولی رشتہ استوار ہوتا ہے کہ بعض اوقات مجھے یوں محسوس ہوتا کہ یہ لوگ کوئی خاص دل رکھتے ہیں یا بیک وقت کئی دل رکھتے ہیں۔ کیونکہ دوسروں کے مقابلے میں، زندگی کے ساتھ ان کا رشتہ نہایت اچھوتے انداز سے استوار ہوتا ہے۔ اور یہ بھی دیکھنے میں آیا ہے کہ بیک وقت یہ لوگ کئی اطوار سے زندگی کے ساتھ اپنا رشتہ استوار کر لیتے ہیں۔

وہ زندگی کے ان پوشیدہ گوشوں سے ہم کنار ہوتے ہیں دوسرے جن سے نا آشنا ہوتے ہیں۔ ان کو یہ ہُنر فطرت سے ودیعت ہوتا ہے کہ وہ اپنے آپ کو دیگر انسانوں کی جگہ رکھ کر ان کے دُکھ سُکھ اور تجربات محسوس کرتے ہیں اور پھر ان تجربات کا اظہار اپنے تخلیقی فن پاروں میں کرتے ہیں۔ اس طرح وہ اپنے اپنے سماج کے تخلیقی و ثقافتی سفیر بن جاتے ہیں، مگر بدقسمتی سے ضرورت سے زیادہ جذباتی حساسیت ان کے لیے بیک وقت نعمت اور زحمت ثابت ہوتی ہے۔ یہ جہاں ان کی زندگیوں میں جوش و جذبہ اور خوشی لاتی ہے وہاں دُکھ اور تکلیف کا باعث بھی بنتی ہے۔ یہ جہاں دوسروں کے تجربات محسوس کر کے ان سے تخلیقی شاہکار خلق کرواتی ہے وہاں بہت سی بے نیند راتیں بھی دے جاتی ہے۔

بہت سی تخلیقی شخصیات نے میرے سامنے اعتراف کیا کہ جہاں تک ان کو یاد آتا ہے وہ آغازِ بچپن سے ہی نہایت حساس تھے۔ اور یہ حساسیت ان کے تخلیقی بچوں میں بھی پائی جاتی ہے۔ ماہرینِ نفسیات اور والدین کی ایک کثیر تعداد اس بات پر یقین رکھتی ہیں کہ تخلیقی بچے جسمانی اور جذباتی ماحول کے محرکات کا عام بچوں کے مقابلے میں کہیں زیادہ اثر لیتے ہیں۔ جن والدین کے ہاں ایک سے زیادہ بچے

ہوتے ہیں وہ بڑی آسانی سے تخلیقی اور روایتی بچوں میں تمیز کر سکتے ہیں۔ خواہ دودھ زیادہ گرم ہو یا کبھی شور زیادہ ہو تخلیقی بچے سخت ردِعمل دیتے ہیں۔ وہ کسی غیر متوقع شور کی وجہ سے چونک اُٹھتے ہیں اور دودھ کا درجہ حرارت صحیح نہ ہونے کی وجہ سے بے چین ہو جاتے ہیں۔ بہت سے والدین ایسے بچوں کو بدمزاج گردانتے اور ان کی پرورش میں مشکلات کا سامنا کرتے ہیں۔

تخلیقی بچے چونکہ اپنے ماحول کے بارے میں حساس ہوتے ہیں اس لیے اپنے والدین کی غیر مستقل مزاجی پر سیخ پا ہو جاتے ہیں۔ اکثر والدین جن کا رشتہ اپنے عام بچوں کے ساتھ استوار ہوتا ہے، اپنے تخلیقی بچوں کے ساتھ ایک ہنگامہ خیز رشتہ رکھتے ہیں اور اس ناہموار رشتے سے ہم آہنگ ہونے کے لیے زندگی بھر سخت تگ و دو کرتے نظر آتے ہیں۔ ایسے والدین کو محسوس ہوتا ہے کہ وہ ایک ہاری ہوئی جنگ لڑ رہے ہیں۔ اگر کسی والدین کا ایک ہی بچہ ہو اور بھی تخلیقی شخصیت کا حامل ہو تو اس کے والدین کا اپنے تئیں نامعقول سمجھنا اور احساسِ گناہ میں مبتلا رہنا معمول کی بات ہے۔

تخلیقی بچوں کی تربیت روزِ اوّل سے ہی مشکل ہوتی ہے۔ میرے لیے وہ منظر بڑا دلفریب ہوتا ہے جب میں اپنے ایسے دوستوں کو دیکھتا ہوں جو اپنے تخلیقی بچوں سے اور طرح کا سلوک کرتے ہیں۔ اور اپنی روایتی بیویوں سے اور طریقے سے پیش آتے ہیں۔ وہی تخلیقی بچے جو روایتی والدین کے لیے کسی مصیبت سے کم نہیں ہوتے اگر تخلیقی والدین کے ہاں پیدا ہو جائیں تو ان کے لیے لطف و کرم بن جاتے ہیں۔ کیونکہ وہ ان کے وہ ان جیسے ہی ہوتے ہیں۔ والدین جلد یا بدیر سمجھ جاتے ہیں کہ وہ خود بھی بچپن میں ان جیسے ہی تو تھے۔

2۔ تخلیقی شخصیات تنہائی پسند ہوتی ہیں

جو لوگ تخلیق کار ہیں وہ اس بات سے بخوبی آگاہ ہیں کہ تخلیقی عمل نہایت ذاتی اور تنہا تجربہ ہے۔ اسی لیے تخلیقی افراد طویل عرصے کے لیے الگ تھلگ رہنا چاہتے ہیں تاکہ اپنی تخلیقیت کی آبیاری کر سکیں۔ وہ اسی تنہائی میں مزے سے رہ رہے ہوتے ہیں جس سے عام لوگ خوف کھاتے ہیں۔ تخلیقی لوگ اکیلے ہوتے ہوئے بھی تنہا محسوس نہیں کرتے۔ تنہائی کے انہی قیمتی لمحات میں تخلیقی لوگ اپنی باطنی ذات سے ملاقات کرتے ہیں، اپنی ذات کی بلندیوں اور گہرائیوں تک پہنچتے ہیں اور اپنے لاشعور سے مربوط ہو کر تخلیقی توانائی کے پوشیدہ خزانوں تک رسائی حاصل کرتے ہیں۔ اسی خاموش فضا میں وہ اپنی آورد سے ملاقات کر کے اس سے تخلیقی تحفے وصول کرتے ہیں۔ تخلیقی افراد جب اپنے روزمرہ کے کام کاج، خاندانی معاملات اور دیگر ذمہ داریوں میں مصروف ہوتے ہیں تو اپنی تخلیقیت کی نشوونما کرنے میں

دِقّت محسوس کرتے ہیں۔ یہ لوگ فارغ اور بے عمل رہنا چاہتے ہیں تا کہ ان کے پاس سوچنے کے لیے دن میں خواب دیکھنے کے لیے اور تصورات کو متشکل کرنے کے لیے فراغت میسر ہو سکے۔ وقت کی آزادی ان کی تخلیقی ذات کو ایسا موقع فراہم کرتی ہے جس میں وہ استدلال کے ساحلوں کو چھوڑ کر بے خودی کے گہرے سمندر میں غوطہ زن ہو جاتی ہیں جہاں سے وہ اظہار کے نئے فنون و اشکال لے کر نمودار ہوتی ہیں۔ تخلیقی لوگ مچھیروں کی مانند ہوتے ہیں جو مچھلی قابو میں آنے کا صبر سے انتظار کرتے ہیں۔ وقت کے فارغ لمحات جو دوسروں کو بیکار محسوس ہوتے ہیں تخلیقی لوگوں کے لیے گراں مایہ سرمایہ ہوتے ہیں۔ یہ لوگ ہفتہ وار اور لمبی چھٹیوں کا انتظار کرتے ہیں تا کہ اپنے غیر مکمل تخلیقی کام مکمل کر سکیں۔ اس وقت میں وہ نئے نئے خیالات، تصورات اور ذہنی تصویروں سے کھیلتے ہیں۔

تنہائی کے لمحات تخلیقی شخصیات کے لیے بہت قیمتی ہوتے ہیں کیونکہ یہ ان کو دن میں خواب دیکھنے کے مواقع فراہم کرتے ہیں۔ نوبل انعام وصول کرنے والے Issac Bhashevis Singer کا کہنا ہے: "ہمیں یہ معلوم ہونا چاہیے کہ دن کو خواب دیکھنے والے لوگ کسی نہ کسی تلاش میں مگن ہوتے ہیں نہ صرف یہ بات کم از کم نظریاتی سطح پر درست ہے بلکہ ایسے لوگ بہت اچھے کہانی گو بھی ہوتے ہیں۔" لہٰذا اگر تخلیقی افراد بار بار اپنے روزمرہ کام میں وقفہ دے کر اپنی آزاد خیالی میں دن کو خواب دیکھنے لگ جائیں یا تخلیقیت کی آبیاری کرنے لگ جائیں تو یہ کوئی حیران کن بات نہ ہوگی۔ یہ بھی حیرانی کی بات نہیں کہ اگر ان کے قرابت دار ان کو سخت سُست کہیں کیونکہ وہ تخلیقی شخصیات کی ظاہری اور پوشیدہ محنت میں تفریق نہیں کر سکتے۔

اکثر تخلیقی شخصیات نے ایک گوشہ تنہائی مختص کیا ہوتا ہے۔ جہاں ان کو اپنی تخلیقیت بیدار اور یکسوئی میسر ہوتی ہے۔ ایسے گوشے سائنسدانوں کو اپنی تجربہ گاہوں میں، فنکاروں کو اپنے سٹوڈیو میں، شاعروں کو درختوں کے بیچوں بیچ چہل قدمی کرتے ہوئے اور راہبوں کو خانقاہوں جیسی جگہوں میں میسر آتے ہیں۔ مشہور برطانوی لکھاری ورجینیا وولف کہا کرتی تھی: "ہر تخلیقی عورت کا ایک الگ کمرہ ہونا چاہیے۔"

یہاں کمرے سے مراد مادی کمرہ بھی ہو سکتا ہے اور استعاراتی بھی۔ مراد یہ کہ ایک ایسی جگہ جہاں تخلیقی شخصیت تنہا ہو اور خلوت میں اپنی آورد سے ملاقات کر سکے۔ لیکن جب تخلیقی شخصیات اپنی خلوت گاہ میں ہوتی ہیں تو ان کے شریکِ حیات اور دیگر اہل خانہ نظر انداز محسوس کرتے ہیں اور یہ کوئی غیر معمولی بات بھی نہیں۔ ان کے دوست اور قرابت دار جتنا زیادہ غیر محفوظ محسوس کرتے ہیں اتنا ہی وہ تخلیقی شخصیات کو خود غرض اور نرگسیت زدہ گردانتے ہیں۔ اکثر تخلیقی شخصیات کا اپنے عزیزان کو یہ سمجھانا

دُشوار ہوتا ہے کہ وہ ان کو مسترد نہیں کر رہے بلکہ تخلیقی عمل کے لیے درکار مراقبے کے لیے ان کا کچھ دیر تنہائی میں وقت گزارنا ضروری ہے۔

3۔ تخلیقی شخصیات اپنے ذریعۂ اظہار کے عشق میں مبتلا ہوتی ہیں

ذریعہ اظہار کوئی بھی ہو، الفاظ ہوں یا رنگ، آواز ہو یا خوشبو، نظریات ہوں یا تصورات، نفسیاتی کیفیت ہو یا سماجی حقیقت، تخلیقی شخصیت اس ذریعہ اظہار کے سحر میں مبتلا ہوتی ہے۔ وہ آغازِ بچپن سے ہی اپنے ذریعہ اظہار میں دلچسپی رکھتی اور ان کی پُراسراریت میں نہ صرف محو ہوتی ہیں بلکہ اس سے کھیلتی رہتی ہیں۔ اس کا آغاز تو ایک مشغلے کی صورت ہوتا ہے مگر بعد میں ان کو پتہ چلتا ہے کہ وہ کوئی ناول یا کوئی اور شاہکار تخلیق کر سکتے ہیں۔

میں ایسے کئی شاعروں، ادیبوں، فنکاروں اور فلسفیوں سے واقف ہوں جو بڑے مزے سے بیسیوں گھنٹے یہ معلوم کرنے پر صرف کر دیتے ہیں کہ ان کی دلچسپی کے علاقے میں نیا کیا ہو رہا ہے۔ وہی آوازیں اور الفاظ جو عام لوگوں کے لیے زیادہ معنی خیز نہیں ہوتے، تخلیقی شخصیات کے لیے بہت دلکش ہوتے ہیں۔ کیونکہ یہ لوگ روایتی نمونوں میں نئے امکانات اور نئی سمتوں کی تلاش میں سرگرداں رہتے ہیں۔ جب ان پر فنون نئی طرز سے نازل ہوتے ہیں تو وہ ان پر تجربات کر کے ان کو مزید بامعنی اور خوبصورت بنا دیتے ہیں۔ میں کئی بار حیران ہوتا ہوں کہ یہ فقرہ بنانے میں مصنف کو کتنا عرصہ لگا ہوگا:

"حسد کی حالت میں آپ دوسروں سے زیادہ اپنے آپ سے محبت کر رہے ہوتے ہیں۔"

بہت سے لوگوں کو یہ ادراک نہیں ہوتا کہ ایک تخلیقی شاہکار، کوئی نظم، ڈرامہ یا تصویر وجود میں لانے میں کتنا وقت اور توانائی درکار ہوتی ہے۔ تخلیقی شاہکار تخلیقی لوگوں کی طرف سے دوسروں کو محبت کا تحفہ ہوتے ہیں۔ اور یہ فن پارے اس وقت وجود میں نہیں آسکتے جب تک تخلیقی افراد اپنے ذریعہ اظہار کے ساتھ جنون کی حد تک ملوث نہ ہوں۔

4۔ تخلیقی شخصیات نظم وضبط میں خوش نہیں رہتیں

تخلیقی عمل ایک مشغلے سے شروع ہوتا ہے۔ مگر جلد ہی تخلیقی شخصیات کو یہ معلوم ہو جاتا ہے کہ زندگی نے ان کو ایک تحفۂ خاص عطا کیا ہے، جو تخلیقی صلاحیت اور توانائی سے معمور ہے۔ اگر پوری یکسوئی سے وہ اپنی توانائی اپنی دلچسپی کے علاقے پر مرکوز کر لیں تو وہ کوئی نیا شاہکار پیدا کر سکتے ہیں۔ یہ علم ان کے اندر

یہ احساس بھی اُجاگر کرتا ہے کہ کوئی بھی شاندار فن پارہ پیدا کرنے کے لیے اس فن میں مہارت حاصل کرنا ضروری ہے۔ کچھ تخلیقی اشخاص اس اعتبار سے خوش قسمت ہوتے ہیں کہ ان کو والدین، رشتے دار یا ایسے اساتذہ مل جاتے ہیں جو ان کے اندر تخلیقی صلاحیت کو جانچ لیتے ہیں اور ان کے فن کی آبیاری کرتے ہیں۔ وہ نہ صرف ان کی مالی و جذباتی معاونت کرتے ہیں بلکہ ان کو صبر اور نظم و ضبط سکھاتے ہیں تاکہ ان کی تخلیقی توانائیاں اور جذبے پوری قوت کے ساتھ صحیح نشانے پر بیٹھیں۔ فنونِ لطیفہ کے متعدد ادارے یہ رہنمائی اور متعلقہ سہولیات مہیا کرنے میں کوشاں ہیں۔

فنکاروں اور لکھاریوں کے ساتھ قلبی گفتگو کے بعد مجھے معلوم ہوا کہ کچھ فنون باقیوں کی نسبت زیادہ وقت اور توانائی طلب ہوتے ہیں۔ ناول لکھنے کے لیے افسانے کے مقابلے میں زیادہ نظم و ضبط کی ضرورت ہوتی ہے۔ اسی طرح افسانہ لکھنا ایک نظم تحریر کرنے سے زیادہ نظم و ضبط مانگتا ہے۔ اسی طرح تخلیقی اظہار کی کچھ اشکال محنتِ شاقہ مانگتی ہیں جبکہ کچھ کے اظہار کے لیے جذبہ محرکہ ہی کافی ہوتا ہے۔ میں ایک ایسے ناول نگار سے بھی مل چکا ہوں جس نے ایک ہی ناول کے چھ سو صفحے پر مشتمل چھ مسودے لکھے پھر کہیں جا کر وہ ایک مسودے سے مطمئن ہوا۔ اس حوالے سے میں نے اپنی کتاب Literary Encounters میں شاعروں، افسانہ نگاروں اور ناول نگاروں کی مشکلات پر اس طرح سے بات کی تھی:

"جب میں مختلف لکھاریوں کے ادب تخلیق کرنے کے تجربات کا تجزیہ کر رہا تھا تو مجھے احساس ہوا کہ ان کے تجربات نہ صرف ان کی تخلیقی شخصیات کے عکاس تھے بلکہ ان تخلیقات کے بھی عکاس تھے جو وہ تخلیق کرنے کی کوشش کر رہے تھے۔ یہ تجربات مختلف نوعیت کے تھے۔ اس کا انحصار اس بات پر تھا کہ وہ افراد شاعر تھے، افسانہ نگار یا ناول نگار۔ انھوں نے مجھے اپنی نانی اماں کی یاد تازہ کروا دی جو کہا کرتی تھیں کہ گاؤں میں پانی دستیاب کرنے کے تین طریقے ہیں۔ کچھ لوگ کنوے سے پانی لینا پسند کرتے ہیں۔ وہ ہفتے اور مہینے صرف کر کے گھر کے پچھواڑے میں کنواں کھودتے ہیں۔ بعض اوقات صاف اور شفاف پانی حاصل کرنے کے لیے گہرا کنواں کھودنا پڑتا ہے، تب جا کر پینے کے لائق پانی دستیاب ہوتا ہے۔ پھر جب بھی پانی کی ضرورت ہو وہ ایک بالٹی جس کے ساتھ رسہ بندھا ہوتا ہے کنویں ڈال کر پانی حاصل کرتے ہیں۔ بعض لوگ اتنی زیادہ محنت نہیں کرنا چاہتے۔ ان کو جب بھی پانی کی ضرورت ہو وہ چند میل پیدل چل کر قریبی دریا سے کسی برتن میں پانی بھر لاتے ہیں۔

تیسرا گروہ ان افراد کا ہے جو بارش پر انحصار کرتے ہیں۔ان کو محنت تو نہیں کرنی پڑتی مگر انتظار کرنا پڑتا ہے کیونکہ موسم پر کسی کا اختیار نہیں ہوتا۔کبھی تو مہینوں بارشیں نہیں ہوتیں اور کبھی اتنی زیادہ ہو جاتی ہیں کہ ہر طرف جل تھل ہو جاتا ہے۔میرے نزدیک شاعر وہ فنکار ہیں جو بارش کا انتظار کرتے ہیں۔افسانہ نگار دریا پر جانے والے لوگ ہیں جبکہ ناول نگار گھر کے پچھواڑے میں کنواں کھودتے ہیں۔"

میں بہت سے ایسے با صلاحیت ادیبوں اور فنکاروں سے ملا ہوں جن میں نظم کی کمی ہے۔ میں نے ان کو بہت سے تخلیقی پراجیکٹ شروع کرتے دیکھا جو کبھی مکمل نہ ہو سکے۔وہ تخلیقی کام شروع تو بہت جوش وخروش سے کرتے ہیں مگر مکمل نہیں کر پاتے۔ایسا محسوس ہوتا ہے جیسے ان کو یک بعد دیگرے تخلیقی اسقاطِ حمل ہو گئے ہوں۔

5۔ تخلیقی شخصیات کو تجریدی فنون دلکش لگتے ہیں

مجھے اس بات کا بارہا تجربہ ہوا ہے کہ تخلیقی شخصیات بالواسطہ رابطے کو ترجیح دیتی ہیں۔ان کو بلاواسطہ رابطہ عام اور سخت محسوس ہوتا ہے۔وہ الفاظ، آوازوں اور رنگوں کو ایک تخلیقی انداز میں استعمال کرنا چاہتے ہیں۔ ان کو علامتیں اور استعارے سحر انگیز لگتے ہیں۔مگر کوئی فنکار یا لکھاری اشاروں اور کنایوں کا جتنا زیادہ استعمال کرتا ہے اتنا ہی اپنے ابلاغ کو خطرے سے دوچار کر دیتا ہے۔ایسا ابلاغ اپنے اندر گونا گوں خوبصورتی رکھتا ہے۔ ایسے فن پارے کی تہہ در تہہ معنویت جہاں ہم عصر فنکاروں ناقدین اور دانشوروں کے لیے تفریح و آگاہی کا باعث بنتی ہے وہاں ان افراد کے لیے ایک دلچسپ پُراسراریت رکھتی ہے جنھوں نے ابھی تک فن و ادب کو باریک بینی سے سمجھنے کی صلاحیت حاصل نہیں کی۔ ہم سب جانتے ہیں کہ کچھ خاندان اور معاشرے دیگر کی نسبت تخلیقی اور تمدنی میدان میں زیادہ ارتقاء یافتہ ہوتے ہیں۔

میں گزشتہ برسوں میں دو قسم کی تخلیقی شخصیات سے ملا ہوں۔ پہلا گروہ اپنے قارئین، ناظرین اور سامعین کے ساتھ تخلیقی رابطہ رکھنے پر یقین رکھتا ہے جب کہ دوسرا گروہ اپنی تخلیقات اور اس کے فنی اظہار کو بہتر سے بہترین بنانے میں اتنا مشغول ہوتا ہے کہ وہ ایک مؤثر رابطہ کاری کی صداقت کو اتنی اہمیت نہیں دیتا۔ کچھ تخلیقی شخصیات عام عوام کے پیچھے چلتی ہیں جبکہ دوسری ان کی رہبری کرتی ہیں۔ کچھ معروف ادب تخلیق کرتی ہیں اور جبکہ دیگر سنجیدہ کام پیدا کرتی ہیں۔ جو لوگ سنجیدہ تخلیقات وجود میں لاتی ہیں ان کو اپنے کام کی وسیع تر قبولیت کے لیے کئی سال بلکہ کئی دہائیاں انتظار کرنا پڑتا ہے۔

Vincent Van Gogh جیسے فنکار اور Franz Kafka جیسے لکھاری کے کام کو جتنی پذیرائی اور قدر و منزلت کا اعتراف ان کی موت کے بعد کیا گیا ان کی زندگی میں نہیں ہوا تھا۔ وہ اپنے وقت سے پہلے پیدا ہو گئے تھے اور اپنے ادوار میں ان کو مخمصہ زدہ اور آشفتہ سر سمجھا گیا۔

6۔ تخلیقی شخصیات روایات کو چیلنج کرتی ہیں

تخلیقی افراد ہر دم اس مشکل کا شکار رہتے ہیں کہ ان کو غلط سمجھا جاتا ہے۔ نہ صرف عوام بلکہ خواص بھی، جن میں ان کے ہم عصر لکھاری، فنکار اور نقاد شامل ہوتے ہیں، ان کو درست طور سے سمجھ نہیں پاتے۔ جو فنکار جس قدر غیر روایتی ہوگا اسی قدر زیادہ امکان ہے کہ وہ فنی روایات کو مسترد کر دے۔ اسی تناظر میں اگر کوئی روایتی نقاد کسی نئے طریقۂ اظہار کا سختی سے جائزہ لیتا ہے تو یہ بھی کوئی حیران کن بات نہیں ہوتی۔ ہم سب اس حقیقت سے واقف ہیں کہ روایتی شعراء اور ناقدین کو آزاد نظم اور نثری نظم کو درست شعری صنف تسلیم کرنے اور اس کو قدر کی نگاہ سے دیکھنے میں ایک طویل عرصہ لگا تھا۔ ایک نسل کا غیر تسلیم شدہ کام اگلی نسل کے لیے قابلِ احترام ہو سکتا ہے۔ ایک نسل کی پگڈنڈی آئندہ آنے والے لوگوں کے لیے شاہراہ بن سکتی ہے۔ فنی روایات کے ساتھ تجربات کے ساتھ ساتھ تخلیقی شخصیات اپنے کنبوں اور معاشروں کے معاشرتی آداب اور اخلاقی روایات کو بھی مسترد کرتی ہیں۔ نتیجتاً ان کی تخلیقات پر لوگوں کا ردِ عمل بعض اوقات بہت شدید ہوتا ہے۔ جب تخلیقی شخصیات اپنے خاندانوں اور معاشروں کی قدامت پسندانہ سماجی روایات کو مسترد کرتی ہیں تو وہ اپنے خلاف مذہبی اداروں اور سیاسی تنظیموں کی طرف سے شدید مزاحمت اور ردِ عمل کا سامنا کر سکتی ہیں۔ ہم سب کو معلوم ہے کہ James Joyce اور Henry Miller کی تخلیقات پر ان کے معاشروں کی طرف سے قبولیت سے قبل ایک طویل عرصے تک پابندیاں رہی تھیں۔ تاریخ میں ایسے واقعات بھی ملتے ہیں جب سعادت حسن منٹو اور آسکر وائلڈ جیسے فنکاروں اور لکھاریوں پر فحش نگاری کے مقدمات قائم کیے گئے اور ان کو عدالتوں میں جا کر اپنے مؤقف کا دفاع کرنا پڑا۔ وہ جنھوں نے مذہبی روایات کو مسترد کیا ان پر توہینِ مذہب کے مقدمات بنے اور ان کو اپنی اقدار اور آدرشوں کی بھاری قیمت ادا کرنی پڑی۔

7۔ تخلیقی شخصیات جذبۂ شوق سے سرشار ہوتی ہیں

مجھے زندگی میں بہت سی ایسی تخلیقی شخصیات سے واسطہ پڑا ہے جو جذبۂ شوق سے سرشار تھیں اور ان کی اپنے ماحول کے ساتھ رشتے میں ایک قسم کی شدت تھی۔ اس شدت کا اظہار کچھ تو اپنی تخلیقی

مصنوعات میں کرتی تھیں اور دیگر اپنی شخصیت کے ذریعے سے بھی کرتی تھیں۔ ایسا معلوم ہوتا تھا جیسے ان کے رویوں میں ایک خاص قسم کا تریاق تھا جو دوسروں کے ساتھ جذباتی اور تخلیقی تبادلے میں ان کے اندر ایک دافع امراض قسم کی صفت پیدا کر دیتا تھا۔ بعد میں ان کے اندر ایک تریاقی ردِعمل پیدا کر کے باہمی تصادم کے لیے میدان تیار کرتا دیتا تھا۔ وقت گزرنے کے ساتھ ساتھ تخلیقی شخصیات اور ان کے معاشرے کے درمیان ایک ہنگامہ خیز رشتہ قائم ہو گیا۔ بعض تخلیقی شخصیات کو پسند کیا جاتا اور کچھ سے نفرت کی جاتی ہے۔ اور عجیب بات یہ بھی ہے کہ کچھ ایسی شخصیات بھی ہیں جن سے ایک ہی وقت میں برابر شدت کے ساتھ محبت اور نفرت دونوں کی جاتی ہیں۔ روایتی مذہبی اداروں کی طرف سے، قدامت پسند سیاسی تنظیموں کی طرف سے اور روایتی خاندانوں کی طرف سے تخلیقی شخصیات پر مقدمے قائم ہونا، قید و بند کی صعوبتیں برداشت کرنا اور بے دخل ہونا غیر معمولی واقعات نہیں ہیں۔ اس طرح کی رائے بازی، عدالتی فیصلے اور پابندیاں تخلیقی شخصیات کو سزائے موت یا عمر قید سے اتنی خوف زدہ کر دیتی ہیں کہ یا تو وہ اپنا کوئی فرضی نام رکھ لیتے ہیں یا وطن ہی چھوڑ جاتے ہیں۔

8۔ تخلیقی شخصیات کے ساتھ بسرام کرنا دُشوار ہوتا ہے

تخلیقی شخصیات دُور سے جتنی بھی دلکش اور دلچسپ نظر آتی ہوں ان لوگوں کے ساتھ رہنا بہت مشکل ہوتا ہے۔ اس کی وجہ ان کا انوکھا رویہ اور غیر معمولی طرزِ زندگی ہوتا ہے۔ میں بہت سے تخلیقی بچوں کے والدین سے اور بہت سے تخلیقی افراد کے ازواج سے ملا ہوں۔ اُن کا کہنا تھا کہ تخلیقی افراد سے محبت کرنا آسان ہے مگر ان کے ساتھ رہنا مشکل ہے۔ تخلیقی شخصیات سے وابستہ لوگ جتنے قنوطی اور کاملیت پرست تھے ان کی اپنی ذات اور دوسروں سے توقعات بھی اتنی ہی زیادہ تھیں۔ مگر تخلیقی شخصیات نے ان افراد کو اسی قدر مایوس کیا۔ روزمرہ زندگی میں یہ میرا ذاتی اور پیشہ وارانہ مشاہدہ ہے کہ عموماً چار عناصر کسی خاندانی زندگی میں وجہِ تنازعہ بنتے ہیں:

ا۔ صفائی ستھرائی

اکثر تخلیقی بچوں اور بڑوں میں صاف رہنے کا رجحان نہیں ہوتا۔ ان کے رہائشی کمرے کثیف اور دفاتر بے ہنگم ہوتے ہیں۔ تخلیقی اشخاص کی کھردری عادتیں ان کے ساتھ رہنے والے افراد کے لیے مصیبت بنی رہتی ہیں۔

ب۔ وقت

تخلیقی افراد وقت کی پرواہ نہیں کرتے۔ بہت سے تو ایسے بھی ہیں جو گھڑیاں تک نہیں پہنتے۔ یہ عموماً دیر کر دیتے ہیں۔ ان کے دوست احباب اور قرابت داران کا گھنٹوں انتظار کرتے ہیں مگر یہ وقت پر نہیں پہنچ پاتے حتیٰ کہ بھول بھی جاتے ہیں۔ بہت سے تخلیقی نوعمروں کے والدین کی خواہش ہوتی ہے کہ ان کے بچے وقت کی پابندی سیکھ لیں۔ عام لوگ جس چیز کو لاپرواہی سمجھتے ہیں تخلیقی افراد اس کو بے فکری سمجھتے ہیں۔ لوگ جس طرزِ عمل کو غیر ذمہ دارانہ رویہ سمجھتے ہیں، تخلیقی افراد اس کو آزاد روی سمجھتے ہیں۔ اور عام لوگ جس رویے کو عجلت بازی سمجھتے ہیں تخلیقی افراد اس کو بے ساختہ پن سمجھتے ہیں۔ ان متضاد ترجیحات کہ ساتھ تخلیقی افراد اور ان کے دوستوں رشتہ داروں کے مابین ہر وقت کوئی نہ کوئی تنازعہ کھڑا رہنا حیرانی کی بات نہیں۔

ج۔ مالی معاملات

میں بہت سے ایسے نوبالغان سے مل چکا ہوں جو روپے پیسے کو سلیقے سے خرچ کرنا نہیں جانتے تھے اور پیسہ کمانے کی فکر میں رہتے تھے۔ حتیٰ کہ بلوغت کی عمر کو پہنچ کر بھی ان کو مالی سلیقہ نہ آیا۔ پھر ایسا ہوتا تھا کہ ان کے پاس اپنے تخلیقی منصوبے مکمل کرنے کے لیے رقم نہیں ہوتی تھی۔ وہ اپنے تخلیقی شاہکار پیسہ کمانے کی بجائے خوابوں کی تعبیر پانے کے لیے مکمل کرتے تھے۔ البتہ اس معاملے میں وہ تخلیقی افراد مالی طور پر کامیاب رہے جن کو خوش قسمتی سے سلیقہ شعار سیکریٹری، معاونِ کار یا مینیجر میسر آ گئے۔

د۔ اخلاقیات

میں بہت سی ایسی تخلیقی شخصیات سے بھی ملا ہوں جو اخلاقیات کے مروّجہ خاندانی اور معاشرتی معیارات سے متفق نہیں تھے۔ اس معاملے میں وہ من کی پگڈنڈی پر چلتے تھے اور معاشرے کی مذہبی اور سماجی روایات کی پاسداری کرنا ضروری نہیں سمجھتے تھے۔ ظاہر ہے اس کا نتیجہ مذہبی اداروں اور روایتی تنظیموں کے ساتھ تصادم کے سوا کیا نکل سکتا تھا۔

9۔ تخلیقی شخصیات تخلیق سے قبل تخریب کرتی ہیں

تخلیقی شخصیات کے انٹرویو اور زندگیوں کا مطالعہ کرتے ہوئے مجھے احساس ہوا کہ تخلیقی سفر میں ان کا تخریب کے ساتھ ایک خاص رشتہ ہوتا ہے اور یہ بات ان کے قرابت داروں کے لیے بہت تشویش کا باعث ہوتی ہے۔ اس کی ایک مثال چارلس ڈارون تھے۔ بہت بچپن سے ہی ڈارون کو

نمونے جمع کرنے کا شوق تھا۔ حتیٰ کہ بلوغت کی عمر کو پہنچ کر بھی ڈارون نے بے شمار پرندے اور جانور جمع کرر کھے تھے۔ ایک ایسا وقت بھی آیا کہ ڈارون کے کنبے کو ان کی جانور مارنے کی عادت پر پریشانی ہو گئی۔ انھوں نے ان کی اس عادت کو بے راہ روی قرار دیا اور فکر دامن گیر ہوگئی کہ وہ کسی نفسیاتی بیماری کا شکار نہ ہوں۔ اُن کی تنقید نے ڈارون میں ایک احساسِ جُرم پیدا کر دیا۔ کنبے کے افراد یہ نہ سمجھ سکے کہ ڈارون سائنسی تحقیق کے لیے پرندے اور جانور مارتے تھے نہ کہ ایذا پسندی یا گناہِ بےلذت کے لیے۔

میرے لیے یہ بات حیرت ناک تھی کہ تخریبی عمل تخلیقیت کے ساتھ کس قدر بے حجابی سے جُڑا ہوا ہے۔ میرے خیال میں تخلیقی لوگوں کی نیت جانے بغیر ان کے رویوں کے بارے میں رائے قائم کرنا نا انصافی ہے۔ تخلیقی لوگوں کی نیت ، پوشیدہ لگن اور جستجو کو جانے اور سمجھے بغیر ان کے معاشروں اور خاندانوں کی طرف سے فتوے لگانا اور سزاوار ٹھہرانا کوئی غیر معمولی بات نہیں ہے۔ دو قسم کی تخریب کاری میں فرق کرنا اہم ہے۔ تخلیقی افراد کی تخریب کاری نپی تلی اور کسی مقصد کے حصول کے لیے ہوتی ہے جبکہ بے ضمیر نفسیاتی مریضوں کی تخریب کاری تباہی و بربادی کے لیے ہوتی ہے۔ کیونکہ وہ دوسروں کو ایذا پہنچا کر لطف اندوز ہوتے ہیں۔ کچھ تخلیقی شخصیات جو اپنے ذہنی تناؤ کو قابو نہیں کر سکتیں دو قسم کے ذہنی بحرانوں کا شکار ہوسکتی ہیں؛ نفسیاتی اُلجھن یا دماغی خلل۔ دونوں عارضوں کا اظہار بھی تخریبی رویے کی صورت میں ہوسکتا ہے۔

10۔ تخلیقی شخصیات کے تنازعات اور مایوسیاں منفرد ہوتی ہیں

چونکہ اکثر تخلیقی شخصیات روایات اور اختیارات کو مسترد کرتی ہیں اس لیے ان کو ایک مجرم کے طور پر دیکھا جاتا ہے اور ان کے ساتھ ناروا سلوک کیا جاتا ہے۔ ماحول کی طرف سے اس طرح کا جارحانہ رویہ ان کے اندر مایوسی پیدا کرتا ہے۔ کچھ تخلیقی افراد غصیلے اور کشیدہ خاطر ہو کر سماجی یا پھر جذباتی بحران کا شکار ہو جاتے ہیں۔ جبکہ کچھ اس کو فن میں بلندی کا زینہ بنا لیتے ہیں۔ اور اسی مایوسی کو اپنے تخلیقی شاہکاروں کے لیے خام مال کے طور پر استعمال کرتے ہیں۔ تخلیقی شخصیات انسانی دُکھوں کے بارے میں حساس ہوسکتی ہیں خصوصاً اگر وہ خود کسی سانحے سے دوچار ہوئے ہوں۔ مثال کے طور پر بچپن میں والدین کو کھو دینا یا کسی جسمانی عارضے میں مبتلا ہو جانا یا پھر جوانی میں کسی جذباتی حادثے کا شکار ہو جانا۔ خود پر گزرے ہوئے دکھ ان کو دوسروں کے بارے میں ایک انسانی رویہ اپنانے اور ان کے دکھ درد محسوس کرنے میں مدد دیتے ہیں۔ یہی نازک احساس ان کو انسانیت کے دُکھوں کو سُکھوں میں بدلنے میں مصروف تنظیموں کی سرگرمیوں میں حصہ لینے کی تحریک دیتا ہے۔

11۔ تخلیقی شخصیات فطرت کی پُراسراریت پر حیرت زدہ رہتی ہیں

تخلیقی شخصیات حیرت کدۂ فطرت میں بہت دلچسپی لیتی ہیں۔اور فطرت میں محویت، توجہ اور دلچسپی ان کی شخصیت میں پُراسراریت کا عنصر پیدا کر دیتی ہے۔وہ ان کرشماتِ فطرت میں دلچسپی لینا شروع کر دیتے ہیں جن کو دیگر افراد مافوق الفطرت سمجھ کر قبول کیے ہوتے ہیں۔ مثال کے طور پر سائنسداں اپنی خوردبین اور دوربین کے ساتھ قوانینِ فطرت دریافت کرنے کی کوشش کرتے ہیں۔ جبکہ فنکار، لکھاری اور فلسفی انسان کی کیفیات کے اسرار معلوم کرتے ہیں۔تخلیقی شخصیات میں ساری زندگی ایک بچے کی سی معصومیت برقرار رہتی ہے۔ وہ ہر وقت سچ کی تلاش میں سرگرداں رہتے ہیں۔ یہ سچ ذاتی بھی ہوسکتا ہے سماجی بھی، قومی بھی اور عالمگیر بھی۔ یہی سچ کا سفر انفرادی سطح پر اور روشن خیال معاشروں میں سماجی سطح پر دیگر افراد کے ساتھ مل کر شاہکار تخلیق کرنے میں ان کا مددگار ثابت ہوتا ہے۔

12۔ تخلیقی شخصیات فن اور زندگی کا اپنا فلسفہ رکھتی ہیں

جب میں تخلیقی شخصیات کے ساتھ کیے گئے انٹرویوز اور ان کی سوانح ہائے حیات کا جائزہ لیتا ہوں تو محسوس کرتا ہوں کہ تخلیقی افراد اپنے تخلیقی کام اور زندگی کا الگ فلسفہ رکھتے تھے۔کچھ فن برائے فن کے پرچارک تھے جیسے آسکر وائلڈ، وہ سمجھتے ہیں کہ فن کی اپنی کاملیت، اپنا حُسن اور الگ اقدار ہیں۔فن اپنے سے باہر کا کوئی مقصد پورا کرنے کے لیے نہیں ہوتا۔اس کے برعکس کچھ فنکار اور لکھاری ایسے بھی ہیں جن کا نقطہ نظر مختلف ہے۔ وہ یہ سمجھتے ہیں کہ فن کو سماج اور سیاسی مسائل کے ساتھ مربوط ہونا چاہیے تا کہ لوگ اپنی عمومی کیفیت کو سمجھ سکیں اور ان کو اپنی زندگی میں بہتری لانے میں مدد ملے۔تخلیقی شخصیات کی ایک تیسری قسم بھی ہے۔ ان کا ماننا ہے کہ خالص فن جمالیات اور انسانی اقدار، دونوں کو گلے لگاتا ہے۔فن خوبصورت بھی ہے اور بامعنی بھی۔ یہ تفریح بھی مہیا کرتا ہے اور شعور کو منور بھی کرتا ہے۔

تخلیقی افراد جو سماج میں تبدیلی کا باعث بنتے ہیں دو گروہوں میں تقسیم کیے جا سکتے ہیں۔ایک وہ جو پُرامن ارتقائے زندگی پر یقین رکھتے ہیں اور دوسرے وہ جو پُرتشدد انقلاب سے سماجی تبدیلی لانا چاہتے ہیں۔گویا پہلا گروہ لیو ٹالسٹائے اور مارٹن لُوتھر کنگ جونیئر کا پیروکار رہے جبکہ دوسرا، ولادیمیر لینن، ماؤزے تنگ اور چے گویرا سے متاثر ہے۔ان کی ساری زندگی بھی تخلیقی مصنوعات بنانے میں صرف ہو جاتی ہے مگر یہ تخلیقات نظمیں اور تصاویر نہیں بلکہ سماجی اصلاحات اور قومی انقلابات ہوتے ہیں۔ میں نے بیسویں صدی کے کچھ اصلاح کاروں اور انقلابیوں کی شخصیات اور فلسفوں پر اپنی کتاب Prophets of Violence,Prophets of Peace: میں تفصیلی بحث کی ہے۔حقیقت

یہ کہ تخلیقی افراد خواب دیکھتے ہیں۔ وہ چاہتے ہیں کہ ان کے معاشرے زیادہ بامقصد زندگی گزاریں۔ ان کو یقین ہو، تاکہ ہم فطرت اور انسان کے رازہائے سربستہ کو جتنا بہتر سمجھیں گے اتنی زیادہ نشوونما اور ارتقاء کر سکیں گے۔ ان تمام کاوشوں نے سائنس، آرٹس اور فلسفوں کو جنم دیا ہے جو ایک نسل گزشتہ نسل سے وراثت میں لیتی ہے اور اگلی نسل کو منتقل کر دیتی ہے۔ تخلیقی شخصیات امید رکھتی ہیں کہ ہم دنیا کو اس سے بہتر حالت میں چھوڑ کر جائیں گے جیسی ہمارے آباءواجداد نے ہمارے لیے چھوڑی تھی۔ یہ لوگ خوبصورت کل کا خواب دیکھتے ہیں۔ ان کی خواہش ہوتی ہے کہ ہمارے بچوں کے بچے، ہمارے والدین کے والدین کی نسبت زیادہ پُرلطف، پُرامن اور آگاہی سے منور زندگیاں گزاریں۔

تخلیقی شخصیات خود بھی اتنی ہی دلچسپ ہوتی ہیں جتنی کہ ان کی تخلیقات۔ یہ لوگ ہماری زندگیوں کو پُرلطف بنانے اور آگاہی سے منور کرنے میں اہم کردار ادا کرتے ہیں۔ ہمیں تسلیم کرنا پڑے گا کہ ہم ایسے عطایافتہ افراد کے مقروض ہیں۔ میں اس حوالے سے خوش قسمت ہوں کہ ایسے بہت سے افراد سے ذاتی طور پر مل چکا ہوں اور اس سے بھی زیادہ افراد کی سوانح ہائے حیات پڑھ چکا ہوں اور میں ان شخصیات سے بہت متاثر بھی ہوا ہوں۔ خاندان والوں، سکولوں اور معاشروں کو اپنے تخلیقی بچوں کو شروع دن سے ہی پہچان لینا چاہیے تاکہ ان کی مناسب نشوونما اور تربیت ہو سکے۔

مجھے امید ہے کہ تخلیقی شخصیات کو پسماندہ پیمانوں اور بوسیدہ نظاموں کی عینک پہن کر دیکھنے کی بجائے ہم ان کی انفرادی شخصیات کی قدر اور دنیا کے لیے ان کی قیمتی خدمات کی حوصلہ افزائی کریں گے کیونکہ اس سے ہماری ہی زندگیوں میں بہتری آئے گی۔

ooo

دوسرا باب

تخلیقی بارش سے تخلیقی چشمے تک

تخلیقی بارش سے تخلیقی چشمے تک

میری ادبی زندگی میں ایک دور ایسا بھی گزرا ہے، جب میں تخلیقی بارش کے تجربہ سے دو چار رہتا تھا۔ میں کوئی ایک نظم، افسانہ یا ایک مضمون لکھتا تھا مگر اس کے بعد طویل عرصے کے لیے خشک سالی آجاتی۔ مگر گزشتہ چند سالوں میں بارش نے تخلیقی چشمے کی صورت اختیار کر لی ہے۔ یہ تخلیقی چشمہ دن، رات کام کے دنوں میں اور ہفتہ وار تعطیلات میں برابر بہتا رہتا ہے۔ مجھ پر اب رائٹرز بلاک (تعطلِ آمد) نہیں آتا۔ یہ تبدیلی اس وقت رو پذیر ہوئی جب مجھے یہ آگہی ہوئی کہ اگرچہ تخلیقی عمل کا تعلق ہمارے لاشعور سے ہے، ہم اس پر اثر انداز ہو کر اس کی رہنمائی کر سکتے ہیں۔ میں نے سائکو تھراپی کے شعبہ میں زیرِ علاج ان مریضوں کے بارے میں پڑھ رکھا تھا جو اپنے خوابوں کو باقاعدگی سے یاد رکھتے تھے۔ ان کے پاس ایک خواب ڈائری ہوتی تھی۔ جس میں نیند سے بیدار ہوتے ہی وہ اپنے خواب لکھ لیتے تھے تا کہ اپنے معالجین کو سنا سکیں۔ میں نے سوچا کہ اگر لوگ اپنے خوابوں پر دسترس رکھ سکتے ہیں تو میں اپنے تخلیقی عمل پر اثر انداز کیوں نہیں ہو سکتا۔ کیونکہ دونوں کا سرچشمہ ایک ہی ہے اور وہ ہے لاشعوری ذہن۔

پھر کچھ اور وقت گزرا تو میں اور میری میوس (Muse) آپس میں دوست بن گئے۔ اب ہم مل کر تخلیقات کرنے لگے۔ اس وجہ سے میرے تخلیقی کارکردگی کئی گنا بڑھ گئی ہے۔ میرا تخلیقی سفر اب اپنی دریافت، خود آگائی اور اپنا اصل جوہر نمودار کرنے کا سفر بن چکا ہے۔ مجھے پختہ یقین ہے کہ میری تخلیقیت نے مجھے شعوری آزادی عطا کرنے اور ایک معرکتہ الآرائ زندگی دریافت کرنے میں میری مدد کی ہے۔ اس نے مجھے ایک اچھا دوست، مہربان طبیب اور خوشگوار انسان بنا دیا ہے۔ اس دوران میں نے اپنے بارے میں چند باتیں سیکھی ہیں۔

1۔ تخلیقی صُبحیں

صبح کا سماں میرے لیے تخلیق کرنے اور لکھنے کے لیے بہترین وقت ہوتا ہے۔ سادہ کاغذ قلم اور پنسل میرے بستر کے پاس ہر وقت پڑی ہوتے ہیں۔ جس موضوع پر لکھنا ہوتا ہے اس کے بارے میں، میں ایک رات قبل سوچ لیتا ہوں۔ جب میں نیند سے بیدار ہوتا ہوں تو اس بارے میں لکھنے کے لیے تیار ہوتا ہوں۔ مجھے لگتا ہے میری محبوبہ، میری آورد، اس وقت بھی جاگ رہی ہوتی ہے جب میں سوچ رہا ہوتا ہوں۔ اس کیفیت میں، میری آورد، ایک تحقیقی معاون کی طرح میرے ماضی کے نہاں خانوں میں جا کر متعلقہ خیالات، نظریات، خاکے اور حوالے جمع کرتی ہے۔ اور ان اشیاء کو ایک ادبی طشتری میں سجا کر مجھے تخلیقی ناشتے کے طور پر پیش کرتی ہے۔ ماضی قریب کی بات ہے کہ میں نے اپنی پسندیدہ مصنفہ Anais Nin کے بارے میں ایک مضمون لکھنا تھا۔ یہ مضمون لکھنے کی تحریک مجھے میرے ایک دوست راشد مغل نے دی تھی جو بذاتِ خود بھی ان کی تحریروں کا مداح ہے۔ میں نے مذکورہ مصنفہ کی شخصیت اور فلسفے کے حوالے سے ایک مضمون لکھنے کے بارے میں سوچ لیا۔ مضمون لکھنے سے ایک دن قبل ساری شام، میں نے ان کی ڈائریوں اور انٹرویوز کے بارے میں سوچا اور پھر سو گیا۔ صبح جب میری آنکھ کھلی اور میں نے لکھنا شروع کیا تو شعور کی ندی رواں ہو گئی اور میں نے ایک ہی نشست میں گیارہ صفحے برجستہ لکھ ڈالے۔ اس کے بعد میں نے صرف ایک نظر ان کی ڈائریوں، انٹرویوز اور لیکچرز پر ڈالی وہاں سے ان کے کچھ اقوال لے کر مضمون میں درج کیے تا کہ میرے نقاط نمایاں ہو سکیں۔ یہ سب کچھ اتنا لُطف انگیز تھا کہ میں دیر تک اس کیفیت سے محظوظ ہوتا رہا۔ مجھے نین کا تخلیقیت کے ساتھ رشتہ دلچسپ لگا، وہ بالکل میری اس کیفیت جیسا تھا۔ مجھے نین کے ساتھ اس وقت بہت یگانگت محسوس ہوئی جب اس نے لکھا: میں سٹیشنری سٹور پر دیوانی ہو جاتی ہوں۔ جب میں وہاں طرح طرح کے خوبصورت کاغذ دیکھتی ہوں۔ کاغذ مجھے لکھنے کی تحریک دیتا ہے۔

صبح بیدار ہو کر مجھے محسوس ہوتا ہے کہ میرا ذہن ایک خالی صفحہ ہے جو دماغ کے دائیں حصے سے پُراسرار تحفے وصول کرنے کے لیے تیار ہے۔ جہاں سے میرا لاشعوری ذہن، میری تخلیقی ذات اور میری آورد یہ تحفے عطا کرتے ہیں۔

2۔ تخلیقی منصوبے

میں مختلف تخلیقی منصوبوں پر بیک وقت کام کرتا ہوں۔ تاکہ جب میں کسی ایک کے ساتھ یکسانیت یا تھکاوٹ کا شکار ہو جاؤں تو دوسرے پر تازہ توانائی سے کام کر سکوں۔ میں آج کل درج ذیل منصوبوں پر کام کر رہا ہوں:

1۔ میں اپنی کتاب The Myth of the Chosen One کی پروف ریڈنگ (تنقیدی مطالعہ) کر رہا ہوں۔ یہ کتاب ان قاتلوں کی نفسیات پر ہے جو پے در پے قتل کرتے ہیں یا وہ قاتل جو کثیر تعداد میں ہلاکتیں کرنے پر یقین رکھتے ہیں۔

2۔ میں اپنی دوسری کتاب Prophets of Peace, Prophets of Violence پر تحقیقی مواد جمع کر رہا ہوں۔ یہ کتاب عظیم انقلابیوں اور اصلاح کاروں کی زندگیوں اور فلسفے پر ہے۔ میں ٹالسٹائے، گاندھی، مارٹن لُوتھر کنگ اور نیلسن مینڈیلا کے سوانح ہائے حیات پڑھنا چاہتا ہوں کیونکہ میں یہ سمجھتا ہوں کہ یہ چاروں بیسویں صدی کے امن کے ستون تھے۔ میں نے ان چار کا انتخاب اس وقت کیا جب مجھے پتہ چلا کہ گاندھی نوعمری میں ٹالسٹائے سے متاثر تھے۔ وہ ٹالسٹائے کو خطوط لکھا کرتے تھے اور ان کی سوچ اپنے اندر جذب کرنے کے لیے اس کی کتب پڑھا کرتے تھے۔ نتیجتاً جب گاندھی نے ہندوستان میں عدمِ تشدد کا نظریہ پیش کیا تو دنیا ششدر رہ گئی۔ اسی طرح بعد ازاں نیلسن مینڈیلا، مارٹن لُوتھر کنگ سے متاثر ہوئے۔ جب میں نے مینڈیلا کی نوبل تقریر کا مطالعہ کیا تو یہ جان کر بہت اچھا لگا کہ انھوں نے اس میں مارٹن لوتھر کنگ کو خراجِ تحسین پیش کیا تھا۔ مجھے یہ جان کر دلچسپ حیرت ہوئی کہ ہندوستان میں برطانوی راج کے خلاف جدوجہد آزادی شروع کرنے سے قبل گاندھی نے زمانہ طالب علمی میں جنوبی افریقہ میں ایشیائی لوگوں کی جدوجہد دیکھ رکھی تھی اور اس سے متاثر تھے۔ امید ہے کہ ان شخصیات کا مطالعہ چند ماہ تک، جب تک میرے یہ منصوبے مکمل نہیں ہوتے، میرے تخلیقی رس نکالتا رہے گا۔

3۔ میری ایک اور کتاب The Art of Living in your Green Zone تکمیل کے آخری مراحل میں ہے۔ یہ کتاب میری بطور سائیکوتھراپسٹ 25 سالہ تجربات کا نچوڑ ہے۔ اس میں، مَیں کچھ نئے طریقہ علاج متعارف کرواؤں گا جو میں نے بطور نفسیاتی معالج اپنے کام کے دوران سیکھے ہیں۔

4۔ تخلیقی تراجم:

اپنی تحریر کا فن اور طریقہ بہتر کرنے کے لیے میں نے انگریزی سے اردو ترجمہ بھی شروع کیا تھا۔ ایسا کرنے کے لیے مجھے کئی ایک بار بین الاقوامی کلاسیکی لٹریچر پڑھنا تھا تا کہ انگریزی ادیبوں کی تحریری روحوں تک میری رسائی ممکن ہو۔ ایسے تراجم میرے دیگر تخلیقی کام میں بھی بہت حوصلہ بخش ثابت ہوئے ہیں۔ ترجمہ کرتے ہوئے اگر مجھے کوئی نیا خیال وارد ہو جاتا تو میں ترجمے کو کچھ دیر کے لیے ایک طرف رکھ کر اپنا تخلیقی کام کرنے لگ جاتا تھا۔ کیونکہ ترجمہ بعد میں ہو سکتا ہے مگر تخلیقی لمحات تاخیر کر دینے سے گرفت میں نہیں آتے۔ میں نے تراجم کا جو آخری کام کیا تھا وہ مقامی انڈین ادب کے تراجم تھے۔ ایک قابلِ قدر اور معروف پاکستانی لکھاری آصف فرخی کی جب کینیڈا آمد ہوئی تو میں نے ایک ملاقات میں ان کو ریڈ انڈین برادری کے سربراہ Chief Seattle کی تقریر کا اُردُو ترجمہ دکھایا۔ فرخی صاحب تقریر اور میرے ترجمے سے اتنے متاثر ہوئے کہ مجھے اس طرح کے مزید تراجم کرنے کی صلاح دی۔ انھوں نے مجھے بتایا کہ پاکستان میں لکھاریوں نے یورپ، مشرقِ وسطیٰ اور جنوبی امریکہ کے تراجم اُردو میں کیے ہیں مگر کسی نے ریڈ انڈین ادب کا ترجمہ ابھی تک نہیں کیا۔ میں نے ایسا کرنے کا وعدہ کر لیا اور چند ماہ میں یہ کام مکمل بھی کر لیا۔

5۔ تخلیقی دوست

گزشتہ دہائی سے میں نے دنیا بھر کے تخلیقی افراد کے ساتھ دوستی کا رشتہ قائم کر رکھا ہے۔ میں ان کو اپنے 'قلبی کنبہ' یا Family of the Heart کہتا ہوں۔ اپنی تخلیقی مصنوعات کا پہلا مسودہ ای میل کے ذریعے ان احباب میں سے کسی کو بھیجتا ہوں۔ میرے دوست بہت سمجھدار ہیں۔ وہ میرے مسودے پڑھ کر بہت دیانت داری اور خلوص کے ساتھ اپنی آرائ سے مجھے مطلع کرتے ہیں۔ میں ان کے مشوروں کو اپنی تخلیقی مصنوعات میں شامل کر کے ان کو حتمی شکل دے دیتا ہوں۔ میں اس اعتبار سے خوش قسمت ہوں کہ ایسے کئی دوست تخلیقی سفر میں میرے ہم سفر ہیں۔ ان کا خیال ہے کہ میرے تخلیقی مسودوں کو پڑھنا اور رائے لکھنا ان کو اپنے غیر مکمل تخلیقی جلد مکمل کرنے کی تحریک دیتا ہے۔

میں عموماً مشترکہ پراجیکٹ کرتا ہوں کیونکہ میرا ماننا ہے کہ ایک اور ایک گیارہ ہوتے ہیں۔ تخلیقی دوستی میں لوگ ایک دوسرے کا پوشیدہ جوہر باہر نکال لاتے ہیں۔ اس حوالے سے میری خوش قسمتی ہے کہ مجھے ''این اینڈرسن'' کے ساتھ کام کرنے کا موقع ملا۔ 'این' نہ صرف ایک ماہر نرس ہیں بلکہ ایک

مخلص دوست بھی ہیں۔ ہم دوپہر کے کھانے کے وقفے میں باقاعدگی سے پر مغز مکالمہ کرتے ہیں۔ این کے ساتھ میرے اس مکالمے سے مجھے اپنے فلسفۂ زندگی کو وضع اور واضع کرنے میں بہت مدد ملتی ہے۔

6۔ تخلیقی تعطیلات

کچھ ہفتے کلینک کی مصروفیت کے ساتھ ایک لگی بندھی زندگی گزارنے کے بعد میں ایک ہفتہ کے لیے چھٹی پر چلا جاتا ہوں۔ ان تعطیلات کے دوران میں اپنے تخلیقی دوستوں سے ملاقاتیں کرتا ہوں۔ اور اپنے نامکمل تخلیقی پراجیکٹ مکمل کرتا ہوں۔ گھر سے باہر کا سفر میرے تخلیقی جذبے کو بلند کرتا ہے۔ اور میرے تخلیقی رس ایک نئے جوش کے ساتھ بہنے لگتے ہیں۔ جب میں ایئرپورٹ پر، ہوائی جہاز میں یا دُور کسی جزیرے کے ساحل پر بیٹھا ہوتا ہوں، یا دُور دراز کی نگری میں اپنے دوستوں کے پاس ہوتا ہوں تو فارغ اوقات میں اپنے گزشتہ ہفتے کے کاموں پر نظرِ ثانی کرتا ہوں اور آنے والے ہفتوں کی منصوبہ بندی کرتا ہوں۔ اس کی مثال ایسی ہی ہے جیسے ایک زینہ طے کر کے بیٹھنے کی جگہ بنائی جاتی ہے۔ بلندی کا سفر طے کرنے کے بعد ہمیں کچھ دیر ستانے کی ضرورت ہوتی ہے۔ تاکہ ہم اپنی توانائی بحال کر کے اگلے سفر کے لیے تیار ہو جائیں۔ میرا فلسفہ یہ ہے کہ تخلیقی سفر ایک طویل دوڑ ہے۔ اس کے لیے میں کچھوے کا استعارہ استعمال کرتا ہوں۔ میرے کلینک میں چھوٹے بڑے مختلف مصنوعی کچھوے ہیں جن کو میں مستقل مزاجی کی علامت کے طور پر استعمال کرتا ہوں۔ لمبی عمر کے حامل کچھوے سست رفتار تو ہوتے ہیں مگر طویل مسافتیں طے کرتے ہیں اور بالآخر کامیاب ہوتے ہیں۔ جب کہ خرگوش کی طرح تیز دوڑنے والے عموماً سو جاتے ہیں۔ دوڑ میں دلچسپی کھو دیتے ہیں اور بالآخر ہار جاتے ہیں۔ میں ہمیشہ ان فنکاروں سے متاثر ہوتا ہوں جن کو تاحیات بہترین کارکردگی کا ایوارڈ ملتا ہے۔ نا کہ کسی یک وقتی کام کا۔ سنجیدہ لکھاری اپنے پیچھے ایک دو فن پارے نہیں چھوڑتا بلکہ اس کے ہاں کام کا ایک حجم ہوتا ہے۔

7۔ تخلیقی انضمام

مجھے یہ بھرپور احساس ہوا ہے کہ میری نجی، پیشہ وارانہ اور سماجی زندگی آپس میں ہم آہنگ ہیں۔ میں اپنے پیشہ وارانہ تجربات دوسروں کے ساتھ شیئر کرنے کا اتنا ہی شوق رکھتا ہوں جتنا کہ اپنے ذاتی واقعات کا۔ میرے لیے یہ بات بہت خوش کن ہے کہ نظموں، کہانیوں اور مضامین کا ایک اچھا خاصا مجموعہ تخلیق کرنے کے بعد مجھے ان کو خطوط کی صورت میں لکھنے کا شوق پیدا ہو گیا ہے۔ دوستوں کو سنجیدہ موضوعات پر خط لکھنا میرا اظہار کا نیا طریقہ ہے۔ میرے خیال میں یہ طریقہ بہت برجستہ بھی

ہے۔میں اس میں بہت آسانی محسوس کرتا ہوں۔خطوط لکھتے ہوئے مجھے اپنی ذات سے ملنے کا موقع بھی میسر آتا ہے۔میرے نزدیک مراسلہ نگاری مواد اور تشکیل کا بہترین امتزاج ہے جو میری شخصیت اور مزاج کو راس آتا ہے۔Anais Nin کی ڈائریاں اور Vincent Van Gogh کے خطوط پڑھ کر مجھے احساس ہوا ہے کہ ڈائریاں اور خطوط ادب میں اتنی ہی سنجیدہ توجہ کی مستحق ہیں جتنی کہ نظموں، افسانوں اور ناولوں کو دی جاتی ہے۔

8-تحریر

''میں جتنا زیادہ لکھتا ہوں، اتنا ہی زیادہ اپنے آپ کو دریافت کرتا ہوں۔جتنا اپنے آپ کو دریافت کرتا ہوں، اتنا ہی زیادہ میں دوسروں کو اپنے ساتھ شامل کرتا ہوں۔میں جتنا دوسروں کو اپنے ساتھ ملاتا ہوں۔اتنا ہی ان کے ساتھ بامعنی روابط قائم ہوتے ہیں۔اور جتنے زیادہ بامعنی روابط قائم ہوتے ہیں، اتنا ہی تخلیقی دوست بنانے کے راز مجھ پر عیاں ہوتے جاتے ہیں۔جس قدر مجھ پر تخلیقی دوست بنانے کے راز عیاں ہوتے ہیں، اسی قدر میں دوسروں کو ساتھ ملا کر آگے بڑھنے کا فن سیکھتا ہوں، جس قدر اس فن میں مہارت حاصل کرتا ہوں، اتنا ہی پر امید ہوتا ہوں کہ ہمارا آنے والا کل گزرے ہوئے کل سے بہتر ہوگا۔''

میں اپنے آپ کو خوش قسمت سمجھتا ہوں کہ میری تخلیقی بارش، تخلیقی چشمے میں تبدیل ہوگئی ہے۔ میں امید کرتا ہوں کہ میرا یہ تخلیقی چشمہ میری آخری سانس تک بہتا رہے گا اور میری یہ تخلیقات بعد میں آنے والوں کو اپنی تخلیقی ذات سے ملوائیں گی اور ان کے اندر موجود تخلیقی چشمے اور تخلیقی سچ تک پہنچنے کا شوق پیدا کریں گی۔

ooo

تیسرا باب

تخلیقی شخصیات اور ان کے تحائفِ خاص

تخلیقی شخصیات اور ان کے تحائفِ خاص

تخلیقی افراد خاص لوگ ہوتے ہیں کیونکہ وہ خاص تحفوں کے ساتھ پیدا ہوتے ہیں اور یہ خاص تحفے تخلیقیت کے تحفے ہوتے ہیں۔ مگر یہ عنایات پوشیدہ صلاحیتوں اور خام مال کی صورت میں ان کے اندر موجود ہوتی ہیں اور ان کو پختہ ہونے کے لیے پرورش اور نشوونما کی ضرورت ہوتی ہے۔ ماہرینِ نفسیات اور معالجینِ نفسیات نے تخلیقی عمل کی گرہیں کھولنے کی کوشش کی ہے۔ یہ دریافت کرنے کے لیے کہ تخلیقی شخصیات، روایتی شخصیات سے مختلف کیسے ہیں؟ بالخصوص ان کے تحائفِ خاص کی اہم خصوصیات کیا ہیں؟ اِن کو معلوم ہوا کہ ان کی تخلیقی فکر یا تخلیقی تخیل کی وجہ سے تخلیقی لوگوں کے اذہان میں ہمیشہ اختراعی خیالات آتے ہیں۔ یہ لوگ اپنے انوکھے خیالات کی آبیاری کرتے ہیں، پختہ کرتے ہیں، تخلیقی مصنوعات کی صورت میں متشکل کر کے پیش کرتے ہیں اور یہی اِن کے شاہکار بن جاتے ہیں۔ ماہرین نے اِس پُراسرار طریقہ کی مختلف پہلوؤں اور جہتوں کی نشان دہی کی ہے۔

Carl Rogers نے لکھا: کسی بھی تخلیقی کی صورت گری کو نظر ضرور آنا چاہیے، میرے نزدیک خیال کتنا ہی نیا کیوں نہ ہو، کتنا ہی انوکھا کیوں نہ ہو اس کو تخلیقی نہیں کہا جا سکتا۔ جب تک وہ مشاہدے میں آنے والی شے میں وقوع پذیر نہ ہو جائے۔ یہ شے الفاظ بھی ہو سکتے ہیں جو کسی نظم کی صورت میں لکھے ہوں، یہ مصوری کا فن پارہ بھی ہو سکتا ہے اور کسی ایجاد کی صورت میں بھی متشکل ہو سکتی ہے۔

Phyllis Green Acre نے اسی بات کو اس طرح بیان کیا ہے: میں تخلیقی اصطلاح کو اس عمل کے لیے استعمال کرتی ہوں جیسے کوئی بالکل نئی چیز وجود میں لانا، یا بنانے کی صلاحیت رکھنا۔ کوئی بھی شعبہ ہو شرط یہ ہے کہ وہ شے پہلی دفعہ بنی ہو اور خالص ہو، پھر تخلیقیت کسی شے کو محض بنا لینے سے عبارت نہیں۔ کوئی صناعی خواہ کتنی ہی اچھی کیوں نہ ہو ضروری ہے کہ اِس چیز میں خالص ہونے کے اوصاف ہوں۔

Rollo May نے تخلیقیت کے افق یہ کہہ کر مزید وسیع کر دیئے:

"تخلیقت لافانیت یا ابدیت کے لئے تڑپ رکھنے کا نام ہے۔ تخلیقیت ہمارے بچپن یا جوانی کی کسی معصومانہ آورد کا نام نہیں بلکہ اس کا بالغ انسان کے جنون کے ساتھ مضبوط رشتہ قائم ہونا چاہیے اور یہ جنون مرنے کے بعد زندہ رہنے کا شوق ہے۔"

نظریات:

مختلف شعبوں کے ماہرین نے تخلیقی عمل کے مختلف پہلوؤں اور جہتوں کے نظریات پیش کیے ہیں ان میں کچھ نظریات بیانیہ ہیں اور کچھ متحرک ہیں۔

چاصر مراحل:

1962ء میں Joseph Wallace نے معروف ترین نظریات میں سے ایک نظریہ پیش کیا جو چار مراحل پر مشتمل تھا۔

(1) تیاری

(2) مراقبہ

(3) درخشانی

(4) تصدیق

Catherine Patrack نے اپنی کتاب Creative Thinking میں ان چار مراحل کا تفصیل سے ذکر کیا ہے۔ وہ لکھتی ہیں کہ تیاری کے مرحلے میں تخلیقی فرد درپیش کام کے بارے میں اِس سے زیادہ معلومات حاصل کرتا ہے جتنی اِس کے پاس پہلے سے موجود ہوتی ہے۔ مراقبے کے مرحلے میں اِس خیال کو اپنے دماغ میں پختہ ہونے دیتا ہے۔ پختہ ہو کر یہی خیال نیا جنم لیتا ہے، مسئلہ ہے تو حل پیش کرتا ہے جو بالآخر ایک حل بن کر سامنے آسکتا ہے یا اگر موضوع آرٹ کی تخلیق ہے تو یہ مرحلہ درخشانی کا مرحلہ بن جاتا ہے۔ درخشانی کا مرحلہ، اچانک الہام، شفاف منظر یا کوئی جذبہ... یہ کبھی تو اندیشہ اور حل کے درمیان کی کوئی شے بن کر سامنے آتا ہے اور کبھی ایک مستقل مزاجی سے کی گئی کوشش کا نتیجہ۔

یہ تجربہ لٹریچر میں Eureka Experience بھی کہلاتا ہے جب ایک تخلیقی شخص اپنے آپ سے مخاطب ہو کر یہ کہتا ہے: یہ ہے وہ چیز، جس میں کا اظہار چاہتا تھا۔ آخری مرحلہ تصدیق ہے۔ اس مرحلے میں درخشانی کے دوران ظاہر ہونے والا ضروری خیال یا خاکہ ایک بار پھر دہرایا جاتا

ہے یا تصدیق کی جاتی ہے۔ اگر تصدیق ممکن نہ ہو تو پھر خاکے پر نظرِ ثانی کی جاتی ہے تاکہ دہرائی کے عمل کے دوران درخشانی ایک دفعہ پھر پیدا ہو۔ یہ تصدیق کے ساتھ بیک وقت بھی ہو سکتا ہے۔ پیٹرک کا خیال تھا کہ چاروں مراحل متراکب بھی ہو سکتے ہیں یعنی ابھی ایک مرحلہ مکمل ہونے سے قبل اگلا مرحلہ شروع ہو سکتا ہے۔

مثلاً تیاری کے دوران ہی مراقبہ بھی شروع ہو گیا اور دہرائی یا تصدیق درخشانی کے مرحلے کے دوران رو پذیر ہو گئی۔

بنیادی، ثانوی اور ترثری طریق ہائے سوچ:

تحلیل نفسی مکتبہءفکر سے متعلق نظریہ ساز تخلیقی عمل کو بالکل مختلف نقطہءنظر سے دیکھتے ہیں۔ وہ طریقہ ہائے فکر کو تین درجات میں رکھتے ہیں:

درجہ اوّل (بنیادی سوچ)، درجہ دوم (ثانوی سوچ) اور درجہ سوم (ترثری سوچ)

انسانی ذہن دو قسم کی سوچ کی صلاحیت رکھتا ہے۔ ثانوی طریقہ سوچ، منطق، دلیل اور مقصد پر مشتمل ہے جو مسائل کو حل کرنے کے لیے استعمال ہوتا ہے، جبکہ بنیادی طریقہِ سوچ موضوعی یا داخلی ہے جو جذبات پر مشتمل ہے۔ لوگ اس کو خوابوں میں اور مزاح میں استعمال کرتے ہیں۔

بچے اپنی زندگی کا آغاز بنیادی سوچ سے کرتے ہیں اور وقت گزرنے کے ساتھ جوان ہونے تک ثانوی طریقہ سوچ اپنا لیتے ہیں۔

فرائیڈ نے تخلیقیت کو اپنی تجزیاتی فکر سے پیش کرنے کی سعی کی۔ اِس نے ادبی کام کا تقابل ذہنی تصورات اور خیالی پلاؤ پکانے سے کیا اور اس کا رشتہ بنیادی طریقہءسوچ اور ناآسودہ خواہشات کی تکمیل سے جوڑا۔ اِس کو تخلیقی عمل اور دماغی خلل میں قدرِ مشترک بھی نظر آئی۔ یہ دونوں باطنی تصادم سے پیدا ہوتے ہیں اور باطنی تصادم کا تعلق انسانی دماغ کی حیاتیاتی ساخت سے ہے۔ دوسرے لفظوں میں یہ تصادم کو روکنے کی کوشش ہے جو مضبوط انسانی جبلت میں پیدا ہوتا ہے۔ یوں معلوم ہوتا ہے جیسے فرائیڈ کی سوچ دماغ کی حیاتیاتی ساخت، جبلت اور بنیادی طریقہ سوچ سے مستغرق تھی، جبکہ دیگر ماہرینِ نفسیات اور معالجینِ نفسیات اس نظریے کے حامل تھے کہ تخلیقی عمل میں بنیادی اور ثانوی طریقہ سوچ جو حقیقت، منطق اور دلیل پر مشتمل ہے، ملتا ہے تو ایک نئے ترکیب پیدا ہوتی ہے۔

Silvano Arieti نے اس ترکیب کو درجہ سوم طریقہءسوچ یا ترثری طریقہ سوچ کا نام دیا جبکہ Pinchas Noy نے اس کا تقابل بصیرت سے کیا۔ ان کا خیال تھا کہ جب اوپر بیان کی

گئی سوچ کے درجے آپس میں ہم آہنگ ہو کر ایک قابلِ عمل صناعی شاہکار کی منصوبہ بندی کرتے ہیں تو آرٹ کی ایک نئی شکل دریافت ہوتی ہے، یہ اس لیے ہوتا ہے کیونکہ ذات پسند اور حقیقت پسند درجات و اقسام یا رجحانات آپس میں ضم ہو کر ایک نئی شے وجود میں لاتی ہیں۔ اس طرح مجرد تصورات اور ٹھوس عکس، بامقصد معلومات اور خیالات اور جذبات کو تجربہ کرنے کی کیفیات، خواہشات اور زمینی حقائق کی سچائیوں کو ہم آہنگ کر کے فنکار اپنے تخلیقی فن پارے کا حقیقی مقصد پانے میں کامیاب ہو جاتا ہے، اس طرح ایک ہی جست میں ذات اور حقیقت آپس میں گندھے جاتے ہیں۔

محض بنیادی طریقہ اور تنہا ثانوی طریقہ، نہ تو بصیرت پیدا کر سکتے ہیں اور نہ ہی تخلیقیت۔ یہ دونوں کی ادراک کی سطح پر آمیزش سے ہوتا ہے۔

تحلیلِ نفسی اور فن کی تاریخ کے ماہر Ernst Kris نے تخلیقی عمل کا تصور اپنے رجحان کے مطابق دیا۔ ایک طرف اس نے تخلیقیت میں بنیادی طریقے کو "انا" ایگو کی صحت کے لیے نقصان دہ قرار دیا جبکہ دوسری طرف اس نے محسوس کیا کہ تخلیقیت تنازعات سے پاک ایگو (انا) یعنی خود مختار ایگو (انا) کی کارستانی ہوسکتی ہے۔ اس کا ماننا تھا کہ تخلیقی تصور ٹھوس کارناموں کی طرف لے جاتا ہے۔ یہ کامیابی فنون کا جنم بھی ہوسکتا ہے اور اس سے بڑھ کر مسائل کو حل کرنے کا عمل بھی یا سائنسی ایجادات۔ کچھ زیادہ نہ بھی ہو تو اس عمل سے فرد اپنی ذات کی تکمیل تو کرتا ہی ہے۔

ذاتی اور اجتماعی لاشعور

Carl Jung نے جمالیات کو سامنے رکھ کر تخلقیت کے بارے میں لکھا۔ اس کا ماننا تھا کہ تخلیقی عمل کے دو طریقے ہیں:

(1) نفسیاتی

(2) تخیلاتی

نفسیاتی طریقے کا تعلق انسانی تجربے اور شعور سے ہے۔ جبکہ تخیلاتی طریقہ انسانی شخصیت کے گہرے حصوں، وقت کی قید، آزادی، گہرائی اور مشترکہ لاشعور سے متعلق ہے۔ یُنگ نے محسوس کیا کہ آباؤاجداد کے تجربات کا ذخیرہ انسانوں میں منتقل ہوتا ہے۔ جس کا اظہار وہ جمالیات کی صورت میں کرتے ہیں۔ یہ اظہار علامات خاکوں یا تجریدی آرٹ کی صورت میں ہوسکتا ہے۔

تخلیقی عمل اور فنکار کی شخصیت کو سمجھنے کے اعتبار سے Phyllis Greenacre کا کام بھی اہمیت کا حامل ہے۔ انھوں نے یہ نظریہ پیش کیا کہ مستقبل کے فنکار کی انا اس لائق ہو جائے گی کہ اپنے

آپ کو اصل اشیاء کو نظر انداز کر کے دنیا کے ساتھ محبت بھرا رشتہ استوار کرے گی۔ اس ضمن میں وہ مجموعی سامعین اور مجموعی متبادل کی بات کرتی ہیں۔

انھوں نے لکھا کہ اس بات کو اپنے ذہن میں اُجاگر کرنے کی کوشش میں انھوں نے متبادل کا لفظ ستعمال کیا ہے۔ مقصد یہ ہے کہ لاشعور میں موجود لا متناہی تجربات کو با مقصد اظہار سے جوڑا جا سکے۔ حقیقی فنکار باطنی سالمیت کے ساتھ جو مشترکہ ناظرین کے ساتھ مربوط ہوتی ہے، اپنے ذاتی تجربات وتعلقات کی نسبت زیادہ مخلص ہوتا ہے۔

Alfred Adler نے تخلقیت کی تشریح اپنی تخلیقیت کی تھیوری تخلیقیت کا نظریہ تلافی یا Compensatory Theory of Creativity میں کی۔ ان کا کہنا تھا کہ انسان آرٹ، سائنس اور ثقافتی مظاہر اس لیے پیدا کرتا ہے تا کہ اپنی خامیوں اور کجیوں کی تلافی کر سکے۔ اوپر بیان کیے گئے بیانیے صاف طور پر تخلیقی عمل کا لکھاری اور فنکار کی باطنی اور ظاہری دنیاؤں کا ربط واضح کرتے ہیں۔

چار اوصاف

وہ محققین جنہوں نے تخلیقی عمل سنجیدگی اور منظم طریقے سے کیا ہے۔ انھوں نے تخلیقی عمل کی چار خصوصیات بیان کی ہیں:

Jenusian, Synectic, Divergent اور Homospatial

روزمرہ زندگی میں مسائل کے حل کے لیے ہم Convergent طرزِ سوچ کا استعمال کرتے ہیں۔ خصوصاً جب ہمیں بہت سے جوابات میں سے ایک جواب چاہیے ہوتا ہے۔ مثال کے طور پر جب آپ کسی سے سوال کریں کہ سنگترے، سیب، کیلے اور آموں میں کیا چیز مشترک ہے تو وہ Convergent سوچ کا استعمال کر کے جواب دیتا ہے کہ سب پھل ہیں۔ اس کے برعکس اگر آپ کسی سے پوچھیں کہ ایک دائرے سے کیا کیا اشیاء بنائی جا سکتی ہیں تو Divergent طرزِ سوچ یا تخیل کا استعمال کر کے جواب دیتا ہے کہ چہرہ، گھڑیال، پہیہ، گیند اور سنگترہ بنا سکتے ہیں۔ تعلیمی ماہرینِ نفسیات کا خیال ہے کہ جب بچے اسکول میں داخل ہوتے ہیں تو ان کی ڈاؤرجنٹ تخیلاتی سوچ کی صلاحیت زیادہ ہوتی ہے مگر جب وہ بلوغت کی عمر کو پہنچ کر ہائی اسکول سے فارغ ہوتے ہیں تو ان کی کنورجنٹ طرزِ سوچ نمو پا چکی ہوتی ہے کیونکہ انھوں نے منطق اور دلیل کی سوچ کو استعمال کر کے مختلف امتحانات پاس کرنے ہوتے ہیں، مگر اسکول کے اِن سالوں میں ان کی ڈاؤرجنٹ سوچ والی صلاحیت کہیں دب کر رہ جاتی ہے، بہت سے نفسیاتی امتحانوں میں کونورجنٹ سوچ پر توجہ دی جاتی ہے جبکہ کچھ ماہرینِ نفسیات جو

تخلیقیت میں دلچسپی رکھتے ہیں ایسے ٹیسٹ بناتے ہیں جن سے ڈاؤرجنٹ طرزِ سوچ جانچی جا سکے۔

W.J. Gordon نے 1969ء میں اس رائے کا اظہار کیا کہ تخلیقی سوچ Synectics کا استعمال کرتی ہے۔(Synectics) یونانی زبان کا لفظ ہے جس کے معنی متفرق اشیاء کو ایک جگہ مرکوز کرنا ہے) جس کے دو بنیادی عوامل ہیں، اجنبی کو مانوس بنانا اور مانوس کو اجنبی بنانا۔ گورڈن کا ماننا تھا کہ تخلیقی افراد اختلاف میں یگانگت اور پرانی اشیاء کو نئے انداز میں دیکھتے ہیں، یہ لوگ ایک ہی شے، انسان، مسئلے یا نظام کو مختلف انداز سے دیکھتے ہیں اور نئی بصیرتوں سے روشناس ہوتے ہیں۔

Albert Rothnberg نے Jenuian Cognation اور Homospatial Process کو تخلیقی سوچ کے اہم عناصر قرار دیا۔

Jenusian Cognition میں متعدد اور مخالف متضاد خیالات یکدم وارد ہوتے ہیں، جبکہ Homospatial Process میں دو یا زائد متغیر وجود یکجا ہوتی ہیں۔ یہ طریقے تخلیقی اذہان کا خالص پن اور شفاف تخیل کی عکاسی کرتے ہیں اور نئی شناختوں کو جنم دیتے ہیں۔ یہی فکر تجریدی فن پیدا کرتی ہے اور اسی سے استعارہ، کنایہ اور شاعری پیدا ہوتی ہے۔

لکھاری زبان کا استعمال اس طرح کرتے ہیں کہ وہی الفاظ کئی کئی معنی دیتے ہیں۔ ژان پال سارتر نے ایک دفعہ انٹرویو میں کہا، 'سائنسی ابلاغ اور ادب میں یہ فرق ہے کہ ادب مبہم ہوتا ہے'، مثال کے طور پر کسی زبان میں لکھاری الفاظ کا استعمال اس طرح کرتا ہے کہ ان کے معنی مختلف اوقات اور مختلف سطح پر منفرد ہوتے ہیں، اس کا انحصار اس بات پر ہے کہ الفاظ استعمال کرتے ہوئے لکھاری ان کو برتتا کیسے ہیں۔

تخلیقی عمل کی ترتیب وار درجہ بندی:

Irving Taylorl نے 1959ء میں جمالیات اور کسی شے کی معاشرتی قدر و قیمت کے اعتبار سے درجہ بندی کی تھی۔ اس نے ان درجات کے نام یہ ہیں:

(1) Expressive
(2) Productive
(3) Inventive
(4) Innovative
(5) Emergenative

Expressive تخلیقات وہ لکیریں ہیں جو بچے بہت نوعمری میں کاغذ پر بغیر سوچے سمجھے کھینچ دیتے ہیں۔ جبکہ Productive تخلیقات،آرٹ کے وہ فن پارے ہیں۔ جو مصور اس فن کے نتیجے میں تخلیق کرتے ہیں۔ جو انھوں نے کئی برس کی محنتِ شاقہ سے سیکھا ہوتا ہے۔ Innovative, Inventive اور Emergenative سوچ سے سائنسدان، فنکار، صوفی، فلسفی، اصلاح کار اور انقلابی شخصیات ایسی فکر،فلسفہ یا نظریہ پیدا کر دیتی ہیں جس سے انسان اپنے آپ کو اور دنیا کو دیکھنے کا زاویہِ نظر تبدیل کر لیتے ہیں۔

کنفوشیئس ،بدھا اور سقراط کی دانائی،ڈارون اور آئن اسٹائن کی دریافتیں، پکاسو اور وان گو کی مصوری، موہن داس گاندھی اور مارٹن لوتھر کنگ کی اصلاحات،نیلسن مینڈیلا اور چے گویرا کا انقلاب ان تخلیقات کی بہترین مثالیں ہیں۔میں نے اپنی کتاب Prophets of Peace, Prophets of Violence میں اصلاح کاروں اور انقلابیوں کی شخصیات،نفسیات اور فلسفے پر سیر حاصل گفتگو کی ہے۔

ooo

چوتھا باب

تخلیقی فن پارے

تخلیقی فن پارے

نامور آرٹسٹ Marc Chagall نے تخلیقی فن پاروں کو ُروح کے بچے' قرار دیا ہے، جس کے لیے ایک تخلیق کار اسی طرح دردِزہ محسوس کرتا ہے جیسے کوئی عورت وضع حمل کے دوران کرتی ہے۔ کیا پیدا ہونے والا بچہ زندہ اور صحت مند ہے؟ یہ معلوم کرنا آسان ہوتا ہے۔ لیکن فن پاروں کا معیار اور معنویت کا تجزیہ کرنا کسی قدر مشکل ہوتا ہے۔ صدیوں سے متعدد فلسفی، فنکار اور محققین تخلیقی کے حوالے سے اپنی آراء پیش کرتے آئے ہیں۔

کئی فلسفیوں نے فنکاروں کو ایک خاص نظر سے دیکھا۔ انھوں نے لکھا کہ اپنے اسٹوڈیو میں بیٹھے فنکار ساکن اشیاء اور لوگوں کی تصاویر اور شبیہات بناتے ہوئے یا کینوس بورڈ کے سامنے کھڑے ہو کر درختوں، پہاڑوں اور وادیوں کی تصاویر اُتارتے ہوئے ایسے محسوس ہوتے ہیں جیسے فطرت کی نقل کر رہے ہوں۔ افلاطون نے فطرت کی نقل کرنے پر فنکاروں کو تنقید کا نشانہ بنایا۔ اس کا ماننا تھا کہ اشیاء بذات خود اس تصویر کی شبیہ ہیں جو خدا کے دماغ میں موجود ہے۔

مگر کئی فنکاروں نے اس سوچ کو مسترد کر دیا۔ ان کا خیال تھا کہ مصور وہی تصویر بناتے ہیں جو وہ باطنی آنکھ سے دیکھتے ہیں۔ فنکار تصور کی آنکھ سے دیکھتے ہیں نہ کہ کھلی آنکھ سے Michel Angelo نے اس بارے میں یہ رائے دی کہ رنگوں سے تصویر کشی کرنا اور مجسمہ سازی کرنا اظہار کا بہترین طریقہ ہے۔ اس کا ایمان تھا کہ "میں جس تصویر یا مجسمہ کو بنانے کی ابھی تیاری کر رہا ہوتا ہوں، میری باطنی آنکھ اس کو پہلے دیکھ چکی ہوتی ہے۔" بالفرض اگر ہم بصری فنون کو نقل کرنے سے تعبیر کر بھی لیں پھر بھی جب ہم کوئی ناول پڑھتے ہیں یا سٹیج ڈرامہ دیکھتے ہیں یا کوئی فلم دیکھتے ہیں تو ہم پیش کاری کی دنیا میں پہنچ جاتے ہیں، جہاں فنکار سماجی حقائق کے کچھ پہلو پیش کرتے ہیں۔

ناول اور ڈرامہ لکھتے وقت لکھاری ایک فرضی حقیقت پیدا کرتے ہیں جو اگرچہ کسی سماجی حقیقت کے پس منظر میں پیدا کی جاتی ہے مگر سماجی حقیقت سے آزاد ہوتی ہے یا الگ ہوتی ہے۔ ایک

نفیس اور تجربہ کار پڑھنے اور دیکھنے والا یہ فرق خوب سمجھتا ہے۔ مثال کے طور پر ایک تماش بین کسی کردار کے مر جانے پر اُداس تو ہوتا ہے مگر یہ بھی جانتا ہے کہ یہی فنکار کل دوبارہ ڈرامے کے آغاز میں زندہ ہوگا اور سٹیج پر یہی کردار ادا کرے گا۔ لہٰذا فرضی کردار بناتے وقت تخلیق کار نہ صرف اپنا تخیل استعمال کرتے ہیں بلکہ پڑھنے والوں اور دیکھنے والوں کے تخیل کو بھی مدِنظر رکھتے ہیں۔ اصلی فن ہمیں جذبات کی سطح پر چھوتا ہے۔ انیسویں صدی کے مشہور برطانوی شاعر ولیم وُڈز ورتھ (Words Worth) نے لکھا:

"تمام اچھی شاعری طاقتور جذبوں کا بے ساختہ بہاؤ ہوتا ہے۔" اور ٹالسٹائی نے کہا: "کوئی بھی فن انسانی احساسات کے ساتھ متعدی بیماری کی طرح چپکا ہوتا ہے۔"

شاعر اور فنکار سائنسدانوں اور فلسفیوں کی طرح نظریات پیش کرنے کی بجائے احساسات پر توجہ دیتے ہیں۔ وہ دماغ کی بجائے ہماری رُوح اور دل کو چھوتے ہیں۔ وہ چاہتے ہیں کہ پڑھنے اور سننے والے کرداروں اور کرداروں کے آپس میں تنازعات کے بارے میں اپنے دل میں ہمدردانہ جذبات پیدا کریں۔ بجائے اس کے کہ وہ کسی ناول کو پڑھ کر یا کسی ڈرامے کو دیکھ کر محض ذہنی لذت حاصل کریں۔

پختہ فنکار اپنے احساسات کو بلا واسطہ یا سیدھا بیان کرنے کی بجائے بلا واسطہ اور ان کہے طریقے استعمال کر کے اپنے جذبات کا اظہار کرتا ہے۔ اس کے لیے وہ رنگوں، آوازوں، علامات اور تشبیہات کا استعمال کرتا ہے اور یہ طریقہ اپنے قارئین، سامعین اور ناظرین سے رابطہ کرنے کا ایک پُراثر اور تخلیقی طریقہ رہا ہے۔ فنی مصنوعات نہ صرف کسی فنکار کا ایک تخلیقی اظہار ہوتا ہے بلکہ اس کے اور عوام کے درمیان ایک پل کا کام بھی کرتی ہیں۔

ایک منجھے ہوئے فنکار کو ایک نفیس قاری، سامع یا ناظر کی ضرورت ہوتی ہے۔ ہم دیکھتے ہیں کہ کسی بھی معاشرے میں ایسے افراد قلیل تعداد میں ہوتے ہیں جو اوپیرا، تجریدی آرٹ یا بلند شعوری سطح کے حامل ناولوں سے لطف اندوز ہونے کی صلاحیت رکھتے ہوں۔

فنکار اور عوام کے درمیان تواتر سے ایک ان دیکھا مکالمہ چل رہا ہوتا ہے۔ کچھ فنکاروں کو مالی مفادات چاہیے ہوتے ہیں۔ وہ تجارتی اور معاشی کامیابی چاہتے ہیں اور اپنی شہرت چاہتے ہیں۔ وہ چاہتے ہیں کہ ان کی کتاب Best Seller بن کر اُبھرے اس کی خاطر خواہ ان کو اخلاقیات اور سالمیت کردار پر سمجھوتہ ہی کیوں نہ کرنا پڑے۔ اس کے برعکس کچھ فنکار صرف ضمیر کی آواز پر کان دھرتے ہیں۔ وہ اپنے من کی موج کے ساتھ چلتے ہیں اور کوئی تخلیق اسی وقت کرتے ہیں جب کوئی احساس ان کے دل کو چھوتا ہے۔ ایسے فنکار انعام واکرام، رائے عامہ اور ناقدین کی آراء سے بے نیاز

ہوتے ہیں۔ اس رویے کا بدنما نتیجہ یہ ہوتا ہے کہ ایسے فنکاروں کی ساری زندگی قربانیاں دیتے ہوئے ایک جہدِ مسلسل میں گزرتی ہے۔ خصوصاً اس حال میں جب کوئی فن کسی فنکار کا ذریعہ روزگار بھی ہو۔ بہت سے فنکار اس وقت مشکلات کا شکار ہو گئے جب ان کے ناولوں یا فلموں پر پابندی لگا دی گئی کیوں کہ ان تخلیقات میں انھوں نے معاشرے کی مروّجہ روایات کے خلاف لکھا یا فلم بنائی تھی اور معاشرے کی اخلاقی، مذہبی اور سماجی اقدار پر سوالات اُٹھائے تھے۔ اور ان کو مقتدرہ حلقے ناپسند کرتے تھے۔ James Joyce اور Henry Miller کی تحریروں پر پچیس سال تک پابندی رہی اور ربع صدی کے بعد یہ عوام کو پڑھنے کے لیے دستیاب ہوئیں۔

خالص فنکار اپنا ذاتی سچ اس امید پر دوسروں پر آشکار کرتے ہیں کہ وہ لوگوں کے قلب و دماغ اور رُوح پر اثر انداز ہو کر دوسروں کے اشتراک سے اپنے موضوعی اور معنوی سچ تک پہنچ پائیں گے۔ ان کا ایمان ہے کہ فنون ہمیں ایک بہتر انسان بننے میں مدد دیتے ہیں۔ اور انسانی ارتقاء کے عمل میں اہم کردار ادا کرتے ہیں۔ فنکار اس بات پر بھی پختہ یقین رکھتے ہیں کہ اپنے تخیل کو مشغول رکھنے سے زندگی میں اجمالی سدھار پیدا ہوتا ہے۔ Anne Shephard نے اپنی کتاب Aesthetics کا اختتام ان قیمتی الفاظ پر کیا:

> ”فنون جذبات اور سوچ دونوں کا استعمال کرتے ہیں اور فنون کا مطالعہ، تخیلاتی لچک اور ذہنی نظم و ضبط کا اشتراک مانگتا ہے۔ اگر ہم اپنے اندر فن سے متاثر ہونے کی صلاحیت پیدا کر لیں تو ہم اپنے انسانی جوہر کو نمودار کرنے میں کامیاب ہو جائیں گے۔“

ooo

پانچواں باب

تخلیقی بچے، روایتی خاندان اور درس گاہیں

تخلیقی بچے، روایتی خاندان اور درس گاہیں

تخلیقی شخصیات کی سوانح ہائے حیات کے مطالعے سے مجھ پر آشکار ہُوا کہ ان کے لیے بچپن سے ہی روایتی خاندانوں اور اسکولوں کے نظاموں کے ساتھ نبھا کرنا کس قدر مشکل تھا۔ تخلیقی بچے اپنی غیر روایتی سوچ اور غیر رسمی روّیے کی وجہ سے روایتی تعلیمی اداروں کی ادارہ جاتی ترتیب سے کافی دلبرداشتہ ہوتے تھے۔ ان کو ایسا ماحول درکار تھا جس میں وہ بے ساختہ اپنی تخلیقیت کا اظہار کر سکیں اور اپنے جوہر کی کھوج لگا سکیں۔ ان کو روایتی ماحول میں گھٹن محسوس ہوتی تھی۔ ان کے تعلیمی ادارے جس قدر سخت گیر اور قابو میں رکھنے والے ہوتے تھے تخلیقی بچے اُتنا زیادہ محسوس کرتے تھے کہ ان کے پر کاٹے جا رہے ہیں۔

کچھ تخلیقی بچے ایسا پابند ماحول برداشت کر لیتے تھے اور بعض اداروں کے انتظامی تسلط کے ساتھ ٹکرا کر بغاوت کر جاتے تھے۔ بہت دفعہ ایسا ہوتا کہ بالآخر تخلیقی طالبِ علموں کو انتظامیہ نے مسترد کر کے ادارے سے ہی نکال دیا یا پھر انھوں نے امن و امان کی خاطر خود تعلیمی اداروں کو خیر آباد کہہ کر اپنی ذات کی دنیا میں لوٹ جانا مناسب سمجھا۔

روایتی والدین اور روایتی اساتذہ تخلیقی بچوں کی پرورش اور تربیت کرنے میں بہت مشکلات سے گزرتے ہیں۔ کچھ تو اس قدر مایوس ہو جاتے ہیں اور اتنا زیادہ احساسِ جرم میں مبتلا ہو گئے ہوتے ہیں کہ ہار مان لیتے ہیں۔ مگر دلچسپ اور حیرت انگیز امرِ حقیقت یہ ہے کہ کئی برس یا دہائیوں کے بعد جب یہی بچے نہایت کامیاب:

- سائنسداں یا فنکار
- شاعر یا فلسفی
- موسیقار یا صوفی
- اداکار یا کھلاڑی

بنے تو ان کے والدین اور اساتذہ نے ان کی قابلیت اور ہُنر کو نہ صرف سراہا بلکہ اپنے بچوں اور شاگردوں پر فخر بھی محسوس کیا۔

والدین اور اساتذہ کو تمام بچوں کی ضروریات کا پاس ہونا چاہیے خصوصاً ان بچوں کا جن کی شخصیات تخلیقی ہوتی ہیں۔ روایتی شاہراہ کو چھوڑ کر یہ بچے اپنے من کی پگڈنڈی پر چلتے ہیں۔ اگر ان کی

تخلیقی کاوشوں کی حوصلہ افزائی کی جائے اور سراہا جائے تو یہی پگڈنڈی آئندہ آنے والی نسل کے لیے شاہراہ بن جاتی ہے۔ میں تخلیقی بچوں کے والدین اور خاندانوں سے گزارش کرتا ہوں کہ وہ شرمندہ ہونے کی بجائے اپنے تخلیقی بچوں پر فخر محسوس کیا کریں جو روایات سے ہٹ کر اپنے تخلیقی پودوں کی آبیاری کرتے ہیں۔ پھر ایک دن آتا ہے جب یہی پودے پھل دینے لگتے ہیں۔ پھر وہ خود اور دیگر لوگ ان پھلوں سے لُطف اندوز ہوتے ہیں۔ تخلیقی بچوں کا روایتی تعلیمی اداروں سے تصادم ہونا اور والدین اور اساتذہ کا ان کو غلط سمجھنا کوئی غیر معمولی امر نہیں ہے۔ اُنیسویں صدی کے معتبر صوفی شاعر Walt Whiteman اور بیسویں صدی کے مقبول ترین سائنسداں البرٹ آئن اسٹائن کے بچپن کی رُودادیں اس ضمن کی اہم مثالیں ہیں۔ اپنی کتاب Islam to Secular Humanism میں، مَیں نے تخلیقی اور مجذوب شخصیات جن میں شاعر اور صوفی شامل ہیں پر سیر حاصل گفتگو کی ہے۔ اس میں وائٹ مین کی بچپن کی رُوداد بھی شامل ہے۔

> "جب ہم صوفیوں اور شاعروں کی زندگیوں کا مطالعہ کرتے ہیں تو اس نتیجے پر پہنچتے ہیں کہ اکثر نے نہایت سادہ زندگی بسر کی۔ اپنے منفرد رجحانات اور شخصیات کی وجہ سے اپنے وقت کے رسمی تعلیمی نظام اور روایتی درس گاہیں ان کے لیے ناموزوں تھیں۔ کیونکہ وہ زندگی کی جامع کے طالبِ علم تھے جن کا استاد ان کا اپنا تجربہ تھا۔ اس کی ایک مثال والٹ وائٹ مین ہے۔ وہ اُنیسویں صدی کا صوفی شاعر تھا۔ جس نے امریکہ کے بیسویں صدی کے لٹریچر کو ارتقاء بخشا۔ کسی اور شاعر نے ایسا نہیں کیا۔ اس کی نظموں کا مجموعہ Leaves of Grass تمام دنیا کے کالجوں اور یونیورسٹیوں کے نصاب میں شامل ہے مگر وہ خود اسکول کے زمانے میں ایک اچھا طالبِ علم ثابت نہ ہو سکا۔ اس کے استاد Mr. Benjamin Halleck اس سے اس قدر مایوس تھے کہ انھوں نے وائٹ مین کے والد کو صاف صاف بتا دیا یہ لڑکا اتنا نکما ہے کہ مجھے یقین ہے کہ یہ زندگی میں کچھ نہیں کر سکے گا۔"

وائٹ مین کے والد اُس کے استاد سے متفق تھے۔ انھوں نے اپنے بیٹے کو اسکول سے اٹھالیا اور ایک چھاپہ خانے میں کام پر لگا دیا۔ وہاں پر بھی کام کی بجائے وہ اپنی سوچوں میں اس قدر مستغرق رہتا اور اپنی ذات کی تلاش میں اتنا زیادہ محو رہتا کہ چھاپہ خانہ کے مالک کو گمان ہوا کہ بچہ کام چور ہے۔ والد، ٹیچر اور آجر یہ بات سمجھنے میں ناکام رہے کہ وائٹ مین بہت کم عمری سے ہی سوچ بچار کا عادی تھا اور اکثر مراقبے میں جا کر زندگی کی گتھیاں سلجھاتا رہتا تھا۔ وہ اس اَن دیکھے زچگی کے درد کو سمجھ ہی نہ پائے جو تخلیقی

شخصیات اپنے فن پارے پیدا کرتے وقت برداشت کر رہی ہوتی ہیں۔Victor Hugo نے ایک دفعہ کہا" جو انسان سوچوں میں گُم رہتا ہے، نکما نہیں ہوتا۔ایک محنت دیکھی جاسکتی ہے اور ایک دیکھی نہیں جاسکتی۔"

کئی دفعہ فنکاروں اور لکھاریوں کے لیے روایتی شخصیات اور خاندانوں کو اپنا تخلیقی ہوم ورک سمجھانا مشکل ہوتا ہے کیونکہ روایتی لوگ تخلیقی تخیل کے طریقہ کار کو نہ محسوس کر سکتے ہیں اور نہ ایسا کرنا چاہتے ہیں۔ فنکاروں کے لیے بے وجہ گھومنا پھرنا اور کھیلنا کودنا وقت کا ضیاع نہیں ہوتا بلکہ یہی وہ وقت ہوتا ہے جب وہ ان کی تخلیقیت کے لیے غیر معمولی اوصاف کی نمو ہوتی ہے اور وہ تخلیق کرتے ہیں۔

البرٹ آئن اسٹائن پیدا تو یورپ کے یہودی خاندان میں ہوئے مگر ان کو عیسائیوں کے کیتھولک اسکول میں داخل کروا دیا گیا۔ وائٹ مین کی طرح آئن اسٹائن نے بھی اسکول میں اچھی کارکردگی نہیں دکھائی۔ ان کو بھی کند ذہن سمجھ لیا گیا۔ان کے سوانح نگار Ronald Clark نے لکھا:

> "ان کے بچپن کی ایک بات ایسی ہے جس میں کوئی شک نہیں ہے۔ اُنھوں نے بولنا بہت دیر سے شروع کیا حتیٰ کہ نو سال کی عمر میں بھی وہ روانی سے بات نہیں کرتے تھے۔ پھر وہ ان کی جواں عمری کو یاد کرتے ہوئے لکھتے ہیں کہ بالغ کے طور پر بھی وہ فوری جواب نہیں دیتے تھے بلکہ تھوڑی دیر لگاتے تھے۔اصل میں وہ سوال کا جواب سوچ کر دیتے تھے۔ان کے والدین کا خدشہ تھا کہ بچہ کہیں کسی نفسیاتی عارضے میں مبتلا نہ ہو یا عین ممکن ہے شیر خواری کے دنوں میں وہ Dyslexia کا شکار ہُوا ہو۔"

کلارک حیران ہوتا کہ وہ اس چیز کو آئن اسٹائن کی بیماری سمجھے یا شرمیلا پن۔ جیسا کہ آئن اسٹائن کے بیٹے نے لکھا کہ اس کے والد لڑکپن سے ہی دنیا سے کنارہ کش رہتے تھے شاید اس لیے وہ ایسے طالبِ علم تھے جن کے بارے میں اساتذہ کی رائے بھی اچھی نہیں تھی۔ یہ بات خاندانی پس منظر کے حوالے سے بھی درست ہے۔ جب آئن اسٹائن کے والد ھرمن آئن اسٹائن نے ان کے ہیڈ ماسٹر سے پوچھا کہ آئن اسٹائن کو کس شعبے کا انتخاب کرنا چاہیے تو ان کا جواب تھا:

> "اس سے کوئی فرق نہیں پڑتا کیونکہ یہ کسی شعبے میں بھی کامیاب نہیں ہوسکتا۔"

پرائمری تعلیم بہت دِقت کے ساتھ مکمل کرنے کے بعد آئن اسٹائن "لوئٹ جمنازیم" میں داخل ہو گئے۔ جہاں انھوں نے تعلیم و تربیت حاصل کرتے ہوئے چھ برس گزارے۔ یہ بھی ایک روایتی اسکول تھا جہاں آئن اسٹائن کی تخلیقی شخصیت اور جستجو تشنہ لب ہی رہی۔

رفتہ رفتہ ان کے دل کے اندر اسکولوں کے نظام کے خلاف ایک غم و غصہ پرورش پانے لگا۔

ان کے سوانح نگار نے لکھا: "جمنازیم نے آئن اسٹائن کی شخصیت پر مختلف طریقوں سے اہم اثرات مرتب کیے۔ پہلا اثر یہ تھا کہ جمنازیم کے نظم وضبط نے ان کے ذہن میں اختیارات کے خلاف بالعموم اور تعلیمی جبر کے خلاف بالخصوص گہری بدگمانی پیدا کردی۔ اس احساس کو وہ ساری زندگی اپنے دل سے نکال نہ پائے ان کے خیال میں یہ بات راسخ ہوگئی تھی کہ پرائمری اسکول کے اساتذہ، پولیس، سارجنٹ والا اور جمنازیم کے اساتذہ لیفٹیننٹ والا سلوک بچوں کے ساتھ روا رکھتے تھے۔"

چالیس برس بعد یونیورسٹی آف نیویارک کے جلسہ تقسیم اسناد سے خطاب کرتے ہوئے آئن اسٹائن نے کہا: "میرے لیے یہ بات نہایت منحوس ہے کہ ہمارے اسکولوں میں آج بھی طلباء پر خوف، طاقت اور مصنوعی اختیارات کے طریقے استعمال کیے جاتے ہیں۔ یہ سلوک بچوں کی صحت مندانہ خیالات، عزتِ نفس اور خوداعتمادی کو تباہ کر دیتا ہے۔ مگر خوش قسمتی سے کچھ روایتی اسکول ایسے بھی موجود ہیں جہاں پر طلباء کی حاضر دماغی اور تخلیقی صلاحیتوں کی آبیاری کی جاتی ہے مگر ان اسکولوں میں ایسے مدبر اساتذہ کا ہونا ایک استثنٰی ہے۔ یہ اساتذہ بچوں کی غیر روایتی سوچ کی حوصلہ افزائی کرتے ہیں اور ان کو آزاد سوچ اور غیر روایتی طرزِ زندگی سکھاتے ہیں۔ تخلیقی بچے ایسے اساتذہ اور رشتے داروں میں کشش محسوس کرتے ہیں جو ان کو جذبہ جنون کی قدر کرتے ہیں۔ Ronald Clark نے لکھا:

"جیسا کہ ہر جگہ ہوتا ہے، کوئی ایک انسان دوسروں سے الگ لگتا ہے۔ جمنازیم میں بھی ایک ایسا ماسٹر موجود تھا جو غیر موافقت پسند تھا۔ اس کا نام Reuss تھا۔ اس کی کوشش ہوتی تھی کے طالبِ علم خود سوچنا سیکھیں۔ جب کہ اس کے اکثر ساتھی اس پہلو پر بہت کم توجہ دیتے تھے۔ وہ محض اندھی تقلید سکھاتے اور غلامانہ سوچ پیدا کرتے تھے۔ اپنے ایک چچا کے حوالے سے آئن اسٹائن خوش قسمت رہے۔ وہ ان کی آزاد سوچ کی حوصلہ افزائی اور تخلیقی فکر کی آبیاری کرتے تھے۔ آئن اسٹائن ہمیشہ اپنے چچا Casar Koch کی آمد کے منتظر رہتے۔ کیونکہ وہ چچا کو اپنے تخلیقی وفنی خیالات بتاتے تھے جب وہ چالیس برس کے تھے تو ایک دفعہ انھوں نے اپنے چچا کو لکھا: "آپ میرے سب سے پیارے دوست ہیں۔ آپ کا محض خیال ہی میرے قلب کو گرما دیتا ہے۔ جب میں جواں عمری میں تھا تو آپ کا ہمارے گھر آنا ایک خاص موقع ہوتا تھا۔"

اس کے بعد کلارک نے ایک اہم بات لکھی ہے۔ وہ بات ان (چچا، بھتیجا) کے درمیان ایک تبادلہ خیال ہے۔ یہ اس وقت کی بات ہے جب آئن اسٹائن کی عمر صرف سولہ برس تھی۔ انھوں نے ایک کاغذ پر ایک تصوراتی خاکہ بنا کر بھیجا جس نے ان کے چچا کو حیرت زدہ کے ساتھ پُراعتماد بنا دیا۔ شاید

ان کو پوری سمجھ نہ آئی ہو مگر انہوں نے آئن اسٹائن کی حوصلہ افزائی کی۔ بعد میں آنے والے دہائیوں نے دیکھا کہ وہی تصوراتی خاکہ Special Theory of Relativity کی صورت میں سائنس کی دنیا میں ایک انقلاب برپا کر گیا۔

تمام معاشروں اور اسکولوں میں Reuss جیسے اساتذہ کی ضرورت ہے جو طلباء میں غیر رسمی سوچ اور ناموافقت پسندی کی حوصلہ افزائی کرتے ہوں اور ایسے والدین اور رشتے داروں کی ضرورت ہے، جو Casar کی طرح اپنے بھتیجوں اور بھتیجیوں کی تخلیقی شخصیات کی نمو کرتے ہوں۔ جب ایسا ہوگا تب ہی دنیا میں سائنس داں اور فنکار پیدا ہوں گے۔ ہمیں ایسے ہیڈ ماسٹروں کی ضرورت نہیں جو یہ کہہ کر والدین کی حوصلہ شکنی کریں کہ ان کے بچے اس قابل نہیں کہ کسی شعبۂ زندگی میں کامیاب ہو سکیں۔ اور نہ ہمیں ایسے اساتذہ چاہئیں جو والدین کو بڑے پُر اعتماد لہجے میں یہ باور کروائیں کہ "ان کا بچہ زندگی میں کچھ کرنے کے لائق نہیں ہے۔" ایسے اساتذہ کو معلوم نہیں ہوتا کہ ان کے یہی شاگرد مستقبل میں آئن اسٹائن اور وائٹ مین جیسے عبقری بنیں گے۔ اور ان کے والدین کو بولے گئے جملے ان کی سوانح ہائے حیات کا حصّہ بن جائیں گے۔"

ooo

چھٹا باب

روایتی کالج، یونیورسٹیاں اور تخلیقی طالبِ علم

روایتی کالج، یونیورسٹیاں اور تخلیقی طالبِ علم

جب تخلیقی طلباء و طالبات کالجوں اور یونیورسٹیوں میں داخل ہوتے ہیں تو توقع رکھتے ہیں کہ وہاں ان کو فکری طور پر نمود بخش ماحول میسر ہوگا جہاں وہ سماجی اور تخلیقی طور پر ترقی کر یں سکیں گے۔ لیکن وہاں پہنچ کر جب ان کو اپنے اردگرد وہی روایتی نصاب اور جامد سوچ کے حامل پروفیسر نظر آتے ہیں تو مایوس ہو جاتے ہیں۔ ان طلباء کو وہاں کی تعلیم دلچسپ اور فکر آمیز نہیں لگتی، وہ بہت جلد بے زار ہو جاتے ہیں۔ یہ طلباء اپنی جدت پسند عادت کی وجہ سے جب کچھ نیا کرنا چاہتے ہیں تو ان کے پروفیسر اور یونیورسٹی کے اربابِ اختیار ان کی حوصلہ افزائی نہیں کرتے کچھ طلباء تو اس قدر مایوسی کا شکار ہو جاتے ہیں کہ درس گاہ ہی چھوڑ دیتے ہیں جب کہ بعض پر تشدد تصادم کی راہ اختیار کر لیتے ہیں۔

اکثر قابلِ احترام سائنسدان، فنکار، صُوفی اور انقلابی رہنما زمانۂ طالب علمی میں کالجوں اور یونیورسٹیوں کی نظر میں اپنے اداروں کے لیے خطرناک طلباء تھے۔ مگر ایسے طلباء، ان کے والدین اور تعلیمی اداروں کے درمیان باہمی اشتراک، روابط اور مکالمے نے اُن کو پیشے کا انتخاب کرنے میں بہت مدد کی۔ اس حوالے سے جو سائنسداں میرے ذہن میں آتا ہے وہ چارلس ڈارون ہے۔ ان کے سوانح نگار Michael White اور John Gribbin نے روایتی تعلیمی اداروں میں ڈارون کی آغاز سے ہی مشکلات پر روشنی ڈالی ہے۔ ڈارون کو Shrews Bury School، جہاں اس کے والدین نے اس کو داخل کروایا، بالکل پسند نہیں تھا۔

اس کا Reverend Samuel Butler ہیڈ ماسٹر ایک سخت گیر اور انضباط پسند انسان تھا۔ چارلس کو جبری تربیت بالکل پسند نہیں تھی اور اس اسکول میں پڑھائی جانے والی کلاسکس (Classics) میں بھی چارلس کو قطعی کوئی دلچسپی نہیں تھی۔ وہ اپنے دوستوں سے اکثر اس کی شکایت کرتے اور اتنا ہی کام کرتے کہ اساتذہ کی مار پیٹ سے بچے رہیں۔ جیسا کہ ڈارون نے خود لکھا ہے:

”میری ذہنی نشوونما میں رکاوٹ کی سب سے بڑی وجہ ڈاکٹر بٹلر کا سکول تھا۔ جس میں سوائے تاریخ اور جغرافیے کے تمام مضامین کلاسیکی تھے۔ اگر میں اس اسکول کو اپنے لیے ذریعہ تعلیم کے حوالے

سے دیکھوں تو میرے لیے اس کا دامن خالی تھا۔"

جن دنوں چارلس بیزاری کا شکار ہو کر Shrew-Bury میں پریشان حال تھے ان کے بھائی Eras جوان کی طرح ہی ایک تخلیقی طالبِ علم تھے۔ کیمبرج میں کچھ ایسی ہی صورتِ حال کا شکار تھے۔ دونوں بھائی روایتی اداروں کے حوالے سے اپنی اپنی مایوسی اور تفکر کا اظہار کرتے رہتے تھے۔ اور ان اداروں سے نباہ کرنے کے طریقے بھی ایک دوسرے کو تجاویز دیتے تھے۔ White اور Gribbin نے لکھا ہے:

"Eras کو کیمبرج میں تعلیمی سرگرمیوں سے اتنی ہی نفرت تھی جتنی کہ ان کے بھائی کو Shrenburry کے نصابِ تعلیم سے۔ Eras کو محسوس ہوتا کہ ان کو نالائق لکچرر پڑھاتے ہیں اور کیمبرج میں ان کو ایک سے بڑھ کر ایک بیزاری سے بھرپور مقالات پر مباحث برداشت کرنے پڑ رہے تھے بھائیوں کی خط و کتابت، رسمی نظامِ تعلیم کے تلخ حوالوں سے لبریز ہوتی تھی۔۔۔"

ایسی کتابیں اساتذہ اور تعلیمی ماحول تخلیقی طلباء کے اذہان پر ہمیشہ منفی اثرات مرتب کرتے آئے ہیں۔ وہ اپنی یونیورسٹیوں کے پروفیسروں سے بہت جلد مایوس ہو جاتے ہیں۔ اور اپنے آپ کو تعلیم کے زیور سے آراستہ کرنے کے لیے، اپنے خوابوں کی تعبیر پانے اور اپنے جنون کی تکمیل کے لیے خود کاوشیں شروع کر دیتے ہیں۔ جب چارلس کے والد کو معلوم ہوا کہ ان کا بچہ اسکول سے کچھ حاصل نہیں کر پا رہا تو انھوں چارلس کو اسکول سے اٹھا لیا۔ ایک دفعہ غصّے میں آ کر Dr. Robert نے چارلس کو سخت سست کہا اور یہاں تک کہہ دیا: "برخوردار کو کتے مارنے اور چوہے پکڑنے کے علاوہ کسی شے کی پرواہ نہیں ہے۔ اور ان کی یہی روش ان کی اور ان کے خاندان کے لیے ایک دن رُسوائی کا موجب ثابت ہو گی۔" بعد ازاں چارلس کو میڈیکل اسکول میں بھیج دیا گیا، مگر ان کو میڈیکل اسکول بھی پسند نہ آیا کیونکہ ان کو چیڑ پھاڑ سے نفرت تھی۔ پھر خوش قسمتی سے ان کا تعارف Plinian Society سے ہو گیا جس کے اراکین آپس میں دلچسپ علمی مباحث کرتے، فطرت کی تاریخ اور سائنس پر مضامین لکھتے اور ایک دوسرے کے مضامین پر تنقید کرتے تھے۔ رفتہ رفتہ چارلس کو ارضیات میں دلچسپی پیدا ہو گئی نتیجتاً Edinburg میں دو سالہ قیام کے دوران چارلس نے طب سے زیادہ ارضیات کا علم حاصل کر لیا۔ چارلس کے والد ایک دفعہ پھر مایوس ہو گئے۔ اس دفعہ انھوں نے چارلس کو میڈیکل اسکول سے نکال کر ایک مذہبی اسکول میں بھیج دیا تا کہ وہ ایک پادری بن سکیں۔ چارلس نے دینیات کی تعلیم تو حاصل کی مگر وہ دل سے عیسائیت کی تعلیمات کے قائل نہ ہو سکے۔

جب وہ میڈیکل اسکول میں تھے توان کی ملاقات اپنے ایک ہم خیال دوست Robert Grant سے ہوئی، جوان کی طرح باغی خیالات کے حامل تھے۔ دونوں دوست اس وقت Plinian Society کے سرگرم رکن تھے۔ جُوں جُوں چارلس کی رابرٹ سے دوستی بڑھی وہ ان کے خیالات سے آگاہ ہوتے گئے۔ رابرٹ ایک منطق پسند انسان تھے اور سائنسی فکر کے حامل تھے۔ رابرٹ کو انجیل کے مندرجات اور سائنس کی جدید دریافتوں میں صریح تضاد نظر آتا تھا۔ رابرٹ سے دوستی اور آزاد خیال افراد کے ساتھ مباحث سے ڈارون مذہب اور انجیل کے حوالے سے تشکیک کا شکار ہو گئے۔ اس کا مظاہر اس وقت دنیا پر آشکار ہوا جب ان کی شہرۂ آفاق کُتب: اوریجن آف سپیشیز اور ڈیسنٹ آف مین The Origin of Species and Descent of Man منظرِ عام پر آئیں۔ جس میں ڈارون نے انجیل کی روایتی تعلیمات اور عیسائیت سے اپنے اختلافات کا برملا اظہار کیا تھا۔ یہاں تک آ کر یہ بات بالکل واضح ہو جاتی ہے کہ ڈارون کا خاندان، اسکول اور یونیورسٹی ان کو مجبور کر رہے تھے کہ وہ روایتی شاہراہ پر چل کر طبّ یا دینیات کی تعلیم حاصل کریں۔ مگر وہ اپنی من کی پگڈنڈی پر چل کر ایک سائنسداں بننا چاہتے تھے۔ ان کے والد اور پروفیسروں نے جس قدر ڈارون سے اطاعت چاہی انھوں نے اتنی ہی شدت سے بغاوت کی۔ بالآخر خاندان اور یونیورسٹی نے ہار مان لی کیونکہ وہ ڈارون کو مطیع نہیں بنا سکتے تھے۔

ان کے والدین کو ذرہ بھر شائبہ تک نہ تھا اور نہ ہی وہ محسوس کر سکتے تھے کہ ان کا واسطہ ایسے نوجوان سے ہے جس کی تحقیق اور تحریریں آنے والے وقت میں انسان اور خدا کے تعلق کے مروّجہ نظریے کو ہمیشہ ہمیشہ کے لیے بدل کر رکھ دیں گی اور نہ ہی اُن کے عیسائی اساتذہ بھانپ پائے کہ ان کا شاگرد دنیا کو یہ باور کروانے کی کوشش کرے گا کہ انسان کا جنم خدا کی بجائے بندر سے مربوط ہے۔ انھوں نے انسانی ارتقاء کو خدائی عمل کی بجائے فطری عمل ہونے کو سائنسی توجیحات سے ثابت کیا، مگر دیگر تحقیقی طلباء کی طرح ڈارون کو بھی کالجوں اور یونیورسٹیوں کے انضباطی ماحول میں گھٹن محسوس ہوتی تھی۔

ooo

ساتواں باب

انسانی شعور کا ارتقاء

انسانی شعور کا ارتقاء

چار روایات

جب ہم انسانی تاریخ کے بارے میں سوچتے ہیں اور انسانی شعور کے ارتقاء کی کہانی پر غور کرتے ہیں تو ہمیں معلوم ہوتا ہے کہ تاریخ میں ہمیشہ سے مختلف ادوار، معاشروں، اقوام اور مما لک میں مختلف النوع روایات کا جنم ہوا، جو صدیوں تک عمل پذیر رہی ہیں۔ ایسا کرنے والوں میں کچھ رہنما تھے اور کچھ مقلدین، کچھ مفکرین تھے اور کچھ فلسفی جب کہ کچھ طلباء تھے اور کچھ اتالیق۔ طویل علمی بحث میں جانے کی بجائے میں اس دلچسپ داستانِ بنی آدم کا خلاصہ بیان کروں گا۔ صدیوں پر محیط انسانوں کی مشترکہ دانش کو چار ثقافتی اور فلسفیانہ روایات میں تقسیم کیا جا سکتا ہے:

1- اس ضمن میں پہلی روایت "انسان دوستی کی روایت" ہے۔ یہ روایت چین میں کنفوشیئس اور لاؤزو نے پیش کی تھی۔ دونوں مفکرین اور فلسفیوں نے ایسے فلسفے اور نظریے پیش کیے جن سے رہنمائی لے کر لوگ شخصی اور مجموعی طور پر بہتر انسان بن سکیں۔ کنفوشیئس نے انسانیت کے لیے ایک سنہری اصول پیش کیا۔ جس کا لبِ لباب یہ تھا کہ "ہمیں لوگوں کے ساتھ ویسا ہی سلوک کرنا چاہیے جیسا کہ ہم چاہتے ہیں کہ وہ ہمارے ساتھ کریں۔" یہ سنہری اصول انسانی بقاء ونشوونما کا فلسفہ بن کر سامنے آیا۔ "لاؤ زُو" اس نظریے کا پرچارک تھا کہ ایک سادہ اور بامقصد زندگی گزارنے کے لیے ضروری ہے کہ ہم فطرت کے قریب اور ہم آہنگ رہیں۔ اس کا ماننا تھا کہ فطرت کا طریقہ "تاؤ" ہے۔ اور یہ کہ ہم جتنا اپنی فطرت اور اپنے ماحول کی فطرت کی قربت میں رہیں گے اتنا ہی ہمارے لیے آسان ہوگا کہ ہم ایک صحت مندانہ، خوشگوار اور پُرسکون زندگی بسر کر سکیں۔ یہ امر باعثِ دلچسپی ہے کہ کنفوشیئس اور لاؤزو نے اپنے فلسفے میں کبھی خدا، پیغمبر، حیات بعد از موت یا جنت اور دوزخ کی بات نہیں کی۔ ان کا ایمان تھا کہ ہمیں اچھا انسان بننے اور ایک منصفانہ اور پُرامن معاشرے قائم کرنے کے لیے

کسی الہامی ہدایت یا آسمانی وحی کی ضرورت نہیں ہے۔

2۔ انسانی دانائی کی دوسری روایت "روحانی روایت" ہے۔ جو ہندوستان میں بُدھا اور مہاویرہ نے پیش کی۔ ان کا ماننا تھا کہ انسانی آلام ومصائب کی سب سے بڑی وجہ لوگوں کی دیگر افراد کے ساتھ قربت پیدا کرنے کی جستجو اور دنیاوی مال و دولت حاصل کرنے کی خواہش ہے۔ بُدھا اور مہاویرہ اپنے پیروکاروں کو تاکید کرتے کہ وہ مراقبہ کرنا سیکھیں اور یہ کہ وہ اپنے آپ کو اپنے ماحول سے جدا کر کے قلبی سکون حاصل کر سکتے ہیں۔ بدھا کا ماننا تھا کہ رُوح جسم سے الگ ہستی ہے جو خالص سے خالص ترین ہونے کے لیے بار بار دنیا میں آتی ہے اور جب اس کو روشنی اور نروان مل جاتا ہے تو گویا نجات مل جاتی ہے اور اس کو اس دائراتی سفر کی ضرورت نہیں رہتی۔

3۔ دانائی کی تیسری روایت "مذہبی روایت" ہے۔ یہ روایت زرتشت نے ایران میں پیش کی۔ اس نے سب سے پہلے آسمانی خدا آہورہ مزدا کا تصور پیش کیا۔ جس کا مفہوم تھا: "دانائی کا خدا"۔۔ اس کے ساتھ اس نے آسمانی وحی، نیکی، گناہ، حیات بعد از موت جنت اور دوزخ کا تصور بھی پیش کیا۔ زرتشت کا ماننا تھا کہ اگر لوگ وحی خداوندی کے مطابق زندگی بسر کریں گے تو وہ دنیا میں ایک خوشگوار اور پُرامن زندگی بسر کر سکیں گے اور موت کے بعد جنت میں داخل ہو جائیں گے۔ زرتشت کے افکار، فلسفے اور نظریات کو مشرقِ وسطیٰ میں بہت پذیرائی ملی اور آگے چل کر یہی نظریات ابراہیمی مذاہب، یہودیت، عیسائیت اور اسلام کے ظہور کا باعث بنے۔ یہ تینوں یکتائی (Monotheistic) مذاہب، زرتشت نظریات کی پیداوار ہیں۔ ان مذاہب کے پیروکار بھی رُوح کو جسم سے الگ شے مانتے ہیں۔ مگر یہ رُوح بدھا والی رُوح کی طرح بار بار زمین پر واپس نہیں آتی بلکہ وہ جنت یا دوزخ میں داخل ہونے کے لیے یومِ حساب کا انتظار کرتی ہے۔ اور یومِ حساب کے بعد مستقل طور پر جنت یا دوزخ میں داخل ہو جاتی ہے۔ چونکہ عیسائیت اور اسلام کے پیروکار تبلیغِ دین پر یقین رکھتے ہیں اس لیے ان کے مبلغ دنیا بھر کا سفر کر کے خدائی ہدایت کی تبلیغ کرتے ہیں ان پیروکاروں میں سے بعض مقدس جنگوں پر بھی یقین رکھتے ہیں۔ وہ قتال اور جہاد کرنے کو جائز سمجھتے ہیں۔ ان مبلغین اور مجاہدین کی وجہ سے ان مذاہب کے پیروکاروں کی تعداد دنیا بھر میں اربوں میں ہے۔

4۔ چوتھی روایت "فلسفیانہ روایت" ہے۔ یہ روایت یونانی فلسفیوں بقراط، سقراط، افلاطون اور ارسطو سے منسوب ہے۔ ان فلسفیوں نے یہ نظریہ پیش کیا کہ دنیا کی تمام اشیاء اور واقعات

قوانین فطرت کے تابع ہیں۔ اور ان قوانینِ فطرت سے آگاہی حاصل کر کے ہم فطرت کے راز ہائے سربستہ تک رسائی حاصل کر سکتے ہیں۔ اس روایت میں بقراط کو بابائے طب مانا جاتا ہے۔ وہ اپنے مریضوں کو مشورہ دیتا کہ وہ اپنے بیمار اجسام کو شفا یاب کرنے کے لیے عبادات کرنے، روزے رکھنے اور (گناہ بخشوانے کے لیے) دیوتاؤں کے حضور میں قربانی کرنے کی بجائے متوازن خوراک بھرپور نیند اور باقاعدگی سے ورزش کو اپنا معمول بنائیں۔ بقراط وہ پہلا طبیب تھا جس نے طب کو مذہب سے علیحدہ قرار دیا۔ سقراط ایک اور یونانی فلسفی تھا جو بابائے فلسفہ کہلوایا۔ اس نے منطق، دانش اور تجزیاتی سوچ کا پرچار کیا۔ اس کا ماننا تھا کہ انسانی مسائل کے حل کے لیے دلیل، وحی سے زیادہ اہم ہے۔ وہ نوجوانوں کو ترغیب دیتا کہ وہ صدیوں پرانی روایات و عقائد کی اندھی تقلید کرنے کے بجائے ان پر سوالات اٹھائیں اور ان کو عقل و دانش کی کسوٹی پر پرکھیں۔ یونانیوں کی روایتی اکثریت کو سقراط کا طریقہ کار پسند نہ آیا۔ لہٰذا انھوں نے سقراط پر الزام لگایا کہ وہ یونانی خداؤں کو نہیں مانتا اور یہ کہ سقراط نوجوان نسل کو گمراہ کر رہا ہے۔ سزا کے طور پر سقراط کو مجبور کیا گیا کہ زہر کا پیالہ پیے اور اپنی زندگی اپنے نظریات پر قربان کر دے۔۔۔ سقراط نے اپنی زندگی میں اپنے افکار و نظریات کو قلم بند نہیں کیا تھا بلکہ اس کی موت کے بعد اس کے شاگرد افلاطون نے ایک مکالمے کی صورت میں یہ مسودہ تحریر کیا۔ کیونکہ سقراط یک طرفہ گفتگو کی بجائے سچ تک پہنچنے کے لیے مکالمے کو بہتر طریقہ گردانتا تھا۔ اس کا یہ بھی کہنا تھا کہ "جس زندگی میں خود احتسابی نہ ہو وہ گزارنے کے قابل نہیں ہوتی۔" سقراط کے بعد افلاطون نے ایک اکیڈمی قائم کی جس میں فلسفہ اور سائنس کی تعلیم دی جاتی تھی۔ یہ اکیڈمی آنے والے زمانے میں مغربی جامعات کے لیے ایک نمونہ ثابت ہوئی۔ اس کے بعد افلاطون کے شاگرد ارسطو نے سیاست کے مضمون میں اہم ابواب کا اضافہ کیا۔ یونانی فلسفیوں نے ایک منصفانہ اور پُرامن جمہوری ملک کے قیام کے لیے اہم نقشِ راہ پیش کیے۔ اس کے علاوہ انھوں نے سائنس اور نفسیات کے شعبوں میں بھی اہم علوم کا اضافہ کیا۔

گزشتہ تین صدیوں میں سائنس اور دیگر شعبہ ہائے زندگی پر سائنسی سوچ کے اطلاق سے اہم پیش رفت ہوئی ہے جس سے ہماری فکر میں انقلاب برپا ہو چکا ہے۔ جن سائنسدانوں نے یہ کارنامے انجام دیے ان کی تعداد کافی زیادہ ہے۔ لیکن چارلس ڈارون جیسے حیاتیات دان، سگمنڈ فرائڈ جیسے نفسیات دان، کارل مارکس جیسے عمرانیات داں اور سٹیفن ہاکنگ جیسے فلکیات داں خاص طور پر قابلِ

ذکر ہیں۔اس اثناء میں جب سائنسداں قوانین فطرت سے آگاہی حاصل کرنے کے لیے اور ان کو ثابت کرنے کے لیے نئے نئے طریقے تلاش کر رہے تھے، مختلف ثقافتوں اور معاشروں میں موجود اصلاح کار دنیا میں موجود تنازعات کے باوقار حل کے لیے طریقے دریافت کر رہے تھے۔انھوں نے اپنے غیر مذہبی افکار اور انسانی آدرشوں کے ذریعے انسانی حقوق کی جنگ لڑی۔ یہ فلسفی اور اصلاح کار جن میں لیوٹا لسٹائے، موہن داس گاندھی اور مارٹن لوتھر کنگ جونیئر شامل تھے، اپنے پیروکاروں کو ترغیب دی کہ وہ نسلی، مذہبی، لسانی اور جنسی اختلافات کو بُھلا کر اخوتِ انسانی کے رشتے کو مضبوط کریں۔انھوں نے ہمیں بتایا کہ ایک پُرامن دنیا کے قیام کے لیے ہمیں ایک دوسرے کی رائے کا احترام کرنا ہے۔اختلافات کو حقیقت تسلیم کرنا ہے اور یہ جان کاری رکھنی ہے کہ ہم ایک ہی کنبے کے افراد ہیں اور وہ کنبہ ہے انسانیت۔

آج کی جدید دنیا میں مختلف مذہبی، غیر مذہبی، روحانی اور سائنسی روایات کے پیروکار، جہالت اور تعصب کی دیواریں گرا کر مہربانی، شفقت، امن اور ہم آہنگی کے پُل تعمیر کر دیں تو ہم انسانِ کامل بن کر مجموعی جدوجہد سے دنیا کو پُرامن بنانے میں کامیاب ہو جائیں۔ یہ ہمارا خواب ہے، مگر تعبیر پانے کے لیے خواب دیکھنا بھی تو ضروری ہے۔

ooo

آٹھواں باب

تخلیقی شخصیات کی سوانح

اور

فلسفۂ ہائے حیات کا تجزیہ

سائنس داں

سٹیفن ہاکنگ اور فلکیات کے راز

سٹیفن ہاکنگ کا شمار اکیسویں صدی کے سب سے زیادہ معتبر اور قابلِ ستائش سائنسدانوں میں ہوتا ہے۔ بطور ایک فلکیات داں اور نظریہ ساز طبیعیات داں ان کو اکیسویں صدی میں سب سے زیادہ شہرت نصیب ہوئی۔ ان کا یہ نظریہ کہ بلیک ہول Black Hole شعاعیں خارج کرتے ہیں، Hawking Radiation کے نام سے مشہور ہوا۔ ہاکنگ کیمبرج یونیورسٹی میں کئی دہائیوں تک ریاضی کے پروفیسر اور شعبۂ تحقیق کے ڈائریکٹر کے طور پر خدمات سرانجام دیتے رہے۔ وہ Motor Neuron Disease میں مبتلا ہو گئے تھے جس نے ان کو اتنا معذور اور ناتواں بنا دیا تھا کہ وہ زندگی کا زیادہ حصہ ایک وہیل چیئر پر گزارنے پر مجبور رہے مگر اس کے باوجود انھوں نے پیشہ وارانہ، سماجی، تخلیقی اور سیاسی طور پر ایک متحرک زندگی بسر کی۔

ہاکنگ کو دُنیا کے عظیم انعامات سے نوازا گیا۔ وہ اتنے ذہین تھے کہ محسوس ہوتا ہے کہ جیسے گلیلیو، نیوٹن اور آئن اسٹائن کی رُوحیں ان میں حلول کر گئی ہوں۔ Carl Sagan کی طرح انھوں نے سائنس اور فلکیات کو اتنا فروغ دیا کہ وہ علمی دنیا سے نکل کر عملی دنیا میں نظر آنے لگیں۔ ان کی کتب ایک عرصے تک Best Seller کے طور پر فروخت ہوتی رہیں۔ انھوں نے دنیا بھر کے سفر کیے اور خصوصی آلات اور چہرے کے تاثرات کو استعمال میں لا کر مختلف مقامات پر لیکچر دیے۔ ہاکنگ تخلیقیت اور ذہانت کے ساتھ ایک دلکش شخصیت اور حسِ مزاح کے حامل شخص کے طور پر بھی مانے اور سراہے جاتے ہیں۔

ہاکنگ 1942ء میں برطانیہ کے شہر آکسفورڈ کے ایک علم دوست گھرانے میں پیدا ہوئے۔ ان کے والد Frank طب کے شعبے سے وابستہ تھے اور والدہ Isobel نے فلسفہ اور سیاست پڑھ رکھی تھی۔ ہاکنگ نے یونیورسٹی کی سطح پر بہت سے علوم کا مطالعہ کیا مگر اعلیٰ تعلیم، نظریاتی طبیعات Theoretical Physics میں حاصل کرنے کا فیصلہ کیا۔ 1963ء میں جب ہاکنگ کی عمر صرف 21 سال تھی بدقسمتی سے Lou Gehrigs Disease میں مبتلا ہو گئے۔ جس

کو Motor Neuron Disease بھی کہا جاتا ہے۔ جب ان کو بیماری کی تشخیص کا علم ہوا تو وہ شدید دلبرداشتہ ہو گئے کیونکہ ان کو صرف دو سال مزید زندہ رہنے کی مہلت ملی تھی۔ بعد ازاں جب ہاکنگ کو بتایا گیا کہ ان کی حالت سست روی کے ساتھ ابتر ہو گی تو ان کے مزاج پر چھائے ہوئے مایوسی کے بادل چھٹ گئے اور انھوں نے اپنی زندگی اور تعلیم پر توجہ دوبارہ مرکوز کر دی۔ مگر کچھ برسوں کے بعد رفتہ رفتہ وہ معذور ہوتے چلے گئے۔ انھوں نے ایک جگہ لکھا:

"میں نے نظریاتی طبیعات کا انتخاب اس لیے کیا کہ اب یہی میرے دماغ میں باقی بچی ہے۔"

ہاکنگ کی شادی دوبار ہوئی۔ پہلی دفعہ Jang کے ساتھ اور دوسری دفعہ Elaine کے ساتھ جو ان کی نرس تھیں۔ اپنی مشہور زمانہ تصانیف: A Brief History of Time اور A Grand Design میں انھوں نے سائنس کی تاریخ بیان کی ہے اور گزشتہ 3000 برس کے سائنسی نظریات اور دریافتوں کے ارتقاء کا نچوڑ پیش کیا ہے۔ انھوں نے لکھا ہے کہ یونانی فلاسفروں نے پہلی بار دنیا کو دلیل اور شعور سے آشنا کیا۔ انھوں نے سائنس، فلسفے، ریاضی اور علمِ فلکیات کی بنیاد رکھی۔۔۔

ہاکنگ نے اپنی کتابوں میں قدیم یونانی فلاسفروں سے لے کر آج کے یورپ اور شمالی امریکہ کے جدید نامور اور اہم سائنسدانوں کی خدمات کا احاطہ مختصر مگر جامع انداز میں اس طرح کیا ہے:

(BC 624-546 : Thales of Meitus)

"ملےطوس کا رہنے والا طالیس وہ پہلا یونانی فلاسفر تھا جس نے سب سے پہلے یہ انکشاف کیا کہ کائنات کسی الوہیاتی کرتب کی بجائے قوانینِ فطرت کے تحت کام کر رہی ہے۔ اس کا ماننا تھا کہ قوانینِ فطرت کو ہم قدرت کے مظاہر کے حوالے سے مزید تحقیق کے بعد سمجھنے کے قابل ہو جائیں گے۔ طالیس ہی وہ پہلا سائنس داں تھا جس نے 585 قبل مسیح کے سُورج گرہن کو بیان کیا۔ اور اہرامِ مصر کی اونچائی ان کے سایوں کی مدد سے معلوم کی۔ ان کو مغرب کا پہلا سائنس داں مانا جاتا ہے۔ طالیس کا تعلق فلکیات دانوں، ریاضی دانوں، سائنس دانوں اور دانش وروں کے اس گروہ سے تھا جو اس زمانے میں Iona میں اکٹھے ہوئے تھے۔ ان سب کو Ionian کہا جاتا ہے۔ ایک اور یونانی مفکر Eratosthenes نے سائے کی لمبائی والا طریقہ استعمال کر کے زمین کا قطر معلوم کر لیا تھا۔

آیونینز کے گروہ کا ایک درخشندہ ستارہ فیثاغورث (Pythagorus) ہے۔ جو 570 سے 490 قبل مسیح کے درمیان زندہ رہا۔ فیثاغورث ایک ریاضی داں اور دانشور تھا مگر سب سے پہلا شخص تھا جس نے اپنے آپ کو فلاسفر کہا۔ اس ریاضی داں نے علمِ مثلثات (Trignometry) میں "قائمہ زاویہ

مثلث" کا نظریہ پیش کیا جو آج Rightangle Triangle Pythagorus Theoram کہلاتا ہے۔قدیم زمانے میں فلکیات کی مختلف پیمائشوں میں ریاضی دانوں نے اہم کردار ادا کیا۔

384 سے 322 قبل مسیح کے یونانی فلاسفر، ارسطو کو اجرامِ فلکی میں بہت دلچسپی تھی۔ اس نے نظریہ پیش کیا کہ زمین گول، ساکن اور کائنات کا مرکز ہے۔ان کا ماننا تھا کہ سورج، چاند اور دیگر اجرامِ فلکی زمین کے گرد گھومتے ہیں۔ان کے نظریئے کو کلاڈیئس بطولیمی (Claudius Ptolemy) (100 سے 170 بعد مسیح) نے تفصیلی حساب وشمار کے ساتھ تسلیم کیا۔ وہ اتنا بااثر تھا کی کیتھولک چرچ نے بھی اس کے نظریے کو درست مان لیا۔اور یہ نظریہ کئی صدیاں گزرنے کے باوجود بھی مقبول رہا اور درست مانا جاتا رہا جب تک (Nicolas Copernicus) (1473ء-1543ء) نے اس پر سوال نہیں اُٹھا دیا۔اس نے ارسطو اور بطولیمی کے نظریئے پر دوبارہ غور کرنے کی صلاح دی۔ کوپرنیکوس نے کائنات کا (Heliocentric) "سورج مرکزی" نظریہ پیش کر دیا جس کے تحت سورج کائنات کے مرکز میں کھڑا ہے اور زمین اس کے گرد گھومتی ہے۔ البتہ کوپرنیکوس کو کیتھولک چرچ کی جانب سے فتویٰ اور سخت سزا کا خوف دامن گیر تھا اس لیے اس نے اپنے نظریے کو عام نہیں کیا۔ بعدازاں کوپرنیکوس کے نظریئے کو گلیلیو گلیلی (Galileo Galilei) (1564ء-1642ء) نامی فلکیات داں نے سرِ عام دنیا کے سامنے ثبوت کے ساتھ زندہ کر دیا۔ اس نے اپنی دُوربین کی مدد سے یہ ثابت کر دیا کہ بطولیمی کا نظریہ غلط تھا جب کہ کوپرنیکوس کا نظریہ درست تھا۔ اس پر کیتھولک چرچ غصے سے سیخ پا ہو گیا اور گلیلیو پر من گھڑت مفلوظات کا الزام لگا کر مقدمہ چلایا اور اپنے ہی گھر میں تا حیات نظر بند کر دیا۔ گلیلیو کی دُوربین بہت سادہ تھی مگر وقت گزرنے کے ساتھ ساتھ یہی دُوربین بڑی اور طویل ہوتی گئی۔ 1929ء میں Edwin Hubble (1889ء-1953ء) نے 200 انچ کی عظیم الجثہ دُوربین استعمال کر کے علمِ فلکیات میں اہم اضافے کیے۔ کیلیفورنیا میں Mount Palomar کی معائنہ گاہ میں نصب اس نفیس دُوربین سے ھبل نے آسمان پر موجود کہکشاؤں کا نظارہ کیا۔

اس نے انکشاف کیا کہ کچھ اجرامِ فلکی جن کو ہم اس سے قبل Nebulae کہتے تھے دراصل ہماری کہکشاں، ملکی وے (Milky Way) سے آگے کی کہکشائیں ہیں۔ اس نے نہ صرف مزید کہکشاؤں کی موجودگی کی خبر دی بلکہ یہ بھی دریافت کیا کہ وہ کہکشائیں ہماری کہکشاں 'ملکی وے' سے تیزی سے دُور ہو رہی ہیں اور یہ کہ ان کی رفتار جس قدر زیادہ ہے وہ اسی قدر ہم سے دُور ہیں۔ ھبل نے سب سے پہلے پھیلتی کائنات کا نظریہ پیش کیا۔ ھبل کی دریافت سے قبل کئی سائنس داں جن میں البرٹ آئن اسٹائن بھی شامل تھے، ایک جامد کائنات پر یقین رکھتے تھے، لیکن پھیلتی کائنات کے مشاہدات اور

گزرتے وقت کی شماریات کی مدد سے سائنسدانوں نے ثابت کیا کہ وقت کا سلسلہ 13.7 ارب سال قبل ایک عظیم دھماکے یا Big Bang سے جا کر ملتا ہے۔ بگ بینگ نظریہ یہ بتاتا ہے کہ آج ہم جس کائنات میں زندہ ہیں اس کا آغاز نہایت کثیر درجہ حرارت اور کثافت سے ہوا تھا۔ جوں جوں یہ کثیر کثافت مادہ پھیلتا گیا، ٹھنڈا بھی ہوتا گیا اور ستارے کہکشائیں اور سیارے بنتا گیا جس میں ایک سیارہ ہماری زمین ہے جو 5.4 ارب قبل وجود میں آئی۔ Hubble Space Telescope کا نام اسی فلکیات داں، ھبل کی یاد میں رکھا گیا ہے۔ ہاکنگ کی پیش کردہ فلکیاتی نظریات سے قبل دو اہم سائنسدانوں کا ذکر ضروری ہے جنہوں نے کائنات کی ہیئت پر اپنے اپنے نظریئے پیش کیے تھے۔

پہلے سائنسداں کا نام آئزک نیوٹن (1643ء-1727ء) تھا جس نے کشش ثقل اور حرکت کے قوانین پیش کیے۔ اس نے ایسے قوانینِ فطرت معلوم کیے جن کے تحت زمین اور دیگر سیارے حرکت کر رہے ہیں۔ اس نے حرکت کے عالمگیر قوانین دریافت کیے۔ نیوٹن کا قانون ثقل یہ بیان کرتا ہے کہ ''کائنات میں موجود ہر جسم دوسرے جسم کو ایک خاص کشش سے اپنی طرف کھینچتا ہے۔ کشش کی یہ قوت ان اجسام کی کمیتوں کے حاصل ضرب کو ان کے درمیان فاصلے کے مربعے سے تقسیم کرنے سے حاصل ہوتی ہے۔''

ooo

البرٹ آئن اسٹائن

(1879ء-1955ء)

دوسرا سائنسداں البرٹ آئن اسٹائن تھا جس نے نیوٹن کے نظریات کو نہ صرف چیلنج کیا بلکہ وُسعت بھی دی۔ اس نے دریافت کیا کہ روشنی ذرّات اور لہروں دونوں اشکال میں سفر کرتی ہے۔ اس نے یہ بھی معلوم کیا کہ زمان و مکاں میں وقت زماں کی تین سمتوں سے جدا نہیں ہوسکتا اور یہ کہ وقت گزرنے کی رفتار کا تعلق مشاہدہ کرنے والے کی اپنی رفتار سے ہوتا ہے۔

آئن اسٹائن کی Special Theory of Relativity کا نچوڑ یہ ہے کہ:

(1) خلا (Space) میں روشنی کی رفتار یکساں (غیر متغیر) رہتی ہے۔

(2) کسی بھی مخصوص نظام میں طبیعات کے قوانین یکساں رہتے ہیں خواہ وہ نظام حرکت میں ہی کیوں نہ ہو۔

آئن اسٹائن نے اپنی اسپیشل تھیوری 1905ء میں پیش کی تھی۔ اور 1916ء میں اس نے اپنی General Theory of Relativity کو حتمی شکل دے دی۔ جس میں اس نے اپنی مشہور زمانہ مساوات $E=mc^2$ پیش کی۔ جس کا خلاصہ یہ ہے کہ "توانائی (Energy) اور مادہ (Mass) نہ صرف آپس میں مساوی ہیں بلکہ آپس میں قابلِ تبادلہ بھی ہیں۔"

ہاکنگ نے اس نظریئے سے انکار کر دیا کہ عالمِ کائنات کو خدا نے بنایا ہے۔ بطور سائنسداں اس کا یقین کامل ہے کہ کائنات کا نظام قوانینِ فطرت سے چل رہا ہے۔ اس کا نظریہ یہ تھا کہ: "سائنسی وجوہات اور تخمینے کائنات کے نظام کی وضاحت کرتے ہیں اور یہاں معجزات وغیرہ کی کوئی گنجائش نہیں ہے اور نہ ہی خدا یا کسی غیر مرئی مخلوق کا کائنات چلانے میں کوئی کردار ہے۔ البتہ یہ سوال مناسب معلوم ہوتا ہے کہ کائنات کا خالق کون ہے؟ اگر اس سوال کا جواب خدا ہے تو اگلا سوال یہ ہوگا کہ خدا کو کس نے تخلیق کیا ہوگا؟ اس تناظر میں یہ مان لینے میں کوئی حرج نہیں کہ ایسا امکان موجود ہے کہ کوئی ایسی ہستی

موجود ہو جس کو کسی خالق کی ضرورت نہ ہو اسی کو خدا کا نام دیا جا سکتا ہے۔"

فطرت کی چار قوتوں کو سمجھنے کے لیے سائنسدانوں نے مختلف نظریات پیش کیے ہیں۔ ان قوتوں کے نام یہ ہیں:

1۔ کششِ ثقل: Gravity

2۔ برقی مقناطیست: Electromagnetism

3۔ کمزور نیوکلیائی طاقت: Weak Nuclear Force

4۔ طاقتور ایٹمی طاقت: Strong Atomic Power

گزشتہ چند صدیوں میں سائنسدانوں نے مختلف سائنسی نظریات کو یکجا کر کے کائنات کا ایک مکمل اور حتمی نظریہ تشکیل دینے کی کوشش بھی کی ہے۔ ہاکنگ نے لکھا: "اُنیسویں صدی کے اواخر اور بیسویں صدی کے اوائل میں میکس ویل (Maxwel) اور آئن اسٹائن نے بجلی (برقی)، مقناطیسیت اور روشنی کو یکجا کیا۔ جبکہ 1970ء میں ایک باقاعدہ نقشہ تیار ہوا جس میں کمزور یا عام نیوکلیائی طاقت اور برقی مقناطیسی طاقت یکجا تھے۔ بعدازاں، String Theory اور M-Theory کا ظہور ہوا جس میں باقی رہ جانے والی فطرت کی قوت یعنی کششِ ثقل بھی شامل ہو گئی۔ M-Theory قوتِ ثقل پر سب سے زیادہ موزوں، مستقل اور یکساں نظریہ ہے۔ اسی وجہ سے ایم تھیوری اب تک کائنات کے نظریئے کی تکمیل کے لیے واحد "امیدوار" ہے۔ اگر کائنات کی کوئی حد ہے تو۔۔۔ مگر یہ ثابت کرنا بھی ابھی باقی ہے۔ اور یہ کائنات کا ایسا ماڈل (نظریہ) ہو گا جس میں وہ اپنے آپ کو خود پیدا کرتی ہے۔ ہم ضرور اس کائنات کا حصہ ہیں کیونکہ کوئی اور ماڈل سمجھ سے بالاتر ہے۔ اگر مشاہدے سے یہ تھیوری ثابت ہو گئی تو یہ گزشتہ 3000 سال سے جاری تحقیق کا منطقی نتیجہ ہو گا۔ اور اس طرح ہمیں "عظیم نقشہ" Grand Design تک رسائی حاصل ہو جائے گی۔"

زندگی اور کائنات پر گہری غور و فکر کرنے کے بعد ہاکنگ اس نتیجے پر پہنچا کہ "عظیم خاکے" کے مطابق ایک سے زائد کائناتوں کا وجود ممکن ہے۔ اور متعدد کائناتیں (Multiverses) اپنے آپ کو پیدا کر سکتی ہیں، تباہ کر سکتی ہیں اور دوبارہ پیدا کر سکتی ہیں۔ کارل سیگن، ہاکنگ کی مشہور تصنیف: اے بریف ہسٹری آف ٹائم (A Brief History of Time) کے تعارف میں یوں رقم طراز ہے:

> "ہاکنگ، جیسا کہ اس کی تحریروں سے ظاہر ہے، خدا کے ذہن کو پڑھنے کو کوشش کر رہا ہے جس کا نتیجہ بہت غیر متوقع برآمد ہُوا ہے، کم از کم لمحہ موجود تک ہم اس نتیجے پر پہنچ چکے ہیں کہ کائنات کا کوئی سرا نہیں، کوئی آغاز نہیں، کوئی اختتام نہیں اور اس میں خدا

کے کرنے کا کوئی کام نہیں ہے۔"

ہاکنگ عموماً اپنے مذہبی اعتقادات کے حوالے سے نرم گوشہ رکھتا تھا مگر 2014ء میں جب اس نے Starmus Festival میں مرکزی مقرر کے طور پر خطاب کیا تو مختلف انداز اختیار کیے جہاں اس نے سچ سچ بتا دیا کہ وہ ایک "دہریہ" ہے۔ اپنی سائنسی خدمات کے ساتھ ساتھ سٹیفن ہاکنگ سیاست میں خوب جان کاری رکھتا تھا۔ اور اپنی آراء کو بہت مؤثر انداز میں بیان کرتا تھا۔ اس نے ویتنام اور عراق کی جنگوں کی مخالفت کی اور Stem Cell پر تحقیق کی حمایت کی۔ ہاکنگ نے بطور سیاسی مدبر کے عالمگیر نظامِ صحت اور اٹیمی عدم پھیلاؤ کی بھی ہمیشہ حمایت کی۔ اس نے اپاہج افراد اور صحیح سلامت جسم کے ساتھ معذور اذہان رکھنے والے انسانوں کی مخصوص ضروریات کو پُورا کرنے کے لیے ہمیشہ مثالی کردار ادا کیا۔ اور ایسے انسانوں کے حقوق کے لیے جہدِ مسلسل کی جن کو مختلف عارضے لاحق ہیں۔ شدید معذوری، مبہم و مدھم آواز رکھنے کے باوجود لوگ اس کی بات، صدور، وزرائے اعظم اور بادشاہوں کی تقریروں کے مقابلے میں زیادہ غور سے سنتے تھے۔ ہاکنگ کا شمار ایسے دانش وروں میں ہوتا ہے جو صدیوں میں پیدا ہوتے ہیں۔

ہاکنگ کی پہلی بیوی "جین" نے اس کی سوانح حیات تحریر کی۔ اس کتاب کا نام: My Life with Stephen: Travelling to Infinity ہے۔ 2014ء میں اس کتاب پر ایک فلم بھی بنی ہے جس کا نام The Theory of Everything ہے۔ ہاکنگ کو یہ اعزاز بھی حاصل ہے کہ وہ سائنسدانوں اور عام انسانوں کے دل و دماغ پر یکساں حکومت کرتا تھا۔ عالمِ کائنات و فلکیات کے رازہائے سربستہ سے پردہ اٹھانے اور سائنسی علوم کے فروغ کے حوالے سے سٹیفن ہاکنگ کی خدمات کو آنے والی نسلوں تک یاد رکھا جائے گا۔

چارلس ڈارون اور نظریہ ارتقاء

چارلس ڈارون دنیا کو نظریہ ارتقاء سے روشناس کروانے کے حوالے سے مشہور ہیں۔ اکثر لوگ جو یہ نظریہ پیش کرنے کا سہرا ان کے سر باندھتے ہیں، اس حقیقت سے لاعلم ہیں کہ اس نظریئے کو ماننے والے دُنیا کے اور اپنے خاندان کے وہ پہلے فرد نہیں تھے۔ ان کے دادا Erasmus Darwin جو ایک شاعر اور دانشور تھے۔ اس نظریئے کا ذکر اپنی نظموں اور مضامین میں کیا کرتے تھے۔ مگر اس نظریئے کا تعلق فلسفے اور شاعری سے تھا۔ چارلس ڈارون اس اعتبار سے پہلے شخص تھے جنہوں نے اس نظریئے کو سائنس کی دنیا میں متعارف کروایا۔ ڈارون کی سوانح عمری میں Michael White اور Charles Gribbon نے لکھا:

> "ڈارون وہ پہلے شخص تھے جنہوں نے نظریہ ارتقاء اس طرح بیان کیا کہ جو سائنسی تجربات سے ثابت کیا جاسکتا تھا، مگر اس نظریئے پر کام کرنے کے لیے ان کو دن رات کے طویل اوقات میں کئی سالوں بلکہ کئی دہائیوں تک جانفشانی سے کام کرنا پڑا تھا۔"

جب ہم ڈارون کی زندگی کی کہانی پڑھتے ہیں تو ہمیں معلوم ہوتا ہے کہ ان کے والد ان کو ڈاکٹر بنانا چاہتے تھے۔ لہٰذا اُنھوں نے ڈارون کو میڈیکل اسکول میں داخل بھی کروا دیا مگر ڈارون کو چیر پھاڑ بُری لگتی تھی اور باقی زندگی کلینک میں بیٹھ کر مریض دیکھنا ان کو بہت بھیانک معلوم ہوتا تھا۔ بلکہ طب کے مقابلے میں ڈارون کو فلسفہ اور علمِ ارضیات کہیں زیادہ دلچسپ معلوم ہوتے تھے۔ شاید یہی وجہ رہی ہوگی کہ میڈیکل اسکول میں وہ Plinian Society میں شامل ہوگئے۔ اس سوسائٹی میں بہت سے اہل علم وفکر موجود تھے جو علمِ ارضیات اور علم حیاتیات کے بارے میں مضامین لکھتے اور فطرت کے بارے میں کُھلا، دیانت دارانہ اور فکر انگیز تبادلہ خیالات کرتے تھے۔ یہی وقت تھا جب ان کی ملاقات Robert Edward Grant سے ہوئی۔ رابرٹ بھی اسی سوسائٹی کے ممبر اور ایک باغی شخص تھے۔ انھوں نے ڈارون کے سامنے یہ نظریہ رکھا کہ جدید سائنس اور مذہب آپس میں میل نہیں

کھاتے۔ان کا ماننا تھا کہ ایسے افراد جو خدا اور مذہبی تعلیمات پر اندھا ایمان رکھتے ہیں وہ جدید سائنسی تحقیق کے نتائج کو قبول نہیں کرتے۔

جب ڈارون کے والد کو معلوم ہوا کہ ڈارون میڈیکل اسکول سے تعلیم حاصل کرنے کے بعد ڈاکٹر بن کر ایک باعزّت زندگی نہیں گزارنا چاہتے تو انھوں نے ڈارون کو ایک مذہبی مدرسے میں داخل کروادیا تاکہ وہ ایک (عیسائی) مبلغ بن جائیں۔ وہاں پہنچ کر ڈارون نے آسمانی صحیفے پڑھے مگر ان میں لکھی ہوئی حکایتوں سے قائل نہیں ہوئے۔ان کی دلچسپی مذہب سے زیادہ سائنس میں تھی۔ چنانچہ انھوں نے مذہبی اسکول کو خدا حافظ کہہ دیا۔وہ اپنے والد کی خواہشات کی بجائے اپنے خوابوں کی تعبیر چاہتے تھے۔ڈارون فطرت سے متاثر تھے۔ وہ چٹانوں، پودوں، پرندوں، جانوروں اور انسانوں کے بارے میں علم حاصل کرنا چاہتے تھے اور فطرت کے راز ہائے سربستہ سے آشکار ہونا چاہتے تھے۔اس عہد میں جب ڈارون فطرت سے متعلق کتب کا مطالعہ کر رہے تھے دنیا میں اہل فکر کے دو گروہ موجود تھے۔

ایک مذہبی گروہ تھا۔ان کا ایمان تھا کہ تمام انسان آدم کی اولاد ہیں جو جنت میں پیدا کیے گئے تھے۔ اس گروہ کو انسان، جانوروں اور دیگر جانداروں کی تخلیق کا آپس میں کوئی ربط نظر نہیں آتا تھا۔ایک دوسرا گروہ تھا جو فلسفیوں کا تھا۔ یہ گروہ Survival of the Fittest کا قائل تھا۔اس گروہ میں یونان کا ارسطو (322BC-384) بھی شامل تھا۔ وہ اپنی کتاب طبیعات میں لکھتا ہے:

> ”(435BC-495) Empedocles وہ پہلا مفکر تھا جس نے یہ نظریہ پیش کیا کہ زندگی کی نمو بخش حالت کا ظہور اتفاق سے ہوا تھا۔ نہ کہ کسی سوچی سمجھی منصوبہ بندی سے۔“

ڈارون چونکہ مذہبی اعتقادات سے زیادہ سائنس سے متاثر تھے۔اس لیے انھوں نے اپنے زمانے سے قبل کے سائنسدانوں کے افکار کو پڑھنا شروع کر دیا۔وہ (1650-1596) Rene Descartes سے بہت متاثر ہوئے۔ جنھوں نے قوانین فطرت پر اپنی توجہ مرکوز کر رکھی تھی اور اس سلسلے میں سائنسی فکر کے حوالے سے ان کی اہم خدمات تھیں۔ان کا ماننا تھا کہ ”کائنات میں موجود ہر شے کی تشریح چند سمجھ میں آنے والے سادہ اصولوں سے کی جا سکتی ہے۔یہی اصول اس بات کا تعین کرتے ہیں کہ سورج، زمین، ستارے اور زمین پر موجود اشیاء کیسے وجود میں آگئیں؟“

ڈیسکارٹیز کی طرح ڈارون بھی مشاہدے میں آنے والی اشیاء میں دلچسپی رکھتے تھے نہ کہ

پوشیدہ تصّورات جن پر مذہبی لوگوں کی زندگی کا انحصار تھا۔ وہ اپنے اردگرد موجود فطرت سے متاثر تھے جس کو دیکھ سکتے تھے، مطالعہ کر سکتے تھے اور تجزیہ کر سکتے تھے۔ نہ کہ ان دیکھے خدا، زندگی بعد از موت، جنت اور دوزخ وغیرہ کہ جن کو وہ نہ تو دیکھ سکتے تھے اور نہ تصور کر سکتے تھے۔ جب ڈارون نوجوان تھے تو چند بار انھوں نے مذہبی افراد کو عقل اور دلیل سے قائل کرنے کی کوشش کی جب کامیابی نہ ہوئی تو انھوں نے اُلجھنا چھوڑ دیا۔ ڈارون کو جلد احساس ہوگیا کہ مذہبی افراد کا مذہبی صحیفوں پر اندھا ایمان تھا اور یہ کہ ڈارون ان کی سوچ کو عقل اور دلیل کے مجوزہ طریقوں سے تبدیل نہیں کر سکتے تھے۔ ان کو معلوم ہوگیا کہ مذہبی افراد کے شدید جذبات کے سامنے ان کی دلیل کوئی کام نہیں کرے گی اور نہ ہی وہ عقائد پر بحث کر سکتے ہیں۔ اب انھوں نے فیصلہ کرلیا کہ وہ خاموشی اور ثابت قدمی سے اپنے سائنسی کام پر توجہ مرکوز رکھیں۔

جیسے جیسے ڈارون نے سائنس کا مطالعہ کیا ان پر ایک بات واضح ہوگئی کہ ایک سائنسداں کو نہ صرف عمیق مطالعہ کا خُوگر ہونا چاہیے بلکہ اپنے تجربات کا تجزیہ کرنے کے بعد حاصل شدہ نتائج کو منظم و مربوط کرنا چاہیئے۔ ڈیسکارٹیز کے ساتھ ساتھ ڈارون اس بات سے بھی متاثر تھے جن کا اہم کام جانوروں اور پودوں کی ترتیب وار درجہ بندی تھی۔ اس کے علاوہ ڈارون ابراہام ورنیر (Abraham Werner) (1749-1817) سے بھی متاثر تھے۔ جنھوں نے چٹانوں کی پیدائش پر تحقیق کر کے ان کو تین ادوار میں تقسیم کیا تھا۔ اور ان ادوار کو تین ناموں: پرائمری (بنیادی)، سیکنڈری (ثانوی) اور ٹرشری (ترتیری) سے منسوب کیا تھا۔ اس تقسیم کو آج بھی ارضیات داں درست تسلیم کرتے ہیں۔

کم عمری سے ہی ڈارون کو جانداروں کے نمونے حاصل کرنے کا شوق تھا۔ نوعمری میں ہی ان کے پاس مردہ پرندوں اور جانوروں کا ایک اچھا خاصا ذخیرہ تھا۔ ایک وقت ایسا بھی آیا کہ ڈارون کے خاندان والوں کو ڈارون کی جانور ہلاک کرنے کی عادت سے انہونی پریشانی لاحق ہوگئی۔ ان کو گمان گزرا کہ ڈارون شاید مجرمانہ ذہنیت رکھتے تھے یا پھر دیوانہ بنتے جا رہے تھے۔ کنبے والوں کی طرف سے تنقید کا نشانہ بن کر ڈارون احساسِ جرم میں مبتلا ہوگئے۔ اہلِ خانہ سمجھ بھی نہ سکے کہ ڈارون جانوروں پر تحقیق کرنے کے لیے نمونے حاصل کر رہے تھے۔ نہ کہ ایک ناآسُودہ ایذا پسند ہونے کے ناطے جانوروں کو ہلاک کر کے کسی قسم کا لطف حاصل کرنا چاہتے تھے۔ یہ امر میرے لیے کسی پریشان کن حیرت سے کم نہ تھا کہ تخلیقیت کا غارت گری کے ساتھ کتنا گہرا رشتہ ہے اور میں اس نتیجے پر پہنچا کہ ہمیں

تخلیقی افراد کی نیت پر ان کے ظاہری عمل کو دیکھ کر شک نہیں کرنا چاہیے۔ اور نہ ہی کوئی رائے قائم کرنی چاہیے جب تک ہمیں ان کے حتمی ارادے کا بخوبی علم نہ ہو جائے۔ تخلیقی افراد کو خاندانوں اور معاشروں کی جانب سے سخت تنقید، پُر آشوب فیصلوں اور سزاؤں کا نشانہ بننا غیر معمولی بات نہیں کیونکہ روایتی افراد اکثر تخلیقی افراد کی نیت سے بے خبر ہوتے ہیں۔

چارلس ڈارون کی سنجیدہ تحقیق کا آغاز اس وقت ہوا جب ان کے دوست کیپٹن رابرٹ فٹز رائے Captain Robert Fitz Roy: نے دعوت دی کہ وہ اس کے ساتھ بیگل Beagle نامی چھوٹے سے بحری جہاز پر دنیا کا سفر پر نکلیں۔ فٹز رائے چاہتا تھا کہ ایک نوجوان دانشور اس کا ہم سفر ہو جو ذہانت آمیز گفتگو سے اس کا سفر خوشگوار اور دلچسپ بنا دے۔ ڈارون نے بھی سوچا کہ یہ سفر نہ صرف دلچسپ بلکہ چٹانوں کے مطالعے، درختوں اور جانوروں کے مشاہدے اور نگر نگر کے لوگوں سے ملاقاتیں کرنے کا نادر موقع بھی تھا۔ رابرٹ اور چارلس کو ہرگز اندازہ نہیں تھا کہ وہ جس قدر یکساں ہم پیالہ و ہم نوالہ دوست ہیں اسی قدر ان کے فلسفے، شوق اور شخصیات ایک دوسرے سے بالکل برعکس ہیں۔ رابرٹ گہرا مذہبی شخص تھا جب کہ چارلس ڈارون ایک غیر مذہبی انسان تھے۔ دونوں کے درمیان تند و تیز مکالمہ ہوتا جو بعد ازاں بحث میں تبدیل ہو جایا کرتا۔ ڈارون عقل پر مبنی مدلل مباحثہ کرنا چاہتے تھے جب کہ رابرٹ مذہبی اور روحانی اطاعت کا قائل تھا۔ گفتگو کے دوران رابرٹ بائبل کو مقدس کتاب سمجھ کر اس کے حوالے دیتا جبکہ ڈارون بائبل کو خدا کا کلام ہی نہیں سمجھتے تھے۔ اس کے باوجود بحری جہاز کا جو سفر تین سالہ سفر پانچ سال تک جاری رہا۔ اس سفر کے دوران ڈارون نے مختلف ممالک، براعظم اور ثقافتیں دیکھیں۔ اس سفر میں انھوں نے ان گنت پودوں اور فوسلز (Fossils) کے سینکڑوں نمونے حاصل کیے۔

اس سفر کے دوران ڈارون نے مختلف ثقافتوں، معاشروں اور ان کے طرزِ زندگی کا بھی بغور مطالعہ کیا۔ ان کو یہ جان کر دُکھ ہُوا کہ خوشحال ملکوں کے افراد غریب ممالک کے افراد کے ساتھ غلاموں والا سلوک کرتے تھے۔ انھوں نے اپنی آنکھوں سے نو آبادیاتی نظام کی لعنت کے دنیا پر اثرات دیکھے۔ انھوں نے اپنی کتاب Voyage of the Beagle: میں لکھا کہ: ''سفید فام نسلیں دیگر انسانی نسلوں کے ساتھ غیر انسانی سلوک روا رکھے ہوئے ہیں۔۔۔''

ڈارون سائنسداں ہونے کے ساتھ ایک سماجی شعور بھی رکھتے تھے۔ ''یہ جان کر میرا خون کھول اُٹھتا ہے اور دل کانپ جاتا ہے کہ ہم انگریز اور ہماری اولاد امریکی لوگ انسانی آزادی کا راگ

الا پتے نہیں تھکتے مگر دیگر اقوام کی آزادی ہمیشہ سلب کرتے آئے ہیں اور آج بھی اس کے مرتکب ہیں۔"

ڈارون نے پانچ سالہ طویل سفر سے واپسی پر اپنے مشاہدات و تجربات تحریر کیے اور حاصل شدہ نمونوں کو منظم کیا۔ انھوں نے محکمہ ارضیات اور محکمہ حیاتیات کے مختلف شعبوں کا دورہ کیا۔ جنھوں نے ان کے نمونوں کو سراہا۔ پھر انھوں نے ان نمونوں کا گہرا مطالعہ کرنے کے بعد اپنے خیالات کو ایک ترتیب دینی شروع کر دی۔

جس دوران ڈارون اپنی تھیوری کو ترتیب دے رہے تھے ان کی ملاقات چارلس لائل (Charles Lyell) سے ہو گئی جنھوں نے (Principles of Geology) اصولِ ارضیات نامی کتاب لکھ رکھی تھی۔ ڈارون کتاب اور مصنف دونوں سے بہت متاثر ہوئے اور انھوں نے اپنا تعلق لائل کے ساتھ آخری سانس تک برقرار رکھا۔ وقت گزرنے کے ساتھ ڈارون ارضیات، شجریات اور حیوانیات پر سنجیدہ تحقیق کرنے لگے۔ انھوں نے اپنی تحقیق کے ماخذات لکھنے شروع کر دیئے۔ انھوں نے اپنے مختلف تحقیقی مقالے پیش کرنے شروع کر دیئے جو لندن کے علمی حلقوں نے تسلیم کیے۔ نتیجتاً ڈارون 1837ء میں جیالوجیکل سوسائٹی آف لندن کے رکن منتخب ہو گئے۔ بہت سے تحقیقی مقالے پیش کرنے کے باوجود ڈارون نے ابھی تک اپنے نظریہ ارتقاء سے پردہ نہیں اُٹھایا تھا۔ ان کو معلوم تھا کہ ان کا نظریہ ارتقاء اس وقت کے مذہبی اعتقادات سے متصادم تھا۔ ان کے سوانح نگار نے لکھا ہے: چرچ اس وقت ایک حقیقت اور زور آور قوت تھی ڈارون اس حقیقت سے بخوبی آگاہ تھے لہٰذا چرچ کے ساتھ کسی قسم کا تنازع کھڑا کرنا نہیں چاہتے تھے۔ ڈارون طبیعتاً شرمیلے واقع ہوئے تھے جو عوامی مباحث سے پہلو تہی کرتے تھے۔ وہ ایک سیاسی یا انقلابی ہونے سے زیادہ ایک سائنسداں تھے۔

انھوں نے اپنی زندگی میں ہمیشہ کوشش کی کہ کسی سماجی ، مذہبی اور سیاسی تنازعے سے دُور رہیں۔ لہٰذا ایک طویل عرصے تک انھوں نے اپنے خیالات اور نظریات دوسروں پر ظاہر نہیں کیے۔ وہ ان پر منفی ردِعمل سے ڈرتے تھے۔ مگر یہ رازداری ڈارون کی ذہنی صحت کے لیے مضر ثابت ہوئی۔ وہ جذباتی طور پر بیمار ہو گئے۔ ان کو مختلف نفسیاتی عارضوں نے آگھیرا جو اس وقت کے طریقہ علاج سے دور نہ ہوئے۔۔۔ پھر ان پر یاسیت کے دورے پڑنے لگے جس سے ان کی نفسیاتی صحت شدید متاثر ہوئی۔ 30 سال کی عمر میں ڈارون شادی کے بارے میں سوچنے لگے ان کی بالغ عمری کی محبوبہ Fanny Owen نے ایک امیر شخص John Hill سے شادی کر لی تھی۔ شرمیلے ہونے کے ناطے ڈارون خواتین سے زیادہ میل جول نہیں رکھتے تھے۔ مگر ان کی نظرِ کرم اپنی کزن Emma Wedgwood پر پڑ ٹھہر ہی گئی۔ جس

نے بالآخران کے دل میں جگہ بنالی۔ ایما ایک محبت کرنے والی اور خیال رکھنے والی بیوی ثابت ہوئی۔ دونوں کے ہاں متعدد بچوں کا جنم ہوا۔

اگرچہ ڈارون نے 1844 میں اپنی شاہکار کتاب The Origin of Species تحریر کرنی شروع کردی تھی مگر 1859ء تک شائع نہ کروایا۔ اس وقت ان کی عمر 50 برس تھی۔ اس تاخیر کی کئی وجوہات تھی۔ جن میں سے اہم وجوہات درج ذیل ہیں:

1۔ ایک ممتاز سائنسداں ہونے کے باوجود ڈارون اعتماد سے محروم تھے اور لوگوں کے ردِعمل سے ڈرتے تھے۔

2۔ ان کے دوست اور اتالیق چارلس لائل، ڈارون کی سائنسی تحقیق کے حامی تھے مگر ان کے نظریہ ارتقاء سے متفق نہیں تھے۔

3۔ ان کی شریکِ حیات ایما جذباتی طور پر ان کی معاون تھی مگر اپنے مذہبی اعتقادات کی وجہ سے ڈارون کے نظریہ ارتقاء کی حمایت نہیں کرتی تھی۔ ڈارون کے اتالیق اور بیوی کی طرف سے ان کے نظریہ ارتقاء کی عدم تائید ان کی کتاب کے شائع ہونے میں تاخیر کی بڑی وجوہات ثابت ہوئیں۔

4۔ اس کے علاوہ ڈارون مذہبی حلقوں کی جانب سے ردِعمل پر بھی فکرمند تھے۔ ان کو معلوم تھا کہ نئی اور پُرانی Testament (وصیت نامے) کے پیروکار جو خدا پر ایمان رکھتے تھے اور اس کو سب کا خالق مانتے تھے ان کے ان نظریے کے خلاف اُٹھ کھڑے ہوں گے جس کے مطابق 'انسان دوسرے کسی جانور سے مختلف نہیں ہے۔ روح کا کوئی وجود نہیں اور یہ کہ تخلیق کے حوالے سے "پُرانے وصیت نامے" Old Testament میں موجود کہانیاں محض افسانے ہیں۔'

ڈارون نہ صرف خدا بلکہ انسان کی عظمت پر بھی اپنا ایمان کھو چکے تھے۔ وہ اس بات کے قائل تھے کہ انسان بھی باقی جانداروں کی طرح زمین پر ایک نوع یا Specy ہے جو ایک دن ختم ہو جائے گی۔ انھوں نے چارلس لائل کو ایک خط میں لکھا: "مجھے افسوس کے ساتھ کہنا پڑ رہا ہے کہ انسان کی عظمت کے حوالے سے میری خیالات زیادہ خُوش کن نہیں ہیں۔ البتہ مجھے اطمینان ہے کہ انسان آگے بڑھے گا۔ مجھے اس بات کی ہرگز پرواہ نہیں ہے کہ مستقبل بعید میں انسانوں کو جانور گردانا جائے۔" ڈارون کا ماننا تھا کہ انسانوں اور جانوروں میں بنیادی طور پر کوئی فرق نہیں۔ شاید ڈارون

اپنی مشہور زمانہ کتاب: "Origin of Species" 1859ء میں بھی شائع نہ کرواتے اگر ان کو Alfred Wallace کا ایک پیپر موصول نہ ہوتا۔ ویلس ایک نوجوان حیات داں تھے جو اپنے محدود مشاہدات کی بنیاد پر انہی نتائج پر پہنچے تھے جن پر ڈارون پہلے سے پہنچ چکے تھے۔ ویلس کی تحریر نے ڈارون کے اندر ایک پریشانی کو جنم دیا۔ وہ گھبرا گئے کہ اگر ویلس نے ان سے پہلے اپنی تحقیق پیش کر دی تو ڈارون کے نظریئے کو وہ مقام نہیں مل پائے گا جس کے وہ مستحق تھے۔ مایوسی کے عالم میں انھیں محسوس ہوا جیسے کوئی ان کے 20 برس کی محنت شاقہ چھین کر لے جا رہا ہو اور ان کی تمام کاوشیں گویا وقت کا ضیاع تھیں۔ ڈارون نے یہ صورت حال اپنے قریبی رفقاء کے سامنے رکھی۔۔۔

ان کا مشورہ تھا کہ ڈارون اور ویلس کا کام Linnean Society of London کی اگلی میٹنگ میں بیک وقت پیش کیا جائے۔ ڈارون نے جب یہی تجویز ویلس کے سامنے رکھی تو وہ آسانی سے رضامند ہو گیا۔ ویلس، ڈارون کا دل و جان سے مداح تھا وہ جانتا تھا کہ ڈارون نے اپنے نظریئے کو پختہ کرنے کے لیے برسوں نہایت جانفشانی سے کام کیا تھا۔ دونوں پیپرز لائنن سوسائٹی کے ستمبر 1858ء کے شمارے میں شائع ہو گئے۔ اس کے بعد ڈارون نے مزید محنت کی اور اپنی شاہکار کتاب چند مہینوں میں مکمل کر ڈالی۔ وقت کی ستم ظریفی ملاحظہ ہو کہ جب ناشرین نے کتاب کا مسودہ دیکھا تو اس کی کامیابی کے حوالے سے بہت پُراُمید نہ تھے اور کتاب کو شائع کرنے کی صورت میں اپنی مالی کامیابی پر تحفظات کا شکار تھے۔ اس وقت وہ نہیں جانتے تھے کہ وہ زمانے کی سب سے زیادہ بکنے والی کتاب شائع کرنے جا رہے تھے۔ جو نہ صرف سائنسدانوں اور دانشوروں میں یکساں مقبول ہو گی بلکہ عام لوگ بھی اس کتاب کو بہت زیادہ پسند کریں گے۔

اپنی شاہکار کتاب: Origin of Species میں ڈارون نے اپنا نظریہ ارتقاء ایک منظم طریقے سے پیش کیا۔ کتاب پڑھنے کے بعد قارئین کو معلوم ہوا کہ: "نظریہ ارتقاء کے دو بڑے مشمولات ہیں، Variation اور Selection۔ یعنی تغیر پذیری اور انتخاب۔ تغیر پذیری یہ ہے کہ ایک نسل میں موجود افراد جو بچے پیدا کرتے ہیں وہ اس سے اگلی نسل میں پیدا کیے جانے والے بچوں سے قدرے مختلف ہوتے ہیں۔ یعنی بچے اپنے آباء کی سو فیصد نقل نہیں ہوتے۔ گویا ہر نسل میں کچھ بچے پچھلی نسل کے بچوں سے بنیادی طور پر مختلف ہوتے ہیں۔

دوسرا حصہ انتخاب کے حوالے سے ہے جس کا مطلب یہ ہے کہ طاقتور خصوصیات رکھنے والی انواع آگے چلتی ہیں۔ گویا فطرت ان انواع کا انتخاب کرتی ہے جن میں آگے بڑھنے کی صلاحیت ہوتی

ہے۔ اس کو انگریزی میں Survival of Fittest کہتے ہیں۔ توانا اور تندرست جینز باقی رہتے ہیں اور اگلی نسل پیدا کرتے ہیں۔ زندگی سے متعلق ڈارون کا نظریہ حیاتیاتی تھا اور ان کی خصوصی توجہ کا حامل بچے پیدا کرنے کا عمل تھا۔ "ایک طرف تو ان کا یہ ماننا تھا: "ایک فرد جو اپنے پیچھے بچے نہیں چھوڑتا وہ ارتقائی طور پر ناکام شخص ہوتا ہے۔"

جب کہ دوسری طرف وہ یہ نظریہ رکھتے تھے کہ فطرت "انتخاب" کا طریقہ کار اختیار کیے ہوئے ہے۔ "موزوں (تنومند) انواع بچ جاتی ہیں اور باقی رہتی ہیں۔ جب کہ کمزور ختم ہو جاتی ہیں۔ یعنی فطرت ناموزوں انواع کو مسترد کر دیتی ہے۔" طاقتور کو بقا ہے۔''۔۔۔ کے نظریئے کا حامل ہونے کی وجہ سے ڈارون اپنے بچوں کی صحت کے حوالے سے فکر مند تھے۔ ان کا خیال تھا کہ ان کے اندر جو جینیاتی نقص ہے وہ ان کے بچوں میں منتقل ہو چکا ہوگا۔ جب Origin of Species شائع ہوئی تو یورپ میں گرما گرم مباحث شروع ہو گئے۔ ڈارون کا دفاع ان کے احباب اور پیروکاروں نے کیا مگر ان کے مخالفین نے ڈارون کو سائنسی اور مذہبی حوالے سے شدید تنقید کا نشانہ بنایا۔

اسی طرح کی ایک پُرجوش بحث، مذہبی اور سائنسی سوچ کے حامل افراد کے درمیان وقوع پذیر ہوئی۔ مذہبی نقطہ نظر کی نمائندگی آکسفورڈ کے بشپ Samuel Wilberforce نے کی جب سائنس کی نمائندگی Thomas Huxley نے کی۔ یہ مکالمہ درحقیقت نظریہ ارتقاء کے پیروکاروں اور تخلیق پر ایمان رکھنے والوں کے درمیان تھا۔ جب عوامی بحث اپنے عروج پر پہنچی تو بشپ نے فرمایا: "میں اپنے پاس بیٹھے ہوئے پروفیسر ہکسلے سے کچھ پوچھنا چاہتا ہوں اور مجھے ڈر ہے کہ جب میں یہ سوال پوچھنے کے بعد اپنی نشست پر بیٹھوں گا تو وہ طیش میں آکر میرے ٹکڑے ٹکڑے کر دیں گے۔۔۔'' آپ کا ماننا ہے کہ انسان بندر کی اولاد ہے تو پوچھنا یہ تھا کہ کیا آپ کے دادا میں بندروں کی خصوصیات تھیں یا آپ کی دادی میں؟"

ہکسلے نے اس تیکھے طنز کا جواب 'اینٹ کا جواب پتھر' کے مصداق یوں دیا: "مجھے کوئی شرم محسوس نہیں ہوتی کہ میں ایسے ماخذ (بندر) سے پیدا ہو کر بڑا ہُوا ہوں۔ ہاں البتہ یہ بات میرے لیے باعثِ شرم ہوتی اگر میں ایسے افراد کی اولاد میں سے ہوتا جو تہذیب اور شائستگی کی دھجیاں اُدھیڑ کر جھوٹ اور تعصب کی خدمت کرتے ہیں۔''

ہکسلے اندھے اعتقادات کو فروغ دینے والے مذہبی نظریات اور اداروں کی کھلم کھلا مخالفت کرتے تھے۔ وہ مذہبی پیشوائیت کی جہالت اور متکبرانہ روّیوں سے بھی مزاحم تھے۔ میرے لیے یہ

بات دلچسپی کا باعث تھی کہ جب یورپ اور دیگر ممالک میں نظریہ ارتقاء پر گرم مباحث ہو رہے تھے تو ڈارون خاموش تھے۔ وہ بطور سائنسداں پوری جانفشانی سے اپنے کام میں مگن رہے اور اپنے نظریات کو ہر پہلو سے پختہ کرتے رہے۔ انھوں نے سیاسی انقلابی بننے کی بجائے ایک خالص دانشور کے طور پر کام میں جتے رہنے کو ترجیح دی۔ ڈارون کی سوانح حیات لکھنے والوں کا خیال ہے کہ:

"اس میں کوئی شک نہیں کہ پروفیسر ہکسلے کے خطابات کی وجہ سے لوگوں کو ڈارون کے نام اور نظریہ ارتقاء سے واقفیت ہوئی۔"

اپنی کتاب Origin of Species میں ڈارون نے جانوروں اور پرندوں کے ارتقاء پر انسانوں سے زیادہ توجہ مرکوز رکھی۔ انسان کے بارے میں اپنے فلسفے کا اظہار انھوں نے بعد میں لکھی گئی ایک کتاب Descent of Man میں کیا۔ جو 1871ء میں شائع ہوئی۔ اس کتاب میں انھوں نے علم الجنین (Embroylogy) اور انسانی نفسیات کا تقابل دیگر جانوروں سے کیا۔ انھوں نے اپنے مخصوص اور شاندار انداز میں لکھا: "اس بات کے واضح شواہد ملتے ہیں کہ انسانوں کی تمام خصوصیات کا ارتقاء بالکل انہی سائنسی اصولوں پر ہوا ہے جو اس کرہ ارض پر موجود دیگر حیات پر لاگو ہیں۔۔۔"

"ڈارون کی محنت شاقہ صدیوں پرانے بوسیدہ عقائد سے خلاصی حاصل کرنے کے لیے تھی، جن کے مطابق ہر نوع کی تخلیق مختلف طریقے سے ہوئی ہے۔ اور یہ کہ نسل انسانی پر وہی جینیاتی اور حیاتیاتی قوانین لاگو ہیں جو اس سے نچلے درجے کی حیات یعنی جانوروں پر نافذ ہیں۔۔۔"

Descent of Man کی اشاعت کے بعد ڈارون کی حیاتیاتی اور سائنسی خدمات کے حوالے سے پُرانا قضیہ دوبارہ سر اُٹھانے لگا۔ ڈارون کے جتنے دوست تھے اتنے ہی دشمن بھی تھے۔ 1872ء میں Zoological Society of France: نے یہ کہتے ہوئے ڈارون کی سائنسی خدمات کو یکسر مسترد کر دیا کہ "ڈارون کی تحریریں سائنسی دریافتیں نہیں ہیں بلکہ کلی طور پر من گھڑت مفروضے اور بلا جواز دعوے ہیں جو کہ بظاہر گمراہ کن بھی ہیں۔ اس طرح کی اشاعت اور نظریات ہر وہ شخص جو اپنے جسم کی توقیر کرتا ہے حوصلہ افزائی نہیں کر سکتا۔۔۔"

ڈارون کو اپنے وطن میں کسی انعام سے نہیں نوازا گیا اور فرانس میں بھی ان کو شدید تنقید کا نشانہ بنایا گیا۔ البتہ جرمنی میں ان کو بہت پذیرائی ملی۔ نامور جرمن ماہرِ حیوانیات Ernst Haeckel ڈارون کے عظیم مداح تھے۔ انھوں نے ڈارون کے نظریہ ارتقاء کی بہت زیادہ ترویج کی۔ یہی وجہ ہے کہ ڈارون کی کتب ایک کثیر تعداد میں جرمنی میں فروخت ہوئیں۔

زندگی کے آخری چند سال ڈارون کے لیے اپنی صحت اور عوامی ردِعمل کے حوالے سے جدوجہد کے سال تھے۔اپنے بھائی کی وفات نے ڈارون کو بہت دلبرداشتہ کیا۔ بالآخر وہ 19 اپریل 1882ء کو وفات پا گئے۔

گزشتہ صدی سے لاکھوں اور کروڑوں لوگ رفتہ رفتہ یہ مانتے جارہے ہیں کہ ڈارون بلاشبہ تمام زمانوں کے عظیم سائنسداں تھے ان کی سائنسی خدمات متنوع اور ہمہ جہتی ہیں انھوں نے نصف صدی تک خاموشی اور جانفشانی سے علم کے سمندر میں اپنا اہم حصہ ڈالا۔اگرچہ اکثر لوگ ڈارون کو "نظریہ ارتقاء" کے حوالے سے پہچانتے ہیں، ڈارون کی سوانح تحریر کرنے والے ایسا نہیں سمجھتے۔ان کا خیال ہے کہ:"چارلس ڈارون کی سائنس نظریہ ارتقاء سے بھی آگے تھی۔وہ نظریہ ارتقاء نہ بھی پیش کرتے تو بھی اُنیسویں صدی کے ایک عظیم حیاتیات داں ہوتے اور حیاتیات کے بغیر بھی وہ تاریخ کے عظیم ارضیات داں ہوتے۔۔۔" سائنس کی دنیا آج بھی اس عظیم سائنسداں کی خدمات کو سمجھنے کی کوشش کر رہی ہے اور انگشت بدنداں ہے کہ ایک ہی شخص نے نہ صرف سائنس کی دنیا بدل کر رکھ دی بلکہ الوہیات کے نظریات بھی بدلنے لگے۔

اپنی ذاتی زندگی میں ڈارون ایک عیسائی خاندان میں پیدا ہوئے تھے۔ان کے والد ان کو مبلغ بنا کر عیسائیت کی خدمت کرنے پر مامور کرنا چاہتے تھے۔مگر وفات کے وقت وہ ایک دہریہ تھے اور اپنی سائنسی دریافتوں اور خدمات سے لوگوں کی ایک کثیر تعداد کو دہریہ بنا چکے تھے۔ڈارون کے نظریہ ارتقاء نے دنیا بھر میں لاکھوں افراد کو خدا، آسمانی صحیفوں، تخلیق اور کائنات میں انسان کا ایک عظیم مقام ہونے کے حوالے سے اپنے عقائد پر نظر ثانی کرنے پر مجبور کر دیا ہے۔ جو لوگ سائنسی تحقیق و ترویج کے حامی ہیں انہوں نے اپنا مؤقف بدل لیا ہے۔گزشتہ چند دہائیوں سے نظریہ ارتقاء کو درست تسلیم کرنے والے سائنسدانوں، دانشوروں حیاتیات دانوں اور عام لوگوں کی تعداد میں گوناں گوں اضافہ ہو رہا ہے۔ہماری سائنسی سوچ کو فروغ دینے اور زندگی کی حقیقت کو سمجھنے کے حوالے سے چارلس ڈارون کا نہایت اہم کردار ہے۔انھوں نے انسان دوست فلسفے کو فروغ دیا۔ پچاس سالہ سائنسی اور فلسفیانہ محنت کے بعد چارلس ڈارون نے یہ ثابت کرنے کی کوشش کی ہم (انسان) خدا کی سوچ کی بجائے چیمپنزی کے دماغ کی کارستانی ہیں اور بنی نوع انساں آسمان سے اترے ہوئے فرشتے نہیں بلکہ بندر کی اولاد ہیں۔

ooo

ڈاکٹر عبدالسلام

اپنے دیس کا بے توقیر سائنسدان

پاکستان کے پہلے نوبل انعام یافتہ شخص عبدالسلام کا دماغ ایک سائنسداں کا، دل ایک شاعر کا اور شخصیت ایک صوفی کی تھی۔

ان کے رفیق کار اور ہم عصر نوبل انعام یافتہ Sheldon Glashow نے عبدالسلام کے لیے خراجِ عقیدت پیش کرتے ہوئے بتایا کہ: "وہ ایک مہربان، شفیق اور معتبر انسان تھے۔"

عبدالسلام جہاں ہمہ گیر، کثیر جہتی اور کثیر صلاحیتی شخصیت کے مالک تھے وہاں ان کے کردار کے کئی گوشے ایسے بھی تھے جن سے ان کی زندگی میں چار چاند لگ گئے۔ مگر بدقسمتی سے کچھ پہلو ایسے بھی تھے جن سے ان کی زندگی اجیرن بن گئی۔ ان کو اپنی زندگی میں کئی ایک المیوں کا سامنا تھا۔ میرے خیال میں سب سے بڑا المیہ یہ تھا کہ وہ پاکستان سے محبت کرتے تھے مگر پاکستانیوں نے کبھی ان کی محبت کا جواب محبت سے نہیں دیا۔ وہ مسلمانوں سے بھی بہت لگاوٹ رکھتے تھے مگر بہت سے قدامت پسند مسلمان بھی ان سے شدید نفرت کرتے تھے۔

زندگی کے آخری چند دنوں میں ان کو PSP نامی بیماری لگ گئی تھی۔ جس نے ان کو کمزور، ناتواں اور معذور کر کے رکھ دیا تھا۔ ان کا زیادہ وقت اپنی وہیل چیئر پر گزرتا۔ اپنے وطن پاکستان کے ذکر پر وہ پھوٹ پھوٹ کر رو دیتے۔ وہ ایک ایسے عاشق کی طرح تھے جس کی محبوبہ نے اس کو بار بار مسترد کر دیا ہو۔ دیارِ غیر میں رہتے ہوئے وہ اکثر سوچتے تھے: میں ایک ایسی عورت ہوں جو اُس شخص کے ساتھ رہتی ہے جس سے محبت نہیں کرتی اور ایسے شخص سے محبت کرتی ہے جس کے ساتھ زندگی بسر نہیں کر سکتی۔ بالآخر عبدالسلام نے اسی بدبخت اور لاچار عورت کی مانند ٹوٹے دل کے ساتھ اس دنیا کو خیر آباد کہہ دیا۔

جب ہم عبدالسلام کی پاکستان سے محبت کا جائزہ لیتے ہیں تو ہمیں محسوس ہوتا ہے کہ ان کو اس

رشتے میں بہت سے جذباتی صدموں اور سیاسی بحرانوں کا سامنا رہا۔ اور بہت سے ناہموار اور بے جان رشتوں کی طرح انھوں نے جتنا اس رشتے کو سدھارنے کی کوشش کی اُتنا ہی یہ رشتہ بگڑتا چلا گیا۔ بقول شاعر: 'مرض بڑھتا گیا جوں جوں دوا کی'

ان کی زندگی میں پہلا بحران اس وقت آیا جب وہ 1951ء میں انگلستان سے اپنی ڈاکٹریٹ کی ڈگری حاصل کرنے کے بعد پاکستان لوٹے۔ وہ تعلیم و تحقیق کے شعبے میں پاکستان کی خدمت کرنا چاہتے تھے۔ وہ سائنسداں کے طور پر اپنے وطن اور اس کے لوگوں کی خدمت کر کے مادرِ وطن کا قرض اتارنا چاہتے تھے۔ وہ پاکستان کے بچوں کو تعلیم و تحقیق کی طرف مائل کرنا چاہتے تھے۔ وہ اس بات کے خواہاں تھے کہ پاکستانی حکومت اور جامعات ان کے اس خواب کو شرمندہ تعبیر کرنے کے لیے ان کی معاونت کریں تاکہ سائنسی علوم کی ترویج کا انتظام ہو سکے۔ مگر بدقسمتی سے ان کی درخواست بار بار مسترد کر دی گئی ان کے خواب بکھر گئے اور التجائیں رائیگاں چلی گئیں۔ وہ اپنی تین سالہ جدوجہد کو ثمر بار نہ دیکھتے ہوئے اتنے مایوس ہو گئے کہ انگلستان واپس چلے گئے۔ ان کا دوسرا المیہ 1974ء میں اس وقت رُونما ہوا جب حکومت پاکستان نے جماعت احمدیہ کو غیر مسلم قرار دے دیا۔ ان کے خواب و خیال میں بھی نہیں تھا کہ ان کی مادرِ وطن ان کی دینی برادری سے دست بردار ہو کر ان کے بنیادی انسانی حقوق سلب کر لے گی۔ پاکستانی حکومت نے مسلمانوں کی ایک اچھی خاصی تعداد کو غیر مسلم قرار دے کر ان لوگوں کے لیے ان کی اپنی ہی سر زمین تنگ کر دی تھی۔ ان کا دل اس قدر ٹوٹا کہ انھوں نے بطور چیف سائنٹفک آفیسر اپنے عہدے سے استعفیٰ دے دیا۔ سیاسی بحران نے شدت اختیار کر کے جذباتی بحران کی صورت اختیار کر لی یُوں عبدالسلام کی مذہبی شناخت بھی خطرے میں پڑ گئی۔ جب عبدالسلام نے 1974ء میں کینیڈا کا دورہ کیا تو وہاں ان کی ملاقات اوٹاوہ میں پاکستانی سفارت خانے میں تعینات خالد حسن سے بھی ہوئی۔ خالد حسن نے مجھے بتایا کہ میں ڈاکٹر عبدالسلام کو داڑھی رکھے ہوئے دیکھ کر حیران ہو گیا۔ ان کے استفسار پر ڈاکٹر صاحب نے بتایا کہ جس دن پاکستان کی قومی اسمبلی نے ان کو غیر مسلم قرار دیا تھا انھوں نے اسی دن داڑھی رکھ لی تھی۔ ایک نفسیات داں کی نظر سے دیکھتے ہوئے میں سمجھتا ہوں کہ عبدالسلام کے ہاں داڑھی رکھنے کی وجہ ان کے ملک کا سیاسی بحران تھا نہ کہ روحانی بالیدگی۔

ڈاکٹر عبدالسلام کے ساتھ تیسرا المیہ اس وقت پیش آیا جب 1979ء میں نوبل انعام ملنے کے فوراً بعد مختلف مقامات پر خطبات دینے کے لیے پاکستان آنے کی دعوت دی گئی۔ وہ کچھ طلباء کا متشددانہ روّیہ دیکھ کر ششدر رہ گئے جن سے وہ اتنی محبت کرتے تھے۔ بہاء الدین ذکریا یونیورسٹی کے

وائس چانسلر ڈاکٹر درانی نے، عبدالسلام سائنس اکیڈمی کے بانی زکریا ورک کو بتایا کہ ملتان میں موجود روایتی اور بنیاد پرست گروہوں سے تعلق رکھنے والے طلباء کی ایک جماعت نے ڈاکٹر عبدالسلام کی یونیورسٹی آمد پر اس قدر اشتعال انگیز احتجاج کیا کہ انتظامیہ کو ان کا لیکچر ملتوی کرنا پڑا۔ ان کے میزبانوں کو عبدالسلام کی زندگی خطرے میں نظر آرہی تھی۔ کس قدر دُکھ کی بات ہے کہ ڈاکٹر عبدالسلام نے پاکستان میں جس قدر سائنسی سرگرمیوں کو ترقی دینے کی کوشش کی اسی شدت سے پاکستانی طلباء نے ان کی پیشکش کو مسترد کر دیا۔ اس ضمن میں پرویز ہُود بھائی نے اپنا تجربہ ان الفاظ میں بیان کیا:

"میں قائداعظم یونیورسٹی میں 1973ء سے پڑھا رہا ہوں۔ سلام نے کبھی ہماری یونیورسٹی کا دورہ نہیں کیا تھا۔ میں ایک بات واضح کر دوں کہ اس کی وجہ مدرسینِ جامعہ کی کوتاہی نہیں۔ 1979ء میں جب ان کو نوبل انعام سے نوازا گیا تو شعبۂ طبیعات کے متعدد اساتذہ ان کو سمپوزیم کے لیے قائداعظم یونیورسٹی میں بلانا چاہتے تھے۔ مگر جامعہ کے کچھ طلباء کی طرف سے جن کا تعلق ایک بنیاد پرست سیاسی جماعت سے تھا، یہ دھمکی ملنے کے بعد کہ ڈاکٹر عبدالسلام کی کسی سپوزیم میں شمولیت کی صورت میں اس محفل کو سبوتاژ کر دیا جائے گا۔ دعوت نامہ منسوخ کرنا پڑا۔ طلباء کا گروہ اور اس کی پروردہ سیاسی جماعت یہ سمجھتے ہیں کہ ڈاکٹر عبدالسلام ایک ملحد ہیں کیونکہ ان کا تعلق جماعت احمدیہ سے ہیں۔"

ڈاکٹر عبدالسلام کا دل چوتھی دفعہ اس وقت ٹوٹا جب وہ وزارتِ تعلیم صوبہ پنجاب کی نظر میں معتوب ٹھہرائے گئے اور ان کا نام پنجاب ٹیکسٹ بک بورڈ کی کتب سے مٹا دیا گیا، جو انھوں نے پاکستانی طلباء کے لیے لکھی تھیں۔ ذکریا ورک نے واقعے کا ذکر کرتے ہوئے بتایا کہ ایک بنیاد پرست مذہبی جماعت نے وزارتِ تعلیم پنجاب پر یہ دباؤ ڈالا کہ سائنسی نصاب کی کتب سے یا تو ڈاکٹر عبدالسلام کا نام حذف کر دیا جائے یا یہ لکھا جائے کہ وہ غیر مسلم ہیں۔ یہ بات کسی المیے سے کم نہیں کہ وزارتِ تعلیم نے ان دھمکیوں سے ڈر کر مذہبی جماعت کا مطالبہ تسلیم کر لیا۔ مجھے یہ جان کر بہت بے چینی ہوئی کہ پاکستان میں مذہبی عدم برداشت اس درجہ بڑھ چکی ہے کہ بنیاد پرست طاقتیں وزیرِ تعلیم کو دھمکا کر نصابی کتب میں تبدیلیاں کروا سکتی ہیں۔ سلام کو ان تکلیف دہ تجربات سے اس لیے گزرنا پڑا کہ ان کا تعلق جماعتِ احمدیہ سے تھا۔ جس سے تعلق رکھنے والے لوگ پاکستان میں امتیازی سلوک اور ظلم و ستم کا شکار رہیں۔

سلام اس وقت نہایت مشکل صورتِ حال میں گھر گئے جب حکومت اور پاکستانی مسلمانوں

نے ان کو "اٹیمی اسکینڈل" میں ملوث کر دیا۔ایک گروہ کا خیال تھا کہ ڈاکٹر عبدالسلام پاکستان کے اٹیمی پروگرام کے خالق ہیں مگر اُنھوں نے کئی اٹیمی راز غیر ممالک کو فروخت کیے تھے۔جب کہ ایک دوسرے گروہ کا خیال تھا کہ عبدالسلام دنیا میں امن کے خواستگار ہیں اور وہ پاکستان کو اٹیمی قوت بنانے کے حق میں نہیں ہیں۔احسن مسعود نے اسی قصے کو اس طرح بیان کیا ہے:

"ذوالفقار علی بھٹو 1971ء سے 1977ء تک پاکستان کے وزیر اعظم تھے وہ ڈاکٹر عبدالسلام کے قدرداں تھے مگر پاکستان کو اٹیمی طاقت بنانے کے حوالے سے دونوں کے درمیان فاصلے بڑھنے لگے اور نوبت قطع تعلق تک جا پہنچی وجہ تنازعہ بھٹو کا پاکستان کو اٹیمی طاقت بنانا تھا۔سلام دنیا میں اٹیمی ہتھیاروں کی پیداوار اور پھیلاؤ کے مخالف تھے۔اس کا نتیجہ یہی ہونا تھا کہ پاکستانیوں کی اکثریت ڈاکٹر عبدالقدیر خان کو بہت قدر کی نگاہ سے دیکھتی ہے کیونکہ انھوں نے پاکستان کو اٹیمی قوت بنایا نہ کہ عبدالسلام کو، جنھوں نے منع کیا۔سلام کو اس وقت ایک اور دل شکستگی کا سامنا کرنا پڑا جب اُنھوں نے لاہور میں ایک اعلیٰ سائنسی تحقیق کا مرکز بنانا چاہا اور پاکستانی حکومت نے ان کو کسی قسم کی مالی اور اخلاقی مدد دینے سے معذرت کر لی۔بالآخر انھوں نے مغربی حکومتوں کے کچھ نمائندوں سے رابطہ کیا جو تیسری دنیا میں تعلیم اور سائنسی تحقیق کو پروان چڑھانا چاہتے تھے۔انھوں نے عبدالسلام کے خواب کو شرمندہ تعبیر کرتے ہوئے اٹلی میں ایسا مرکز قائم کر دیا۔ایسا ہی ایک ملک کینیڈا بھی تھا۔خالد حسن نے کینیڈا میں عبدالسلام کی ملاقات کا حال یوں بیان کیا ہے:

"وہ کینیڈا میں یہاں کی حکومت کے ساتھ انٹرنیشنل سنٹر برائے تھیوریٹیکل فزکس International Centre for Theoritical Physics جیسا ادارہ قائم کرنے کے حوالے سے بات چیت کرنے آئے تھے۔کیونکہ انھوں نے ایسا ہی ایک ادارہ اٹلی کے شہر ٹریسٹی میں تقریباً تن تنہا قائم کیا تھا۔وہ ایسا ہی ایک ادارہ پاکستان میں بھی قائم کرنا چاہتے تھے بشرطیکہ پاکستانی حکومت اس میں سنجیدگی سے غور کرتی۔"

سلام کی دوسری محبت مسلمان تھے۔ان کی خواہش تھی کہ مشرق کے مسلمان معاشرے بہترین تعلیم سے بہرہ مند ہو کر مغرب کے مقابلے میں آجائیں۔ان کا ماننا تھا مسلمان سائنسی ترقی کی دوڑ سے صدیوں قبل دست بردار ہو چکے تھے وہ اس بات پر دُکھی تھے کہ بہت سے دیگر مسلمان ممالک کی طرح

پاکستان بھی شرح خواندگی کے اعتبار سے بہت کم درجے پر تھا۔ بدقسمتی سے یہ تناسب 1947ء کی نسبت جب ملک آزاد ہوا تھا اوپر جانے کی بجائے نیچے جا رہا تھا۔ سلام مسلمانوں کے شاندار تعلیمی ورثے پر فخر کرتے تھے۔ وہ اکثر مسلمانوں کے اس سنہری دور کو یاد کرتے جب مسلمان سائنسداں طب ،فلسفے اور سائنس میں دنیا بھر کے لیے رہنمائی کے مینار تھے۔ سلام اس وقت شدید یاسیت کا شکار ہو گئے جب روایتی مسلمانوں اور تنگ نظر حکومتوں نے نہ صرف ان کو نظر انداز کیا بلکہ ان پر مقدمہ چلانے اور سزا دلوانے کی کوشش کی۔ پرویز ھود بھائی نے بتایا کہ سلام کے سعودی عرب میں داخلے پر پابندی لگا دی گئی تھی۔ سلام نہ صرف مسلمانوں کے متعصب روّیے سے نالاں تھے بلکہ وہ مسلمانوں کی سائنسی تعلیم کی طرف عدم دلچسپی سے مایوس تھے۔ ھود بھائی بتاتے ہیں: "سلام کو مسلمانوں کے عقلی بانجھ پن سے زیادہ کوئی شے دُکھی نہیں کرتی تھی۔"

انھوں نے ایک دفعہ پچاس سے اوپر ممالک کے مسلمان علماء کو ایک خط لکھا جس میں یہ مشورہ دیا کہ وہ اپنے جمعے کے خطبے میں قرآن کی ان سینکڑوں آیات کا ذکر کریں جو انسانوں کو زندگی اور کائنات کے راز ہائے سربستہ پر غور کرنے کی دعوت دیتی ہیں۔ بدقسمتی سے اس رائے کو کسی عالمِ دین نے درخور اعتناء نہیں جانا۔ ان کو جواب میں فقط ایک خط موصول ہوا۔ اس خط میں بھی مولانا نے اعتراف کیا کہ ان کی کوشش بسیار اور گہری تحقیق کے باوجود قرآن میں ایسی کوئی آیت نہیں ملی۔ سلام ایک دفعہ پھر دل شکستہ ہو گئے۔

مسلمانوں اور بالخصوص پاکستانی ہم وطنوں کی جانب سے بار بار مسترد کیے جانے کے باجود وہ دونوں کے ساتھ آخری سانس تک وفادار رہے۔ بہت سے دیگر ممالک ان کو کھلے دل سے خوش آمدید کہتے تھے کئی ممالک نے ان کو شہریت کی پیشکش بھی کی مگر انھوں نے ایسی تمام ترغیبات سے معذرت کر لی۔ ایسی ہی ایک مثال بھارتی وزیر اعظم جواہر لال نہرو کی ہے۔ جنھوں نے سلام کو ہندوستانی شہریت کی پیشکش کی تھی۔ نہرو سری نگر میں عبدالسلام یونیورسٹی قائم کرنا چاہتے تھے اور اس کے لیے کروڑوں روپے خرچ کرنے کے لیے بھی تیار تھے مگر سلام نے انکار کر دیا۔ نہرو کو احساس نہیں تھا کہ اگرچہ عبدالسلام کی پیدائش 1926ء کی متحدہ ہندوستان کی تھی اس وقت تک پاکستان ابھی نقشے پر نمودار نہیں ہوا تھا مگر ایک مسلمان ہونے کے ناتے وہ ہندوستان کی بجائے پاکستان کو اپنا وطن سمجھتے تھے۔ زندگی کے ایک اہم موڑ پر ان کے جگری دوست ظفر اللہ خان نے ان کو صلاح دی کہ وہ برطانوی شہریت قبول کر لیں کیونکہ وہ ایک عرصہ انگلستان میں رہے وہاں کام کیا اور تدریس کی تھی لیکن سلام نے انکار کر دیا۔ کچھ برس بعد اٹلی کی حکومت نے ان کو اعزازی شہریت پیش کی مگر سلام نے اس سے بھی معذرت کر

لی۔ جب ان سے پوچھا گیا کہ انھوں نے ہندوستان، برطانیہ اور اٹلی کی شہریت کیوں قبول نہ کی جبکہ ان ممالک میں بالترتیب وہ پیدا ہوئے (ہندوستان) اپنا تحقیقی کام کیا اور اپنا بین الاقوامی نظریاتی طبیعات کا مرکز قائم کیا تو عبدالسلام نے اعتراف کیا کہ وہ اپنا نوبل انعام پاکستان کے علاوہ کسی اور ملک سے منسوب نہیں کرنا چاہتے تھے۔ اور پاکستان وہ ملک تھا جس نے عبدالسلام کو نہ کبھی اپنا جانا اور نہ ہی کبھی 'خوش آمدید' کہا بلکہ اس کے برعکس خدا اور مذہب کے نام پر عبدالسلام کو قتل کرنا چاہتا تھا۔ سلام کو یہ محسوس کر کے دُکھ ہوتا تھا کہ ان کے روایتی قدامت پسند اور بنیاد پرست ہم وطن ان کی علمی کاوشوں کو نہیں سراہتے تھے۔ عبدالسلام اپنی ڈھارس بندھانے کے لیے اپنے آپ کو سرسید احمد خان سے منسوب کرتے جنھوں نے ساری زندگی ہندوستانی مسلمانوں کو علم کی دولت سے بہرہ مند کرنے کے لیے کوششیں کی تھیں۔ ایک تقریر میں عبدالسلام نے فرمایا: "جب سرسید احمد خان نے علی گڑھ میں ایک تعلیمی ادارہ کھولنے کا ارادہ کیا تو ان کو اپنی ہی ملت کی جانب سے شدید مخالفت کا سامنا کرنا پڑا تھا۔ حتیٰ کہ سر سید کو کافر تک کہا گیا ان کو اس لیے ملحد بھی کہا گیا کہ وہ مسلمان طلباء کے لیے سیکولر (غیر مذہبی) سائنسی تعلیم کا فروغ چاہتے تھے۔ سلام کا خیال تھا کہ "وہ سرسید کے نقشِ قدم پر چل رہے تھے۔"

جب ہم ایشیائی مسلمانوں کی تاریخ پر نگاہ ڈالتے ہیں تو ہمیں احساس ہوتا ہے کہ نہ صرف سر سید احمد خان بلکہ علامہ محمد اقبال، سعادت حسن منٹو، فیض احمد فیض اور بہت سے دیگر مسلمان شعراء، ادباء اور دانشوران پر کفر کے فتوے لگائے گئے، مقدمے چلے اور ان کی خدمات کا اعتراف نہیں کیا گیا۔ وہ بھی سلام کی طرح کے نابغہ ٔروزگار اشخاص تھے جن کو اپنے ہی دیسوں نے ماننے سے انکار کر دیا تھا۔ بہت سے پاکستانی مسلمان نہیں جانتے کہ کینیڈا اور یورپ میں سلام کے نام کی سڑکیں موجود ہیں۔ جب ہم دنیا بھر کے مسلمانوں کی تاریخ پر ایک نظر ڈالتے ہیں تو ہمیں معلوم ہوتا ہے کہ صدیوں پر محیط اکثر مسلمان دانشور جن سے سلام متاثر تھے اور اپنے آپ کو جن سے منسوب کرتے تھے ان میں سب کے ساتھ ان کے ہم وطنوں نے اچھا برتاؤ نہیں کیا تھا۔ وفات کے بعد اگرچہ وہ شہداء کہلائے مگر زندگی میں ان پر مقدمات چلا کر سزائیں دی گئیں۔ پاکستان کی معتبر دانشور ادیبہ اور شاعرہ زاہدہ حنا نے سلام کی سترویں سالگرہ پر تقریر کرتے ہوئے مسلمان صوفیاء اور دانشور اپنے وقت کے لوگوں کے ہاتھوں کیسے رُسوا ہوتے رہے اس پہلو پر روشنی ڈالتے ہوئے کہا:

> "ابن تیمیہ کی کتابیں جلا دی گئیں اور ابن رشد کو جیل میں ڈال دیا گیا۔ جب کبھی ان کی تخلیقی حِس بیدار ہوتی اور ان کا من لکھنے کا کرتا تو وہ اپنی انگلیوں کے ناخنوں سے جیل کی دیواروں پر لکھنے کی کوشش کرتے تھے۔ ہم سب جانتے ہیں کہ منصور حلاج جیسے

کتنے صوفیوں کو پھانسی کے گھاٹ اُتارا گیا ان کا جُرم یہ تھا کہ انھوں نے بنیاد پرست روایات کے ماحول میں اپنا سچ بولا اور مسلمانوں کی بنیاد پرست سوچ پر سوالات اُٹھائے۔"

ایک سائنسداں کا دماغ رکھنے کے ساتھ عبدالسلام ایک شاعر کا دل بھی رکھتے تھے ان کو اُردو اور فارسی کے مشہور شعراء کے سینکڑوں شعر زبانی یاد تھے۔ان کو زندگی کے حسن سے پیار تھا اور جمالیات کے لیے خصوصی اُنسیت رکھتے تھے۔ایک فن کار کی حساسیت رکھنے والا سائنسداں ہی یہ لکھ سکتا ہے: "جب میرے سامنے ایک بات کو ثابت کرنے کے لیے دو مختلف نظریات آئے تو ہمیشہ ایسا ہُوا کہ جو نظریہ اجمالی لحاظ سے مطمئن کرنے والا تھا وہی درست بھی نکلا" سلام نے زندگی اور سائنس کی بہت سی روایات اور مستعملات کو توڑا اس لیے جب مجھے یہ معلوم ہوا کہ ان کے پسندیدہ انگریزی ادیب آسکر وائلڈ تھے تو قطعی حیرانی نہ ہوئی۔وائلڈ نے بھی سلام کی طرح ایک پُر آشوب زندگی گزاری تھی۔سلام کی زندگی کی نمو ایک صوفی کے طور پر ہوئی تھی۔ان کے ہاں ولیوں جیسی سخاوت تھی۔ان کی زندگی ضرورت مندوں اور غرباء کی امداد کی مثالوں سے بھری پڑی ہے۔اس کی سب سے بڑی مثال نوبل انعام کا ملنا تھا۔جس کی ساری رقم انھوں نے غریب طلباء میں تقسیم کر دی۔سلام دل ہی دل میں ایک سوشلسٹ بھی تھے۔ان کا کہنا تھا: "اس سے زیادہ حوصلہ شکن کوئی اور بات نہیں کہ معاشرے میں معاشی ناانصافی موجود ہو۔" ان کی تمام عمر سماجی تعصّبات، ناانصافی اور غربت کے خلاف جنگ کرتے ہوئے گزری۔

1996ء میں جب ان کے دوست، رشتے دار، طلباء اور پیروکار، پاکستان میں ان کی سترویں سالگرہ منا رہے تھے تو سلام نے خط کی صورت میں ان افراد کے لیے ایک پیغام بھجوایا۔ان کو معلوم نہیں تھا کہ یہ ان کا پاکستانیوں کے نام آخری پیغام ہوگا۔اس خط میں انھوں نے لکھا:

"میں اپنے آبائی وطن کے لیے اُداس ہوں اور اپنے کنبے اور دوستوں سے ملنے کے لیے بے چین ہوں۔ میں آج آپ لوگوں کے ساتھ شامل نہیں ہوسکتا مگر جان رکھیے کہ آپ میرے دل میں ہیں۔آج کے دن میں صرف آپ لوگوں کے بارے میں سوچوں گا۔میں آخری خیال اور گزارش چھوڑے جا رہا ہوں آپ سب لوگ مل کر پاکستان کو ایک بہترین ملک بنانے کے لیے جدوجہد شروع کر دیں۔"

اگر سلام کا پاکستان کے بارے میں خواب شرمندہ تعبیر ہو جاتا تو غریب کے لیے بہتر تعلیم، اقلیتوں کے لیے جذبۂ برداشت اور انسانی حقوق کا زیادہ احترام ہوتا۔سلام کی زندگی کا آخری المیہ ان

کی تجہیز و تکفین سے قبل پاکستان میں رُونما ہوا جب حکومتِ پاکستان نے ان کو وہ اعزاز و احتشام دینے سے رُوگردانی کی جو ان کا استحقاق تھا۔ احسان مسعود نے لکھا: "ان کے جنازے پر حکومت کا کوئی نمائندہ موجود نہ تھا۔ سلام کی کہانی المیوں کی داستان ہے وہ ایک محب وطن سائنس داں تھا۔ جو پاکستان کی محبت میں مبتلا تھا مگر شاید اس کو احساس نہیں تھا کہ پاکستان ایک ایسا ملک تھا جہاں مذہب کو سائنس پر فوقیت حاصل ہے جہاں اندھے عقیدے کا عقلی دلیل سے زیادہ پرچار ہے جہاں جنرل سیاستدانوں سے زیادہ طاقت ور ہیں اور جہاں جمہوری طور پر منتخب وزیر اعظم جلا وطن یا پھر پھانسی پر لٹکا دیئے جاتے ہیں۔ یہ ایک ایسے مومن کی کہانی ہے جو مسلمانوں سے بے پناہ محبت کرتا تھا۔ مگر یہ بھول گیا کہ مسلمان ایک جذباتی قوم ہے۔ جو اپنے ہیرو کے ساتھ جس قدر پیار کرتے ہیں اس سے دُگنے جذبے کے ساتھ نفرت بھی کر سکتے ہیں۔ جب یہ لوگ اپنے زعماء کی توصیف و تکریم کرتے ہیں تو ان کے نام کے ساتھ "شہید" لکھتے ہیں، "رحمتہ اللہ علیہ لکھتے ہیں اور اپنے شہروں کے چاروں کونوں میں زندگی سے اُونچے مجسمے نصب کرتے ہیں۔ مگر جب وہ ان کو حقیر جان کر مسترد کرتے ہیں تو کمینگی کی بھی انتہا کر دیتے ہیں۔ اس جذبے کے زیر اثر وہ ان کو رذیل، قابلِ تعزیر اور کافر تک کہہ جاتے ہیں۔ اس کے باوجود کے وہ اپنے آپ کو امن کے مذہب کا پیروکار ہونے کا دعویٰ کرتے ہیں اور اس کے ساتھ ایک ایسی تاریخ بھی رکھتے ہیں جس کو پڑھنے سے معلوم ہوتا ہے کہ مسلمانوں نے اپنے کئی اہلِ علم، صوفیوں اور دانشوروں کو پھانسی چڑھا دیا تھا اور اپنے ہی خلفائے راشدین کو اور پیغمبر اسلام کے خاندان کو بے رحمی سے قتل کر دیا تھا۔ عبدالسلام کو اپنے وطن اور مسلمانوں کی محبت کی بھاری قیمت چُکانی پڑی۔ اس میں سزا زیادہ اور جزا کم تھی۔ اُنھوں نے اپنی جوانی کا زیادہ حصہ جلاوطنی میں گزارہ وہ اپنے گھر اور وطن کو لوٹنے کے حوالے سے زیادہ خوف زدہ تھے۔ اس میں کوئی شک نہیں جو عقلمند لوگ کہتے ہیں: "محبت اندھی ہوتی ہے۔"

نوٹ: "یہاں پر میں ایک وضاحت کرنا چاہتا ہوں کہ میں ایک انسان دوست شخص ہوں۔ میرا کسی مذہبی تنظیم یا ادارے سے کسی قسم کا کوئی تعلق نہیں۔ میں تمام مذاہب کے ماننے والوں کے انسانی حقوق کا علمبردار ہوں۔ خواہ ان کا تعلق پاکستان میں موجود نسلی، لسانی، منفی یا مذہبی اقلیتوں سے ہو یا دنیا بھر میں موجود محروم طبقوں سے ہو۔ میں ڈاکٹر عبدالسلام کا ان کی سائنسی، تعلیمی اور انسانی خدمات کا اتنا معترف ہوں کہ جب فروری 2004ء میں پاکستان گیا تو اپنے دوستوں نصیر حبیب اور رشید ندیم سے درخواست کی کہ وہ مجھے ربوہ لے جائیں تا کہ میں اس عظیم سائنسداں کی قبر پر حاضر ہو کر تسلیمات بجا لاؤں۔ غیر مذہبی ہونے کی وجہ سے میں نے کوئی دُعا تو نہیں پڑھی مگر ان کی یاد میں دو منٹ کی خاموشی اختیار کی۔ میرا ماننا ہے کہ اگر عبدالسلام جیسے اور افراد پیدا ہوتے تو دنیا آج ایک بہتر جگہ

ہوتی۔ میں اُمید کرتا ہوں کہ ایک دن آئے گا جب پاکستانی اور مسلمان اس عظیم انسان پر فخر کریں گے اور اس کی خدمات اور قربانیوں کو سراہیں گے اور سب سے بڑھ کر اس کی اپنے لوگوں کے لیے محبت کو قدر کی نگاہ سے دیکھیں گے۔ میں ذکریا ورک کا شکرگزار ہوں کہ جنھوں نے مجھے اپنی کتب مہیا کیں اور اس مضمون کو لکھنے کے لیے تحریک فراہم کی۔"

(خالد سہیل)

ooo

فلسفہ داں

جارج فریڈرِیک ہیگل ۔۔۔ ایک فلسفیاتی معمہ

ہیگل کی زندگی اور میراث

(1)

جارج فریڈرک ہیگل گزشتہ تین صدیوں کے دوران سب سے زیادہ جانے مانے اور سب سے کم سمجھ میں آنے والے فلسفی تھے۔ ایک طرف تو وہ جرمنی میں وطن پرستی کی حمایت کرنے پر موردِ الزام ٹھہرائے جاتے تھے تو دوسری طرف نوجوان 'کارل مارکس' کو جذبۂ محرکہ فراہم کرنے پر قابلِ قدر جانے جاتے تھے۔ اکیسویں صدی کے جدید فلسفے کے طلباء اور اساتذہ ہیگل سے محبت کریں یا نفرت مگر ان کو کسی صورت نظرانداز نہیں کر سکے۔

وہ تمام طلباء پروفیسر اور فلسفی جو ہیگل کے معترف اور قدردان ہیں انھوں نے ایک نئی زبان سیکھی ہے جس کا نام ہیگالی زبان ہے۔ ان کے فلسفیاتی نوشت نویس فرٹز مین ہیگالی کے بارے میں یُوں رقم طراز ہیں:

> "ہم ہیگالی بول سکتے ہیں۔ مگر ہم خود بھی صحیح طور سے نہیں جانتے کہ ہم کہہ کیا رہے ہیں۔ بلکہ یہ کہنا بے جا نہ ہوگا کہ ہم ہیگالی بولنے پر قادر ہونے کے باوجود نہیں جانتے کہ ہم کہنا کیا چاہتے ہیں۔ چونکہ ہم ہیگالی اچھی طرح اور اعتماد کے ساتھ بول لیتے ہیں اس لیے دوسروں کو یہ احساس نہیں ہوتا کہ دراصل ہم اس زبان سے لابلد ہیں۔ اس کے علاوہ بھی اس کی دو وجوہات ہوسکتی ہیں عین ممکن ہے کہ چونکہ وہ خود ہیگالی نہیں جانتے اس لیے کچھ نہیں بولتے یا پھر بہت اچھی طرح جانتے ہیں اس لیے ان پر ہماری دھاک بیٹھ جاتی ہے۔ اور ان کو اچھا لگتا ہے۔"

ہیگالی بولنا ایک کٹھن اور پیچیدہ ہُنر ہے کیونکہ ہیگالی ایک مشکل دانشورانہ اور خیالی زبان ہے۔ جس کا ہر فقرہ کوئی پہیلی بُوجھنے سے کم نہیں۔ ہیگل خود بھی غیر معمولی تصورات پر بحث کرنے اور

گہرے نظریات قلم بند کرنے کے شوقین تھے۔ وہ اپنی کتاب "فطرت کا فلسفہ" میں لکھتے ہیں:

"فلسفے کو کوئی ضرورت نہیں کہ وہ عامیانہ خیالات پر پریشان ہو۔"

لوگ ہیگل پر جس قدر مباحث کرتے ہیں ان کی گفتگو وقت گزرنے کے ساتھ تصوراتی، مبہم، غیر واضح اور دھندلی ہوتی جاتی ہے۔ حتیٰ کہ بعض اوقات ان کی باتیں غیر حقیقت پسندانہ اور پریشان خیالی پر مبنی معلوم ہوتی ہیں۔ برٹرینڈ رسل بیسویں صدی کے نہایت معتبر فلسفی تھے وہ ہیگالی پڑھتے ہوئے اس قدر مایوس ہو گئے کہ انھوں نے اپنی کتاب "A History of Western Philosophy" میں بڑے طنزیہ انداز میں لکھا:

"ہیگل کا فلسفہ ایک بات ضرور ثابت کرتا ہے کہ آپ کی دلیل جتنی زیادہ لایعنی ہو وہ دلچسپی کو اتنی زیادہ عروج بخشتی ہے۔"

ہیگل 1770ء میں پیدا ہوئے اور 1831ء میں وفات پا گئے۔ یہ ایک ہنگامہ خیزی کا دور تھا جب دنیا فرانسیسی انقلاب سے بیدار ہو رہی تھی۔ انھوں نے ایک نیا فلسفہ وضع کرنے کی کوشش کی، جو دنیا کی تاریخ کی نئی وضاحت پیش کرتا اور انسانیت کو عالمگیر آزادی اور جدیدیت کے لیے تیار کرتا۔ بدقسمتی سے ان کے مبہم خیالات کو ٹھوس حقائق سے کوئی علاقہ نہیں تھا اور ساری زندگی وہ علمی بے آہنگی کا شکار رہے۔ کیونکہ جیسا وہ سوچتے تھے ویسا دراصل ہوا نہیں۔ اور جو ہوا ویسی ان کی سوچ نہیں تھی۔ ہیگل سیاست کی دنیا میں کوئی نام نہ کما سکے مگر فلسفے میں بلاشبہ ایک نام تھا۔ اپنے اوپر تنقید اور اعتراضات کی بہتات کے باوجود گزشتہ دو صدیوں میں ہیگل کی پُراسرایت، تجسّس انگیزی اور اختلافِ رائے، فکر کی دُنیا میں کم ہونے کی بجائے ہمیشہ بڑھتے ہی نظر آتے ہیں۔

(2)

ہیگل کے اجداد آسٹریا سے ہجرت کر کے جرمنی آ گئے تھے کیونکہ وہ پروٹسٹینٹ ہونے کے ناتے، کیتھولک سماجی ماحول میں ستائے جاتے، اذیت اُٹھاتے یا سزا پاتے۔ ہیگل کو سخت مذہبی روایات ورثے میں ملی تھیں۔ ان کے خاندان میں متعدد پادری موجود تھے۔ بچپن میں ہیگل کا اپنے والد کے ساتھ رشتہ قدرے کشیدہ تھا، مگر والدہ کے ساتھ ان کا محبت بھرا تعلق تھا۔ ماں نے نہ صرف ان کی جذباتی بلکہ علمی نشوونما کی۔ وہ ان کو لاطینی پڑھایا کرتی تھیں۔ ہیگل ماں سے بے پناہ محبت کرتے تھے۔ ماں کا خواب تھا کہ ہیگل الوہیات کا علم حاصل کر کے عیسائی مبلغ بنیں گے اور اپنی برادری کی خدمت کریں گے۔ مگر ہیگل ابھی گیارہ برس کے ہی تھے کہ ان کی والدہ بیمار ہو کر چل بسیں۔ ہیگل پر غم کا پہاڑ ٹوٹ

پڑا۔ وہ بُجھ کر رہ گئے۔ جذباتی طور پر ماند پڑ گئے، خاموش ہو گئے بلکہ کچھ عرصہ ہکلاتے بھی رہے۔ ان کا اپنے والد کے ساتھ رشتہ مزید کشیدہ ہو گیا۔ رفتہ رفتہ ہیگل اس کیفیت سے تو نکل آئے مگر لاشعوری طور پر انھوں نے اپنے دل کے ارد گرد ایک مضبوط دیوار کھڑی کر لی اور ساری زندگی اپنی والدہ کی کمی محسوس کرتے رہے۔ وہ کسی کے ساتھ اپنا رشتہ استوار نہیں کرتے تھے مبادہ والدہ کی طرح ان کو بھی ایک دن کھو بیٹھیں۔ وقت گزرنے کے ساتھ ہیگل شرمیلے ہوتے گئے۔ وہ کھوئے کھوئے رہتے اور اپنے من میں ڈُوبے رہنا پسند کرتے۔ بالآخر انھوں نے کتابوں اور مبہم خیالات میں پناہ تلاش کر لی۔ وہ محسوس کرنے سے زیادہ سوچتے ہوئے اچھا محسوس کرنے لگے۔

پھر یہ ہُوا کہ ان کے دل اور دماغ کے درمیان ایک خلیج بن گئی اب ان کی فکر اور جذباتی زندگی کے درمیان خلا پیدا ہو گیا۔ وہ زندگی کو دلیل، ذہانت اور فلسفے کے تناظر میں دیکھنے لگے۔ زندگی سے مُراد اس کے تمام پہلو تھے یعنی ذاتی، سماجی، رُوحانی اور سیاسی زندگی۔ وہ جُوں جُوں خیالات کے قریب آتے گئے اسی قدر احساسات سے دُور ہوتے گئے۔ وہ لوگوں کو ایک بازو کے فاصلے پر رکھتے۔ حتیٰ کہ چڑھتی جوانی کے زمانے میں جب لوگ جذباتی اور موج مستی میں غرق ہوتے ہیں، ہیگل اس عمر میں بھی سنجیدہ، غیر مضطرب اور پُرسکون تھے۔

اپنی ڈائریوں میں بھی ہیگل نے زندگی کے ساتھ اپنے تجربات لکھنے کی بجائے دوسرے فلسفیوں کے اقوال لکھے ہیں۔ ہیگل کی سوانح نگار ٹیری پنکارڈ نے لکھا: "ہیگل کی نوجوانی کے زمانے کی ڈائری سے معلوم ہوتا ہے کہ اس دور میں ان کی سوچ تبدیل ہوئی مگر بلوغت کے دنوں کے بارے میں ان کی ڈائری خاموش ہے۔ وہ اپنے بارے میں اپنے احساسات کے بارے میں بہت کم ظاہر کرتے تھے ان کے کردار کی یہ خاصیت ساری زندگی پر محیط ہے۔"

(3)

نوجوان ہیگل نے دینیات کی تعلیم حاصل کر کے مبلغ بن کر لوگوں کی خدمت کرنے کی غرض سے 'ٹوبی جن یونیورسٹی' میں داخلہ لیا تا کہ دینی تعلیم حاصل کر کے پادری بن جائیں اور لوگوں کی تعلیم و تربیت کر سکیں۔ دورِ طالب علمی میں ہیگل نے کچھ اساتذہ، طلباء اور فلسفیوں کے ساتھ علمی دوستی کر لی۔ اس اہم پیش رفت سے ہیگل کے مزاج پر چھائی یاسیت کسی قدر کم ہوئی اور اس تبدیلی کا اثر تمام عمر ان کی علمی اور پیشہ وارانہ زندگی پر رہا۔

ہیگل فلسفے کے پرانے استاد "جیکب فریڈرک وان ایبل" سے بہت متاثر ہوئے۔ ایبل بھی

ہیگل کو پسند کرنے لگے پھر ان کی پسند اس قدر بڑھی کہ ایبل نے ہیگل کو شاگردِ خاص بنا لیا۔ انھوں نے ہیگل کو" کانٹ" سے متعارف کروایا اور کانٹ پر:

An essay into the nature of speculative reason for a test of the kantian system

لکھ ڈالا۔ ایبل انسانی زندگی میں خُدا کے کردار اور انسانیت اور الوہیت کے آپس میں رشتے سے متعلق مباحث اور مکالمے کا شوق رکھتے تھے۔ ہیگل ایسے دلچسپ مباحث میں دلچسپی لینے لگے تھے۔ چونکہ ایبل کانٹ سے متفق نہیں تھے۔ اس لیے ان کے شاگردِ خاص ہیگل پر بھی کانٹ مخالف نظریات اوائلِ جوانی میں ہی آشکار ہو گئے۔ یونیورسٹی میں ہیگل نے گاٹ ہولڈ لیسنگ Gotthold Lessing کو بھی پڑھنا شروع کر دیا۔ جو اس نظریئے کو فروغ دے رہے تھے کہ تمام مذاہب میں ضبط و برداشت کی تعلیمات مشترک ہیں۔ لیسنگ اس بات کا پرچار کرتے تھے کہ مختلف مذہبی روایات کے ماننے والے ایک دوسرے کے اعتقادات کا احترام کریں اور آپس میں امن سے مل جل کر رہیں۔ وہ اس نظریئے کے پرچارک تھے کہ دنیا کے انسان کثیر الجہت ہیں۔ ایک انسان بیک وقت مذہبی بھی ہو سکتا ہے اور باشعور بھی۔ وہ جذباتی بھی ہو سکتا ہے اور روشن خیال بھی اور وہ بیک وقت اپنی احادیث پر فخر کرنے کے باوجود دوسروں کی روایات کا احترام بھی کر سکتا ہے۔ وہ ایک ایسی دنیا کا خواب دیکھتے تھے جہاں لوگ مذہبی ہونے کے باوجود روشن خیال ہوں۔ لیسنگ نے ہیگل کو قائل کیا کہ وہ اپنا پادری اور مذہبی پیشوا بننے والا خواب پُورا کریں۔

لیکن اب ہیگل مزید دو ہم جماعت طلباء سے مل چکے تھے جنھوں نے آگے چل کر ہیگل کی زندگی کا رُخ متعین کیا۔ اور وہ تھے: فریڈرک ہولڈرن اور فریڈرک شیلنگ ۔ ہولڈرن کا خواب ایک مشہور شاعر بننے کا تھا جبکہ شیلنگ ایک بہت بڑے فلاسفر اور پروفیسر بننا چاہتے تھے۔ ایک وقت ایسا بھی آیا کہ تینوں: ہیگل، ہولڈرن اور شیلنگ ایک ہی کمرے میں رہ رہے تھے۔ تینوں ہم جماعت دوست کئی کئی گھنٹے مذہب، آرٹ، سیاست اور فلسفے پر سیر حاصل گفتگو کرتے رہتے۔ شیلنگ عمر کے لحاظ سے چھوٹے تھے مگر ذہانت تجسّس اور فلسفیانہ بلوغت کے اعتبار سے باقی دونوں طلبا سے بڑے تھے۔ تینوں دوست 1789ء کے انقلابِ فرانس سے متاثر تھے اور جرمنی کی سیاست سے مایوس تھے۔ تینوں دوست سیاسی آزادی سے اس قدر متاثر تھے کہ اُنھوں نے " آزادی کا درخت" لگایا۔ اور اس کے گرد ڈانس کیا۔ انھوں نے ایک سیاسی کلب بھی قائم کیا تا کہ انقلابِ فرانس کے جرمنی، یورپ اور دیگر دنیا پر مرتب ہونے والے اثرات کو زیرِ بحث لاسکیں۔ ایسا روشن خیال کلب روایتی سیاستدانوں اور

قدامت پسند مذہبی مقتدرہ کو ایک کانٹے کی طرح چُبھنے لگا۔ لہٰذا زیادہ دیر قائم نہیں رہ سکا۔ سیاسی کلب یُوں تو ختم ہو گیا مگر ہیگل کے دل و دماغ میں راسخ ہو چکا تھا، کیونکہ ہیگل کے دماغ سے محو نہیں ہُوا۔ اس سے ہیگل کو یہ تحریک مل گئی کہ وہ ایک فکری انقلاب کا حصہ بن جائیں۔ ایک ایسا انقلاب جو قدامت پسند مذہبی، سماجی اور سیاسی روایات کو چیلنج کرتا تھا۔ ہیگل، 'ژان جیکو روسو' کے نظریات سے بھی متاثر تھے جنھوں نے انقلابِ فرانس میں اہم کردار ادا کیا تھا۔ ہیگل، ہولڈرن اور شیلنگ کے ساتھ مباحث اور رُوسو سے متعلق سوچ بچار کے بعد ترقی پسند اور روشن خیالات و نظریات سے اتنے متاثر ہو چکے تھے کہ انھوں نے اپنے پیشہ وارانہ مستقبل کی سمت تبدیل کر لی۔ انھوں نے فیصلہ کیا کہ وہ پادری یا مذہبی پیشواء بننے کی بجائے ایک فلسفی اور پروفیسر بنیں گے۔

(4)

1970ء کی دہائی کے اوائل میں ہیگل، ہولڈرن اور شیلنگ F.H.Jacobi کی تحاریر اور Pantheism Controversy پر مباحث میں پوری طرح شریک ہو چکے تھے۔ لیسنگ نے ایک کتاب لکھی تھی جس میں اس نے انکشاف کیا تھا کہ لیسنگ وحدت الوجود کا قائل ہے لہٰذا سپینوسٹ ہے یہ خبر جرمنی کے فکری حلقوں پر ایک بم کی صورت گری۔ کیونکہ لیسنگ ایک قابلِ احترام شخصیت تھا مگر سپینوزہ کا قصہ مختلف تھا۔ وہ اتنا معتبر نہ تھا۔ سپینوزہ کا عام تاثر ایک ایسے فلسفی کا تھا جو عیسائیوں کے شخصی خدا پر ایمان نہیں رکھتا تھا، لہٰذا اُس پر دہریہ ہونے کا الزام تھا۔ جیکوبی دراصل لیسنگ کو نیچا دکھانا چاہتا تھا مگر سارا منصوبہ اُلٹا پڑ گیا۔ لیسنگ جیسے معتبر فلسفی کا سپینوزہ کے ساتھ منسوب ہونا سپینوزہ کے فلسفے کو مستند کر گیا۔ اب سپینوزہ کے سینکڑوں معترف اور پیروکار جو ابھی تک خاموش تھے، جوق در جوق نمودار ہونا شروع ہو گئے۔ جہاں سپینوزہ کے مخالفین ان کو دہریہ کہتے تھے ان کے معتقدین اُن کو "ہمہ اوست" کا پرچارک گردانتے تھے۔ وہ کہتے تھے سپینوزہ کا خدا کوئی شخصی خدا نہیں تھا۔ یعنی وہ کسی انسان نما خدا کو نہیں مانتے بلکہ سپینوزہ کا ایک عالمگیر خدا پر یقین تھا۔ وہ سپینوزہ کا فلسفہ اس طرح بیان کرتے ہیں:

"خدا ایک ہے اور اس ایک میں ہی سب کچھ ہے۔"

جب ہیگل کی عمر 20 اور 30 سال کے درمیان تھی وہ سپینوزہ، روسو اور جدید یونانی روایت سے متاثر تھے اور دنیا کو اپنے تخیل میں ایک آدرش وادی سمجھتے تھے جس کے اندر الوہیاتی حسن اور انسانی آزادی ایک دوسرے کو گلے لگائے ہوئے ہیں۔

(5)

ہیگل، ہولڈرن اور شیلنگ نے کانٹ پر سنجیدہ مکالمے کیے اور رفتہ رفتہ ان کے کچھ نظریات اپنے فلسفے میں شامل کر لیے اگر چہ وہ روایتی عیسائیت سے مایوس ہو چکے تھے مگر کانٹ کے عیسائیت کے نظریئے کو درست مانتے تھے۔ وہ ایک اخلاقیات کا مذہب تھا جس میں نہ نظر آنے والا چرچ تھا اور جس میں کسی مافوق الفطرت خدا کا تصور نہیں تھا۔ ہیگل کسی حد تک اس فلسفے کی طرف راغب ہو گئے۔ کیونکہ یہ ایک خالص فکری اور تجریدی مذہب تھا۔ ایک وقت تھا جب ہیگل، ہولڈرن اور شیلنگ، تینوں اپنے آپ کو "ان دیکھے چرچ" کا ممبر سمجھتے تھے۔

(6)

اوگوسٹ وہ پہلی خاتون تھی جس کی محبت میں ہیگل گرفتار ہوئے۔ اوگوسٹ ہیگل کی تیسری محبت تھی۔ اس سے قبل وہ انقلابِ فرانس اور وحدت الوجود کی محبت میں مبتلا ہو چکے تھے۔ یہ نوجوان اور خوبصورت خاتون ایک شراب کی دکان پر کام کرتی تھیں۔ اوگوسٹ، دینیات کے ایک مرحوم پروفیسر کی بیٹی تھی۔ ہیگل اکثر شراب کی دکان کا چکر لگاتے اور اوگوسٹ کے ساتھ عشق بازی کرتے مگر بدقسمتی سے اوگوسٹ، ہیگل کی محبت کو پذیرائی دینے سے گریزاں رہیں کیونکہ وہ ہیگل ہی کے دوست "جے-سی-فنگ" کی محبت میں گرفتار تھیں۔ جب ہیگل کو یہ معلوم ہوا تو وہ دُکھی ہو گئے۔ یہ دھچکا ان کی والدہ کے غم کو تازہ کر گیا۔ ان کی محبت کی کہانی شروع ہونے سے قبل ہی ایک المناک اختتام سے دوچار ہو چکی تھی۔ ہیگل کا دل ٹوٹ گیا۔

(7)

'ٹم بورجن یونیورسٹی' سے گریجویشن کرنے کے بعد ہیگل کا ارادہ تھا کہ وہ بھی یونیورسٹی کے پروفیسر اور فلسفی بنیں گے۔ مگر ان کو دو بچیوں کا استاد بننا پڑ گیا جو "برن" کے ایک امیر خاندان کی اولاد تھیں۔ جب ہیگل کو حقائق کا سامنا کرنا پڑا تو ان کے خواب بکھر کر رہ گئے۔ کیونکہ ہیگل کو خاندان کے بڑے، ان کو نوکروں سے ایک درجہ ہی بلند تصور کرتے تھے۔ ہیگل کی ذاتی انا زخمی ہوگئی۔ ان کی تخلیقی سرگرمیاں بھی متاثر ہوئیں کیونکہ ان کے پاس پڑھنے، سوچنے اور لکھنے کا وقت نہیں ہوتا تھا۔ ان کی خود اعتمادی اور ذاتی عکس (خود خیالی) اس قدر متاثر ہوئے کہ وہ یاسیت (ڈپریشن) کا شکار ہو گئے۔ جب

ہولڈرن کو ہیگل کی پژمردگی کا پتہ چلا تو انھوں نے ہیگل کے لیے ایک نوکری ڈھونڈ لی۔ یُوں ہیگل 1796ء میں برن سے فرینکفرٹ ہجرت کر گئے۔

(8)

جب ہیگل کو دوبارہ پڑھنے، سوچنے اور لکھنے کا موقع ملا تو انھوں نے ایک مضمون لکھا جس کا عنوان تھا: "عیسائی مذہب میں مثبتیت" اس مضمون میں ہیگل نے عیسائی مذہب کی ایک نئی توجیح بیان کی جو حضرت عیسیٰ کی تعلیمات سے متعلق کانٹ کی تشریح پر مبنی تھیں۔ ہیگل نے عیسائیت کو دیگر مذاہب سے بہتر بنا کر پیش کیا۔ وہ عیسائیت کو لوگوں کا ایسا مذہب گردانتے تھے جو جدید زندگی کے لیے لازم عناصر، رُوحانیت اور عالمگیر انسانی آزادی کا حسین امتزاج ہے۔

(9)

1796ء میں فرینکفرٹ جانے سے قبل ہیگل، وارٹم برگ میں واقع اپنے آبائی گھر گئے تاکہ اپنی بہن کرسٹین سے مل سکیں۔ والدہ کی وفات کے بعد دونوں بہن بھائی آپس میں بہت قریب آ گئے تھے۔ وارٹم برگ میں قیام کے دنوں میں ہیگل اپنی بہن کی ایک دوست نانتے نامی لڑکی سے ملے اور اس کی محبت میں گرفتار ہو گئے۔ نانتے بھی ہیگل کی شخصیت سے متاثر ہوئی۔ دونوں کے دل ایک دوسرے کے قریب آ گئے مگر مذہب کی دیوار بیچ میں حائل ہو گئی۔ نانتے راسخ العقیدہ کیتھولک تھیں جبکہ ہیگل پروٹسٹنٹ عیسائی تھے۔ بلکہ یہ کہنا بے جا نہ ہو گا کہ وہ ایک کیتھولک مخالف عقیدہ رکھتے تھے۔ نانتے حسِ ظرافت بھی رکھتی تھی اور ہیگل کو شرارتاً کہتی کہ وہ ضرورت سے زیادہ سنجیدہ ہیں۔ وہ ان کو تنگ کرتی اور مذاق کرتے ہوئے کہتی کہ وہ سینٹ الیکس ہیں۔ (ایک عیسائی بزرگ جو اپنی شادی کے دن بھاگ گیا اور بعد ازاں راہب بن گیا تھا۔) وہ کبھی کبھی شرارت سے ان کو سسٹر جیکولین بھی کہتی۔ نانتے کے 'غمزہ وعشوہ وادا' نے ہیگل کے مزاج سے یاسیت کو قدرے کم کر دیا اور وہ کسی قدر خوش مزاج ہو گئے۔ ہیگل اور نانتے کے جذباتی رشتے میں ایک اور رکاوٹ بھی حائل تھی ۔ہیگل کا ماننا تھا کہ مردوں کو خواتین پر برتری حاصل ہے کیونکہ مرد خواتین کے مقابلے میں زیادہ ذہین ہوتے ہیں۔ وہ نانتے کو اپنے مساوی درجہ دینے سے قاصر تھے۔

پنکارڈ نے لکھا ہے:

”ہیگل خواتین کو اپنے مساوی نہ سمجھنے کی وجہ سے سنجیدہ نہیں لیتے تھے بظاہر خواتین قانونی اعتبار سے، سماجی اور سیاسی لحاظ سے ایک آزاد فرد سمجھنے کے نظریے کے ہیگل قائل نہ تھے اور وہ اس بات پر مطمئن تھے۔اس میں کچھ حیرت کی بات نہیں کہ وہ اپنے سے کم تعلیم یافتہ، کم عمر اور ایک کیتھولک خاتون کو سنجیدہ نہ لیتے ہوں۔“

ایک وقت تھا جب ہیگل نے نانتے کے ساتھ زندگی بسر کرنے کا بھی سوچا لیکن شادی جیسے مستقل اور سنجیدہ رشتے کی راہ میں کیتھولزم ایک بڑی رکاوٹ تھی۔ ہیگل کا فلسفہ، نظریہ اور فکری رویہ ان کی جذباتی اور رُومانوی زندگی کی راہ کا پتھر بن گئے۔لہٰذا ان کا رشتہ سنجیدہ معاشقے سے آگے نہ بڑھ سکا۔اگرچہ ہیگل نے نانتے سے شادی نہیں کہ مگر اس کے ساتھ رشتے نے ہیگل کے مزاج کو آسودہ اور کم سنجیدہ کرنے میں اچھی خاصی مدد کی۔اس بات کا اظہار انھوں نے نانتے کو لکھے گئے خطوط میں کیا۔انھوں نے ایک خط میں نانتے کو لکھا:

”میرے پاس یہ ماننے کی ہر وجہ موجود ہے کہ تمھارے ساتھ ایک طویل رفاقت مجھے ذہنی طور پر بہت آزاد کرتی اور میری خوش رہنے کی صلاحیت میں بھی بے پناہ اضافہ ہوتا۔“

نانتے بلاشبہ اس دیوار کو گرانے میں کامیاب ہوگئی تھی جو ہیگل نے اپنے فطری جذبات کے اردگرد کھڑی کر رکھی تھی۔ بالخصوص اپنی والدہ کی وفات اور اوگوسٹ سے رومانوی مایوسی کے بعد۔

(10)

جب ہیگل فرینکفرٹ جا رہے تھے تو وہ اس بات پر خوش تھے کہ ان کو ہولڈرن جیسے شاعر، فلسفی اور دوست کے ساتھ وقت گزارنے کا موقع ملے گا۔جس میں وہ طویل اور دانشورانہ طور پر حوصلہ افزا مکالموں سے لُطف اندوز ہوسکیں گے۔مگر وہاں پہنچ کر ان کو مایوسی ہوئی کہ ان کو یونیورسٹی کی بجائے چھوٹے بچوں کو ان کے گھروں میں جا کر پڑھانا تھا۔جب ہیگل فرینکفرٹ میں تھے تو انھوں نے ”عیسائیت کی روح اور اس کا مستقبل“ کے عنوان سے ایک مضمون لکھا تھا جس میں انھوں نے خدا، روحانیت اور مذہب کے رشتے کو ممیز کیا۔ایک لکھاری بننا ان کا خواب تھا مگر وہ فکری نظریاتی اور فلسفیانہ طور پر مغالطوں کا شکار تھے۔وہ ایک تخلیقی تضاد میں مبتلا تھے۔وہ لوگوں کو تعلیم دینے کے لیے ایک معلم بننا چاہتے تھے مگر یہاں بھی ایک مسئلہ تھا وہ سادہ، مضبوط اور عام فہم زبان میں لکھنے سے قاصر تھے۔

اس مشکل کا اظہار انھوں نے نانتے کو لکھے گئے ایک خط میں یُوں کیا: "مجھے سمجھ نہیں آتی کہ میں عامیانہ سوچ و بچار میں کیوں پڑ جاتا ہوں۔" بالآخر ہیگل اس نتیجے پر پہنچے کہ فرینکفرٹ وہ کچھ اپنے اندر نہیں رکھتا جس کی ان کو زندگی میں ضرورت ہے۔ چنانچہ انھوں نے شیلنگ کو لکھا کہ وہ پیشہ وارانہ اور علمی مستقبل کے حوالے سے ان کی مدد کریں۔ بطور ایک رفیق دیرینہ شیلنگ نے ہیگل کو لکھا کہ وہ "جینہ" چلے آئیں۔ ہیگل نے شیلنگ کی نصیحت مان لی اور وہ جینہ جا کر شیلنگ کے ساتھ رہنے لگے۔

جب ہیگل جینہ میں پہنچے تو ان کو ایک بلا تنخواہ لیکچرر کی پیش کش ہوئی جہاں ان کی واحد مالی معاونت طلبا کی فیس تھی۔ اگر چہ وہ یونیورسٹی کے پروفیسر تو نہ تھے مگر ان کو مختلف پروفیسروں کے ساتھ عملی و فکری مکالمے اور مباحث میں شامل ہونے کا موقع میسر آ گیا۔ انھوں نے فلسفیوں اور پروفیسروں کے ساتھ علیک سلیک شروع کر دی جس سے ان کو اپنے نظریات وضع کرنے کی تحریک ملی۔ ان کا 'منظم فلسفہ' کا حامی پروفیسر بننے کا خواب شرمندہ تعبیر ہو رہا تھا۔ کیونکہ وہ سمجھتے تھے کہ 'منظم فلسفہ' کسی جدید جامعہ کے مختلف شعبوں کو مجتمع کرنے کا نہ صرف ذریعہ تھا کیونکہ ہر شے کا کسی نظام کے تحت کام کرنا جدید زندگی کی ایک مرکزی سرگرمی ہے۔

(11)

ہیگل جینہ میں یونیورسٹی کے ماحول میں کام کرنے لگے تھے۔ جینہ ایک ایسی جگہ تھی جو اکثر ادبی اکابرین اور زعماء کا مسکن رہا تھا۔ ان میں گوئٹے (Goethe)، شِلر (Schiller) اور فکٹے (Fichte) شامل تھے۔ جینا کے فلسفیانہ حلقوں میں علم سے زیادہ "تصورات" پر زیادہ زور دیا جاتا کیونکہ یہ سمجھا جا رہا تھا کہ 'تصور' فلسفے اور آرٹ کے درمیان ایک پُل کا کام کرتا ہے۔ ہیگل بھی تصورات کی دنیا میں گم رہنا پسند کرتے کیونکہ یہ ان کی تجریدی دنیا کے زیادہ قریب تھی، بہ نسبت سائنسی علوم کے، جن کو قوانینِ فطرت کے پیمانوں سے پرکھا جا سکتا ہے۔

فریڈرک شلیگل (Friedrich Schegel) نے ایک دفعہ پرمسرت ترنگ میں آ کر جینہ یونیورسٹی کو پروفیسروں کی ہم آہنگ موسیقی کا تال میل قرار دیا تھا۔

(12)

ہیگل کو اپنے فلسفے کو مکمل کرنے میں شدید مشکلات کا سامنا رہتا تھا۔ وہ اپنے مسودوں کو درجنوں مرتبہ لکھتے، ضائع کرتے اور دوبارہ لکھتے۔ 24 جون 1802ء کو ہیگل نے اعلان کیا کہ وہ منطق

اور مابعد الطبیعات پر ایک کتاب شائع کرنے جا رہے ہیں مگر ان کے مداحوں، شاگردوں، ساتھیوں اور ناقدین نے ان کی کتاب کا اس قدر انتظار کیا کہ وہ تھک کر بے زار ہو گئے۔ ہیگل اپنی نگارشات کو جس قدر بار بار لکھتے وہ اسی قدر پیچیدہ، دشوار اور نا قابلِ فہم بن جاتیں۔ بالآخر وہ نا امید ہو گئے کہ وہ کتاب کے مسودے کو کبھی حتمی شکل دے پائیں گے۔

پنکارڈ نے لکھا: 5-1804ء میں ہیگل نے "منطق، مابعد الطبیعات اور فطرت کے فلسفے" کے عنوان سے مسودے کی ایک صاف نقل اس کو بھجوائی۔ یہ یقیناً اس کتاب کی بنیاد تھی جس کا وعدہ 1802ء سے کیا جا رہا تھا۔ ساری کوشش کے باوجود وہ قارئین کو اس موضوع پر کتاب دینے میں ناکام ہو چکے تھے۔ انھوں نے مایوس ہو کر کتاب پر کام کرنا بند کیا، مگر وہ ایک اور مسودے پر غور کرنے لگ گئے۔

(13)

یونیورسٹی میں ہیگل جُوں جُوں مشہور ہوتے گئے وہ اتنے ہی بدنام بھی ہوتے گئے۔ بلکہ وہ ایک دیومالائی کردار بننے لگے تھے۔ ان کی شخصیت اور فلسفہ دونوں متنازعہ بن گئے۔ جو لوگ ان سے جینہ میں ملے ان کو ہیگل سے دو قسم کا ردِ عمل ملا: وہ کہیں پر تو بہت زیادہ سراہے گئے حتیٰ کہ ایک مثالی کردار بن گئے اور کہیں پر بہت زیادہ بے توقیر ہوئے۔

یونیورسٹی میں پڑھانا ہیگل کا خواب تھا اور جب یہ خواب پُورا ہو گیا تو ان کو اپنی شہرت اور کامیابی کو سنبھالنا مشکل ہو گیا۔ ان کی کامیابی بھی دو جہتی تھی جہاں اس نے ہیگل کو خوش کیا وہاں کسی قدر مغموم بھی کیا۔ آسکر وائلڈ کہا کرتے تھے:

> ''زندگی میں دو قسم کے المیے ہوتے ہیں ایک المیہ یہ ہے کہ آپ کو زندگی میں وہ نہ مل سکے جس کی آپ خواہش کرتے ہیں اور دوسرا المیہ یہ ہے کہ آپ کو وہ سب کچھ مل جائے جس کو حاصل کرنے کی آپ کو شدید خواہش رہی ہو۔''

ہیگل کو دوسری قسم کا المیہ درپیش تھا۔ اپنا خواب پُورا ہونے کے بعد ہیگل دوہرے جذباتی دباؤ کے زیرِ اثر تھے: ایک اپنی کتاب کا حتمی مسودہ مکمل نہ کر سکنا اور ایک متنازعہ شخصیت بن جانا۔

اسی اثناء میں ہیگل ایک اور غم سے دوچار ہو گئے جب ان کو پتہ چلا کہ ان کے شاعر اور فلسفی دوست ہیلڈرن اعصاب شکنی (نروس بریک ڈاؤن) کا شکار ہو گئے ہیں۔ اتنے جذباتی دباؤ ہیگل کی اعصابی طاقت سے زیادہ تھے۔ وہ ایک دفعہ پھر یاسیت (ڈیپریشن) کا شکار ہو گئے۔ اور کچھ ہی عرصے میں اپنے دوست ہولڈرن کی طرح اعصاب شکنی (نروس بریک ڈاؤن) کا شکار ہو گئے۔ اپنے نروس

بریک ڈاؤن کے دوران ہیگل گہری غور وفکر میں ڈُوب گئے۔خود احتسابی اور لکھنے کی لگن نے ہیگل کے اعصاب شکنی (بریک ڈاؤن) کو جینے کی اُمنگ (بریک تھرو) میں تبدیل کر دیا۔

اس مرحلے کے دوران ان کے اندر کچھ صوفیانہ بصیرت بھی جنم لے چکی تھی۔جوان کے فلسفے کی بنیاد بھی بنااور اس کیفیت کوانھوں نے اپنی شہرہ آفاق کتاب:The Spirits of Phenomenology میں پیش کیا ہے۔اگر انھوں نے اپنی اس کیفیت کو کسی جگہ" دریافت کا سفر" لکھا ہے تو اچھنبے کی کوئی بات نہیں ہے۔چند برس بعد ہیگل نے اپنی اعصاب شکنی اور نئی زندگی کی کیفیت کو اپنے کیتھولک طبیب اور صوفی دوست Karl Windischmann Mann کارل ونڈش مین کو ایک خط میں تحریر کیا۔

پنکارڈ نے لکھا ہے:

> "ہیگل اپنی زندگی کے ایک تاریک دور کی بات کرتے ہیں جب ان کا مزاج عقل و شعور سے زیادہ رُوح کے زیر اثر تھا۔اس دوران ان کو خود معلوم نہیں تھا کہ وہ کس سمت میں سفر کر رہے ہیں اس کیفیت کو انھوں نے Hypochondria (یاسیت) کی ایک قسم کا نام دیا ہے۔جس میں مریض کو ایک خوف گھیرے رکھتا ہے کہ وہ شدید بیمار ہو جائے گا۔وہ اس بیماری میں اس قدر مبتلا ہوئے کہ تھک گئے اور بیماری کی یہی انتہا ان کے لیے اہم موڑ ثابت ہوئی۔کیونکہ ان کی خود اعتمادی کی دوبارہ سے نمو ہوئی۔ہیگل نے کارل کو یہ بھی بتایا کہ تخلیقی شخصیات کا تخلیقی کام ہی ان کی اعصاب شکنی (بریک ڈاؤن) کو (بریک تھرِو) جینے کی امنگ میں بدل سکتا ہے۔پنکارڈ نے لکھا ہے: "رُوح کی تاریک رات میں ہیگل کے لیے کم از کم 1810ء میں نہ مذہب نہ ہی خدا بلکہ علمی کام کے لیے ایثار ہی وہ جذبہ تھا جو ان (جیسے افراد) جیسی شخصیات کے لیے راہِ نجات ہے۔"

میں بطور ایک نفسیات داں اس بات پر حیران ہوتا ہوں کہ ہیگل کے ڈیپریشن کے لیے کس قسم کا طبی اور نفسیاتی علاج ان کو میسر تھا اور ان کی تخلیقیت، دیوانگی اور رُوحانیت کے بیچ کس قسم کا پراسرار رشتہ تھا؟ ایک اور دلچسپ بات یہ ہے کہ جوں ہی وہ اپنے ڈیپریشن سے باہر آئے انھوں نے لکھنا شروع کر دیا۔

(14)

اس دور میں جب ہیگل ایک فلسفی بن کر لوگوں کو علم کی روشنی سے منور کرنے کا خواب دیکھ رہے تھے ان کے ذہن میں ایک نئے مذہب کا بانی بننے کا خیال بھی جاگزیں ہو رہا تھا۔پنکارڈ نے لکھا:

”ہیگل کچھ دیر اس خیال کے ساتھ کھیلتے رہے وہ جانکاری لے رہے تھے کہ ایک نیا مذہب بنا دینے سے دنیا میں کیا تبدیلی آ جائے گی؟

اس کے لیے کیا کرنا ہوگا؟

اس کی کیا کیا قیمت چکانی ہوگی؟

یہ کیسا مذہب ہوگا؟

اور کیا یہ ممکن بھی ہے؟

حتیٰ کہ ایک جگہ انھوں نے اختصار کے ساتھ ایک اشتعال انگیز فکاہیہ لکھا:

”ایک مذہب ایک اور مذہب کو جنم دے رہا ہے۔“

وقت گزرنے کے ساتھ ہیگل پر انسانی شعور سوار رہنے لگا۔ بالآخر اُنھوں نے انسانی شعور کی تعریف یوں کی کہ ”انسانی شعور درحقیقت انسان کی رُوح اور جسم کے درمیان ثالثی کا کام کرتا ہے۔“

ہیگل ایک صوفیانہ بصیرت کے حامل تھے مگر یہ حقیقت سے زیادہ ان کی خام خیالی تھی یا واہمہ تھا۔ دراصل ہیگل 'حقیقی سچ' اور 'موضوعاتی سچ' میں تفریق نہیں کر پاتے تھے گویا وہ معروضی حقیقت اور موضوعی حقیقت میں فرق کرنے سے قاصر تھے اور نہ ہی وہ شاعرانہ حقیقت اور عملی حقیقت میں تفریق کر سکتے تھے۔ اس کیفیت میں ہیگل کے لیے یہ ایک فطری امر تھا کہ وہ اپنی زندگی کی شاعرانہ اور فلسفیانہ بصیرتوں کو فکری رنگ دیں۔ کیونکہ وہ تجریدیت اور تمیّم کے استاد بن چکے تھے۔ ہیگل کا رُوح پر یقین انسانیت اور الوہیت کے درمیان پُل بن گیا۔ ہیگل کو ”مطلق خدا کے لیے“ کے الفاظ پسند تھے۔ جو کہ الوہیت کی فکری توجیح کے لیے نہایت کم فہم اور تجریدی اصطلاح ہے۔ وقت گزرنے کے ساتھ ہیگل کا فلسفہ مابعد الطبیعیات کی طرف راغب ہونے لگا۔ اب ان کو تنوع میں اتحاد نظر آنے لگا تھا۔ پنکارڈ نے لکھا: ”مابعد الطبیعیات ایک ایسا نظریہ ہے جس میں بظاہر مختلف نظر آنے والے عناصر فطرتاً ایک دوسرے کے ساتھ منسلک ہوتے ہیں کیونکہ عناصر کا آپس میں گہرا اتحاد اور تعلق ہے۔“

ایسے صوفیانہ نظریات یوں تو صدیوں سے مختلف مذہبی اور روحانی روایات میں چلے آتے ہیں۔ مگر ہیگل، 'وحدت الوجود' اور 'وحدت الشہود' جیسے صوفیانہ نظریات کو فلسفیانہ اور سائنسی روایات کے ذریعے اُجاگر کرنا چاہتے تھے کیونکہ وہ اپنے شاعر اور فلسفی دوست ہونڈرلن سے متاثر تھے یوں ہیگل اس طبعی دُنیا کی وضاحت مابعد الطبیعیات کے تناظر میں کرنے لگے تھے۔

(15)

1807ء میں ہیگل کی شہرہ آفاق کتاب Phenomenology of Spirits مکمل ہو کر شائع ہو گئی۔ اس وقت ان کی عمر 37 برس تھی۔ اس کتاب میں انھوں نے اپنے "منظم فلسفے" کے نظریے کی بنیاد رکھی۔ یہ وہ فلسفہ تھا جس کی ترویج وہ عمر بھر کرتے رہے۔ اسی کتاب میں انھوں نے عام شعور سے ذاتی شعور کی طرف انسانی سفر پر توجہ دی اور رُوح کے تصور کو اُجاگر کیا۔ ہیگل کا ماننا تھا کہ جدید مرد و زن کو ایک جدید مذہب کی ضرورت ہے اور چونکہ وہ خود ثقافتی اور سماجی طور پر مذہب کے سانچے میں ڈھلے ہوئے تھے لہٰذا ان کے خیال میں پروٹیسٹنٹ عیسائیت جدید مذہب تھا۔ ہیگل نے اپنی کتاب میں کیتھولک عیسائیوں کے شخصی خدا پر سوالات ضرور اُٹھائے مگر خود پروٹیسٹنٹ عیسائیت پر ایمان رکھتے تھے۔ ہیگل نے کوشش کی کہ وہ مذہب کی ترویجِ نو کریں۔ جس میں مطمعِ نظر الوہیات کی بجائے انسانیت ہو۔ پکارڈ نے ہیگل کے جدید مذہبی نظریئے کو یوں پیش کیا ہے:

"مذہب الوہیت کا ایک جامع عکس ہے جس کا اظہار عبادات، مناجات اور علامات کے ذریعے کیا جاتا ہے۔ یہ خدائیت کا اظہار ہے نہ کہ نظریات کا انضمام۔ خدائی عکس عقائد کی ایک ایسی قسم ہے جو تاریخی طور پر زندگی کے طریقہ کار کی صورت نمو پاتی اور چلی آرہی ہے۔ مختلف قسم کی مذہبی رسومات اور عقائد آج موجود ہیں کسی اور شکل میں زمانہ قدیم میں بھی موجود تھے مگر ارتقائی عمل میں پرانے نظریات اپنی موت آپ مر گئے اور نئے اور جدید نظریات وجود میں آ گئے۔

جب ہم کسی شے کو مقدس اور الوہیاتی سمجھتے ہیں تو ہمیں یہ دیکھنا ہوتا ہے کہ لوگوں کی کس ضرورت کے تحت وہ شے مقدس و معتبر بن گئی ہے۔ عیسائیت کو جدید مذہب بالخصوص لوگوں کے مذہب کے طور پر پیش کرنے کے لیے ہیگل نے کوشش کی کہ وہ حضرت عیسیٰ کی زندگی اور موت کی دوبارہ تشریح کریں جو کہ روایتی کیتھولک تشریح سے مختلف ہو۔"

اس بات کی پنکارڈ نے یوں تشریح کی:

"حضرت عیسیٰ کی موت، خدا کی موت تھی چونکہ خدا انسان کی صورت زمین پر آیا تھا۔ ہیگل نے دلیل دی کہ گویا خدا ایک باشعور، خود آشنا رُوح کی صورت میں تھا اس کا مطلب یہ ہرگز نہیں کہ بندہ خدا بن گیا۔ ہیگل نے کہا کہ عیسائی مذہب میں ہم تسلیم کرتے ہیں کہ ہم اپنی عبادت نہیں

کرتے کیونکہ یہ لغو بات ہے۔ ہاں ہم خدائی قوانین کی پرستش ضرور کرتے ہیں جو ہمارے اندر موجود ہیں۔"

یہ دعویٰ بعد میں ہیگل نے Philosophy of Nature کے باب میں بھی اُجاگر کیا۔

ہیگل نے مذہب کو عقلی دلیل کا حامل، رُوحانیت کو فکر آمیز اور الوہیات کو ایک فلسفۂ حیات بنا کر پیش کرنے کی کوشش کی۔ ان کا ماننا تھا کہ جدید مرد وزن کو جدید فلسفے کو سمجھنے اور اپنانے کی ضرورت تھی اور ان کی کتاب Phenomenology of Spirit ایسے فلسفے کی کنجی تھی۔ جب ہیگل یہ کتاب لکھ رہے تھے تو مالی مشکلات کا شکار ہو گئے۔ بطور ایک جونیئر یونیورسٹی ٹیچر کے، ان کی تنخواہ معقول نہیں تھی۔ ایک وقت آیا جب غربت نے ان کے گھر پر ڈیرہ ڈال لیا۔ جن دنوں ہیگل اپنی شاہکار کتاب کو آخری شکل دینے کی کوشش کر رہے تھے ان دنوں وہ ایک جنگ میں بھی گھِر گئے۔ نپولین نے جینہ پر حملہ کر کے سینکڑوں گھر جلا کر راکھ کے ڈھیر بنا دیا تھا۔ ہیگل نے نہ صرف اپنی زندگی بچائی تھی بلکہ اپنی متاعِ زندگی، کتاب کا مسودہ بھی محفوظ رکھنا تھا۔ جنگ کا آنکھوں دیکھا حال انھوں نے اپنے ایک دوست 'ایمانوئیل نیتامر' کو ایک خط میں ان الفاظ میں کیا: "جس طرح ہم نے جنگ کو کھلی آنکھوں سے دیکھا، کوئی اس کا تصور بھی نہیں کر سکتا۔"

غربت اور جنگ کے آلام و مصائب کچھ کم نہ تھے کہ ہیگل کو اور مصیبت نے آ گھیرا۔ ہیگل جن دنوں اپنے مسودے کا "پیش لفظ" بار بار لکھ رہے تھے۔ ان کی گھریلو ملازمہ (کرسٹینا برخات) نے ان کے ناجائز بچے "لڈوگ" کو جنم دے دیا۔ اب ہیگل بدحالی کا شکار ہو گئے۔ کیونکہ نہ ان کے پاس رقم تھی نہ کوئی اچھی تنخواہ والی نوکری اور گھر میں بچہ اور ملازمہ تھے جس کو حال ہی میں شوہر نے بھی چھوڑ دیا تھا۔ اس کسمپرسی سے باہر نکلنے کے لیے 1807ء میں ہیگل نے فرینکفرٹ چھوڑ کر بمبرگ جانے کا فیصلہ کیا اور ایک ایڈیٹر کی نوکری کر لی۔ ہیگل ایڈیٹر تو بن گئے مگر انھوں نے وہاں جا کر اپنا یونیورسٹی کا پروفیسر بننے کا خواب ترک نہیں کیا۔

(16)

ہیگل اور شیلنگ کا آپس کا رشتہ کئی مدوجزر سے گزرا۔ پہلے وہ بہت اچھے دوست تھے پھر ہیگل نے شیلنگ کو اپنا استاد اور دانا سرپرست مان لیا مگر اس کے بعد وہ شیلنگ کے سب سے بڑے نقاد بن گئے۔ دونوں شخصیات کا ایک ہی خواب تھا، پروفیسر بن کر جرمنی میں فلسفے کے قافلے کا میر کارواں بننا۔ مگر مشترک خواب نے دونوں کو پیشہ وارانہ اور علمی رقیب بنا دیا۔ شاید اِسی لیے جب

Phenomenology of Spirit شائع ہوئی جس میں ہیگل نے شیلنگ پر تنقید کی تھی، تو وہ اس پر شیلنگ کی طرف ردِّعمل کے حوالے سے فکر مند تھے۔ ہیگل نے شیلنگ کو خط لکھا جس میں اُنھوں نے بڑے سلیقے سے اپنے اور شیلنگ کے فلسفیانہ اختلافات کی وضاحت کی مگر تیر کمان سے نکل چکا تھا۔

شیلنگ نے اپنے آپ کو ایسے دوست کے ہاتھوں فریب خوردہ محسوس کیا جس کو نہ صرف نوکری دلوانے میں مدد کی تھی بلکہ آدرشوں کی دنیا میں اعلیٰ مقام عطا ہونے میں اعانت بھی کی تھی۔ شیلنگ ہیگل کی کتاب پڑھ کر اس قدر دُکھی ہو گئے کہ انھوں نے کارل ونڈش مین جو ہیگل کی کتاب پر تبصرہ لکھ رہے تھے کو ایک خط میں لکھا "میں یہ جاننے کے لیے متجسس ہوں کہ آپ اس شخص (ہیگل) کے ساتھ کیسے گزارا کرتے ہیں۔ میں یہ جاننے کے لیے بھی بے چین ہوں کہ آپ ہیگل کی سوچ کی گھتیوں کو کیسے سلجھا دیتے ہیں۔ مجھے اُمید ہے کہ آپ اس حقیقت سے نظر نہیں چُرائیں گے کہ ہیگل ذاتی سوچ اور ترجیحات کو ایک عالمگیر نظریے کے طور پر پیش کر رہے ہیں۔"

شیلنگ کا خیال تھا کہ ہیگل کو کچھ رُوحانی تجربات ہوئے ہیں جن کو وہ علمی اور فلسفیانہ رنگ دے کر دنیا کے سامنے پیش کرنا چاہتے ہیں۔ یُوں وہ ذاتی خیالات و نظریات کو عالمگیر حقائق بنا کر پیش کر رہے ہیں۔ کتاب کی اشاعت نے ہیگل اور شیلنگ کے درمیان ایک خلیج حائل کر دی جو زندگی گزرنے کے ساتھ ساتھ وسیع تر ہوتی گئی۔ وہ ایک دوسرے کو بہت اچھی طرح جانتے تھے۔ ان کو ایک دوسرے کی شخصیات کے روشن اور تاریک پہلو دونوں سے واقفیت تھی اور وہ ایک دوسرے کے فلسفے اور سیاست سے بھی بخوبی واقف تھے۔ یہ صرف شیلنگ ہی نہیں تھے جو ہیگل کی کتاب سے اختلاف رکھتے تھے بلکہ دیگر بھی کئی مفکرین ان کے فلسفے سے متفق نہ تھے۔ وہ لوگ ہیگل کے "فلسفۂ نظام" خصوصاً "نظام" میں مطلق کے کردار کے حوالے سے تحفظات کا شکار تھے۔ ان کا کہنا تھا کہ: "ہیگل نے ہر خیال کو "قطعیت" کے ذریعے نگل لیا ہے۔ حالانکہ کوئی حقیقت ہر زمان و مکاں کے لیے قطعی سچ نہیں ہو سکتی۔ اور یہ کہ ہیگل نے نظریئے کا استعمال بھی اِس طرح کیا ہے جیسے اس کے علاوہ کچھ سچ نہیں بلکہ لغو اور بے معنی ہے اور ایسا لکھتے وقت وہ یہ حقیقت بھُول گئے کہ ابھی تک بہت کچھ نا معلوم ہے۔ اور نا معلوم حقیقتیں کسی نظام یا قانون کا حصہ نہیں بنائی جا سکتیں۔ بہت سے ناقدین کا یہ بھی خیال تھا کہ ہیگل اپنے مذہبی عقائد کو فلسفے کا لبادہ پہنا کر پیش کر رہے ہیں۔ پنکارڈ نے لکھا: 1807ء کے نومبر میں ہیگل کے پُرانے رقابت دار جے۔ ایف۔ فرائز کو جیکبی نے ایک خط لکھا جس میں اس نے ہیگل کی کتاب کے حوالے سے استفسار کیا۔ اور یہ بھی کہا کہ نیتا مر نے اس میں خاصی دلچسپی لی تھی۔ وہ اپنے شاگرد "پان" کو ہیگل کی کتاب پر تبصرہ لکھنے کا کہنے سے پہلے فرائز کی کتاب کے بارے میں ناقدانہ رائے لینا چاہتا تھا۔

فرائز نے کوئی وقت ضائع کیے بغیر جیکبی کو لکھ بھیجا کہ ہیگل کی کتاب میں کوئی نئی بات نہیں لکھی گئی یہ فقط" روح کی عالمگیر تاریخ" سے زیادہ کچھ نہیں۔ اور یہ کہ کتاب میں شیلنگ کے پہلے سے موجود فلسفہ فطرت کو روح کے وجود کے حق میں استعمال کیا گیا ہے۔

اس کے علاوہ کتاب میں ایک بڑا تضاد پایا جاتا ہے وہ یہ کہ ایک طرف یہ مؤقف اپنایا گیا ہے کہ" تمام علوم نسبتی اور مربوط ہیں" جب کہ دوسری طرف اس بات پر زور دیا گیا ہے کہ" ہیگل کے بیان کردہ افکار مطلق اور قطعی ہیں" بالآخر 1809ء میں کے۔ آئی۔ ونڈش مین جو ایک کیتھولک طبیب اور ہیگل کے دوست مدّاح تھے، نے کتاب پر لکھا اپنا تبصرہ شائع کروادیا جس میں انھوں نے ہیگل کی ساری کتاب کو ایک" صوفیانہ مذہبی تصنیف" قرار دیا۔

ہیگل کو اپنی کتاب پر کیے گئے کئی تبصرے پسند نہ آئے مگر ان کو اپنے پیچیدہ اور دقیق طرزِ تحریر کا بھی علم تھا۔ اور یہ پیچیدگی اور اُلجھاؤ صرف اُسلوب میں ہی موجود نہ تھی بلکہ ان کے فلسفے کے نقاط میں بھی شامل تھی۔ ہیگل نے اپنے ایک رفیقِ دیرینہ، پیٹرواں گھرٹ کو ایک خط میں اپنی کتاب Phenomenology of Spirit میں اپنائے گئے افکار اور طرزِ تحریر کا یُوں دفاع کیا:" تجریدی افکار کی یہ خصوصیت ہوتی ہے کہ ان کو بیان کرتے ہوئے آپ ایک عام قاری کے پڑھنے والی آسان کتاب وجود میں نہیں لا سکتے۔ یہ حقیقت ہے کہ قیاس آرائیوں پر مشتمل فلسفہ" جان لاک" یا فرانسیسی فلسفے کی طرح نہیں ہوتا۔ میں مطمئن ہوں کہ فلسفے کے میدان میں، مَیں نے ایک نیا سنگِ بنیاد رکھا ہے۔" یہ خط کافی دلچسپ ہے کیونکہ ایک طرف وہ تسلیم کرتے ہیں کہ ان کا فلسفہ قیاس آرائی پر مبنی اور موضوعاتی ہے اور اس کا زمینی حقائق سے کوئی تعلق نہیں اور دوسری طرف وہ اپنے آپ کو یہ اطمینان دلانے کی کوشش کر رہے ہیں کہ انھوں نے فلسفے کے میدان میں نیا سنگِ بنیاد رکھا ہے۔ ہیگل کا اپنی تحریروں کے بارے میں اپنا اندازہ اور ان کی تحریروں کے حوالے سے دیگر فلسفیوں کی آراء آپس میں ہم آہنگ نہیں تھیں۔ کچھ تو ہیگل کے مداح تھے جو آراء (مقصد) سمجھتے تھے کہ ہیگل، شیلنگ کے جرمن آئیڈلزم کو ایک نئی سمت لے کر جا رہے تھے اور یہ کہ Phenomenology of Spirit نامی کتاب لکھ کر ہیگل نفسیاتی اور فلسفیاتی طور پر شیلنگ سے جدا ہو چکے تھے۔ ان کے نزدیک جرمنی میں" کانٹ" کے بعد کے زمانے میں آئیڈلزم کو فروغ دینے والے سب سے پہلے اور سب سے بڑے محرک ہیگل تھے۔

ہیگل کی شدید خواہش تھی کہ وہ اپنے فلسفے کو سائنسی بنائیں مگر وہ اس حقیقت کو نظرانداز کر گئے کہ سائنس ثبوت کے ساتھ کام کرتی ہے جہاں "وجود جوہر سے پہلے ہے۔" ہیگل کا فلسفہ قیاس آرائیوں پر مبنی تھا۔ جہاں جوہر وجود سے پہلے آتا ہے۔ انھوں نے پہلے ایک نظریہ بنایا اور اس کے بعد حقیقت کو اپنے بنائے ہوئے نظریئے کی عینک سے دیکھنا شروع کر دیا۔ اس کی ایک مثال ہیگل کے فطرت کے مطالعے سے متعلق ہے چونکہ ان کا خیال تھا کہ روح صرف انسانوں میں پائی جاتی ہے اس لیے فطرت اپنی ذات میں ایک بے روح اور جامد شے ہے۔ اور اس میں موجود دیگر حیوانات اپنی حالت اور ماہیت بدلنے سے عاری ہیں۔ گویا وہ ارتقاء پر یقین نہیں رکھتے تھے۔ فرٹز مین نے لکھا: "ہیگل فطرت کے اندر نمو سے انکاری ہے وہ ارتقاء کے عمل کو نہیں مانتا۔"

"ہیگل اس بات پر یقین نہیں رکھتے کہ فطرت میں موجود اجزائے ترکیبی دراصل اپنی ہیئت بدل کر نئے اجزاء بن جاتے ہیں۔ اس حوالے سے ہیگل کا خیال ہے کہ فطرت ایک جامد شے ہے، جو جامد اور ساکن ہے۔ موسم بدلتے ہیں اور زمین سورج کے گرد گھومتی ہے مگر یہ پہلے عمل کی دہرائی ہے۔ کوئی نئی بات نہیں۔ اس طرح ہیگل فطرت میں ارتقائی عمل کی تردید کرتے ہیں۔ اس کی بظاہر ایک ہی وجہ ہے جیسا کہ اوپر بیان کیا گیا کہ وہ قدرتی حالتیں اور ہیئتیں تبدیل ہو کر نئی اشکال اختیار کر لیتی ہیں۔"

ہیگل کا زمانہ چارلس ڈارون سے قبل تھا جنھوں نے شہرۂ آفاق کتاب Origin of Species لکھی تھی اور اپنے نظریہ ارتقاء کا سائنسی ثبوت پیش کیا تھا۔ جب کہ ہیگل نے فطرت کے اندر کسی سائنسی عمل کا سرے سے انکار کر دیا تھا اور وہ رُوح پر اپنے یقین کو محکم سمجھتے تھے جو سائنس کی نسبت دینیات سے فلسفے سے زیادہ رُوحانیات سے اور طبیعیات سے زیادہ مابعد الطبیعیات سے زیادہ قریب تھا۔ فرٹز مین نے لکھا ہے: "ہیگل کی ارتقاء کے عمل کو رد کرنے کی ایک وجہ یہ بھی تھی کہ اس کا زمانہ ڈارون سے پہلے تھا۔ جب ڈارون نے "قدرتی انتخاب" کا نظریۂ پیش کیا تھا۔ شاید اسی لیے ہیگل کے خیال میں ایسی کوئی ترکیب و ترتیب ممکن نہیں اور طنہ ہی فطرت میں کوئی ترقی و ترویج ممکن ہے۔"

یہ بات واضح ہے کہ ہیگل کا رُوح کا فلسفہ، سائنس کے نظریہ ارتقاء سے میل نہیں کھاتا تھا۔ ان کا فلسفہ ماورائے حقیقت تصورات پر مبنی تھا جو حقائق سے زیادہ اساطیر سے متعلق تھا۔ ہیگل کے اکثر پیروکار اور مداحین اسی بات پر آج بھی شرمندہ ہوتے ہیں کہ ہیگل فطرت میں ارتقائی عمل کو تسلیم نہیں کرتے تھے۔

(18)

ایک دفعہ ہیگل کو نمیم برگ کے ایک جمنازیم میں بطور اتالیق نوکری کی پیشکش ہوئی جو انھوں نے قبول کر لی۔ ادارے میں ان کا پُرتپاک استقبال کیا گیا۔ 1809ء میں انھوں نے اپنا پہلا خطاب کیا جو کامیابی سے ہمکنار ہوا۔ انھوں نے اپنے خلوص، فصاحت اور بلاغت سے طلبا، اساتذہ اور والدین کو بہت متاثر کیا۔ انھوں نے اسکول کے حوالے سے اپنی بصیرت کا ذکر کیا جس میں ان کا ارادہ تھا کہ وہ ایک ایسا نصاب ترتیب دیں گے جس کے تحت طلبا نہ صرف جدید علوم پڑھیں گے بلکہ ان کی کردار سازی بھی کی جائے گی۔

مگر اس مختصر عرصے میں ان کو معلوم ہوا کہ ان کے روشن خیال آزاد اور غیر مذہبی نظریات، مذہبی اساتذہ اور روایتی والدین کو پسند نہیں آئے۔ اب اُنھوں نے اپنا لہجہ تبدیل کر لیا۔ اور 1810ء میں اپنے سالانہ لیکچر میں ہیگل نے مذہبی تعلیم کی اہمیت پر زور دیا۔ جس کی دلیل بھی انھوں نے سیکولر ہی دی جیسے: "ایک اجتماعی عبادت طلباء کو روایت اور پرانی رسومات سے جوڑے رکھتی ہے۔" حتیٰ کہ انھوں نے فوجی نظم وضبط پر زور دیا۔ ان کے خیال میں اس سے انسان میں اعلیٰ کردار پیدا ہوتا ہے۔ اور ہر طالب علم اپنی سرزمین اور بادشاہ کا محافظ بن جاتا ہے۔ ہیگل کو اب یہ احساس ہو رہا تھا کہ کسی ادارے کو چلانا ایک آزاد لکھاری ہونے کی نسبت کس قدر کٹھن ہے۔

ہیگل نے ایک معلم کے طور پر سرِ عام مذہب کو تسلیم کیا مگر وہ پروٹیسٹنٹ عیسائی بنے نہ کہ کیتھولک عیسائی جس کے وہ روزِ اوّل سے مخالف تھے۔ ہیگل نے اگرچہ اعلانیہ طور پر بطور ایک معلم مذہب کو قبول کر لیا مگر وہ عیسائیت کا مذہب پروٹیسٹنٹ فرقہ تھا۔ وہ اس فرقے کو فروغ دینا چاہتے تھے جبکہ کیتھولک عیسائیت پر تنقید کرتے تھے۔ وہ کیتھولزم اور پروٹیسٹزم کا فرق ایسے الفاظ میں بیان کرتے:

> "پروٹیسٹزم میں چرچ کو درجہ بندی تفویض ہی نہیں کی گئی ہے اس فرقے میں عوام کی تعلیم وتربیت کسی عبادت گاہ تک محدود نہیں بلکہ ہماری جامعات کی مدد سے اور چرچ اس کی درسگاہیں ہیں۔ پروٹیسٹنٹ فرقہ کیتھولک چرچ کی طرح صرف (ملاؤں) مذہبی، پیشوائیت اور عبادات پر انحصار نہیں کرتا۔"

ہیگل ٹرمبرگ میں اس قدر معروف ہو گئے کہ وہ شہر کے معززین میں شمار ہونے لگے۔ ان کو مختلف گروپ اور کنبے اپنی تقریبات میں مدعو کرتے اور وہ ان میں خوشی خوشی شامل ہوتے۔ اس طرح وہ

شرفاء کے کلب کے ممبر بھی بن گئے اسی شہر میں ان کی ملاقات میریؔ واں ٹوشر سے ہوئی اور وہ اس کی محبت میں گرفتار ہو گئے۔ بالآخر ہیگل اپنی جذباتی بدرُوح سے نجات پانے میں کامیاب ہو گئے اور دل کے گرد وہ اُونچی دیوار جو انھوں نے اپنی والدہ کی وفات کے بعد تعمیر کر رکھی تھی گرا دی۔ میریؔ سے معاشقے کے زمانے میں انھوں نے میریؔ پر چند نظمیں بھی رقم کیں وہ ہر چیز کو دلیل، علم اور فلسفے کی عینک سے دیکھنے کی عادت پر قابو پانے کی کوشش کر رہے تھے وہ اپنے رُومانوی احساسات سے تعلق جوڑ رہے تھے اور یہ سیکھنے کی کوشش کر رہے تھے کہ "ایک بھرپور بوسہ الفاظ سے زیادہ کہہ جاتا ہے۔" ہیگل محبت کرنے اور چاہے جانے کی کوشش کر رہے تھے مگر یہ سب کچھ اتنا آسان بھی نہیں تھا۔ کئی بار ایسا بھی ہوا کہ میریؔ کی جذباتی دعوت کو ہیگل نے اپنی پرانی عادت سے مجبور ہو کر ایک فلسفیانہ لیکچر کی نذر کر دیا جس سے اس کا دل ٹوٹ گیا۔ وہ دو دلوں کو ملانے کی کوشش کر رہی تھی جب کہ ہیگل دو دماغوں کو۔ ایک دفعہ میریؔ یہ بتانے کی کوشش کر رہی تھی کہ محبت ایک جوڑے کی زندگی میں کتنی خوشی لاتی ہے، اس کے جواب میں ہیگل اپنا فلسفہ لے کر بیٹھ گئے اور خوشی اور قناعت کے فرق پر ایک لیکچر دے ڈالا۔ ہیگل نے میریؔ کو بتایا کہ تمام غیر سطحی اور حقیقی حالتوں میں خوشی کے تمام جذبے اور حساسیت غم اور اُداسی سے جُڑی ہے۔ گویا خوشی اور غم ایک ہی سِکّے کے دو رُخ ہیں جبکہ قناعت کا احساس خوشی سے برتر جذبہ ہے۔ مگر دونوں کا اس بات پر اتفاق نہ ہو سکا۔"

اور جب میریؔ ناخوش ہوئی تو ہیگل نے معافی مانگ لی۔ اس طرح کی کئی معذرتوں کے بعد ہیگل نے ہار مان لی اور میریؔ سے اپنا جذباتی مسیحا بننے کی درخواست کر ڈالی تاکہ وہ جذباتی طور پر شفایاب ہو کر حقیقی دنیا میں لوٹ آئیں اور اپنے باطن سے بھی ملاقات کریں۔ انھوں نے میریؔ سے کہا کہ ان کو محبت کے چند اسباق سکھائے۔ جب ہیگل اور میریؔ اپنی شادی اور مستقبل کی منصوبہ بندی کر رہے تھے تو ہیگل نے اس کو بتایا کہ "کچھ مذہبی قوانین شادی کے لیے ضروری ہوتے ہیں۔ ان کا خیال تھا کہ شادی بھی ایک مذہبی فریضے کی طرح ہونی چاہیے یہ محض محبت سے بڑھ کر ہے۔ اس میں فرض کی ادائیگی اور وفاداری اہم ہیں۔ جس کو ہم مکمل خوشی کہتے ہیں وہ اسی صورت میں ممکن ہے کہ ہم مذہب پر کاربند اور فرائض کا احساس کریں۔"

بالآخر 15 ستمبر 1811ء کو ہیگل اور میری نے شادی کر لی دونوں اپنی زندگی کا نیا باب شروع کرنے پر بہت خوش تھے۔ 27 جون 1812ء ان کے ہاں ایک بیٹی پیدا ہوئی جس کا نام سوزانہ رکھا گیا۔ میریؔ اور ہیگل بہت خوش تھے مگر یہ خوشی زیادہ دیرپا ثابت نہ ہو سکی۔ سوزانہ ابھی صرف تین ماہ کی تھی کہ اچانک مر گئی۔ بیٹی کی وفات پر ہیگل جہاں غمزدہ ہوئے وہاں میریؔ پہ جیسے غم کا پہاڑ ٹوٹ پڑا۔

ایک سال کے بعد ان کے ہاں ایک بیٹے کا جنم ہوا۔انھوں نے ان کا نام کارل رکھا۔1814ء میں ان کا دوسرا بیٹا تھامس پیدا ہوا چند ہی سالوں میں میریؔ اور ہیگل نے اپنے لیے ایک آرام دہ اور معقول طرزِ زندگی حاصل کرلیا۔ہیگل خوش تھے کہ ان کے پاس ایک باوقار نوکری تھی پیار کرنے والی بیوی تھی دوسرے خوبصورت بیٹے تھے اور معاشرے میں عزت ووقار تھا۔

(19)

ان دنوں جب ہیگل اپنی بیوی اور بچوں کے ساتھ خوش حال زندگی بسر کر رہے تھے ان کو اطلاع ملی کہ ان کی پیاری بہن کرسٹینا بیمار پڑ گئی ہے۔وہ نفسیاتی عارضے کا شکار تھی۔جب ہیگل ان سے ملنے گئے تو ان کو معلوم ہوا کہ کرسٹینا ڈیپریشن کا شکار تھی۔ہیگل یہ جان کرا تنے فکرمند ہوئے کہ اپنی بہن کو اپنے گھر میں رکھنے کی خواہش کر دی تا کہ وہ کرسٹینا کی بہتر دیکھ بھال کرسکیں۔وہ مان گئی اور 1815ء میں ان کے ہاں آکر رہنے لگی۔مگر بہت کم عرصے میں کرسٹینا اور میریؔ کے تعلقات کشیدہ ہوگئے وہ دونوں ہیگل سے محبت کرتی تھیں۔اور چاہتی تھیں کہ اس محبت میں کوئی دوسرا شریک نہ ہو۔ہیگل کو احساس ہوا کہ دونوں عورتیں جن سے وہ پیار کرتا ہے آپس میں حسد کرنے لگی ہیں۔ہیگل اگرچہ ایک بڑا فلسفی تھا مگر افراد کے باہمی اور جذباتی قضیے سلجھانے کا تجربہ نہیں رکھتا تھا۔وقت گزرنے کے ساتھ ساتھ کنبے کا ماحول ابتر ہوتا گیا۔کرسٹینا کی ذہنی صحت مزید بگڑ گئی چنانچہ ہیگل کو اپنی بہن کو واپس چھوڑنا پڑا۔آبائی گھر لوٹنے کے بعد کرسٹینا ذہنی بحران (نروس بریک ڈاؤن) کا شکار ہوگئی۔اس کی بظاہر وجہ اپنے بھائی اور اس کی بیوی کی طرف سے مسترد کیا جانا نظر آتا ہے۔کرسٹینا کو ایک نفسیاتی ہسپتال اور پھر ایک سینیٹوریم میں داخل کروایا گیا۔

(20)

اگرچہ ہیگل جمنازیم میں بطور معلم خوش تھے مگر ان کے دل کے نہاں خانوں میں یونیورسٹی پروفیسر بن کر اعلیٰ ترین علمی دنیا میں قدم رکھنے اور رائے ساز افراد میں شامل ہونے کی خواہش جاگزین تھی۔بالآخر 1816ء میں جب ان کی عمر 46 سال تھی ان کا یہ خواب حقیقت کا رُوپ دھار گیا۔ان کو ہیڈل برگ یونیورسٹی میں ایک پوزیشن پیش کی گئی جو انھوں نے احسن طریقے سے قبول کر لی۔

(21)

ہیڈل برگ میں ہیگل نے جب زندگی کا نیا باب شروع کیا تو انھوں نے اپنے ماضی پر غور کرنا شروع کر دیا۔ اپنے دل کی تاریک تہوں میں کہیں ایک پشیمانی چھپی بیٹھی تھی اور وہ پشیمانی اپنے ناجائز بیٹے لُوڈوگ کو چھوڑ دینے کی تھی جس کو انھوں نے بے یارو مددگار چھوڑ دیا تھا۔ ان کو اب شدت سے یہ خیال آیا کہ لُوڈوگ کو یتیم خانے کی بجائے ان کے ساتھ رہنا چاہیے۔ میریؔ نے بادلِ ناخواستہ اور کسی قدر ناراضگی کے ساتھ لوڈوگ کو گھر میں قبول کیا تھا۔ میری لڈوگ کو وہ پیار نہ دے پائی جو وہ اپنے سگے بیٹوں کے ساتھ روا رکھتی تھی۔ حتیٰ کہ ہیگل بھی اپنے دوسرے دو بیٹوں کی نسبت لوڈوگ سے کم پیار کرتے تھے۔ لوڈوگ کی تربیت و پرورش بھی آسان نہیں تھی کیونکہ یتیم خانے میں رہتے ہوئے اس کے رویے میں کئی قسم کی کجیاں پیدا ہو چکی تھیں۔ خاندان میں 8 سال گزارنے کے بعد لُوڈوگ نے ہیگل خاندان چھوڑ دینے کا فیصلہ کر لیا اس وقت اس کی عمر 18 سال تھی یہ سال 1825ء کی بات ہے وہ ہیگل خاندان سے اس قدر مایوس ہو چکا تھا کہ اس نے ایک خط میں لکھا:

> ”میں والدین سے محبت حاصل کرنے کی بجائے اس گھر کے اندر ہمیشہ ایک خوف کی سی کیفیت میں رہا۔“

(22)

پروفیسر بننے کے بعد ہیگل پر علمی اور فلسفیانہ ہریالی آگئی جب اُنھوں نے ایک کتاب: Science of Logic لکھی تو ان کو اپنے فلسفے کا ڈھانچہ مل گیا۔ یونیورسٹی میں وہ مابعدالطبیعیات اور ”فلسفیانہ سائنسی علوم کی منطق اور انسائیکلو پیڈیا“ Logic and Encyclopedia of Philosophical Science میں شامل تھے۔

کثرت سے لیکچر دینے کا ایک فائدہ یہ بھی ہوا کہ ان کی خیالات واضح کرنے اور کتابیں لکھنے کی صلاحیت نکھر گئی۔ جہاں تک ہیگل اور ان کے شاگروں کے تعلقات کی نوعیت کا تعلق ہے اس کے کچھ روشن پہلو بھی تھے اور تاریک پہلو بھی۔ روشن پہلو ہیگل کی شخصیت تھی کیونکہ وہ ایک شفیق خیال رکھنے والے اور متاثر کن استاد تھے۔ شاگرد ان سے محبت کرتے تھے کیونکہ وہ ان کی تعلیم اور کردار سازی میں بہت دلچسپی لیتے تھے۔ پھر جمنازیم میں بطور معلم گزرے دنوں کا تجربہ بھی ان کے بہت کام آرہا تھا۔ تاریک گوشہ ان کا پڑھانے کا طریقہ تھا۔ اکثر جب ہیگل کمرہ جماعت میں فکرمند ہو جاتے تو

ان کو گھبراہٹ آ گھیرتی ایسے میں وہ ہکلانے لگتے۔اس کے ساتھ ان کا سوچنے اور بات کرنے کا طریقہ بھی کافی پیچیدہ تھا لہٰذا شاگردوں کے لیے ان کی بات کو سمجھنا خاصا دشوار تھا۔ بلکہ کچھ طلباء تو ان کے طرزِ تعلیم کو "ہیگل کا اذیت ناک انداز" لیکچر کہنے سے بھی دریغ نہیں کرتے تھے۔1818ء میں کچھ عرصہ بعد جرمن آئیڈلزم کے بانی جوہن فشٹے کی وفات کے بعد ان کی جگہ خالی ہونے پر ہیگل کو برلن میں فلسفے کے شعبے کا سربراہ مقرر کر دیا گیا۔

اس مقام پر پہنچنے تک ہیگل اپنے آپ کو، اپنے خاندان کو اور باقی دنیا کو یہ باور کروا چکے تھے کہ وہ فلسفے کی دنیا کہ ایک معروف عالم اور کئی معتبر کتب کے مصنف تھے۔زندگی کے اختتام تک پہنچتے پہنچتے ہیگل نے علمی اور سماجی حلقوں میں نام پیدا کر لیا تھا اور وہ ایک مشہور شخصیت بن چکے تھے۔

یونیورسٹی کے ایک معزز پروفیسر کی بیوی ہونے کے ناطے میری بھی بہت مسرور تھی۔اس نے اپنی ایک دوست کو خط میں لکھا: "میں ہیگل کو اپنے پیشے سے خوش اور مطمئن دیکھتی ہوں، وہ مجھ پر اور بچوں پر محبت نچھاور کرتے ہیں۔اور ان کی اپنی ایک پہچان ہے۔ایک باوقار و خوددار عورت کو زندگی میں اور کیا چاہیے؟"

(23)

1829ء میں ہیگل کی صحت گرنا شروع ہو گئی اور 1831ء میں وہ ہیضے کی وباء کا شکار ہو کر 14 نومبر 1831ء کو اس جہان فانی سے کوچ کر گئے۔اس کے ایک ماہ بعد ان کی بہن کرسٹینا نے دریائے ناگولڈ میں چھلانگ لگا کر خودکشی کر لی۔

(24)

ہیگل کا فلسفہ اور نظریات ان کی زندگی اور بعد از موت بھی ایک معمہّ رہے ہیں۔کچھ حلقوں کا خیال تھا کہ ہیگل ایک دہریہ تھے مگر بعض لوگ ان کو کٹر مذہبی شخص سمجھتے۔

میں، بطور ایک انسان دوست نفسیات داں جب ہیگل کی تحریروں پر غور کرتا ہوں تو محسوس کرتا ہوں کہ شاید ہیگل نے اپنی تخلیقیت، روحانیت اور دیوانگی کو اپنے فلسفے میں سمونے کی کوشش کی۔جب میں ان کی نفسیات پر غور کرتا ہوں تو اس نتیجے پر پہنچتا ہوں کہ گیارہ سال کی عمر میں والدہ کی وفات نے ہیگل کی شخصیت پر دُور رس اثرات مرتب کیے۔چنانچہ اپنی جذباتی اور خاندانی محرومیوں کے ازالے کے لیے انھوں نے لاشعوری طور پر عقلیت اور فکریت کے طریقہ کار اپنا لیے۔وہ اپنی عمر کی

تیسویں دھائی میں اس وقت ذہنی بحران کا شکار ہو گئے جب اپنے پیارے دوست کی ذہنی بیماری اور اپنی کتاب کا مسودہ مکمل نہ کرنے جیسے کٹھن مرحلوں سے گزر رہے تھے۔اپنی بہن کی طرح ہیگل بھی شدید یاسیت (ڈیپریشن) میں مبتلا ہو گئے مگر جب وہ اپنے ذہنی بحران سے صحت مند ہو رہے تھے تو ان کو کئی ایک بعید الفہم تجربات ہوئے جب وہ مکمل صحت یاب ہو گئے تو اپنے رُوحانی تجربات کو عام انداز میں بیان کرنے کی بجائے وہ ان تجربات کو فلسفے کی صورت میں ڈھالنے لگے اور وہ اپنے موضوعی تجربات کو مقصدیت کا لبادہ پہنانے لگے۔لیو ٹالسٹائے کے ساتھ بھی کچھ ایسا ہی ہوا تھا۔ٹالسٹائے جب ذہنی بحران میں مبتلا ہوئے تو وہ اپنی عمر کی پچاسویں دھائی میں تھے۔اس دوران ان کو بھی کچھ پُراسرار اور بعید الفہم تجربات ہوئے جن نے ان کی شخصیت اور فلسفے کو بدل کر رکھ دیا۔ٹالسٹائے نے ان تمام تجربات کو اپنی کتاب "ایک اعتراف": A Confession میں ایک آپ بیتی کی صورت میں تحریر کیا ہے۔ لیو ٹالسٹائے ایک ناول نگار اور افسانہ لکھنے والے ادیب تھے۔لہٰذا ان کے لیے اپنے جذباتی اور روحانی تجربات سرگزشت کی صورت میں لکھنا آسان تھا۔مگر ہیگل نہ تو ادیب تھے اور نہ ہی شاعر، وہ تمام عمر اپنے شدید جذبات سے نمٹنے کی کوشش کرتے رہے۔جس سے مزید نفسیاتی الجھنیں پیدا ہوئیں اور ان کے بہت سے روحانی تجربات فلسفے کی بھول بھلیوں میں کھو گئے۔

اس کی ایک مثال یہ دی جاتی ہے کہ ہیگل نے "کانٹ"، "پسینوزا" اور "شیلنگ" کے فلسفے کو عیسیٰ علیہ السلام کی تعلیمات میں گڈ مڈ کرنے کی کوشش کی۔اس کے علاوہ ہیگل نے سائنس، آرٹ اور مذہب کو یکجا کرنے کی سعیٔ ناکام بھی کی۔پھر انھوں نے پروٹیسٹنٹ عیسائیت کو لوگوں کے لیے ایک جدید مذہب کے طور پر پیش کیا۔ہیگل نے تمام عمر کوشش کی وہ اپنے "منظم فلسفے" کے نظریئے کو لیکچر اور کتب کی صورت میں لوگوں تک پہنچائیں مگر بدقسمتی سے وہ تمام عمر روحانیت اور تخلیقیت کی بھول بھلیوں میں کھوئے رہے۔وہ اپنے خیالات و افکار پر مبنی مواد اور اس کو عوام کے سامنے پیش کرنے کے طریقہ کار کے درمیان قضیے کو ساری عمر سُلجھا نہ پائے۔بلاشبہ ہیگل گزشتہ دو صدیوں کے دوران ایک پُراسرار فلسفہ داں کے طور پر جانے جاتے ہیں۔

ہیگل کے فلسفیانہ افکار

ہیگل ایک اسکالر اور جرمن آئیڈلزم کے نمائندہ کے طور پر جانے جاتے ہیں۔جنھوں نے دنیا میں گزشتہ تین صدیوں سے بہت سے فلسفیوں اور فلسفوں کو متاثر کیا ہے۔ہیگل کے فلسفے کو بہتر طور پر سمجھنے کے لیے ہمیں اس وقت کے فلسفیانہ، ثقافتی اور سیاسی ماحول پر ایک نظر ڈالنے کی ضرورت

ہے۔ ہیگل فرانسیسی انقلاب سے متاثر اور جرمن رومانویت کے بارے میں پُر جوش تھے۔ اور اس کی حوصلہ افزائی کرتے تھے۔ رومانویت پسند اہل فکر مقصدیت پسند بیرونی دُنیا کے مقابلے میں باطنی دنیا پر زیادہ توجہ مرکوز رکھتے تھے۔ اسی لیے وہ آرٹ، روحانیات، ادب اور فلسفے پر سائنس اور ٹیکنالوجی کے مقابلے میں زیادہ توجہ دیتے تھے۔ ہیگل اپنے دوست ہولڈرن جو ایک مشہور شاعر بننا چاہتے تھے اور اپنے دوسرے دوست شیلنگ جو فلسفے کے پروفیسر بننا چاہتے تھے، سے متاثر تھے۔ رومانویت پسند لوگ انسانی زندگی میں عقل اور دلیل کی بجائے ارادے اور جنون کو زیادہ اہمیت دیتے ہیں۔ وہ انسانی ذہن کو انسانیت اور الوہیت کے درمیان پُل کے طور پر دیکھنا چاہتے ہیں۔ ہیگل نے انہی لوگوں کی پیروی کرتے ہوئے ایک نیا خیال:

"مطلق ذہن" مطلق ذہن، روح اور جدلیاتی نظریہ پیش کر دیا۔ جس میں روح اور جدلیاتی نظریہ اہم عناصر تھے۔ ان تین عناصر پر مبنی نظریہ پیش کرنے کا مقصد ان کا اپنے افکار، خیالات اور نظریات کی توجیح و تشریح کرنا تھا۔ مگر ایسا کرنے کے لیے ہیگل کو طبیعات سے زیادہ مابعد الطبیعات، سائنس سے زیادہ روحانیت اور نفسیات سے زیادہ الوہیات کا سہارا لینا پڑا۔

جب ہیگل اپنے فلسفے کی بلند و بالا عمارت مابعد الطبیعیات کی بنیاد پر تعمیر کر رہے تھے تو اکثر عملیت پسند اور معقولیت پسند اس بنیاد کی مخالفت پر کمر بستہ تھے۔ ٹی-زیڈ-لیوین اپنے مضمون "ہیگل کی مابعد الطبیعیات کی تعمیر" میں لکھتی ہیں:

> "یہاں ہیگل ایک مشکل میں پڑ گئے ہیں کیا مابعد الطبیعیات آگے چل کر زندہ رہے گی؟ جان لاک جیسے عملیت پسندوں نے مابعد الطبیعیات جیسے نظریئے پر سخت مؤقف اختیار کیا تھا۔ عملیت پسندوں کے نزدیک مابعد الطبیعیات پوری حقیقت کے بارے میں بے سرو پا اور بلند بانگ دعوے کرتی ہے۔ مثلاً کبھی وہ حقیقت کو واحد اور کبھی متعدد، کبھی مادی اور کبھی تصوراتی اور کبھی مستقل اور کبھی مسلسل بہاؤ میں بیان کرتی ہے۔ لاک نے کہا کہ اس کی کثیر الجہتی ہیئت بھی دراصل عملیت پسندوں کے لیے جواب ہے۔ آپ کو کیسے معلوم؟ آپ کا دعویٰ کس مشاہدے اور کن اعداد وشمار پر مبنی ہے؟ بلکہ لاک نے ایک قدم آگے بڑھ کر ایک اور سوال اٹھا دیا:
>
> "کیا انسانی ذہن مکمل حقیقت تک پہنچنے کے لیے اس طرز کے مابعداطبیعاتی سفر کرنے کا اہل ہے بھی یا نہیں؟ یا انسانی دماغ کے سوچنے کی کچھ حدود وقیود ہیں؟"

لاک نے فلسفیوں کو مشورہ دیا کہ: وہ نظامِ مابعد الطبیعیات کے ماہرِ معمار بننے کی کوشش نہ

کریں۔اس نظام میں ایک ادنیٰ مزدور ہونا بھی کافی ہے جو گزشتہ کے مابعدالطبیعیاتی نظریے کا ملبہ اٹھا کر ٹھکانے لگا رہا ہو۔

صرف لاک ہی نہیں تھا جو مابعدالطبیعیات کے حوالے سے شکوک وشبہات کا شکار تھا بلکہ ہیگل کا اتالیق ورہبر کانٹ بھی پُریقین نہیں تھا۔ لیوین لکھتی ہے: "چونکہ کانٹ دعویٰ کرتا ہے کہ ہم مادی اشیاء کے علاوہ کچھ نہیں جان سکتے اس لیے دلیل دیتا ہے کہ مابعدالطبیعیات ممکن نہیں۔ حقیقت کی اصل جو مابعدالطبیعیات ہمیں بتانے کی کوشش کررہی ہے وہ اصل میں سمجھ میں آنے والی شے ہی نہیں۔"

ہیگل نے عملیت پسندوں اور عقلیت پسندوں دونوں کے اعتراضات توجہ سے سنے مگر ہار نہ مانی۔ان کا ماننا تھا کہ مابعدالطبیعیات دراصل سچائیوں کے ساتھ تعلق رکھتی ہے اس لیے عقل اور سائنس اس کو نہیں سمجھ سکتی۔ وہ دراصل انسانی ذہن ،شخصیت ،آرٹ اور ثقافت کا علاقہ وسیع کرنے کی کوشش کر رہے تھے۔وہ کانٹ کے فلسفے کو مزید گہرائی تک لے کر جانا چاہ رہے تھے۔ہیگل کے لیے مابعدالطبیعیات ممکن ہے۔ہیگل نے کانٹ کا یہ خیال تسلیم کررکھا تھا کہ دماغ کو یہ فضیلت حاصل ہے کہ وہ ہمیں باور کروادیتا ہے کہ ہم کیا جان سکتے ہیں لیکن ان کا کانٹ کی نظریات کے حوالے سے قائم کردہ حدود پر تین اعتراضات تھے:

1۔ وہ تصورات کی تعداد کے قائل نہیں تھے۔

2۔ وہ نظریات کو حسیاتی تجربے تک محدود رکھنے کے بھی قائل نہیں تھے۔

3۔ تیسرا ہیگل حقیقت سے متعلق علم کو محدود رکھنے سے بھی انکاری تھے۔

ایسے نظریات جو ہمیں بتا رہے ہیں وہ حقیقت ہی تو ہے۔ہیگل نے کانٹ اور رومانویت پسندوں کے افکار کو آپس میں مربوط کرنے کی کوشش کی ۔ یوں انھوں نے عقلی اور ماورائے عقل اور مدلل اور غیر مدلل تصورات کی آمیزش کرنے کی سعی کی گویا جیسے وہ ایک نیا اور عظیم نظریہ پیش کرنے جارہے ہوں جو بیک وقت انسانیت اور الوہیت ،آرٹ اور مذہب اور سائنس اور سیاست کا احاطہ کرتا ہو وہ تنوع میں اتحاد کے متلاشی تھے۔

حتمی سچائی (حقیقت) کے بارے میں وہ کون سا نظریہ تھا جو ہیگل تخلیق کرنا چاہ رہے تھے؟

ہیگل کو انسانی رُوح کی وسیع ترین رسائی کو ایک نظریے میں مجتمع کرنے کا طریقہ مل گیا تھا۔ان کے نزدیک علم کے تمام وسیع میدانوں میں استعمال ہونے والے کل نظریات جس میں تمام آرٹ اور سائنس ، مذہب ، سیاسی فکر اور تاریخ ایک مطلق ذہن یا مطلق روح یا خدا کے اندر سموئے ہوئے ہیں جو حتمی سچائی (حقیقت) ہے۔

ہیگل کا حقیقت کے بارے میں نظریہ سب کچھ اپنے اندر لیے ہوئے ہے اس میں انسانی زندگی اور تاریخ کا طول عرض سمایا ہوا ہے۔ ہیگل نے جدلیات کے نظریے کی ترویج بھی کی۔ حالانکہ افکار کی دنیا میں یہ نظریہ پہلے سے موجود تھا۔ یونانی فلسفی یہ نظریہ بہت پہلے پیش کر چکے تھے۔ مگر ہیگل نے اس نظریے کو نفاست اور کمال کی نئی بلندی پر پہنچایا۔ ہیگل جدلیات کا ماہر تھا۔ وہ ہراکلیٹس، سقراط اور افلاطون کو اپنے جدلیات کے نظریے میں شامل کرتا ہے اور ایک مکمل طور پر تعمیر شدہ، مشتاق اور طاقتور نظریے کے طور پر پیش کرتا ہے جو اس کے نزدیک پہلے پیش نہیں کیا گیا۔ ہیگل کا ماننا تھا کہ خدا یا روح یا مطلق ذہن اپنے آپ کو مقامی زبان (جدلیات) کے ذریعے آشکار کرتا ہے اور اس پر انسانی تاریخ کو ثبوت کے طور پر پیش کرتا ہے۔ ہیگل اگر چہ بنیاد پرست کیتھولک عیسائیت کے مخالف تھے مگر آخری دم تک عیسائی فلسفی رہے اور ان کا ایمان تھا کہ انسانی ارتقاء، خدا کا کام ہے انھوں نے اپنی کتاب "تاریخ کا فلسفہ" ان الفاظ سے مکمل کی:

> "یہ کہ دنیا کی تاریخ اپنے بدلتے ہوئے ادوار کے ساتھ دراصل "روح" کی بالیدگی اور افزودگی کا عمل ہے۔ یہ حقیقی نظریہ ہے اور خدا کے تاریخ میں زندہ رہنے کا جواز بھی ہے۔ ایسی سوچ اور بصیرت ہی روح کو انسانی تاریخ کے ساتھ پیوند رکھ سکتی ہے۔ جو کچھ ماضی میں ہوا اور جو ابھی تک رونما ہو رہا ہے خدا کے بغیر ممکن نہیں بلکہ لازمی طور پر خدا کا کام ہے۔"

ہیگل نے اپنے فلسفے کے آغاز کا سفر ایک "منظم فلسفی" کے طور پر کیا جس کا پہلا سنگ میل ان کی کتاب: "روح کا ظہور" تھی۔ ان کے اس سفر کا اختتام ان کی کتاب: "تاریخ کا فلسفہ" پر ہوا۔ جو ان کی وفات کے بعد شائع ہوئی تھی۔ ان کا فلسفہ دراصل انسانی روح کی سرگزشت ہے۔ روح کا ظہور (Phenomenology of Spirit) ایک سرگزشت بیان کرتی ہے جو کسی خاص شخص کی نہیں بلکہ پوری انسانیت کی روح سے متعلق صدیوں پر پھیلی ہوئی روداد ہے۔ جس میں روح کا ظہور، نشوونما، بڑھوتری، بلوغت اور آگے بڑھنے کی جستجو جیسے مدارج شامل ہیں۔ ہیگل کا ماننا تھا کہ انیسویں صدی عیسوی میں انقلاب فرانس کے بعد انسانیت ایک نئے دور میں داخل ہو گئی ہے۔ اب انسان کو ایک نئے فلسفے کی ضرورت ہے تاکہ وہ انسانیت کے دُکھ درد، خواب، کاوشیں اور کامیابیوں کو سمجھ سکے۔ ہیگل کا خیال تھا کہ ان کے فلسفے نے انسانیت کو ایسی بصیرت دی ہے اور یہ کہ ان کا فلسفہ ایسی ہی بصیرتوں اور پیش بینیوں پر مبنی ہے جو انسانی شعور کا ارتقاء کرے گا۔

وہ چاہتے تھے کہ انسانیت ان کے لیے پیش کیے گئے تاریخ کے نئے نظریے کو تسلیم کرے تاکہ ان میں نیا شعور پیدا ہو سکے جو ان کو انسانی ارتقاء کی اگلی منزل سے ہم کنار کرے گا۔ وہ چاہتے تھے کہ لوگ

اپنے خیالات، افکار اور نظریات میں تبدیلی لائیں۔ انھوں نے انسانوں کی ہدایت کے لیے خدا اور مذہب کا نیا تصور پیش کیا:

"ہر فرد کو معلوم ہونا چاہیے کہ حقیقتِ مطلق کسی شخصی خدا کا نام نہیں ہے۔ بلکہ مطلق ذہن کا مسلسل سچ ہے جو کہ تاریخِ انسانی کے ہر دور میں مقامی طور پر ہر قرینے میں محدود اذہان میں مختلف اشکال میں ظاہر ہوتا آیا ہے۔ ہیگل کا دعویٰ تھا کہ انھوں نے دُنیا کے حوالے سے خدا کی منصوبہ بندی کی جانکاری حاصل کر لی ہے۔"

لیکن سوال یہ پیدا ہوتا ہے کہ ہیگل اتنے بلند باگ دعوے کیسے کر سکتے تھے؟
دنیا میں بہت سے ایسے فلسفی موجود ہیں جو حیران ہیں کہ ہیگل جیسا دانشور ایسے بے بنیاد دعوے کیسے کر سکتا ہے؟

وہ یہ کیسے کہہ سکتا ہے کہ تاریخ با مقصد خوشکن اور عقلیت پسند ہے؟ جبکہ اس کی زندگی کے دوران ہی اس نے دنیا میں بہت سی ابتلائیں وقوع پذیر ہوتے ہوئے دیکھیں۔ مثال کے طور پر وہ ظلم و ستم جو فرانس کے نچلے طبقوں پر ڈھائے گئے جن کی وجہ سے انھوں نے اُونچے طبقوں کے خلاف علمِ بغاوت بلند کر دیا اور اس کے بعد دہشت اور وحشت پر یقین رکھنے والی حکومتوں کا قیام۔ اس کے علاوہ جرمنی کے محرومی زدہ غلام جو جاگیرداروں کے ہاں کام کرتے تھے۔ جرمنی کے عوام پر ڈھائے جانے والے مظالم جو نپولین سے آزادی حاصل کرنے کے لیے ڈھائے گئے اور سخت ترین وبائیں جو یورپ میں پیدا ہوئیں۔ ہیضے جیسی وباء جو خود ہیگل کی قبل از موت کا سبب بنی۔ ان سب کو اپنی آنکھوں سے دیکھنے کے بعد وہ یہ کیسے کہہ سکتے ہیں کہ تاریخ ایک معقول عملی سچ ہے جو خدا کا سچ زمین پر آشکار کرتا جا رہا ہے؟

انسان کی صدیوں پر محیط خُونی تاریخ کے عقلی جواز کا کیا جواز بنتا ہے؟
کیا ہیگل کو تاریخ میں رنج و الم میں ڈُوبی انسانیت کی چیخ و پکار سنائی نہیں دیتی تھی؟
انسانوں کو اتنی تکالیف پہنچانے کی کیا ممکنہ وجہ اور عقلی دلیل ہو سکتی ہے؟
ہیگل تاریخ میں انسانوں کو پیش آنے والے رنج والم سے انکار نہیں کرتے تھے انھوں نے اپنی کتاب: "تاریخ کا فلسفہ" میں اس بات کو ان الفاظ میں تسلیم کیا:

"تاریخ کبھی کبھی لوگوں کی خوشیوں، ریاستوں کی دانشمندی اور افراد کی نیکوکاری کے لیے قربان گاہ (تختۂ مشق) بھی ثابت ہوئی ہے۔ اب یہاں یہ سوال اٹھایا جا سکتا ہے کہ کس اصول کے تحت اور قانونِ فطرت کے تحت اور کیا حتمی مقاصد حاصل کرنے کے لیے انسانوں نے اتنی بڑی بڑی قربانیاں پیش کیں تھیں؟"

انسانی تاریخ میں انسانوں کی تکالیف، دکھ اور درد کے وجود کو تسلیم کر لینے کے بعد انھوں نے اپنے نظریے کو اور آگے بڑھایا اور انسانی مصائب کے ناقابلِ تشریح جواز کو تاریخ میں جواز دینے کی کوشش کی۔ مگر یہاں پہنچ کر ہیگل نے اپنی عادت کے مطابق انسانی اختیار کے روحانی نظریے کو فلسفیانہ، عالمانہ اور عقلی رنگ دینے کی کوشش کی:

"دنیا میں اتنی زیادہ نا انصافیوں، مصیبتوں اور ہلاکتوں کے ہوتے ہوئے خدا کی رحیم و رحمان والی صفات اور عظیم منصوبہ بندی پر سوالیہ نشان اٹھتا ہے۔ کیا خدا نے دنیا میں خرابیاں برپا ہونے کی اجازت دے رکھی ہے؟"

ہیگل کا دعویٰ تھا کہ ان کا تاریخ کا فلسفہ خدا کے عادل ہونے کی تصدیق ہے۔ یعنی خدا موجود ہے اور اس نے خود بُرائی پھیلنے کا بندوبست کر رکھا ہے تا کہ نیکی کا وجود ثابت ہو سکے۔ انسانی تاریخ کا مکمل دھارا اور عمل جس میں کمتر اور فانی انسانوں کے اندر روح ظہور پذیر ہوتی ہے۔ وہ دراصل انسانوں کو یہ باور کرواتی ہے کہ وہ آزاد، بااختیار اور اہلِ ارادہ ہیں۔ گویا انسانوں کے اندر روح کا موجود ہونا بذاتِ خود بہت بڑا ثبوت ہے کہ انسان بااختیار ہے۔ اس طرح تاریخ کو انسان کے اختیار اور ذاتی آزادی کے شعور کی ترقی کا عمل بھی کہا جا سکتا ہے۔

ہیگل کا ماننا تھا کہ انسانی تاریخ کا عظیم انسانی آزادی کی طرف بڑھتا ہوا قافلہ قومی ریاستوں کی محفوظ ثقافت کی طرف رواں دواں ہے۔ ان کا خیال تھا کہ اقوامِ عالم کی مشترکہ نشوونما اور ارتقاء انفرادی حقوق، آزادیوں، خوابوں اور منزلوں سے زیادہ اہم ہیں۔ ہیگل اس بات کا بھی پرچار کرتے تھے کہ افراد کی مثال گراری میں ایک دانت کی سی ہے یا جیسے کسی بڑے نظام کا کل پرزہ ہو۔ ان کا ایمان تھا کہ انسانوں کا مجموعی ارتقاء خدائی عمل ہے جو کہ ایک "مطلق روح" ہے۔ "تاریخ میں افراد کی حیثیت شطرنج کے کھیل میں پیادوں سے زیادہ نہیں ہے۔" انسان تو بس کردار ہیں جو خدا کے طے شدہ راستے کے مسافر اور پیروکار ہیں جو ہدایت کار اور عظیم کارساز ہے۔ جو انسانوں کو اپنی ہدایت کے ذریعے ان کے معاشروں، ممالک اور ثقافتوں کو ایک نسل سے اگلی نسل میں منتقل کرتا ہے۔ یوں ہیگل نے خدا مطلق روح اور الوھیاتی منصوبہ بندی کا دفاع کیا۔ ان کا ایمان تھا کہ انسان بار بار اس لیے ناکام ہوتے ہیں تا کہ خدا ان کو کامیابی سے ہمکنار کرنے اور شخصی آزادی دلانے کے اپنے عظیم منصوبے میں کامیاب ہو سکے۔"

انسانی تاریخ پر غور کرتے ہوئے ہیگل اس نتیجے پر پہنچے کہ اپنی آزادی کی صلاحیت کو بُروئے کار لانے کے لیے انسانیت تین ادوار سے گزری تھی۔ اوّلین دور بادشاہت کا دور تھا جس میں ایک شخص کو آزادی میسر ہوتی ہے۔ دوسرا طبقہ امراء کی حکومت جس میں چند اشخاص کو آزادی نصیب ہوتی ہے،

اور تیسرا جمہوریت جس میں سب کو آزادی میسر ہوتی ہے۔" تاریخ کی عظیم جدلیاتی سہہ رُخی"، مشرقی دنیا کی دین ہے جس میں آگاہی ہے کہ واحد آزاد ہے اور اس کا تضاد یونانی اور رومی دنیا میں موجود ہے۔ جس کے مطابق انسانی روح اس وقت تک یہ جان چکی ہے کہ" کچھ آزاد ہیں" اور ان دونوں نظریات کے نتیجے میں جو حتمی نظریہ نتیجہ خیز ہوتا ہے وہ جدید عیسائی جرمن دنیا کا ہے: جس کے مطابق بالآخر انسانی روح نے یہ راز پالیا ہے کہ سب آزاد ہیں۔ اس طرح آزادی کا شعور بالآخر مکمل ہو گیا۔"

ہیگل کے نزدیک جرمنی کی عیسائی ثقافت ایک نہایت ارتقاء یافتہ ثقافت تھی جس میں انسانیت نے ارتقاء کے سفر میں بلند ترین چوٹی کو چھو لیا تھا۔ اس کے نزدیک پروٹیسٹنٹ عیسائیت بہترین اور ارتقاء یافتہ مذہب تھا۔ جب طلباء، اساتذہ، لکھاری، دانشور، سائنسداں، مفکرین، پروفیسر اور فلسفی ہیگل کے فلسفے کا مطالعہ کرتے ہیں تو ان کے اذہان میں مختلف سوالات اٹھتے ہیں: "کیا ہیگل کا بیان کردہ تاریخ کا فلسفہ تاریخ کے بُرے ادوار کی پردہ پوشی نہیں ہے؟ کیا وہ یہ کہنے کی کوشش نہیں کر رہا کہ انسانیت پر گزرنے والے معلوم اور نامعلوم آلام و مصائب دنیا میں کوئی بہتری لانے کے لیے تھے؟

کچھ ناقدین نے تو یہاں تک کہہ دیا کہ ہیگل کی تاریخ کا فلسفہ جرمن قوم اور لوتھیرین پروٹیسٹنٹ ازم Lutheran Protestantism کی شان میں قصیدہ پڑھنے کے علاوہ کچھ نہیں۔"

دنیا کے اکثر فلسفی ہیگل کے دلائل سے متفق نہیں۔ ان کا خیال ہے کہ ہیگل نے تاریخ کا ایک خود ساختہ نظریہ اپنے دماغ میں قائم کیا اور پھر حقیقت کو اپنے نظریے میں سمونے کی کوشش کی جو ایک خام خیالی کے علاوہ کچھ نہیں تھا۔ وہ پوچھنے میں حق بجانب ہیں: "ہیگل کے نظریہِ جدلیات کے درست ہونے کا ثبوت کیا ہے؟ کیا اس کی بنیاد بدیہی فیصلوں یا وجدانی خیالات کے سوا کچھ اور ہو سکتی ہے؟ اس دعوے کا کیا ثبوت ہے کہ تاریخ میں جدلیاتی قوانین کارفرما ہیں؟ اور یہ کہ کیا ہیگل نے تاریخ کو درست ادوار میں تقسیم کیا ہے؟"

ہیگل کے پاس ان سوالوں کے تسلی بخش جوابات نہیں تھے۔ ہیگل کی وفات کے بعد ان کے رفیق کار اور اتالیق اور ذاتی دوست فریڈرک شیلنگ نے ہیگل کے فلسفے کے بارے میں بہت بے باک اور دیانت دارنہ الفاظ استعمال کیے۔ اس حوالے سے فرٹیز مین نے لکھا ہے:

> "شیلنگ کے الفاظ میں ہیگل کا فلسفہ محض خیالات کا تجربہ ہے جہاں ایسے تصورات جنم لیتے ہیں جن کا تجرباتی حقیقت سے دُور دُور کا بھی واسطہ نہیں ہوتا۔"

ایسی رائے کا حامل تنہا شیلنگ ہی نہیں تھا۔ جارج سنٹیانا نے کہا:

> "ہیگل کا جس قدر علم تھا اس نے اچھے طریقے سے بیان کیا مگر سب سنی سُنائی باتیں تھیں

اور ستم یہ ہے کہ وہ سمجھتا تھا کہ اس نے کائنات کی حقیقت بیان کر دی ہے۔"

ہیگل جو جرمن آئیڈلزم کا بانی سمجھا جاتا ہے، کو حقیقت پسندوں کی طرف سے بھی سخت مزاحمت کا سامنا تھا۔ ان میں سے ایک جوہن فریڈرک ہربارٹ تھا۔ اس حوالے سے فراسٹ جونیئر رقم طراز ہے:

"ہیگل کا خیالاتی فلسفہ تنقید سے بچ نہیں سکتا تھا کیونکہ یہ عقلِ سلیم کے خلاف تھا۔ جوہن ہربارٹ کو ہیگل کے فلسفے کے ہر ایک پہلو پر اعتراض تھا اس کا کہنا تھا کہ ہیگل کا فلسفہ ناممکن نظریات کا پلندہ تھا۔"

حتمی معروضات

اکیسویں صدی میں جب ہم ہیگل کا فلسفہ پڑھتے اور اس پر غور کرتے ہیں تو ہمیں احساس ہوتا ہے کہ ہیگل کے نظریات کی بنیاد سائنسی یا تجرباتی دلائل پر نہیں رکھی گئی تھی۔ ہیگل 1831ء میں فوت ہو گئے ان کی وفات کے بعد تاریخ کی کچھ اہم شخصیات نے انسانی نفسیات، سماجیات، معاشیات، سیاسیات، تاریخ اور ارتقاء پر سائنسی اور تجرباتی ثبوتوں کے ساتھ اپنے اپنے نظریات پیش کیے۔ ان میں: چارلس ڈارون (حیاتیات)، سگمنڈ فرائڈ (نفسیات) کارل مارکس (سماجیات)، فریڈرک نطشے (فلسفہ) آرنلڈ ٹوئن بی (تاریخ اور ارتقاء) شامل ہیں۔

لیکن ایک بات ہمیں تسلیم کرنی پڑے گی کہ ہیگل کے نظریات کی ایک تاریخی اہمیت ضرور ہے۔ آج اکیسویں صدی میں بیٹھ کر شاید ہم اس کے نظریات کو مسترد کر دیں مگر جو کردار اس کے نظریات نے انیسویں صدی کے انسان کی سوچ بدلنے میں ادا کیا اس سے انکار ممکن نہیں۔ ہیگل نے بلاشبہ روایتی مذہب کی دنیا اور سائنس اور غیر مذہبی دنیا کے درمیان ایک روشن خیال روحانیت کا پُل تعمیر کیا۔ گزشتہ دو صدیوں کے دوران پیدا ہونے والے متعدد حیاتیاتی نفسیاتی اور سماجی سائنسدان ایسے تھے جو ہیگل سے متاثر تھے۔ ہیگل کا اثر حیاتیاتی سائنسدانوں تک محدود نہ تھا بلکہ فلسفے پر بھی رہا ہے۔ فرانسیسی فلسفی مورس مرلیو پونٹی نے ہیگل کے ڈالے گئے ان اثرات کا ذکر ان الفاظ میں کیا ہے:

"گزشتہ صدی میں ظہور پذیر ہونے والے مارکس کے، نطشے کے، وجودیت کے اور تحلیل نفسی جیسے نظریات کی بنیادوں میں ہیگل کا اثر نظر آتا ہے۔ ان اثرات میں سے ایک اہم اثر کارل مارکس پر نظر آتا ہے اور اس کے ذریعے مشرق سے لے کر مغرب تک ساری دنیا اس کے اثر میں معلوم ہوتی ہے۔"

ooo

کارل مارکس اور مارکسزم

تعارف

کیا کارل مارکس ایک معیشت داں تھے، فلسفی تھے یا نظریہ ساز؟ مارکسزم کیا ہے؟ کیا یہ ایک علم کی کوئی شاخ ہے؟ فلسفہ ہے، سیاسی نظام ہے یا کوئی نظریہ ہے؟

اگر ہم کارل مارکس اور اس کی علمی میراث کو بہتر طور سے سمجھنا چاہتے ہیں تو یہ اور ایسے چند دیگر سوالات کے جوابات تلاش کرنا ضروری ہے۔ ہم بخوبی آگاہ ہیں کہ آج دنیا کی تاریخ بہت مختلف ہوتی اگر 'ولادمیر لینن'، 'ماؤزے تنگ'، 'چے گویرہ' اور 'فیڈل کاسترو' مارکسزم اور کمیونزم سے متاثر نہ ہوئے ہوتے۔ گزشتہ صدی میں بہت سے افراد ہمیں ایسے بھی نظر آتے ہیں جو اپنے آپ کو 'مارکسسٹ' کہتے ہیں مگر مارکسزم کی ابجد سے بھی واقف نہیں۔ بلکہ کچھ تو مارکس کی زندگی میں بھی موجود تھے۔ ایک دفعہ تو خود مارکس کو طنزیہ انداز میں کہنا پڑا: "کم از کم میں تو مارکسسٹ نہیں ہوں۔" کارل مارکس ایک مضبوط شخصیت کے مالک تھے۔ ایسی شخصیت جو لوگوں میں شدید ردِّ عمل پیدا کرنے کی صلاحیت رکھتی ہے۔ جہاں کچھ لوگ مارکس کو سراہتے تھے وہاں اکثر لوگ ان سے نفرت بھی کرتے۔ کچھ لوگ ان کی محبت میں مبتلا ہوئے تو کچھ نے ان کو حقیر بھی جانا۔ مذہبی رجحان کے حوالے سے بہت سے لوگوں کا خیال تھا کہ مارکس ایک دہریہ شیطان ہیں جبکہ اکثر لوگ ان کو سیکولر خدا کا درجہ دیتے تھے۔

مارکس کی زندگی

مارکس ایک دہریہ تھے جن کا جنم ایک روایتی یہودی خاندان میں ہوا۔ ان کے دادا عظیم پرولتاری انقلاب کے نظریہ ساز تھے۔ مارکس جرمنی کے شہر ٹریئر میں پیدا ہوئے۔ اس شہر کی وجہ شہرت روحانی روایات تھیں۔ ان کے والد کا تعلق متوسط طبقے سے تھا۔ مگر مارکس نے اپنی زندگی محنت کش طبقے کے لیے وقف کرنی تھی۔ یہودی ہونے کے ناتے مارکس کے خاندان کو مصائب کا سامنا تھا۔ 1812ء

میں پروشین حکومت نے اعلان کیا کہ یہودی مذہب سے تعلق رکھنے والے لوگ کسی سرکاری ملازمت کے اہل نہیں ہیں۔ جرمنی میں یہودی مخالف جذبات کی وجہ سے مارکس کے خاندان کو حفاظت کا مسئلہ درپیش تھا۔ لہٰذا مارکس کے والد ہرچل مارکس نے اپنا یہودی نام تبدیل کر کے لوتھیرین عیسائی نام رکھ لیا۔ اور ہنرچ مارکس کہلوانے لگے۔

مارکس کی والدہ ایک روایتی خاتون تھیں جبکہ ان کے والد انقلابی نظریات رکھتے تھے۔ ایک دفعہ جب وہ انقلابی گانے گا رہے تھے، دھر لیے گئے اور حکومت اور مقامی پولیس نے ان کو شر انگیزوں کی فہرست میں شامل کر لیا۔ مارکس کو انقلابی افکار وراثت میں ملے تھے اور ان افکار کو مارکس نے نئی وسعتوں اور بلندیوں سے روشناس کروایا۔ مارکس اور ان کی والدہ کے حوالے سے یہ بات حیران کن ہے کہ وہ ماں کی محبّت کی شدت میں گھٹن محسوس کرتے تھے۔ وہ نہ صرف ممتا سے فرار ہو گئے بلکہ ان کی امیدوں اور آرزؤں پر پانی پھیر دیا کیونکہ وہ ان کو جو کچھ بنانا چاہتی تھیں مارکس نے وہ کچھ بننے سے انکار کر دیا۔ وہ ذاتی زندگی میں اپنے ماحول کو ناگفتہ بہ رکھتے اور اپنے جسم اور لباس کی صفائی اور نفاست کے حوالے سے غیر منظم اور لاپرواہ واقع ہوئے تھے۔ حتّٰی کہ ان کی تحریر اس قدر بے ڈھنگ تھی کہ بہت مشکل سے پڑھی جاتی۔

مارکس 1818ء میں پیدا ہوئے۔ ان کی ابتدائی تعلیم زیادہ تر گھر پر ہوئی۔ 1830ء میں ان کو ٹریئر ہائی اسکول میں داخل کروایا گیا۔ ہائی اسکول میں تعلیم مکمل ہونے پر 1835ء میں مارکس یونیورسٹی آف بون میں داخل ہو گئے۔ یونیورسٹی میں اُنھوں نے Poet's Club اور ٹریئر ٹیورن کلب Trier Tavern Club میں شمولیت اختیار کر لی۔ ان میں سے پہلا کلب شعراء کا تھا اور دوسرا میخانہ تھا۔ ان کو شعر کہنا پسند تھا اس کے ساتھ انھوں نے میخانے میں جا کر دھت ہونے کو اپنا مشغلہ بنا لیا۔ ان کی شخصیت میں کسی قدر متشدد ہونے کا رجحان بھی تھا اور یہ بہت بچپن سے تھا۔ وہ لوگوں کو اکثر چیلنج کرتے، اپنے دفاع کے لیے پستول سے لیس رہتے اور کلبوں کے جھگڑوں میں ملوث پائے جاتے۔ ایک دور ایسا بھی آیا کہ ان کو قانون کا سامنا کرنا پڑا۔

مارکس کو فلسفے میں دلچسپی تھی جب کہ ان کے والد ان کو قانون داں بنانا چاہتے تھے۔ مارکس ایک اعلیٰ درجے کے غیر روایتی لکھاری اور دانشور بننا چاہتے تھے جبکہ ان کے والد ان کو اوسط درجے کا پیشہ ور وکیل بنانا چاہتے تھے۔ بالآخر مارکس کے والد ان کو قائل کرنے میں کامیاب ہو گئے۔ اور جب مارکس یونیورسٹی آف برلن میں قانون کی تعلیم حاصل کرنے جا رہے تھے تو ان کے والد بہت خوش تھے۔ مارکس برلن میں جینی وان وسفالن کی محبّت میں گرفتار ہو گئے۔ یہ بائیس سالہ خوبرو حسینہ مارکس

سے عمر میں چار سال بڑی تھیں وہ بھی مارکس کی دلکش اور کرشمہ ساز شخصیت سے متاثر ہوئیں۔ مارکس چونکہ جینی کے بھائی ایگار کے دوست تھے اس لیے جینی کے خاندان سے ان کی راہ و رسم ہموار ہو چکی تھی۔ اب پیچیدگی یہ پیدا ہوئی کہ جینی کی منگنی پہلے سے ہی ایک فوجی افسر کے ساتھ ہو چکی تھی۔ مگر جینی مارکس سے اس قدر متاثر ہوئیں کہ انھوں نے اپنی گزشتہ منگنی توڑ ڈالی اور مارکس جیسے فلاسفر شاعر سے منگنی کر لی۔ یہ 1836ء کی بات ہے۔ مارکس کو بھی اپنی محبوبہ پر اتنا ناز تھا کہ ہر کسی کو بڑے فخر سے بتاتے کہ ان کی نسبت شہر کی سب سے خوبصورت لڑکی سے ہوئی ہے۔ مارکس نے تو اپنے والدین کو جینی سے منگنی کے بارے میں خوشی خوشی بتا دیا مگر جینی کو ڈر تھا کہ اس کے والدین عمر میں چار سال چھوٹے مارکس کے ساتھ اس رومانوی تعلق پر رضا مند نہیں ہوں گے۔ مگر جینی کے والد بارون اور والدہ کیرولین جب مارکس سے ملے تو وہ ان کی ذہانت اور تخلیقیت سے بہت متاثر ہوئے۔ وہ ایک خوشگوار حیرت میں تھے کہ نوجوان مارکس، شیکسپیئر، گوئٹے اور دانتے کے افکار سے کس قدر مانوس تھا۔ پھر کارل مارکس اور جینی ایک دوسرے کی محبّت میں ایسے گرفتار ہوئے کہ عمر بھر ایک دوسرے کا ساتھ نہ چھوڑا۔

جب مارکس جینی کی محبّت میں گرفتار ہو رہے تھے ان دنوں وہ فلسفی جارج ہیگل کا مطالعہ کر رہے تھے۔

پھر کیا ہوا کہ مارکس نے ہیگل کے ساتھ ایک مبہم سا رشتہ استوار کر لیا۔ مارکس نے ہیگل کی روحانیت کو مسترد کر دیا جب کہ ان کا جدلیات والا نظریہ قبول کر لیا۔ اور جتنا حصہ مسترد کیا اس کی جگہ مارکسزم میں اپنا فلسفہ شامل کر لیا۔ اس حوالے سے انھوں نے لکھا: "اگرچہ روحانیاتی عنصر نے ہیگل کی جدلیات کو نقصان پہنچایا ہے مگر یہ بات ہیگل کو پہلا فلسفی ہونے سے نہیں روکتی جس نے جدلیات کو تاریخ میں پہلی دفعہ شعوری اور تفصیلی انداز سے بیان کیا۔۔۔"

مارکس کے سوانح نگار فرانس وِین Francis Wheen نے لکھا:

> "ہیگل نے قدامت پسند نتائج حاصل کرنے کے لیے بنیاد پرست طریقے استعمال کیے۔ مارکس نے کِیا یہ کہ انھوں نے ہیگل کے نظریات میں سے رُوحانی لفاظی نکال باہر کی جبکہ ان کا جدلیاتی نقطہ نظر مارکسزم میں شامل کر لیا۔ جیسے کوئی معمار کسی مسمار شدہ گرجے کی عمارت کو ایک آباد غیر مذہبی رہائش گاہ میں بدل دے۔۔۔"

یونیورسٹی کے ایام میں جب ہیگل کے نظریات میں مارکس کی دلچسپی بڑھ رہی تھی ان کو ایک دوست ملا جو ان کو ڈاکٹرز کلب لے گیا۔ یہ ایک ایسا گروپ تھا جہاں ہیگل کے جواں سال پیرو کار اکٹھے ہو کر ہیگل اور اس کے فلسفے سے متعلق فکر آمیز اور سنجیدہ علمی مکالمہ کرتے تھے۔ یہیں پر وہ آرنلڈ روگ

سے ملے، الٰہیات کے لیکچرار بُرنو باور سے ملے اور وہ ہیگلینز میں شامل ہو گئے۔ یہی وہ دور تھا جب مارکس نے ایک دانشور کے طور پر اپنے ماضی اور مستقبل پر غور کیا۔ انھوں نے اپنے والد کو ایک خط لکھا جس میں کہا:

"وہ خود شناسی کے دور سے گزر رہے ہیں۔ جس میں انسان اپنے ماضی اور حال کو فکر کی عقابی نظر سے دیکھنے پر مجبور ہو جاتا ہے۔ تاکہ اپنی حقیقی صورتحال سے آگاہ ہو سکے۔ درحقیقت دنیا کی تاریخ بھی یہی کرتی ہے وہ بھی ماضی میں جھانک کر اپنے اعمال کا محاسبہ کرتی ہے۔۔۔"

مارکس ہیگل سے اس درجہ متاثر تھے کہ نہ صرف انھوں نے اپنے ماضی پر غور کرنا شروع کر دیا بلکہ پوری دنیا کی تاریخ کی جان کاری بھی لینے لگے۔ یہ بات حیران کن ہے کہ جب مارکس کی فکری کایا پلٹ رہی تھی تو ان کی عمر محض انیس برس تھی۔

جب مارکس کے والد ھینرچ نے ان کا خط پڑھا تو وہ پریشان ہو گئے۔ انھوں نے اپنے بیٹے کو ہیگل کے افکار سے دُور رکھنے اور قانون کی تعلیم پر توجہ دلانے کی کوشش شروع کر دیں۔ وہ چاہتے تھے کہ مارکس اپنا شاعرانہ ذہن استعمال کرنے کی بجائے دلیل پر مبنی ذہن استعمال میں لا کر ایک نظریاتی شخص بننے کی بجائے ایک عملی انسان بنیں۔ مارکس نے اپنے والد کی نصیحت کو خاص توجہ نہ دی جو اُن دنوں تپ دق میں مبتلا تھے اور خطوط کے اس تبادلے کے کچھ ہی دنوں بعد 10 مئی 1838ء کو ہینرچ مارکس چل بسے۔

مارکس والد کی آخری رسومات میں شرکت کرنے نہیں گئے۔ ان کا ماننا تھا کہ انسان کو زندگی میں آگے بڑھنے کے لیے کنبے کو پیچھے چھوڑنا پڑتا ہے۔ وہ بھی اس وقت تک اپنے آپ کو جذباتی طور پر خاندان سے دُور کر چکے تھے۔ والد کی وفات کے بعد مارکس نے ذہنی آزادی محسوس کی۔

انہوں نے سب سے پہلا کام یہ کیا قانون کو الوداع کہا اور شعبۂ فلسفہ میں داخلہ لے لیا۔ نوجوان "ہیگلیوں" نے جن میں 'بُرنو باور' پیش پیش تھے، نے بھی مارکس کی حوصلہ افزائی کی اور قائل کیا کہ وہ قانون کی تعلیم چھوڑ دیں اور ایک فلسفی بن جائیں۔ چنانچہ مارکس نے فلسفے میں اپنا کام شروع کر دیا۔ انہوں نے ریسرچ کے لیے اپنے مقالے کا موضوع منتخب کر لیا جو "جمہوری اور علمی فلسفے میں فرق" تھا۔

The Difference between Demoretian and Epicurian Philosophy

انہوں نے اپنا مقالہ یونیورسٹی آف جینہ کو پیش کیا اور 15 اپریل 1841ء کو پی ایچ ڈی کی ڈگری حاصل کر لی۔ اس طرح وہ 23 سال کی نوعمری میں ڈاکٹر کارل مارکس بن گئے۔ مارکس جس قدر فلسفے کا مطالعہ کرتے گئے اس نتیجے پر پہنچے کہ الٰہیات کو فلسفے کی اعلیٰ دانش کے سامنے سرنگوں ہونا پڑے گا۔ اور یہ کہ ایک وقت آئے گا کہ تشکیک اور تجسس، توہمات پر فتح پالے گا۔

وقت گزرنے کے ساتھ مارکس ہیگل کے نظریات سے دُور ہوتے گئے۔ انہوں نے اپنی فکر میں مثالیت کی بجائے مادیت اور تجریدیت کی بجائے حقیقت پسندی شامل کر لی اور ایسے تمام مثالیت پسندوں کو چیلنج کر دیا جو سمجھتے تھے کہ آزادی کی قدر و قیمت حقیقی دنیا کی ٹھوس سرزمین کی بجائے تصورات کی کہکشاؤں میں پنہاں ہے۔

مارکس تجریدی رومانوی دُنیا کی بجائے مبنی بر حقیقت سماجی و معاشی دُنیا میں زیادہ دلچسپی لینے لگے۔ وہ اپنے زمانے کے طلبا، مفکرین، معلمین اور پروفیسروں سے جیسے جیسے قریب ہوتے گئے ان کو اپنی شخصیت کے کرشموں سے متاثر کرتے گئے۔ فریڈرک لیسر (Frederich Lesser) نے اس حوالے سے اس حقیقت کو تسلیم کر کے اس کا اظہار یوں کیا:

"مارکس لوگوں کے پیدائشی لیڈر تھے۔"

ایک دانشور بزرگ اور پیشہ ور مفکرانہ شخصیت نظر آنے کے لیے مارکس نے ایک گھنی اور بے ترتیب داڑھی بھی رکھ چھوڑی تھی۔ مگر اس بزرگانہ حلیے کے برعکس ان کی شخصیت تیز دھاری بھی تھی۔ وقت گزرنے کے ساتھ ساتھ ان کے اندر خود پسندی اور رعونت در آئی۔ وہ اپنے آپ اور دوسروں سے بڑی بڑی توقعات وابستہ کرنے لگ گئے۔ وہ کم فہم لوگوں کو برداشت نہیں کرتے تھے اور اپنے سے کم علم افراد کی تضحیک سرِعام کرنے سے نہیں چونکتے تھے۔ وین نے لکھا ہے:

"مارکس پر علمی غنڈہ گردی کا الزام لگا تھا جو خصوصاً ان افراد نے لگایا جو ان کی گالی گلوچ سے متاثر ہوئے تھے۔ پھر وہ گالی دینے کے ماہر کے طور پر پہچانے جانے لگے۔۔۔"

مارکس دل جیتنے کی بجائے بحث جیتنے کو ترجیح دیتے تھے۔ 1844ء میں مارکس اور فریڈرک اینگلز (Fredrich Engels) کے درمیان ایک طویل مکالمہ ہوا۔ یہ مکالمہ دس روز تک چلا۔ یہ مناظرہ ان کی عمر بھر کی جذباتی، تخلیقی، فلسفیانہ اور سیاسی دوستی کا آغاز تھا۔ اینگلز نے دوستی کا حق یوں ادا کیا کہ ساری زندگی مارکس کی مالی اعانت کی۔ جب ان کی ملاقات ہوئی تو وہ سیاسی نظریات کے حوالے سے یکساں خیالات کے حامل تھے مگر مختلف اطراف سے گویا منزل ایک مگر راستے اپنے اپنے تھے۔ مارکس کا ماننا تھا کہ مذہب ایک افیوم کی پڑیا ہے۔ اینگلز کا خیال تھا کہ مذہب استحصال اور منافقت کے قبضے میں

آئی ہوئی ایک لونڈی ہے۔گویا طاقت ور طبقہ انسانی استحصال اور منافقت کی ترویج کے لیے مذہب کو استعمال کرتا ہے۔ایک طریقے سے مارکس اور اینگلز ایک دوسرے کے لیے قوت بن گئے۔ مارکس تھیوری کے ماہر تھے جب کہ اینگلز عمل درآمد میں تاک تھے۔اینگلز کے پاس نظام سرمایہ داری کا عملی علم تھا کیونکہ ان کا خاندان صنعت کاری سے وابستہ تھا۔اپنے عملی تجربے کی بنیاد پر انھوں نے ایک کتاب "برطانیہ میں محنت کش طبقے کی حالت"(Condition of Working Class in England) کے عنوان سے لکھ رکھی تھی۔

اینگلز اور مارکس نے اکٹھے کام کیا تاکہ دونوں مل کر تھیوری اور پریکٹس کی آمیزش سے کوئی ترکیب پیدا کرسکیں، کیونکہ دونوں کا ماننا تھا کہ عملی شکل کے بغیر کوئی بھی نظریہ علمی مشت زنی کے مترادف ہے، جو لطف انگیز ضرور ہے مگر بانجھ اور بے ثمر ہے۔ 1844ء سے 1846ء تک دونوں فلسفیوں نے مل کر جرمنی کے لیے ایک نظریہ وجود میں لانے کے لیے دل و جان سے کام کیا۔انھوں نے ایک کتاب لکھی جس میں ہیگل، فیورباخ، بُرنو اور ینگ ہیگلینز سے آزاد ہونے کا اعلان کر دیا۔کتاب میں انھوں نے تاریخی مادیت پر اپنی آراء تشکیل دیں اور یہ خیال ظاہر کیا کہ "شعور" زندگی کے خدوخال وضع نہیں کرتا بلکہ زندگی "شعور" کو وجود میں لاتی ہے۔انھوں نے سوشلسٹ فلسفے اور سیاست کی بنیاد رکھی اور بیان کیا کہ "لوگ اس وقت تک صحیح معنوں میں آزاد نہیں ہو سکتے جب تک وہ روٹی کپڑا اور مکان، مناسب مقدار اور بہترین حالت میں حاصل کرنے کے قابل نہ ہو جائیں۔"

اس کتاب کے شائع ہونے کے بعد جہاں بہت سے دوست مارکس کی شخصیت میں پہلے سے زیادہ دلچسپی لینے لگے وہاں بہت سے مخالفین ان سے بیزار بھی ہوئے۔ جہاں کچھ لوگ خوش ہوئے وہاں اکثر حسد کی آگ میں جلنے لگے، جہاں کچھ لوگ ان کی تعریف کرنے لگے اور مداح بنے وہاں کچھ لوگ مارکس کو ناپسند اور مسترد بھی کرنے لگے۔مختلف فلسفیوں نے مارکس کے ساتھ اپنی ملاقاتوں کا مختلف انداز میں تذکرہ کیا۔مارکس کے عزیز دوست پیرل آنن کاف نے اس عظیم شخص کے بارے میں لکھا:

> "مارکس ایک ایسا شخص تھا جو بے پناہ توانائی، پختہ ارادے اور غیر متزلزل عقیدے سے بنا تھا۔یہ ساخت اس کی لوگوں کے دلوں پر حکمرانی کرنا اور ان کے لیے قوانین دینے پر دلالت کرتی ہے گویا میرے سامنے ایک جمہوری آمر کھڑا تھا۔"

سوال یہ پیدا ہوتا ہے کہ کیا جمہوری آمر ہونا ایک خُوبی ہے یا خامی؟ مارکس کی شخصیت میں ایک کرشمہ تھا جو لوگوں کو صحیح راہ بھی دکھا سکتا تھا اور گمراہ بھی کر سکتا تھا۔ مارکس ایک انقلابی سوچ کا حامل تھا

اور ایک متاثر کن شخصیت کا مالک یہ دونوں اوصاف ایک سماجی انقلاب کی راہ ہموار کرنے لگے تھے۔ یہی وجہ تھی کہ دُنیا بھر میں کروڑوں لوگ اس کے افکار کے دلدادہ بن گئے۔ اس نے دنیا بھر کے محنت کشوں کو ترغیب دی کی سرمایہ داری نظام کو جڑ سے اکھاڑ پھینکیں۔ اس نے لوگوں کو جوش و ولولہ اور ہمت پیدا کرنے کا پیغام دیا اور کہا کہ وہ اپنے آدرشوں میں اتنی استقامت پیدا کریں کہ وقت آنے پر ایک مثالی انقلاب برپا کرنے کے لیے کسی قربانی سے دریغ نہ کریں خواہ وہ جانی ہو یا مالی۔ مارکس کا کیمونسٹ منشور انسانی تاریخ میں سب سے زیادہ پڑھا جانے والا سیاسی کتابچہ بن گیا۔ اگرچہ اکثر مارکسسٹ اور کمیونسٹ اس منشور کو ایک الہامی کتاب کا درجہ دیتے ہیں مگر بہت سے لوگ ایسے بھی ہیں جو یہ دعویٰ کرتے ہیں کہ ہر نظریہ وقت کی قید میں ہوتا ہے اس لیے یہ نظریہ بھی دائمی نہیں ہے اور نہ ہی مقدس کتاب۔

مگر اس حقیقت سے انکار ممکن نہیں کہ 150 سال گزر جانے کے بعد بھی نوجوانی انقلابی اس سے استفادہ کرتے ہیں۔ بعض لوگوں کا خیال ہے کہ مارکس اپنے نظریے کی عملی تشکیل پر ضرورت سے کچھ زیادہ ہی پُر اُمید تھا اگرچہ اس کی تھیوری میں عالمگیریت کی توانائی موجود ہے جو بین الاقوامی معیشت کو متاثر کر سکتی ہے۔

3 مارچ 1848ء کو پولیس کی طرف سے مارکس کو کہا گیا کہ وہ بیلجیئم سے نکل جائیں۔ یہ پہلی دفعہ نہیں ہوا تھا کہ ان کو جعلی پاسپورٹ بنوا کر ملک بدری کے لیے سرحدیں عبور کرنی پڑی ہوں۔ انقلابی نظریات اور باغیانہ تحریروں کی وجہ سے مارکس کے لیے جرمنی فرانس اور بیلجیئم کی زمین تنگ ہو چکی تھی۔ بالآخر انھوں نے برطانیہ کے شہر لندن جانے کا فیصلہ کیا جو اس وقت سیاسی طور پر بے خانماں افراد کی پناہ گاہ سمجھی جاتی تھی۔ یوں 1849ء سے 1883ء تک اپنی زندگی کے 34 سال مارکس نے لندن میں گزارے۔ اس عرصے کا زیادہ وقت وہ معاشی، جذباتی، سماجی اور سیاسی طور پر وہ ابتری کا شکار رہے۔ اس دوران ایک دفعہ انھوں نے ریلوے میں ایک کلرک کی نوکری بھی کی مگر ان کی ناقابلِ فہم لکھائی کی وجہ سے ان کو اس نوکری سے بھی جلد ہی برخاست کر دیا گیا۔ لندن کے قیام کے دوران انھوں نے اپنی شاہکار کتاب "داس کیپٹل" لکھنے اور شائع کرنے کی کاوش کی۔ جواب ان کے لیے ایک ڈراؤنے خواب کی صورت اختیار کر چکی تھی۔ مارکس اور ہیگل کے درمیان نہ صرف فلسفیانہ یکسانیت تھی بلکہ ان کی تخلیقی شخصیات میں بھی کافی مماثلت پائی جاتی تھی۔ دونوں درجنوں بار اپنی تخلیق کو لکھتے اور دوبارہ لکھتے۔ مگر ان کو اپنا شاہکار دوبارہ مکمل ہونے کے بعد زیادہ بے سروپا نظر آتا۔ کیونکہ دونوں کی شخصیات کاملیت پسند شخصیات تھیں۔

ہیگل کو اپنی شاہکار کتاب: Phenomenology of Spirit مکمل کرتے ہوئے پانچ سال لگے تھے اور مارکس نے اپنی مشہور زمانہ کتاب: داس کیپٹل (Das Kapital) پندرہ سال میں مکمل کی۔

دونوں اکابرین کے دوست، احباب، خاندان، مداحین اور ناشرین کتابوں کے انتظار میں دل شکستہ، مایوس اور عاجز آچکے تھے۔ دونوں فلسفی اپنے طویل حمل کی وجہ سے بیمار بھی ہوئے کیونکہ دونوں کو اپنے اپنے تخلیقی حمل کے گر جانے کا خوف لاحق تھا۔ پھر دونوں نے ایسی تخلیقات کو جنم دیا جو اکثر قارئین کی سمجھ میں نہیں آتی تھیں۔ "روح کا ظہور" اور "داس کیپٹل" گزشتہ دو صدیوں کی سب سے کم سمجھی گئی اور سب سے زیادہ غلط سمجھی جانے والی کتب ہیں۔ جب بھی مارکس سے اکثر یہ استفسار کیا جاتا کہ وہ اپنا آخری مسودہ شائع ہونے کے لیے جمع کیوں نہیں کروا رہے تو وہ کوئی نہ کوئی بہانہ بنا لیتے۔ ایک دفعہ انھوں نے یہ وجہ بتائی کہ ان کو جگر کی تکلیف ہے اور صحت یاب ہونے پر وہ کتاب میں چند ابواب کا اضافہ کرنا چاہتے ہیں۔ ایک اور دفعہ انھوں نے کہا:

"میں اپنی طبی وجوہات کی وجہ سے اپنا تخلیقی کام خراب نہیں کر سکتا اس کی دو بڑی وجوہات ہیں:

1۔ یہ میرے پندرہ سال کی محنتِ شاقہ کا حاصل ہے جو میری زندگی کے بہترین سال تھے۔

2۔ یہ ایسا عظیم کام ہے جس میں تاریخ میں پہلی بار سماجی تعلقات کو سائنسی بنیادوں پر استوار کیا گیا ہے۔ لہٰذا میں نہیں چاہتا کہ اتنا بڑا کام میرے بیمار جگر کی وجہ سے خراب ہو جائے۔"

مارکس لائبریری میں کئی کئی گھنٹے پڑھنے اور لکھنے میں گزار دیتے تھے۔ ایسا کئی ہفتے، مہینے، سال اور دہائیوں تک ہوتا رہا۔ پھر ایسا بھی ہوا کہ داس کیپٹل کی ضخامت 1200 صفحات کی ہوگئی پھر ان کو کئی ابواب دوبارہ اختصار کے ساتھ لکھنے پڑے بالآخر کتاب 1867ء میں شائع ہوگئی مگر فوری طور پر کوئی مثبت یا منفی ردِعمل سامنے نہیں آیا۔

مارکس نے ایسے ردِعمل کو اپنے خلاف "سکوتِ سازش" (سازش سے قبل کی سازش) قرار دیا۔ مارکس کے اکثر مداح انگریز تھے جب کہ کتاب جرمن زبان میں تھی۔ مارکس ذہنی طور پر بے کل، پریشان اور کسی قدر مشتعل بھی ہوگئے۔ وہ کتاب مکمل ہونے کے دوران بھی اپنے بارے میں تشکیک کا شکار تھے اور ایسا کتاب شائع ہونے کے بعد کئی برس تک رہا۔ حتیٰ کہ 1873ء میں انھوں نے خود لکھا:

"داس کیپٹل کے اندر موجود ادبی کجیاں جس قدر میں جانتا ہوں کوئی دوسرا نہیں جانتا۔" اپنے آپ پر اس قدر دیانت دارانہ تنقید کرنے والے مارکس تنہا نہیں تھے۔ بہت سے دیگر لوگوں نے بھی ایسا

کیا۔ ویلہم رانٹگن نے تو یہاں تک کہہ دیا: "مجھے زندگی میں کسی کتاب نے اتنا زیادہ مایوس نہیں کیا" اس طرح کی تنقید مارکس کو چڑ کے لگاتی تھی۔ کچھ ہلکے اور کچھ گہرے۔" کئی دہائیوں تک کئی لکھاری، فلسفی، معاشیات داں اور سائنسداں مارکس کی کتاب میں پیش کیے گئے نظریات پر معترض رہے۔ وہین نے لکھا:

"ایک نامور فلسفی کارل پاپر کا کہنا ہے کہ تیقن کے ساتھ نہیں کہا جا سکتا کہ مارکس نے خرافات لکھی ہیں مگر اس کے سرمایہ دارانہ ترویج کے آہنی قوانین غیر مشروط تاریخی پیشن گوئی کے سوا کچھ نہیں۔ جو اتنے ہی غیر مبہم ہیں جتنی ناسٹراڈیمس کی پشین گوئیاں، جن کو نہ تو خالص سائنسی مفروضوں کی طرح درست ثابت کیا جا سکتا ہے اور نہ ہی "پاپیرین ٹیسٹ" کی طرح ان کو غلط ثابت کیا جا سکتا ہے۔ وہ فلسفی جو مارکس کے طرزِ تحریر کو پسند کرتے ہیں یہ رائے رکھتے ہیں کہ ان کا کام سائنس نہیں بلکہ آرٹ ہے۔ ان کا ماننا ہے کہ مارکس نے انسانی بے گانگی، اخلاقی گراوٹ اور استحصال جیسے مظاہر زیرِ بحث لائے ہیں جن کا تجزیہ کسی لیبارٹری میں نہیں ہو سکتا۔ تمام عمر ایک آرام دہ زندگی گزارنے کے لیے مارکس کو دو بیساکھیوں کی ضرورت رہی۔ اس کی جذباتی بیساکھی اس کی بیوی جینی تھی اور معاشی بیساکھی اس کا مخلص دوست اینگلز تھا۔

جب مارکس اور جینی ملے تو مارکس کی عمر اٹھارہ سال اور جینی بائیس برس کی تھی۔ 43 سال کی طویل رفاقت کے بعد 1881ء میں جب جینی وفات پا گئی تو پینسٹھ سالہ مارکس بکھر کر رہ گیا۔ اس کا جسمانی اور جذباتی سہارا جا چکا تھا۔ وہ اپنا خیال نہیں رکھ سکتا تھا لہٰذا اس کی صحت دن بدن گرنا شروع ہو گئی۔ جینی کی وفات کے ایک سال کے اندر اندر مارکس صاحبِ فراش ہو گیا۔ اس کو پیچیدہ امراض نے آ گھیرا تھا۔ گلے کا ورم، دمہ، بے خوابی اور ٹھنڈا پسینہ جیسے گھمبیر امراض نے مارکس کو اپنی گرفت میں لے لیا۔ وہ اتنا کمزور ہو گیا کہ کتب بینی بھی نہیں کر سکتا تھا جو کسی زمانے میں اس کو راحت بخشتی تھی۔ اب وہ کئی کئی گھنٹے خلا میں گھورتا رہتا تھا۔

14 مارچ 1883ء کو مارکس کا انتقال ہو گیا اس موقع پر اینگلز نے امریکہ میں مقیم اپنے دوست کو لکھا: "انسانیت آج عظیم ذہن سے محروم ہو گئی" مارکس کو ہائی گیٹ کے قبرستان میں اس کی بیوی کے پہلو میں مارچ 1883ء میں دفنا دیا گیا۔ اس کے جنازے میں صرف گیارہ لوگ شریک تھے۔ اس موقع پر اینگلز نے ایک مختصر تقریر کی:

> "آج ایک انقلابی دانشور چلا گیا جو اپنے وقت کا سب سے ناپسندیدہ اور متنازعہ شخص تھا۔ مگر میں یہ پیش گوئی کرتا ہوں کہ اس کا کام اور نام صدیوں تک زندہ رہے گا۔"

مارکس کا فلسفہ

مارکس کا ہیگل کے ساتھ رشتہ بیک وقت دلچسپ، دلکش اور پیچیدہ تھا اس رشتے کو فلسفیانہ "محبت وعداوت" کا رشتہ کہا جاسکتا ہے۔ مارکس کو ہیگل کا جدلیت کا طریقہ پسند تھا مگر وہ اس کی مثالیت پسندی (یہ عقیدہ کہ دنیا محض وہم وخیال اور دھوکہ ہے) کی نفی کرتے تھے۔ وہ اس کے فلسفیانہ ڈھانچے کو سراہتے تھے مگر اس کے رُوحانیت کے تصور کو مسترد کرتے تھے۔ مارکس، ہیگل کے حل طلب جذباتی، فلسفیانہ اور سیاسی قضیوں میں ابہام کی وجہ سے متذبذب تھے۔ ہیگل کی وفات کے بعد ان فلسفے کے پیروکاروں کے دو گروہ پیدا ہو گئے: ایک گروہ دائیں بازو کے ہیگلی اور دوسرا بائیں بازو کے ہیگلی۔ نوجوان مارکس نے بائیں بازو کے گروہ میں شمولیت اختیار کر لی۔ یہ گروہ "نوجوان ہیگلی گروپ" کہلاتا تھا۔ مارکس کے ایک اتالیق بھی تھے جن کا نام بُرنو باور تھا وہ ہیگل کے شاگرد رہ چکے تھے۔ برنو باور، فریڈرک اینگلز اور کارل مارکس تینوں نوجوان ہیگلی گروپ کا حصہ تھے۔ دائیں بازو کے ہیگلی اور بائیں بازو کے ہیگلی دراصل ہیگل کی متضاد شخصیت اور متنازعہ فلسفے، مبہم سیاسی نظریات اور مذہبی تصورات کی نمائندگی کرتے تھے۔ لاوین نے ہیگل کے مبہم مذہبی نظریات کا تذکرہ ان الفاظ میں کیا ہے:

> "ایک طرف تو ہیگل سیاسی آزادی اور اس کے دو ذیلی عناصر ذاتیات اور جمہوریت کو حقارت کی نگاہ سے دیکھتا ہے۔ اس کے نزدیک ریاست کے پاس مطلق طاقت اور اخلاقی بالادستی ہونی چاہیے وہ افراد پر من چاہے طریقے سے حکومت کرسکتی ہے جب کہ دوسری طرف ہیگل کا فلسفہِ تاریخ شخصی آزادی کا پرچم سربلند کرتا ہے۔"

نوجوان ہیگلی ریاست کے خلاف انفرادی آزادی کے علمبردار تھے۔ جہاں تک ہیگل کے فلسفے کے مذہبی پہلو کا تعلق ہے دائیں بازو کے ہیگلی اس کو ایک جاں نثار عیسائی کے طور پر پیش کرتے ہیں۔ جب کہ بائیں بازو کے ہیگلی، ہیگل کو اندر تک دہریہ ظاہر کرتے ہیں۔ کیوں کہ وہ ایک شخصی خدا کے تصور سے انکاری ہے۔ بلکہ ہیگل کا ماننا ہے کہ انسانی ضمیر خدا کا پرتو ہے۔ اس وجہ سے جوان ہیگلی سمجھتے تھے کہ ایسا تصور خدا کے وجود کے لیے کافی نہیں اور نہ خدا کے ہونے کا کافی ثبوت ہے۔ لاوین لکھتی ہیں:

> "نوجوان ہیگلیوں نے خدا سے متعلق ابہام پر، بنیاد پرستانہ روش اختیار کر لی تھی۔ ان کے خیال میں ایسا خدا جو انسانی ضمیر میں بستا ہے دراصل وجود ہی نہیں رکھتا۔"

1840ء میں جب مارکس پیرس گئے تو انھوں نے صنعتی انقلاب اور فرانسیسی انقلاب دونوں

پر غور شروع کیا۔انھوں نے فرانسیسی سیکھی اور فرانسیسی سوشلسٹوں کی تمام تحاریر پڑھ ڈالیں۔فرانس سے وہ برسلز چلے گئے اور وہاں پہنچ کر انھوں نے ایک بین الاقوامی انقلابی گروپ بنانے کی کوششیں شروع کر دیں لیکن جب ان کو برسلز چھوڑ دینے کا کہا گیا تو وہ جرمنی چلے گئے۔

1844ء میں مارکس نے برطانوی معاشیات داں آدم سمتھ، ڈیوڈ رکارڈو اور جیمز مل کو پڑھا اور ان کے بارے میں اپنے اور کثیر تعداد میں نوٹس بنائے۔یہ مسودہ جات قریب ایک صدی تک غیر مطبوعہ رہے۔50000 الفاظ سے اوپر کی تعداد میں موجود یہ مندرجات دنیا سے پوشیدہ رہے حتیٰ کہ سوویت مفکر ڈیوڈ ریازانف نے ان کو 1930ء میں "معاشی اور فلسفیاتی مسودہ جات" (Economic and Philosophical Manuscripts) کے عنوان سے شائع کروایا۔ان کو اب عرفِ عام میں "پیرس کے مسودے" کہا جاتا ہے۔یہ مسودہ جات نوجوان مارکس کے نظریات کے درست عکاس ہیں جو انسانی اور فلسفیاتی آدرش ظاہر کرتے ہیں۔جو بعد والے مارکس سے مختلف ہیں جو سائنسی سوشلزم کا پرچار کرتا ہے اور اپنی توانائیاں معاشی انقلاب، محنت کشوں کی جدوجہد اور انقلابی طریقے سے نظام سرمایہ داری کا خاتمہ کرنے پر مرکوز کیے ہوئے ہے۔اوّلین مارکس زیادہ نرم خُو، امن پسند اور انسان دوست تھا جبکہ بعد الذکر مارکس جارح، تشدد پسند اور پُرعزم تھا۔پہلا مارکس ایک دانشور اور فلاسفر تھا جبکہ دوسرا مارکس سیاسی کارندہ اور انقلابی تھا۔شروع والا مارکس ہیگل سے زیادہ قریب تھا جبکہ بعد والے مارکس نے ہیگل کے رُوحانی جوہر کو معاشی رُوح عطا کی۔

مارکس نے ہیگل کے مثالیت پسند اور روحانی فلسفے کی شدید مخالفت کی۔اس نے ان کو مادہ پرستی اور کمیونزم سے بدل دیا۔اور انسانوں کو اس فطری دنیا کا حصہ ثابت کیا جس کے اندر کوئی مافوق الفطرت مذہبی یا رُوحانی جوہر نہیں ہے۔مارکس کا اس بات پر یقین نہیں تھا کہ انسان کا خدا کے ساتھ کوئی رشتہ استوار ہے۔ان کا ماننا تھا کہ انسانی تاریخ خدا کی پیدا کردہ نہیں بلکہ یہ لاتعداد انسانی نسلوں کی شب و روز کی جہدِ مسلسل کا نتیجہ ہے۔انھوں نے لکھا: "کُل انسانی تاریخ انسان کی صدیوں پر محیط کوشش اور محنت کے سوا کچھ بھی نہیں۔"

اس اثناء میں جب مارکس ہیگل کے فلسفے کو پڑھ رہے تھے، غور کر رہے تھے اور اپنی یاداشت میں جذب کر رہے تھے اور ہیگل کی مثالیت پسندی کو رُوحانیت اور حقیقت پسندی کا رُوپ دے رہے تھے، وہ لڈوگ فیور باش سے متاثر ہو گئے جس نے Thesis to the Reform of Philosophy کے عنوان سے مئی 1843ء میں ایک کتاب لکھی تھی۔جس میں اس نے ہیگل کے فلسفے کو سر کے بل کھڑا کر دیا تھا۔اپنی کتاب میں فیور باش نے ثابت کیا کہ

”۔۔۔مذہب انسانوں کو نہیں بناتا بلکہ انسان مذہب کو بناتا ہے۔آئین انسانوں کو پیدا نہیں کرتا بلکہ انسان آئین بناتے ہیں۔حتیٰ کہ ہستی میں سوچ پیدا ہوتی ہے نہ کہ سوچ سے ہستی وجود میں آتی ہے۔“

مارکس نے فیور باش کے فلسفیانہ خیالات کو مجتمع کیا اور ان کی معاشیات اور سیاسیات کی دنیا میں ترویج کرنے لگے۔تاریخی مادیت کی فلسفیانہ عمارت تعمیر کرنے کے لیے مارکس نے فیور باش اور ہیگل کے سنگ وخشت استعمال کیے۔دھیرے دھیرے مارکس کا اپنا شعوری ارتقاء بھی جاری رہا۔وہ ایک علمی دانشور ونظریاتی فلاسفر سے ایک سرگرم کارکن میں تبدیل ہو رہے تھے۔چنانچہ ایک جگہ مارکس نے خود لکھا:

”فلسفیوں نے مختلف طریقوں سے دنیا کی صرف تشریح کی ہے حالانکہ اس کو بدلنے کی ضرورت تھی۔“

مارکس تاریخ کو صرف سمجھنا نہیں چاہتا تھا وہ اس کو بدل دینا چاہتا تھا۔وہ خاموش تماشائی بن کر بیٹھنے کی بجائے ایک فعال سیاسی رکن بننا چاہتا تھا۔

اپنی آزاد اور طبع زاد تھیوری کی ترویج کے لیے جن دنوں مارکس ہیگل اور فیور باش کے ساتھ شعوری طور پر مصروف تھے انھوں نے ایک انارکسسٹ (نراجی) (Pierre Joseph Proudhon) پائیر جوزف پراوڈون کے خیالات ونظریات کو للکار دیا۔جوزف اپنی ایک کتاب کی وجہ سے مشہور ہوا تھا،جس کا عنوان ”جائیداد کیا ہے؟“ تھا،جو بذاتِ خود ایک سوال تھا۔جس کا جواب جوزف نے یہ دیا تھا کہ ”جائیداد بنانا ڈاکہ ڈالنے کے مترادف ہے۔“اپنی کتاب میں جوزف نے غربت کے فلسفے پر اپنی توجہ مرکوز رکھی تھی۔مارکس نے اس کا جواب ”فلسفے کی غربت“ نامی کتاب سے لکھ کر دیا جو کہ جوزف کے عنوان کی تردید تھی۔

جب مارکس نے ہیگل پر اپنی تنقیدی کتاب ختم کی تو اس وقت وہ ایک شعوری تقلیب سے گزر رہے تھے۔اس کتاب کا نام انھوں نے ”ہیگل کے دائیں بازو کے فلسفے کا تنقیدی جائزہ۔ایک تعارف“ Towards A Critique of Hegel's Philosophy of Right اور یہ 1844ء میں شائع ہوئی۔مارکس اب فلسفے،شعوری آزادی اور علمی بلوغت کی اس منزل پر جاگزیں تھے جہاں وہ اپنے آزاد خیالات اور آدرش کی تخلیق کر سکتے تھے۔یہ وہ وقت تھا جب مارکس نے مذہبی اور روحانی نظریات پر نہ صرف سوالات اُٹھا دیئے بلکہ مذہبی عقائد کی غیر مذہبی تشریح پیش کر دی۔مارکس نے مذہب کے بارے میں اپنے خیالات کو یوں واضح کیا:

"مذہبی اذیت دوطرح کی ہے: ایک تو یہ حقیقی دکھ کا اظہار ہے۔ دوسرے حقیقی دکھ کے خلاف احتجاج بھی ہے۔ مذہب جہاں مظلوم مخلوق کی آہ وبکا ہے وہاں پتھر دل دنیا کا دل بھی ہے اور یہ بے روح دنیا کی روح ہے۔ مذہب لوگوں کے لیے افیوم ہے۔"

مختلف معاشی وسماجی نظریات پر غور کرتے ہوئے مارکس نے ایک اور نظریہ پیش کیا جس کے مطابق نظامِ سرمایہ داری انسانوں کو طبقات میں تقسیم کر کے ایک دوسرے سے دُور کرتا ہے۔ جس سے انسانوں کے لیے مختلف قسم کی تکالیف پیدا ہوتی ہیں۔

نظامِ سرمایہ داری سے پیدا شدہ آلام ومصائب کا جواب مارکس کے پاس کیمونزم کا نظریہ تھا۔ ایک ایسا نظام جس میں رزق کے ذرائع (جائیداد) کی ملکیت چند افراد کی بجائے پورے معاشرے کی ہوگی۔ مارکس نے اپنے کیمونزم کے خواب کو ان الفاظ میں بیان کیا:

"ریاست، خاندان، قانون مذہب اور اخلاقیات کا خاتمہ ہوجائے گا۔ میرے نزدیک یہ انسانوں کی "پیسہ خدا ہے" والے نظام سرمایہ داری کا غلام رکھنے کی مختلف اشکال ہیں۔"

کیمونزم کے خواب کو شرمندۂ تعبیر کرنے کے لیے مارکس کے دوست فریڈرک اینگلز نے ان کی مدد کی جن سے ان کی دوستی 1844ء میں ہوئی تھی، مگر ان کے درمیان مطابقت وتفاوت برابر برابر تھی۔ دونوں کا معاشیات اور محنت کش طبقے کے حوالے سے مطمع نظر یکساں تھا۔ ان کا فلسفہ ایک جیسا تھا مگر شخصیات مختلف تھیں۔ لاوین نے دونوں دانشوروں کا تقابل یوں کیا ہے:

"مارکس قیاس آفریں، تخلیقی اور ترکیب ساز ذہن رکھتا تھا جبکہ اینگلز ایک عملی اور تجرباتی انسان تھا۔ مارکس ایک جرأت آزما جلالی اور دھماکہ خیز شخصیت کے حامل تھے جبکہ اینگلز متحمل مزاج اور درگزر کرنے والا مفکر تھا۔ مارکس کنبہ پسند انسان تھا جب کہ اینگلز ایک عورت باز شخص تھا جس نے کبھی شادی نہیں کی۔"

1850ء کے آغاز تک مارکس نے معاشی انقلاب سے متعلق اپنے خیالات ونظریات پختہ کر لیے تھے اور اب وہ ان کو عوام کے سامنے کھول کر بیان کرنے کے لیے تیار تھے۔ ایک تقریر میں جو انھوں نے 1850ء میں لندن میں کی اپنے سامعین وحاضرین کو چونکا دیا۔ انھوں نے تقریر کا اختتام ایک انکشاف سے کیا:

"قرونِ وسطیٰ کے زمانے میں اپنی غلط کاریوں پر پیدا ہونے والی بغاوت کا بدلہ لینے کے لیے جرمنی میں ایک خفیہ عدالت بنائی گئی تھی۔ جس کا نام "وہم گریش" تھا۔ اگر کسی

گھر پر سُرخ کراس (ضرب) کا نشان لگا دکھائی دیتا تو اس کا مطلب یہ ہوتا کہ اس گھر کے مالک پر "وہم" کا قہر ٹوٹ چکا ہے یا اس کے نشانے پر ہے۔ مارکس نے اپنی تقریر ان الفاظ پر ختم کی: "میری بات غور سے سُنو! یورپ کے تمام گھروں پر سُرخ کراس لگا دیا گیا ہے۔ تاریخ منصف ہے اور محنت کش جلاد کا کام کرے گا"۔

یہ بات بہت حیران کن ہے کہ جب مارکس انقلاب کا خواب دیکھ رہا تھا تو وہ انقلاب جرمنی یا یورپ تک محدود نہ تھا بلکہ ساری دنیا کے لیے ایک نیا، مفید اور متبادل نظام کے طور پر پیش کیا جا رہا تھا۔ مارکس چاہتا تھا کہ دنیا کے ادنیٰ طبقات آپس میں متحد ہو کر نظامِ سرمایہ داری کو جڑ سے اُکھاڑ پھینکیں۔ دنیا سے غیر انسانی ناانصافیوں کا خاتمہ کرنے کے لیے مارکس کا خیال تھا کہ نظامِ سرمایہ داری پر مبنی دنیا کو سزائے موت سنا دی جائے۔ 1840ء سے 1860ء تک مارکس نے تاریخی مادیت، طبقاتی کاوش اور کمیونسٹ انقلاب سے متعلق اپنے نظریات کی ترویج کی اور ان کو اپنی درج ذیل کتب کے ذریعے پیش کیا:

German Ideology	(1845-1846)
Communist Manifesto	(1848)
Critique of Political Economy	(1859)
Capital	(Volume 1,1867)

جب ہم مارکس کی مادیت پسندی اور ہیگل کی مثالیت پسندی کا تقابل کرتے ہیں تو ہمیں جہاں تفاوت نظر آتی ہے وہاں کچھ مماثلت بھی ملتی ہے۔ لاوین نے لکھا:

"مارکس اپنا نامیاتی نظریہ قائم کرتے وقت ہیگل کی تقلید کرتا ہے۔ مارکس اور ہیگل دونوں کے نزدیک ہر افرادی معاشرہ آپس میں جُڑے ہوئے جزئیات کا کُل ہے۔ جس میں کوئی ایک عضو یک و تنہا سمجھ نہیں آسکتا۔ مگر ذرا اور گہری نظر سے دیکھیں تو مثالیت پسند ہیگل کسی خاص معاشرے کی یہ کلیت افراد کی رُوح ہے جو کسی مطلق روح کا کرشمہ ہے یا اس سے مُنسلک ہے۔"

ہیگل کے اس مثالیت پسند تصور کے برعکس، مارکس کے نزدیک کسی خاص معاشرے کا نامیاتی اتحاد مادی اور معاشی بنیادوں پر استوار ہے۔ جب ہم مارکس کے فلسفے کا مطالعہ کرتے ہیں تو ہمیں معلوم ہوتا ہے کہ مارکس کے نزدیک کسی معاشرے کی مادّی پیداوار تین حصوں پر مشتمل ہے:

پیداوار کی شرائط، پیداوار کے محرکات (پیداوار کی قوتیں) اور پیداواری تعلقات

ان تینوں کا حاصلِ کل، مارکس کے الفاظ میں کسی معاشرے کی معاشی بنیاد ہے۔ یا ذیلی

معاشی ڈھانچہ ہے۔اس کو وہ ذرائع پیداوار بھی کہتا ہے جو کہ مارکسزم میں ایک معروف اصطلاح اور مشہور نظریہ ہے۔مارکس کے نزدیک معاشی عناصر معصوم انسانی رشتوں میں کھوٹ پیدا کر دیتے ہیں۔نظامِ سرمایہ داری میں لوگ ایسے کام کرنے پر مجبور ہوتے ہیں جو ان کو قطعی ناپسند ہوتے ہیں مگر ان کو روٹی روزی کمانی ہوتی ہے مکان کا کرایہ دینا ہوتا ہے اور فراہم شدہ سہولیات کی لازمی ادائیگیاں کرنی ہوتی ہیں۔

ایسی مجبوری کی نوکریاں انسانوں کو ایک دوسرے سے جُدا کر دیتی ہیں۔ایسی نوکریوں سے پیداواری رشتے سماجی زندگی میں انسانی رشتوں کی جگہ لے لیتے ہیں۔رفتہ رفتہ معاشرے کا اُنس ومحبت بھرا ماحول ایک کاروباری ماحول میں تبدیل ہو جاتا ہے۔

مارکس کو معاشرے میں موجود طبقات کا بخوبی علم تھا اور پسماندہ طبقے کے استحصال کے بارے میں شدید ردعمل رکھتے تھے۔ان کے دل میں غریب محنت کشوں کے لیے نرم گوشہ تھا۔جبکہ امیر مالکان کے لیے وہ ناپسندیدگی بلکہ ایک قسم کی عدوات رکھتے تھے۔۔وہ پسماندہ، استحصال زدہ اور پسے ہوئے محنت کش طبقے کے حقوق کے لیے لڑنا چاہتے تھے۔لاوین نے اس کی مزید وضاحت یوں کی:

"مارکس کا معاشی تصور یوں تھا کہ جب محنت کش کی دن رات کی محنت سے پیدا ہونے والی پیداوار تقسیم ہو جاتی ہے تو وہ اس کی نہیں رہتی جس نے اس کو پیدا کیا تھا، بلکہ فارغ بیٹھا مالک اس کو سمیٹ لیتا ہے۔اس طرح کی غیر منصفانہ تقسیم سے ذاتی جائیداد کا ادارہ وجود میں آتا ہے جو معاشرِے کو دو طبقات "مالکان" اور "محنت کش" میں تقسیم کر دیتا ہے۔یوں یہ دونوں طبقات آقا اور غلام کے رشتے میں بندھ جاتے ہیں۔"

مارکس کا ماننا تھا کہ معاشیات اور محنت کش کا رشتہ کسی بھی سماج کا ڈھانچہ مرتب کرتا ہے، اسی معاشی بنیاد پر آگے چل کر پورے معاشرے کی بلائی عمارت کھڑی ہوتی ہے۔

1859ء میں لکھی گئی کتاب Critique of Political Economy کے دیباچے میں مارکس لکھتا ہے:

"پیداوار کے باہم رشتوں کا حاصل کُل معاشرے کا معاشی ڈھانچہ ترتیب دیتا ہے۔یہی وہ مضبوط بنیاد ہے جس پر قانونی اور سیاسی ڈھانچے تعمیر ہوتے ہیں۔حقیقی زندگی میں ذرائع پیداوار کسی سماج کا عمومی کردار، سیاسی عمل اور رُوحانی رویوں کا تعین کرتے ہیں۔"

مارکس کا ماننا تھا کہ معاشی عناصر، طبقاتی ڈھانچہ (ذیلی ڈھانچہ) پر ایک بالائی ڈھانچے کی تعمیر

ہوتی ہے جس سے کسی معاشرے کی مذہبی، فلسفیاتی، قانونی، سیاسی، اخلاقی اور عمرانی اقدار کا انحصار ہوتا ہے۔ مارکس کا کہنا تھا کہ ہر معاشرے میں طاقتور اور غالب طبقے کے کچھ معاشی مفادات ہوتے ہیں اور ان مفادات کو برقرار رکھنے کے لیے غالب طبقہ اس معاشرے کے اصول وضوابط اور اقدار کا تعین کرتا ہے۔ ان اقدار سے نظریہ جنم لیتا ہے۔ کئی دہائیوں تک کئی ناقدین اس بات پر حیران و پریشان رہے کہ کیا مارکس اپنے ہی نظریاتی جال میں پھنس گیا تھا؟ کیا وہ غالب طبقے کے نظریاتی پھندے سے نکلنے کے لیے مظلوم طبقے کے نظریاتی دام میں آ گیا تھا؟

جب مارکس معاشی مسائل کو نظریات میں متشکل کر رہا تھا اور ان گتھیوں کو سلجھا رہا تھا وہ اس وقت تاریخ کے بارے میں بھی ایک نظریہ تشکیل دے رہا تھا۔ اس کے تاریخ کے نظریے اور ہیگل کے تاریخ کے نظریے میں جہاں مماثلت پائی جاتی تھی وہاں چند تفاوتیں بھی تھیں۔

لاوین نے لکھا: "مارکس نے تاریخ کے اپنے نظریے کی بنیاد ہیگل کے فلسفۂ تاریخ پر رکھی۔ مثلاً تاریخ ایک ترقی پزیرانہ عمل ہے۔" تاریخ ایک مبنی بر دلیل ڈھانچہ ہے جو وقت کے ساتھ اپنے آپ کو قوانینِ جدلیت کے تحت آشکار کرتا ہے۔

مگر ہیگل کے نزدیک تاریخی جدلیاتی عمل کی انفرادی اکائیاں عظیم قومی ریاستیں ہیں جن میں سے ہر ایک آزادی کے ترقی پسندانہ شعور کا احاطہ کیے ہوئے ہے۔ اس کے برعکس مارکس تاریخی جدلیات کی انفرادی اکائیوں کو ذرائع پیداوار کا نام دیتا ہے۔ ہیگل کے جدلیات کے ماڈل کو تسلیم کرنے کے باوجود مارکس نے بہت برہمی سے ہیگل کی تاریخ کے تغیر کے مثالیت پسند نظریے کو آزادی کے جدلیات پسند نظریے کے طور پر مسترد کر دیا۔

مارکس کے نزدیک خیالات کسی شے کی تشریح نہیں کرتے بلکہ خیالات و نظریات معاشرے کی معاشی بنیادوں کا پرتو ہوتے ہیں۔ خیالات وہ بالائی ڈھانچے ہیں جو کسی معاشرے کی معاشی بنیاد گرنے سے زمین بوس ہو جاتے ہیں۔

مارکس کے نزدیک معاشی طاقتیں اتنی سکت رکھتی ہیں جو تاریخ کو بدل دیں۔ مارکس کے فلسفے کو جہاں بہت زیادہ شہرت ملی وہاں کئی ایک معاشیات دانوں کی طرف سے تنقید کا سامنا بھی تھا۔ ان کے نزدیک محنت کشوں کی جدوجہد انسانی تاریخ میں تبدیلیوں کی وضاحت نہیں کرتی۔ اگرچہ یہ کسی حد تک وضاحت ضرور کرتی ہے مگر مکمل طور پر نہیں۔

ان کا خیال تھا کہ طبقاتی کشمکش تاریخی تبدیلیوں اور ارتقاء کا ایک عنصر ضرور ہے مگر تنہا سبب نہیں ہے۔ ان معاشیات دانوں نے مارکس کے نظریات پر بنیادی سوال اٹھائے ان کا یہ بھی کہنا تھا کہ انسانی

تاریخ بہت سے باہم مربوط اور پیچیدہ عناصر پر انحصار کرتی ہے ان میں کچھ معاشی، ثقافتی، جذباتی، سماجی، سیاسی اور کچھ نظریاتی عوامل شامل ہوتے ہیں۔

لاوین نے لکھا ہے:

"مارکس بڑے کرّوفر سے دعویٰ کرتا ہے کہ اس نے تاریخ کے جدلیاتی قوانین دریافت کر لیے ہیں، جو قوانینِ فطرت کی طرح ناگزیر اور غیر متغیر نتائج پیدا کریں گے۔ مگر کیا مارکس کے پاس حقیقی تاریخی تبدیلی کا کوئی ایسا ثبوت ہے جو ٹھوس عنصر (سبب) کے طور پر پیش کیا گیا ہو؟ اس کے جواب میں مارکس بہت سرسری سا ثبوت پیش کرتا ہے۔ خاص طور پر اوّلین انسانی تاریخ کے ضمن میں جب ابھی تک جاگیرداری اور سرمایہ داری نظام بھی وجود میں نہیں آئے تھے۔"

مارکس کا ماننا تھا کہ جس طرح جاگیرداری نظام، نظامِ سرمایہ داری نے ختم کر دیا تھا اسی طرح ایک دن کمیونزم نظام سرمایہ داری کو ختم کر دے گا۔ اس کا خیال تھا کہ سرمایہ دار ماضی کے انقلابی تھے جب کہ کمیونسٹ مستقبل کے انقلابی ہونگے۔ بورژوا (متوسط طبقہ) ماضی کا انقلابی تھا جبکہ پرولتاریہ (ادنیٰ طبقہ) مستقبل کے انقلابی ہوں گے۔ اس بات کی لاوین اس طرح وضاحت کرتی ہیں:

"جب بورژوا (کاروباری) طبقے نے عروج حاصل کیا تو وہ سرمایہ دار بن گیا۔ پھر وہ ایک خاموش انقلاب لے آیا۔ وہ یہ تھا کہ اس نے جاگیردارانہ نظام کی کو لپیٹ دیا اور اس کو سرمایہ دارانہ نظام (کیپٹلزم) میں تبدیل کر دیا، سیاسی طاقت حاصل کر لی اور اپنا الگ نظریاتی ڈھانچہ پیدا کر لیا۔ مگر وہ مقدمہ جس کی بنیاد اُبھرتی ہوئی کاروباری طبقے کی قوت تھی جس نے جاگیردارانہ نظام کا دھڑن تختہ کیا تھا اب سرمایہ داری نظام کا مقدر بن گیا ہے۔ کیونکہ زور آور بین الاقوامی نظام نظامِ سرمایہ داری کی اُبھرتی ہوئی قوت نے اپنا ایک حریف پیدا کر لیا ہے اور وہ حریف کوئی اور نہیں بلکہ بین الاقوامی طور پر مربوط محنت کش طبقہ ہے۔ سرمایہ داروں نے گویا اپنے گورکن پیدا کر لیے ہیں۔ اب نظامِ سرمایہ داری کا زوال اور محنت کش طبقے کی فتح یقینی ہے۔"

مارکس نے محنت کش انقلاب کی جو پیشین گوئی کی ہیگل نے نہیں کی تھی۔ ہیگل کا خواب انسانی آزادی تھی جب کہ مارکس نے ادنیٰ طبقے کی حکمرانی کی پیشن گوئی کی جو خونی انقلاب کے بعد ایک غیر طبقاتی معاشرے کو جنم دے گا۔ اس نے ایک جگہ لکھا:

"کیا تمھیں 1848ء کے کمیونسٹ منشور کی سو سال سے خوفناک، سنسنی خیز آواز دنیا بھر میں

گونجتی سنائی نہیں دیتی؟ کمیونسٹ افراد اپنے عزائم و مقاصد کو پوشیدہ رکھنا اپنی تحقیر سمجھتے۔ وہ واشگاف اعلان کرتے ہیں کہ ان کے مقاصد موجودہ سماجی نظام کو زبردستی معزول کرنے سے بھی حاصل ہو سکتے ہیں۔ کیمونسٹ انقلاب کے خوف سے حکمران طبقے کی ٹانگیں کانپ رہی ہیں۔ محنت کشوں کے پاس غلامی کی زنجیریں کھونے کے سوا کچھ نہیں۔ ان کی مفتوحہ پوری دنیا ہے۔ اے دنیا کے محنت کشو متحد ہو جاؤ۔۔۔''

کیا مارکس کا نظریہ واقعتاً ایک حقیقت ہے یا محض پروپیگنڈہ؟ کیا یہ تاریخ کا فطری قانون ہے یا سیاسی عزائم حاصل کرنے کا منصوبہ اگر تو یہ تاریخ کا فطری قانون ہے تو یہ نظام برپا ہو کر رہے گا کوئی اس کے لیے لڑے یا نہ لڑے۔ اگر تو یہ سچ ہے تو ہمیں محنت کش طبقے کو ایک خونی اور پُرتشدد انقلاب پر اُکسانے کی ضرورت نہیں۔

لاوین وضاحت کرتی ہیں:

''کیا کیمونسٹ منشور کو ایک سچ سمجھا جائے یا پروپیگنڈہ؟ کیا مارکس کا تاریخی مادیت کا نظریہ ایک معروضی حقیقت ہے خصوصاً جب اس نظریئے کو جو کچھ انسانی معاشروں میں ہوا، تاریخی تبدیلیوں کے تناظر میں پرکھا جائے یا اس کے بجائے کسی سیاسی مقصد کو حاصل کرنے کے لیے محض پروپیگنڈہ تصور کیا جائے۔ جس کے حصول کے لیے محنت کش طبقے کے شوقِ دیوانگی کو استعمال کر کے نظامِ سرمایہ داری کا خاتمہ کرنا ہے مارکس صرف فلسفی نہیں تھا بلکہ سیاسی کارکن بھی تھا۔ وہ نہ صرف تاریخ کو سمجھنا چاہتا تھا بلکہ اس کو بدل دینا چاہتا تھا۔ اس نے ایک اور جگہ لکھا:

''فلسفیوں نے مختلف طریقوں سے دنیا کی توجیہات بیان کی ہیں کسی نے اس کو بدلنے کی بات نہیں، حالانکہ مقصد تو یہ ہونا چاہیے تھا۔''

جب مارکس دنیا بھر میں کیمونسٹ انقلاب لانے کی منصوبہ بندی کر رہا تھا تو سماجی سائنسداں نہیں بلکہ سرگرم سیاسی کارکن بن چکا تھا۔

''اس طرح مارکس کا تاریخ کے بارے میں نظریہ ایک معروضی حقیقت ہونے کا دعویٰ کھو بیٹھا یا تو اس کو پروپیگنڈہ یا پھر انتہا پسندانہ عملیت پسندی سمجھا گیا۔ ایک ایسا نظریہ جس کا دامن معروضی حقیقت سے خالی ہے اور اس مفروضے پر قائم ہے کہ عوام جس بات کو سچ مان لیں اور وہ ان کے فائدے کی بھی ہو، سچ ہوتی ہے۔''

اب یہاں پہنچ کر ایک اور سوال پیدا ہو جاتا ہے کہ کیا مارکس ایک معاشیات داں تھا، فلسفی تھا،

سیاسی کارکن تھا یا محض ایک نظریہ ساز؟

"کیا مارکس خود اپنے ہی بچھائے ہوئے نظریاتی جال میں تو نہیں پھنس گیا تھا؟ وہ جال جس کے ذریعے وہ تمام گزشتہ نظریوں کو پھانستا اوران کی تردید کرتا تھا۔کیا مارکس کا نظریہ تاریخ کے ایک خاص دور میں ،طبقاتی کشمکش کے پس منظر میں تو نہیں بنایا گیا تھا۔جس میں محنت کش طبقے کے مفادات سرمایہ داروں کے ہاتھوں ختم ہونے کی معدوم سی شعوری آگاہی دی گئی تھی۔کیا مارکس بھی دیگر مثالیت پسندوں کی طرح ایک خاص سماجی طبقے کے مفادات کو سامنے رکھ کر نظریئے گڑتا تھا۔یہ مارکس ہی تھا جس نے خود ہمیں سکھایا کہ نظریات کو ہمیشہ شک کی نظر سے دیکھو۔"

مارکس نے 1849ء میں جلاوطن ہونے کے بعد باقی زندگی لندن میں گزاری جہاں 1883ء میں ان کا انتقال ہوگیا۔یہ وہ برس تھے جوان کی بیوی جینی کے بقول ان کے خاندان کے لیے مشکل ترین سال تھے۔ مارکس نے "داس کیپٹل" 15 سال میں مکمل کی جو 1867ء میں شائع ہوئی۔رفتہ رفتہ مارکس اپنے دیرینہ اور آخری خواب کو مربوط کرنے اور تحریر کرنے میں کامیاب ہو گئے۔ان کے کیمونسٹ مثال پسندی کا بنیادی خیال یہ تھا:

"ہر کسی کو اس کی قابلیت کے مطابق کمانا ہے تاکہ ہر ایک کو اس کی (جائز) ضرورت کے مطابق ملے۔"

مارکس نے ایک پُرامن اور منصفانہ دنیا کا خواب دیکھا تھا مگر ان کا ایمان تھا کہ اس پُرامن دنیا تک جانے کے لیے انسانیت کو ایک خون کا دریا عبور کرنا ہوگا۔اب جب کہ مارکس کو گزرے ایک صدی سے زائد کا عرصہ بیت گیا ہے، ہم یہ دیکھتے ہیں کہ اپنے وقت کو مدنظر رکھ کر مارکس صحیح طور سے پیش گوئی نہیں کرسکا تھا۔اس کا خواب جس کو وہ حقیقت سمجھتا تھا نظامِ سرمایہ داری کی موت اور کمیونزم کی پیدائش تھی، غلط ثابت ہوا۔۔۔

مارکس کا یہ اندازہ کہ کیپٹلزم اپنی اصلاح نہیں کرسکتا غلط ثابت ہوئی۔نظامِ سرمایہ داری سے بہت مدت پہلے کیمونسٹ منشور کے مطالبات اپنے اندر ضم کرلیے تھے اور اب وہ فلاحی ریاستوں کے قیام کی جانب چل پڑا ہے۔مارکس نے یہ پشین گوئی بھی کی تھی "کیمونزم کا جنم یورپ میں ہوگا، روس یا چین میں نہیں۔" غلط ثابت ہوئی۔

مارکسزم پر تنقید

بیسویں صدی میں نصف دنیا نے جہاں بڑے فخر کے ساتھ اپنے آپ کو مارکسزم کے ساتھ منسوب کرلیا وہاں بہت سے ممالک نے مارکس اور مارکسزم پر شدید تنقید بھی کی کیونکہ ان کو مارکس کے نظریات اوراس کے پیروکاروں کے عمل میں کھلا تضاد صاف دکھائی دیتا تھا۔مارکسزم پر تنقیدایک وسیع تناظر میں دیکھنے کی ضرورت ہے۔

ڈیموکریٹک سوشلسٹ (جمہوری سماج پسند) اورسوشل ڈیموکریٹس (سماجی جمہوریت پسند) ہر دو اس بات پر یقین رکھتے ہیں کہ ایک سوشلسٹ معاشرہ قائم کرنے کے لیے طبقاتی جنگ اور پُرتشدد خونی انقلاب کی ضرورت نہیں۔ایسا پُرامن اور جمہوری طریقے سے بھی ممکن ہے۔کچھ ماہرین معاشیات کا خیال ہے کہ مارکس کا فلسفہ اورطریقہ کار اپنے مافی الضمیر میں کچھ کجیاں رکھتا ہے کیونکہ مارکس نے اپنے ہی نظریات سے غلط نتیجے اخذ کیے۔کارل منگر نے اپنی کتاب Principles of Economics میں مارکس کی کلاسیکل لیبر تھیوری کو چیلنج کیا ہے۔برطانوی معاشیات داں الفریڈ مارشل نے مارکس پر ان الفاظ میں تنقید کی:

"یہ سچ نہیں کہ کسی فیکٹری میں دھاگے کی بنوائی صرف مزدور کی صناعی ہے۔بلکہ یہ مزدور، آجر، ماتحت عملے اور اس پر اُٹھنے والا سرمایہ، سب کی مشترکہ کاوش کا نتیجہ ہے۔ مارکسزم کی بنیاد تاریخی مادّیت پر ہے۔جس کا فلسفہ یہ ہے کہ پیداوار کے ذرائع سماجی رشتوں کو طے کرتے ہیں۔ جب ذرائع رزق کے تبدیل ہوتے ہیں تو رشتے بھی بدل جاتے ہیں۔مارکس کے مطابق طبقاتی کشمکش اور معاشی تغیرات نظریاتی ڈھانچہ، ثقافت، مذہب اورسیاست کے خدوخال بناتی ہیں۔مختصر یہ کہ معاشیات سماجی رشتے اورسماجی شعور طے کرتی ہے۔بہت سے ناقدین کا خیال ہے کہ یہ تھیوری کسی بھی معاشرے کی سماجی حالت بیان کرنے کے لیے بہت ہی سادہ ومختصر ہے۔معاشیات کسی معاشرے کی عمومی حالت بنانے میں اہم کردار ادا کرتی ہے مگر یہ واحد عنصر نہیں ہے۔ان کا خیال ہے کہ ثقافت، مذہب اور ادب بھی کسی معاشرے کے خدوخال بنانے میں زیادہ نہیں توکم ازکم معاشیات جتنا کردار ضرور ادا کرتے ہیں۔انسانی معاشرے کثیر جہتی اور کثیر عنصری ہوتے ہیں جن کے پیچیدہ ڈھانچے ہر وقت تغیر پذیر رہتے ہیں۔ان تبدیلیوں کا ذمہ دار کسی ایک عنصر کوٹھہرنا خواہ وہ کتنا ہی نمایاں کیوں نہ ہوتخفیف پسندانہ روّیہ ہے۔"

پی آر سار کر بھی مارکسزم کے ناقدین میں سے ہیں ان کا خیال ہے کہ مارکسزم کا تاریخ کے ارتقاء پر نقطہ نظر تنگ نظری پر مبنی ہے۔ جان مینارڈ کینز کا خیال ہے کہ "داس کیپٹل ایک متروک نصابی کتاب ہے جو کہ میرے خیال میں نہ صرف سائنسی طور پر غلط ہے بلکہ جدید دنیا کے لیے اپنے اندر کوئی دلچسپی یا قابلِ عمل ہونے کی صلاحیت نہیں رکھتی۔"

لاوین کا خیال ہے کہ مارکس ایک سیکولر اور دہریہ فلسفہ رکھتے تھے مگر ان کا یہ نظریہ کہ ایک دن آئے گا جب انسانیت کو ایک غیر طبقات پر مبنی انصاف اور پُر امن دنیا ملے گی اپنے اندر مذہبی رنگ رکھتا ہے۔ وہ لکھتے ہیں: ''عقلی طور پر ایک دھریہ، مادیت پسند اور سیکولر مارکس سے ان دعوؤں کی توقع نہیں کی جانی چاہیے۔"

برٹرینڈ رسل کا ماننا تھا کہ مارکسزم غیر سائنسی نظریہ ہے جو اپنے اندر مذہب کی ایمائیت رکھتا ہے۔ اور انسانی ترقی کو عالمگیر قانون سمجھتا ہے۔ ان کا خیال تھا کہ مارکس اپنے آپ کو دھریہ کہتے تھے لیکن اپنے اندر ایک کائناتی امید پرستی رکھتے تھے جو ان کے توحید پرست ہونے کی نشان دہی کرتا ہے۔

مارکس کے مداحین

جب ہیگل کی وفات ہوئی تو ان کے پیروکار اور شاگرد دو حصوں میں بٹ گئے۔ دائیں بازو کے ہیگلی یہ ثابت کرنے کی کوشش کرتے تھے کہ ہیگل دل و جاں سے عیسائی تھے اور مقدس رُوح پر ایمان رکھتے تھے جب کہ دوسرا گروہ یعنی بائیں بازو کے ہیگلی جو نوجوان ہیگلی بھی کہلاتے تھے جن میں مارکس بھی شامل تھے، کا ماننا تھا کہ ہیگل ایک پکے دھریہ تھے کیونکہ وہ عیسائیوں کے شخصی خدا سے انکاری تھے۔ اسی طرح جب مارکس کی وفات ہوئی تو ان کے مداحین اور پیروکار دو حصوں میں تقسیم ہو گئے۔

1- ڈھانچہ جاتی مارکسسٹ 2- انسان دوست مارکسسٹ

ڈھانچہ جاتی مارکسسٹ جیسا کہ لوئس التھوزیئر مارکس کو ایک انقلابی اور سیاسی کارکن کے طور پر سراہتے ہیں جو سرمایہ داری کے استحصالی نظام کا خاتمہ کر کے اس کو انصاف پسند کیمونسٹ نظام سے بدل دینا چاہتا تھا۔

دوسری طرف انسان دوست مارکسسٹ جیسا کہ ایرک فرام وغیرہ مارکس کے ایک انسان دوست فلسفی کے طور پر معترف تھے جن کو مارکس کے ''تقسیم انسانی'' کی فکر تھی۔ ایسے مداح جمہوری

طریقوں سے سماجی نظام پیدا کرنا چاہتے تھے۔سوال یہ پیدا ہوتا ہے کہ کیسے ممکن ہے کہ ایک ہی شخص بطور ایک سیاسی کارکن اور پھر وہی شخص ایک فلاسفر، دو طریقوں سے کیسے سمجھا جا سکتا؟

ایسے شخص کی ایک توجیح تو یہ ہے کہ وہ لوگوں کو خونی انقلاب کے ذریعے انصاف پر مبنی نظام کے حصول پر اُبھارتا ہے جب کہ اس کی دوسری توجیح اس کے پیروکاروں کو جوش دلاتی ہے کہ وہ پُرامن اصلاحات کے ذریعے انسان دوست معاشرہ قائم کریں۔

چونکہ مارکس نے دونوں فلسفے اپنی فلسفیانہ اور سیاسی نشوونما کے دو مختلف ادوار میں وضع کیے اور چونکہ دونوں فلسفے ان کی تحریروں میں موجود ہیں، میں بطور ایک سائیکوتھراپسٹ (نفسیاتی معالج) یہ سمجھتا ہوں کہ ان کے مداحین کے لیے آسان ہو گیا ہے کہ وہ اپنی اپنی ذاتی خوش فہمیاں، تصورات کا اظہار اور مغالطے مارکس سے منسوب کر کے پیش کریں۔

لہٰذا لوئس التھوزر جیسے فلسفی اور سیاسی کارکن جو مسلح جدوجہد پر یقین رکھتے ہیں پر تشدد انقلاب کا جواز مارکس کی تحریروں میں سے نکال لیتے ہیں اور دوسری طرف ایرک فرام جیسے رہنما جو پُرامن تبدیلیوں پر یقین رکھتے ہیں وہ بھی اس کا جواز مارکس کی تحریروں میں دیکھتے ہیں۔

یہ بات باعث دلچسپی ہے کہ مارکس کی وفات کو ایک صدی سے اوپر کا عرصہ گزر جانے کے باوجود دونوں گروہ مختلف وجوہات کی بنا پر مارکس کے معترف ہیں۔ان کے لیے مارکس کے افکار و نظریات متاثر کن، رہنمائی کا باعث اور قابلِ تقلید ہیں۔

ooo

فریڈرک نطشے ۔۔۔ مستقبل کا فلسفی

فریڈرک نطشے جرمن نژاد فلسفی تھے، جنھوں نے اپنے اس قول کی وجہ سے شہرت پائی کہ:

"خدا مر چکا ہے۔"

نطشے 1844ء میں جرمنی کے ایک چھوٹے سے قصبے میں پیدا ہوئے۔ بچپن کے ایام سے ہی انھوں نے موسیقی، شاعری اور فلسفے میں دلچسپی لینی شروع کر دی تھی۔ وہ ہیڈرک ہولڈرلن اور ارنسٹ آرٹلپ جیسے شعراء سے متاثر تھے۔ کوئی تعجب نہیں کہ ان کی شاہکار کتاب Thus Spoke Zarathustra نے فلسفے اور شاعری کے مابین ایک پُل کا کام کیا ہو۔ نطشے نے الٰہیات اور فلسفے کی تعلیم یونیورسٹی آف بون سے حاصل کی۔ وہ اپنے ایک پروفیسر رِٹشل سے اتنے متاثر تھے کہ ان کا تبادلہ یونیورسٹی آف لپزگ ہونے پر نطشے نے بھی اپنی یونیورسٹی بدل لی اور ان کی یونیورسٹی میں داخلہ لے لیا۔ 1865ء میں نطشے نے شوپن ہار کا مطالعہ کیا تو اس کے فلسفے کے عاشق ہو گئے۔ شاید اس کی وجہ اس فلسفی کی افسردہ خاطر طبیعت رہی ہو۔

1859ء میں نطشے کی ملاقات رکارڈ ویگنر سے ہوئی پھر وہ اس کی محبوبہ کازمینہ سے بھی ملے اور دونوں کے قریبی دوست بن گئے۔

بعدازاں پروفیسر رِٹشل کی سفارش پر نطشے کو یونیورسٹی آف بیسل، سوئٹزرلینڈ میں لسانیات کا پروفیسر تعینات کر دیا گیا۔ اس یونیورسٹی کی تاریخ میں وہ سب سے کم عمر پروفیسر تھے۔ وقت گزرنے کے ساتھ ساتھ نطشے کی تحاریر مقبول اور متنازع ہوتی جا رہی تھیں۔ وہ ایک بسیار نویس لکھاری تھے جنھوں نے 1878ء سے 1888ء تک دس سال میں دس کتابیں تخلیق کیں۔ 1885ء میں انھوں نے یونیورسٹی آف لپزگ میں بطور معلم تعینات ہونے کے لیے درخواست دی جو اس وجہ سے مسترد کر دی گئی کہ وہ خدا اور عیسائیت پر تنقید کرتے تھے۔ دہریت پسند ہونے کی وجہ سے نطشے کو جرمنی کی کسی بھی جامعہ میں نوکری کے لیے ناموزوں قرار دے دیا گیا۔ 1889ء میں نطشے نروس بریک ڈاؤن

(اعصاب شکنی) کا شکار ہو گئے۔ اور ان کو دماغی امراض کے ہسپتال میں داخل کروا دیا گیا۔ ہسپتال سے فارغ ہونے کے بعد ان کی نگہداشت ان کی والدہ نے شروع کر دی۔ حتّٰی کہ 1897ء میں والدہ کا انتقال ہو گیا۔ اس کے بعد نطشے کی نگہداشت کی ذمہ داری ان کی بہن نے سنبھال لی، جو اس وقت خود اپنے شوہر کی خودکُشی کے صدمے سے دوچار تھیں۔ بہن کی دیکھ بھال کے دوران 1900ء میں نطشے فوت ہو گئے۔

نطشے کا فلسفہ:

نطشے ایک انقلابی مفکر تھے۔ وہ عیسائیت اور دیگر مذاہب پر چبھتے ہوئے سوالات اٹھاتے تھے۔ ان کا ماننا تھا کہ مذاہب نے فطرت کی روش پر پیدا ہونے والے انسانوں کو "اچھے" اور "بُرے" سے بدل کر "نیک" اور "بد" میں تقسیم کر رکھا ہے۔ ان کا خیال تھا کہ بنی نوع انسان کو مذاہب اور اس کے بنائے اخلاقی ضابطوں سے بلند ہونا ہوگا تاکہ وہ انسانیت کے وسیع تر کنبے میں شامل ہو سکیں۔ نطشے نے عیسائیت کے ساتھ کئی محاذ کھول رکھے تھے۔ خدا پر ایمان کے حوالے سے تو انھوں نے خدا پر سامنے سے سیدھا وار کر دیا۔ جب انھوں نے یہ اعلان کیا کہ خدا مر چکا ہے تو انھوں نے لکھا:

"کیا ہمیں اب بھی گورکن (کے کدال) کی آواز سُنائی نہیں دیتی جو خدا کو دفن کر رہا ہے؟ ہمیں اس کی جسم کے گلنے کی بساند بھی نہیں آتی؟ خدا بھی گل سڑ جاتے ہیں۔ خدا مر چکا۔ وہ فوت شدہ ہی رہے گا۔ اور اس کو ہم نے مارا ہے۔۔۔ آخر یہ گرجا گھر کیا ہیں؟ یہ خدا کے مقبرے اور مزار ہی تو ہیں۔"

نطشے نہ صرف ان پادریوں کی مخالفت کرتے تھے جو شخصی عیسائی خدا پر ایمان رکھتے تھے بلکہ ان فلسفیوں پر بھی تنقید کرتے تھے، جو "مابعد الطبیعیات" کو سچ مانتے تھے۔ وہ اس نظریے کے پرچارک تھے کہ ہمیں خدا، روحانیت اور مابعد الطبیعیات کو خیر باد کہنا ہوگا کیونکہ یہ قصہ پارینہ ہو چکے ہیں۔ ان کا ماننا تھا کہ ہمیں کسی بھی پروردگار پر ایمان نہیں رکھنا چاہیے خواہ اس کو فطرت ہی کی کوئی صورت دی جا رہی ہو۔ وہ اس کو فطرت کی (De-Deification) (معبودوں سے نجات کا عمل) کہتے تھے۔ نطشے نہ صرف عیسائیوں کے شخصی تصورِ خدا کے مخالف تھے بلکہ وہ ہیگل کے ''ایک رُوح'' کے تصور پر بھی معترض تھے، جو مبینہ طور پر ارتقاء کی سمت متعین کرتی ہے۔ نطشے کا فلسفہ تھا کہ فطرت، فطرت ہے۔ خدا کا اس کے ساتھ کوئی تعلق نہیں ہے۔ انھوں نے لکھا:

"علم کی ایک بلند سطح یہ ہے کہ انسان توہمات سے جان چھڑا کر مذہبی تصورات سے نجات

حاصل کر لے۔خوف سے آزاد ہو جائے ۔ مثال کے طور پر وہ فرشتوں اور بالخصوص گناہوں وغیرہ پر یقین نہ کرے اور رُوح کی نجات کو بھول جائے۔جب وہ آزادی کے اس مقام پر پہنچ جائے گا تو اس کو ایک آخری کوشش یہ بھی کرنی چاہیے کہ وہ مابعدالطبیعیات سے بھی خلاصی پا لے۔"

نطشے نہ صرف پیغمبروں کے نقاد تھے بلکہ ان فلسفیوں پر بھی تنقید کرتے تھے جو پیغمبروں کی طرح سوچتے، عمل کرتے اور لکھتے تھے اور انسانیت کے مستقبل کے بارے میں پیشین گوئیاں کرتے تھے۔وہ ان کو "فلسفی پیغمبر" کہتے تھے۔انھوں نے ایک جگہ لکھا:

"تاریخِ عالم کی اعلیٰ ترین سمجھ بُوجھ انسان کے بس کی بات نہیں۔مگر المیہ یہ ہے کہ عظیم تاریخ داں فلسفی پیغمبر بن گئے۔اس کی وجہ سے انسانیت کو بہت نقصان پہنچا ہے۔اب یہ پہلے جیسی نہیں رہی۔وہ مضبوط عقیدے رکھتے تھے اور نطشے کے نزدیک عقائد، جھوٹ کے مقابلے میں سچ کے زیادہ خطرناک دشمن ہیں۔"

نطشے نے خدا پر ایمان، مذہب، اخلاقیات اور روحانیت کو مسترد کر دیا تھا۔تاکہ انسان اپنے لیے جدید فلسفہ حیات بنا سکیں۔انھوں نے لکھا:

"دائمی اور مجرد خداؤں کو مرجانا چاہیے تاکہ ایک محدود انسان اپنی محدودیت کو دائمی سمجھے جو فطرت ایک تواتر سے عمل پذیر کرتی رہتی ہے۔انسان اور کائنات کی لامحدودیت دونوں، کسی الگ الٰہیاتی لامحدود شخصیت کے وجود کو برداشت نہیں کر سکتے۔دنیا کی بہتری خدا کے مرنے ہی میں پنہاں ہے۔"

نطشے کے نزدیک "سپر مین" کے جنم کے لیے خدا کو مرنا پڑے گا۔ان کے نزدیک ہر قسم کے مذاہب اور خداؤں کا دور اختتام پذیر ہو چکا ہے۔نوعِ انسان کو اپنی زندگی کے لیے نئی اقدار بنانا ہوں گی۔انھوں نے نئی اقدار کا حامل ایک نیا کردار تخلیق کیا۔نطشے نے ایک اعلیٰ انسان کا تصور پیش کیا اور مختلف سماجی ثقافتی اور فلسفیانہ حلقوں میں اس کا نام "سُپر مین" یا "سُپر ہیومن" رکھا۔

نطشے کی تخلیقات:

- o The Birth of Tragedy — 1871ء
- o Human, All Too Human — 1978ء
- o The Gay Science — 1882ء
- o Thus Spoke Zarathustra — 1885ء

- Twilight of the Idols — 1889ء
- The Anti-Christ: Curse on Christianity — 1895ء

یہ نطشے کی وہ تخلیقات ہیں جنھوں نے ان کو اُنیسویں صدی کا عظیم فلاسفر بنا دیا۔ پال رکوؤر (Paul Ricoeur) کی رائے میں فریڈرک نطشے، کارل مارکس اور سگمنڈ فرائڈ تینوں تشکیک کی درسگاہ کے ماہر اساتذہ ہیں۔

دماغی عارضہ:

میں بطور ایک نفسیاتی معالج اپنے آپ سے جب نطشے کے دماغی اور جسمانی طور پر معذور ہو جانے کے بارے میں سوال کرتا ہوں تو درج ذیل وجوہات میرے سامنے آتی ہیں۔

1۔ نطشے کو اپنے بچپن کے آغاز میں ہی چند شدید صدموں سے دوچار ہونا پڑا۔ موت نے ان سے ان کے والد اور بھائی کو چھین لیا۔ یہ بہت کم عمری (تین چار سال) کی بات ہے پھر ان کے خاندان کو ہجرت کرنا پڑی، یوں ان سے ان کے ہمجولی بھی چھن گئے۔

نطشے نے اپنا ایک خودسوانحی خاکہ لکھا ہے جس میں ان زود رنج واقعات کا تذکرہ وہ یُوں کرتے ہیں:

> "میں 15، اکتوبر 1844ء کو پیدا ہوا تھا۔ جب میں نے ہوش سنبھالا تو اوّلین واقعہ جو میرے ساتھ پیش آیا۔ وہ میرے والد کی بیماری تھی۔ یہ پہلا ذہنی صدمہ تھا جو میرے دماغ میں پیوست ہو گیا۔ ان کی بڑھتی ہوئی بیماری ان کی بینائی کا آہستہ آہستہ ختم ہو جانا، لاغر ہو جانا، معالج کی متفکرانہ رائے اور گاؤں کے لوگوں کے غیر محتاط جملوں سے اس معصوم سی عمر میں، میں نے یہی نتیجہ نکالا کہ بدقسمتی نے ہمارا گھر ڈھونڈ لیا ہے۔ اور پھر یہ بدقسمتی ہمارے ہاں آکر رہنے لگی۔ میرے والد فوت ہو گئے۔ میری عمر ابھی 4 سال بھی سے بھی کم تھی۔ اس کے چند ماہ بعد میرا واحد بھائی بھی چل بسا۔ وہ ایک زندہ دل اور ہر دل عزیز بچہ تھا۔ مجھے اچھی طرح یاد ہے کہ اچانک درد سے اس نے اپنا پیٹ پکڑ رکھا تھا۔ پھر وہ اسی پیٹ کے مروڑ سے بہت جلدی مر گیا۔ اب ہمیں اپنا گھر چھوڑ دینا تھا۔ مجھے یہ بھی یاد ہے کہ اس شام میں اپنے ہمجولیوں کے ساتھ کھیل رہا تھا اور مجھے خاندان کے ساتھ چلنے کا کہا گیا۔ میں نے اپنے دوستوں جن سے میں پیار کرتا تھا چھوڑ دیا۔ اس جگہ کو بھی چھوڑ دیا۔ ہر وہ جگہ جہاں میرا دل لگ جاتا تھا مجھے چھوڑنی پڑتی تھی۔ یہ گاؤں بھی چھوڑ دینا پڑا۔ میں کئی دن

تک سو نہیں سکا، میں رات کو کروٹیں بدلتا رہتا تھا اور آدھی رات کے وقت اٹھ کر بیٹھ جاتا تھا۔"

نطشے کی رُوداد سے واضح ہے کہ وہ بہت کم عمری میں یاسیت (ڈپریشن) میں مبتلا ہو گئے تھے۔یہی ڈیپریشن (یاسیت) نوجوان نطشے کو جواں عمری میں دوبارہ مبتلا کرنے کا باعث بنے ہوں گے۔

2۔ نوجوانی میں ان کے ساتھ کوئی جیون ساتھی بھی نہیں تھا جو زندگی کے نشیب و فراز میں ان کی ڈھارس بندھاتا۔کچھ مفکرین کا خیال ہے کہ نطشے ہم جنس پرست تھے۔وہ ہم جنس پرستی کے قحبہ خانوں میں جاتے تھے جہاں سے ان کو آتشک کی بیماری لگ گئی تھی۔ چونکہ وہ ایک اخلاق پرست مگر منافقانہ سماجی ماحول میں زندہ تھے لہٰذا ان کو اپنا جنسی طرزِ حیات خفیہ رکھنا تھا۔

3۔ نطشے ذہنی تنہائی کا شکار بھی تھے۔1879ء میں اپنی پہلی کتاب: المیے کا جنم (Birth of Tragedy) کی اشاعت درحقیقت ان کی زندگی میں المیوں کے جنم کا آغاز ثابت ہوئی۔جب ان کے اوّلین دوست رفقاء کار حتّٰی کہ ان کے پسندیدہ معلم رِٹشل نے ان کے فلسفیانہ خیالات کی تائید نہ کی۔ان کا خیال تھا کہ نطشے کے نظریات اس وقت کے مطابق بہت الگ، باغیانہ اور انقلابی تھے۔کیتھ پیئرسن اور ڈنکان لارج نے لکھا ہے:

"ان کی کتاب (المیے کا جنم) شائع ہوئی تو ان کو لسانیات کے حلقوں کی طرف سے سخت تنقید کا سامنا تھا۔پھر ان کے گرو رِٹشل' نے بھی جب کتاب کو مسترد کر دیا تو نطشے کو یہ اعتراف کرنا پڑا کہ وہ عظمت کے مقام سے نیچے آئے ہیں اور ان کو شعبہِ لسانیات کے متعلقین نے بے دخل کر دیا ہے۔"

4۔ نطشے کو ڈیپریشن اور بے خوابی کے دورے پڑتے تھے۔بے خوابی سے نمٹنے کے لیے وہ افیوم کا بے دریغ استعمال کرتے تھے۔جب ان کو ڈاکٹر سے (افیوم استعمال کرنے کا) نسخہ نہ ملتا وہ اپنا نسخہ خود لکھ لیتے۔بطور "ڈاکٹر نطشے" افیوم کی زیادتی نطشے کے ذہنی عارضے میں بڑھاوے ایک سبب ہو سکتی ہے۔

5۔ دیگر فلسفیوں کی طرح نطشے کو بھی چیزیں منطق اور ذہنی باریکی کی عینک پہن کر دیکھنے کی عادت تھی۔یہ خصوصیات ان کے فلسفیانہ نظریات ترتیب دینے میں شاید معاون ثابت ہوئی ہوں مگر ان کی سماجی اور جذباتی زندگی کے لیے سوہان روح ثابت ہوئیں۔

6۔ نطشے کو اچھی طرح معلوم تھا کہ وہ ایک نہایت ذہین شخص ہونے کے ساتھ غیر معمولی دماغی

صلاحیتوں کے مالک ہیں۔ اس احساس نے ان کو کسی قدر خودسر بھی بنا دیا تھا۔ وہ اپنے آپ کو نہ صرف اس دور کا بلکہ آنے والے تمام زمانوں کا عظیم فلسفی سمجھتے تھے۔ انھوں نے ایک جگہ لکھا:
"میری تمنا ہے کہ میں وہ بات دس فقروں میں کہہ دوں جو دوسرے لوگ ایک پوری کتاب لکھ کر کرتے ہیں۔ اور ان دس فقروں میں وہ کچھ بھی شامل ہو جو دوسروں نے کتاب میں نہیں لکھا۔ وہ بعض اوقات طنزیہ بھی ہو جاتے اور دیگر فلسفیوں پر پھبتی بھی کس جاتے۔ وہ دوسرے فلسفیوں کو خشک اور اُکتانے والے 'فلسفہ مزدور' بھی کہنے سے نہ چوکتے ان کے ایسے روّیے نے بہت سے تنازعات اٹھا دیئے جس سے وہ جذباتی طور پر خواہ مخواہ دوسروں کے نشانے پر آ گئے۔ ان کی پہلی کتاب کی اشاعت کے بعد "الرچ مولنڈر" نے لکھا: "مسٹر نطشے کسی طور اپنے آپ کو ایک مفکر اور تحقیق کار کے طور پر پیش نہیں کرتا۔"

7۔ نطشے اس وقت بہت دُکھی ہو گئے جب ان کو معلوم ہوا کہ آزاد سوچ کا حامل ہونے اور دہریہ ہونے کی وجہ سے ان کو جرمنی کی کسی بھی یونیورسٹی میں ملازمت کے لیے نا اہل قرار دے دیا گیا ہے۔ یونیورسٹی حکام اور علمی حلقوں کی جانب سے متعصّبانہ روّیے کی وجہ سے نطشے برہم، آزردہ اور کشیدہ خاطر ہو گئے۔ انھوں نے لکھا: "میرے مزاج میں غصہ اور تلخی اس لیے در آئی ہے کہ مجھے وسیع تر معنوں میں بدبخت ہونے کے معانی سمجھ میں آ گئے ہیں (میرا نام، میرا کردار اور میرے مقاصد سنگ ریزہ بن گئے۔) یہ عمل مجھ پر بے اعتمادی اور نئے شاگرد مفقود کرنے کے لیے کافی ہے۔"

8۔ نطشے کو صرف شعبۂ تعلیم کے دانشوروں نے ہی مسترد نہ کیا بلکہ ان لوگوں نے بھی اس کے خلاف کمر کس لی جو اس کے دہریت پر مبنی خیالات سے متفق نہ تھے۔ نطشے کو تب جا کر احساس ہوا کہ جب لوگوں کے مقدس عقائد، معتبر آدرش اور برگذیدہ شخصیات پر سوالات اُٹھائے جاتے ہیں تو ان کا ردّعمل شدید بلکہ خطرناک ہو سکتا ہے۔ نطشے کو بھی نہ صرف شدید ردّعمل بلکہ اضمحلال بھی ملا جس سے اس کا دل ٹوٹ گیا۔

پیٹرسن اور لارج نے لکھا ہے:

"نطشے کو معلوم تھا کہ ایسا فلسفی جو ہر اس شے کے خلاف ان تھک جدوجہد کر رہا ہو جس کی انسان صدیوں سے پرستش کر رہے ہیں اس کو اکثر عوامی مخالفت کا سامنا ہوتا ہے۔"

9۔ ایک دن (23 جنوری 1989ء) کو نطشے نے دیکھا کہ ایک گھوڑے کو کوڑے مارے جا رہے ہیں تو وہ جا کر گھوڑے کے گلے لگ گئے اور پھر زمین پر گر پڑے۔ جب میں یہ کہانی پڑھ رہا تھا تو

مجھے ایکوس (Equus) نامی فلم یاد آرہی تھی جس میں فلم کا مرکزی کردار لاشعوری طور پر ایکوس (گھوڑا) کو حضرت عیسیٰ کے ساتھ منسوب کرتا تھا بلکہ وہ حضرت عیسیٰ کی محبت میں گرفتار ہو جاتا تھا۔ نطشے کی عیسائی مخالف سوچ کے باوجود لاشعور کی کسی سطح پر وہ حضرت عیسیٰ سے منسلک تھا۔ اس کا کردار "زرتشت" حضرت عیسیٰ سے بہت مماثلت رکھتا ہے۔ اسی طرح اس کی کتاب "پس زرتشت بولا" کی بھی بہت سی باتیں انجیل مقدس سے مماثلت رکھتی ہیں۔ کیونکہ جب انھوں نے گھوڑے کو کوڑے لگتے دیکھے تو اس عمل میں ان کو عیسیٰ کی بے بسی نظر آئی۔ پھر تعجب کی بات نہیں کہ جب وہ دماغی امراض کے ہسپتال سے خطوط لکھتے تھے آخر میں اپنے نام کی بجائے "مصلوب" لکھتے تھے۔

مستقبل کا فلسفی

نطشے کا ماننا تھا کہ مذہبی اقدار نے انسانیت کو گمراہ کیا ہے ان کی خواہش تھی کہ سائنس داں اور فلسفی، انسانیت کی رہنمائی کے لیے غیر مذہبی اور انسان دوست اقدار وضع کریں۔ وہ اس فلسفے کو "مستقبل کا فلسفہ" کا نام دیتے تھے جو اقدار کا مسئلہ حل کرے گا اور اقدار کی نئی درجہ بندی کرے گا۔ انھوں نے لکھا: "آج سے تمام سائنسی علوم فلسفی کے مستقبل کے کام کی راہ ہموار کریں۔ یہ سمجھنا ضروری ہے کہ فلسفی نے ہی نئی اقدار دریافت کرنی ہیں اور ان اقدار کی درجہ بندی بھی کرنی ہے۔"

اس کٹھن کام کی ذمہ داری نطشے نے خود اُٹھائی اور مستقبل کا فلسفی بننے کا فیصلہ کیا۔ اور غیر مذہبی نظریات اور انسان دوست آدرش پیش کیے۔ انھوں نے تجویز کیا کہ ہم انسانوں کو خداؤں کی بجائے اپنے اردگرد بسنے والے دیگر انسانوں کی خوشیوں کا ادراک ہونا چاہیے اور دیگر انسانوں کو خوش رکھنے کا سامان کرنا چاہیے۔ ہر صبح عبادت کرنے کی بجائے دوسرے انسانوں کو خوشی باہم پہنچانے کا سوچنا چاہیے۔ انھوں نے لکھا:

> "ہر دن کا آغاز کرنے کا سب سے بہترین طریقہ یہ ہے کہ آنکھ کھلتے ہی ہم سوچیں کہ کیا آج کم از کم آج ایک انسان کو کوئی خوشی دے سکتے ہیں؟ اگر ہم اس مشق کو صبح کی عبادت کے متبادل کے طور پر قبول کرلیں تو ہمارے ساتھی انسان اس تبدیلی سے بہرہ مند ہو سکتے ہیں۔"

مقدس کتابوں پر اور الہامی آیات پر عمل کرنے کی بجائے نطشے نے انسانوں کو مشورہ دیا کہ وہ اپنے ضمیر کی راہ پر چلیں۔ "جو تمھارا ضمیر کہتا ہے تم ویسے انسان بن جاتے ہو۔"

نطشے سچ لکھنا چاہتے تھے اور سچ کے سوا کچھ بھی نہیں لکھنا چاہتے تھے۔ یہ جانتے ہوئے بھی کہ اکثر انسان سچ نہیں سننا چاہتے بلکہ وہ اپنی ذاتی فریبِ نظر اور مذہبی عقائد کے ساتھ خوش رہنا چاہتے ہیں۔ انھوں نے سچ بولنے کے حوالے سے لکھا:

"شاید آج تک کوئی مکمل سچا انسان پیدا نہیں ہوا" انھوں نے لوگوں کو اردگرد پھیلی دیوانگی سے متنبہ کیا:

"افراد میں دیوانگی کم ہی دیکھنے کو ملتی ہے۔ مگر گروہوں، سیاسی جماعتوں، قوموں اور زمانوں کی دیوانگی ایک ضابطہِ حیات بن چکا ہے۔"

نطشے ایک غیر منطقی دنیا میں دانشمندی کے ساتھ زندہ رہنا چاہتے تھے۔ وہ دیوانگی سے بھری دُنیا میں ایک ہوش مند زندگی پیدا کرنا چاہتے تھے۔ لیکن اس عمل میں اپنے ہوش وحواس کھو بیٹھے۔ وہ سچ بتانا چاہتے تھے، اپنے ساتھ اور اپنے اردگرد کے لوگوں کے ساتھ دیانت دار رہنا چاہتے تھے اور ایسا کرتے ہوئے اپنی زندگی اور ہوش وحواس کھو بیٹھے۔ اپنی زندگی کے آخری دنوں تک وہ اپنے اوپر اعتماد کرتے تھے اور اپنی ذات پر ایمان رکھتے تھے۔ ان کا قول ہے: "جو شخص اپنے اوپر یقین نہیں رکھتا وہ ہمیشہ جھوٹ بولتا ہے۔"

حتّٰی کہ جب وہ فوت ہو رہے تھے تب بھی ان کو معلوم تھا کہ وہ آنے والے وقتوں میں زندہ رہیں گے۔ انھوں نے لکھا:

"میرا وقت ابھی نہیں آیا کچھ لوگ مرنے کے بعد پیدا ہوتے ہیں۔" نطشے کو عمر بھر ایک خدشہ لاحق رہا کہ ان کی وفات کے بعد ان کا نام مقدّس بن جائے گا اور ستم ظریفی ملاحظہ کریں کہ ان کی تدفین کی تقریب میں ان کے ایک قریبی دوست ''پیٹر کاسٹ'' نے کہا: "تمھارا نام آنے والی نسلوں میں مقدس ٹھہرے۔"

نطشے پر 'رکارڈ ویگنر' کے ساتھ وابستہ ہونے کی وجہ سے بھی تنقید ہوتی تھی اور ہٹلر نطشے کی تحریروں سے اس قدر متاثر تھا اس نے اپنی سوانح حیات (Mein Kampf) میں واضح طور پر نطشے کو "زمین کا خدا" قرار دیا تھا۔ نطشے نے بیسویں صدی کے جن فلسفیوں کو متاثر کیا ان میں ژان پال سارتر، جیکو دریدہ فوکالٹ اور البرٹ کیموس جیسے عبقری شامل ہیں۔

ooo

اہلِ قلم

انائس نِن اور تخلیقی ذات

بیسویں صدی کے اوائل میں، جب فرانسیسی لکھاری انائس نِن (Anais Nin) اور امریکی ناول نگار ہنری مِلر (H enry Miller) کی پیرس میں مُلاقات ہوئی تو دونوں شادی شدہ تھے۔ انائس نِن کی شادی ایک خوش حال کاروباری شخصیت سے جب کہ ہنری مِلر کی شادی امریکہ میں رہائش پذیر اداکارہ جُون (June) سے ہو چکی تھی۔ ان دنوں ہنری مِلر سفید پوشی کی حالت میں کوئی مقام بنانے کی کوشش کر رہا تھا جب کہ انائس نائن اپنے شوہر کے ساتھ ایک آرام دہ زندگی بسر کر رہی تھیں۔ ہنری مِلر اور انائس نِن کے درمیان فنکارانہ، شعوری اور ادبی قربت پیدا ہونے لگی۔ جو ذہنی ہم آہنگی سے آگے بڑھ کر جسمانی قربت میں ڈھلنے لگی اور جلد ہی دونوں کے درمیان ایک پُر جوش اور دیرپا رومانوی رشتہ قائم ہو گیا۔ یہ ایسا رشتہ تھا جس نے آگے چل کر ادب اور فلسفے کو چار چاند لگا دیے۔

دونوں دل والوں کا تعلق ژان پال سارتر اور سیمون دا بیوائیر (Simone De Beauvoir) کے درمیان قائم ہونے والے تعلق جیسا تھا۔ رُومان کے اس خوبصورت دور میں نِن نے مِلر کی جذباتی اور مالی مدد کی جبکہ مِلر نے ڈائریاں لکھنے میں نِن کی حوصلہ افزائی جاری رکھی۔ مِلر نے ایک بار یہ بھی پیش گوئی کی کہ اگر نِن کی ڈائریاں کبھی شائع ہوئیں تو یہ بیسویں صدی کے ادب میں شاندار اضافہ ہو گا۔ اس کی رائے تھی کہ نِن کی ڈائریوں کا مقام، آگسٹین، پیٹر، نائس ابلارڈ، روؤسو اور پروُسٹ کی نگارشات سے کسی طور کم نہیں ہو گا۔

نِن جذباتی اور جنسی طور پر نہ صرف اپنے شوہر اور مِلر بلکہ ملر کی بیوی جون کی محبت میں بھی گرفتار ہو گئی تھیں۔ یہ اس وقت ہوا جب جون اپنے شوہر سے ملنے امریکہ سے پیرس آئیں۔ جون کو یہ معلوم نہیں تھا کہ اس کی محبوبہ نِن اس کے شوہر کے ساتھ ہم بستری کر چکی ہے۔ اس کے علاوہ نِن کے اپنے تجزیہ کار آٹو فرینک سے بھی تعلقات تھے جو فرائیڈ کا شاگرد رہ چکا تھا اور لکھاریوں کی نفسیات اور تخلیقی لوگوں کے ذہنی عوارض میں گہری دلچسپ رکھتا تھا۔ اپنی ڈائری میں نِن نے اپنے شوہر، مِلر، جون اور تجزیہ کار کے ساتھ معاشقوں سے پردہ اُٹھایا ہے۔ اپنی رُوح کی تصویر کشی انھوں نے سینکڑوں صفحات پر لکھ کر کی

ہے۔اس کے علاوہ انھوں نے ناولوں کا ایک مجموعہ (Cities of the Interior) کے نام سے شائع کروایا۔ نن کی خواہش کے مطابق ان کی ڈائریاں، ان کے شوہر، ملر اور جون کی وفات سے پہلے شائع نہ کی گئیں۔ نن کی ڈائریوں کی اوّلین جلد شائع ہونے پر ان کو دنیا بھر سے لیکچر دینے کی دعوت نامہ موصول ہوئے۔ نن جو نوجوانی میں ایک شرمیلی سی لڑکی تھیں ایک فصیح مقرر بن چکی تھیں۔ اور دُنیا بھر میں زندگی کے مختلف شعبوں سے وابستہ افراد کے ساتھ ایک پُرمغز اور سحر انگیز مکالمہ کر رہی تھیں۔ انھوں نے سماجی، اخلاقی اور سیاسی ممنوعات کے خلاف شعوری بغاوت کر رکھی تھی۔ وہ ذاتی آزادی کی اس قدر قائل تھیں کہ زندگی کے آخری چند سالوں میں ان کے دو شوہر تھے۔ وہ ایک کے ساتھ نصف سال امریکہ میں اور دوسرے کے ساتھ دیگر نصف سال یورپ میں گزارتی تھیں۔ نن کی ڈائریوں کی 7 جلدیں شائع ہو چکی ہیں۔ اس کے علاوہ ان کی تقریروں کے مجموعے اور انٹرویو بھی شائع ہو چکے ہیں۔

نن کی ڈائریوں کے مواد پر مبنی ایک فیچر فلم بھی بن چکی ہے۔ "ہنری اینڈ جون" نامی فلم میں تینوں محبت کرنے والوں کی زندگیوں کا احاطہ کیا گیا ہے۔ نن جہاں کروڑوں لوگوں کے لیے متاثر کُن لکھاری کے طور پر ابھری وہاں کئی لوگوں بالخصوص عالمی تحریکِ نسواں کے لیے دردِ سر بھی بنیں۔

تخلیقی ذات:

نن کو اوائل عمر میں ہی ادراک ہو گیا تھا کہ بنی نوع انسان سماجی طور پر پیچیدہ اور نفسیاتی طور پر انتہائی گھمبیر مخلوق ہے۔ اُن کو انسانی شخصیت کے دو پرتو دکھائی دیے۔

☆ پہلا پرتو، انسان کی روایتی ذات ہے جو والدین کی سکھلائی، اساتذہ کی تربیت اور ثقافتی روایات سے تشکیل پاتا ہے۔

☆ دوسرا پرتو، تخلیقی ذات ہے جو انسان کے اپنے باطنی مشاہدے اور اپنی رُوح کو کھوجنے سے وجود پاتا ہے۔ نن کو اس عمل میں گہری دلچسپی تھی جس سے لوگ اپنا 'تخلیقی پرتو' تلاش کرتے ہیں۔

انھیں معلوم ہوا کہ یہ ایک پُرآشوب مگر معرکہ آراء عمل ہے۔ اپنی تخلیقی ذات دریافت کرنے کے بعد لوگ اپنے آپ کے ساتھ دیانت دار اور دوسروں کے ساتھ مخلص ہو جاتے ہیں۔ یہ ذاتی آزادی، ذات کی دریافت اور اپنی مخفی طاقت کو عملی جامہ پہنانے کا عمل ہے۔ ان کے خیال میں:

> "جب لوگ اپنی تخلیقی ذات سے ملاقات کر لیتے ہیں تو وہ بہت حساس ہو جاتے ہیں اور اپنے ارد گرد کھڑی دفاعی دیواروں کو زمین بوس کر دیتے ہیں مَیں ان دِیواروں کو "رُوح کی سلاسل کہتی ہوں۔"

اپنی تخلیقی ذات کی دریافت سے وہ اپنی نجی اخلاقیات بھی دریافت کر سکتے ہیں۔ وہ مذہب کی سکھلائی ہوئی اخلاقیات سے بلند ہو جاتے ہیں، گناہ اور احساسِ گناہ کی زنجیریں توڑ ڈالتے ہیں اور ان کے دل مطمئن اور ذہن پُرسکون ہو جاتے ہیں۔

ایک دفعہ ایک انٹرویو کرنے والے نے ژن سے سوال کیا:

"جب کبھی آپ کچھ ایسا کر جائیں جو آپ دل و جان سے پسند کر رہی ہوں تو یہ ممکن ہے کہ آپ اپنے قریب ترین افراد جن سے آپ اور جو آپ سے قریب رہنا چاہتے ہیں دُکھی ہو جائیں اس سے ایک ناگوار تنازعہ کھڑا ہو سکتا ہے۔"

ژن کا جواب تھا:

"ایسا تنازعہ ہمارے ساتھ ہمیشہ رہے گا۔ یہ تنازعہ دراصل ہماری نشوونما اور ہمارے خوف کے درمیان ہوتا ہے۔ ہمیں یہ خوف ہمہ وقت دامن گیر ہوتا ہے کہ ہماری نشوونما یا ارتقاءِ ذات سب پر حاوی ہو جائے گا یا کسی دوسرے کو دُکھی کر دے گا۔ اب کیا کیا جائے؟ اس کا سادہ حل اپنی نجی اخلاقیات بنانا ہے۔ جس کے اندر ہمارا نجی ایقان، نجی آدابِ زندگی ہوں گے اس سے آپ کی شخصیت اتنی خود آگاہ و خود بین اور خوب صورت ہو جائے گی کہ اپنے اردگرد کے لوگوں کو تباہ و برباد کرنے کا تصور بھی آپ کے لیے محال ہوگا۔"

تخلیقی معالجہ:

ژن کا ماننا تھا کہ اگر لوگ اپنی تخلیقی ذات اپنے تجربات، کُتب بینی اور باطنی مشاہدے سے خود دریافت نہیں کر سکتے تو ان کو چاہیے کہ سائیکوتھراپی (نفسیاتی معالجے) کے بارے میں سنجیدگی سے غور کریں۔ ایسا معالجہ لوگوں کو ان کے اپنی ذات کے گرد رکاوٹیں عبور کرنے میں اور عدم تحفظ دور کرنے میں مددگار ہو سکتا ہے۔ یوں وہ اپنے اصل جوہر اور اپنے اندر موجود صلاحیتوں سے ہم کنار ہو سکتے ہیں ۔ یہ معالجہ لوگوں کو احساس دلاتا ہے کہ "ایک دائرہ ایسا بھی موجود ہے جہاں پر آپ طاقتور ہو اور اپنی رُوح کے مالک ہو۔" اس عمل سے لوگوں کی حوصلہ افزائی کی جاتی ہے کہ وہ اپنا سچ خود دریافت کریں اور ایک صحت مندانہ، خوشگوار اور تعمیری زندگی بسر کریں۔

اس کے بعد وہ ہمیشہ تخلیقی رشتے پالیں گے نہ کہ تباہ کُن۔ کیا اس معالجے سے افراد کا نیا جنم ہو سکتا ہے؟ جی ہاں، نئی ذات کی پیدائش۔

ژن نے لکھا: "جب آپ اپنی دریافت کے عمل سے گزر رہے ہوں تو کسی دوسرے فرد کو یہ

طاقت نہ دیں کہ وہ آپ کی تخلیقیت میں اچھے بُرے کا فیصلہ کرے۔"

تخلیقی رشتے:

نِن اپنی زندگی میں کئی پُر آشوب اور غیر صحت مندانہ رشتوں کے تجربوں سے گزری تھیں۔ تجزیے کے ذریعے اس نے (جسمانی تعلق پر مبنی) گہرے رشتوں کے منفی پہلوؤں کا ادراک حاصل کرلیا تھا۔ نِن کو پتہ چلا کہ دوست جوڑے تعلق کے دوران اپنے لاشعور میں موجود نا آسودہ خواہشات اور اپنی شخصیت کے تاریک پہلوؤں کو اُجاگر کرتے ہیں۔ ان کا خیال تھا کہ لوگوں کو اپنی دوستی کی نشوونما اور ارتقاء کے دوران ایک دوسرے پر الزام لگانے کی بجائے اپنے اپنے کردار نبھانے کی ذمہ داری قبول کرنی چاہیے۔

نِن پرُ امید تھیں کہ لوگ اگر خود بینی اختیار کریں تو بہت ممکن ہے کہ دیانت دار، پرُخلوص اور پیار بھرے رِشتوں کے بنانے اور قائم رکھنے کا راز پالیں۔ انائس کا ماننا تھا کہ تخلیقی رشتوں میں مرد اور عورت ایک دوسرے کی بہترین صلاحیتوں کو باہر لاتے ہیں۔ اور اپنے رشتے کے نازک موڑ پر اپنے آپ سے یہ سوال پوچھتے ہیں کہ جو ہم دوسرے پر ظاہر کررہے ہیں کیا وہ درست ہے؟

اس نے لکھا: "مجھے ایسا کیوں لگتا ہے کہ اگرچہ رشتے کی خرابی میں قصور دونوں کا ہوتا ہے، مگر میں اپنے آپ کو ذمہ دار ٹھہراتی ہوں۔ کیوں؟ مجھے اس "کیوں" کا جواب رینک (Rank) سے ملا جس نے کہا: "ہماری ذات کی ایک پرچھائیں ہوتی ہے ہم اس پرچھائیں کو دوسروں پر ظاہر کرتے ہیں حالانکہ ہماری اصل ذات یہ پرچھائیں نہیں ہوتی (گویا ہم میں سے ہر ایک نے اپنا ایک خاکہ بنا رکھا ہے وہ دُنیا کو دکھانے کے لیے ہے اصل میں ہم وہ نہیں ہیں۔) ہمیں یہ احساسِ ذمہ داری ہے کہ دوسرے لوگ ہماری پرچھائیں سے تعلق قائم کرتے ہیں جو ہماری ذات کا ایک حصہ ہے۔ ہمیں ایسا تعلق پیدا کرنے والوں کی حفاظت کرنی چاہیئے۔ اگر وہ کبھی باغی ہو جائیں تو ہمیں یہ قیمت چُکانی ہوتی ہے۔ کیونکہ اپنے خلاف بغاوت کی قیمت ہوتی ہے۔ میں نے اپنے محبوبوں کو بچالیا کیوں کہ پہلے میں اتنی باغی نہیں تھی جتنی اب ہوں۔

تخلیقی اظہار:

نِن تخلیقی عمل کو بہت سراہتی تھیں۔ان کا نقطۂ نظر تھا کہ عورتوں میں تخلیقیت کا اظہار مردوں سے بہت مختلف ہوتا ہے۔اس کی رائے میں مردوں میں تخلیقیت ایک شعوری عمل ہے جس کا زیادہ تر علاقہ زمین ہے،مگر خواتین میں تخلیقیت مصنوعات کی شکل میں ہوتی ہے۔جیسے بچے عورت کی کوکھ سے جنم لیتے ہیں۔دماغ سے نہیں۔

عورتیں اپنے پیٹ سے پیدا ہونے والے بچوں اور اپنی تخلیقی مصنوعات کی پرورش اپنے خون سے کرتی ہیں۔ان کے لیے یہ ایک مکمل جذباتی اور روحانی تجربہ ہوتا ہے نہ کہ کوئی تجریدی عمل۔"عورت مردوں کے مقابلے میں لاشعور سے زیادہ قریب ہوتی ہے اور زیادہ وقت لاشعور سے جُڑی رہتی ہے وہ اس میں خلل نہیں ڈالتی۔مگر اس کے ساتھ عورت کی حسِ منطق بھی مرد جتنی نشوونما یافتہ نہیں ہوتی۔"

نِن خود بھی ایک آرٹسٹ تھیں اور آرٹسٹوں کی نفسیات پر گہری نظر رکھتی تھیں۔ان کو ایک لکھاری کی مسرت، وجد اور بے خودی کا اچھی طرح معلوم تھا۔کیونکہ وہ بذاتِ خود ان کا تجربہ کر چکی تھیں۔لکھنے کا عمل ان کو ایک ذہنی تفریح کے ساتھ ساتھ دوسروں کو پیار بھرا تحفہ دینے کا عمل محسوس ہوتا تھا۔ایک انٹرویو کے دوران لکھنے کے فن کو نِن نے یوں بیان کیا:

"سفید ورق میرے لیے ایک پھسلنے والی ڈھلوان ہے۔(Ski-Slope)۔میں مکمل دیوانی ہو جاتی ہوں۔سٹیشنری اسٹورز کے اندر مجھ پر وارفتگی طاری ہو جاتی ہے اور کورے کاغذ دیکھ کر میرے اندر لکھنے کی تمنا بیدار ہو جاتی ہے۔"

جب انٹرویو کرنے والوں نے نِن سے پُوچھا کہ کیا چیز ان کے اندر تخلیق کرنے کی حِس بیدار کرتی ہے تو ان کا جواب تھا:

"لُطف سے اور لُطف اندوزی سے۔جس طرح پرندے خُوشی کے اظہار کے لیے چہچہاتے ہیں، گاتے ہیں، اِسی طرح میں لکھتی ہوں۔میں اس وقت بھی لکھتی ہوں جب مجھے کسی شے سے پیار ہو جاتا ہے۔کوئی منظر کوئی کردار، کوئی کتاب یا کوئی مُلک۔ہنری کہا کرتا تھا: تصویر بنانا (مصوری کرنا) ایسا ہی ہے جیسے دوبارہ پیار کرنا۔میرے لیے لکھنا پیار کرنے جیسا ہے۔دوبارہ پیار کرنے جیسا۔یہ کسی بھی فنکار کا ایمان ہے کہ جو کچھ بھی وہ کرے وہ دوسروں کو دینے کے لیے ہوتا ہے۔"

عورتوں کی آزادی:

ژن کا خیال تھا کہ عورتوں کو حقیقی آزادی حاصل کرنے کے لیے سماجی، معاشی اور قانونی حقوق کافی نہیں ان کو نفسیاتی اور جذباتی طور پر بھی آزاد ہونا ہوگا۔ اپنی خود اعتمادی بحال کرنا ہوگی اور اپنا ذاتی عکس بہتر بنانا ہوگا۔ وہ اپنی ذات سے محبت کرنا سیکھیں اپنی کامیابیوں پر فخر کریں۔ اس طرح وہ اپنی قدر و قیمت میں اضافہ کر سکتی ہیں۔ ژن کی تمنا تھی کہ عورت اپنے آپ کو مرد کی نظر سے دیکھنے کی بجائے منفرد اور یکتا جانیں۔ اس کی نظر میں اس سب کی حتمی منزل عورت کی مکمل آزادی تھی، مرد پر انحصار ختم کرنا تھا اور مرد کے اندر سے اس احساس کو مٹانا تھا کہ وہ عورت کے نان نفقے کا ذمہ دار ہے۔ ژن نے کہا: "میرا خیال ہے اس طرح مرد بھی آزاد محسوس کریں گے جب عورت ان کے لیے بوجھ بن کر جینا بند کر دے گی۔" وہ پُراُمید تھی کہ وقت گزرنے کے ساتھ کے ساتھ عورت اپنے عدم تحفظ پر قابو پا لے گی۔ اپنی ذات کے گرد خود ساختہ دیواروں کو گرا دے گی اور اپنے احساسِ کمتری کو پس پشت ڈال دے گی۔" میں عورت کے اندر موجود احساسِ کمتری، عدم اعتماد، خوف اور کم ہمتی کے حوالے سے یہ بات زور دے کر کرنا چاہتی ہوں کیوں کہ جب بھی بات ہوتی ہے عورت کے گرد موجود بیرونی رکاوٹوں کی بات ہوتی۔ مثال کے طور پر قانونی، تاریخی، ثقافتی حتیٰ کی مذہبی رکاوٹیں جو عورت کی نشوونما کی راہ میں حائل ہیں مگر ہم نے کبھی غور کیا کہ نفسیاتی طور پر عورت کے اندر کیا چل رہا ہے؟"

ژن نے نہ صرف اپنے آپ کو آزاد کر لیا تھا بلکہ وہ اپنے عہد کی عورت آئندہ آنے والی نسلوں کو بھی آزاد کرنا چاہتی تھیں۔

> "میرا آزادی کا خواب صرف مجھ تک ہی محدود نہیں بلکہ یہ تمام عورتوں کے لیے ہے۔ اس لمحے میرا خواب عورتوں کی مکمل بیداری، نشوونما اور اپنی صلاحیتوں کو کلی طور پر بروئے کار لانا ہے۔"

وہ اس مقصد کو حاصل کرنے کے لیے پوری طرح پُرعزم تھی اور دل و جاں سے منسلک تھی۔ مگر ژن کا لائحہ عمل ان تمام خواتین سے مختلف تھا جو "حقوقِ نسواں کی تحریک" سے وابستہ تھیں۔ ژن کا راستہ سیاسی سے زیادہ نفسیاتی تھا، سماجی سے زیادہ جذباتی تھا، بشریات سے زیادہ تخلیقی تھا۔ وہ حقوقِ نسواں کے ان علمبرداروں کے خلاف تھیں جو عورت کے مسائل کا سیاسی حل پیش کرتے تھے۔ ژن کا خیال تھا کہ ہمیں ہر عورت کو انفرادی طور پر دیکھنا چاہیے۔ ہم تمام عورتوں کو اکٹھا کر کے اور ان کے لیے سماجی، مذہبی اور سیاسی جیسی تجریدی دوائیاں پلا کر ان کے مسائل حل نہیں کر سکتے۔ انفرادی سوچ پیدا کرنے کے لیے عورت کا آزاد ہونا ضروری ہے۔ ہر عورت کے مسائل دوسری سے مختلف ہیں۔ سب کو ایک فارمولے سے حل نہیں کیا جا سکتا۔ ژن کا خیال تھا کہ مختلف ثقافتوں اور سماجوں سے تعلق رکھنے والی خواتین

کے مسائل کا تدراک ان کے مخصوص سماجی ماحول کو مدِ نظر رکھ کر کیا جا سکتا ہے۔ وہ چاہتی تھی عورت اپنی طاقت کو خود دریافت کرے اور مردوں کی طرف سے لائی گئی سماجی اور سیاسی تبدیلیوں پر انحصار نہ کرے۔ اس کا ماننا تھا کہ جب عورت کو اپنی پوشیدہ طاقت کا ادراک ہو جائے گا تو کوئی مرد، تنظیم یا پدرسری نظام اس کا استحصال نہیں کر سکے گا اور نہ ہی اس کو نظر انداز یا بدسلوکی کر سکے گا۔

نِن ان فیمنسٹس (Feminists) کے بھی خلاف تھی جو مردوں سے نالاں تھے اور ان کی منصوبہ بندی میں ایک ایسا انقلاب شامل تھا جس میں مردوں کی کوئی جگہ نہیں تھی۔ ان کے خیال میں عورتوں کی آزادی کا مردوں کی آزادی سے گہرا تعلق تھا وہ انقلاب کی بجائے ارتقاء پر یقین رکھتی تھی۔ ایک دفعہ ایک انٹرویو لینے والے نے رائے دی کہ عورت کے تباہی آمیز غصہ کا اظہار ہونا چاہیے اور عورت کو ایک انقلاب کے ذریعے تاریخی زنجیروں کو کاٹ پھینکنا چاہیے۔ نِن نے اس کی رائے سے اختلاف کیا:

"میرے خیال میں عورتوں کی تحریک کے لیے خطرناک اور ضرر رساں ہوگا کہ وہ یہ سوچیں کہ وہ مرد کی شمولیت کے بغیر یا مرد سے ناطہ توڑ کر نشوونما یافتہ، آزاد اور مکمل ہو سکتی ہیں۔ نِن کا خیال تھا کہ شادی کے ارادے اور یک زوجگی نے مرد اور عورت کے درمیان فطری اور تخلیقی رشتوں کی آبیاری کی ہے۔ ان کا خیال تھا کہ جب لوگ پیار بھرے رشتوں کو نام دینے کی یا ادارے بنانے کی کوشش کرتے ہیں تو تخلیقیت اور برجستگی دب کر رہ جاتی ہے۔ کچھ لوگوں کے لیے شادی کامیاب ہو جاتی ہے مگر کچھ کے لیے نہیں بھی ہوتی۔ کچھ لوگ صرف ایک سے زیادہ افراد کی محبت میں گرفتار ہو جاتے ہیں۔ اسی طرح مرد اور عورت کے درمیان نہایت قریبی (جسمانی) رشتے سے سماج کچھ توقعات وابستہ کر لیتا ہے یا پابندیاں عائد کر دیتا ہے۔" ان کا ماننا تھا کہ ہمیں قربت کے رشتوں کی پیچیدگیوں کو تسلیم کرنا ہوگا اور انفرادی ناہمواریوں کو سمجھنا ہوگا۔ جب ان سے پوچھا گیا کہ کیا وہ "آزاد محبت" (Free Love) پر یقین رکھتی ہے تو ان کا جواب تھا:

"معذرت! میں اس کا جواب نہیں دے سکتی یہ بہت ذاتی معاملہ ہے۔ بہرحال میں اپنے جواب کو نفی جیسے الفاظ میں ملبوس کروں گی۔ میرے نزدیک پیار نہ کرنا جرم ہے لہٰذا پیار تمھیں کسی شکل میں بھی ملے، اپنا لو پھر وہ جو شکل بھی اختیار کرتا ہے کرے۔ کیونکہ میرے خیال میں اصل بات پیار کرنا ہے۔ آزاد یا پابند شادی میں یا شادی کے بغیر یہ سب باتیں نہایت ذاتی ہیں۔ جو ہر فرد کے لیے مختلف معانی رکھتی ہیں۔ ایسے لوگ بھی ہوتے ہیں جو بہت کشادہ دل ہوتے ہیں اور ایک سے زیادہ محبتیں نبھانے کی صلاحیت رکھتے ہیں۔ مگر آج تک تعدد ازواج کی سہولت مرد کو حاصل رہی ہے۔ یہ اجازت عورت کو بھی ہونی چاہیے۔"

ژن کا خیال تھا کہ بہت سی خواتین شادی کے بعد اپنے دل و دماغ اور روح کے دروازے عشقیہ رشتوں کے لیے بند کر لیتی ہیں۔ وہ کبھی اپنی تخلیقیت کی معراج کو نہیں پا سکتیں۔

تخلیقی معاشرت

ژن صرف عورتوں کو آزاد کرنے کی جدوجہد میں ہی شامل نہ تھیں بلکہ وہ لوگوں کا اجتماعی شعور بیدار کرنے کے لیے بھی کوشاں تھیں۔ وہ ان کو یہ آگاہی دینا چاہتی تھیں کہ ان کی ذاتی زندگیوں کا ان کی مقامی، قومی اور بین الاقوامی طور پر سیاسی اور سماجی زندگیوں سے گہرا رشتہ ہے۔ ان کا ایمان تھا کہ ایک خوش مزاج انسان معاشرے کے لیے ایک نعمت سے کم نہیں ہوتا۔ جبکہ ایک غصیلہ اور بدمزاج انسان نہ صرف معاشرے کے لیے عذاب بلکہ دھرتی پر بوجھ ہوتا ہے اور سماجی ڈھانچے کے لیے خطرناک ہوتا ہے۔ رفتہ رفتہ یہ غصہ جمع ہوتا رہتا ہے اور بالآخر جب قبیلے کے لوگ ایسے شدت پسندوں کا گروہ تشکیل دیتے ہیں اور اس کے لیے وہ ان کی قومیت اور مذہب کو استعمال کرتے ہیں پھر اس گروہ کو اپنے مخالف قبیلے سے، کو دشمن مان کر برسرِ پیکا کر دیتے ہیں۔ ان کا خیال تھا کہ جنگ دراصل ہماری اپنی دشمنیوں کا حاصل ضرب ہوتی ہیں کیونکہ ہم ناانصافی پر مبنی ماحول پیدا کر رہے ہیں۔ ان کے خیال میں امن صرف عدمِ جنگ کا نام نہیں ہے اور امن کو دوام تک حاصل ہوتا ہے جب اس کا رشتہ انصاف سے جوڑا جائے۔

ژن ایسے ماحول کی حامی تھیں جہاں لوگ نہ صرف اپنی تخلیقی ذات دریافت کر لیتے، اور اس سے ملاقات کرتے ہیں، بلکہ دوسرے لوگوں اور ان کے فلسفے کا احترام کرتے ہیں۔ جو الگ نسل، طبقے، مذہب اور ثقافتی پس منظر کے اعتبار سے ان سے مختلف ہوتے ہیں اس نے "تنوع میں اتفاق" کا فلسفہ دریافت کر لیا تھا۔ اس کا یقین تھا کہ لوگوں کے دلوں کی گہرائیوں میں جھانکا جائے تو لوگ آپ کو مختلف نہیں بلکہ یکساں نظر آئیں گے۔ خواہ ان کا تعلق دنیا کے کسی علاقے سے ہو۔ وہ مختلف زبانیں بولتے ہوں گے مگر ان کے دل کی زبان ایک ہی ہوگی۔ ژن کا ماننا تھا کہ لوگ دل کی زبان تبھی بول سکتے ہیں جب ان کی ملاقات اپنے تخلیقی ہمزاد سے ہو جاتی ہے اور وہ اپنا شعور تبدیل کر لیتے ہیں۔

انہوں نے کہا: "دُنیا میں عظیم تبدیلیاں اس وقت رُونما ہوں گی جب ہمارے اجتماعی شعور کی کایا کلپ ہوگی۔" ژن ایک غیر معمولی (خاتون) شخصیت تھیں جنھوں نے ڈائری کو لٹریچر (ادب) کے مرکزی دھارے کا حصہ بنایا۔ وہ ایک پُرامن محبت پسند اور دردمند دُنیا کا خواب دیکھتی تھیں۔ ایک ایسی دُنیا جس میں ہماری آنے والی نسلوں کے لیے ایک بہتر مستقبل موجود ہو۔ بطور ایک ادیب اور نفسیاتی معالج میں نے اناکس ژن سے بہت کچھ سیکھا۔ بلاشبہ وہ بیسویں صدی کے عظیم اذہان میں سے ایک تھیں۔

ooo

ساقی فاروقی

جوہرِ ساقی

آپ اس شخص سے پیار کر سکتے ہیں، نفرت کر سکتے ہیں مگر نظر انداز نہیں کر سکتے۔ وہ آپ کو تنگ کرے گا، چیلنج کرے گا، مقابلہ کرنے پر اُکسائے گا بلکہ کبھی کبھی تو باقاعدہ اشتعال دلائے گا۔ جب تک کہ آپ اس کی طرف متوجہ نہیں ہو جاتے، کوئی ردِعمل نہیں دے دیتے۔ اس کو توجہ پسند ہے۔ اس کے ہاں منفی توجہ بے توجہی سے کہیں بہتر ہے۔ وہ بے توجہی سے نفرت کرتا ہے۔ وہ یونانی دیو مالائی شہزادے نارسس کی طرح اپنے آپ سے پیار کرتا ہے۔ وہ اپنے آپ سے اس قدر پیار کرتا ہے کہ چاہتا ہے کہ دوسرے بھی اس سے پیار کریں۔ اگر اوروں سے اس کو پیار نہ ملے تو وہ ان سے نفرت کرتا ہے اور چاہتا ہے کہ وہ بھی اس سے نفرت کریں۔

حتیٰ کہ جب اس سے نفرت بھی کی جائے تو وہ اس کو سراہتا ہے کیونکہ اس سے نفرت بھی اس کے وجود کا اعتراف ہے، چہ جائیکہ اس کو نظر انداز کیا جائے پہلو تہی کی جائے یا دامن ہی چھڑا لیا جائے۔ لوگوں کا اس سے لاتعلق ہونا اس کو کسی صورت بھی پسند نہیں ہے۔ اس کو سخت ردِعمل اور شدید جذبات پسند ہیں۔ اس کو ڈرامہ (ناٹک) بلکہ میلوڈرامہ (جذباتی ناٹک) پسند ہے۔ ہر چیز جو وہ کرتا ہے اس میں ڈرامے کی جھلک ضرور ہوتی ہے۔ ایک دفعہ اس نے مجھے بتایا کہ لوگوں نے اس کو بتایا ہے کہ اس کو شاعری کی بجائے فنکار ہونا چاہیے تھا۔ بعض اوقات اس کا میلوڈرامہ اس کے لیے کوئی نہ کوئی مشکل کھڑی کر دیتا ہے مگر اس کو مشکل میں رہنا پسند ہے وہ کسی بھی تنازعے کا مرکزی کردار بننا چاہتا ہے۔ اور یہ حاصل کرنے کے لیے اس کو جو بھی ادبی، سماجی، مذہبی، اخلاقی اور جنسی ممانعت نظر آئے اس کو چیلنج کرتا ہے۔ اسی لیے وہ اُردو ادب کی سب سے متنازعہ شخصیت ہے۔ اسی لیے اس نے اپنی نظموں کے مجموعے کا نام Nailing Dark Storms رکھا۔ وہ طوفان کو آنکھوں میں آنکھیں ڈال کر دیکھنا چاہتا ہے۔

ساقی فاروقی کے رجحانات افکار اور شاعری جیسے مظاہر کو سمجھنے کے لیے دو چیزوں کو جاننے کی ضرورت ہے: ایک ان کی شخصیت کا ارتقاء اور دوسرے سماجی، ثقافتی اور مذہبی ماحول کا مجموعی اثر جس میں وہ پل کر جوان ہوئے۔ "مظاہرِ ساقی" دو انتہاؤں کے تصادم کا فطری نتیجہ ہے۔ یہ دو انتہائیں، سخت دبانے والا ماحول اور ساقی کی سخت باغیانہ شخصیت تھیں۔ ان عناصر کو ایک سخت منافقانہ معاشرے اور ایک صاف گو، نڈر اور ظالمانہ حد تک دیانت دار کردار کے درمیان تصادم کا شاخسانہ بھی کہا جاسکتا ہے۔ جب دو مخالف انتہائیں آپس میں ٹکراتی ہیں تو چنگاری پیدا ہوتی ہے۔ ساقی نے اس چنگاری کو شعلہ بنا دیا۔ شعلہ جنگل کی آگ بنا اور آگ کی راہ میں جو بھی آیا جل کر راکھ ہوا۔ کچھ لوگوں کا خیال ہے کہ یہ آگ کسی اور سے زیادہ خود ساقی کو جلا ڈالے گی۔ یہ آگ شراب کی آگ کی طرح ہوگی جو وہ کثرت سے پیتے ہیں۔ وہ ہر روز اس وقت تک مے نوشی میں مبتلا رہتے ہیں جب تک ہوش و حواس گُم نہ ہوجائیں۔ یہ بلاشبہ ایک جان لیوا طرزِ عمل ہے۔ شاید وہ اس طرح جل جل کر خاکستر ہو جانا چاہتے ہیں۔

ن۔م۔راشد نے اپنی وصیت میں، وفات کے بعد میّت سوزی کی خواہش تھی۔ مگر ساقی شاید زندگی میں ہی اپنی چِتا کو آگ دکھانا چاہتے ہیں۔ آگ ان کی شاعری میں ایک منفرد استعارہ دکھائی دیتا ہے:

ے ایک دوزخ تھا میرے سینے میں
جس سے چہرہ میرا منور تھا

اور

ے "صرف آگ پیتا ہوں جس طرح سے جیتا ہوں
اُس طرح سے جینے میں اُلجھنیں بہت سی ہیں"

جب میں نے لوگوں سے ساقی کے بارے میں ان کی رائے پوچھی تو مجھے کثیر الجہت آراء ملیں۔ ایک انتہا پر، ایک گروہ ہے جو یہ جو کہتا ہے:

- "ساقی ایک انتہائی ذہین انسان ہے"
- "وہ جدید شعراء میں سے، سب سے بڑا طبع زاد شاعر ہے۔"
- "ساقی، راشد اور میرا جی کی شمع اُٹھائے ہوئے چل رہا تھا۔"
- "اُردو شاعری کی تاریخ ساقی کو شامل کیے بغیر نامکمل ہوگی۔"
- "ہمیں ساقی سے ملاقات کرنے اور جاننے پر فخر ہے۔"

دوسری انتہا پر دوسرا گروہ ہے جو کہتا ہے:

۔" ساقی گستاخ اور بدتمیز ہے۔ وہ بے ادب، توہین آمیز، بے لحاظ اور بے عزت کرنے والا شخص ہے۔"

"ساقی بے ہودہ اور واہیات ہے۔"

"جو وہ لکھتا ہے اس پر اس کو شرم آنی چاہیے۔"

"اس کی تحریروں میں شاعری سے زیادہ ڈرامہ ہے۔"

"وہ اُردو شاعری کا "اینٹی ہیرو" (ولن) ہے۔"

"اگر ساقی ایک لفظ بھی نہ لکھتا تب بھی اُردو شاعری میں کوئی کمی واقع نہ ہوتی۔"

ان دو انتہا پسندوں کے علاوہ بھی کچھ لوگ ہیں جنھوں نے محسوس کیا کہ یہ واحد شخص ہے جو آرٹ، ادب اور سماجی اخلاقیات کے میناروں اور اصلاح کاروں کی منافقت اور تعصّبات کو بے نقاب کرتا ہے۔ یہ واحد شخص ہے جو کہتا ہے کہ "بادشاہ عُریاں ہے۔"

ایک سخت گیر 'ظاہر' رکھنے کے باوجود ساقی کا دل سونے کا بنا ہے۔ وہ ایک سنگترے کی طرح ہے جس کا چھلکا سخت مگر گودا شیریں ہے۔ ان کے تمسخرانہ برتاؤ کے بطن میں ایک محبت کرنے والا، ہمدرد اور فیاض انسان بیٹھا ہے۔ وہ اپنے دوستوں کے لیے کچھ بھی قربان کرنے کے لیے تیار ہو جائیں گے۔ مگر وہ اپنی دوستی اور چاہت کو 'ادب سے عشق' پر قربان نہیں کر سکتے۔ وہ کبھی کسی پست درجے کی نظم کی پذیرائی اس لیے نہیں کر سکتے کیونکہ یہ ان کے کسی دوست نے لکھی تھی۔ وہ شاعری کی پذیرائی کرتے ہوئے بہت بے باک اور دیانت دار ہوتے ہیں۔

وہ ادب کے ساتھ اپنے عشق کو کسی اور شے پر قربان نہیں کریں گے۔ ماسوائے اپنی ذات کے ساتھ محبت کے۔ ان کی اپنی ذات کے ساتھ محبت ادب سے بڑھ کر ہے، کیوں کہ وہ سمجھتے ہیں کہ وہ اُردو کے ایک عظیم شاعر ہیں۔ مگر لگتا ہے کہ ان کو اس بات کا خود بھی یقین نہیں۔ شاید اسی لیے ان کو بار بار اپنی شاعری دوسروں کو سنا کر اس کا اعادہ کرنا پڑتا ہے۔ ان کو ایک قسم کا احساسِ برتری ہے، جو بعض اوقات ان کی ذاتی تشکیک اور عدم تحفظ کا ردِعمل محسوس ہوتا ہے۔ وہ ابھی تک اس مقام پر نہیں پہنچے جہاں پر وہ اپنی شاعری پر اتنا اعتماد کر سکیں کہ وہ اپنے لیے خود بولے اور اپنی مدح سرائی آپ کروائے اور اپنا لوہا آپ منوائے۔

ان کو نجی اور عوامی محافل میں اپنا نقارہ خود بجانا پڑتا ہے وہ ابھی تک اس مقام پر نہیں پہنچے جہاں پر شمس الرحمان فاروقی اور مشفق خواجہ جیسے مداحین کو اپنی تحاریر میں ان کی تعریف کر کے خاموش رہنے

دیں۔ ساقی کو ابھی تک بار بار ان کے حوالے دینے کی ضرورت محسوس ہوتی ہے۔ ان کو اندیشہ ہے کہ کہیں لوگ ان کو بھلا نہ دیں۔ وہ چاہتے ہیں کہ ان کی مداح سرائی فیض احمد فیض، ن۔م۔ راشد اور میرا جی کی طرز پر ہو۔ حالانکہ وہ مختلف وجوہات کی بنا وقتاً فوقتاً ان تینوں پر بھی تعریف اور تنقید کے تیر برساتے رہتے ہیں۔ اکثر لوگ حیران ہوتے ہیں کہ جیسے ساقی تمام دُنیا پر کیچڑ اُچھالتے رہتے ہیں، ویسا اگر خود ان کے ساتھ ہوا تو وہ کیا ردِعمل دیں گے؟ کیا وہ اس کو قبول کرلیں گے؟ ساقی جواب دیتے ہیں۔ "جی ہاں۔ لوگوں کے اس حوالے کچھ شبہات ضرور ہیں۔"

بہر حال اُردو شاعری کے شائقین اس بات کے قائل ہیں کہ ساقی ایک بڑے شاعر ہیں اور اُردو ادب ان کو ایک طویل عرصے تک یاد رکھے گا۔ اس بات پر اگر کوئی شخص قائل نہیں تو وہ ساقی خود ہیں۔

ساقی صاحب کا انٹرویو کرنے کے لیے چند گھنٹے ان کے ساتھ گزارنے کے بعد میں چند دن تک ان کی شخصیت کے جادو کے زیرِ اثر رہا۔ میں نے محسوس کیا کہ ساقی کے کردار میں ایک گہرائی ہے جو بظاہر نظر نہیں آتی۔ میں اس کو ستم ظریفی ہی کہوں گا کہ وہ اپنی ذات کی گہرائی کی راہ میں خود دیوار بن کر بیٹھے ہیں۔ اور لوگوں کو اپنی ذات کی گہرائی تک رسائی نہیں دیتے۔ ان کی کرشماتی شخصیت اور بسیار گوئی کے باعث ان کے ساتھ ایک بامعنی مکالمہ کرنا دشوار ہو جاتا ہے۔ میں خوش قسمت تھا کہ مجھے ان کا تفصیلی انٹرویو کرنے کا موقع مل گیا، جس سے مجھ پر ان کی شخصیت اور شاعری کے کچھ در وا ہوئے۔ اور ان کی تخلیقی شخصیت کو جاننے میں کسی قدر آسانی ہوئی۔ ان کی پُراسرار شخصیت کا ایک پہلو یہ بھی ہے کہ وہ اکثر اپنے عزیزوں کی خوشیوں میں شریک نہیں ہوتے۔

ساقی کی جانوروں سے محبت ہمیشہ ایک معمہ رہا ہے۔ ان کے والد جانوروں کے ڈاکٹر تھے اور وہ ان کو کتوں اور بلیوں سے گھلنے ملنے دیتے تھے۔ اوائل عمری کا یہ مشاہدہ ان کی جانوروں کے ساتھ لگاؤ کے پس منظر میں کارفرما ہوسکتا ہے۔ ان تجربات نے ساقی کی شخصیت پر دیرپا اثرات چھوڑے۔ ان کے اندر ایک نامعلوم سا احساسِ جرم بھی موجود ہے۔ ماضی کا وہ واقعہ ان کے ذہن پر نقش ہو گیا ہے جب ان کے والد کے حکم پر وہ اپنے نوکر کے ساتھ بلّوں (Cats-Tom) کو دریا میں بہانے جا رہا تھے۔ ساقی کو جانوروں سے محبت ہے۔ مظلوموں سے لگاوٹ ہے اور مغلوب سے پیار ہے۔ یوں محسوس ہوتا ہے کہ ساقی کا یہ رجحان معروف لکھاری "کافکا" کی کہانی: (Metamorphosis) سے مماثلت رکھتا ہے۔

ساقی اپنے جنسی تجربات کے حوالے سے بہت صاف گو، دوٹوک اور بے ریا تھے۔ آج کے زمانے میں ایسا خال خال ہی ہوتا ہے۔ خاص کر مشرق کے فنکار اور لکھاری اس معاملے میں بہت

رازداری سے کام لیتے ہیں۔ شاید ان کو جوش ملیح آبادی کا انجام مدّنظر ہوتا ہے جنھوں نے اپنی سرگزشت میں اپنے معاشقوں اور ہم جنس دوستی کا واشگاف ذکر کیا تھا۔ میرے ساتھ گفتگو میں ساقی نے برطانیہ میں سکونت کے دوران اپنے جنسی مشاغل کا ذکر دوٹوک الفاظ میں کیا۔ انھوں نے ایک جنسی طور پر ناآسودہ نوجوان کی روداد کہانی کی صورت میں سنائی جو مشرق کے گھٹن زدہ ماحول سے نکل کر مغرب کی وسیع النظر دنیا میں پہنچ گیا تھا، جہاں وہ جنسی طور پر بے اعتدال ہو گیا تھا۔ مگر یہ حسین زمانہ صرف تین سال ہی رہا۔ یہ جان کر مجھے مزید حیرت ہوئی کہ ساقی اپنی بیوی سے بھی وفادار تھے، گویا انھوں نے یک زوجگی کی کیفیت میں زندگی کے تیس طویل سال بتا دیئے۔ میرے خیال میں ان کی شادی ان کی بے چین رُوح کے لیے ایک گوشۂ امن تھی ورنہ وہ بھی اپنی والدہ کی طرح ذہنی بحران کا شکار ہو سکتے تھے۔

ساقی سے انٹرویو کے بعد میں ان کی بیگم کا انٹرویو بھی لینا چاہتا تھا تاکہ جان سکوں کی انھوں نے ساقی کے ساتھ تیس سال کیسے نبھا کیا؟ جبکہ اکثر لوگ ان کے ساتھ 30 گھنٹے بھی نہیں گزار سکتے۔ میں ان کی اہلیہ سے نہیں مل سکا۔ مگر افسوس کہ شادی جیسا مضبوط بندھن، ایک معقول آمدنی والی نوکری اور مستقل سکونت کی اہلیت بھی ان کو بلانوش ہونے سے نہ بچا سکیں۔ انھوں نے خود مجھے بتایا کہ ان کی بیٹی ''ماہر ترکِ منشیات'' ہے اور اس نے انھیں مشورہ دیا ہے کہ وہ نفسیاتی معالج سے ملاقات کریں مگر انھوں نے انکار کر دیا۔ شاید ورجینیاؤ ولف (Virginia Wolf) کی طرح ان کا ایمان ہے کہ ''نفسیاتی معالج دماغ کے ساتھ زنا بالجبر کرتا ہے۔'' ناروے کے مصوّر ایڈورڈ منچ (Edvard Munch) کی طرح وہ بھی سمجھتے ہیں کہ اگر ان کی ذات سے عدم تحفظ، بے خودی، سنکی پن اور وحشت نکل گئے تو ان کی تخلیقیت بھی ختم ہو جائے گی۔

ساقی اپنے بچپن میں بے جا لاڈ پیار ملنے کی وجہ سے بے راہ رو ہو جانے کو بیان کرنے میں بھی صاف گو تھے۔ وہ چاہتے تھے کہ کاش ان کو نظم و ضبط سکھایا گیا ہوتا۔ شاید اس سے ان کی شخصیت میں کچھ توازن در آتا۔ ساقی کی باغیانہ شخصیت ایک ملی جلی نعمت بھی ہے ایک طرف تو یہ ان کو ہر روایت، رکاوٹ اور فرسودہ و پامال افسانوں پر سوال اُٹھانے کا حوصلہ عطا کرتی ہے تو دُوسری طرف کچھ ایسے لوگوں کو ان سے دُور بھی کر دیتی ہے جو ان سے بہت کچھ سیکھ سکتے ہیں یا ساقی ان سے بہت کچھ سیکھ سکتے تھے۔

لوگ ساقی کے قریب جانے سے گھبراتے ہیں کیونکہ پُراعتماد نہیں ہوتے کہ وہ کب کیسا ردِعمل دے دیں۔ ان کا انٹرویو کرنے سے پہلے میں بھی شدومد میں مبتلا تھا مگر میرا حوصلہ اس وقت بڑھا جب ان کی طرف سے مجھے ایک محبت نامہ موصول ہوا جس میں انھوں نے میرے ایک افسانے کو سراہا تھا۔

مگر میں اب بھی ان کو یہ مضمون اوران کے انٹرویو کا سکرپٹ بھیجنے سے ہچکچا رہا ہوں۔لیکن میں ان کی دیانت داری اور صاف گوئی کا مداح ہوں یہ خوبی ہم جیسے منافق معاشرے میں ناپید ہوتی جا رہی ہے۔اس کے ساتھ مجھے یہ بھی احساس ہے کہ ان کی دیانت داری کبھی کبھی ظلم بھی ڈھا سکتی ہے۔ان کے لیے مضر بھی ہوسکتی ہے۔لوگ ساقی کی محفل کو ولولہ انگیز یا اندوہ ناک تو کہہ سکتے ہیں مگر بورنگ (اُکتاہٹ کا شکار) ہرگز نہیں کہہ سکتے۔ مجھے کچھ شک نہیں کہ ساقی فاروقی کو ایک طویل عرصے تک یاد رکھا جائے گا۔نیک نام یا بد نام اس کا مجھے معلوم نہیں۔۔۔ساقی کا قبیلہ دُنیا کے آسکر وائلڈوں اور سعادت حسن منٹوؤں کا قبیلہ ہے۔میں اپنی خوش بختی سمجھتا ہوں کہ مجھے ساقی کے ساتھ چند لمحات گزارنے کا موقع ملا۔وہ ایسا کردار نہیں جس کو آسانی سے بھلایا جا سکے۔

ooo

منٹو کی میراث

آسکر وائلڈ اور چے گویرا کی طرح سعادت حسن منٹو کا شمار بھی بیسویں صدی کی متنازعہ شخصیات میں کیا جاتا ہے۔منٹو ایک آتشیں لکھاری تھے اور ان کی تحریروں کا عوامی ردِعمل بھی شدید ہوتا تھا۔جس کا ان کو اکثر سامنا رہتا تھا۔ جو لوگ ان کے افسانے پڑھتے وہ سخت جذباتی ردِعمل کا اظہار کرتے۔ یہ ردِعمل ان سے نفرت کی صورت میں بھی ہوتا اور محبّت کی صورت میں بھی۔ وہ مسترد بھی کیے گئے اور سراہے بھی گئے۔ کچھ لوگوں نے ان کو حقارت کی نظر سے دیکھا مگر اکثر ان کی کہانیوں کے سحر میں مبتلا ہو گئے۔ مگر ایسا نہیں ہوا کہ اُردو کا قاری سعادت حسن منٹو سے لاتعلق رہ جائے۔ کیونکہ ان کی تحریریں پڑھنے والے کے دل و دماغ اور رُوح کو چُھو جاتی تھیں۔

منٹو بلاشبہ ایک باصلاحیت شاندار اور انمول لکھاری تھے۔ان کا تعلق تخلیقی شخصیات کے اس گروہ سے تھا جو زندگی کے ہر پہلو پر سوالیہ نشان لگاتا ہے، چیلنج کرتا ہے اور ہمیں ایسی دُنیا میں لے جاتا ہے جو ہماری سطحی نظر نہیں دیکھ سکتی۔ ہمارے پتھر دل محسوس نہیں کر سکتے اور ہمارے روایتی ذہن اس کا تصور نہیں کر سکتے۔ وہ ہمیں زندگی کی اعلیٰ جہت اور گہرے پہلوؤں سے روشناس کرواتے ہیں۔ وہ ہمیں ایک زاویۂ نگاہ کا تحفہ دیتے ہیں جس سے ہم پر نئے نقطہ ہائے نظر کے دَر وا ہوتے ہیں اور ہم پر زندگی کا بہتر ادراک ہونے لگتا ہے۔ وہ ہماری ہستی کو خوبصورت بناتے ہیں، ہماری زندگی کو بامعنی بناتے ہیں اور ہم پر وجودیت کے نئے اُفق عیاں کرتے ہیں۔ وہ ادب، زندگی اور انسانیت کو ارتقاء کی اگلی منزل کی راہ دکھاتے ہیں اسی لیے کئی دفعہ ان کی عظمت کو پوری طرح سمجھنے اور ان کی خدمات کے نتائج کا ادراک کرنے میں صدیاں بیت جاتی ہیں۔

منٹو ایک انسان دوست تھے۔ وہ عورت کا احترام کرتے تھے اور اس کو مرد کے مساوی جانتے تھے۔ جب وہ عورت کے ساتھ بدسلُوکی اور حقیر درجے کی مخلوق ہونے کا مشاہدہ کرتے تو سراپا احتجاج بن جاتے۔ بالخصوص جسم فروشی سے منسوب خواتین کی زندہ رہنے کی جدوجہد ان کو متفکر رکھتی تھی۔ انھوں نے لکھا: "ہر طوائف عورت ہوتی ہے مگر ہر عورت طوائف نہیں ہوتی۔" انھوں نے ان خواتین کی

مشکلات، خوابوں، بحرانوں اور پیچیدہ رشتوں کا بغور مطالعہ کیا اور اپنے افسانوں میں پیغام دیا کہ کیسے کیسے طریقوں سے دلال، گاہک اور تماش بین ایسی خواتین کا استحصال کرتے ہیں۔انھوں نے اپنے قاری کو معاشرے کے مختلف طبقات کی سماجی، مذہبی اور ثقافتی کنڈیشننگ (سکھلائی) سے روشناس کروایا۔منٹو نے ان معاشرتی ممنوعات کا پردہ چاک کیا جن پر ان کے ہم عصر ادیب اپنا قلم نہیں اُٹھاتے تھے۔وہ پرانی اور فرسودہ روایات کو کمال بہادری سے چیلنج کرتے تھے۔منٹو ایک حقیقت پسند ادیب تھے وہ زندگی کو لمحۂ موجود میں دیکھتے تھے۔نہ وہ ماضی کا رونا روتے تھے اور نہ مستقبل کے حسین خواب دکھاتے تھے۔نہ ان کا یہ مسئلہ تھا کہ ہمیں اخلاقی نقطہ نظر سے کیسا ہونا چاہیے۔ان کا ماننا تھا کہ:

''سچ ہمیں آزاد کرتا ہے اگرچہ اکثر لوگ سچ دیکھنے، سننے اور بولنے سے گریز کرتے ہیں کیونکہ ان کو سچ بہت پُرآشوب معلوم ہوتا ہے اور اکثر کو نہایت کڑوا لگتا ہے۔سچ ہضم کرنا مشکل ہوتا ہے۔''

جب منٹو نے زندگی کو اس طرح پیش کیا جیسے وہ تھی جیسی ان کو نظر آتی تھی اور انسانوں کو ایسے دکھایا جس طرح تجربہ کیا تھا تو بائیں بازو اور دائیں بازو دونوں طرفین نے ان پر یلغار کردی۔دائیں بازو کے مذہب پرستوں نے منٹو پر شہوت انگیز ادب تخلیق کرنے کا الزام لگایا اور ان کو عدالت میں لے گئے تاکہ وہ اپنی تحریروں کا دفاع کرسکیں۔بائیں بازو کی طرف سے ان کو سخت گیر اشتراکیت پسندوں کا سامنا تھا جو منٹو پر تنقید کررہے تھے کہ وہ عوام کی توجہ کا مرکز بننا چاہتے ہیں اور خوامخواہ مزاحمتی ادب تخلیق کررہے ہیں اور یہ کہ وہ مزدور طبقے کی طبقاتی جدوجہد تیز کرنے پر اپنی توجہ مبذول نہیں کررہے۔مگر منٹو کسی بھی انسانی جدوجہد کو انسانی جدوجہد تصور کرتے تھے، نہ کہ مسلمانوں، ہندوؤں یا سکھوں کی اور نہ ہی نچلے طبقے، متوسط طبقے یا اعلیٰ طبقے کی۔

منٹو نے ترقی پسند مصنفین کی تحریک میں شمولیت اختیار کی اور بہت سے روسی ادب کا اُردو میں ترجمہ بھی کیا مگر ترقی پسند تحریک ان کو اپنا ممبر بنانے پُرجوش نہیں تھی۔منٹو نے اپنے اُوپر ہونے والی تنقید اور رائے زنی کمال بہادری سے برداشت کی مگر کب تک۔پھر ایک وقت آیا کہ وہ جذباتی اور اعصابی طور پر ٹوٹ پھوٹ کا شکار ہونے لگے۔مغرب کے معتبر ادیبوں" سلویا پلیتھ"، "ورجینا وُلف" اور" ارنسٹ ہمینگ وے" کی طرح جنھوں نے ساری عمر اپنی تخلیقیت اور دیوانگی کا توازن قائم رکھنے میں صرف کردی بالآخر اس میں ناکام ہو کر اس قدر یاسیت کا شکار ہوئے کہ خودکُشی کرلی،منٹو بھی اس حد تک یاسیت کا شکار ہو گئے کہ اپنی زندگی ختم کرنے کی کوشش کرنے لگے مگر فوری خودکُشی کی بجائے انھوں نے دیرینہ خودسوزی کا طریقہ اپنایا۔وہ بلانوشی کی حد تک شراب نوشی میں مبتلا ہو گئے۔اس قدر بے حساب مے نوشی نے نہ صرف ان کا مزاج متاثر کیا بلکہ ان کی ذہنی صلاحیتوں کو بھی صلب کرلیا بعض

اوقات وہ اس قدر شراب پی لیتے کہ ان کو خون کے قے کرنی پڑتی اور دماغ مکمل طور پر سُن (ماؤف) ہو جاتا۔ پھر وہ وقت بھی آیا جب ان کو پاگل خانے میں داخل کروانا پڑا مگر یہ وہ دورانیہ تھا جب انھوں نے اپنا شاہکار افسانہ "ٹوبہ ٹیک سنگھ" لکھا۔

بالآخر جو کچھ ان کے ارگرد ہو رہا تھا اس کو زیادہ دیر تک برداشت نہ کر پائے اور بلانوشی میں مبتلا ہو کر موت کو گلے لگا لیا۔ منٹو 42 سال کی عمر میں وفات پا گئے۔ جرمنی کے فلاسفر "شاپن ہیور" کا قول ہے:

"جب زندہ رہنے کی وحشت موت کے خوف پر حاوی ہو جائے تو لوگ خودکشی کر لیتے ہیں۔"

اب جب کہ ہم منٹو کی سو سالہ (سوویں) سالگرہ منا رہے ہیں اور ان کی اُردو ادب کے لیے خدمات کو سراہ رہے ہیں اور ان کی تحریر کردہ کہانیوں کو انسانیت کے لیے تحفے قرار دے رہے ہیں، کیا انصاف کی بات نہ ہوگی کہ ہم ان حوصلہ شکن، دلسوز اور سخت ترین رائے زنی کا ذکر بھی کریں جو منٹو کی زندگی میں ان پر کی گئیں؟ ان کی وفات کے بعد ہمیں معلوم ہوا کہ وہ ایک مسیحا تھا مگر اس کی زندگی میں اس کو مصلوب کر دیا گیا۔

اب ہم منٹو کی یاد میں سیمینار اور کانفرنس منعقد کرنا چاہتے ہیں مگر ان کی زندگی میں ان کا سخت ترین احتساب کیا گیا۔ ان کی کہانیوں پر پابندی لگا دی گئی۔ ان پر مقدمات چلائے گئے اور ان کے افسانوں کو اسکول کالج اور یونیورسٹیوں کے نصاب میں شامل نہ کر سکے۔ منٹو کے نقاد اپنی اپنی دائیں بازو اور بائیں بازو کی تحریکوں کے لیے کام کر رہے تھے مگر منٹو زندگی کے دکھ و آلام اور انسانیت کے لیے کُڑھتے تھے۔ منٹو اپنے سچ کے ساتھ مخلص تھے اور ادب کے ساتھ وفاشعار تھے۔ اسی لیے ان کی تخلیقات وقت کے پیمانے پر پُورا اُتری ہیں۔ زمانے کے امتحان میں کامیاب ہو کر اُردو ادب میں امر ہو گئی ہیں وہ اُردو ادب میں ہمیشہ کے لیے زندہ ہو گئے ہیں۔

کس قدر عظیم و عجیب المیہ ہے کہ وہی لوگ جو ان کی زندگی میں ان کے ساتھ منسوب ہونے پر شرمسار ہوتے تھے آج ان پر فخر کر رہے ہیں۔ اس دوران بھی جب منٹو پر فتوے لگ رہے تھے اور ان کی زندگی اجیرن بنا دی گئی تھی ان کو اپنے تحفۂ خاص کا ادراک تھا۔ یہی سبب ہے کہ اپنی وفات سے قبل انھوں نے اپنی قبر کا کتبہ لکھا:

"یہاں سعادت حسن منٹو دفن ہے۔ جس کے سینے میں افسانہ لکھنے کے فن کے تمام راز اور باریکیاں بھی دفن ہیں۔ منوں مٹی تلے مدفون ہو کر بھی وہ حیرت زدہ ہے کہ وہ بڑا افسانہ نگار ہے یا خدا۔"

ooo

محمد اقبال۔۔۔مسلمان مفکر اور اصلاح کار

پاکستان میں میڈیکل کالج کے زمانے میں جب میں اہلِ علم افراد سے اقبال کے حوالے سے سوال کرتا تو مجھے مختلف جوابات ملتے تھے۔ وہاں پر مجھے اکثر ایسے افراد نظر آئے جو اقبال کے مداح تھے۔ وہ ان کو ایک غیر معمولی شاعر گردانتے، امتیازی فلسفی مانتے حتیٰ کہ کچھ افراد تو اقبال کو درویش بھی سمجھتے تھے۔ بہت سے لوگ ان کو ایک صاحبِ بصیرت انسان سمجھتے تھے جنہوں نے ہندوستانی مسلمانوں کو ایک الگ وطن کا تصور دیا ان کی نظر میں پاکستان کا خواب سب سے پہلے اقبال نے دیکھا تھا۔

جہاں اقبال کے اتنے زیادہ مداح ہیں وہاں کچھ طعنہ زن ناقدین بھی ہیں جو ان کا اس طرح احترام نہیں کرتے۔ ان کی نظر میں وہ ایک ایسے شخص تھے جو کسی زمانے میں مئے نوش تھے، قحبہ خانہ جاتے تھے اور کثرتِ ازدواج کے حامل تھے۔ان کا خیال تھا کہ اقبال نے مغربی دانشوروں اور فلسفیوں کی شاعری اور مضامین سرقہ کیے اور راج برطانیہ کی منت سماجت کی کہ ان کو" سر" کے خطاب سے نوازا جائے تا کہ اس کو سر محمد اقبال کے نام سے لکھا اور پکارا جائے۔

اوپر بیان کیے گئے دونوں مؤقف، دو انتہا ہیں۔ بلکہ یہ کہنا غلط نہ ہوگا کہ اقبال کی زندگی کی متضاد تشریحات ہیں۔ یہ تشریحات نہ صرف اقبال کی تخلیقی قابلیت بلکہ ایشیائی اور مسلم معاشروں کی جذباتی حالت کی عکاس بھی ہیں۔ ان معاشروں میں شاعر اور دانشور شدید ردِعمل پیدا کرتے ہیں یا تو اُن سے محبت کی جاتی ہے یا نفرت۔ پوجا کی جاتی ہے یا حقارت کی نگاہ سے دیکھا جاتا ہے۔ تخلیقی افراد کو ایک انسان سمجھنے کی بجائے یا تو ولی کا مقام دے دیا جاتا ہے یا فاسق و فاجر سمجھ کر لعن طعن کی جاتی ہے۔ اقبال کے نظریے، فلسفے اور طرزِ زندگی کا حقیقت پسندانہ ادراک پانے کے لیے میں نے ان کی سوانح ہائے حیات، خطوط، لیکچرز اور خطبات کے مجموعوں کا مطالعہ کیا۔ اس حوالے سے عبدالمجید سالک کی تحریر کردہ سوانح حیات" ذکرِ اقبال" ایک متوازن کتاب ہے جو بہت محبت اور احترام سے لکھی گئی ہے۔ یہ کتاب اقبال کی خاندانی سماجی تخلیقی، رومانوی اور سیاسی

زندگی کو یکجا کر کے پیش کرتی ہے۔اس کتاب میں اقبال کو ایک مسلم مفکر کے طور پر پیش کیا گیا جن کو اسلام میں گہری دلچسپی تھی وہ مسلمانوں کو ایک قوم بطور فلسفہ کے طور پر دیکھتے تھے۔فلسفیوں کا مطالعہ کیا اور اسلام کی ایک جدید تشریح کرنے کی کوشش کی اس کوشش کی سب سے واضح جھلک ان کی کتاب: Reconstruction of Religious Thought in Islam میں دکھائی دیتی ہے یہ کتاب دراصل اقبال کے خطبات کا مجموعہ ہے۔ان خطبات میں اقبال نے نہ صرف اسلام کی قدامت پسندانہ تشریح کو چیلنج کر دیا بلکہ انھوں نے مذہب، روحانیت، نفسیات اور سائنس کا آپس میں پُراسرار رشتہ بھی بیان کیا۔اقبال نے تجویز کیا کہ موجودہ الہامی کتابوں کے مطالعے کے دوران ہمیں لفظ بہ لفظ مطالب اخذ نہیں کرنے چاہئیں بلکہ اور الہامی صحیفوں میں بیان کیے گئے قصّص اور اشارات کو علامتی اور استعاراتی معنوں میں لینا چاہیے جیسا کہ ہم ادب کے دیگر شاہ پاروں کے ساتھ کرتے ہیں۔

اقبال کی سوانح حیات، خطبات اور بیانات دیکھنے کے بعد میں اس نتیجے پر پہنچا کہ اقبال ایک عالم ہونے کے ساتھ ساتھ ایک سیاسی کارکن بھی تھے۔انھوں نے نہ صرف الیکشن میں حصّہ لیا بلکہ مسلمانوں کے لیے مقامی، قومی اور بین الاقوامی سطح پر برپا ہونے والی تحریکوں کے مسودے بھی تحریر کیے۔انھوں نے چونکہ وکالت پڑھ رکھی تھی لہٰذا آئینی معاملات پر مباحث کرنا پسند کرتے تھے شاید اسی وصف نے اقبال میں مسلمانوں کو عالمی سطح پر رہنمائی کرنے کی تحریک دی۔

اقبال سیاسی طور پر جاہ پسند تو تھے ہی مگر وہ روحانی اور مابعد الطبیعیات جیسے معاملات میں بھی گہری دلچسپی لینے لگے۔وہ مسلمان صوفیاء کے مزارات کی زیارات کے لیے جاتے۔سالک کے مطابق اقبال مسلمان صوفیاء سے گہری عقیدت رکھتے تھے۔انگلستان کا سفر کرنے سے قبل وہ حضرت نظام الدین کے مزار پر حاضری کے لیے گئے اور اپنی مشہور نظم "التجائے مسافر" لکھی۔ایک دلکش احساس ہے جو اقبال سے متعلق میرے دل میں پیدا ہوا وہ یہ تھا کہ وہ مذہب اور سیاست، سائنس اور صوفی ازم کے درمیان پُل بنانا چاہتے تھے۔یوں لگتا ہے کہ اقبال کی شخصیت بچپن سے ہی ایک کثیر الجہتی شخصیت کے طور پر نشوونما پا چکی تھی کیونکہ انھوں نے ایسی شہرہ آفاق نظمیں لکھیں جو لاکھوں دلوں کو چھو گئیں اور ایسے فلسفیانہ خطابات کیے جو مفکرین کو متاثر کر گئے۔

زندگی کے مختلف ادوار میں مختلف مشرقی اور مغربی فلسفوں اور فلسفیوں نے اقبال کو متاثر کیا۔مگر جب ان کی جوانی کا دن سہ پہر پر پہنچا تو اقبال کو مسلمان قوم کی تقدیر پر پریشانی رہنے لگی۔مسلمان قوم کی منزلِ مراد ان کے اعصاب پر سوار رہنے لگی۔انھوں نے (اپنی ہی بنائی ہوئی) مسلمان قوم کی نشاۃ ثانیہ کے لیے سیاسی اور فلسفیانہ خدمات بھی انجام دیں۔اقبال نے اپنی شناخت بھی

بدل لی۔ مجھے ان کی شناخت ہندوستانی سے بدل کر مسلمان ہونے کا عمل متاثر کر گیا۔اقبال کا تعلق کشمیری برہمن خاندان سے تھا جس نے 17 ویں صدی میں اسلام قبول کیا۔ایک روایت کے مطابق اقبال کے دادا کے والد نے ایک مسلمان صوفی بزرگ سے متاثر ہو کر اسلام قبول کر لیا تھا۔اور جواباً بزرگ اُن سے اتنے متاثر ہوئے کہ اپنی بیٹی کی شادی ان سے کر کے ان کو اپنا داماد بنا لیا۔اقبال کے والد بھی اس وقت کے معاشرے میں ایک معزز شخصیت تصور کیے جاتے تھے۔اگر چہ وہ زیادہ پڑھے لکھے نہ تھے مگر ایک عقل مند بزرگ کے طور پر لوگ ان سے مذہبی معاملات پر مشورے کرتے تھے۔اقبال جب اپنی تحریروں میں اپنے بچپن کے قصوّں کا ذکر کرتے تو یہ دعویٰ بھی کرتے ہیں کہ ان کے والد کے پاس روحانی شفایابی کی طاقت تھی۔اقبال نے یہ بھی لکھا کہ:ان کی پیدائش سے قبل ان کے والد کو خواب آیا کہ ایک بہت بڑا سا پرندہ آسمان سے ان کی گود میں آن گرا ہے۔انھوں نے اپنے خواب کی یہ تعبیر بتائی کہ ان کے ہاں ایک بیٹا پیدا ہوگا جو عظیم مُسلم مفکر بنے گا۔وہ یہ نہ بتا سکے کہ ان کا بیٹا ایک مشہور شاعر بنے گا جو ایک بہت بڑے پرندے شاہین کو اپنی شاعری میں اہم استعارے کے طور پر استعمال کرے گا۔

اقبال ابھی کمسن تھے جب ان کے والد نے ایک اور خواب دیکھا۔انھوں نے دیکھا کہ ایک قافلہ ان کے شہر کے مضافات سے گزر رہا ہے اس قافلے میں ایک بیمار شخص ہے جس کو ان کی مدد کی ضرورت ہے۔اگلے روز اقبال کے والد اس خانہ بدوش قبیلے کی تلاش میں نکل کھڑے ہوئے ان کو وہ لوگ مل گئے۔اقبال کے والد نے اپنی خدمات پیش کر دیں۔مسافر لوگ بہت حیران ہوئے۔اقبال کے والد نے دُعا کی جس سے بیمار شخص کی صحت بہتر ہوگئی۔ایسے خاندان میں پرورش پا کر جوان ہونے والے اقبال صوفیاء، عارفین اور ان کی روحانی و معالجانہ قوتوں پر ایمان رکھتے تھے۔

اقبال 1873ء میں صوبہ پنجاب کے شہر سیالکوٹ میں پیدا ہوئے اور ابتدائی تعلیم بھی وہیں سے حاصل کی۔1895ء میں 22 سال کی عمر میں اقبال لاہور چلے گئے۔جہاں گورنمنٹ کالج لاہور سے انھوں نے اعزاز کے ساتھ گریجویشن کرنے کے بعد فلسفے میں ایم۔اے کیا۔ان کو 1899ء میں گولڈ میڈل بھی ملا۔نہ صرف بطور ایک طالب علم اقبال ایک دَمکتا ستارہ ثابت ہوئے بلکہ ایک مسلمہ شاعر بھی بن چکے تھے۔اساتذہ اور ہم جماعت دونوں اقبال سے حد درجہ متاثر تھے۔جُوں جُوں اقبال پختہ عُمری کے زینے چڑھنے لگے ان کو شاعری سنانے کے لیے مشاعروں میں مدعو کیا جانے لگا۔ان کی شہرت اس وقت بلندیوں کو چھُو گئی جب اقبال کو" انجمن حمایتِ اسلام" کے سالانہ اجلاس میں مدعو کیا گیا۔یُوں محسوس ہوتا ہے کہ اقبال کی اس اجلاس میں شرکت مسلم قوم کے مستقبل اور تحریک نشاۃِ ثانیہ

سے وابستہ ہونے کا نقطۂ آغاز تھا۔ اس وقت اقبال کی نظمیں ایک ادبی جرنل "مخزن" میں شائع ہونا شروع ہوگئی تھیں۔

اقبال کو انگریزی اور عربی ادب سے بہت شغف تھا وہ بچوں کے لیے لکھی گئی انگریزی نظموں سے اس قدر متاثر تھے کہ انھوں نے کچھ نظموں کا منظوم ترجمہ تک کر ڈالا۔ ان کی ماسٹرز کی ڈگری مکمل ہوئی تو اقبال کا معلم بننے کے شوق کی تکمیل کا وقت شاید آن پہنچا۔ وہ گورنمنٹ کالج لاہور میں فلاسفی کے اسسٹنٹ پروفیسر تعینات ہو گئے۔ یُوں ان کا ٹیچر بننے کا خواب شرمندۂ تعبیر ہوا۔ اقبال کے بڑے بھائی کے ساتھ تعلقات قدرے کشیدگی اور بے یقینی پر مبنی تھے۔ ان کے بھائی جہاں ایک سخی دل انسان تھے وہاں پر کسی حد تک حکمرانی پسند بھی تھے۔ انھوں نے اقبال کو مشورہ دیا کہ وہ بیرونِ ملک اعلیٰ تعلیم حاصل کریں اور یہ کہ اس کے تمام اخراجات وہ برداشت کریں گے۔ اقبال نے انگلستان اور جرمنی سے قانون اور فلسفے کی تعلیم حاصل کی۔ ان کے پی ایچ ڈی کے مقالے کا موضوع "ایران کا مابعد الطبیعیات کا فلسفہ" تھا۔ وقت گزرنے کے ساتھ اقبال نے مذہب بالخصوص اسلام کی فلسفیانہ اور پُراسرار جہتوں میں گہری دل چسپی لینی شروع کر دی۔

1908ء میں جب اقبال ہندوستان واپس آئے تو اس وقت تک ان کو یورپ کے قوم پرست نظریئے سے مخاصمت ہو چکی تھی اور وہ اسلامی فلسفے اور تاریخ کے عشق میں گرفتار ہو چکے تھے۔ واپس آ کر جیسے جیسے اقبال کی شہرت کو عروج ملا ان کی اسلام کے نظریاتی، سیاسی اور رُوحانی پہلوؤں سے جنون کی حد تک محبت میں بھی بے پناہ اضافہ ہوا۔ مگر ان کی یہ شہرت دو دھاری تلوار ثابت ہوئی۔ جہاں ان کے مداحین نے ان کی مداح سرائی شروع کر دی وہاں ان کے کچھ مخالفین نے ان پر تنقید و تضحیک کے تیر بھی برسانے شروع کر دیے۔

جب اقبال نے اسلام کی بنیاد پرستانہ روایات پر سوالات اُٹھائے اور اس کی جدید اور روشن خیال پیشوائیت کے قدامت پرست طبقے نے ان کو اپنے نشانے پر رکھ لیا۔ 1911ء کی انجمن حمایت اسلام کے سالانہ جلسے کے موقع پر اقبال نے اپنی مشہور نظم "شکوہ" پڑھی جس میں انھوں نے خدا سے مخاطب ہو کر نہایت ادب و احترام سے اپنے کچھ شکوے پیش کیے اس پر بہت سے روایتی اور قدامت پسند گروہ سیخ پا ہو گئے۔ ان افراد میں ان کے والد بھی شامل تھے جو اس وقت وہاں موجود تھے۔ جب انھوں نے نظم سُنی تو زار و قطار رونے لگے۔ اقبال پر اخلاقی دباؤ اس قدر بڑھا کہ ان کو اپنی ہی نظم کے جواب میں "جوابِ شکوہ" لکھنی پڑھی جس میں خدا نے ان تمام شکایات کے جوابات دیئے تھے۔ اگرچہ یہ نظم ادبی ولسانی اعتبار سے ایک شاہ پارہ ہے ان کی شاعری کا شاہکار نمونہ ہے۔ لیکن یہ اقبال کی روایتی

مسلمانوں کے ساتھ تنازع اور پھر سمجھوتے کرنے کی ضرورت کی عکاس بھی ہے۔وہ ایسی روایتی اکثریت سے کلی طور پر بے دخل نہیں ہونا چاہتے تھے جس طبقے کا مسیحا بننے کے خواب دیکھ رہے تھے۔مگران کا یہ سمجھوتہ تمام مسلمانوں نے تسلیم نہ کیا۔مسلمانوں کے ایک اہم گروہ نے اقبال کے خلاف اس وقت کے علماء کو شکایت کر دی جنھوں نے جواباً ایک فتویٰ جاری کیا جس میں اقبال کی شاعری کو توہینِ مذہب کے مترادف اور اقبال کا سماجی بائیکاٹ کرنے کا حکم جاری کیا۔ایسے ردِعمل نے اقبال کے مداحین اور ناقدین دوستوں اور دشمنوں کے درمیان جلتی پر تیل کا کام کیا۔کچھ نے تو اقبال کو دائرہ اسلام سے خارج قرار دے دیا اور بعض مولانا ظفر علی خان جیسے افراد نے تجویز کیا کہ اقبال کو اسلام کی تبلیغ کے لیے جاپان بھجوا دیا جائے۔

یہ وہ دور تھا جب اقبال مسلمانوں کے مقدمے میں پوری طرح ملوث ہو گئے اور انھوں نے دو قومی نظریے اور وحدت المسلمین کے نظریات کی بنیاد رکھی۔وہ چاہتے تھے کہ ہندوستانی مسلمانوں کی ہندوستانی ہندوؤں سے الگ پہچان ہو۔اور یہ کہ ہندوستانی مسلمانوں کی پہچان اُمتِ مسلمہ سے وابستہ ہے بالخصوص سعودی عرب اور مشرقِ وسطیٰ سے۔اقبال کے ان اشعار میں اسی نظریے کا پرچار نظر آتا ہے۔

چین و عرب ہمارا ، ہندوستان ہمارا
مسلم ہیں ہم جہاں میں ، ہے سارا جہاں ہمارا
ایک ہوں مُسلم حرم کی پاسبانی کے لیے
نیل کے ساحل سے لے کر تابخاکِ کاشغر

اپنے ثقافتی ورثے پر فخر کرنے کی بجائے اقبال نے مسلمانوں کو ان کے مذہبی اور رُوحانی ورثے پر فخر کرنے کی طرف مائل کیا۔ایسے خیالات اقبال کے ہاں برسوں سے پختہ ہو رہے تھے۔اور دھیرے دھیرے ان کے سیاسی اور سماجی اظہار کا روپ دھارنے لگے تھے۔

سالک نے لکھا: "اقبال نے مسلمان قوم کے اتحاد اور خوش حالی کے لیے اپنی زندگی وقف کرنے کا فیصلہ کر لیا تھا۔" وہ مفکرین جو ہندو مسلم اتحاد کے حامی تھے جب اقبال کے دو قومی نظریے پر سوالات اٹھاتے تو اقبال ان کو یُوں جواب دیتے:

"ایک وقت تھا کہ میں بھی اس بات پر یقین رکھتا تھا کہ مذہب کی بنیاد پر کسی سماج کی تقسیم نہیں ہونی چاہیے اور اپنی ذاتی زندگی میں، مَیں آج بھی اس نظریئے پر کاربند ہوں۔مگر اب میں سمجھتا ہوں کہ قومی سطح پر مسلمانوں اور ہندوؤں کی اپنی الگ الگ مذہبی پہچان ہونی چاہیئے۔"

ہندوستان میں رہنے والوں کا ایک ہی قومی پہچان رکھنا بظاہر بہت خوبصورت اور شاعرانہ خیال ہے مگر ہندوستان کے موجودہ سماجی اور سیاسی ماحول کے تناظر میں غیر حقیقی ہے۔اس کے بعد اقبال مسلم لیگ کے غیر فعال رکن بن چکے تھے اور اکثر محمد علی جناح کے ساتھ سنجیدہ سیاسی مکالمہ کرتے رہتے۔اور جناح کو اپنے دوقومی نظریے کی طرف راغب کرنے کی کوشش کرتے اور اپنے فلسفے پر قائل کرتے۔1916ء میں لکھنو میں جب کانگریس اور مسلم لیگ نے ایک ساتھ مل کر چلنے کا فیصلہ کیا اور جناح نے کانگریس سے تعاون کی حامی بھری تو اقبال رنجیدہ ہو گئے۔کیونکہ ان کو جناح کا یہ فیصلہ مسلمانوں کے مستقبل کے لیے بُرا شگون محسوس ہوا۔

1926ء تک اقبال عملی سیاست سے دُور رہے تھے مگر جب انھیں محسوس ہُوا کہ عملی سیاست کے بغیر ان کا فلسفہ کامیاب نہیں ہو سکے گا تو انھوں نے عملی سیاست میں حصہ لینے کا فیصلہ کر لیا۔انھوں نے الیکشن میں حصہ لیا اور جیت گئے۔الیکشن جیتنے کے بعد اقبال کی ہندوستانی مسلمانوں کے مستقبل کی فکر پہلے سے زیادہ ستانے لگی۔جب برطانیہ سے آزادی کی تحریک نے زور پکڑا تو اقبال نے موہن داس گاندھی کو اپنا سب سے بڑا حریف پایا جو اس وقت تک ہندوستان کے قومی لیڈر کے طور پر اُبھر کر مسلمانوں، ہندوؤں، سکھوں، اچھوتوں اور دیگر اقلیتوں میں یکساں مقبولیت حاصل کر رہے تھے۔پھر ایسا وقت بھی آیا کہ اقبال اور گاندھی آمنے سامنے آ گئے۔ایک دفعہ دونوں کی بالمشافہ ملاقات بھی ہوئی۔گاندھی نے کہا کہ مسلمانوں کے بہتر مستقبل کے لیے وہ ان کی تجاویز قبول کر لیں گے بشرطیکہ تمام متعلقہ لیڈران ایسی تجاویز مشترکہ طور پر پیش کریں۔اقبال نے تُرش جواب دیا کہ ان کو ایسا محسوس ہو رہا ہے جیسے ایک ہندوستانی لیڈر نہیں بلکہ برطانوی سیاست دان بات کر رہا ہے۔اس پر گاندھی مایوس ہو گئے اور اُٹھ کر چلے گئے۔اقبال کا مسلمانوں کے لیے الگ وطن کا خواب مختلف مراحل سے گزرا۔آغاز میں تو جناح جیسے لیڈر نے بھی اس کی مخالفت کی تھی۔جناح مسلمانوں کے اندر بے اعتمادی اور نا اتفاقی سے اس قدر مایوس ہوئے کہ واپس برطانیہ چلے گئے۔اقبال نے جناح پر اخلاقی دباؤ جاری رکھا کہ وہ نہ صرف ہندوستان واپس لوٹ آئیں بلکہ مسلمانوں کی قیادت بھی کریں۔اس ضمن میں انھوں نے جناح کو خطوط لکھے۔ایسے ہی ایک خط میں اقبال نے لکھا: "آج کے ہندوستان میں آپ واحد مسلمان قائد ہیں جو مسلمانوں کو اس بحرانی کیفیت سے نکال سکتا ہے۔" بالآخر اقبال نے جناح کو قائل کر لیا کہ وہ مسلم لیگ کی تعمیرِ نو کریں۔مسلمانوں کے مفاد میں یہی بہتر ہے کہ وہ ایک الگ وطن کا مطالبہ کریں جس کے اندر زندگی گزارتے ہوئے ان کے حقوق اور مفادات کی حفاظت ہو سکے۔اپنی 1930ء کی تقریر میں اقبال نے اس بات پر زور دیا کہ:

”یورپ کے جمہوری اصول ہندوستان پر لاگو نہیں کیے جا سکتے کیونکہ یہاں پر مختلف قومیں آباد ہیں۔ مسلمانوں کا مطالبہ ہے کہ ان کے لیے ہندوستان کے اندر ایک مسلم انڈیا بنایا جائے۔ یہ ایک جائز مطالبہ ہے۔ ہندوستان دنیا کا سب سے بڑا مسلمان مُلک ہے۔اور اسلام کی زندگی کو دوام بخشنے کے لیے ضروری ہے کہ اس کو بطور ایک ثقافتی قوت کے ایک ارتکاز دیا جائے اور ایسا ایک مخصوص علاقے میں قائم ہونے والی الگ ریاست کے قیام کے ذریعے ہی ممکن ہے۔ لہٰذا انڈیا اور اسلام کے بہترین مفاد میں، مَیں ایک مستحکم مسلم ریاست بنانے کا مطالبہ کرتا ہوں۔“

جب اقبال کے صاحبزادے آفتاب اقبال جو انگلستان میں اعلیٰ تعلیم حاصل کر رہے تھے، نے مقامی اخبار کے ذریعے اپنے والد کی تقریر پڑھی تو انھوں نے فوراً محمد علی جناح کی توجہ اس کی طرف مبذول کروائی۔ مگر وہ (آفتاب اقبال) اس وقت ششدر رہ گئے جب انھوں نے دیکھا کہ محمد علی جناح نہ صرف اس پر ہنسے بلکہ اس کو خرافات بھی کہا۔ انھوں نے یہ بھی کہا کہ یہ ایک شاعر کا خواب ہے جس کو کبھی تعبیر نہیں مل سکتی۔ آفتاب خفا ہو گئے اور سارا واقعہ اپنے والد کو لکھ بھیجا۔ مگر جناح کو اقبال کی باتوں پر اس وقت سنجیدگی سے غور کرنا پڑا جب ونسٹن چرچل نے ان سے کہا کہ وہ ہندوستان جائیں اور پاکستان کی بنیاد رکھنے کے لیے اقبال کی معاونت کریں۔

اقبال سوشلزم کے معاشیاتی نظریے سے بھی متاثر تھے، اور محمد اور مارکس کے فلسفیوں کو یکجا کرنے کی کوشش کر رہے تھے۔ وہ مارکس کے اتنے مداح تھے کہ ان کو کتاب کے بغیر پیغمبر کا درجہ دیتے تھے اور مارکس کو ”دہریہ نبی“ کہتے تھے۔ اقبال کے لیے سوشلزم + خدا = اسلام۔ مگر انھوں نے دونوں فلسفوں کے واضح تضادات پر غور نہ کیا۔

سالک نے لکھا: ”اقبال کا ایمان تھا کہ اگر ہم سوشلزم میں خدا کو شامل کر لیں تو اسلام کے بہت قریب آ جاتے ہیں۔“

ایک فلسفی شاعر، اقبال جب ایک متحرک سیاسی کارکن بنے تو انھوں نے معاشرے میں موجود تمام طبقات کے حقوق کی بات کرنی شروع کر دی۔ انھوں نے بچوں کی تعلیم، خواتین کے مساوی حقوق اور کسانوں کے معاشی حقوق کا پرچم بلند کر دیا۔ اپنے نظریے پر سوشلزم کا اثر ہونے کی وجہ سے انھوں نے کہا کہ زمینوں کے مالک کسان ہیں نہ کہ حکومت یا جاگیردار، ان کا ماننا تھا کہ اگر کسانوں اور ان کے خاندانوں کو بنیادی اشیائے خورد و نوش سے محروم رکھا جائے تو ان کو حق ہے کہ وہ پرتشدد احتجاج پر اتر آئیں اور اپنے حقوق اپنے زورِ بازو سے چھین لیں۔ انھوں نے ایک شعر میں کہا:

جس کھیت سے میسر نہ ہو دہقان کو روزی
اس کھیت کے ہر خوشۂ گندم کو جلا دو

اقبال نے اپنے فلسفے کے سوشلسٹ نظریے میں تشدد کا عنصر شامل کر لیا تھا اس تیقن کے ساتھ کہ نتائج لائحہ عمل کا جواز فراہم کر دیتے ہیں۔ انھوں نے ایک مساویانہ اور منصفانہ معاشرے کا خواب دیکھا تھا۔ جس کے حصول کے لیے انفرادی، اجتماعی، سماجی اور سیاسی جدو جہد لازم تھی۔ اقبال کا ماننا تھا کہ مسلمانوں کو اپنی آزادی اور حقوق حاصل کرنے کے لیے اور اپنے خوابوں اور آدرشوں کو ظہور پذیر کرنے کے لیے کسی بھی قربانی کے لیے اپنے آپ کو تیار کرنا تھا۔ 1930ء کے خطاب میں اقبال نے کہا:

"اب وقت آن پہنچا ہے کہ ہندوستان کے مسلمان ایک الگ اور بھرپور جدوجہد شروع کریں اگر تم لوگ حقیقتاً اپنے نیک عزائم اور آدرش کے لیے سنجیدہ ہو عمل کے لیے تیار ہو جاؤ۔"

اقبال نے یہ بھی کہا کہ اپنے آدرشوں کے لیے وہ جیل جانے کے لیے بھی تیار تھے۔ ان کا دعویٰ تھا کہ قوموں کے عروج وزوال کی حقیقت سے وہ بخوبی واقف تھے۔ اس کا ماخذ یقیناً ان کا اسلامی تاریخ اور قوموں کی مغربی تاریخ کا عمیق مطالعہ تھا۔ گاندھی کی طرح اقبال بھی مغربی تہذیب سے متاثر نہیں تھے اور تہذیبِ مغرب کو انسانی ارتقاء کے لیے مضر سمجھتے تھے ۔ وہ چاہتے تھے کہ ایشیائی باشندے بالخصوص مسلمان مغربی سیکولر روایت کی بجائے اپنی مذہبی روایات کی پیروی کریں۔ انھوں نے اپنے ہم وطنوں سے مخاطب ہو کر کہا:

یورپ کی غلامی پہ رضامند ہُوا تُو
مجھ کو تو گِلہ تجھ سے ہے یورپ سے نہیں ہے

اقبال کی سوانح ہائے حیات پڑھنے کے بعد معلوم ہوتا ہے کہ ان کی شخصیت، شناخت اور فلسفے ارتقائی عمل سے گزرے۔ مجھے یہ علم ہوا کہ ایک وقت تھا جب اقبال ایک کٹر قوم پرست ہندوستانی تھے۔ جنھوں نے وطن کی محبت میں نظمیں بھی لکھیں، مگر یورپ میں چند سالہ قیام کے دوران ان کی ثقافتی شناخت بدل کر مذہبی شناخت کی صورت اختیار کر گئی۔ وہ ایک ہندوستانی سے ایک مسلمان بن گئے۔ اور ہندوستان کے مسلمانوں کے لیے ایک الگ وطن کا مطالبہ کر دیا۔ وہ ہندوستان میں موجود اپنے ہندو اور سکھ برادری کا حصہ رہنے کی بجائے مسلم برادری جو افریقہ اور مشرقِ وسطیٰ میں قیام پذیر

تھی، میں شامل ہو گئے۔

اقبال یورپ کے ریاستی اور قومی نظریات سے متاثر نہیں تھے۔ کیونکہ ان کے خیال میں یہ تشدد، جنگ و جدل اور خون خرابے کا باعث تھیں۔ وہ اس لیے کہ قوم پرست لیڈر ان معاشی برتری، جغرافیائی سرحدوں اور سیاسی نظریات کے لیے جنگ برپا کرتے ہیں۔ بدقسمتی کی بات ہے کہ اقبال یہ سمجھنے میں ناکام رہے کہ وہ قومیت کو مذہب سے بدل رہے تھے۔ ان کو یہ ادراک بھی نہ ہو سکا کہ قوم پرست رہنماؤں کی طرح مذہبی پیشواؤں نے بھی جنگیں مسلط کی تھیں اور وہ امن پسند باشندوں کے لیے اسی قدر خطرناک تھے کیونکہ وہ اپنی رُوحانی سرحدوں کی حفاظت کے لیے، طاقت حاصل کرنے کے لیے اور مذہبی سرحدوں کی توسیع کے لیے لوگوں پر مقدس جنگیں مسلط کرتے آئے ہیں۔

اقبال نے کبھی غور نہ کیا کہ خدا کے نام پر کتنی کثیر تعداد میں معصوم لوگ مارے جاتے رہے۔ شاید اس سے زیادہ جو قومی پرچم اور قومی ترانے کی سربلندی کے لیے لقمۂ اجل بنے۔ مذہبی جنونی اور بنیاد پرست آج بھی اسی طرح مرنے اور مارنے کے لیے تیار ہوتے ہیں۔ جیسے کسی قومی فوج کے سپاہی ہوتے ہیں۔

اقبال جیسے جیسے مذہبی نظریے کے قائل ہوتے گئے اسی قدر مسلمانوں کے لیے ایک الگ وطن کا تصور ان کے شعور میں پختہ ہوتا گیا۔ اور وہ نظریہ تھا دو قومی نظریہ۔ اس نظریے کی وجہ سے ان کے محمد علی جناح بعدازاں موہن داس گاندھی کے ساتھ تنازعات کھل کر سامنے آ گئے۔

ایک وقت تھا جب جناح انڈین نیشنل کانگرس کے اہم رہنما تھے اور ہندو مسلم اتحاد کے بہترین سفیر تھے۔ اور اقبال اس بات کے سخت مخالف تھے۔ بالآخر چار سال کی غیر حاضری کے بعد جناح جب برطانیہ سے ہندوستان واپس لوٹے تو اقبال نے ان کو اپنے نظریے پر قائل کر لیا۔ اقبال اپنے تئیں اقلیتوں بشمول اچھوتوں کے قانونی حقوق کا عظیم علمبردار تصور کرتے تھے۔ گاندھی جو اپنے آپ کو اچھوتوں (نچلے طبقے کے ہندوؤں) کا رہنما سمجھتے تھے اور واقعتاً ان کے سماجی حقوق کی جنگ لڑ رکھی تھی اور اچھوتوں کو دیگر ہندو طبقات میں ضم کرنے کے لیے جدوجہد کر رہے تھے، اقبال کے للکارنے اور تنقید کرنے پر حیران و پریشان رہ گئے۔ اقبال کا ماننا تھا کہ مسلمان ہوں، اچھوت یا دیگر اقلیتیں ان کے حقوق کی حفاظت کے لیے ضروری ہے کہ ان کے علیحدہ انتخابات منعقد کیے جائیں۔ گاندھی اس بات پر ایک سیکولر ریاست میں تمام شہریوں کو قطع نظر ان کے مذہبی اور ثقافتی پس منظر کے برابری کے حقوق اور سہولتوں کا حقدار تصور کیا جانا چاہیے۔ اقبال کا تصور تھا کہ زبانی حد تک یہ ایک نیک خیال ہے۔ لیکن مثالیت پر مبنی ہے۔ ان کو خوف لاحق تھا کہ چونکہ ہندوستان میں ہندو سب سے بڑا گروہ ہیں یہ تمام

اسمبلیوں میں اکثریت حاصل کرلیں گے۔اور اقلیتوں کے حقوق کی پامالی ہوگی۔

اقبال اور گاندھی کے درمیان اختلافِ رائے اس وقت عروج پر پہنچ گیا جب دونوں ایک کانفرنس میں آمنے سامنے آگئے۔سالک نے لکھا:

> "گاندھی نے اعلان کیا کہ وہ مسلمانوں کے مطالبات ماننے کے لیے تیار تھے بشرطیکہ وہ اچھوتوں کے لیے علیحدہ انتخابات سے دستبردار ہو جائیں۔اقبال اس کے لیے تیار نہ تھے وہ اچھوتوں کے لیے بھی اُنہی حقوق کا مطالبہ کر رہے تھے جو مسلمانوں کے لیے مانگ رہے تھے۔وہ دونوں طبقات کو اقلیتیں سمجھتے تھے اور دونوں اقلیتوں کے حقوق کے لیے جدوجہد کرنا چاہتے تھے۔"

اقبال نے چند سال تک اپنے سیاسی نظریے پر زور و شور سے کام کیا پھر وہ مایوسی اور اکتاہٹ کا شکار ہو گئے۔جُوں جُوں ان کی جسمانی صحت کمزور پڑتی گئی ان کی توانائی اور جوش و جذبہ بھی ماند پڑنے لگا۔پھر وہ طاقتور یونینسٹ پارٹی کی مخالفت پر دل شکستہ ہو گئے یہ ایک ایسی مضبوط سیاسی جماعت تھی جو ہندو مسلم اتحاد کا منشور رکھتی تھی اور اس کو پنجاب میں خاصی مقبولیت حاصل تھی۔سالک نے لکھا:" علامہ اقبال یونینسٹ پارٹی کے سخت مخالف تھے کیونکہ یہ ہندو، سکھ اور مسلمان کسانوں کی مشترکہ جماعت تھی۔اپنے آخری دِنوں تک انھوں نے یونینسٹ پارٹی کو تسلیم نہیں کیا کیونکہ وہ مسلمانوں کو ایک علیحدہ قوم سمجھتے تھے۔پھر وہ وقت بھی آیا جب اقبال کو شک ہونے لگا کہ ان کا خواب کبھی شرمندۂ تعبیر نہ ہو سکے گا مگر وہ جناح پر زور دیتے رہے کہ وہ ایک ریاست کے قیام کی جدوجہد جاری رکھیں۔1938ء میں اقبال وفات پا گئے۔اس وقت مسلمانوں، اچھوتوں اور ہندوؤں کی جدوجہد آزادی کے مستقبل کے حوالے سے کوئی پیشین گوئی نہیں کی جا سکتی تھی۔

اقبال پر مفکرین، سیاست دانوں اور عام لوگوں نے بے پناہ پیار اور عقیدت کے پھول نچھاور کیے۔ایسا نہ صرف ان کی زندگی میں ہوا بلکہ وفات کے بعد بھی جاری ہے۔

1940ء میں جب ایک آزاد ملک پاکستان کی تحریک منظور ہوئی تو محمد علی جناح نے اپنے سیکرٹری مطلوب الحسن سید سے کہا:" آج اقبال زندہ ہوتے تو اپنے خواب کو شرمندۂ تعبیر ہوتے دیکھ کر بہت خوش ہوتے۔" جناح نے اقبال کی خدمات کو بھی سراہا۔اقبال کی پہلی برسی کی تقریب میں جس کی صدارت جناح کر رہے تھے تقریر کرتے ہوئے جناح نے فرمایا:" وہ نہیں جانتے کہ ہندوستان میں ایک مسلم ریاست کے قیام کو وہ دیکھ سکیں گے۔ان سے پوچھا گیا کہ وہ ریاست کی سربراہی اور اقبال کی کتب میں سے اپنے لیے کیا منتخب کریں گے تو انہوں جواب دیا کہ وہ اقبال کی تخلیقات لینا پسند کریں

گے۔" اقبال کے لیکچرز، خطبات اور خطوط ان کے دیگر مسلمان ممالک کے حالات پر بھی ان کے خیالات کا خوب احاطہ کرتے ہیں۔ بالخصوص مشرقِ وسطیٰ کا تنازعہ جو بعد میں ایک بین الاقوامی ڈراؤنا خواب ثابت ہوا۔ حتیٰ کہ 27 جولائی 1937ء کو جب پنجاب اسمبلی میں یہودیوں کے لیے ایک علیحدہ ریاست، جو فلسطین کے علاقے میں قائم ہونے جارہی تھی کا فارمولا پیش کیا گیا تو اقبال نے اس کی مخالفت کی بلکہ برطانوی پالیسی پر ان الفاظ میں تنقید کی:

"مشرقِ وسطیٰ کے مسلمانوں کے حوالے سے برطانوی سامراج کی بدنیتی اس سے قبل اتنی بے نقاب نہ ہوئی تھی جتنی" وائل کمیشن" کی رپورٹ میں ہوئی ہے۔ فلسطین میں یہودیوں کو ایک قومی وطن دینا تو ایک ہتھیار ہے۔ دراصل برطانوی سامراج مسلمانوں کے مذہبی وطن کے عین وسط میں اپنی مستقل موجودگی قائم کرنے جا رہا ہے۔ یہ ایک خطرناک تجربہ ہے۔ جیسا کہ برطانوی پارلیمنٹ کے ایک ممبر نے خود کہا کہ یہ چال برطانیہ کے بحیرۂ روم کے مسائل کا حل نہیں ہے۔ بلکہ یہ کام آگے چل کر برطانوی سامراج کے مسائل میں اضافہ کرے گا۔ مسجدِ عمر سمیت مقدس سرزمین کی فروخت جو عربوں پر مسلط کی گئی ہے اور ساتھ ان کو مارشل لاء کی دھمکی بھی دی گئی ہے اور ساتھ ان کو سخی دل کہہ کر نرم گوشہ دکھایا گیا ہے برطانوی لیڈروں کے سیاسی دیوالیہ پن کا عکاس ہے، نہ کہ کوئی کامیابی۔ زمین کا زرخیز ٹکڑا یہودیوں کے حوالے کرنا جبکہ فلسطینیوں کو پتھریلے صحرا اور رقم دینا کوئی سیاسی دانش مندی نہیں ہے۔ یہ ایک سستا سودا ہے جو عظیم فلسطینی قوم کے لیے خطرناک ہی نہیں بلکہ ان کے شایانِ شان بھی نہیں ہے۔ ایسے لوگ (عرب) جن کے ساتھ مکمل آزادی اور کنفیڈریشن کا وعدہ کیا گیا تھا۔"

1937ء میں اپنے دوست کو لکھے گئے خط میں اقبال رقم طراز ہیں:

"اگر برطانوی عوام کو عربوں کے حوالے سے جھوٹا پروپیگنڈہ کر کے گمراہ کیا گیا تو اس پالیسی کے اثرات بہت خطرناک ہوں گے۔"

میں کبھی کبھی سوچتا ہوں کہ اقبال جنہوں نے پاکستان بننے کی حمایت کی اور اسرائیل کی مخالفت کی کبھی دونوں ریاستوں میں مماثلت نظر آئی ہوگی۔ ایک ملک توحید پر کاربند، اسلام کو ماننے والے نوآبادیاتی پیروکاروں کے لیے وجود میں لایا گیا جبکہ دوسرا توحید پر کاربند، زمانے کے ستائے ہوئے یہودیوں کے لیے بنایا گیا تھا۔ پاکستان اور اسرائیل دو واحد ریاستیں ہیں جن کا جنم مذہب کی کوکھ سے ہوا۔

میں اس بات پر بھی متعجب ہوں کہ اگر اقبال اپنی آنکھوں سے وہ سب دیکھ لیتے جو گزشتہ پچاس برسوں میں پاکستان، بنگلہ دیش اور اسرائیل کے ساتھ ہوا، تو کیا اقبال یہ سب دیکھنے کے بعد بھی ایک مذہبی ریاست بنانے پر اصرار کرتے جس میں مذہب اور سیاست باہم مربوط ہو کر ایک ایسا ماحول پیدا کرتے ہیں جس میں مذہبی اور مقدس جنگیں جائز سمجھی جاتی ہیں؟

کیا وہ پھر بھی اس نظریے پر اصرار کرتے کہ سیاست کی جڑیں انسان کی روحانی زندگی میں پیوست ہوتی ہیں؟ اور یہ کہ اسلام ذاتی رائے کا مسئلہ نہیں ہے۔ کیا یہ ایک معاشرہ ہے یا مہذب چرچ ہے؟ اگر اقبال 1947ء کا قتل عام اپنی آنکھوں سے دیکھ لیتے جس میں مسلمانوں کے لیے ایک الگ وطن کا خواب خون میں نہا گیا تھا اور پاکستان اور ہندوستان میں کئی دہائیوں سے جاری انتہا پسندی کو دیکھنے کے بعد بھی اس بات پر اصرار جاری رکھتے کہ "خدا، کائنات، رُوح اور مادّہ، چرچ اور ریاست ایک ہی نظام کے اعضاء ہیں اور اسلام کے پیدا کردہ مذہبی آدرش اسی نظام کے حصے ہیں اور یہ کہ ایک کا انکار سب کی نفی کردے گا۔"

کیا اقبال اپنی رائے بدل لیتے اور دنیا کے ان دانش مندوں کی بات تسلیم کر لیتے جو یہ نظریہ رکھتے ہیں کہ ایک جدید ریاست میں امن اور آشتی سے رہنے کے لیے ضروری ہے کہ مذہب کو سیاست سے الگ رکھا جائے۔

کیا اقبال زندہ ہوتے تو آج یہ بات تسلیم کر لیتے کہ ہمیں گرجے اور ریاست کو الگ رکھنے کی ضرورت ہے؟ اسی عمل سے کثیر الثقافتی اور غیر مذہبی ریاستیں وجود میں آسکتی ہیں اور اسی سے ہم انفرادی اور اجتماعی سطح پر سیاسی اور سماجی طور پر امن، ہم آہنگ اور پُرسکون زندگی گزار سکتے ہیں۔

ooo

ندا فاضلی ۔۔۔ ایک فن کار سے مکالمہ

ندا فاضلی ہندوستان کے مشہور و معروف فنکار تھے۔ وہ نہ صرف ایک شاعر تھے بلکہ ٹیلی وژن اور فلموں کے سکرین پلے رائٹر بھی تھے۔ ان کی غزلیں موسیقی کے رُوپ میں ڈھل کر جگجیت سنگھ جیسے مشہور گلوکاروں کی آواز میں گائی جا چکی ہیں۔ گزشتہ ایک دہائی سے ان کی سرگزشت اپنے سچے بیانیے اور انوکھے ادبی مزاج کی وجہ سے ادبی حلقوں کی توجہ کا مرکز بنی ہوئی ہے۔ جب ان کو ٹورانٹو مدعو کیا گیا تو مجھے ان کا انٹرویو کرنے کا موقع میسر آ گیا۔ میں ان کے فلسفے اور طرزِ حیات سے بہت متاثر ہوا۔

سہیل: میں بہت خوش ہوں کہ مجھے آپ کا انٹرویو کرنے کا (2015) موقع ملا ہے۔ آپ میرے ان چند پسندیدہ لکھاریوں میں سے ہیں جو ادبی حلقوں، دانشوروں اور عوام میں یکساں مقبول ہیں۔ آپ نے مجھے اس سے قبل بتایا تھا کہ اپنے ایک انٹرویو میں آپ نے تخلیقیت کا فلسفہ بیان کیا تھا۔ کیا آپ مجھے بتانا چاہیں گے کہ آپ تخلیقی عمل کو کیسے دیکھتے ہیں؟

ندا فاضلی: میرا خیال ہے تخلیقیت اختیاری عمل نہیں۔ اس لیے میں اس کو معجزہ کہتا ہوں۔ اگر یہ اختیاری عمل ہوتا تو بہت سے فنکار جب چاہتے شاہکار تخلیقات وجود میں لے آتے۔ مگر جب ہم تاریخ کا مطالعہ کرتے ہیں تو اس نتیجے پر پہنچتے ہیں کہ ایسے چمتکار چند افراد کے ساتھ خاص وقت میں مخصوص حالات میں رُو پذیر ہوئے۔ میرے خیال میں یہ سارا عمل ہی پُراسرار ہے۔ حتیٰ کہ مرزا غالؔب اور میر تقی میؔر جیسے عظیم شاعر بھی کچھ مخصوص غزلوں کی وجہ سے بلند مرتبہ ٹھہرے۔ اس وجہ سے مجھے یقین ہو چلا ہے کہ تخلیقیت ایک اختیاری عمل نہیں ہے۔

ایک دفعہ میں نے ارادتاً شاعری لکھنے کی کوشش کی۔ میں نے کچھ عرصے سے کوئی نظم نہیں لکھی تھی چنانچہ میں نے کاغذ قلم اُٹھایا اور ایک نظم لکھنے کا فیصلہ کیا۔ اس کا ایک محرک یہ بھی تھا کہ میں نے ان دنوں ایک آرٹیکل پڑھا تھا جس کا عنوان تھا: "تخلیقیت ایک اختیاری عمل ہے۔" میں نے ایک مصرعہ لکھا، پھر تلف کر دیا۔ ایک اور مصرعہ لکھا پھر اس کو بھی مٹا دیا۔ پھر ایک تیسرا مصرعہ لکھا اس کو بھی حذف کر دیا، کیونکہ میں ان مصرعوں سے مطمئن نہ تھا مگر پھر مجھ سے ایک

شعر لکھا گیا جس میں پوری نظم پنہاں تھی۔ میرا خیال ہے کہ ہم لوگ ہر وقت، کسی شے، کام یا سرگرمی میں اس قدر اُلجھے ہوتے ہیں کہ ہمارے لیے غور کرنا اور تخلیق کرنا بہت مشکل ہو جاتا ہے۔ تخلیقی عمل ایک جنگل میں کسی جنگلی جانور کا شکار کرنے جیسا عمل ہے۔ شکار کرنے سے پہلے کسی جانور کو گھیر کر ایک تنگ گھاٹی میں لانا ہوتا ہے، اس کے لیے صبر، وقت اور حکمتِ عملی درکار ہوتی ہے۔ عام طور پر کوئی سطر، کوئی خیال یا کوئی عکس مجھ سے آٹکراتا ہے۔ کوئی نظم تخلیق کرنے کے لیے میں اس شے پر غور شروع کر دیتا ہوں۔ یہ معلوم سے نامعلوم کا سفر ہے۔ یہ کولمبس کا سفر ہے جس کو معلوم نہیں تھا کہ اس کا سفر اس کو کہاں سے کہاں پہنچا دے گا۔ مجھے وہ عکس یا فقرہ ایک کانٹے یا ہُک کی طرح استعمال کرنا ہوتا ہے تا کہ میں اپنے اندر پوشیدہ نظم کو باہر نکال لاؤں۔ بالکل اسی طرح جیسے آپ ہُک لگا کر مچھلی کا شکار کرتے ہیں۔

ہر صُبح جب میں بیدار ہوتا ہوں تو مختلف اشیاء میری یکسوئی کی راہ میں حائل ہوتی ہیں۔ میرے پاس فلمی مسودے دیکھے جانے کے انتظار میں پڑے ہوتے ہیں، گھر میں کام کاج چل رہا ہوتا ہے، میری اپنی عادات میری توجہ بٹاتی ہیں۔ خوبصورت خواتین اور معصوم بچے بھی میرا تھوڑا سا دل لُبھا کر یکسوئی کو متاثر کرتے ہیں۔ چنانچہ اپنے آپ کو یکجا و پابند کرنا کسی حد تک مشکل ہو جاتا ہے۔ تخلیقی رشتہ ایک مورتی اور پجاری کا رشتہ ہے۔ وہ ایک چٹان میں سے ایک مجسمہ تراشتا ہے اور پھر اس کی پوجا کرنے لگتا ہے۔ عبادت کرنے سے مجسمے کو غیر معمولی طاقت مل جاتی ہے اور وہ قابلِ ستائش بن جاتا ہے۔ چند ماہ قبل میری ملاقات ایک نوجوان خاتون سے ہوئی اس کی مسکراہٹ بہت دلکش تھی۔ اس کے بعد میں اس کے تصور میں کھو گیا اس کی مسکراہٹ مجھے خمار انگیز کر گئی تھی۔ اس خمار کی کیفیت میں مجھ پر ایک نظم وارد ہوئی پھر دوسری اور پھر تیسری۔ اس کے بعد تصوراتی خمار کی چنگاری ماند پڑ گئی اور میں نے اس کے بارے میں نظمیں لکھنی بند کر دیں۔

ایک دفعہ میں نے ایک اور تخلیقی تجربہ کیا مجھے پانی پسند ہے لہٰذا میں ہر روز صبح سویرے سمندر کے کنارے سیر کے لیے جاتا ہوں۔ ایک صبح کیا ہوا کہ میں نے بس اسٹاپ پر ایک پانچ سالہ بچی کھڑی دیکھی۔ اس کی آنکھیں نیند کے خمار سے بند ہو رہی تھیں۔ اس نے اپنا اسکول بیگ کندھے پر اٹھا رکھا تھا مجھے یوں محسوس ہوا جیسے ہوا اور سمندر بھی اس کو دیکھ رہے تھے۔ جب میں اس کے پاس سے گزرا تو اس کو سرسری انداز میں "صبح بخیر" کہا۔ ایک اجنبی سے خیر مقدمی الفاظ سن کر بچی سنجیدہ ہو گئی، ایک چھوٹے سے چہرے پر ایک بہت بڑی

سنجیدگی بہت خوب صورت لگ رہی تھی۔ اگلے چند ماہ کے دوران، میں باقاعدگی سے اس بچی کو "صبح بخیر" کہتا رہا۔ میں پُرتجسس تھا کہ اس بچی کی مسکراہٹ کیسی ہوگی اور اکثر تصور کیا کرتا کہ جب یہ بچی مسکرائے گی تو کیسی لگے گی۔ اور پھر ایک دن جب میں اس کے پاس سے گزرا تو وہ بچی دوڑتی ہوئی میرے پاس آئی، وہ مسکرا رہی تھی۔ وہ بولی: ''انکل کل رات کو میں نے آپ کو ٹیلی وژن پر دیکھا تھا۔'' وہ یہ بتاتے ہوئے مسکراتی رہی۔ وہ بہت دلکش لگ رہی تھی۔ جب میں نے اس کا نام پوچھا تو اس نے 'شردھا' بتایا۔ بدقسمتی سے اگلے روز ہندوستان اور پاکستان کے درمیان سیاسی کشیدگی پیدا ہوگئی اور بمبئی میں اسکول بند کر دیے گئے۔ مجھے وہ بچی چند دن نظر نہ آئی تو میں اس کو ڈھونڈنے نکل پڑا۔ ڈھونڈتے ڈھونڈتے اس کے گھر پہنچ گیا۔ میں نے اس کی کچھ تصاویر اُتاریں۔ بچی کے والد حیران ہوئے کہ میں ان کی بچی میں اتنی دلچسپی کیوں لے رہا ہوں؟ انھوں نے مجھ سے پوچھا کہ آپ یہ تصویریں کیوں بنا رہے ہیں؟ آپ ان کا کیا کریں گے؟ میں نے جواب دیا: میں یہ تصویریں پاکستان اور ہندوستان کے سیاسی لیڈروں کو بھیجوں گا اور ساتھ لکھوں گا کہ زندگی، دہشت گردی اور انتہا پسندی سے بڑھ کر ہے۔ جیسے شردھا کی مسکراہٹ۔

پھر میں نے "شردھا" کے عنوان سے ایک نظم بھی لکھی۔ میرا خیال ہے کہ تخلیقی عمل نہایت پیچیدہ اور پُراسرار عمل ہے۔ آپ کو حیرانی ہوگی کہ ہمارے گھر کے سامنے ایک پُرانا درخت ہے۔ ہر صبح ناشتے کے بعد میں چند لمحوں کے لیے اس کی نیچے جا کر کھڑا ہو جاتا ہوں۔ اگر میں ایسا نہ کروں تو لگتا ہے کہ میری زندگی میں کوئی کمی رہ گئی ہے۔ مجھے اس درخت کی قربت میں گزرے چند لمحات بہت توانائی بخش محسوس ہوتے ہیں۔ وہ درخت مجھے ادھوری نظمیں مکمل کرنے اور نئے خیالات کو بروئے کار لانے میں میری مدد کرتا ہے۔

مجھے بچے بھی متاثر کرتے ہیں میں ان کو اسکول جاتا ہوا دیکھ کر محظوظ ہوتا ہوں۔ میں ان کے لیے چاکلیٹ اور ٹافیاں اپنی جیب میں رکھتا ہوں۔ میرے پڑوس میں سارے جوان اور بوڑھے مجھے نہیں پہچانتے جتنے بچے مجھ سے واقف ہیں۔ میں کوّوں کا بھی دوست ہوں ۔جب میں موجودہ گھر میں آیا تھا ایک کوّا میرے اسٹوڈیو آنے لگا۔ میں ناشتہ کرتے ہوئے روٹی کا ایک ٹکڑا اس کی طرف پھینکتا وہ اچھل کر دبوچ لیتا۔ پھر وہ اپنے کچھ دوست بھی ساتھ لانے لگا۔ وہ باقاعدگی سے میرے گھر آتے۔ وہ وقت کے بہت پابند تھے۔ اگر میں دیر کر دیتا تو وہ مجھے ناشتے کی یاددہانی کرواتے وہ روٹی کھانے کے بعد نل پر جاتے اور وہاں بوند

بوند ٹپکتے پانی سے پیاس بجھاتے۔ اب میں رات کو بھی کچھ روٹی باہر رکھ دیتا ہوں تاکہ اگر میں سوتا رہ جاؤں تو وہ ناشتے پر میرا انتظار نہ کریں۔ ان کوّوں نے میرے احساس ذمہ داری کو بڑھاوا دیا ہے۔

میری تخلیقی زندگی میں میری طویل گوشہ نشینی اور تنہائی کا بھی اہم کردار ہے۔ 65-1964ء میں میرے خاندان نے ہندوستان سے پاکستان یعنی گوالیار سے کراچی ہجرت کرنے کا فیصلہ کیا۔ اس وقت میرا خیال تھا کہ اپنا وطن چھوڑ دینے سے ہمارے مسائل حل نہیں ہو سکتے، چنانچہ میں نے ہجرت نہ کرنے کا فیصلہ کیا۔ یوں میں اپنے ہی وطن اور اپنے ہی گھر میں اجنبی بن کر رہ گیا۔ میں ایک لمبا عرصہ اپنے آپ کو تنہا محسوس کرتا رہا۔ اس تنہائی کی وجہ سے میرا مزاج غیر معمولی ہو گیا، ایک ایسا مزاج جو دوسروں کے لیے سماج بیزار یا کسی حد تک غیر اخلاقی تھا۔ مثال کے طور پر میرا شادی کے ادارے سے اعتبار اُٹھ گیا۔ اب میں جس خاتون کے ساتھ رہتا ہوں وہ ایک غیر مسلم ہے اور میں مسلمان۔ ہمارا رشتہ قانونی حیثیت اختیار نہیں کر سکتا۔ کچھ عرصے کے لیے میری تنہائی نے میرے اندر خوف بھی پیدا کر دیا تھا۔ مجھے رات کو تمام دروازے مقفل اور کھڑکیاں بند کرنی پڑتی تھیں کیونکہ میں ڈرتا تھا مجھ پر ان دنوں خوف طاری تھا کہ کوئی رات کے وقت میرے گھر میں داخل ہو گا اور مجھے مار ڈالے گا۔ دلچسپ بات یہ ہے کہ دن کے وقت میں ایسا نہیں ہوتا تھا۔ اور ایسا کچھ بھی محسوس نہیں کرتا تھا۔ مختصراً یہ کہ فطرت، پرندوں، درختوں، جانوروں اور لوگوں کا میری تخلیقیت کے ساتھ گہرا ربط ہے۔ مجھے تخلیقیت کی نفسیات پیچیدہ مگر دلچسپ محسوس ہوتی ہے۔

سہیل: کیا آپ مجھے اپنے خاندان کے بارے میں بتا سکتے ہیں اور یہ کہ آپ کا والدین کے ساتھ کیسا رشتہ تھا؟

ندا: میرے والد ایک خوش مزاج مگر دل پھینک انسان تھے۔ وہ خواتین میں بے حد مقبول تھے۔ شادی سے قبل ان کے متعدد طوائفوں کے ساتھ مراسم تھے بلکہ میری ماں سے شادی ہو جانے کے بعد بھی طوائفوں سے ملنے جاتے تھے۔ میں نے اپنی سوانح حیات میں اس کا تفصیل کے ساتھ ذکر کیا ہے۔ میں نے اس وقت کے متوسط طبقے کی اقدار کا ذکر اپنی سرگزشت میں تفصیل سے کیا ہے۔ اس زمانے میں لوگ شادی، گھر بسانے اور بچے پیدا کرنے کے لیے کرتے تھے۔ اور اس کے ساتھ جنسی تسکین کے لیے گھر سے باہر متعدد خواتین کے پاس جاتے تھے۔ میں نے بچپن میں بہت خوف و ہراس سہا۔ میرے والد رات گئے گھر لوٹتے

تھے۔ میری والدہ غصے سے پاگل ہو جاتی تھیں۔ ہم بہن بھائی ابھی چھوٹے تھے اس لڑائی اور شور شرابے کو سمجھ نہیں پاتے تھے۔ ہم یہ سمجھتے کہ کوئی بدروح ہمارے گھر میں آجاتی ہے، اور ہم خوف زدہ ہو جاتے۔ ہماری بڑی بہن میز پر قرآن کا نسخہ رکھ دیتی تا کہ بُری روحیں ہم سے دُور رہیں۔ اس خوف کی وجہ سے ہم والد کا انتظار بھی کرتے تا کہ وہ جلدی سے گھر لوٹ آئیں اور ہم محفوظ محسوس کریں اور سو جائیں۔ ایسے ماحول کی وجہ سے تمام بچوں کا روّیہ قدرے سخت ہو گیا۔ دوسرے بہن بھائیوں کے نفسیاتی ردِعمل کا تو معلوم نہیں اور میں یقین سے کچھ نہیں کہہ سکتا، مگر میں باغی ہو گیا۔ میری والدہ نہیں چاہتی تھیں کہ میں نچلی ذات کے بچوں کے ساتھ گھلوں ملوں مگر میں ان کی بات نہیں مانتا تھا۔ مجھے پتہ تھا کہ وہ دُکھی ہوں گی، مگر میں پرواہ نہیں کرتا تھا۔ اپنے شوہر سے مایوس ہو جانے کے بعد میری ماں نے ساری توجہ بچوں پر مرکوز کر دی لیکن یہ پیار مجھے نہ بھایا مجھے ان کا پیار ایک بوجھ محسوس ہوتا جیسے ان کی مامتا میرا گلہ گھونٹ رہی ہو۔ مجھے اپنے بڑے بھائی سے حسد بھی محسوس ہوتا مجھے یوں لگتا کہ وہ انھیں زیادہ توجہ دیتی ہیں۔ جب والدہ مجھے بھائی کے اترے ہوئے کپڑے پہننے کو دیتی تو میں انکار کر دیتا مجھے بہت بُرا لگتا۔ جب میں ماضی پر نگاہ ڈالتا ہوں تو زمانہ بھی یاد آتا ہے جب میرے والدین نے پاکستان ہجرت کی تھی۔ میرے بڑے بھائی اس سے قبل 1952ء میں بھی پاکستان جا چکے تھے میں حیران ہوتا ہوں کہ بھائی کے ساتھ میرا حسد اب بھی ذہن کے نہاں خانے میں کہیں موجود تھا کیونکہ میں نے والدین کو بھائی کے پاس جانے سے منع کیا تھا۔ ان دنوں مسلمان خاندان مختلف وجوہات کی وجہ سے پاکستان جا رہے تھے۔ بہت سے کنبے یہ سمجھتے تھے کہ ہندوستان میں ان کے ساتھ اچھا سلوک نہیں ہو رہا۔ کچھ مسلمانوں کا خیال تھا کہ پاکستان مسلمانوں کے لیے جنت ہے۔ کچھ مسلمان نسلی فسادات سے خوف زدہ تھے، تو کچھ اپنی بیٹیوں کے حوالے سے پریشان تھے۔ ان کا خیال تھا کہ اُن کو اپنی بیٹیوں کے لیے ہندوستان میں مناسب رشتے نہیں ملیں گے۔ مگر میں اپنے خاندان کے میرے بھائی کے پاس چلے جانے پر ناخوش تھا لہٰذا میں ہندوستان رُک گیا اور اپنے گھر میں رہتے ہوئے بھی بے گھر ہو گیا۔ مجھے تنہائی، دُوری اور علیحدگی کا شدید احساس ستانے لگا۔

کافی عرصے بعد ایک مشاعرہ پڑھنے کے لیے میرا پاکستان جانا ہوا تو میں نے سوچا کہ اس طرح میں اپنے خاندان سے بھی مل لوں گا مگر بدقسمتی سے ہر شے بدل چکی تھی۔ میرے والدین فوت ہو چکے تھے بہن بھائیوں کے ساتھ میرے تعلق میں بے ساختگی یا وارفتگی ختم ہو چکی تھی مجھے ان

کے گھر میں رہنا عجیب لگ رہا تھا۔ جیسے کوئی مہمان ہو۔ میں چند روز ان کے پاس رُک کر واپس لوٹ آیا۔

سہیل: یہ احساس آپ کو پہلی دفعہ کب ہوا کہ قدرت نے آپ کو ایک تخلیقی تحفہ عطا کر رکھا ہے اور آپ ایک کامیاب لکھاری اور فنکار بن سکتے ہیں؟

ندا: جب میں بچہ تھا تو مجھے قدرت کے اس تحفے کا علم نہیں تھا ہاں البتہ میرے والد کو شاعری اور ادب سے لگاؤ تھا۔ وہ مشہور شعراء کا کلام پڑھتے رہتے تھے۔ ایسے ادبی ماحول نے شاید میرے اندر شاعری کا شوق پیدا کیا۔ طالب علمی کے زمانے میں، مَیں نظمیں لکھا کرتا تھا جو داغ دہلوی کی کلاسیکی روایت پر ہوتی تھیں۔ وہاں کی طالبات میری رومانوی شاعری کو پسند کرتی تھیں اور اتنا زیادہ پسند کرتی تھیں کہ وہ میری نظموں کے اشعار اپنے محبت ناموں میں لکھتی تھیں۔ پھر میں ایک المیے سے دوچار ہو گیا آپ اس کو ایک رومانوی المیہ بھی کہہ سکتے ہیں۔ اپنی کلاس میں مجھے ایک ہم جماعت لڑکی اچھی لگنے لگی تھی۔ وہ کمرۂ جماعت میں مجھ سے 45 ڈگری کے زاویے پر بیٹھتی تھی وہ مختصر سا بلاؤز پہنتی اور قمیض کے باریک کپڑے کے اندر سے اس کی کمر واضح نظر آتی تھی۔ مجھے اس کی کمر کو دیکھنا اچھا لگتا تھا مجھے وہ لڑکی اتنی بھلی لگتی کہ وہ جس فٹ پاتھ پر چلتی مجھے وہ بھی اچھا لگنے لگتا۔ میں ایک فاصلے سے اس کو دیکھ کر بہت لُطف اندوز ہوتا تھا۔ ان دِنوں مجھ میں اتنی ہمت نہیں تھی کہ میں کسی دن اس کے پاس چلا جاتا اور اس کو اپنے احساسات سے آگاہ کرتا۔

پھر ایک بدقسمت دن میں نے نوٹس بورڈ پر پڑھا کہ وہ لڑکی ایک حادثے کا شکار ہو کر وفات پا گئی ہے۔ وہ مندر کے پاس سائیکل چلا رہی تھی کہ ایک ٹرک اس کو کچلتا ہوا چلا گیا۔ یہ خبر پڑھنے کے بعد میرے دل میں ایک لہر سی اُٹھی جس میں اُداسی تھی یاسیت تھی اور اُلجھن تھی۔ میں نے اُردو کی کلاسیکی شاعری پڑھنی شروع کر دی مگر مجھے ایک بھی ایسا شعر نہ ملا جو صحیح طور سے میرے جذبات کی ترجمانی کر سکے۔ اس دن میں نے فیصلہ کیا کہ مجھے اپنی شاعری تخلیق کرنی ہو گی جو میرے منفرد احساسات اور تجربات کو معنی پہنا سکے۔ میں حیران ہوتا تھا کہ میں اس لڑکی کی موت پر اس قدر شدید ملال میں کیوں تھا؟ میں تو اس کو جانتا تک نہ تھا میں نے اس سے کبھی بات بھی نہ کی تھی مگر میرا اس کے ساتھ کوئی خاص ربط ضرور تھا۔ اس کے کچھ عرصے بعد ایک دفعہ میں مندر کے پاس سے گزر رہا تھا کہ میرے کان میں ایک مذہبی گیت کی آواز آئی۔ مندر کے اندر کوئی گا رہا تھا اس کا مفہوم یہ تھا:

''رادھا ایک درخت کو دیکھ کر شکوہ کر رہی ہے۔تم ابھی تک اسی طرح یہاں قائم و دائم ہو حالانکہ میرا محبوب مجھ سے بچھڑ گیا ہے۔اور میں کتنی بکھر چکی ہوں۔''

اس دن میں نے روایت کی شاہراہ چھوڑ کر اپنے من کی پگڈنڈی پر چلنے کا فیصلہ کرلیا۔ میں نے مروجہ کلاسیکل انداز چھوڑ دیا اور اپنے مشاہدات اور تجربات شاعری میں بیان کرنے شروع کر دیے اور شاعری میں اپنا منفرد انداز وضع کرلیا۔

سہیل: آپ کی عمر اس وقت کتنی تھی؟

ندا: میں کالج میں بی-اے کا طالب علم تھا۔ گویا میری عمر اس وقت اٹھارہ یا انیس برس رہی ہو گی۔

سہیل: شاعری کے ساتھ ساتھ آپ نے نثر بھی لکھی ہے فلم اور ٹیلی وژن کے لیے سکرین پلے بھی لکھے ہیں۔آپ کے خیال میں سنجیدہ ادب اور معروف ادب میں کیا فرق ہے؟

ندا: ہمیں ادب کی کئی اصناف ورثے میں ملی ہیں ان میں سے ایک لوک روایت ہے اور دوسری مذہبی روایت ہے۔ہمیں کبیر کی شاعری ملی، قرآن کی آیات ملیں اور پھر رامائن کی دیومالائی روایت ملی ۔مگر قرآن کا دامن وسیع تر ہے۔ یہ شادی شدہ زندگی کے روزمرہ مسائل سے لے کر جنگوں کے المیوں تک کی بات کرتا ہے۔عظیم ادب وہ ہوتا ہے جو عام آدمی سے لے کر دانشوروں کی تسکین کا باعث ہو۔کبیر کی شاعری سے یونیورسٹی کے پروفیسر اور گاؤں کے کسان برابر لُطف اندوز ہوتے ہیں ۔ یہ بدقسمتی ہے کہ کلاسیکی لٹریچر میں عام آدمی کے لیے کچھ بھی نہیں ہے۔یہ مراعات یافتہ طبقے کی ذہنی لذت کا سامان ہے ۔جب یہ ہوا تو فکشن رائٹرز (ادیبوں) کے قاری کم ہونے لگے اُردو لٹریچر میں عصمت چغتائی اور بیدی کے، انور سجاد سے زیادہ قارئین ہیں۔ہندوستان میں کبیر کی روایت ایک عظیم روایت ہے۔وہ کہا کرتے تھے: ''میں وہی لکھتا ہوں جو دیکھتا ہوں یا صرف اپنے تجربے قلمبند کرتا ہوں۔نہ کہ وہ جو میں پڑھتا ہوں۔کیونکہ میں تو ان پڑھ ہوں۔ٹیگور، کبیر سے متاثر تھے اور چونکہ ان کی روایت پر کاربند تھے اسی لوک روایت کی وجہ سے ہی شاید ان کو نوبل انعام سے بھی نوازا گیا۔مگر کس قدر بدقسمتی کی بات ہے کہ کبیر کو ناقدین نے ان کی زندگی میں کبھی لائق ستائش نہ جانا۔دوصدیوں تک کبیر کو نظر انداز کیا جاتا رہا، بہت سے ناقدین تو کبیر کے حوالے سے قارئین کو گمراہ بھی کرتے رہے۔افسوس کے اُردو ادب میں لوک روایت کا ارتقاء نہیں ہوسکا اور ادب بہت جلد شہری پن کا شکار ہو گیا۔ہمارے اُردو شاعر بھی کلاسیکی روایت پر کاربند ہیں اور

نئی تراکیب اور الفاظ استعمال کرنے سے گھبراتے ہیں۔کوئی بھی نیا اظہار وضع کرنے سے قبل داغ کے شعری مجموعوں کا مطالعہ کرتے ہیں۔ایک اور بدقسمتی یہ بھی ہے کہ بعض ناقدین ایک دوسرے پر اکثر تنقید کے تیر برساتے نظر آتے ہیں۔

سہیل: ایک لکھاری اور فنکار ہونے کے ناتے آپ کا گویا الفاظ اور متحرک مناظر سے ایک تخلیقی رشتہ ہے۔آپ کو ان دونوں میں کیا فرق محسوس ہوتا ہے؟ کیونکہ بعض لکھاری سکرین پلے رائٹرز کو قابلِ قدر نہیں سمجھتے۔

نِدا: فلمی دنیا کتابوں کی دنیا سے بہت مختلف ہے۔دونوں رائٹرز مختلف سمتوں میں سفر کرتے ہیں۔ یہ ضروری نہیں کہ ایک اچھا ناول نگار ایک اچھا سکرین پلے رائٹر بھی ہو۔بہت سے کامیاب ناول کامیاب فلمیں نہیں بنا سکے کیونکہ ناول کی کہانی کامیابی سے سکرین پلے نہ بن پائی۔پریم چند کا مشہور ناول "شطرنج کے کھلاڑی" کی فلم کامیابی سے ہم کنار نہ ہوسکی۔اس کی ایک وجہ تاریخی توثیق رہی۔تاریخ کے کچھ کردار دیومالائی بن جاتے ہیں اب اگر ان کو تاریخی ثبوت کے ساتھ پیش کیا جائے تو یہ اپنی جاذبیت کھو دیتے ہیں کیونکہ عام آدمی کی دلچسپی دیومالائی اشیاء میں ہوتی ہے وہ حقائق سے زیادہ افسانوی کرداروں میں دلچسپی رکھتا ہے۔ایک اور وجہ کیمرے کی ایجاد ہے۔جب ایک تحریر شدہ کہانی کیمرے کے ذریعے پیش کی جاتی ہے تو بہت سے دیگر عوامل کارفرما ہو جاتے ہیں۔کیمرے کا استعمال کرداروں سے فاصلہ، قربت، پس منظر، روشنی، ایڈیٹنگ یہ سارے عوامل اہم کردار ادا کرتے ہیں مگر کتاب یا ناول یا افسانہ تخلیق کرنے کے لیے نہیں۔مختصراً یہ کہ فلمی کہانی کی گرامر، ناول کی گرامر سے مختلف ہوتی ہے۔

سہیل: انڈین فلم پروڈیوسر "ستیاجیت رے" ساری زندگی نظر انداز کیے جاتے رہے مگر وفات سے کچھ عرصہ قبل جب ان کو آسکر ایوارڈ ملا تو اگلے روز ساری دنیا میں ان کا شہرہ تھا۔ایسا کیوں ہوتا ہے؟

نَدا: ایشیائی لوگ ابھی تک نوآبادیاتی خمار میں مبتلا ہیں۔ہم اپنے لکھاریوں اور فن کاروں کو اس وقت تک بڑا نہیں مانتے جب تک مغرب ان کو عظیم ہونے کا سرٹیفکیٹ نہ دے دے۔ انگریزی کے تیسرے درجے کے لکھاری ہماری مقامی زبانوں کے صفِ اوّل کے لکھاریوں سے بڑے تسلیم کیے جاتے ہیں اس کی ایک مثال تسلیمہ نسرین ہیں۔انھوں نے ایک صحافتی قسم کا ناول "لجّا" لکھا اور ساری دنیا میں مشہور ہوگئیں۔جب کہ اس کے مقابلے میں راجندر سنگھ بیدی

کا ناول "ایک چادر میلی سی" عبداللہ حسین کا ناول "اُداس نسلیں" اور قرۃ العین حیدر کا ناول "آگ کا دریا" ادبی طور پر کہیں زیادہ بڑے درجے کے ناول ہیں۔ تسلیمہ کی وجہِ شہرت مارکیٹنگ ہے۔ یہ مسئلہ آرٹ اور لٹریچر سے زیادہ معاشی اور سیاسی ہے۔ اس دور میں فن کار کو اپنی جنگ مختلف محاذوں پر لڑنی پڑتی ہے۔ اس نے اپنے کام کو میڈیا سے محفوظ رکھنا ہوتا ہے کیونکہ میڈیا کسی ادبی آرٹ کے شاہکار کی معصومیت کو آلودہ کر دیتا ہے۔ لہٰذا میڈیا کے اشتہاروں کے شور میں کسی لکھاری یا فن کار کا خالص رہنا محال ہوتا ہے۔

سہیل: آپ ایک معروف ادیب اور فن کار ہیں اور ہر وقت میڈیا کے ساتھ رابطے میں رہتے ہیں آپ کی تخلیقیت کبھی آپ کی شہرت سے متاثر ہوئی؟

نِدا: ایک انٹرویو میں 'گارشیا مارکیز گیبریل' نے کہا تھا کہ نوبل انعام ملنے کے بعد ان کی تخلیقی توانائی ماند پڑی ہے اور ان کی برجستگی متاثر ہوئی ہے۔ میرا خیال ہے کہ ایک فن کار کو اپنا آپ منوانے کے لیے ایک عمر چاہیے اور کوئی مقام حاصل ہو جانے کے بعد اس کو برقرار رکھنا اور بھی دُشوار ہوتا ہے۔ فن کار ہمیشہ نشوونما کی طرف رواں ہوتا ہے اور یہ ایسا سفر ہے جس کے دوران آپ جہاں حاصل کر رہے ہوتے ہیں وہاں کچھ کھو بھی رہے ہوتے ہیں۔ تخلیقی عمل آپ کو دوسروں سے دور اور کبھی کبھی یک و تنہا بھی کر دیتا ہے۔

سہیل: آپ کے خیال میں وہ کون سی تکلیف ہے جو ایک فن کار ساری عمر برداشت کرتا ہے؟

نِدا: میری رائے میں تخلیقی افراد تین دفعہ جنم لیتے ہیں ایک دفعہ ماں کے پیٹ سے، دوسری دفعہ معاشرے کے پیٹ سے تیسری دفعہ اپنی ہی کوکھ سے۔ کچھ لوگ جیسے پیدا ہوتے وقت ہوتے ہیں ویسے ہی مرتے وقت قبر میں چلے جاتے ہیں۔ وہ عمر بھر اپنے آپ کو دریافت نہیں کر پاتے۔ اپنے آپ کو دریافت کرنا اور اپنے آپ کو نیا جنم دینا ایک پُراسرار اور پیچیدہ عمل ہے۔ اسی لیے شاعر، صوفی اور پیغمبر بہت سا وقت اپنے ساتھ تنہائی میں گزارتے ہیں۔ وہ اس وقت اپنی تخلیقی ذات تلاش کر رہے ہوتے ہیں پھر وہ اس کے ساتھ ملاقات کرتے ہیں۔

اسی وجہ سے پیغمبرِ اسلام ایک غار میں جاتے تھے تاکہ اپنے ساتھ وقت گزار سکیں۔ وہاں ان پر قرآن نازل ہونا شروع ہوا، وہ ان کے تخلیقی سفر کا حصہ تھا۔ اس سفر میں مروجہ منطق کام نہیں کرتی کیونکہ تخلیقیت کی اپنی منطق ہوتی ہے۔ تخلیقی لوگ اپنی منطق اور اپنا طرزِ زندگی خود وضع کرتے ہیں۔ ہم جس خاندان، مذہب، زبان، معاشرے اور ثقافت میں پیدا ہوتے ہیں اس پر ہمارا کوئی اختیار نہیں ہوتا۔ مگر جب ہم اپنی زبانوں، مذاہب اور ثقافتوں کا بغور مطالعہ

کرتے ہیں تو ہمیں اس سے اپنی برادریوں سے نجات دلانے میں مدد ملتی ہے۔خود شناسی ہی دراصل تخلیقی سفر کا اہم سنگِ میل ہے۔ایک فن کار ایک خیال کو مجسّم کرنے کی کاوش کرتا ہے اور ایک تصور کو حقیقت بنا کر دوسروں کے سامنے پیش کرتا ہے۔اس کے لیے اس کو محنت اور زندگی بھر کا تجربہ حاصل کرنا پڑتا ہے۔یہ بلاشبہ کتب بینی سے بڑھ کر کام ہے۔

سہیل: فن کار اپنی زندگی میں کن ابتلاؤں، مایوسیوں یا تکالیف کا شکار رہتے ہیں؟

نِدا: میرے خیال میں مایوسیوں کی دو قسمیں ہیں۔مثبت اور منفی۔منفی مایوسی فرد کے اندر تلخی، غصہ اور ناراضگی پیدا کرتی ہے جبکہ مثبت مایوسی اس کے اندر جذبہ محرکہ پیدا کرتی ہے۔اس کا جذبہ تخلیق بیدار کرتی ہے اور فن کار کو نامعلوم سے معلوم کی طرف لے کر جاتی ہے۔ایک فن کار بچے کی طرح ہوتا ہے حیرت زدہ اور متجسس۔ایک بچے کی نظر میں سارے مناظر نئے اور تازہ ہوتے ہیں وہ اس کو بیزار نہیں کرتے۔آخری عمر میں جب ٹیگور سے پوچھا گیا کہ کیا کچھ اور لکھنا باقی رہ گیا ہے؟ تو انھوں نے جواب دیا "اس کائنات میں دُھول کے ذرّات سے لے کر ستاروں تک جو کچھ دریافت ہوا ہے اس سے کہیں زیادہ غیر دریافت شدہ ہے۔اس لیے ہمیں مسلسل سیکھنا ہے، آگے بڑھنا ہے اور تخلیق کرتے جانا ہے۔" کسی بھی فن کار کے لیے محویت اور وابستگی کی عادت ہونا بہت ضروری ہے اگر آپ کسی شے میں محو نہیں ہوتے اس وقت تک متاثر نہیں ہوتے۔جب میں کسی خاتون کی مسکراہٹ میں محو ہوتا ہوں تو نظمیں جنم لیتی ہیں۔جب میں الفاظ کی خوبصورتی میں محو ہوتا ہوں تو شاعری تخلیق ہوتی ہے۔بچوں کو سُلانے والی کہانیاں اور لوریاں بھی محویت سے جنم لیتی ہیں۔جب میں کسی شے سے متاثر ہوتا ہوں تو اپنے دماغ کے کمپیوٹر میں وہ احساسات اور خیالات رکھ دیتا ہوں اور پھر نزول کے سمے کا انتظار کرتا ہوں۔پھر کچھ دنوں یا ہفتوں بعد جب مجھ پر نزول ہوتا ہے تو پوری کی پوری نظم چند لمحوں میں مجھ پر نازل ہوجاتی ہے۔جیسا کہ میں نے پہلے بھی ذکر کیا ہے کہ تخلیقی عمل نہایت دلچسپ مگر پُراسرار ہے۔

سہیل: نہایت پُرمغز، دلچسپ اور مفید خیالات عطا کرنے پر میں آپ کا شکرگزار ہوں۔

نِدا: مجھے آپ سے گفتگو کر کے لُطف آیا میں ہندوستانی پرچوں میں آپ کے افسانے اور نظمیں پڑھتا رہتا ہوں آپ تخلیقی طور پر فعال ہیں اور یہ بہت بڑی بات ہے۔

ooo

فیض احمد فیض کی اسیری اور محبت نامے

'لینن پیس ایوارڈ' یافتہ فیض احمد فیض، 1952ء میں پاکستان میں پابندِ سلاسل ہو گئے تھے۔ قید کے دوران انھوں نے کئی ایک دلگیر و دلکش نظمیں کہیں۔ ایک نظم کچھ یوں تھی:

متاعِ لوح و قلم چھن گئی تو کیا غم ہے
کہ خونِ دل میں ڈبو لی ہیں انگلیاں میں نے
زباں پہ مہر لگی ہے تو کیا، کہ رکھ دی ہے
ہر ایک حلقۂ زنجیر میں زباں میں نے

اسیری کے زمانے میں فیض نے اپنی برطانیہ نژاد اہلیہ 'ایلس' کو کئی ایک محبت نامے لکھے۔ اس کے کئی برس بعد جب احباب نے ان خطوط کو شائع کروانے پر اصرار کیا تو فیض نے ان خطوط کو اردو زبان میں منتقل کیا۔ کتاب کے تعارف میں فیض لکھتے ہیں کہ اگرچہ یہ ذاتی نوعیت کے خطوط ہیں مگر ان کی 'نفسیات' یا 'زنداں خانے کے ادب' کے حوالے سے بہت بڑی افادیت ہے۔ کیونکہ ان خطوط سے سیاسی قیدیوں کی نفسیات کو بہتر طور پر جاننے میں مدد مل سکتی ہے۔ بطور ایک انسان دوست ادیب اور نفسیاتی طبیب، مجھے ایک اچھوتا خیال آیا کہ میں فیض کے ان خطوط کو ایک نفسیات داں کی نظر سے دیکھوں۔ یقینی طور پر ان خطوط میں ہمیں نہ صرف فیض کی ہمہ جہت شخصیت، سیاست اور فلسفے کی کچھ جھلکیاں دیکھنے کو ملتی ہیں بلکہ ان جیسے دیگر سوشلسٹ شاعروں، فلسفیوں، مصلحین اور انقلابی رہنماؤں کی زندگیوں میں جھانکنے کا موقع بھی ملتا ہے۔ جو اپنے آدرشوں کی پاداش میں پابندِ سلاسل کر دیے گئے۔ یہاں میں ایک اور تکلیف دہ بات کا ذکر کر دوں کہ میرا مشاہدہ اور تجربہ ہے کہ اشتراکی ادب میں انقلابی لیڈروں کے نفسیاتی پہلوؤں کو نظر انداز کیا گیا ہے۔

جب ہم 1951ء اور 1955ء کے درمیان، 4 سالوں کے دوران لکھے گئے فیض کے تقریباً 135 خطوط کا مطالعہ کرتے ہیں جب وہ جیل میں قید تھے، تو دیکھتے ہیں کہ ان میں نادر مضامین موجود

ہیں۔ جب وہ قید میں تھے تو ان کو احساس ہوا کہ ان کے لیے اپنی ذاتی اور سیاسی زندگی کے درمیان توازن رکھنا بہت کٹھن ہے۔ ان کو یہ بھی احساس ہوا کہ ایک شاعر ایک شوہر بھی ہوتا ہے، ادیب ایک باپ اور اشتراکیت پسند لیڈر ایک بیٹا بھی ہوتا ہے۔ ان حقیقتوں سے پہلو تہی کرنے کی بجائے فیض نے ان پر کافی دیر گہرا غور کیا۔ وہ ماضی کے دریچوں میں جھانکنے لگے۔ انھوں نے تسلیم کیا کہ ان کی اہلیہ ایلس کو بچوں کی ذمہ داریاں سنبھالنی ہوں گی۔ فیض خوش قسمت تھے کہ ان کی شریکِ حیات دیگر شاعروں کے برعکس ایک خوش حال گھرانے سے تعلق رکھتی تھیں۔ وہ نہ صرف اعلیٰ تعلیم یافتہ تھیں بلکہ فکرِ معاش سے بھی آزاد تھیں، مگر یہ وہ وقت تھا جب فیض احساسِ گناہ میں مبتلا ہو گئے تھے کہ وہ ایک والد اور ایک شوہر کی ذمہ داریاں پوری نہیں کر رہے۔ حتیٰ کہ اس احساسِ ندامت نے ان کے شعور میں مثالیت پسندی اور نظریاتی طرزِ زندگی پر سوالات اُٹھنے لگے تھے۔

چنانچہ ایک خط میں انھوں نے لکھا: ”کہیں ایسا تو نہیں کہ مثالیت پسندی بھی خود غرضی کی ایک قسم ہے۔“ فیض واحد سوشلسٹ لیڈر نہیں تھے جن کو اس سوال کا سامنا تھا۔ ان کے علاوہ اور بھی بہت سے ایسے لیڈر تھے جو اپنے عزیز ترین افراد کو اپنے نظریات، طرزِ فکر اور انقلابی جدوجہد کی وجہ سے مصیبت میں دیکھ کر دُکھی رہتے تھے۔ جنوبی، افریقہ کے لیڈر 'نیلسن مینڈیلا' جنھوں نے ایک ربع صدی اسیری میں گزار دی اپنی سیاسی زندگی اور خاندانی زندگی کے درمیان تفاوت کے بارے میں لکھتے ہیں: ”میں نے ایک دفعہ نہیں بلکہ بار بار سوچا کہ اپنے خاندان کی خوشیوں کو معاشرے کے محفوظ مستقبل کی جدوجہد کی بلی چڑھا دینا، کیا واقعی ایک درست عمل ہے؟“

عجیب اتفاق ہے کہ اکثر انقلابی رہنماؤں نے اپنی محبوبہ سے شادی کرنے سے قبل اپنے مقصدِ حیات سے شادی کر لی تھی۔ اسی لیے جب نیلسن مینڈیلا نے ”وِنی“ کو شادی کا پیغام بھیجا تو وِنی کے والد نے بیٹی کو متنبہ کیا کہ ''وہ ایک اسیری پسند پرندے سے شادی کرنے جا رہی ہے۔'' بہت سے دیگر انقلابیوں کی بیویوں کی طرح ”ایلس“ کے لیے وہ وقت بہت گراں تھا جب ان کے شوہر کو بچوں سے جُدا کر کے کئی برس کے لیے پابند سلاسل کر دیا گیا۔ ان کے لیے سماجی اور سیاسی دباؤ کے بھاری پتھر اٹھانا آسان نہیں تھا۔

ایک خط میں فیض نے ایسے ہی صدمے اور احساسِ زیاں کا ذکر کیا ہے۔ ان کو رنج تھا کہ وہ اپنے بچوں کو بڑا ہوتے ہوئے نہیں دیکھ سکے۔ انھوں نے ایلس سے فرمائش کی کہ وہ بچوں کو ان سے ملوانے جیل لے آئیں۔ مگر پھر یہ سوچ کر منع کر دیا کہ محدود وسائل پر آنے جانے کا خرچ مزید بوجھ ڈال دے گا۔ وہ ایلس کو لکھے گئے خطوط میں اکثر اعتماد کا اظہار کرتے اور ایلس کی ہمت اور ثابت قدمی کو

سراہتے۔ اپنی اسیری کے آغاز میں ان کو گمان تھا کہ جیل میں ان کا عرصہ مختصر ہوگا۔ مگر جب دن ہفتوں، ہفتے مہینوں اور مہینے سالوں میں ڈھلنے لگے تو ان کو احساس ہوا کہ وہ ایک طویل بحران اور المیے کا شکار ہو چکے ہیں۔ نفسیات کے طالب علم کے طور پر مجھے بخوبی علم ہے کہ طویل المیے اور ابتلائیں کس قدر ایذا رساں اور اعصاب شکن ہوتی ہیں۔ طویل اسیری اکثر افراد کی شخصیت پر منفی اور نقصان دہ اثرات مرتب کرتی ہے۔ وہ یا تو غمگین اور مایوس ہو کر خودکشی کا سوچنے لگتے ہیں یا پھر تلخ، غصیلے اور آدم بےزار ہو جاتے ہیں۔ دلچسپ بات یہ ہے کہ فیضؔ ایک استثناء تھے۔ اُنھوں نے جیل کے ماحول میں موجود یاسیت، بےزاری، تنہائی اور تشنہ آرزوئی کو اپنی شخصیت میں تحلیل کر لیا اور اپنے درد و غم اپنی نظموں اور محبت ناموں میں منتقل کر دیئے اور اپنی آزمائش کو شاعری میں ڈھال دیا۔ فیضؔ اپنے خطوط میں ایک طرف اپنی بےبسی کا ذکر کرتے ہیں تو دوسری طرف اپنے ہم وطنوں کے دُکھ اور درد ان کو اپنے رنج و الم محسوس ہوتے ہیں۔ بالخصوص وہ خواتین جو گھر میں بند ہو کر ساری زندگی گزار دیتی ہیں، جیسے اپنے ہی گھروں میں نظر بند ہوں۔ فیض نے اپنے خطوط میں یہ بھی لکھا کہ اپنے پیاروں سے جدا ہو کر اور تنہا ہو کر ان کا زندگی کے بارے میں تصور کیسے تبدیل ہوا۔ ان کو معلوم ہوا کہ وہی چیزیں جن سے وہ بےکل ہو جاتے تھے اب ان کو لُطف دیتی ہیں، وہ زندگی کو مصیبتوں سے بلند ہو کر دیکھنے لگے۔ انھوں نے محسوس کیا کہ وہ زیادہ اعلیٰ ظرف اور بالغ النظر ہو رہے ہیں۔ جب فیض جیل میں تھے انھوں نے متعدد کتابیں مطالعے کے لیے منگوائیں۔ وہ اُردو، انگریزی اور عربی زبانوں پر دسترس رکھتے تھے۔ جیل میں دیگر قیدی ان کے گرد جمع ہو جاتے تھے اور فیض جو کہ ایک ماہرِ معلم تھے ان کو غالب اور شیکسپیئر پڑھایا کرتے تھے۔ بلکہ قرآن سیکھنے کے خواہشمند قیدیوں کے لیے قرآن کا درس بھی دیا کرتے تھے۔

اسیری کے دوران فیض کی حسِ ظرافت بھی قدرے شوخ ہو گئی تھی۔ اس کی جھلک ان کے خطوط میں بھی نظر آتی ہے۔ ایک خط میں وہ لکھتے ہیں: "چونکہ ہماری جیل ایک صحرا میں واقع ہے اس لیے لوگوں کے چہرے اور سر عموماً ریت سے اَٹے رہتے ہیں اور وہ اپنی عمر سے کئی گنا بڑے دِکھتے ہیں۔" ایک دفعہ انھوں نے اپنی محبوبہ (ایلس) کو لکھا: "مجھے لگتا ہے کہ اسیری کے دوران میں اپنی 'جنسی کشش' کھو دوں گا اور پھر لوگ مجھے عورتوں کے ساتھ عشق بازی کا طعنہ نہیں دیں گے اور میرے مزید اسکینڈل نہیں بن پائیں گے۔"

فیض کی دورانِ اسیری ایک اور کامیابی یہ بھی تھی کہ ان کو محسوس ہوا کہ جیل کا تجربہ ان کو ایک پُر امن انسان بنا رہا ہے۔ انھوں نے خط میں اپنے ہم عصر اور دوست سرجیت سنگھ کا قول لکھا: "امن ہمیشہ باطن میں پیدا ہوتا ہے۔" انھوں نے ایلس کو لکھے گئے ایک خط میں امن کا تذکرہ کرتے ہوئے لکھا: "وہ

انسان سکون میں ہوتا ہے جس کا ضمیر مطمئن ہوتا ہے اور اندر صاف ہوتا ہے۔ اپنے ساتھ پُر امن ہونے کا مطلب یہ ہے کہ آپ کو کوئی احساسِ جرم نہیں ہے۔"

فیض کو معلوم تھا کہ وہ مجرم نہیں ہیں اور انھوں نے کوئی ایسا کام نہیں کیا جو غیر قانونی یا غیر اخلاقی ہو۔ ان کو اس بات سے کوئی سروکار نہیں تھا کہ دیگر لوگ جن میں سیاست دان، سیاسی کارکن اور مخالف گروہ شامل تھے، ان کے نظریات اور طرزِ عمل کے حوالے سے کیا گمان کرتے ہیں۔ وہ خالصتاً ایمان داری اور خلوص سے اپنے نظریات کے ساتھ وابستہ تھے۔ حیران کن بات یہ ہے کہ فیض آلام و مصائب کے باوجود ہمیشہ پُر امید اور رجائیت پسند رہے ان کو یقین تھا کہ جلد یا بدیر انصاف جیتے گا اور غریب اور پس ماندہ لوگوں کو ان کے حقوق ملیں گے وہ ایک انصاف پسند اور پُر امن دنیا کا خواب دیکھتے تھے اور ایسا جہاں پیدا کرنے کے لیے وہ اپنی صحت، خوشی حتیٰ کہ جان تک کی بازی لگانے کے لیے تیار تھے۔ ان کا ماننا تھا کہ زندگی کی خوشیوں پر صرف ان کا ہی نہیں بلکہ دنیا کے تمام انسانوں کا پیدائشی حق ہے۔ فیض نے اپنے خطوط میں انسانیت کے آلام و مصائب کا ذکر کیا ہے ان کا ماننا تھا کہ انسان ہر قسم کے دکھ درد اور جذباتی صدمے برداشت کر سکتا ہے بشرطیکہ وہ ان کو کوئی معنی پہنا سکے۔

اور ان کو ایسے مقصد، منزلِ مراد یا آدرش سے منسلک کر لے جو اتنا عظیم ہو کہ اس کے لیے جیا جائے اور ضرورت پڑنے پر جان کا نذرانہ بھی پیش کیا جا سکے۔ فیض کا فلسفہ، نامور سائیکوتھراپسٹ "وکٹر فرینکل" کے "لوگوتھراپی" کے فلسفے سے مختلف نہیں جو انھوں نے نازی جیلوں میں کئی برس گزارنے کے بعد دریافت کیا۔ ان کا بھی یہی ماننا تھا کہ انسانی تکلیف اس وقت قابلِ برداشت ہو جاتی ہے جب وہ کسی مقصد کے ساتھ منسلک ہو جاتی ہے۔ فیض کے خطوط سے ہماری ملاقات ایک ایسے باکمال شاعر سے ہوتی ہے جو کبھی بھی بادشاہوں، آمروں اور جرنیلوں کی طاقت سے مرعوب نہیں ہوا۔ اس کی وابستگی ہمیشہ پس ماندہ، پسے ہوئے استحصال شدہ اور محنت کش طبقات سے رہی۔ رفتہ رفتہ فیض کو یقین ہو گیا کہ ان کی اِبتلا دیگر انسانیت کے دُکھوں کی طرح عارضی ہے ان کو محسوس ہوا کہ ظلم کی رات جتنی تاریک ہوتی ہے آزادی کا سویرا اتنا ہی روشن ہوتا ہے اور رات جتنی بھی طویل ہو اپنے اندر یہ پیغام رکھتی ہے کہ صبح ضرور ہو گی۔

جیل کی فضا سے لکھے گئے فیض کے خطوط سونے کی کان ہیں وہ ہمیں سیاسی صدیوں اور انقلابیوں کی نفسیات کے بارے آگہی اور بصیرت دیتے ہیں۔ ایسے سیاسی اسیر جو وقت گزرنے کے ساتھ نہ صرف اپنے کنبوں، معاشروں اور دیسوں کے لیے امید کی علامت بن گئے بلکہ دُکھی انسانیت کے لیے بھی مضبوط ایک سہارا ثابت ہوئے۔ اس میں کچھ شک نہیں کہ آج فیض ہمارے درمیان زندہ

نہ ہونے کے باوجود دنیا بھر کے مختلف شعبہ ہائے زندگی سے تعلق رکھنے والے کروڑوں خواتین و حضرات کے دلوں میں زندہ ہیں۔ میں اس مضمون کا اختتام فیضؔ کی نظم کے ایک بند سے کرتا ہوں۔ نظم کا عنوان "زنداں کی ایک شام" ہے۔ یہ نظم مایوسی کے سمندر میں اُمید کا ایک جزیرہ ہے:

زنداں کی ایک شام

"شانہء بام پر دمکتا ہے!
مہرباں چاندنی کا دستِ جمیل
خاک میں گھل گئی ہے آبِ نجوم
نور میں گھل گیا ہے عرش کا نیل
سبز گوشوں میں نیلگوں سائے
لہلہاتے ہیں جس طرح دل میں
موجِ دردِ فراقِ یار آئے
دل سے پیہم خیال کہتا ہے
اتنی شیریں ہے زندگی اس پل
ظلم کا زہر گھولنے والے
کامراں ہو سکیں گے آج نہ کل
جلوہ گاہِ وصال کی شمعیں
وہ بجھا بھی چکے اگر تو کیا
چاند کو گل کریں تو ہم جانیں"

ooo

انقلابی شخصیات

چے گویرا

سامراج کے خلاف مسلح جدوجہد کی علامت

بیسویں صدی کی انقلابی شخصیات میں سے چے گویرا ایک ایسے اہم رہنما ہیں جن کو جس قدر محبت ملی اتنی ہی نفرت کا سامنا بھی رہا۔ جہاں ان کو اس قدر چاہا گیا وہاں لوگ ان کے نظریے کو مسترد بھی کرتے تھے۔ اپنی بتیسویں سالگرہ پر وہ اپنے آپ کو نہ صرف ایک دانشور اور سیاسی کارکن بلکہ معزز گوریلا جنگجو کے طور پر منوا چکے تھے۔ اپنی چالیسویں سالگرہ سے کچھ روز قبل چے گویرا جب پُراسرار طریقے سے قتل کر دیے گئے تو وہ سامراجیت مخالف علامت بن کر دنیا میں اُبھرے۔ چنانچہ وہ ان تمام لوگوں کے لیے مشعلِ راہ بھی بن گئے جو ایک منصفانہ نظام پر مبنی دُنیا کا خواب دیکھتے ہیں۔

چے گویرا ایک ایسے انقلابی تھے جو یکساں قول اور فعل کے حامل تھے۔ وہ اسی بات کی تبلیغ کرتے جس پر عمل پیرا ہو سکتے اور خود اس پر کاربند رہتے۔ وہ سوشلسٹ اقدار اور فلسفے کا محض پرچار نہیں کرتے تھے بلکہ اس میں زندہ بھی تھے۔ اس کے ساتھ ساتھ وہ ایک تخلیقی شخصیت کے حامل بھی تھے۔ انھوں نے نہ صرف شاعری، مضامین اور نظریات تخلیق کیے بلکہ انقلاب کے طرزِ عمل بھی وضع کیے اور پھر ان کو دیگر شہروں، ممالک اور براعظموں تک پہنچایا، جہاں لوگ سیاسی جبر اور معاشی استحصال کا شکار تھے۔ وہ غرباء اور مظلوموں سے محبت کرتے تھے جبکہ امراء، سرمایہ داروں اور سامراجیوں سے نفرت کرتے تھے۔ ان کا ایمان تھا کہ نظامِ سرمایہ داری اور سامراجیت سے نمٹنے کا واحد طریقہ مسلح جدوجہد ہے۔ کیوبا میں کامیاب انقلاب کے بعد ان کے دوست اور اتالیق فیڈل کاسترو نے چے گویرا کو کیوبا کی اعزازی شہریت دی، وزارتِ صنعت کا قلمدان دیا اور کیوبا کی اقوامِ متحدہ میں نمائندگی کرنے کی پیشکش کی۔ مگر افسر شاہی کے ماحول میں چے کا دم گھٹتا تھا چنانچہ انھوں نے جلد ہی کیوبا کو خیرباد کہا اور امریکہ کے خلاف گوریلا جنگ کی سربراہی کرنے لگے جو اس زمانے میں مختلف ممالک میں جاری تھی۔

کیوبا سے پُراسرار گمشدگی کے بعد سی آئی اے نے "بولیویا" کی حکومت کی مدد سے ان کی تلاش شروع کردی اور بالآخر 1967ء میں ان کو موت کے گھاٹ اتار دیا۔ان کی لاش غائب کر دی گئی ماسوائے ہاتھوں کے۔تاکہ لوگوں کو بتایا جاسکے کہ ایک نہایت مطلوب گوریلا لیڈر کا خاتمہ کر دیا گیا ہے۔ چے گویرا کے دشمن پریشان تھے کہ ان کی قبر ایک مزار بن جائے گا جس کی سامراج خلاف دیوتا کے طور پر پرستش کی جائے گی ،مگر اپنے تئیں ان کا خاتمہ کر دینے والی طاقتیں یہ بھول گئیں کہ چے دنیا بھر میں موجود آزادی کے متوالے کروڑوں لوگوں کے دلوں میں اپنا گھر بنا چکے ہیں۔ چے گویرا جسمانی طور پر تو دُنیا میں نہ رہے مگر ان کی زندگی ایک عظیم ورثہ کے طور پر ان تمام لوگوں کے لیے مشعلِ راہ ہے جو اس دنیا کو ایک بہتر جگہ بنانا چاہتے ہیں کہ وہ اپنی جدوجہد جاری رکھیں۔تمام عمر چے کو ایک مثالی انسان کی تلاش رہی جو ایک 'نیا سوشلسٹ انسان' ہو۔وہ ایک مثالیت پسند لیڈر تھے جنھوں نے اپنی زندگی مثالیت کی بھینٹ چڑھا دی۔

چے گویرا کی سوانح حیات، ڈائریاں، خطوط اور تقاریر کا مطالعہ کرنے کے بعد میں اس نتیجے پر پہنچا کہ ان کی شخصیت ،فلسفہ اور سیاسی لائحہ عمل اس قدر مختلف اور دلچسپ ہے کہ میں اس پر مزید تحقیق کروں۔لہٰذا میں ان کی زندگی کے مختلف پہلوؤں میں گہری دلچسپی لینے لگا۔اس مضمون میں وہ چند پہلو آشکار کروں گا جن کی مدد سے میں ایک فلسفی اور گوریلا جنگجو بننے کے عمل کو جاننے کے قابل ہوا۔ایک ایسا انسان جو انقلاب برآمد کرتا تھا اور دنیا کو بدلنے کے خواب دیکھتا تھا۔

جب میں نے چے گویرا کی ابتدائی زندگی کے بارے میں پڑھا تو مجھے معلوم ہوا کہ وہ بچپن سے ہی سرکش تھے۔ان کے والدین جو بذاتِ خود گرم مزاج کے حامل تھے ان کو نظم وضبط نہ سکھا سکے ۔چے گویرا بڑوں کی باتوں پر دھیان نہیں دیتے تھے لہٰذا بڑوں کے زیر عتاب رہتے ۔مگر سخت سست کہلوانے کی بجائے جنگل کی راہ لیتے تھے۔یہ صفت ایسے نوجوان کی سرشت میں ودیعت ہوئی تھی جو آگے چل کر گوریلا جنگجو بننے جا رہا تھا۔مگر چے گویرا کو بہت آغازِ عمر کے وقت ایک مشکل سہنی پڑی۔ یہ وہ وقت تھا جب ان کو دمہ کا عارضہ دریافت ہوا۔دو سال کی عمر میں ہی ان کو دمہ اس قدر شدید تھا کہ ان کے والدین ساری ساری رات جاگتے رہتے یہ دیکھنے کے لیے کہ صحیح طرح سانس لے رہے ہیں یا نہیں ۔ان کی بیماری والدین کے لیے اس قدر اعصاب شکن ثابت ہوئی کہ ان کا ازدواجی رشتہ کشیدگی کا شکار رہنے لگا اور وہ طلاق کا سوچنے لگے۔دمہ کی وجہ سے 9 برس کی عمر تک چے گویرا باقاعدگی سے اسکول نہیں جاسکتے تھے۔مگر یہ ایک دوہری رحمت ثابت ہوئی۔ وہ اپنی والدہ کے قریب ہوتے گئے۔ ماں بیٹے کا رشتہ اس قدر مضبوط ہوا کہ تمام عمر قائم رہا۔چے گویرا کی والدہ 'سیلیہ' ایک دہریہ تھیں۔انھوں

نے چے گویرا کے اساتذہ سے درخواست کی کہ ان کو الٰہیات کے مضمون سے استثنٰی دیا جائے۔ ان کے والد "ارنسٹو" سیاست کے دلدادہ تھے۔ وہ ہسپانوی خانہ جنگی (1938-1936ء) پر گہری نظر رکھے ہوئے تھے۔ جب ہٹلر نے پولینڈ پر حملہ کیا تو ارنسٹو کو خدشہ لاحق ہوا کہ اس کے بعد وہ ارجنٹائن پر حملہ کر دے گا۔ چنانچہ وہ مختلف شہروں میں جاتے اور ہٹلر کے خلاف تقریریں کرتے۔

ایک سیاسی کارکن والد اور دہریہ ماں کی گود میں پرورش پانے والے نوجوان چے کی شخصیت پر ایسے اثرات مرتب ہوئے کہ ان کا سیاسی ادراک پختہ ہوگیا۔ وہ اکثر ناداروں کی مدد کرتے اور فاقہ زدہ بے گھر افراد کو گھر پر لے آتے تاکہ ان کو کھانا اور ٹھکانہ مہیا کرسکیں۔ وہ اپنی والدہ کی فیاضیانہ سرگرمیوں سے متاثر تھے اور ان کے سماجی کاموں کو "خدمت کے راستے سے دُنیا کی دریافت" کا نام دیتے تھے۔ چے گویرا جب سنِ بلوغت میں داخل ہوئے تو ان کی شخصیت میں تنقیدی سوچ اور باغیانہ پن پختہ ہوچکا تھا۔ وہ ہر شے اور تمام اشیاء پر سوال اٹھانے لگے تھے۔

چے اپنے معاشرے بلکہ دُنیا بھر کی سماجی اور سیاسی اقدار کو ایک ناقدانہ نگاہ سے دیکھتے۔ وہ تقلید کے قائل نہیں تھے اور انھوں نے آغاز عمر سے ہی خود کا فلسفہ اور منفرد طرزِ حیات دریافت کرنے کا عمل شروع کر دیا تھا۔ زندگی میں اپنا راستہ خود بنانے کے لیے انھوں نے فلسفہ پڑھنا شروع کر دیا تھا اور ایک فلسفیانہ لغت مرتب کرنی شروع کر دی تھی جس میں انھوں نے عظیم فلسفیوں اور لکھاریوں کے اقوال جمع کیے، جن کے موضوعات جنسیات اور رُوحانیات سے لے کر مذہبی عقائد اور سیاسی شعور تک تھے۔ ان کے اساتذہ بہت متاثر تھے کہ بلوغت کے زمانے میں ہی انھوں نے سگمنڈ فرائڈ کی تحلیلِ نفسی، جیک لنڈن کی کہانیاں، پابلو نیرودا اور والٹ وائٹ مین کی شاعری اور کارل مارکس کے معاشی نظریات کو سنجیدگی سے پڑھنے کی کوشش شروع کر دی تھی۔ نوجوان چے اکثر اپنے رفقاء اور بڑوں کے ساتھ بڑے ذوق وشوق سے گرما گرم مباحث کرتے تھے۔ ایک استہزایہ دماغ کے ساتھ وہ زبان کے بھی تیز تھے۔ ان کے بہت سے ہم عصر ان کے بے خوف ایمان دارانہ عمل سے نالاں تھے مگر چے اس بات سے بے نیاز تھے۔ ان کا پختہ ایمان تھا کہ وہ ذاتی اور عالمگیر سچ کے متلاشی ہیں۔ چے گویرا حکمران طبقے سے گہری نفرت کرتے تھے۔ شاید اس نفرت کی وجہ سے وہ امراء کی طرح خوش لباس بھی نہیں تھے۔ حتیٰ کہ اپنی ذاتی حفظانِ صحت اور صفائی کا خیال بھی نہیں رکھتے تھے۔ وہ شاذونادر ہی نہاتے تھے۔ یہاں تک کہ ان کے دوستوں نے ان کو "ایل لوکو" (پاگل) اور "چان چو" (سوّر) کہنا شروع کر دیا تھا۔ کیونکہ وہ شیخی بھگارتے: "دیکھو اس کی رگبی شرٹ کو دُھلے ہوئے چوبیس ہفتے گزر گئے ہیں۔"

چے ایک متجسس ذہن کے حامل تھے۔ وہ سائنس، لٹریچر اور فلسفے میں گہری دلچسپی رکھتے

تھے۔ انھوں نے انجینئر بننے کا فیصلہ کیا، مگر جب ان کو قریب المرگ دادی کی تیمارداری کرنے کا موقع ملا تو انھوں نے فیصلہ بدل دیا اور طبیب بننے کے خواب دیکھنے لگے۔ چنانچہ انھوں نے میڈیکل اسکول میں داخلے کی درخواست دے دی جو منظور کر لی گئی۔ بلوغت کی عمر میں ہی وہ بیمار و لاچار انسانیت کا علاج کرنا چاہتے تھے۔ انھوں نے اپنا مقصد، اپنی منزل اور اپنا خواب ایک جگہ یوں لکھا:

"میں ایک نامور تحقیق کار طبیب بننا چاہتا ہوں جو انتھک محنت سے کچھ ایسا دریافت کرے جس سے انسانیت کے دُکھوں کو سکھوں میں بدلا جا سکے۔"

طب کی تعلیم کے دوران وہ اپنی تخلیقی، ادبی اور فلسفی ذات کی کھوج بھی لگے رہے تھے۔ وہ 'پابلو نیرودا' جیسے انقلابی شعراء سے اس قدر متاثر تھے کہ خود شاعری کرنی شروع کر دی مگر ان کی شاعری جدیدیت سے تہی تھی جس میں آرٹ کو بطور آرٹ مدِنظر رکھا جاتا ہے بلکہ وہ بامقصد شاعری کرتے تھے۔ جو اعلیٰ ترین عزائم سے بھرپور تھی۔ بطور ایک ترقی پسند لکھاری ان کو کسی بلند مقصد کے لیے موت کو گلے لگانا بڑا سحر انگیز لگتا تھا۔ 1947ء میں جب ان کی عمر 18 برس تھی تو انھوں نے ایک نظم لکھی جس کا ایک بند کچھ یوں تھا:

"مرنا چاہو تو یوں مرو
سینہ گولیوں سے چھلنی ہو
جسم خنجروں سے مسمار ہو
نہیں تو ڈُوب مرو
سب سے لازوال یاد
نامور ہونا نہیں ہے
لڑتے ہوئے جان دینا ہے"

یہ الہامی نظم ایک ایسے انقلابی شخص کی سوچ کی عکاس ہے جو گوریلا جنگ جُو بننے جا رہا تھا، ایک سماجی اصلاح کار بننے کا خواب دیکھتا تھا اور موت کے تصور سے عشق بازی کرتا تھا۔

انقلاب "چے گویرا" کا محبوب تھا۔ وہ نہ صرف ایک معقول فاصلے سے اپنے محبوب کے قصیدے گاتے بلکہ وہ اپنے محبوب کی بانہوں میں امن، وقار اور فاتحانہ عظمت کے ساتھ موت کو گلے لگانے کے لیے اپنے آپ کو ذہنی طور پر تیار کر رہے تھے۔ ایسی موت جو ان کو امر کر دے گی شہادت کی موت ہوگی۔ اس نظم کو پس اندیشی پر مبنی "الہامی نظم" کا نام دیا جا سکتا ہے۔ کیونکہ باطنی طور پر یہ نظم کسی قدر پیامبرانہ محسوس ہوتی ہے۔

چے گویرا کی زندگی کا ایک المیہ یہ بھی رہا کہ ارجنٹائن کی فوج نے ان کو اپنے اندر شامل کرنے سے اس لیے منع کر دیا کہ ان کو دمہ لاحق تھا۔ وقت کی ستم ظریفی ملاحظہ ہو کہ یہی نوجوان مستقبل میں لاطینی امریکہ کا عظیم ترین گوریلا جنگجو بننے جا رہا تھا۔ ارجنٹائن کی فوج کے سادہ لوح افسران کو یہ بات سمجھ نہ آسکی کہ جسمانی معذوری یا بیماری کسی عظیم مقصد کے حصول کے لیے ثابت قدمی اور استقامت کی راہ میں حائل نہیں ہوسکتی۔ وہ فوج سے مسترد ہونے پر بہت خوش ہوئے۔ ان کے سوانح نگار "جان لی اینڈرسن" نے لکھا: "چے گویرا، ابھی یونیورسٹی کے پہلے سال میں تھے جب ان کو ارجنٹائن کی فوج کی طرف سے ابتدائی ٹیسٹ کے لیے بُلایا گیا۔ ان کے جسمانی معائنے کے دوران معلوم ہوا کہ ان کو "دمہ" لاحق ہے۔ لہٰذا جسمانی معذوری کی بنیاد پر فوج کے لیے ناموزوں قرار دیا گیا۔ اس فیصلے سے ان کا ایک قیمتی سال بچ گیا جو وہ کسی فوجی بیرک میں گزارتے۔ وہ اس بات پر خوش تھے بلکہ اکثر دوستوں کے ساتھ گپ شپ میں بتاتے کہ وہ اپنے گلے سڑے پھیپھڑوں کے شکر گزار ہیں جنہوں نے ازراہ تبدیلی ہی سہی کوئی اچھا کام تو کیا۔"

یونیورسٹی کے زمانے میں چے گویرا نے نہ صرف طب کی تعلیم حاصل کی بلکہ اپنا شعوری اُفق بھی بلند کیا۔ انھوں نے "برٹرینڈ رسل" اور "آلڈس ہکسلے" جیسے فلسفیوں کو پڑھا۔ ایک دفعہ چے کے چھوٹے بھائی "رابرٹو" یہ دیکھ کر حیران رہ گئے کہ اپنے والد کی لائبریری میں 25 جلدوں پر مشتمل ضخیم کتاب "دنیا کی تاریخِ حاضرہ" پڑھ رہے تھے۔ یوں لگتا ہے کہ مستقبل کے سیاسی کارکن بننے سے قبل وہ اپنے اندر فلسفیانہ جڑوں کو مضبوط کر رہے تھے۔ وہ ترقی پذیر ممالک کی آزادی کی تحریکوں اور سیاسی جدوجہد پر گہری نظر رکھتے تھے۔ انھوں نے جواہر لال نہرو کی کتاب "انڈیا کی دریافت" کا مطالعہ کیا۔ ان کو دنیا کی سیاست کے نشیب و فراز سے آگاہی مل رہی تھی ان کو علم ہوا کہ برطانیہ اور امریکہ دنیا کی نو آبادیاتی قوتیں ہیں۔ ان کو یہ احساس بھی ہونا شروع ہو گیا کہ صنعت کاری اور معاشی آزادی، غریب اور ترقی پذیر ممالک کی سیاسی آزادی کے حصول کے لیے لازمی امر ہیں۔ 'سیاحت' اور 'لکھنا' چے گویرا کے پسندیدہ مشاغل تھے۔ ان کی فلسفے کی لغت متعدد فلسفیوں کے نظریات پر مشتمل تھی جس کا آغاز "اِبسن" کے اس قول سے ہوتا تھا: "علم انسان کو وہ صلاحیت عطا کرتا ہے جس سے وہ زندگی کے گوناں گوں مسائل سے نبرد آزما ہو جاتا ہے۔"

انھوں نے ایک ڈائری بھی لکھنی شروع کر دی جس میں بیسویں صدی کے نامور ادیبوں 'آئن سٹائن'، 'فرانز کافکا' اور 'ورجینیا وُلف' کی طرح اس مواد کو اپنی تخلیقی اور فلسفیانہ تحریروں کے لیے استعمال کرنا شروع کر دیا۔ چے گویرا اپنی زندگی کی آخری سانس تک بڑے شوق سے ڈائری لکھتے

رہے۔میڈیکل اسکول کی تعلیم نے ان پر یہ حقیقت آشکار کی کہ طب انسانی زندگی کا معیار بہتر بنانے کے لیے اور بہت سی بیماریوں سے تحفظ کے لیے جو انفیکشن اور غذائی قلت کی وجہ سے پیدا ہوتی ہیں، اہم کردار ادا کرتی ہیں۔وہ سماجی معالجے کے حامی تھے۔اس کے علاوہ وہ نہ صرف ارجنٹائن بلکہ پورے وسطی امریکہ کے عوام کے سیاسی اور سماجی مسائل کو سلجھانے میں دلچسپی لینے لگے۔مگر ان کو احساس ہونا شروع ہوگیا کہ ریاست ہائے متحدہ امریکہ بظاہر تو امن و انصاف اور جمہوریت کا دعویدار ہے مگر غریب ممالک کے عوام کو اپنے قابو میں رکھنا چاہتا ہے تا کہ ان کو اپنے معاشی مفادات کے لیے استعمال کر سکے۔ان پر یہ بھی منکشف ہوا کہ ریاست ہائے متحدہ امریکہ، لاطینی امریکہ کے ممالک کی سماجی اور سیاسی اصلاحات کی ترویج میں مقامی فوجی جرنیلوں اور مطلق العنان آمروں کے ذریعے رکاوٹیں کھڑی کرنا چاہتا ہے۔

وقت گزرنے کے ساتھ چے اس ضمن میں اپنے مشاہدات اور تجربات سے دُکھی ہوتے گئے۔انھوں نے امریکہ کے مختلف حصوں کا سفر کیا اور بالآخر گوئٹے مالا جا کر ٹھہر گئے۔یہاں انھوں نے کیپٹلزم (نظام سرمایہ داری) اور کیمونزم (اشتراکیت) کے درمیان پہلی جنگ اپنی آنکھوں سے دیکھی جو امریکہ اور گوئٹے مالا کے درمیان لڑی جا رہی تھی۔

اینڈ ریسن لکھتے ہیں:

"کیمونزم کی حمایت کرنے پر گوئٹے مالا کی بائیں ہاتھ کی حکومت واشنگٹن کے زیر عتاب آگئی اور بہانہ زرعی اصلاحات کے بل کا بنایا گیا جو 1952ء میں بنایا گیا تھا۔1953ء کے آغاز تک واشنگٹن اور گوئٹے مالا کے درمیان جنگی لکیر صاف طور پر کھنچی ہوئی نظر آتی تھی۔یہ گوئٹے مالا ہی تھا جہاں بغاوت کا جذبہ چے میں پورے جوش کے ساتھ ظاہر ہوا جب ان کو یہ احساس ہوا کہ سرمایہ دارانہ نظام کے پروردہ لیڈر آکٹوپس (آٹھ ہاتھوں والے سمندری کیکڑے) کی طرح کس قدر خوفناک ہیں، انھوں نے یہیں پر ایک لیڈر بننے کا فیصلہ کر لیا۔گوئٹے مالا میں قیام کے دوران امریکہ کے لاطینی امریکہ میں بھیانک کردار نے چے گویرا کے جذبات میں ہل چل مچا دی۔"

کیتھولک چرچ کس طریقے سے امریکہ پالیسیوں کی حمایت کر رہا ہے یہ جان کر چے سکتے میں آگئے اور اندر ہی اندر غصے سے کھول اُٹھے۔ایک وقت تھا جب چے یہ خواب دیکھا کرتے تھے کہ وہ اپنے پیشے کی اشتراکیت کے ساتھ دوستی کروا دیں اور ایک انقلابی طبیب بن جائیں۔مگر اب انھوں نے اپنا فیصلہ بدل لیا کیونکہ ان کے نزدیک طب کا پیشہ ان کی شخصیت اور جنون کے برعکس بہت مقدس اور

شفاف تھا جو ایک جنگجو سے میل نہ کھاتا تھا۔

گوئٹے مالا کے قیام کے دوران ان کی ملاقات پیرو کی سیاسی جلاوطن 'ہلڈا گاڈیا' سے ہوئی اور دونوں نہ صرف اشتراکی انقلاب کے جنون بلکہ ایک دوسرے کی محبت میں بھی مبتلا ہو گئے۔ اگرچہ دونوں کی اشتراکیت سے محبت ابھی ذہنی قربت کے درجے پر ہی تھی کیونکہ وہ ابھی تک اشتراکیت کے لیے جان قربان کرنے کے لیے اپنے آپ کو تیار نہیں پاتے تھے۔ چے 'ہوچی منہ' اور ان کے سامراج مخالف فلسفے سے بھی متاثر تھے وہ ان تمام لیڈروں کو رشک بھری نظروں سے دیکھتے جنھوں نے اپنے اہل وطن کو امریکی استحصال اور تسلط کے خلاف برسر پیکار کیا۔

چے کا تشدد کے ساتھ اوّلین آمنا سامنا اس وقت ہوا جب امریکی لڑاکا ہوائی جہازوں نے گوئٹے مالا پر بمباری شروع کی۔ یہ ایک سنسنی خیز مشاہدہ تھا۔ چے کے اندر بیٹھا گوریلا جنگجو تشدد سے محظوظ ہوا جبکہ وہیں پر بیٹھا ڈاکٹر زخمیوں کو طبی امداد دینے پر مصر تھا۔ چنانچہ انھوں نے اپنی خدمات ہیلتھ بریگیڈ (فوج کے محکمہ صحت) کو پیش کر دیں۔ تمام عمر، ان کے اندر ایک جنگجو اور طبیب کے درمیان کشمکش جاری رہی۔ مارنے اور شفایاب کرنے کی دونوں جبلتیں باہم تن کر کھڑی رہیں۔

امریکہ کے حملے کے بعد گوئٹے مالا کے عوام کی اجتماعی چیخ وپکار بھرپور احتجاج کی شکل اختیار کر گئی۔ زندگی کے مختلف شعبوں اور طبقہ فکر سے متعلق لوگ ایک مشترکہ دشمن کے خلاف ایک جھنڈے تلے جمع ہو گئے۔ ان کا مشترکہ اور واحد دشمن امریکہ تھا۔ جب گوئٹے مالا کا بحران شدت اختیار کر گیا تو امریکی صدر آئزن آور نے مزید بمبار طیاروں کو حکم دیا کہ وہ گوئٹے مالا پر گولوں کی بارش کر دیں۔ اس کے ساتھ ساتھ سیاسی محاذ پر امریکی صدر نے گوئٹے مالا کی وہ درخواست مسترد کروانے کی کوششیں تیز کر دیں جس کے تحت گوئٹے مالا کے بحران پر بحث کرنے کے لیے اقوام متحدہ کی سیکورٹی کونسل کا خصوصی اجلاس بلوانے کی استدعا کی گئی تھی۔ اگرچہ چے کا تعلق ارجنٹائن سے تھا مگر وہ گوئٹے مالا کے شہری بن کر اُبھرے کیونکہ ان کو لاطینی امریکہ کے ان تمام عوام سے ہمدردی تھی جن پر امریکی پالیسی کی وجہ سے ظلم کے پہاڑ ٹوٹ رہے تھے۔ وہ اقوام متحدہ پر امریکی اثر ورسوخ دیکھ کر سٹپٹا گئے اور رفتہ رفتہ امریکہ اور اقوام متحدہ دونوں سے نا اُمید ہونے لگے۔ کیونکہ مغرب کے تمام ممالک امریکہ کی حمایت کرتے تھے انھوں نے بھی گوئٹے مالا کو اپنا دفاع کرنے کے لیے تنہا چھوڑ دیا۔ چے، گوئٹے مالا کو امریکہ کے رحم وکرم پر دیکھ کر بہت دُکھی ہوئے۔ وہ اس قدر طیش میں آ گئے کہ انھوں نے کمیونسٹ نوجوانوں کی تشکیل کردہ مسلح ملیشیا میں شرکت اختیار کر لی۔

پھر وہ دن بھی آ گیا جب انھوں نے ہلڈا کو تجویز دی کہ امریکہ سے گوئٹے مالا اسی صورت میں

نبرد آزما ہوسکتا ہے کہ وہ گوریلا جنگ شروع کرے۔ اب امریکیوں نے جو درحقیقت گوئٹے مالا کو فوجی اور معاشی ذرائع سے چلا رہے تھے، اپنے ایک کٹھ پتلی شخص "کارلس کاسٹیوارماس" کو گوئٹے مالا کا صدر مقرر کر دیا اور بڑی تعداد میں کمیونسٹ رہنما گرفتار کر لیے گئے۔ ہلڈا بھی گرفتار ہو کر جیل جانے والوں میں شامل تھی جبکہ چے کو ارجنٹائن کے سفارت خانے میں پناہ لینی پڑی۔ بہت سوچ بچار اور ذاتی تجربے کے بعد چے نے اپنے وطن واپس جانے کی بجائے میکسیکو جانے کا فیصلہ کیا جو ان دنوں تمام بائیں بازو کے انقلابیوں کے لیے مکہ کا درجہ رکھتا تھا۔ کچھ عرصے بعد ہلڈا بھی جیل سے فرار ہو کر چے کے پاس میکسیکو پہنچ گئی۔ میکسیکو آتے آتے چے انقلابی شاہراہ پر گامزن ہونے کے لیے تیار ہو چکے تھے اس کی جھلک ان کے ایک خط میں ملتی ہے جو انھوں نے ان تحائف کے جواب میں اپنے خاندان کو لکھا جو انھوں نے چے کی سالگرہ پر بھجوائے تھے:

"میرا نعرہ

قلیل زادِ راہ،

مضبوط ٹانگیں اور

فقیر کا شکم ہے۔"

وہ ذہنی طور پر گوریلا جنگجو کی راہ پر گامزن تھے۔ یہ ایک دلچسپ امر ہے کہ امریکی جاسوس گوئٹے مالا سے میکسیکو پہنچنے سے پہلے ہی چے کی نگرانی کر رہے تھے۔ CIA کے ریکارڈ 'ایک یک صفحاتی رپورٹ' سے شروع ہو کر جس میں ایک 25 سالہ ارجنٹائن کے ڈاکٹر کا ذکر تھا جو گزشتہ روز شہر میں داخل ہوا۔ CIA کے ریکارڈ میں ایک فربہ فائل کی شکل اختیار کر چکی تھی۔ جس کے سرورق پر جلی الفاظ میں "چے۔ ارنسٹو گویرا" لکھا تھا۔ میکسیکو میں جہاں چے نوکری تلاش کر رہے تھے وہ اپنے سیاسی مستقبل کے بارے میں دل ہی دل میں کچھ فیصلے بھی کر رہے تھے۔ وہ ان امکانات پر غور کر رہے تھے جن سے وہ مسلح جدوجہد کا حصہ بن سکیں۔ وہ اس بات کے قائل ہو چکے تھے کہ امریکہ کی گوئٹے مالا کی خودمختاری میں بظاہر ایک مداخلت جس کو امریکہ پہلی جھڑپ قرار دیتا ہے دراصل امریکہ اور کمیونزم کے درمیان ایک عالمگیر تصادم کا شاخسانہ تھی۔

جن دنوں چے اور ہلڈا میکسیکو کے ایک ہسپتال میں رضاکارانہ طور پر کام کر رہے تھے ان کی ملاقات غیر متوقع طور پر کیوبا کے ایک دوست لوپاز سے ہوگئی جس سے وہ گوئٹے مالا میں مل چکے تھے۔ لوپاز نے ان کو بتایا کہ کیوبا کے انقلابی رہنما اپنی حتیٰ الوسع کوشش کر رہے ہیں کہ وہ اپنے ہر دل عزیز لیڈر فیڈل اور ان کے بھائی راؤل کاسترو کو جیل سے رہا کروا لیں اور آمر "باتیستا" پر دباؤ بڑھائیں

کہ وہ کیوبا میں جمہوری طریقے سے انتخابات کروائے۔ چونکہ امریکہ ’باتیستا‘ کی حمایت کر رہا تھا وہ انتخابات جیت گیا۔ صدر ’آئیزن آور‘ اتنے خوش ہوئے کہ انھوں نے نائب صدر رچرڈ نکسن کو مبارک دینے کے لیے کیوبا بھیجا۔

انتخابات جیتنے کے بعد ”باتیستا“ نے فیڈل کاسٹرو، ان کے بھائی راؤل اور اٹھارہ دیگر سیاسی قیدیوں کو ”مدرز ڈے“ کے روز ”آئل آف پائینز“ (جزیرے پر بنے قید خانے) سے رہا کر دیا۔ ان کے نزدیک یہ وسیع القلبی کا مظاہرہ تھا۔ مگر وہ اس بات سے بے خبر تھے کہ یہی قیدی بعدازاں کیوبا کی تاریخ تبدیل کرنے والے تھے۔ فیڈل کاسٹر جو دل و جاں سے ایک انقلابی تھے آزاد ہونے کے بعد اپنے ملک کی تقدیر بدلنے کے لیے کمربستہ ہو گئے۔ انھوں نے کیوبا میں اپنے حامیوں کی تنظیمِ نو کی اور میکسیکو جا کر انقلاب کی منصوبہ بندی کرنے لگے۔ وہاں پر وہ چے گویرا سے ملے جو کیوبا میں انقلاب برپا کرنے کے لیے ان کے عزم سے متاثر ہوئے۔ اگرچہ وہ ارجنٹائن نژاد تھے مگر انھوں نے کیوبا کی آزادی کے لیے اپنی رضاکارانہ خدمات پیش کر دیں۔ چے اور کاسٹرو نے ایک گوریلا فوج کی تربیت کے لیے ہاتھ ملا لیے۔ ”انھوں نے اپنے مشترکہ حریف، ریاست ہائے متحدہ امریکہ سے حساب چکانا تھا۔“ چے جنون کی حد تک اپنے آپ کو کیوبا کے انقلاب کا حصہ سمجھتے تھے۔ انھوں نے ایک خط میں یہاں تک لکھ دیا: ”میرا مستقبل کیوبا کے انقلاب سے منسلک ہے۔ یا تو مجھے کامیابی ہوگی یا مارا جاؤں گا۔“ یہ بات روزِ روشن کی طرح عیاں ہے کہ چے اپنے مقصد اپنے آدرش، اپنے خواب اور انقلاب کے لیے اپنی جان تک قربان کرنے کے لیے تیار ہو چکے تھے۔

نفسیاتی اعتبار سے مجھے یہ خیال بہت دل فریب معلوم ہوتا ہے کہ چے جو ایک ارجنٹائن کا باشندہ ہونے کے باوجود کیوبا کے عوام کی آزادی کی خاطر اپنی جان نچھاور کرنے پر تیار ہو گئے تھے، کی شناخت یقیناً ایک تقلیب کے عمل سے گزر چکی تھی۔ وہ اپنے آپ کو لاطینی امریکہ کے عوام کا نمائندہ تصور کرنے لگے تھے۔ انھوں نے ایک دفعہ کہا:

> ”میں نے اپنے آپ کو مکمل طور پر لاطینی امریکہ کے اس قافلے کا ایک مسافر تصور کر لیا ہے جس کی منزل عظیم الشان ہے۔ میں اب ”میں“ نہیں رہا۔۔۔ ہم۔۔۔ ہو چکا ہوں۔“

بہت سے مواقع آئے جب ان سے پوچھا گیا کہ وہ کیوبا کے لیے کیوں لڑ رہے ہیں ان کا جواب تھا:

> ”میرا وطن ارجنٹائن ہی نہیں بلکہ پورا لاطینی امریکہ ہے۔“

بہت سے سماجی اصلاح کار نفسیاتی تبدیلیوں سے گزرتے ہیں مگر ان کو کوئی معنی نہیں پہنا سکتے۔ چے چونکہ اندروں بیں تھے اس لیے انھوں نے اپنی باطنی تبدیلی کا اظہار کر دیا۔ جب بطور ایک سپاہی انقلابی فوج کا حصہ بنے انھوں نے فیڈل کاسٹرو کو اپنا لیڈر اور کمانڈر تسلیم کر لیا۔ اور ان کے بارے میں ایک لاجواب نظم لکھی:

"آؤ چلیں

اے روشن سحر کے پیامبر
دُور دراز بے نشان رستوں پر چلیں
تمھارے محبوب 'سبز مگر مچھ' کو
آزاد کروانے کی راہ پر چلیں
جب پہلی گولی باکرہ خامشی کو توڑتی ہے
تو حیرت سے جنگل جاگ اٹھتا ہے
ہم تمھارے ساتھ پُرسکون لڑاکے فوجی ہیں
اور ہمیشہ رہیں گے"

چے کو معلوم تھا کہ گوریلا جنگجو خطرناک اور انجانی منزلوں کے مسافر ہوا کرتے ہیں۔ اپنے انقلابی مشن پر گامزن ہونے کے لیے فیڈل کاسٹر نے ایک امریکی سے "گرین ما" نامی کشتی خریدی اپنے 82 ساتھی جن میں چے بھی شامل تھے کشتی میں سوار کر کے 25 نومبر 1956ء کو کیوبا کے لیے روانہ ہو گئے۔ ان جانثاروں نے کیوبا کے جنگلوں میں 2 سال تک گوریلا جنگ لڑی۔ چے کے لیے یہ ایک منفرد اور بے مثال تجربہ تھا۔ انھوں نے کئی بار موت کو قریب سے دیکھا۔ اس جنگ میں انھوں نے اپنے آپ کو اور اپنے ساتھیوں کو ثابت کر دکھایا کہ دمہ ہونے کے باوجود وہ کس قدر بہترین جنگجو اور بہادر لیڈر ہیں۔ باتسیتا کے خلاف دوسالہ جنگ میں انھوں نے "ممنوعہ حد" پار کر دی۔ اینڈرسن نے لکھا:

"چے گویرا اب ایسی جنگ میں شامل ہو چکے تھے جس کا مقصد انقلاب لانا تھا۔ انھوں نے ایک ایسی حد عبور کر لی تھی جو دوسروں کے لیے پوشیدہ تھی۔ وہ ایک ایسے میدان میں پہنچ چکے تھے جہاں آدرش کے عوض زندگی کا سودا ہوتا تھا اور جہاں منزل ذرائع کا جواز مہیا کرتی تھی۔ وہ ہر روز صبح مارنے یا مرنے کے لیے بیدار ہوتے تھے۔"

گوریلا جنگ کے دوران چے کی زندگی ہمہ تن تضاد میں بھی مبتلا تھی۔ وہ امن قائم کرنے کے لیے تشدد کا راستہ اپنا رہے تھے۔ ایک طرف وہ قاتل تھے تو دوسری طرف مسیحا۔ ایک لمحے کو وہ جان

لینے والے بن جاتے اور اگلے ہی لمحے جان بچانے والے طبیب۔ جنگ میں کئی بار ایسا ہوا کہ وہ ایک امتحان میں پڑ گئے کہ وہ اسلحے کا صندوق اُٹھائیں یا ابتدائی طبی امداد کا صندوقچہ۔ ان دو سالوں میں انھوں نے اپنے ساتھیوں کی جانیں بچائیں اور دشمنوں کی جانیں لیں۔ ایسا محسوس ہوتا ہے کہ ایک منجھے ہوئے اداکار کی طرح چے انقلاب کے منچ پر گوناں گوں رول ادا کر رہے تھے۔ مگر رول کی ادائیگی کے لیے انھوں نے تشدد سے قدرے فاصلہ کر لیا تھا۔ کاسترو چے کی ہمت، وارفتگی اور قائدانہ صلاحیتوں سے اس قدر متاثر ہوئے کہ ان کو کمانڈر کے عہدے پر تعینات کر دیا۔ اپنے رفقائے کار سے اعلیٰ کارکردگی کا مطالبہ رکھنے کے باوجود چے ان کی وفاداری اور احترام حاصل کر چکے تھے۔ انقلاب کامیاب ہونے کے بعد کاسترو نے چے کو حکومت میں اعلیٰ عہدوں کی پیشکش کی۔ چنانچہ ان کو وزیر صنعت اور قومی بینک کا سربراہ مقرر کر دیا گیا۔ ان کا خواب تھا کہ وہ لاطینی امریکہ میں صنعت کاری عام کریں ان کا ماننا تھا کہ معاشی آزادی سیاسی آزادی کی طرح اہم ہے۔ مگر اپنی وزارت کی ذمہ داریاں اُٹھانے سے قبل انھوں نے باتیستا حکومت میں شامل سینکڑوں فوجی اور پولیس کے افسران کو موت کے گھاٹ اتار دینے کا حکم دیا۔ اس پر ان کو "مستغیثِ اعلیٰ" کا نام دیا گیا۔ ان کے دوست اور رشتے دار حیران تھے کہ گوریلا جنگ کے دوران چے کس قدر سخت گیر ہو چکے تھے۔ ان کی ایک طرف کی شخصیت سنگ دل اور بے رحم ہو چکی تھی جب ان کے کچھ دوستوں نے اس پر سوال اُٹھایا تو انھوں نے جواب دیا کہ گوریلا جنگ نرم دلی سے نہیں لڑی جا سکتی:

"دیکھو
اُس ماحول میں
تم مارو گے نہیں
تو مارے جاؤ گے۔"

بطورِ وزیر صنعت چے نے افریقہ، ایشیاء اور یورپ کا دورہ کیا۔ وہ انقلابِ کیوبا کو دُنیا کے سامنے ایک بے مثال نمونہ کے طور پر پیش کر کے یہ باور کروانا چاہتے تھے کہ وہ سامراج کے خلاف مسلح جدوجہد کریں۔ انھوں نے رُوس کا خاص طور پر دورہ کیا جہاں وہ کیوبا اور رُوس کے درمیان کمیونزم کا پل بنانا چاہتے تھے۔ یہ چے گویرا ہی تھے جنھوں نے روسی حکومت کو قائل کیا کہ وہ کیوبا کو واشنگٹن کے عتاب سے بچانے کے لیے معاشی اور فوجی امداد دے۔

CIA نے چے، فیڈل کاسترو اور راؤل کو قتل کرنے کی متعدد ناکام کوششیں کیں۔ امریکی حکومت نے کیوبا کی حکومت کا تختہ الٹنے کی بھی کوشش کی۔ کیوبا پر یہ الزام تھا کہ اس نے Bay of Pigs پر قبضہ

کرنے کے لیے بہت سے لوگوں کو وہاں سے بے دخل کر دیا تھا۔ جب سوویت یونین نے کیوبا میں نیو کلیئر میزائل نصب کرنے کی پیشکش کی تو چے بہت مسرور ہوئے وہ امریکہ، جس سے وہ دلی نفرت کرتے تھے، کے خلاف ایٹمی ہتھیار استعمال ہونے کا سوچ کر دل ہی دل میں مچل رہے تھے۔ وزیر اعظم نکیتا خرچوف نے بیان دیا: "امریکہ صرف طاقت کی زبان سمجھتا ہے ہم اس کو بدلے میں وہی دوا دیں گے جو اس نے ہمیں ترکی میں دی ہے۔ (اس سے قبل امریکہ نے سوویت یونین کو نشانے پر رکھتے ہوئے ترکی میں نیوکلیئر میزائل نصب کر رکھے تھے)۔ البتہ چے فکر مند رہتے تھے کہ اس سے پہلے کہ سوویت یونین میزائل کیوبا میں نصب ہوں امریکہ کو ساری تفصیلات معلوم ہو جائیں گی اور سارے کا سارا منصوبہ دھرے کا دھرا رہ جائے گا۔ کیونکہ امریکہ اس کو تہس نہس کر دے گا۔ جب انھوں نے اپنے خدشات کا اظہار خرچوف سے کیا تو اس نے جواب دیا: آپ کو پریشان ہونے کی قطعی ضرورت نہیں۔ امریکہ کی طرف سے کوئی مسئلہ کھڑا نہیں ہوگا۔ اگر ایسا کچھ ہوا تو ہم ان کے راستے میں 'بالٹک فلیٹ' بھیج دیں گے۔"

چے کے خدشات درست ثابت ہوئے۔ فیڈل کاسٹرو کو معلوم ہوا کہ خرچوف نے امریکی صدر کینیڈی سے خفیہ معاہدہ کیا ہے، جس کے تحت سویت یونین دو شرائط پر کیوبا سے نیوکلیئر میزائل اٹھالے گا۔ پہلی شرط یہ کہ امریکہ کیوبا پر حملہ نہیں کرے گا اور دوسری یہ کہ امریکہ ترکی سے 'جوپیٹر میزائل' ہٹالے گا۔ کوئی سوچ بھی نہیں سکتا تھا کہ چے جو اگرچہ غیر حقیقی طور پر تشدد کا حامی تھا دنیا کو اٹیمی جنگ کے دہانے پر لے آئے گا۔ رفتہ رفتہ چے سوویت حکومت سے مایوس ہوتے گئے۔ ان کو نظر آ رہا تھا کہ وہ لوگ سوشلزم کے اصولوں کے ساتھ وفادار نہیں تھے۔ کیونکہ جس فلسفے کی وہ تبلیغ کرتے تھے اس پر عمل پیرا نہیں تھے۔ ایک مخلص، بے باک اور ظالمانہ حد تک ایماندار چے نے سوویت یونین کو متنبہ کیا کہ ان کا انقلاب (کمیونزم) ناکام ہو جائے گا اور وہ لوگ نظامِ سرمایہ داری کی آغوش میں آ گریں گے۔ 1964ء میں چے نے نیویارک میں منعقدہ اقوامِ متحدہ کے اجلاس میں کیوبا کی نمائندگی کی جہاں انھوں نے واشگاف الفاظ میں امریکی پالیسیوں پر تنقید کی: "کیوبا دنیا میں آزادی کا عظیم مورچہ ہے۔ جو ریاست ہائے متحدہ امریکہ کے سامراجی نظام سے محض چند قدم کے فاصلے پر ہے۔ ہم نے اپنے عمل سے دُنیا کو دِکھا دیا ہے کہ لوگ اگر چاہیں تو آزادی حاصل کر سکتے ہیں اور اس کو قائم بھی رکھ سکتے ہیں۔"

انھوں نے امریکہ کو اپنا پہلا دشمن اور اپنے آپ کو امریکہ کا جانی دشمن قرار دے رکھا تھا۔ چے چند سال کیوبا میں رہے تا کہ نئی حکومت کو مستحکم ہونے میں اس کی مدد کریں مگر دلی طور پر گوریلا جنگجو ہونے کے ناطے وہ زیادہ عرصے تک انتظامی امور چلاتے ہوئے خوش نہیں رہتے تھے۔ ان کی بے چین رُوح

جنگلوں میں جانے اور میدانِ جنگ میں رہنے کے لیے تڑپ رہی تھی۔ انھوں نے کشت وخوں اور گوریلا جنگ کا مزہ چکھ لیا تھا۔ اپنی روح کی گہرائیوں سے ان کا ایمان تھا کہ گوریلا جنگجو ایک درویش کی طرح ہوتا ہے جس کا نصب العین:

"قلیل زادِ راہ،

مضبوط ٹانگیں

اور شکمِ فقیر"

ہوتا ہے۔ انھوں نے دل کی آواز پر لبیک کہتے ہوئے کیوبا کو چھوڑ دیا۔ وہ سامراج کے خلاف ایک مسلح جدوجہد کا آغاز کرنا چاہتے تھے اور کیوبا کا انقلاب دنیا بھر کے براعظموں تک پہنچانا چاہتے تھے تاکہ امریکی سامراج کے خلاف ایک عالمگیر جنگ شروع کی جاسکے۔ 1965ء میں چے کیوبا سے اچانک روپوش ہو گئے۔ انھوں نے ایک نئی شناخت وضع کر لی اور ایک گمنام مقام پر منتقل ہو کر گوریلا جنگجوؤں کی تربیت کرنے لگے۔ جب وہ روپوش تھے تو ان کو احساس ہوا کہ وہ کس قدر نو وارد، سادہ لوح اور مثالیت پسند ہیں۔ ان کو مجوزہ انقلاب کی قیادت کے لیے فیڈل کاسٹر جیسے افراد میسر نہ آسکے اور نہ ہی ان جیسی وارفتگی اور نظم وضبط والے جنگجو مل سکے۔ روپوشی کے زمانے میں وہ دل شکستہ، غصیلے اور امریکہ کے خلاف مزید کڑوے اور کسیلے ہوتے گئے۔ بالآخر انھوں نے ایک اعلان شائع کروایا جس میں انھوں نے اپنے گہرے جذبات کا اظہار کیا۔ ان کا کہنا تھا جو لوگ اشتراکی انقلاب پر یقین رکھتے ہیں ان کا واحد ہتھیار نفرت ہے کیونکہ محبت نہیں۔ ان کے خیال میں دشمن سے بے دھڑک نفرت کسی بھی جدوجہد کا نقطہ ماخذ ہوتی ہے جو فطری حدود کو پھلانگ کر ایک مؤثر پر تشدد، دلفریب اور سرد مہری سے مارنے والی مشین بنتا ہے۔ ہمارے جنگجوؤں کو معلوم ہونا چاہیے کہ نفرت کو اپنائے بنا ایک مہلک دشمن کا خاتمہ نہیں کیا جاسکتا۔

چے گولی کا بدلہ گولی سے دیا کرتے تھے مگر بالآخر دشمن کی ایک گولی ہی ان کو کھا گئی۔ امریکہ کو ان کو تلاش کر کے قتل کرنے میں 2 سال کا عرصہ لگا۔ بالآخر "بولیویا" کی حکومت کی مدد سے ان کو ڈھونڈ لیا گیا۔ 1962ء میں وہ پُراسرار طریقے سے قتل کر دیئے گئے۔ دُنیا کو دکھانے کے لیے کہ اب وہ زندہ نہیں ہیں، ان کے ہاتھوں کو کاٹ کر علیحدہ کر دیا گیا۔ جب کہ ان کے جسم کو نامعلوم مقام پر دفن کر دیا گیا۔ چے اپنی تمام عمر آگ وخوں سے ہولی کھیلتے رہے۔ وہ خطرناک حد تک معرکہ آرائی پسند کرتے تھے اور اپنے آدرش، مقصد اور انقلاب کے لیے اپنی زندگی تک داؤ پر لگاتے ہوئے ذرا بھر جھجک محسوس نہیں کرتے تھے۔ اکثر لوگوں کو خیال ہے کہ ان کے اندر خودسوزی کا رجحان تھا جو ان کو ایسا کرنے پر قائل کرتا تھا۔ میرے خیال میں چے کے اندر خودسوزی اور دوسروں کو مارنے کے جذبات آپس میں

بنے ہوئے تھے۔ ایک نہایت با صلاحیت، جرأت مند اور دانشور انسان کو اس کی چالیسویں سالگرہ سے قبل قتل کر دیا گیا۔ ان کے چاہنے والوں کو بولیویا کی حکومت کو ان کی قبر کی جگہ بتانے پر قائل کرنے کے لیے 30 برس لگ گئے۔ 1997ء میں ان کی میت کو کیوبا واپس لا کر اعزاز کے ساتھ دفن کیا گیا۔ اپنی موت کے بعد بھی چے سامراج کے خلاف مسلح جدوجہد کی علامت کے طور پر زندہ رہے۔ وہ اس قدر پُر عزم اور سرشار تھے کہ انھوں نے حکومتی وزیر کی زندگی ترک کر کے انقلاب کے لیے اپنی جان قربان کرنے کو ترجیح دی۔ بولیویا میں ان کے بدترین دشمن جوان کی ہلاکت کے چشم دید گواہ تھے بتاتے تھے کہ وہ انھوں نے بہت وقار اور عظمت کے ساتھ موت کو گلے لگایا۔

اپنی موت کے بعد چے گویرا ایک افسانوی کردار بن گئے۔ وہ دیو مالائی کردار کے ساتھ ساتھ کروڑوں انقلابیوں کے لیے قابلِ تقلید مثال بنے جوان کی تصویر کی شرٹ پہنتے ہیں کیونکہ ان کے نزدیک ایک انسان اس سے اعلیٰ اور بہترین کامیابی حاصل نہیں کر سکتا۔ حتیٰ کہ ژان پال سارتر جو بیسویں صدی کے عظیم فلسفی ہیں اور جدلیات کے باوا آدم مانے جاتے ہیں، چے گویرا کو خراجِ عقیدت پیش کرتے ہوئے لکھا:

"چے نہ صرف ایک دانشور تھے بلکہ ہمارے زمانے کے مکمل ترین انسان تھے۔"

جُوں جُوں سامراجی نظام دنیا میں پھیل رہا ہے چے کی مقبولیت میں بھی اسی رفتار سے اضافہ ہو رہا ہے اور وہ آج بھی سامراج کے خلاف مسلح جدوجہد کی علامت کے طور پر زندہ ہیں۔ وہ اپنے اندر ایک ہی وقت میں محبت اور نفرت کرنے کی بے پناہ صلاحیت رکھتے تھے۔

ooo

نیلسن مینڈیلا

ایک تشدد پسند امن ساز

11 فروری 1990ء نہ صرف نیلسن مینڈیلا اور جنوبی افریقہ بلکہ دُنیا بھر کے لیے ایک تاریخی دن تھا، کیونکہ اس دن نیلسن مینڈیلا قید سے رہا ہو رہے تھے۔ مینڈیلا کو 27 سال قبل دہشت گردی میں ملوث ہونے اور حکومت کا تختہ اُلٹنے کی کوشش کے الزامات پر قید میں ڈال دیا گیا تھا۔ مگر دس ہزار دن کی قید کے دوران ان کے بارے میں دُنیا کی رائے تبدیل ہو چکی تھی۔ اب ان کو امن اور انصاف کا پیامبر گردانا جانے لگا تھا۔ اس دن دُنیا بھر سے آئے ہوئے ہزاروں لوگ جیل کے باہر جمع ہو چکے تھے اور منتظر تھے کہ مینڈیلا کا خیر مقدم کریں۔ جبکہ پوری دنیا میں تمام رنگ و نسل، طبقات اور مذاہب سے تعلق رکھنے والے کروڑوں لوگ اس تاریخی منظر کو ٹیلی وژن پر دیکھ رہے تھے۔ یہ سماں اس قدر مبنی بر حقیقت تھا کہ اگلے روز جب مینڈیلا سے پوچھا گیا کہ جب انھوں نے جیل سے باہر قدم نکالا تو وہ کیسا محسوس کر رہے تھے تو انھوں نے جواب دیا: ”مجھے یہ اعتراف کرنے میں کوئی عار محسوس نہیں ہوتی کہ میں اپنے جذبات کا اظہار کرنے سے قاصر ہوں۔ میں پُرمسّرت جذبات کے بھاری پتھر کے نیچے آ گیا ہوں۔ مجھے اس کی توقع نہیں تھی میں اگر آپ کو کہوں کہ میں ان جذبات کا اظہار کر سکتا ہوں تو یہ مبالغہ ہوگا۔ جو ہوا وہ نا قابلِ یقین اور نا قابلِ تصور ہے۔ میں بس اتنا ہی کہہ سکتا ہوں۔۔۔“

جب میں ٹیلی وژن پر مناظر دیکھ رہا تھا تو اپنے آپ سے کچھ سوالات بھی پوچھ کر رہا تھا:-

کیا مینڈیلا ایک تشدّد پسند انسان ہے یا امن پسند؟

جنوبی افریقہ کی حکومت نے ان کو ربع صدی تک جیل میں کیوں ڈالے رکھا؟

جنوبی افریقہ کی حکومت نے ان کو کن بنیادوں پر سزا دی؟

مینڈیلا نے کن عوامل سے مجبور ہو کر ایک مسلّح تنظیم کی بنیاد رکھی؟

کیا کوئی شخص بیک وقت امن کا پیامبر اور تشدّد کی علامت ہو سکتا ہے؟

ان سوالات کے جوابات جاننے کے لیے میں نے ان کی سوانح حیات پڑھی جو انھوں نے جیل کے عرصے میں شروع کی تھی اور نوبل انعام ملنے کے بعد ختم کی، ان تقریروں کو سُنا جو انھوں نے جیل جانے سے قبل کی تھیں اور وہ بھی جو انھوں نے جیل سے رہا ہونے کے بعد کیں۔ ان پر غور کرنے کے بعد انسان کو کسی حد تک ان سوالات کے جوابات مل جاتے ہیں۔ ان کی شخصیت، فلسفے اور سیاست کے ارتقاء کے مطالعے کے بعد میں اس نتیجے پر پہنچا کہ مینڈیلا کے نظریئے کی بنیاد افریقی قومیت کی دو روایات پر کھڑی ہے:

افریقی قبائلی ورثہ

مینڈیلا کو افریقی روایات کی سب سے پہلی جان کاری ان کے والد نے دی جو اپنے قبیلے کے معتبر سربراہ تھے۔ ان کی زندگی کے پہلے چند سال روایتی افریقی ماحول میں گزرے۔ بعد ازاں جب انھوں نے افریقی تاریخ کا مطالعہ شروع کیا تو انھیں معلوم ہوا کہ اپنی آنے والی نسلوں کے لیے ان کے پُرکھوں نے کس قدر قربانیاں دی تھیں۔ مینڈیلا کی ملاقات متعدد شعراء، دانشوروں اور سیاسی کارکنوں سے بھی ہوئی جو افریقی ورثے پر فخر کرتے تھے۔ ان کے بزرگوں نے ان کی تربیت ان اطوار پر کی کہ وہ اپنے قبیلے کے سربراہ بن سکیں۔ مینڈیلا کا خیال تھا کہ افریقی ثقافت اپنی اصلی شکل میں خالصتاً جمہوری، غیر طبقاتی اور غیر مذہبی ہے۔ وہ اپنی سوانح عمری میں قبائلی سرداروں کی پنچائتوں کا نقشہ ان الفاظ میں کھینچتے ہیں:

> "ان اجتماعات میں ہر صاحبِ رائے کو بولنے کی اجازت تھی۔ یہ جمہوریت کی خالص شکل تھی۔ مقامی حکومت بنانے کی بنیاد اس اصول پر تھی کہ تمام لوگ اپنی رائے دینے میں آزاد تھے، ہر ایک کی رائے یکساں طور پر معتبر تھی اور تمام رائے دہندگان قابلِ احترام تھے۔"

رفتہ رفتہ مینڈیلا کے اندر سیاہ فام شعور بیدار ہوا۔ قبائلی سرداروں سے ان کی ملاقاتوں سے اس میں مزید اضافہ ہوا، جنھوں نے ان کو سفید فام نسلوں کے ہاتھوں سیاہ فام باشندوں پر مظالم کی داستانیں سنائیں۔ ان میں سے ایک قبائلی سردار 'جوئی' تھے۔ سردار جوئی نے انھیں بتایا کہ افریقی عوام اس زمانے تک امن سے رہ رہے تھے جب تک سمندر پار سے سفید لوگ ان کی دھرتی پر نہیں اترے تھے۔ جب یہ لوگ آئے تو ان کے پاس ایسے ہتھیار تھے جو آگ اُگلتے تھے۔ تھمبو، اسپاڈو، کھوسہ اور ذُولُو قبائل ایک ہی باپ کی اولاد ہیں اور بھائیوں کی طرح رہتے تھے۔ سفید فام لوگوں نے ان قبائل کے

درمیان پہنچ کر ان کے درمیان بھائی چارے کو ختم کر دیا۔

نیلسن کی زندگی کا ایک اہم واقعہ کھوسہ زبان کے ایک شاعر 'کرون موگوائی' سے ملاقات تھی۔ جب وہ اپنے طلباء کو اپنی شاعری اور فلسفہ سے آگاہی دینے کے لیے تشریف لائے تھے۔ موگوائی کی شخصیت مینڈیلا کے دل، دماغ اور روح کو چُھو گئی اور ان کو مغربی اور افریقی ثقافتوں کے درمیان تنازعے اور تصادم کے بارے میں سنجیدگی سے غور کرنے پر مجبور کر دیا۔ موگوائی کے الفاظ میں:

"جو میں آپ کو سمجھانے جا رہا ہوں اس کا مطلب یہ ہے کہ جو مقامی روایت ہے وہ اچھا کلچر ہے اور جو غیر مقامی (بیرونی) ہے وہ اچھا نہیں اور ان دونوں کے درمیان ایک سفاکانہ تصادم موجود ہے۔ ہم ان غیر ملکیوں کو جنہیں ہماری ثقافت کی پرواہ نہیں اپنے ملک پر قابض ہونے کی اجازت نہیں دے سکتے۔ میں پیشگوئی کرتا ہوں کہ افریقی معاشروں کی طاقت ان دخل اندازوں پر فتح حاصل کر لے گی۔ ایک طویل عرصے سے ہم نے سفید فام جھوٹے خداؤں کی مغلوبیت جھیلی ہے مگر ہم دوبارہ اُبھریں گے اور غیر ملکی تسلط سے چھٹکارہ حاصل کر لیں گے۔"

اس مناظرے کے بعد مینڈیلا نے اپنے افریقی ورثے اور سیاہ فام شناخت کے بارے میں سنجیدگی سے سوچنا شروع کر دیا۔ اب ان کے اندر اس جدوجہد کا حصہ بننے کی شدید خواہش بیدار ہونی شروع ہو گئی۔ جب انھوں نے جنوبی افریقہ کے سیاہ فام لوگوں کو ابتلا میں دیکھا تو ان کو مراعات یافتہ طبقے اور محروم افراد کی زندگی کا فرق سمجھ آیا۔ ان کے اندر ایک گہرا احساس جاگا کہ "میرے لوگوں میں صلاحیتوں کا فقدان نہیں مگر ان کو آگے بڑھنے کے مواقع میسر نہیں ہیں۔"

مغربی جمہوری روایت

وکیل بننے کے لیے مینڈیلا نے مغربی تعلیم حاصل کی۔ وہ انگریزی زبان، ثقافت بالخصوص سیاسی نظام سے بہت متاثر ہوئے۔ اکثر افریقی تعلیم یافتہ افراد کی طرح وہ بھی انگریزوں کے نقشِ قدم پر چلنا چاہتے تھے۔ وہ انگریزوں کو ذاتی، سماجی اور سیاسی سطح پر ایک مہذب قوم سمجھنے لگے۔ مینڈیلا نے اعتراف کیا کہ وہ ایک 'انگریز پسند' بن چکے تھے۔ انہوں نے لکھا:

"تعلیم یافتہ انگریز ہمارے لیے قابلِ تقلید تھے۔ ہم کالے انگریز بننا چاہتے تھے اور کبھی کبھی ازراہِ تفنن کہتے بھی تھے۔ ہمیں پڑھایا گیا اور یقین دلایا گیا ہے کہ دنیا کے بہترین لوگ انگریز لوگ تھے۔"

ان تمام سیاہ فام مردوں اور عورتوں کی طرح جو افریقی ثقافت اور نسلوں سے تعلق رکھتے تھے، مینڈیلا کے دماغ میں بچپن سے راسخ کر دیا گیا تھا کہ سیاہ فام اقوام سفید فام اقوام سے کمتر ہیں۔ چنانچہ جب مینڈیلا نے پہلی بار ایک کالے پائلٹ کو دیکھا تو وہ ششدر رہ گئے۔ پھر انھیں احساس ہوا کہ ان کی اس قدر ذہن سازی کی جا چکی ہے کہ سیاہ فام شخص کو ایک قابلِ قدر اور کامیاب مقام پر دیکھتے ہوئے ان کو اپنی آنکھوں پر یقین نہیں آرہا تھا۔ رفتہ رفتہ مینڈیلا نے اپنی افریقی روایات کو مروجہ مغربی ضوابط کے ساتھ مدغم کرنا شروع کر دیا۔

ان کو افریقی ثقافت اور مغربی سیاست دونوں پسند تھیں۔ ان کو جمہوریت اور انتخابات دونوں اچھے لگتے تھے جہاں تمام شہری قانون کی نظر میں برابر تھے۔ ایسا جمہوری نظام ان کا نصب العین بن گیا اور وہ اس کے حصول کے لیے دل و جاں سے مصروف ہو گئے اور جنوبی افریقہ کے لیے ایک کثیر النسل اور کثیر الثقافت آئین کا خواب دیکھنے لگے۔ جب مینڈیلا جوآنزگ برگ میں تعلیم حاصل کرنے کے ساتھ ساتھ کام کر رہے تھے تو وہاں ان کی ملاقات متعدد سیاسی شخصیات سے ہوئی جو انسانی حقوق سے آگاہی دینے اور بیداریِ شعور جیسی تحریکوں میں کام کر رہی تھیں، ان کے ساتھ سنجیدہ مکالمے سے میڈیلا کو اپنے لوگوں کے ساتھ روا رکھے گئے امتیازی سلوک اور نا انصافیوں سے آگاہی ملی۔ اور وہ افریقن نیشنل کانگریس میں شمولیت اختیار کرنے کے لیے تیار ہو گئے اور رفتہ رفتہ ایک حریت پسند بن گئے۔ ایک ایسا آزادی کا متوالا جس نے اپنی زندگی سیاہ فام افراد کو ان کے خوابوں اور تمناؤں کو شرمندہ تعبیر کرنے میں مدد دینے کے لیے وقف کر دی۔ وہ متعدد سیاہ فام لیڈران سے بھی ملے انھوں نے مینڈیلا کو سیاست سے باز رہنے کا مشورہ دیا ان کا کہنا تھا کہ "سیاست انسان کی بُری خصلتوں کی آبیاری کرتی ہے۔"

سنجیدہ غور و فکر کے بعد مینڈیلا نے سیاست میں حصہ لینے کا فیصلہ کیا۔ جس میں انھوں نے اپنا مستقبل اپنے سیاہ فام ہم وطنوں کے مستقبل کے ساتھ پیوستہ کر دیا اور اپنی جدوجہد کالے افراد کی جدوجہد کے ساتھ منسلک کر دی۔

ان کو بخوبی علم تھا کہ ایسے فیصلے کی قیمت بہت بھاری تھی۔ ان کی نجی زندگی، ان کا پیشہ، ان کا وقار حتیٰ کہ ان کی زندگی تک داؤ پر لگ سکتی تھی۔ مگر اس کے باوجود وہ دیگر حریت پسندوں کی طرح اپنے آپ کو قربانی دینے تکلیفیں برداشت کرنے اور مشکلات سہنے کے لیے تیار کر رہے تھے۔

جب میں نے مینڈیلا کی زندگی کی کہانی پڑھی تو مجھے معلوم ہوا کہ ان کی سیاسی جدوجہد کئی مراحل سے گزری تھی۔ آغاز میں جب انھوں نے افریقی نیشنل کانگریس میں شمولیت کی تو ان کا ماننا تھا

کہ پُرامن طریقے سے سیاسی تبدیلی لائی جاسکتی ہے۔ اگرچہ وہ ایک مستند حریت پسند تھے مگر تشدّد کے خلاف تھے۔ وہ امن کے حصول کے لیے پُرامن ذرائع استعمال کرنے کے قائل تھے۔ ان کو معلوم تھا کہ 1912ء میں قائم ہونے والی افریقی نیشنل کانگریس "بے ضرر شرفاء کا ایک گروہ" تھی۔ مگر ابھی زیادہ عرصہ نہیں گزرا تھا کہ وہ افریقی نیشنل کانگریس سے شکوہ سنج ہو گئے۔ انھوں نے یوتھ لیگ بنالی اور ایک غیر متشدّد جدوجہد کا آغاز کر دیا، کیونکہ وہ افریقی نیشنل کانگرس کے غیر فعال رویےّ سے مایوس ہو چکے تھے۔ وہ ہندوستانی لیڈر 'موہن داس گاندھی' کی سیاسی حکمت عملی کو آزمانا چاہتے تھے جس کا مطمع نظریہ تھا: "تشدّد کی بجائے عدمِ تعاون کے ذریعے احتجاج کرو۔"

جب منڈیلا نے ان خیالات کا اظہار کانگریس کے اکابرین سے کیا تو انھوں نے مخالفت کی، کیونکہ کانگریس کا منشور آئینی اور پُرامن طریقوں سے تبدیلی لانا تھا۔ وہ قانون شکنی پر آمادہ نہیں تھے، تشدد کی بجائے مذاکرات کو ترجیح دیتے تھے اور مسلح جدوجہد کی بجائے ثالثی اختیار کرنے کے حامی تھے۔ طویل بحث ومباحثے کے بعد مینڈیلا نے کانگرس کے ارکان کو رائے بدلنے پر قائل کر ہی لیا۔

مینڈیلا نے کانگریسی لیڈران کو گاندھی کے غیر متشددرانہ اُصولوں پر قائل کر لیا جس کو انڈیا میں 'ستیا گراھا' کہا جاتا ہے۔ جو لیڈران مینڈیلا سے متفق ہوئے وہ دو گروہوں میں بٹ گئے۔ پہلا گروہ مینڈیلا کے نظریئے کی اخلاقی بنیادوں پر حمایت کرتا تھا۔ ان کا خیال تھا کہ مینڈیلا کا تجویز کردہ طرزِ عمل دیگر احتجاجی طریقوں سے بہتر تھا۔ جب کہ دوسرا گروہ اس کی اصول پسندی کی بجائے سیاسی ہتھیار کے طور پر اپنانے کی حمایت کرتا تھا۔ مینڈیلا کا تعلق دوسرے گروہ سے تھا۔ وہ اپنے نقطۂ نظر کے حوالے سے ایک حقیقت پسند انسان تھے۔ وہ ایک سیاسی جنگ کو اخلاقی، مذہبی یا رُوحانی گورکھ دھندے میں اُلجھانا نہیں چاہتے تھے۔ جیسا کہ گاندھی نے ہندوستان میں کیا تھا۔ مینڈیلا سیاسی طور پر تو گاندھی کے مقلد تھے مگر رُوحانی طور پر نہیں۔

1949ء میں افریقی نیشنل کانگریس نے یوتھ لیگ کے تجویز کردہ پروگرام آف ایکشن کی منظوری دے دی۔ جب اس پر عمل درآمد شروع ہوا تو ایک زبردست خاموش مزاحمت شروع ہو گئی۔ جس کے تحت کام سے بائیکاٹ، ہڑتال، گھر بندی، خاموش احتجاج، غیر متشدّد اور پُرامن مظاہرے شروع ہو گئے۔ یہ ایک قیامت خیز تبدیلی تھی جو گاندھی کی 1946ء کی اس خاموش مزاحمت کی مانند تھی جو انھوں نے غیر متشدّد احتجاج کی صورت میں انگریزی راج کے خلاف برپا کی تھی۔ اس اثنا ءمیں مسلح جدوجہد کی کچھ تجاویز بھی کانگریس کے لیڈران کو ملیں مگر کانگریس کے لیڈران نے ان کو اس وجہ سے مسترد کر دیا کہ اس طرح حکومت کو کانگریس کا قلع قمع کرنے کا موقع مل جائے گا۔ انہوں نے

منڈیلا اور ان کے نوجوان ساتھیوں کو "سادہ لوح فسادی" کا لقب دیا۔

یہ بات واضح ہے کہ کانگریس میں دو گروہ بن چکے تھے ایک قدامت پسند پرانی نسل کا گروہ تھا اور دوسرا گروہ نئی نسل کا تھا جو زیادہ دلیر، بہادر، مسلح اور بازی لگا جانے والے نوجوان تھے۔ گھر پر ٹھہرے رہنے اور دفاتر کا بائیکاٹ کرنے کی ملک گیر ہڑتال کامیابی سے ہم کنار کرنے پر منڈیلا کو گرفتار کر لیا گیا۔ عدالت میں انھوں نے جج کو بتایا کہ ان کے کارکنوں نے حکومت یا پولیس سے کوئی ٹکراؤ نہیں کیا۔ بلکہ ان کو محض یہ کہا گیا تھا کہ وہ گھر پر ٹھہر کر ان حریت پسندوں کی یاد میں ایک دن کا سوگ منائیں جو اس جدوجہد میں اپنی جانیں نچھاور کر چکے ہیں۔

1952ء میں چیف البرٹ لوتھولی افریقی نیشنل کانگریس کے صدر بن گئے۔ وہ ایک سرگرم کارکن تو ضرور تھے، مگر تشدّد کے حق میں نہ تھے۔ مگر زیادہ وقت نہیں گزرا تھا جب منڈیلا کو احساس ہو گیا کہ نسل پرست حکومت کی بنیادیں ہلانے کے لیے غیر متشدّد جدوجہد کافی نہیں۔ انھیں ایک منظم متشدّدانہ طریقۂ کار اپنانے کے بارے میں سنجیدگی سے سوچنا چاہیے۔ منڈیلا جب ایک بالغ النظر سیاستداں اور حریت پسند کے طور پر اُبھرے تو ان پر آشکار ہوا کہ وہ عوام کو متحرک کرنے کی صلاحیت رکھتے ہیں۔ منڈیلا کی پُرجوش تقریروں نے عوام کے جذبات میں ہلچل مچا دی اور وہ رفتہ رفتہ انقلابی افکار اور اقدام کرنے کے لیے تیار ہوتے گئے۔ جب منڈیلا کو اپنی تقریری صلاحیتوں کا پتہ چلا تو وہ اس ہنر کو اپنے دشمنوں کے لیے ہتھیار کے طور پر استعمال کرنے لگے۔ ایسے ہی ایک عوامی جلسے میں انھوں نے خطرے کی لکیر عبور کر دی جس سے تشدّد کی چنگاری بھڑک اُٹھی۔ انھوں نے اس واقعے کا اعتراف ان الفاظ میں کیا:

> "ان دنوں میں ایک شعلہ بیاں مقرر تھا۔ مجھے حاضرین کو بھڑکانا بھلا لگتا تھا اور اس شام میں نے ایسا ہی کیا۔ میں نے وہاں کھڑی پولیس کی نفری کی طرف اشارہ کیا اور با آواز بلند کہا: "دیکھو وہ رہے تمہارے دشمن! ہجوم اُٹھ کھڑا ہوا اور پولیس کی جانب جارحانہ اشارے کیے۔ پولیس والے گھبرا گئے اور جواباً میری طرف سے ایسے اشارے کیے جیسے کہہ رہے ہوں منڈیلا ہم اس کا بدلہ تم سے ضرور لیں گے۔"

عوامی سطح پر پولیس کو اپنا دشمن کہہ کر گویا منڈیلا نے تشدّد کی راہ اختیار کر لی تھی اس لمحے کی گرم جوشی میں ان کو آگ سے کھیلنے کے انجام کا خیال نہیں آیا۔ ایک ایسی آگ جس میں ان کے عزیز و اقارب اور پیروکار جل کر راکھ ہو سکتے تھے۔ وہ تشدّد کی ایسی شاہراہ پر چل پڑے تھے جس نے کئی دھائیوں تک جاری رہنا تھا۔ ان کا اعلانِ جنگ ایک ایسا اقدام تھا جو ان کے پیش رو ڈاکٹر شما اور پارٹی

کے سربراہ اور ہم عصر چیف لوتھلی کبھی نہ اُٹھاتے۔ یہ شاہراہ ایک آفت، تباہی حتیٰ کہ ان کی موت پر نتیجہ خیز ہوسکتی تھی۔ مینڈیلا ایک ایسے مقام پر پہنچ چکے تھے جہاں ان کی ذاتی، سیاسی، نظریاتی اور خاندانی زندگی کے درمیان تنازعات کھڑے ہو گئے۔ زندگی کے اس دور میں مینڈیلا کو نجی، پیشہ وارانہ اور سماجی زندگیوں کے حوالے سے متعدد ایسے تجربات ہوئے کہ انھوں نے قانونی اور آئینی طرزِ احتجاج کے مروجہ طریقہ ہائے کار چھوڑ دینے کا فیصلہ کرلیا۔ بطورِ وکیل عدالت میں انھیں متعدد بُرے تجربات سے دو چار ہونا پڑا تھا۔ اس کے علاوہ جنوبی افریقہ کی پولیس بھی کچھ کم نہ تھی۔ ان مظاہر نے قانونی اور آئینی طریقوں سے سماجی تبدیلی لانے پر ان کا ایمان متزلزل کردیا۔ متعصبانہ، غیر منصفانہ اور ظالمانہ طریقوں سے قانونی نظام پر عمل درآمد جو طاقتور طبقے کے مفادات کی حفاظت کرتا تھا، اس سب کو دیکھ کر ان کی جمہوری طریقے سے تبدیلی لانے کی اُمید ختم ہوگئی۔ ان کے الفاظ میں: ”ہم نے اکثر کمرہ عدالت میں اپنی آنکھوں سے تعصب دیکھا ہے۔ اکثر و بیشتر سفید فام گواہ مقامی جنوبی افریقہ کے بنتو قبیلے کے وکیل کے سوال کا جواب دینے سے انکار کردیتے تھے اور جج سفید فام گواہوں کی حمایت کرتے ہوئے سیاہ فام وکیلوں کی تضحیک کرتے تھے اور ایسے وکلاء پر توہین عدالت کا مرتکب ہونے پر سزا دینے کی بجائے مجسٹریٹ ان سے ایسے سوالات پوچھتے تھے جن کا جواب وہ مجھے نہیں دیتے تھے۔ میں روزمرہ کے طریقہ کار کے مطابق پولیس والوں کو تفتیش کے لیے عدالت کے کٹہرے میں کھڑا کرتا اور ان کو جھوٹ بولنے اور تفاوت برتنے پر لاجواب کردیتا مگر وہ مجھے ایک کافر (مقامی سیاہ فام باشندے) سے زیادہ اہمیت نہیں دیتے تھے۔ مینڈیلا کو اس وقت بھی جذباتی اور پیشہ وارانہ صدمہ پہنچا جب ان کا نام ”منظور شدہ وکلاء“ کی فہرست سے نکال دیا گیا۔ اس کی وجہ یہ بتائی گئی کہ ”میں غیر پیشہ وارانہ اور غیر مؤدبانہ کردار کا حامل ہوں۔“ بلاشبہ سیاہ فام قوم کے حقوق کی جنگ کے پس منظر میں سفید فاموں کا ایسا رویہ ہی ہوسکتا تھا۔

غیر متشدّد طریقے آزمانے میں ناکامی کے بعد مینڈیلا کی مایوسی ان کو اگلے مرحلے تک لے آئی۔ اب حکومت کے خلاف پُرتشدد جدوجہد کا مقام آ پہنچا تھا۔ جب انھوں نے افریقی نیشنل کانگریس کے ممبران کو یہ باور کروانے کی کوشش کی کہ غیر متشدّدانہ طریقۂ احتجاج بے کار ہے اور انھیں حکومت کے خلاف پُرتشدد جدوجہد کا راستہ اپنانا ہوگا تو ان کو متنبہ کیا گیا کہ وہ پارٹی کو انتہائی خطرناک راستے کی طرف لے جارہے ہیں۔ کانگریس کے ایک طاقتور رکن ’موزز کوٹانے‘ نے یہاں تک کہہ دیا: ”اگر ہم مینڈیلا کے تجویز کردہ راستے پر چل پڑے تو فوج ہمارے معصوم لوگوں کا قتلِ عام کردے گی۔“ ایک اور مجلس میں جے این سنگھ نے یوں تبصرہ کیا: ”پُرامن احتجاج نے ہمیں ناکام نہیں کیا بلکہ ہم نے پُرامن

احتجاج کو نا کام کیا ہے۔"

جب مینڈیلا نے مسلح اور پُرتشدّد جدوجہد کا فیصلہ کرلیا اور اس کو اپنی سیاسی جنگ کا لازمی حصہ سمجھ لیا تو انھیں خدشہ لاحق ہوا کہ یا ان کو جیل میں قید کرلیا جائے گا یا قتل کر دیا جائے گا۔ چنانچہ انھوں نے زیرِزمین جانے کا فیصلہ کیا تا کہ وہ ایک محفوظ پناہ گاہ میں بیٹھ کر آئندہ کی مسلح کاروائیوں کی منصوبہ بندی کرسکیں۔ ان کے بقول: "ہم ایک نئے اور خطرناک سفر پر روانہ ہو رہے تھے یہ سفر منظم متشدّدانہ کاروائیوں کا راستہ تھا۔ جس کا نتیجہ نہ ہمیں معلوم تھا اور نہ معلوم ہوسکتا تھا۔ ہماری نئ تنظیم کا نام "قومی نیزہ" رکھا گیا۔ نیزے کی علامت اس لیے چُنی گئی کہ اس سادہ سے ہتھیار سے صدیوں تک افریقی اقوام نے سفید فام قوموں کی افریقہ آمد کے خلاف مزاحمت کی تھی۔"

مسلح پُرتشدّد جدوجہد کو منظم کرنا مینڈیلا کی زندگی کا اہم سنگ میل تھا۔ وہ نہ صرف خود تشدّد کا راستہ اپنا چکے تھے بلکہ انھوں نے دوسروں کو بھی قائل کرلیا تھا کہ یہ ایک قابلِ قدر جدوجہد ہے جس کے لیے جیا جاسکتا ہے، جس کے لیے مرا جاسکتا ہے اور حتیٰ کے مارا بھی جاسکتا ہے۔ پُرتشدّد جدوجہد کا انتخاب کرنے اور زیرزمین جانے کے بعد مینڈیلا نے انقلابی لیڈروں اور چین اسرائیل اور کیوبا میں چلائی گئ تحریکوں کے احوال کا مطالعہ شروع کر دیا۔ جن سے اہم سیاسی تبدیلیاں وقوع پذیر ہوئیں اور مغلوب عوام کو حقیقی آزادی نصیب ہوئی۔ اگرچہ مینڈیلا کبھی بھی کیمونسٹ پارٹی کے رکن نہیں رہے تھے مگر وہ کیمونسٹ نظریے اور کیمونسٹ قیادت سے متاثر ضرور تھے۔ اپنی زیرزمین پارٹی کی قیادت سنبھالنے سے قبل انھوں نے چے گویرہ، ماؤزے تنگ، فیڈل کاسٹرو اور میناچم بیگن کی سوانح ہائے حیات اور تحاریر پڑھیں۔ وہ ماؤ کی خالص سوچ اور بیگن کی ثابت قدمی سے متاثر ہوئے۔ قابلِ ذکر گوریلا جنگوں کے احوال کے گہرے مطالعے کے بعد مینڈیلا نے اپنی زیرزمین جدوجہد کی تیاری شروع کر دی۔ اس کے لیے انھوں نے ملک کے طول وعرض کے جامع نقشہ جات حاصل کیے اور پھر ایک منظم طریقے سے ملک کے مختلف خطوں کی زمین کا تفصیلی جائزہ لینا شروع کر دیا۔ یہ بات دلچسپ ہے کہ مینڈیلا زیرزمین یہودی قومی تنظیم اِرگن ذوائی لیومی سے متاثر تھے جس نے اسرائیل میں 1944ء سے 1948ء تک مسلح جدوجہد کی تھی۔ مینڈیلا نے اپنا تخلص "ڈیوڈ موتو سامائی" رکھ لیا۔ اب وہ زیرِزمین رہتے اور اپنے خفیہ ٹھکانے بدلتے رہتے۔ وہ خفیہ اجلاسوں میں شامل ہوتے اور وہاں سے اخبارات اور دوسری تنظیموں کے لیے پیغامات بھیجتے رہتے۔

26 جون 1961ء کے یومِ آزادی کے موقع پر مینڈیلا نے جنوبی افریقہ کے اخبارات کو ایک خط بھیجا:

"جہاں تک میرا تعلق ہے میں نے فیصلہ کر لیا ہے۔ میں جنوبی افریقہ نہیں چھوڑوں گا اور نہ ہی میں ہتھیار ڈالوں گا۔ آزادی مسلح جدوجہد کر کے مشکلات سہہ کر اور قربانی دے کر ہی حاصل کی جاسکتی ہے۔ جدوجہد میری زندگی ہے میں آزادی کے لیے اپنی جنگ اپنی آخری سانس تک جاری رکھوں گا۔۔۔"

مینڈیلا آزادی کی خاطر اپنا قول سچ کر دکھانے میں خاصی حد تک کامیاب ہوئے۔ وہ اب عوام میں بے پناہ مقبول ہو رہے تھے۔ جوں جوں ان کی تنظیم مضبوط ہوتی گئی انھوں نے حکومت پر بڑے حملے کرنے شروع کر دیے۔ جدوجہد کے اس مرحلے پر وہ صرف عمارتوں پر حملے کرتے تھے اور محتاط تھے کہ انسانی جانیں ضائع نہ ہوں۔ وہ دہشت گردی کر کے اپنی مقبولیت داؤ پر نہیں لگانا چاہتے تھے۔ 16 دسمبر 1961ء کو مینڈیلا نے اپنی تنظیم "قومی نیزہ" کی جانب سے ایک کتابچہ جاری کیا جس میں اعلان کیا گیا تھا کہ آج انھوں نے باقاعدہ منصوبہ بندی سے حکومتی تنصیبات پر حملے کیے۔ خصوصاً وہ مقامات جو نسلی امتیاز اور نسلی برتری کی پالیسی سازوں سے متعلق تھے۔ جن دنوں وہ انقلابی تحریک کی منصوبہ بندی کر رہے تھے ان کو محسوس ہوا کہ وہ اپنے محدود وسائل کے ساتھ طاقتور، امیر اور ظالم حکومت کے خلاف ایک کامیاب مہم نہیں چلا سکتے۔ چنانچہ انھوں نے دیگر افریقی ممالک اور برادریوں سے مدد لینے کا منصوبہ بنایا اور اپنا وطن چھوڑ کر دیگر افریقی سربراہان مملکت سے ملاقاتیں کرنے کا فیصلہ کیا۔ وہ ان اقوام سے اپنی تنظیم کے لیے مالی اور فوجی امداد لینا چاہتے تھے۔ وہ چند ماہ کے لیے جنوبی افریقہ سے نکل کر افریقی اقوام کی کانفرنس میں شرکت کے لیے پہنچ گئے جہاں انھوں نے متعدد افریقی سربراہانِ مملکت اور انقلابی سرگرمیوں میں مصروف مختلف سیاسی تنظیموں کے لیڈران سے ملاقاتیں کیں۔ مینڈیلا کو وہاں مِلا جُلا ردِعمل ملا۔ کچھ نے مدد کی پیشکش کی مگر کچھ نے دوسرے ملک میں جاری مسلح کارروائیوں میں ہاتھ بٹانے سے معذرت کر لی۔ ان کو صرف مالی امداد نہیں چاہیے تھی بلکہ مینڈیلا نے کاسترو اور ماؤزے تنگ کے نقشِ قدم پر چلتے ہوئے گوریلا تربیت حاصل کرنے کا منصوبہ بنایا ہوا تھا، جس سے وہ ایک زیرِ زمین فوج کھڑی کر کے اس کے سربراہ بننا چاہتے تھے ان کے بقول:

"اب میں اپنے سفر کے نہایت غیر معروف راستے پر قدم رکھ رہا تھا۔ میں نے (ایتھوپیا کے صدر مقام) 'ادیس ابابا' میں چھ ماہ کی تربیت کا بندوبست کیا۔"

مینڈیلا کو یہ جان کر حیرت انگیز خوشی ہوئی کہ متعدد نوجوان مسلح جدوجہد کا حصہ بننے کے لیے فوجی تربیت حاصل کر کے اپنی جان داؤ پر لگانے کے لیے تیار تھے۔ مینڈیلا کے لیے یہ ایک اہم اور خوش آئند بات تھی۔ ان کے بقول:

"میں نے ایک لکیر (لائن) عبور کر لی تھی اور تشدّد کو دل و جاں سے قبول کر لیا تھا۔۔۔"

مینڈیلا کا خواب تھا کہ وہ اپنی گوریلا آرمی کے کمانڈر ان چیف بنیں۔ انھوں نے اپنی خود نوشت میں لکھا:

"میں خرطوم سے سیدھا دارالسلام گیا جہاں میں نے 21 ریکروٹوں (زیرِ تربیت سپاہیوں) پر مشتمل پہلے گروپ کا استقبال کیا جو فوجی تربیت کے لیے ایتھوپیا روانہ ہو رہا تھا۔ یہ ایک قابلِ فخر لمحہ تھا۔ یہ نوجوان رضا کارانہ طور پر اس فوج میں فرائض کی انجام دہی کے لیے تیار ہو گئے تھے جو میں کھڑی کرنے کی کوشش کر رہا تھا۔"

مینڈیلا نے ایک خاص منصوبے سے اپنی مسلح جدوجہد کے مراحل کو ترتیب دیا۔ دنیا کے مختلف خطوں میں جاری تحاریکِ مزاحمت کے مطالعے سے ان کے طریقہ ہائے کار کو جنوبی افریقہ کے مخصوص قالب میں ڈھالنے میں مدد ملی۔ انہوں نے اپنی زیرِ زمین حکمتِ عملی کو اپنے الفاظ میں یوں بیان کیا: " یہ منصوبہ بناتے وقت کہ ہماری پرائیویٹ آرمی 'قومی نیزہ' کی سمت اور شکل کیا ہوگی، مسلح سرگرمیوں کی چار اشکال بنائی گئیں: سبوتاژ، گوریلا جنگ، دہشت گردی اور مکمل انقلاب۔"

ایک مختصر سی نوخیز آرمی کے ذریعے انقلاب برپا کرنا سمجھ سے بالاتر تھا۔ دہشت گردی کا عمومی تاثر بُرا ہوتا ہے عوامی حمایت کے بغیر اس کی کامیابی ناممکنات میں سے ہے۔

گوریلا جنگ ممکنات میں سے تھی مگر چونکہ کانگریس کسی بھی قسم کے تشدّد کو قبول کرنے سے یکسر عاری نظر آتی تھی، اس لیے یہ زیادہ مناسب نظر آتا تھا کہ تشدّد کی وہ شکل اپنائی جائے جو کم سے کم جانی نقصان کرے جیسا کہ قومی تنصیبات اور شہری ڈھانچے کی توڑ پھوڑ۔ اس کا ایک فائدہ یہ بھی تھا کہ اس کے لیے کم سے کم افرادی قوت درکار تھی۔ "قومی نیزے" کو سختی سے ہدایات تھیں کہ وہ قطعاً کوئی جانی نقصان نہیں کریں گے۔ لیکن توڑ پھوڑ کا طریقہ مطلوبہ نتائج برآمد نہیں کرتا تو پھر ہم اگلے مرحلے کے لیے تیار تھے جو گوریلا جنگ اور دہشت گردی تھا۔"

مینڈیلا بالآخر جدوجہد کے اس مرحلے پر پہنچ چکے تھے جہاں وہ جنوبی افریقہ میں تبدیلی لانے کے لیے تمام حربے آزمانا چاہتے تھے خواہ ایسا انقلاب ایک خون ریز خانہ جنگی سے ہی برپا کیوں نہ ہو۔ وہ ذہنی طور پر اس کے لیے تیار تھے۔ مینڈیلا کے گروپ نے فوجی جدوجہد حکومتی عمارتوں کی تاریں کاٹنے سے کی جس سے ان کا مواصلاتی نظام تباہ ہو گیا۔ مسلح جدوجہد کا اگلا مرحلہ بم بنانا اور عمارتوں کو اُڑانا تھا۔ ہدف اس طرح منتخب کیے جاتے جس طرح کی ان کی نسلی عصبیت کے حوالے سے اہمیت تھی۔ اگرچہ اُس مرحلے پر گوریلا فوج کو جانی نقصان کرنے یا اسلحہ استعمال کرنے کی سختی سے ممانعت تھی

مگر وقت آنے پر مینڈیلا اور ان کی فوج یہ لائن بھی عبور کرنے کے لیے تیار تھے۔ جنوبی افریقہ میں انقلاب کے ذریعے سفید فام حکومت کا تختہ اُلٹ دینے کے لیے یہ بھی کرنا پڑتا تو وہ کر گزرتے۔

جب مینڈیلا پُرتشدّد حملوں کا اہتمام کر رہے تھے اور گوریلا جنگ کے مستقبل کی منصوبہ بندی میں مصروف تھے، جنوبی افریقہ کی حکومت ان کی گرفتاری کے لیے چھاپے مار رہی تھی۔ حکومت بالآخر 5 اگست 1962 کو "گل سیاہ" (مینڈیلا کا زیر زمین نام) کو گرفتار کرنے میں کامیاب ہوگئی۔ جب ان کو پولیس نے روکا تو اسی لمحے ان کو پتہ چل گیا تھا کہ سترہ ماہ کی آزاد حالت میں رہ کر جدوجہد کا دورانیہ اختتام پذیر ہو چکا ہے۔

اپنے پس منظر میں ایک وکیل کے تجربے اور کرشمہ ساز شخصیت کا حامل ہوتے ہوئے مینڈیلا کو یقین تھا کہ ان کا عدالتی معرکہ ان کو ایک سیاستدان ثابت کرنے کے لیے مفید ثابت ہوگا۔ عدالت میں پیشی کے وقت وہ اپنا روائتی لباس زیب تن کرتے تھے۔ اس سے ان کو عوام میں پذیرائی ملتی اور وہ میڈیا کی توجہ کا مرکز بھی بنے رہتے تھے۔ ان کے بقول:

> "مقدمے کی ابتدائی شنوائی کے لیے 15 اکتوبر 1962ء کی تاریخ مقرر ہوئی۔ میں نے اپنا دیسی لباس پہنا۔ میں یہ پیغام دینا چاہتا تھا کہ ایک سیاہ فام باشندہ سفید فام کی عدالت میں پیش ہونے جا رہا ہے۔"

مینڈیلا اپنی شخصیت میں موجود فطری اوصاف استعمال کرنے کی اہمیت سے واقف تھے۔ یہ اوصاف کرشماتی شخصیت، جرأت، انحراف اور نصب العین سے وابستگی پر مبنی تھے۔ مندرجہ بالا اوصاف کسی لیڈر کو افسانوی کردار بنا کر عوام کی نفسیاتی ذہن سازی کے لیے لازمی جزو سمجھے جاتے ہیں۔ چونکہ حکومت مینڈیلا کی خفیہ پُرتشدّد کارروائیوں سے لاعلم تھی لہٰذا ان کا اصل جرائم سے کم تعداد میں جرائم میں موردِ الزام ٹھہرایا گیا۔ انھوں نے اس کا اعتراف بھی کیا۔

> "ریاست کے پاس میری زیر زمین گوریلا تنظیم "قومی نیزہ" سے وابستگی ثابت کرنے کے لیے ثبوت ناکافی تھے وگرنہ مجھے بغاوت اور تخریب کاری جیسے سنگین جرائم کا سامنا کرنا پڑتا اور ان جرائم کی سزا، سزائے موت سے کم نہ ہوتی۔"

مگر اس کی بجائے لوگوں کو اشتعال دلانے پر ان کو تین سال کی سزا اور بغیر پاسپورٹ بیرون ملک سفر کرنے پر دو سال کی سزا سُنائی گئی۔ چنانچہ ان کی کل سزا کا دورانیہ پانچ سال تھا۔ یہ سزا ناقابل ضمانت تھی۔

جیل میں نظر بند ہو کر تنہا ہو جانا مینڈیلا اور ان کے پیروکاروں کے لیے ایک تکلیف دہ امر

تھا۔وہ جذباتی طور پر بہت متاثر ہوئے۔قید کے ابتدائی دِنوں میں جیل کے اہلکاروں کے ساتھ اُلجھ پڑتے تھے اور جیل کے قوانین ماننے سے انکار کر دیتے تھے۔اب سزا کے طور پر مینڈیلا کو قید تنہائی میں ڈال دیا گیا۔اور اُس وقت تک وہاں رکھا گیا جب تک وہ دیگر قیدیوں والا لباس پہننے اور کھانا کھانے کے لیے تیار نہیں ہو گئے۔قیدِ تنہائی کے مختصر سے عرصے میں مینڈیلا کو صرف ایک گھنٹے کے لیے باہر لایا جاتا تھا۔ان کو خدشہ لاحق ہو گیا تھا کہ کہیں وہ ہوش وحواس ہی نہ کھو بیٹھیں۔انھوں نے قید تنہائی کے پُرآشوب حالات کو اپنے الفاظ میں یُوں بیان کیا ہے:

"قیدِ تنہائی کے دِنوں میں مجھے کیڑے مکوڑے بھی بھاتے تھے جیسے میرے ساتھی ہوں۔ایک دن مجھے ایسے لگا جیسے میں ایک کاکروچ سے گفتگو کرنے لگا ہوں۔"

جب مینڈیلا نے جیل حکام کے سامنے سرِتسلیم خم کر کے دیگر قیدیوں کی طرح وقت گزارنے کی اور جیل کے ضوابط کی پابندی کرنے کی حامی بھر لی تو ان کے ساتھ بھی دیگر قیدیوں والا سلوک ہونے لگا اور مشقت کرنے میں بھی نرمی آ گئی۔

اس اثناء میں حکومت مینڈیلا کی زیرِ زمین کارروائیوں کی نوعیت اور ان کے ملوث ہونے کی تحقیقات کر رہی تھی۔اس کو ان میں ملوث افراد کی فہرست اور منصوبہ بندی کی تفصیلات مل گئیں۔چنانچہ یکم مئی 1963ء کو جنوبی افریقہ کی حکومت نے ایک قانون منظور کیا جس کے تحت "قومی نیزہ" نامی تنظیم کی کمر توڑنے کی اجازت دے دی گئی۔کئی برس بعد سابق وزیر اعظم "وورسٹر" نے ایک انٹرویو میں اس بات کو یُوں بیان کیا:

"یہ قانون بننے سے "ملک" پولیس ریاست میں تبدیل ہو گیا۔اس ضابطے کے تحت کسی کو جرم ثابت ہوئے بغیر نوے دن کے لیے تحویل میں رکھا جا سکتا تھا۔اس قانون کے پاس اتنی طاقت آ گئی جو کسی مطلق العنان حکمران کے پاس بھی نہیں ہوتی۔اس قانون پر عملدرآمد سے پولیس فورس درندگی پر اتر آئی۔قیدیوں کو مارا جاتا۔ہمیں بجلی کے جھٹکے لگانے، دم گھٹا کر مارنے اور تشدّد کے دیگر واقعات کی خبریں ملیں۔۔۔"

مینڈیلا کی آرمی اور پولیس کے درمیان جنگ شدت اختیار کر چکی تھی۔جب مینڈیلا کے خلاف قومی نیزہ کی تنظیم سازی میں ملوث ہونے کا ثبوت ملا تو ان پر بغاوت کا مقدمہ قائم کر دیا گیا۔مینڈیلا اور ان کے ساتھیوں کا مقدمہ سپریم کورٹ میں اکتوبر 1963ء میں قائم ہوا۔یہ بلاشبہ جنوبی افریقہ کی تاریخ کا سب سے اہم مقدمہ تھا۔

"مینڈیلا اور ان کے دس رفقاء کار پر 200 تخریب کار کارروائیاں کرنے اور بغاوت

کر کے سفید فام حکومت کا تختہ اُلٹنے کا الزام تھا۔دراصل ایک معمول کی چھاپہ مار کاروائی کے دوران پولیس نے "قومی نیزہ" کے اہم عہدے دار اور ان کے ساتھی گرفتار کر لیے جن کے پاس دہشت گرد کاروائیوں اور گوریلا جنگ کا پورا منصوبہ تھا۔اس منصوبے کے تحت 700 ریکروٹ بھرتی کرنے کا ہدف تھا جو "قومی نیزہ" کے پہلے سے موجود تربیت یافتہ 121 غیر ملکی فوجیوں میں شامل کیے جانے تھے۔"

مینڈیلا نے پوری ایمانداری اور واشگاف الفاظ میں اپنے سیاسی اور فوجی عزائم کا اعتراف کرتے ہوئے اپنے فلسفے اور تربیت کے بارے میں عدالت کو بتایا انھوں نے یہ بھی تسلیم کیا کہ فوجی تربیت حاصل کرنے کے لیے اُنھوں نے ملک بھی چھوڑا تھا۔مینڈیلا کے الفاظ میں:

"میں نے کہا کہ اگر گوریلا جنگ ہونی ہے تو میرے پاس اس کی تربیت ہونی چاہیے تاکہ اپنے فوجیوں کے ساتھ شانہ بشانہ ہو کر لڑ سکوں۔"

اپنے دفاع میں مینڈیلا نے اس بات کو واضح کیا کہ ان کا منصوبہ ابھی نوزائیدہ تھا کیونکہ اس کو کانگریس کی تائید حاصل نہ تھی۔انھوں نے عدالت میں اپنی تقریر ڈرامائی انداز میں ختم کی۔انھوں نے جج کی آنکھوں میں آنکھیں ڈال کر کہا:

"میرا آدرش ایک آزاد اور جمہوری مملکت قائم کرنے کا ہے جس میں تمام افراد ہم آہنگی سے رہیں اور عوام کو یکساں مواقع میسر ہوں۔یہ ایسا آدرش ہے جس کے حصول کے لیے میں زندہ ہوں لیکن اگر ضرورت پڑی تو اس کے لیے جان دینے کے لیے بھی تیار ہوں۔"

مجھے یہ بات بہت دلچسپ معلوم ہوتی ہے کہ زمانہ طالب علمی میں مینڈیلا سٹیج ڈراموں میں حصہ لیتے تھے۔انھوں نے عدالت میں اپنی تمام اداکارانہ صلاحیتوں کا استعمال کیا۔ان کو معلوم تھا کہ نہ صرف عدالت میں موجود افراد بلکہ سارا جنوبی افریقہ ان کی تقریر سُن رہا ہے۔عدالت میں سکوت طاری ہو گیا پھر خواتین رونے لگ گئیں۔

مینڈیلا، ان کے رفقائے کار اور ان کے وکلاء سزائے موت کے لیے تیار تھے۔مینڈیلا نے پوچھا کہ کیا وہ سزائے موت کے خلاف اپیل کریں گے؟ مینڈیلا نے انکار کر دیا۔ان کا فلسفہ تھا:

"ہم اپنی جان دے کر شہید ہو کر اپنے نصب العین کی جس طرح خدمت کر سکتے ہیں وہ زندہ رہ کر نہیں کر سکتے۔۔۔"

مینڈیلا کو یقین ہو چلا تھا کہ پھانسی چڑھ کر ایک افسانوی کردار بن کر تاریخ کا ایک اہم باب

رقم کرنا ایک جوئے سے کم نہیں تھا۔

جج نے اپنا فیصلہ سناتے ہوئے کہا: "اس مقدمے پر سنجیدگی سے غور و فکر کے بعد میں نے فیصلہ کیا ہے کہ مجرمان کو سزائے موت نہ دی جائے جو کہ اس نوعیت کے مقدمات میں اکثر سنا دی جاتی ہے۔ مگر اپنے فرائض کو مدِنظر رکھتے ہوئے میں اس سے زیادہ نرمی اختیار نہیں کر سکتا۔ اس مقدمے میں شامل تمام مجرمان کو عمر قید کی سزا سنائی جاتی ہے۔" مقدمے کا فیصلہ سنائے جانے پر جہاں ہر کوئی ششدرہ گیا وہاں لوگ قدرے مطمئن بھی ہوئے۔

یہ بات قابلِ غور ہے کہ جج نے سزائے موت کی بجائے عمر قید کی سزا کیوں سُنائی؟ بظاہر ایسا محسوس ہوتا ہے کہ ملک کے اندر اور باہر ایک سیاسی گٹھ جوڑ آ موجود ہوا تھا جس کی مشترکہ کاوش تھی کہ مجرمان کے ساتھ نرمی برتی جائے۔ اقوامِ متحدہ نے مینڈیلا اور ان کے ساتھیوں کے لیے عام معافی کی اپیل کر رکھی تھی۔ مینڈیلا کا خیال تھا کہ جج قاتل بننا پسند نہیں کرے گا۔ جیسا کہ انھوں نے یہ نقطہ بھی اُجاگر کیا وہ سفید فام عدالت میں ایک سیاہ فام شخص ہے۔

فیصلے کے اعلان کے بعد مینڈیلا اور ان کے حریت پسند ساتھیوں کو "جزیرہ رابن" منتقل کر دیا گیا۔ مینڈیلا جیل میں قید و بند کی زندگی گزار رہے تھے جب ان کے آزاد ساتھیوں نے مسلح جدوجہد تیز کر دی۔ ان کے "ایم کے" گروپ نے دستی بم پھینکنے شروع کر دیئے۔ اگرچہ ایسی کارروائیوں سے اکثر معصوم نہتے شہری بھی مارے جاتے تھے۔ مینڈیلا نے یہ سب کچھ جیل میں سُنا اور بطور ایک انقلابی لیڈر اس کو جواز بھی فراہم کیا۔ انھوں نے وہاں سے بیان جاری کروایا کہ ایک ظالم حکومت کے خلاف یہ ایک فطری ردّعمل تھا۔ ایسے ہی ایک حملے میں 19 لوگ مارے گئے اور دو سو سے زائد زخمی ہوئے۔ مینڈیلا نے معصوم شہریوں کی اموات کو ان الفاظ میں جواز فراہم کیا:

> "نہتے شہریوں کی ہلاکت بلاشبہ ایک المناک واقعہ ہے مجھے اس پر گہرا صدمہ پہنچا ہے مگر جہاں میں شدید دُکھی ہوں وہاں یہ بھی جانتا ہوں کہ مسلح جدوجہد شروع کرنے کے ایسے ہی نتائج برآمد ہوا کرتے ہیں۔"

وقت گزرنے کے ساتھ ساتھ تشدّد کے واقعات بھی بڑھنے لگے اور دونوں اطراف میں اموات میں اضافہ ہوتا گیا۔ اب مینڈیلا کو ایک احساس نے گھیر لیا کہ وہ تشدّد کے گرداب میں پھنس چکے ہیں۔ ان کو معلوم تھا کہ ان کی فوج اتنی طاقت ور نہیں کہ حکومت پر قبضہ کر لے۔ اب انھوں نے اپنی حکمت عملی بدل کر مذاکرات کا راستہ اپنانے کا فیصلہ کیا۔ اس وقت دنیا کی رائے بھی ان کی حمایت میں بن چکی تھی اور اقوامِ متحدہ نے بھی جنوبی افریقہ کی حکومت پر پر اقتصادی پابندیاں لگانے کی حمایت کر

دی تھی۔

دو دہائیوں سے اوپر قید و بند کی صعوبتیں برداشت کرنے کے بعد مینڈیلا کو شدت سے یہ احساس ہو رہا تھا کہ اپنے مقصد کے حصول کے لیے انھیں اپنی حکمت عملی تبدیل کرنی ہوگی۔ چونکہ وہ سیاہ فام عوام کو تشدّد کی بھٹی میں جھونکنے کے مرتکب ہوئے تھے اب ان کو باہر نکالنے کی ذمہ داری بھی ان ہی پر عائد ہوتی تھی۔ وہ اپنے لیے اور اپنی قوم کے لیے آزادی حاصل کرنا چاہتے تھے اور جیل میں مرنا نہیں چاہتے تھے۔ وہ بار بار ایک ڈراؤنا خواب دیکھتے تھے کہ ان کو جیل سے رہائی مِل گئی ہے مگر ان کا استقبال کرنے والا کوئی فرد موجود نہیں ہے۔ کوئی فتح کا احساس نہیں، نہ شہرت اور نہ ہی قدر و قیمت۔۔۔ مگر وہ اپنی کاوشوں کو ضائع ہوتا نہیں دیکھ سکتے تھے۔ وہ ایک ہارے ہوئے انسان کی بجائے ایک فاتح کے طور پر مرنا چاہتے تھے۔ قید کے دوران ان کی طویل خود آگاہی و خود بینی ایک بہترین بصیرت میں تبدیل ہو رہی تھی۔

> "ہم نے ایک صدی کے تین حصّے سفید فام اقلیت کے خلاف جنگ میں گزار دیئے۔ ہم دو دہائیوں سے زائد عرصہ تک مسلح جدو جہد بھی کرتے رہے۔ دونوں اطراف لاتعداد افراد موت کا نوالہ بن گئے۔ ہمارا دشمن طاقتور اور پُر عزم تھا۔ ہم راہ راست پر تو تھے مگر طاقت ور نہ تھے۔ مجھے معلوم تھا کہ فوجی فتح اگر ایک ناممکن خواب نہیں تو دُور بہت ہے۔ اس بات کا کوئی عقلی جواز نہیں کہ اگر لاکھوں نہیں تو ہزاروں جانیں اس راہ پر قربان کر دی جائیں۔ اب ہمارے دشمنوں کو بھی معلوم ہو گیا ہوگا کہ مذاکرات کا وقت آن پہنچا ہے۔"

یہ امر باعث دلچسپی ہے کہ کس طرح مینڈیلا نے اپنی مسلح جدوجہد کا رُخ تبدیل کیا اور ایسا کرنے سے ان کے وطن کا مستقبل کیسے بہتری کی جانب قدم بڑھانے لگا۔ ان کا سفید فام حکمرانوں کے ساتھ مکالمہ اور بات چیت کے لیے تیار ہو جانا کچھ لوگوں کے نزدیک کمزوری کی علامت ٹھہرا مگر اکثر لوگوں نے اس اقدام کو ان کی دانشمندی قرار دیا۔

مینڈیلا کو احساس ہو چکا تھا کہ سیاسی جدوجہد میں راست بازی اتنی ہی اہم ہے جتنی کہ طاقت۔ اب وہ مثالیت پسندی سے دھیرے دھیرے حقیقت پسندی کی طرف جا رہے تھے۔ جوں جوں شدت پسندی بڑھنے لگی اسی قدر بات چیت کے امکانات روشن ہونے لگے۔ جب سماجی اضطراب اپنے عُروج پر پہنچا تو حکومت نے حالات کو قابو کرنے کے لیے اور ملک میں امن و امان بحال کرنے کے لیے 12 جون 1986ء کو ملک بھر میں ایمرجنسی نافذ کر دی۔ جب مینڈیلا نے حکومت کے ساتھ

بات چیت کے لیے رضامندی ظاہر کی تو حکومت نے ابتدائی خفیہ ملاقاتوں کا بندوبست کیا۔ پہلی ملاقات مئی 1988ء میں ہوئی۔ سفید فاموں کو یہ اندیشہ دامن گیر تھا کہ اگر سیاہ فاموں نے اپنے آپ کو مزید مضبوط کرلیا تو یا تو وہ سفید فاموں کو قتل کر دیں گے یا ملک بدر کر دیں گے۔ مینڈیلا نے دانشمندی سے محسوس کیا کہ انھیں سفید فاموں کو اس حوالے سے یقین دہانی کروانی چاہیے۔ انھوں نے سفید فاموں کو پیغام بھیجا کہ جنوبی افریقہ دونوں رنگوں کے لوگوں کا ہے: "ہم تمھیں سمندر میں پھینکنا نہیں چاہتے۔۔۔"

بالآخر صدر "بوتھا" نے مینڈیلا سے ملاقات کرنے کے لیے حامی بھر لی۔ دونوں کے درمیان متعدد خفیہ ملاقاتیں ہوئیں مگر بدقسمتی سے کوئی خاطر خواہ نتیجہ برآمد نہ ہوسکا۔ مینڈیلا تمام سیاسی قیدیوں کی غیر مشروط رہائی کا مطالبہ کر رہے تھے اور صدر بوتھا نے اس مطالبے کو ماننے سے انکار کر دیا۔ بوتھا نے بار بار پیشکش کی کہ وہ مینڈیلا کو رہا کرنے کے لیے تیار ہیں بشرطیکہ وہ تشدّد کو سیاسی ہتھیار کے طور پر استعمال نہ کرنے کا وعدہ کریں۔ مینڈیلا نے یہ پیشکش مسترد کر دی۔

بالآخر جنوبی افریقہ کی حکومت میں درونِ خانہ بحران پیدا ہو گیا اور اگست 1989ء کو صدر بوتھا کو مستعفی ہونا پڑا اور نائب صدر ایف ڈبلیو ڈی کلارک صدر منتخب ہو گئے۔ جنھوں نے بطور نائب صدر تبدیلی اور اصلاح کی یقین دہانی کروا رکھی تھی۔ جب کلارک صدر بنے تو انھوں نے مینڈیلا کے ساتھ مخلصانہ مکالمہ کرنے کا عندیہ دیا۔ مینڈیلا نے افریقی نیشنل کانگریس اور حکومت کے درمیان بامعنی مذاکرات اور نسلی عصبیت سے بالا شفاف انتخابات کے ذریعے جنوبی افریقہ کو ایک آزاد مملکت بنانے کی راہ ہموار کرنے کے لیے کلیدی کردار ادا کیا۔ مینڈیلا نے سفید فاموں کو ایک دفعہ پھر یقین دہانی کروائی کہ یہ ایک پُرامن انتقالِ اقتدار ہوگا اور ان کو نہ تو مارا جائے گا نہ قید میں ڈالا جائے گا اور نہ ہی جلاوطن کیا جائے گا۔ مینڈیلا کی خوش قسمتی تھی کہ ان کا واسطہ ڈی کلارک جیسے دشمن سے تھا جو مذاکرات کی میز پر بیٹھنے اور اقتدار میں حصّہ دینے کے لیے تیار ہو چکا تھا۔ گویا کلارک کی صدارت جنوبی افریقہ میں سفید فام اقلیتی حکومت کے خاتمے کی بنیاد ثابت ہوئی۔ جیسے دونوں مخالفین جنگ میں شدت لائے تھے اب دونوں اطراف نے باہم مل کر امن کی راہ بھی تلاش کرنی تھی۔ اور باہمی رضامندی سے کسی حل پر پہنچنا تھا۔

بالآخر 11 فروری 1992ء کو مینڈیلا کو رہائی مِل گئی۔ لاکھوں لوگوں نے ان کی رہائی پر جشن منایا۔ یہ بیسویں صدی کا ایک تاریخی دِن تھا۔ ان کی رہائی کے فوراً بعد جنوبی افریقہ کے مستقبل کے حوالے سے سنجیدہ مذاکرات شروع ہو گئے۔ صدر ڈی کلارک کو احساس ہو چکا تھا کہ نسلی امتیاز اپنے معنی کھو چکا ہے۔ وہ جمہوری طریقے سے سفید فام اقلیت کی حکومت سیاہ فام اکثریت کے حوالے کرنے کے لیے تیار تھے۔ ایک طویل پُرتشدّد جدوجہد کرنے کے بعد مینڈیلا اب امن، انصاف اور جمہوریت کی

علامت بن چکے تھے۔اپنی 27 سالہ قید کے بعد وہ بلاشبہ ایک دیومالائی کردار بن کر دنیا کے سامنے ابھر رہے تھے۔ یہ بات قابلِ غور ہے کہ جیل سے رہائی اور حکومت اور صدر کلارک سے طویل مذاکرات کے باوجود مینڈیلا نے مسلح جدوجہد ترک کرنے کا اعلان نہیں کیا۔ بلکہ تشدّد کی دھمکی کو برقرار رکھ کر مذاکرات کی رفتار تیز کروانے کی حکمت عملی اپنائی۔انھوں نے اس بات کا اعتراف ان الفاظ میں کیا:

> ”میں نے رپورٹرز کو بتا دیا تھا کہ میری مذاکرات جاری رکھنے کی خواہش اور مسلح جدوجہد جاری رکھنے کی حمایت میں کوئی تضاد نہ تھا۔ یہ ایک حقیقت ہے کہ مسلح جدوجہد کے خوف نے ہی حکومت کو مذاکرات کی راہ اپنانے پر مجبور کیا تھا۔جب حکومت کانگریس پر متشدّدانہ کاروائیاں بند کر دے گی تو کانگریس بھی اس کا جواب امن کی صورت میں دے گی۔“

مگر جیل سے رہائی کے بعد مینڈیلا کو ایک بڑی مصیبت کا سامنا کرنا پڑ گیا۔ان کی کانگریس پارٹی کو”زولو“باشندوں کی متشدّدانہ کاروائیوں سے نمٹنا پڑ گیا جن کی قیادت چیف ’بوتولیزی‘ کر رہے تھے جو’انکاتھا فریڈم پارٹی‘ کے سربراہ اور’ کازولو‘صوبے کے وزیر اعلیٰ تھے۔گویا جب مینڈیلا امن کے لیے مذاکرات میں مصروف تھے اس دوران ملک بھر میں تشدّد کی آگ بھڑک رہی تھی اور جنوبی افریقہ خانہ جنگی کے دہانے پر پہنچ چکا تھا۔اس اثناء میں”نتال“ کا علاقہ قتل گاہ بن گیا۔بھاری اسلحے سے لیس انکاتھا کے حامیوں نے افریقی نیشنل کانگریس کے مضبوط ٹھکانوں پر حملے شروع کر دیئے تھے جو زیادہ تر نتال کے میدانوں اور پیٹر مارٹزبرگ میں واقع تھے۔ پورے کے پورے دیہات کو آگ لگا دی گئی۔درجنوں افراد مارے گئے،سینکڑوں زخمی ہوئے اور ہزاروں پناہ گزیں بن گئے۔صرف مارچ 1990ء میں 230 افراد اس باہمی قتل و غارت کی نذر ہو گئے۔نتال میں ژولو،ژولو کو مار رہے تھے۔انکاتھا کے ارکان اور کانگریس کے پیروکار ژولو ہی تو تھے۔

اس مقام پر مینڈیلا کو یقیناً یہ احساسِ جرم ہوا ہو گا کہ انہوں نے خود عوام کو پرتشدّد کاروائیوں کی راہ دکھائی تھی اور یہ کہ اب اس پر قابو پانے میں ناکام ہو رہے تھے۔

ہندوستان کے گاندھی کی طرح مینڈیلا کو بھی اب احساس ہو رہا تھا کہ ان کی جنگ ان سفید فاموں کے ساتھ ہی نہیں بلکہ اپنے ہم وطنوں کے ساتھ بھی تھی،جن کی اُمنگیں جُدا تھیں۔گاندھی نے تو امن قائم کرنے کے لیے بھوک ہڑتال کر دی تھی مینڈیلا اپنے ہم وطنوں کو ہتھیار پھینکنے کی اپیل کر رہے تھے،مگر اُن کی گذارشات، گاندھی کی طرح بے ثمر ثابت ہو رہی تھیں۔مینڈیلا اپنی سوانح حیات میں ایک جگہ یوں رقم طراز ہیں:

"فروری میں، قید سے رہائی کے دو ہفتے بعد میں نے ڈربن جا کر ایک اجتماع سے خطاب کیا جن کی تعداد ایک لاکھ ہوگی اور وہ سب ڈُولو قبیلے کے لوگ تھے۔ میں نے ان سے پُرزور اپیل کی کہ وہ ہتھیار پھینک کر ایک دوسرے کا ہاتھ تھام لیں۔ اپنی بندوقیں، خنجر اور نیزے اٹھائیں اور ان کو سمندر میں پھینک دیں۔ موت کے کارخانے بند کر دیں اور جنگ ختم کر دیں۔ مگر میرے فرمودات گویا بہرے کانوں نے سُنے۔ کشت و خوں کا بازار اسی طرح گرم رہا۔"

میں جب اُن بھیانک اموات اور تشدّد کے بارے میں سوچتا ہوں جس نے جنوبی افریقہ کو اپنی گرفت میں لے رکھا تھا تو حیران ہوتا ہوں کہ مینڈیلا جواب اپنے لوگوں کو تشدّد بند کرنے پر اصرار کر رہے تھے، کبھی احساس ہوا ہوگا کہ وہ خود عوام کو مسلح جدوجہد پر اُکسانے والوں میں شامل تھے۔

گاندھی کی طرح مینڈیلا بھی حیران تھے کہ ان کے جاں نثار اور پیروکار اور اصحابِ کار لوگوں کو قتل کر رہے تھے اور ان کی امن کی اپیلوں کو یکسر نظر انداز کر رہے تھے۔ بظاہر یوں لگتا تھا جیسے انھوں نے ایک بچھوؤں سے بھرا ڈبہ کھول دیا تھا جو اب ان سے بند نہیں ہو پا رہا تھا۔ مینڈیلا کی درد بھری التجاؤں کے باوجود تشدّد شدید تر ہوتا جا رہا تھا ان کے اپنے بقول:

"ملک میں پُرتشدّد کاروائیاں بدترین شکل اختیار کر رہی تھیں۔ 1990ء میں اموات کی تعداد 1500 سے تجاوز کر چکی تھی۔ جو گزشتہ سال کی سیاسی اموات سے کہیں زیادہ تھی۔ اپنے رفقائے کار سے مشورے کے بعد میں نے محسوس کیا کہ حالات کو قابو میں لانا ضروری ہو گیا ہے۔ ہمارے ملک میں خون کی ہولی کھیلی جا رہی تھی اور ہمیں تیزی سے امن و آشتی کی طرف آگے بڑھنا تھا۔"

30 سال تک امن کے لیے برسرِ پیکار رہنے کے بعد مینڈیلا نے محسوس کیا کہ تشدّد مسائل کا حل نہیں۔ یہ ان کی زندگی کا اہم موڑ تھا۔ اُنھوں نے حکومت کے ساتھ مسلح جدوجہد ختم کرنے کا معاہدہ کر لیا۔ مگر جب اس کے باوجود تشدّد جاری رہا تو ان کا ایمان متزلزل ہو گیا۔ جس طرح حکومت کے ساتھ مذاکرات ابھی تک نازک موڑ پر تھے ویسے ہی پُرامن مذاکرات کے لیے ان کا ایمان متزلزل ہو چکا تھا۔ ان کے بقول:

"جب پُرتشدّد کاروائیاں پھیلیں تو مسلح جدوجہد کے حوالے سے فیصلہ بدل دینے کا خیال آنے لگا۔ کانگریس کے اکثر ارکان بے ہمتی کا شکار تھے۔ چنانچہ ستمبر کے دوران ایک پریس کانفرنس میں، میں نے یہاں تک کہہ دیا کہ پھیلتا ہوا تشدّد ہمیں مجبور کر رہا

ہے کہ ہم دوبارہ ہتھیار اُٹھالیں۔حالات سنگین ہورہے ہیں اور حکومت سے کیا گیا صلح نامہ ختم ہوتا نظر آتا ہے۔“

مینڈیلا، چیف بوتھیلیز اور صدر کلارک ایک پُرتشدّد سیاسی رولر کاسٹر پر بیٹھے ہوئے نظر آرہے تھے۔ ان کی سیاسی مثلث میں مجھے گاندھی، جناح اور لارڈ ماؤنٹ بیٹن کی مماثلت نظر آرہی ہے۔جہاں بوتھیلیز جناح کی مانند تھے۔ ذُولو قبائل کی علیحدہ مملکت قائم کرنا چاہتے تھے۔جبکہ مینڈیلا گاندھی کی مانند جنوبی افریقہ کو ایک اکائی کے طور پر آزاد کروانے پر مُصر تھے۔مینڈیلا ہندوستان کی تقلید کرنا نہیں چاہتے تھے۔وہ حکومت کے اس منصوبے کو مسترد کر چکے تھے جس کے تحت جنوبی افریقہ، شمال اور جنوب میں مقیم قبائل جو سوتھو، سوازی، ٹونگا، ٹوانہ، ویندو، کھوسہ اور زُولو پر مشتمل تھے کو تقسیم کر کے آٹھ اقوام اور آٹھ ریاستیں بن جائیں۔ان کے نزدیک ایسا اقدام گمراہ کن، خطرناک اور تباہ کُن تھا۔ان کے بقول:

”اخبارات نے قوم پرستوں کے منصوبے کو”بنتوستان“ کا نام دیا ہے۔ایسا ذومعنی لفظ کئی اعتبار سے گمراہ کُن ہے۔یہ لفظ برطانوی سامراج کے رخصت ہونے کے بعد ہندوستان کی تقسیم کے مشابہ ہے۔جہاں ہندوستان اور پاکستان الگ الگ ممالک کے طور پر وجود میں آئے تھےاور جہاں اپنے اپنے نئے دیس سدھارنے کے لیے کروڑوں ہندوستانی اپنے اپنے علاقوں سے بے دخل کر دیے گئے۔ہمارے ہاں بھی ایسا ہی ہوگا۔اس لیے بنتوستان کی اصطلاح مکمل طور پر ناجائز ہے۔جو قوم پرستوں نے اپنے عزائم کو بروئے کار لانے کے لیے گڑھی ہے۔“

گاندھی اور جناح کی طرح مینڈیلا اور بوتھیلیز کے خواب متضاد تھے لہٰذا خطرہ تھا کہ ایک رہنما کا خواب کہیں دوسرے کا خون آلود ڈراؤنا خواب نہ بن جائے۔مگر ملک کی خوش قسمتی کہ دونوں رہنماؤں نے بات چیت کی اور بحث ومباحثہ کیا۔حتیٰ کہ لفظی جنگ بھی کی مگر کوئی مسئلہ حل نہ ہوا جبکہ قوم تیزی سے خانہ جنگی کی طرف بڑھ رہی تھی۔سیاہ فام افریقی نیشنل کانگریس سے منسوب سیاہ فاموں کے گلے اس طرح کاٹ رہے تھے جیسے ہندوستان میں کانگریس اور مسلم لیگ کے افراد ایک دوسرے کے خون کے پیاسے بن گئے تھے۔مینڈیلا کے الفاظ میں:

”ہماری دونوں تنظیموں کے درمیان پُرتشدّد کاروائیاں جاری تھیں۔ ہر ماہ سینکڑوں افراد لقمہ اجل بن رہے تھے۔ان حالات میں، مَیں ہاتھ پر ہاتھ دھر کر کیسے بیٹھ سکتا تھا؟ میں نے چیف بوتھیلیز کے ساتھ ایک اور ملاقات کی درخواست کی۔اپریل میں، مَیں نڈر بن

گیا اور ہم دونوں نے پُرجوش بیانات دیئے اور ایک مزید معاہدہ طے کرلیا۔ مگر ابھی ہمارے دستخطوں کی سیاہی خشک بھی نہیں ہوئی تھی کہ کشت وخوں کی نذر ہوگئی۔"

بالآخر مینڈیلا نے محسوس کیا کہ ہزاروں معصوم جانیں ناحق یوں ہی ضائع ہوتی رہیں گی دونوں فریقین میں سے کسی ایک کو امن کی خاطر ہتھیار پھینکنے کا اعلان کرنا ہوگا۔ چنانچہ انھوں نے پہل کرنے کا فیصلہ کیا، ان کے بقول:

"جنوبی افریقہ میں ہم لوگ اپنے اختلافات سے خود نمٹنے کی کوشش کررہے تھے۔ مسٹر ڈی کلارک جمہوری طرز پر منتخب ایک شریک اقتدار عبوری حکومت کی تجویز دے رہے تھے۔ قومی پارٹی کی جانب سے مذاکراتی وفد کے سربراہ "ڈاوی ڈی ویلیئرز" نے متعصّبانہ انداز اپنانے پر معافی مانگنے کی پیشکش تک کردی۔"

ہتھیار رکھ دینے پر راضی ہونے کے باوجود مخالفین ان کو صدر کلارک کے حوالے کرنے پر رضا مند نہ تھے۔ جب صدر کلارک کو معلوم ہوا کہ "افریقی نیشنل کانگریس" کے پاس پرائیوٹ آرمی ہے۔ تو بقول مینڈیلا: ''ان کی تشویش پر ہم نے ان پر واضح کیا کہ ہم ہتھیار اس وقت پھینکیں گے جب تک ہم اس یونٹ کا حصّہ نہ بن جائیں جو ہتھیار جمع کرنے پر متعین ہوگی۔''

ہر طرح کی نیک نیتی کی یقین دہانیوں کے باوجود متشدّدانہ اور امن پسند طاقتوں کے درمیان توازن حوصلہ افزا نہ تھا۔ آخری لمحات تک جنوبی افریقہ کا مستقبل غیر یقینی کیفیت کا شکار تھا۔ مینڈیلا کے الفاظ میں:

"15 مئی 1992ء تک کسی حتمی صلح نامے کے امکانات بہت مدہم تھے۔ ہمارا سب سے بڑا اختلاف اس نقطے پر تھا کہ ہم سب حریفوں کو یہ پیغام دیں کہ ہم متفق ہو چکے ہیں۔ حکومت غیر معینہ مدت تک انتظار کرتی نظر آتی تھی۔ اس کی سوچ یہ تھی کہ حالات کو جتنا طول دیا جائے گا ہماری مقبولیت اسی قدر کم ہوتی جائے گی۔"

مگر سحر ہونے سے قبل ہی کالی گھٹا چھا گئی۔ مینڈیلا تشدّد کو روکنے کی ایک آخری کوشش کرنا چاہتے تھے۔ وہ تھک چکے تھے اور سیاست سے کنارہ کش ہونے کا سوچ رہے تھے، مگر یہ اتنا آسان بھی نہ تھا۔ ان کا نظریہ ان کا فلسفہ اور طرزِ زندگی جس کی انھوں نے 30 برس تک آبیاری کی تھی چھوڑ دینا اگر ناممکن نہیں تو مشکل ضرور تھا۔ 17 جون 1992ء کو بڑے پیمانے پر مسلح انکیسہ ارکان نے ایک بڑا چھاپہ مار کر کے "وال" کے قصبے (صوبہ بوپاتانگ) میں 46 افراد کو ہلاک کردیا۔ جن میں اکثریت عورتوں اور بچوں کی تھی۔ یہ ایک ہفتے میں کانگریس (مینڈیلا کی پارٹی) سے متعلقہ افراد کی چوتھی بڑی ہلاکت تھی۔ مگر

کوئی گرفتاری نہ ہوئی اور نہ ہی کسی قسم کی تحقیق کا حکم دیا گیا۔حتیٰ کہ صدر کلارک نے کوئی بیان تک جاری نہ کیا۔ان کے بقول:

"مجھے یہ سانحہ امن کے تابوت میں آخری کیل محسوس ہوا۔اور میرے صبر کا پیمانہ لبریز ہوگیا۔"

یہ آخری بار تھی جب مینڈیلا کا صبر جاتا رہا تھا اور ان کے اندر جمع تمام غصّہ تلخی اور کڑواہٹ آخری دفعہ باہر اُبل پڑی۔انھوں نے اپنے پُرتشدّد جذبات کو باہر کا راستہ دکھانا تھا کہ وہ بہتری اور مثبت اقدام کی جانب پیش قدمی کرسکیں ان کے الفاظ میں:

"ان ہلاکتوں کے چار دِن بعد میں نے کانگریس کے حامی بیس ہزار ناراض افراد کے ایک جلسے سے خطاب کیا۔میں نے نیشنل پارٹی کے طرزِ عمل کو جرمنی کے نازیوں سے تشبیہ دی اور عوام کے رُوبرو صدر کلارک کو متنبہ کیا کہ اگر انھوں نے پابندیِ اظہار اور مظاہروں پر سخت گیر اقدامات کیے تو کانگریس ایک ملک گیر مذاحمتی تحریک چلائے گی جس کی قیادت میں خود کروں گا۔میں نے دیواروں پر لکھے وہ نوشتے پڑھے ہیں جو کہتے ہیں: "مینڈیلا ہمیں ہتھیار دو۔اور فتح باتوں سے نہیں جنگ سے ہوگی۔"

ان کا خیال تھا کہ تعصب کو بندوق کی نالی سے باہر نکال پھینکا جا سکتا ہے۔مینڈیلا کو معلوم تھا کہ اگر انھوں نے اپنے پیروکاروں کو ہتھیار دیئے تو تشدّد کی ایک ایسی لہر شروع ہوگی جو ملک کو خانہ جنگی میں دھکیل سکتی ہے۔خوش قسمتی سے یہ بات ان کو بروقت معلوم ہوگئی تھی۔

بالآخر مینڈیلا اور صدر کلارک کو مشترک دلیل ہاتھ لگ ہی گئی۔دونوں 3 جون 1993ء کو اس بات پر متفق ہوگئے کہ 27 اپریل 1994ء کو غیر نسلی ایک فرد ایک ووٹ کی بنیاد پر انتخابات منعقد کیے جائیں۔اور جنوبی افریقہ کی تاریخ کا نیا باب رقم کیا جائے۔اس کے باوجود کہ مینڈیلا نے اپنے دشمن صدر کلارک کے ساتھ یہ معاہدہ کرلیا تھا وہ اپنے افریقی حریف چیف بوتھیلیز کو اعتماد میں نہ لے سکے تھے جنھوں نے پہلے سے ہی انتخابات اور انتقالِ اقتدار کا بائیکاٹ کر رکھا تھا۔

ان کا مطالبہ علیحدہ وطن (بنتوستان) تھا۔مینڈیلا بالآخر بوتھیلیز کو منانے میں کامیاب ہوگئے جو کام ہندوستان میں جناح کے حوالے سے گاندھی نہیں کر سکے تھے۔مینڈیلا بوتھیلیز کے ساتھ اپنے ملک کی خاطر کوئی بھی معاہدہ کرنے پر تیار تھے۔اس بارے میں ان کا یہ قول مشہور ہے:

"میں گھٹنوں پر جھک کر ان لوگوں کو منالوں گا جو میرے وطن کو خون ریزی کی طرف لے جانا چاہتے ہیں۔"

یہ بات دلچسپ وخوشگوار ہے کہ مینڈیلا اور بوتھیلیز میں اتفاق ہو گیا انھوں نے جنوبی افریقہ کو آٹھ بنتوستان بنانے کی اجازت حکومت کو نہ دی۔ بالآخر انھوں نے اپنے لوگوں اور ان کے مستقبل کی ذمہ داری قبول کر لی۔ اس حوالے سے ان کا معاملہ گاندھی اور جناح سے مختلف تھا۔ جو اپنے تنازعات حل نہیں کر سکے تھے۔ یہ بات باعثِ دلچسپی وحیرانی ہے کہ گاندھی اور جناح کے حامی یعنی کانگریس اور مسلم لیگ کے ارکان تین ربع صدی گزر جانے کے باوجود آج بھی برطانوی حکومت کو موردِ الزام ٹھہراتے ہیں۔ اور اپنے اپنے لیڈروں کو بھول جاتے ہیں جو اپنے تنازعات پُرامن طریقے سے حل نہ کر سکے جس سے تقسیم ہند کے دوران کشت وخون برپا ہوا۔ مینڈلا نے صدر کلارک سے ایک کامیاب معاہدہ بھی کر لیا تھا جو گاندھی لارڈ ماؤنٹ بیٹن سے نہیں کر پائے تھے۔ مینڈیلا نے صدر کلارک کو ایک مکالمے میں مشغول رکھا اور اپنی اشتراکِ اقتدار کی شرائط منوالیں۔ ایک میٹنگ میں انھوں نے صدر کلارک سے کہا:

”میرے خیال میں دُنیا کے سامنے آپ ایک روشن مثال ہیں جنھوں نے مختلف النسل قبائل کو ایک مشترکہ وطن، مشترک منزل اور سانجھے دیس کے لیے مشترک محبت عطا کی۔ سر آپ ان لوگوں میں سے ہیں مَیں جن پر بھروسہ کرتا ہوں۔ ہم اس وطن کے مسائل مل کر حل کریں گے۔ اس موقع پر میں نے ان کا ہاتھ پکڑ لیا اور کہا: مجھے آپ کا ہاتھ تھام کر آگے بڑھنے پر فخر ہے۔“ اس موقع پر صدر کلارک حیران تو ہوئے مگر خوش بھی تھے۔“

مینڈیلا کی کاوشیں رنگ لائیں ان کے صدر کلارک اور چیف بوتھیلیز کے ساتھ کامیاب مذاکرات مسائل کے حل میں نتیجہ خیز ثابت ہوئے اور تمام مسائل خانہ جنگی اور خون خرابے کے بغیر جنوبی افریقہ کو اگلے انتخابات کی جانب لے گئے۔ اور وہ دُنیا کی نظر میں ایک معزز ومدبر عوامی رہنما کے طور پر اُبھرے۔ جب مینڈیلا نے کلارک اور بوتھیلیز کے ساتھ تمام تنازعات پُرامن طریقے سے حل کر لیے تو انتخابات اور انتقالِ اقتدار کی راہ خود بخود ہموار ہو گئی۔ مینڈیلا ان کے ووٹ ڈالنے کے تجربے کو یوں بیان کرتے ہیں:

”27 اپریل 1994ء کو ووٹ ڈالنے کے لیے اس پولنگ اسٹیشن پر تنہا نہیں گیا تھا۔ وہ سب بھی میرے ہمراہ تھے۔ میں نے اس دن اپنی زندگی کا پہلا ووٹ ڈالا۔“

انتخابات کے نتائج بہت دلچسپ تھے۔ مینڈیلا کی جماعت (افریقی نیشنل کانگریس) انتخابات جیت تو گئی مگر حکومت بنانے کے لیے دو تہائی اکثریت حاصل نہ کر سکی۔ اب ان کو دیگر پارٹیوں کے نمائندگان کی حمایت درکار تھی تاکہ وہ نوزائیدہ مملکت کے لیے آئین سازی کر سکیں۔ مینڈیلا نے لکھا:

”ہمیں کل ووٹ ڈالے گئے قومی ووٹوں کا 62 فی صد ملا جو دو تہائی سے ذرا کم تھا ورنہ

ہم بغیر شرکتِ غیرے آئین بنا سکتے تھے۔ ہمیں کازُولو اور نتال جیسے علاقوں سے بھی 22 فی صد ووٹ مل گئے جو انکاشہ کے زیر تسلط علاقے سمجھے جاتے تھے۔ ہماری جماعت کے اکثر ارکان اس بات پر افسردہ تھے کہ ہم دو تہائی اکثریت حاصل نہیں کر سکے۔ مگر میں ان میں شامل نہیں تھا۔ بلکہ میں مطمئن تھا اگر ہم دو تہائی اکثریت حاصل کر کے دوسری جماعتوں کی عدم شمولیت سے آئین تشکیل دے دیتے تو لوگوں کو یہ اعتراض کرنے کا موقع مل جاتا کہ ہم نے کانگریس کا آئین تشکیل دیا ہے، جنوبی افریقہ کا نہیں۔ میں قومی اتفاقِ رائے پر مشتمل خالص قومی حکومت بنانا چاہتا تھا۔"

مینڈیلا اور کلارک تاریخ رقم کر رہے تھے۔ مینڈیلا کے بقول، 2 مئی 1994ء کی شام کو کلارک نے ایک پُروقار رعایت بخش تقریر کی: 'تین صدیوں پر محیط طویل حکمرانی کے بعد سفید فام اقلیت اپنی شکست تسلیم کر کے اقتدار سیاہ فام اکثریت کے حوالے کر رہی ہے۔' میں نے کلارک کی شخصیت کی مضبوطی اور حقیقت پسندی پر ان کو مبارک پیش کی اور کہا:

"اب وقت آ گیا ہے کہ پُرانے زخموں پر مرہم رکھا جائے اور ایک نئے جنوبی افریقہ کی تعمیر کا کام شروع کیا جائے۔"

مینڈیلا اور کلارک کو جنوبی افریقہ میں کامیاب تبدیلی پر امن کے نوبل پرائز سے نوازا گیا۔

مینڈیلا کی زندگی کا حیران کن پہلو یہ ہے کہ ایک ایسے سیاسی کارکن کو امن کے نوبل انعام سے نوازا گیا جس نے کئی دہائیوں تک متشدّدانہ جدوجہد کی تھی۔ دُنیا میں بے شمار افراد نے اس خبر پر حیرت کا اظہار کیا۔ ان افراد میں نیلسن مینڈیلا خود بھی شامل تھے۔ ان کے بقول:

"اس بات کو کوئی امکان نہیں تھا کہ "جزیرہ رابن" (کیپ ٹاؤن) پر مقیم کسی ایسے رہنما کو نوبل انعام کے لیے ایمنسٹی انٹرنیشنل جیسی تنظیم، منظم کوششیں کریں جس نے مسلح جدوجہد میں کئی سال گزارے ہوں۔ جس نے تشدّد کی راہ اپنائی ہو۔ اس وجہ سے میرا اندازہ تھا کہ نوبل کمیٹی مجھے کبھی زیرِ غور نہیں لائے گی۔ جس نے امن نوبل انعام کے لیے "افریقی نیزہ" جیسی مسلح تنظیم بنائی۔"

یہ بات بھی باعثِ دل چسپی ہے کہ مینڈیلا جو کمیونسٹ لیڈروں ماؤزے تنگ اور فیڈل کاسترو سے متاثر تھے اس بات پر یقین رکھتے تھے کہ جنوبی افریقہ میں امن قائم کرنے کا واحد طریقہ مسلح اور پُرتشدّد جدوجہد ہے۔ ان کے ہم عصر ایک اور افریقی سیاہ فام لیڈر بھی تھے جو عدم تشدّد پر یقین رکھتے تھے۔ ان کا نام "ڈسمانڈ ٹوٹو" تھا۔

ان کا خواب بھی پُرامن ذرائع سے ایک آزاد اور منصفانہ جنوبی افریقہ کا قیام تھا۔ ٹوٹو کو بھی امن انعام سے نوازا گیا۔ اوسلو (ناروے) میں انعام وصولی کی تقریر کرتے ہوئے انھوں نے اپنے اس خواب کی وضاحت یوں کی کہ وہ ہر قسم کے تشدّد کے خلاف ہیں خواہ وہ حکومت کی طرف سے عوام پر سیاسی دباؤ ڈالنے کے لیے ہو یا مسلح تنظیموں کی طرف سے حکومت کا نظام درہم برہم کرنے کے لیے ہو۔

مینڈیلا اس اعتبار سے خوش قسمت تھے کہ انھوں نے اکثر افریقی ہم عصروں کے برعکس جو یا تو قتل کر دیئے گئے یا جیل میں فوت ہو گئے، اپنی جدوجہد کو ثمر بار ہوتے دیکھا۔ اگرچہ یہ سفر بہت طویل اور کٹھن تھا مگر بالآخر ان کو آزادی کی دیوی کو گلے لگانے اور جمہوریت کی شہزادی کا بوسہ لینے کا موقعہ قدرت نے عطا کیا۔

آخر کار وہ جنوبی افریقہ کی گلیوں میں بطور ایک آزاد شہری گھوم پھر سکتے تھے۔ ان کو اپنے خوابوں کی تعبیر مِل چکی تھی۔ اپنی طویل جدوجہد میں انھوں نے اپنے آدرشوں کو زندہ رکھا جن کے لیے ان کے بقول:

"جیا جا سکتا تھا۔ مرا جا سکتا تھا اور مارا جا سکتا تھا۔"

انھوں نے تشدّد اپنانے کے فیصلے کا جواز یوں پیش کیا:

"اس کے پیچھے یہ شدید خواہش کارفرما تھی کہ میرے لوگ اپنے ملک میں عزتِ نفس اور وقار کے ساتھ زندگی بسر کریں۔ وہ عزتِ نفس اور آزادی کی آرزو جس نے میری ذاتی زندگی بدل کر رکھ دی تھی، اس آرزو کی طاقت نے ایک خوف زدہ نوجوان کو ایک بہادر انسان میں بدلا، جس نے ایک قانون پسند وکیل کو مجرم بنا دیا، جس نے ایک خاندان پسند شوہر کو بے گھر کر دیا اور زندگی سے پیار کرنے والے انسان کو ایک درویش بنا دیا۔"

نیلسن مینڈیلا کا ماننا تھا کہ جنوبی افریقہ میں متعصبانہ اور نسل پرست نظام کی بنیادیں صرف بموں سے ہلائی جا سکتی ہیں۔ ظلم وستم کی زنجیریں بندوق کی آگ سے پگھلائی جا سکتی ہیں اور امن، تشدّد کے ذریعے سے حاصل کیا جا سکتا ہے۔ یہاں یہ بات قابلِ غور ہے کہ مینڈیلا کی جدوجہد اکثر گوریلہ رہنماؤں اور مسلح گروہوں کی جگہوں کے برعکس جمہوری انتخابات اور عوام کو انتقالِ اقتدار کی صورت نتیجہ خیز ثابت ہوئی۔

ooo

فریز فینن اور پُرتشدد انقلاب کی نفسیات

فریز فینن بیسویں صدی کے ان نفسیات دانوں، فلسفیوں اور سیاسی کارکنوں میں سے تھے جنھوں نے کئی سیاسی رہنماؤں اور سیاسی تحریکوں کو اپنے ممالک اور اقوام میں انقلاب برپا کرنے کی تحریک دی۔ ان کی کتاب "زمین کے بدبخت لوگ" (The Wretched of the Earth) دنیا کے انقلابیوں کے لیے نشانِ منزل کا درجہ رکھتی ہے۔ اس کتاب کے اٹھارہ سے زائد زبانوں میں تراجم ہو چکے ہیں اور اس کی صرف انگریزی میں دس لاکھ کاپیاں شائع ہو چکی ہیں۔ کتاب کا تعارف فلسفہ "وجودیت" کے معتبر فلسفی ژان پال سارتر نے تحریر کیا ہے۔ اس مضمون میں فینن کی زندگی اور فلسفے کی کچھ جہتیں پیش کی جائیں گی۔

فریز فینن 1925ء میں 'مارٹی نیک' میں پیدا ہوئے اور چالیس سال کی عمر میں کینسر سے وفات پا گئے۔ انھوں نے نفسیات کی تعلیم فرانس سے حاصل کی۔ جب وہ ایک ذہنی امراض کے ہسپتال میں الجیریا کے باغیوں کا علاج کر رہے تھے تو انھوں نے ان کا دُکھ اس قدر محسوس کیا کہ نوکری سے استعفیٰ دے کر "الجیرین آزادی تحریک" میں شمولیت اختیار کر لی۔ بعد ازاں انھوں نے متعدد کتب لکھیں جن میں انھوں نے اپنے سیاسی اور پیشہ وارانہ تجربات کا احاطہ کیا اور قارئین کے سامنے اپنے مشاہدات اور نقطہ ہائے نظر پیش کیے۔ ان کا ماننا تھا کہ: "نوآبادیات سے دست برداری ہمیشہ ایک پُرتشدد کام ہوتا ہے۔"

کیوں کہ اس میں ایک سیاسی نظام مکمل طور پر ختم ہو جاتا ہے اور اس کی جگہ ایک نیا سیاسی نظام جنم پذیر ہو رہا ہوتا ہے۔ چونکہ اس عمل کا مقصد محض اصلاحات کرنے سے بڑھ کر ہوتا ہے اس لیے یہ کبھی بھی پُرامن ذرائع سے مکمل نہیں ہو سکتا۔

انھوں نے اپنے نظریئے کی بنیاد اس مفروضے پر رکھی:

"چونکہ نوآبادیات سے دست برداری دراصل سامراج کا خاتمہ ہے اور چونکہ سامراجیت بذاتِ خود ایک ظالمانہ نظامِ سیاست ہے جس میں بدیسی اقوام، کمزور

ممالک پر قبضہ کر کے مقامی باشندوں پر استحصال، سازباز اور ظالمانہ سلوک کئی دہائیوں اور بعض اوقات کئی صدیوں سے روا رکھے ہوئے ہوتے ہیں، اس لیے غیر ملکی آقاؤں سے نجات و آزادی کی تحریکیں اکثر خوں چکاں ہوتی ہیں۔ ان تحریکوں میں مقامی باشندوں کے اندر صدیوں سے جذب شدہ غصہ، آتش فشاں کی صورت پھٹ پڑتا ہے۔ مگر سامراج سے نجات اور آزادی حاصل کرنے کا یہ واحد طریقہ ہوتا ہے۔"

فینن نے ایک مربوط طریقے سے نو آبادیات قائم ہونے اور ان کے ختم ہونے کے نفسیاتی مرحلے پیش کیے ہیں۔ ان کے مطابق، نو آبادیات وجود میں لاتے وقت سامراجی قوتیں (غیر ملکی اقوام) مقامی باشندوں پر جبر اور دباؤ برقرار رکھنے کے لیے فوج اور پولیس کا استعمال کرتی ہیں۔ بظاہر تو یہ جارحانہ تنظیمیں معاشرے میں امن و آشتی برقرار رکھنے کے لیے تعینات کی جاتی ہیں، مگر حقیقت میں یہ لوگوں کی آزادی، فکر، آواز اور جذبات کو دبانے کے لیے استعمال ہوتی ہیں۔

پھر کیا ہوتا ہے؟ جبر تشدد اور سختی سے یا تو یاسیت جنم لیتی ہے یا بغاوت۔ نتیجتاً جو مقامی باشندے انقلاب کے ذریعے اپنے ملک کا سیاسی اور سماجی نظام بدلنے کا فیصلہ کرتے ہیں ان کو تشدد کا راستہ اپنانا پڑتا ہے۔ ان کو اس بات کا ادراک ہوتا ہے کہ آغاز میں حالات بہتر ہونے کی بجائے مزید ابتر ہو جائیں گے اور یہ کہ سامراجی قوتیں طاقت اور جاہ و حشمت سے دست بردار ہونے سے قبل مقامی باشندوں پر تشدد کے پہاڑ ضرور توڑیں گی۔ انقلابی تنظیموں کے کارندوں کو بہت اچھی طرح معلوم ہوتا ہے کہ انہیں تلخ حقائق کا سامنا کرنا ہوگا، قربانیاں دینی ہوں گی اور اس بات پر پختہ یقین رکھنا ہوگا کہ "نتائج، ذرائع کار کا جواز خود فراہم کریں گے۔"

جب ہم نو آبادیاتی ممالک کا دورہ کرتے ہیں تو ہمیں ان کی آبادیاں دو حصوں میں منقسم نظر آتی ہیں۔ ایک حصے میں خوش حال امراء پُرتعیش رہائش گاہوں میں قیام پذیر نظر آتے ہیں جو دراصل غیر ممالک سے آ کر یہاں قیام پذیر ہیں۔ اور دوسرے حصے میں غریب بدحال اور محروم طبقات نظر آتے ہیں جو مقامی باشندوں پر مشتمل ہوتے ہیں۔ اس تفاوت کے ماحول میں طبقاتی اختلاف، نسلی امتیاز سے بغل گیر ہو کر ملتا ہے۔ شہر کے پہلے حصے میں ہمیں برطانیہ، فرانس اور امریکیوں کی امیر نسل نظر آتی ہے۔ فینن کے مطابق:

"وجہ ہی نتیجہ ہے چونکہ آپ سفید فام ہیں اس لیے امیر ہیں اور آپ امیر ہیں کیونکہ سفید فام ہیں۔ اسی لیے کارل مارکس کے تجزیات کو تھوڑا وسیع تناظر میں دیکھا جانا چاہیے بالخصوص اس وقت جب ہم نو آبادیات کا مسئلہ دیکھ رہے ہوں۔"

فینن کا خیال تھا کہ سامراج اپنا جبر و استحصال برقرار رکھنے کے لیے مذہب کا استعمال بھی کرتا ہے کیونکہ: "سماجی فرق کو قانونی جواز فراہم کرنے کے لیے کسی الٰہیاتی حوالے کی ضرورت ہوتی ہے۔" لہٰذا غیر ملکی غاصب (سامراج)، مقامی اقوام کے ساتھ روا رکھے گئے غیر انسانی سلوک کو جواز فراہم کرنے کے لیے مذہبی پیشوائیت سے تعلق استوار کرتے ہیں۔ پھر ان مذہبی رہنماؤں کے ذریعے عوام بالخصوص پس ماندہ طبقات کو موت کے بعد ایک خوشحال زندگی کا خواب دکھاتے ہیں۔ جو جنت کی صورت میں ان کے تصورات میں موجود ہوتی ہے، مگر انقلابی رہنما اس زمین پر اپنی زندگی کو جنت بنانا چاہتے ہیں۔ وہ خوابوں کی دُنیا میں رہنے کی بجائے حقیقت کا سامنا کرنا چاہتے ہیں۔ ایک انقلابی رہنما احمقوں کی جنت کی بجائے دانش وروں کی دوزخ میں رہنا پسند کرتا ہے۔ وہ جانتا ہے کہ اپنے عوام کو انصاف پسند اور پُرامن معاشرہ دینے کی خاطر انھیں کچھ تلخ حقائق کا سامنا کرنا ہوگا۔ فینن کے الفاظ میں:

> "سامراجی حکمران طبقہ محکوم باشندوں کے لیے جانوروں، وحشیوں اور غیر مہذب افراد جیسے الفاظ استعمال کرتی ہیں۔ وہ مقامی لوگوں کی مذہبی رسومات اور لباس کا مذاق اُڑاتے ہیں۔ حتیٰ کہ بعض اوقات وہ ان کو منحوس سمجھتے ہیں۔ ان کا رویہ مقامی باشندوں کو انسانی سطح سے گرا دیتا ہے۔ سامراج یہ دکھاوا بھی کرتا ہے کہ وہ مقامی افراد کو حقیقی آزادی اور حفاظت فراہم کررہے ہیں اس کے لیے وہ مذہب اور جمہوریت کا سہارا لیتے ہیں اور باور کرواتے ہیں کہ وہ مقامی افراد محکوم اقوام کے رُوحانی اور سیاسی ناخدا ہیں۔ اس کے جواب میں وہ یہ توقع بھی رکھتے ہیں کہ مقامی افراد ان کے سرپرستانہ اور شاہانہ رعایا پرداری پر ان کی شکر گزار بھی ہوں۔ مگر سامراج کا عمومی رویہ محکوم باشندوں کے اذہان میں غم وغصہ بھرتا رہتا ہے۔ وہ مایوس سے مایوس تر ہوتے رہتے ہیں اور یہ باطنی غم وغصہ کچھ عرصہ گزرنے کے ساتھ نفرت میں تبدیل ہوجاتا ہے۔ اب جب محکوم اقوام میں سے کوئی لیڈر اُٹھ کر آزادی کا نعرہ لگاتا ہے تو ان کا نہاں غیض وغضب سامراج سے انتقام مانگتا ہے۔ اب ان محکوم باشندوں کا طویل عرصے سے رکھا ہوا صبر کا پیمانہ لبریز ہوجاتا ہے۔ صبر کا دامن چھوٹ جاتا ہے اب ان کا غیض وغضب مختلف قسم کے تشدد کی صورت میں ظاہر ہوتا ہے۔ اسی نفرت کی طاقت سے محکوم باشندے، غاصب کے دیئے گئے مذہب، ثقافت اور زبان کو چھوڑ دیتے ہیں۔ نوآبادیات کے اختتام کے زمانے میں، نوآبادیاتی عوام غاصبانہ دور کی اقدار کا مذاق اُڑاتے ہیں تضحیک کرتے ہیں اور ان پر تھوک تک کر دیتے ہیں۔"

فینن کے الفاظ میں بغاوت و انقلاب کے عمل کے دوران مقامی باشندے اپنے اندر ایک سماجی شعور کی ترویج کر لیتے ہیں جس کے تحت وہ قوم کے عظیم تر مفاد کی خاطر ذاتی قربانی سے دریغ نہیں کرتے۔ وہ اپنا اندوہ ناک 'آج'، ایک 'روشن کل' کے لیے قربان کرنے پر آمادہ ہو جاتے ہیں۔ اس اُمید پر کہ ایک ایسا دن ضرور آئے گا جب دیسی اور بدیسی، ظالم اور مظلوم، امیر اور غریب، مراعات یافتہ اور محروم طبقات کے ساتھ یکساں سلوک ہو گا۔

وہ حُسنِ سلوک کے حامل ایک منصفانہ معاشرے کا خواب دیکھتے ہیں تاکہ ان کی آنے والی نسلیں اپنے پُرکھوں کی نسبت ایک بہتر زندگی گزار سکیں۔ فینن نے اپنی کتاب میں یہ بھی لکھا ہے کہ محکوم افراد (مقامی باشندے) نوآبادیاتی (سامراجی) قوتوں کے ہاتھوں موردِ الزام ٹھہرائے جانے پر، حقیر گردانے جانے پر اور سزائیں ملنے پر ایک گونا گوں احساسِ جرم میں مبتلا ہو جاتے ہیں۔ یہ احساسِ شرمندگی، مقامی افراد کی ذہنی صحت کے لیے اس قدر ضرر رساں ثابت ہوتا ہے کہ ان کی عزتِ نفس اور ذاتی وقار کو بھی مضروب کر دیتا ہے۔ اب وہ ایک دوسرے سے بھی نفرت کرنے لگتے ہیں۔ ایسی باہمی نا چاکی مختلف نسلی، لسانی اور مذہبی گروہوں کے درمیان تحقیر آمیز بیانات، گروہی عداوتوں اور متشددانہ ردّ عمل کی صورت میں ظاہر ہوتی ہے۔

> "محکوم آدمی رگ و پے میں جمع شدہ غیض و غضب کا پہلا مظاہرہ اپنے لوگوں پر کرے گا۔ یہ وہ دور ہوتا ہے جب کالا، کالے کو مارتا ہے۔ فینن ہمیں اس اندرونی تحریک سے روشناس کروانے کی کوشش کر رہے ہیں، جس کے مظاہر ناراضگی، غصّہ اور تلخی انسانوں کو باطنی طور پر اور سماجی طور پر متاثر کرتے ہیں۔ بالآخر جب یہ منافرت ظالم کی طرف رُخ کرتی ہے تو محکوم فرد اپنے منفی احساسات کا اظہار اپنے اصل دشمن سے کرتا ہے۔ اور غیر شعوری طور پر ظالم بننا چاہتا ہے۔ کیونکہ وہ اس سے متاثر ہو چکا ہوتا ہے۔ مقامی فرد ایک ایسا مظلوم انسان ہوتا ہے جس کا حتمی خواب ظالم بننا ہوتا ہے۔"

فینن یہ راز افشاں کرتے ہیں کہ مقامی افراد اور مسلط افراد کے درمیان رشتہ ذاتی نہیں ہوتا۔ دونوں طبقات آپس میں میل جول نہیں رکھتے اور نہ ہی گھروں، دفتروں یا گلیوں اور بازاروں میں ملتے ہیں کیونکہ یہ ایک دوسرے سے الگ تھلگ اپنی اپنی برادریوں میں زندگی گزارتے ہیں۔ مگر مقامی آبادی غاصب طبقے کے بنائے ہوئے غیر منصفانہ اور غیر انسانی اصول و ضوابط سے روزمرہ زندگی میں بہت متاثر ہوتے ہیں۔ اسی لیے مقامی باشندوں کی بغاوت ہمیشہ منظم ہوتی ہے گویا دیسی اور بدیسی طبقات ایک بین الطبقاتی اور گروہی رشتے میں بندھے ہوئے ہیں۔

وقت گزرنے کے ساتھ مقامی باشندوں کو یہ احساس دامن گیر ہوتا ہے کہ وہ اپنی تباہی آپ کرنے جا رہے ہیں اور اگر انھوں نے اپنی سمت تبدیل نہیں کی تو باہم خانہ جنگی ان کو نیست و نابود کر دے گی۔ چنانچہ اپنے آپ کو تباہ کرنے کی بجائے، انھیں اپنے اوپر مسلط غاصب قوم سے لڑنا چاہیئے۔ اب مقامی اقوام کے رہنما ان کی حوصلہ افزائی کرتے ہیں اور ان کو یقین دلاتے ہیں کہ ظالم سامراج کا خاتمہ کر کے وہ حقیقی آزادی حاصل کریں گے اس کے بعد وہ اپنے مقدر کے خود سکندر ہوں گے۔ مگر دوسرے کنارے تک پہنچنے کے لیے ان کو آگ وخون کا دریا عبور کرنا ہوگا۔ وہ جانتے ہیں کہ شاید ہی وہ زندہ سلامت اُس پار اتر سکیں۔ عین ممکن ہے کہ ان میں سے اکثر اس پُرامن کنارے سے ہمکنار نہ ہوسکیں۔ چنانچہ رفتہ رفتہ ہر مقامی باشندہ ایک ذاتی اور سماجی حقیقت کو بنانے اور سنوارنے میں مشغول ہو جاتا ہے۔

> ”مقامی باشندے کو جب حقیقت کا ادراک ہو جاتا ہے تو وہ اس کو اپنے رسم و رواج کے قالب میں ڈھالتا ہے پھر تشدد کا راستہ اختیار کر کے اپنے آزادی کے منصوبے کو عملی شکل دیتا ہے۔“

فینن جہاں محنت کش طبقے اور پسماندہ مقامی باشندوں کی نفسیات سے بخوبی واقف تھے وہاں متوسط طبقے کے دانشوروں کی سوچ پر بھی گہری نظر رکھتے تھے۔ ان کے مطابق ان افراد کے ہاں قول و فعل کی فلسفیانہ ناہمواری موجود ہوتی ہے۔ وہ شعلہ بیاں تقاریر کرتے ہیں اور انقلابی نظمیں لکھتے ہیں مگر جب پُرتشدد مظاہروں کا وقت آتا ہے تو پس منظر میں چلے جاتے ہیں۔ اور پُرامن اصلاحات کی باتیں کرتے ہیں۔ اسی لیے فینن نے قدرے تلخ انداز میں لکھا: ”وہ الفاظ میں شدت پسند اور روّیے میں صلح جُو اور اصلاح پسند ہوتے ہیں۔“

ان دانشوروں کے پاس مناسب متوسط قسم کی ملازمتیں ہوتی ہیں اور ایک آرام دہ طرزِ زندگی موجود ہوتا ہے۔ اس کے برعکس عموماً یہ غیر مراعات یافتہ طبقات ہوتے ہیں جن کو یقین ہوتا ہے کہ وہ طویل عرصے تک ظلم وستم کی چکی میں نہیں پس سکتے اس لیے وہ پُرتشدد تحاریک میں شامل ہو جاتے ہیں۔ غریب کسان اور محنت کش مزدور، یہ جان جاتے ہیں کہ انقلاب کی صورت میں وہ سب سے زیادہ ثمر بار ہوں گے۔

فینن کے بقول: ”وہ فاقہ زدہ کسان جو ان دو طبقات سے بھی الگ ہوتا ہے سب سے پہلے یہ جان جاتا ہے کہ صرف تشدد ہی کسی تحریک کو کامیاب کرتا ہے۔“

فینن نے محسوس کیا کہ ”نوآبادیات قائم کرنا اور پھر اس کا اختتام دونوں عمل تشدد آمیز ہیں۔

نوآبادیات قائم کرنا، سوچنے سمجھنے یا کسی عقلی دلیل سے ماورا کام ہے۔ یہ فطری طور پر ایک پُرتشدد کام ہے اوراس کی شدت اس وقت بڑھ جاتی ہے جب فریقِ مخالف بھی تشدد پر اُتر آئے۔"

نوآبادیات کی گرفت میں آئے مقامی عوام جب یہ محسوس کرتے ہیں کہ نام نہاد پُرامن مذاکرات اور بات چیت بے سُود ثابت ہورہی ہے تو وہ فیصلہ کرتے ہیں کہ مسلح جدوجہد اور شدت پسندی ان کی آزادی کی واحد ضمانت ہے۔ یہ وہ وقت ہوتا ہے جب وہ انقلابی تحریکوں میں شامل ہوتے ہیں اور وہ نہ صرف مرنے بلکہ مارنے پر بھی آمادہ ہوجاتے ہیں۔ وہ پُرتیقن ہوتے ہیں کہ غاصبوں کا خاتمہ کرکے ان کو آزادی کی صورت میں نئی زندگی عطا ہوگی۔ یہ وہ منزل ہوتی ہے جب انقلابی گروہ تشدد کو وسیع پیمانے پر بطور ہتھیار استعمال کرنا شروع کرتے ہیں۔ کیونکہ ان کے انقلابی رہنما ان کو یقین دلا چکے ہوتے ہیں کہ بلاواسطہ عملی تشدد کے بغیر آزادی حاصل نہیں کی جاسکتی، یہ عظیم قربانی کا مقام ہوتا ہے۔ اس مقام پر نوآبادیاتی اور سامراجی قوتیں گھبراہٹ اور خطرہ محسوس کرتی ہیں۔ وہ اپنا اقتدار بچانے کے لیے مقامی آبادی میں سے دانشوران اور مذہبی پیشواؤں کا چُناؤ کرکے ان سے رابطہ کرتے ہیں تاکہ وہ عوام کو باور کروائیں کہ 'وہ صبر وشکر کریں شر پسندوں کا ساتھ نہ دیں اگر کوئی منہ پر تھپڑ رسید کرے تو دوسرا گال بھی پیش کردیں۔ اور یہ دُنیا عارضی ہے اصل زندگی مرنے کے بعد ہے جہاں ہمیشہ ہمیشہ کی آسائش ہے۔' مگر اس وقت تیر کمان سے نِکل چکا ہوتا ہے۔ اس مقام پر انقلابی تحریکیں واپسی کے کسی بھی سفر کے لیے اپنی کشتیاں جلا چکی ہوتی ہیں۔ بلکہ جُوں جُوں آزادی کی تحریک زور پکڑتی ہے غاصب اپنے آپ کو کمزور محسوس کرتے ہیں۔

جب وعظ ونصیحت نتیجہ خیز ثابت نہیں ہوتی تو حکمران چند انقلابی رہنماؤں کو قتل اور چند ایک کو جیل میں بند کردیتے ہیں اس اُمید پر کہ ان کے پیروکار خوف زدہ ہوجائیں گے۔ جب یہ چال بھی کامیاب نہیں ہو پاتی تو حکمران پولیس اور فوج کو طلب کرتے ہیں۔ وہ انقلابیوں کو یہ پیغام دینا چاہتے ہیں کہ سامراج کی مخالفت کے معنی خانہ جنگی ہے، جس سے ہزاروں معصوم افراد مارے جائیں گے۔ مگر انقلابی بخوبی جانتے ہیں کہ حکمران ان پُرتشدد کاروائیوں کی بیخ کنی کے لیے ان پر فوج اور پولیس کے ذریعے تشدد کریں گے۔ وہ یہ بھی جانتے ہیں کہ پولیس اور فوج کی مدد سے انقلابیوں پر ظلم وستم ڈھانا اس بات کی عکاسی ہے کہ حکمران مایوسی اور گھبراہٹ کا شکار ہیں۔ اور یہ بات نوآبادیات کے خاتمے کے عمل کا آغاز ہے۔

بالآخر مسلّح جدوجہد شدت اختیار کرتی ہے اس یقین کے ساتھ کہ تشدد ہی آزادی کا واحد راستہ ہے، مگر اس صورت حال میں بھی سامراجی حکومت مقامی محکوموں کو یہ باور کروانے کی کوشش جاری رکھتے

ہیں کہ وہ سادہ لوح اور ناتجربہ کار ہیں، ملکی معاملات نہیں چلا سکتے۔ لہٰذا سامراج کے اخراج کی صورت میں ان کا ملک کئی ٹکڑوں میں تقسیم ہو جائے گا۔ مگر سامراجی قوتیں یہ بھول جاتی ہیں کہ مقامی آبادی کی صدیوں پر محیط ایک تاریخ ہے۔ اور یہ کہ بیرونی آقاؤں کی کالونی بننے سے قبل ان کی کچھ پُرانی رسوم و رواج ہیں اور وہ کئی صدیوں سے اپنی تہذیب وثقافت کے مطابق متحد ہو کر زندگی گزار رہے تھے۔

اپنی کتاب میں فینن نے اس بات کو اُجاگر کیا ہے کہ دوسری جنگِ عظیم کے بعد امریکہ نے یورپی سامراجی طاقتوں کے نقشِ قدم پر چلنا شروع کیا۔ آغاز میں امریکہ نے ایشیاء، افریقہ اور لاطینی امریکہ کے عوام اور سیاستدانوں کو یہ پیغام دیا کہ امریکہ دنیا بھر میں آزادی، خودمختاری اور جمہوریت کی علامت ہے۔ حالانکہ اس نے ایک سامراجی قوت بن کر ان ممالک سے سیاسی اور معاشی مفادات حاصل کرنے کا خفیہ منصوبہ بنا رکھا تھا۔ امریکہ کی سیاسی قیادت کو یہ بات سمجھ میں نہیں آتی کہ کالونیاں اب بیرونی قوتوں کی در اندازی سے تنگ آ چکی ہیں اور امریکہ سے روندے جانے کے لیے تیار نہیں۔ وہ اب بیرونی طاقتوں کے لیے نفرت اور غصہ رکھتی ہیں۔ اسی صورتِ حال میں امریکہ اپنے اپنے منصوبے کو ایک اور طرح سے عمل پذیر کرتا ہے۔ وہ اپنی نوآبادیات پر کٹھ پُتلی حکمران اور فوجی آمر مسلط کرتا ہے اور بنیادی انسانی حقوق کی پامالی کر کے جمہوری طور پر منتخب افراد کو حکومت میں آنے سے باز رکھتا ہے کیوں کہ وہ امریکہ کا مقابلہ کریں گے، سامنا کریں گے اور اس کا منصوبہ ناکام بنائیں گے۔ اس سب کے باوجود فینن کے بقول: "امریکہ آج بھی ڈھٹائی سے سرکاری طور پر اعلان کرتا رہتا ہے کہ وہ دُنیا کے لوگوں کے حقوق اور حقِ رائے دہی کا محافظ ہے۔"

اس کو شاید سمجھ نہیں آتا کہ اب امریکی سفیروں کا ان ممالک میں استقبال نہیں کیا جائے گا اور اگر انھوں نے طاقت سے ان پر مسلط ہونے کی کوشش کی تو ان کا استقبال مسکراہٹوں کی بجائے مُکّوں، سنگ ریزوں اور قاتل گوریلاؤں کی گولیوں سے کیا جائے گا۔ دیگر سامراجی طاقتوں کی طرح امریکہ کو بھی اب سمجھ آ جانی چاہیے کہ ان ممالک کے عوام ان کی ساز باز کو پسند نہیں کرتے خواہ وہ کسی شکل میں بھی ہو، اور وہ آزادی اور وقار کے ساتھ زندہ رہنا چاہتے ہیں۔ ایسے ممالک جو ابھی تک کمزور، غریب اور پس ماندہ ہیں ان ممالک کی جانب رشک سے دیکھتے ہیں جو آزاد اور خودمختار ہیں۔ یہ سچ ہے کہ: "آزادی ان کے لیے" اخلاقی اعزاز یہ لے کر آئی ہے جو کالونی زدہ عوام کے لیے ایک سماجی انعام ہے۔ کیونکہ سامراج سے چھٹکارا حاصل کر کے ان کا وقار بحال ہوا ہے۔ اس مقام پر پہنچ کر فینن ایک اور نفسیاتی پہلو کی نشان دہی کرتے ہیں۔

"نوآبادیات پر مسلط اہلِ اقتدار اس حقیقت سے پہلو تہی کرتے ہیں کہ محکوم باشندوں کو تشدد

کا سبق اُنھوں نے خود دیا تھا کیونکہ غلاموں کے لیے ان کے آقا بہترین نمونہ ہوتے ہیں۔ اب اگر ان کے ہی سکھلائے ہوئے تشدد پر محکوم باشندے کار بند ہو گئے ہیں تو حیرانی کی کیا بات ہے؟ حاکم طبقہ (سامراج) بڑی آسانی سے محکوم افراد کی مزاحمت اور تشدد آمیز کاروائیوں کو دہشت گردی کا نام دے دیتا ہے۔ اس کو یہ احساس نہیں ہوتا کہ مظلوم و محکوم اقوام کے پاس آزادی حاصل کرنے کا واحد طریقہ تشدد ہے اور اس حقیقت کو تسلیم کرنے کے بعد ہی انھوں نے ہتھیار اُٹھانے کا فیصلہ کیا ہے۔ درحقیقت آبادکاروں نے خود ہی محکوموں کو یہ باور کرایا ہے کہ اگر انھوں نے آزادی حاصل کرنی ہے تو اس کا واحد راستہ تشدد ہے۔"

فینن کا مفروضہ ہے کہ عمل اور ردِعمل ہمیشہ برابر اور مخالف ہوتے ہیں۔ نوآبادیات کے خاتمے کے مرحلے میں جو تشدد ہو رہا ہوتا ہے اسی تناسب سے ہے جو نوآبادیات قائم کرتے وقت برپا ہوا تھا۔ غاصب طبقہ وہی فصل کاٹ رہا ہوتا ہے جو ان کے آباواجداد صدیوں سے بوتے آئے تھے۔ مقامی افراد کے ذریعے برپا تشدد کا درجہ اس تشدد پر خوف میں مبتلا حکمران طبقہ، اپنی اجارہ داری قائم رکھنے کے لیے طاقت کے ذریعے کالونی میں برپا کرتا ہے۔ فینن کے پاس الجیریا کے انقلاب کا تجربہ تھا، جس میں وہ خود شامل تھے جہاں انھوں نے آزادی کی جدوجہد کے دوران ہزاروں اموات اپنی آنکھوں سے دیکھیں۔ انھوں نے تشدد کا پہیہ چلتے ہوئے بہت قریب سے دیکھا۔ اور لکھا کہ:

"دہشت گردی کا جواب جوابی دہشت گردی اور تشدد کا جواب تشدد۔ یہ وہ منظر ہے جو دیکھنے والے نہایت دُکھ کے ساتھ بیان کرتے ہیں۔ یہاں نفرت کا پہیہ رُکنے کا نام نہیں لیتا۔ یہ پہیہ اس وقت الجیریا میں بہت واضح اور طاقتور ہے۔"

فینن کے مطابق ایک وقت آتا ہے جب مقامی تحریک اس نہج پر پہنچ جاتی ہے کہ آزادی کے متوالوں میں ایک متشددانہ شعور بیدار ہو جاتا ہے جو اس کو یقین دلاتا ہے کہ وہ غاصب کا خاتمہ کر کے ہی دوبارہ جنم لے سکتا ہے اور اس نئے جنم میں وہ مکمل آزاد شہری ہو گا۔ غاصب کو قتل کرنے کے عمل میں اس کو اپنے دوسرے جنم کا راز نظر آتا ہے۔ شاید کچھ قارئین کے لیے یہ ایک افسانہ ہو مگر فینن اس کو ایک نفسیاتی حقیقت گردانتے ہیں۔ انھوں نے لکھا: "مغلوب کے نزدیک غاصب کی گلتی سڑتی لاش سے ہی نئی زندگی کا جنم ہو سکتا ہے۔"

ان کا خیال تھا مغلوب آبادی کا تشدد نہ صرف اس کو نئی زندگی عطا کرتا ہے بلکہ اس کی کھوئی ہوئی توقیر بھی بحال کر دیتا ہے۔ انھوں نے کہا کہ بیسویں صدی میں دُنیا بھر کی کالونی زدہ اقوام اور نوآبادیاتی طاقتوں کو یہ احساس ہو چکا ہے کہ اب فرنگی طاقتوں کو ان کے ممالک میں برداشت نہیں کیا جائے گا۔

بیسویں صدی نے مزاحمت اور انقلاب کی دُنیا میں آنکھ کھولی ہے۔ کالونیوں میں رہنے والے افراد دنیا کو باور کروا رہے ہیں کہ:

"یورپ کی ترقی اور خوشحالی کی تعمیر سیاہ فاموں، عربوں اور ہندوستانیوں کے خون اور پسینے سے ہوئی ہے۔ ہم نے فیصلہ کیا کہ اب یہ سب کچھ مزید برداشت نہیں کیا جائے گا۔"

فینن کی رائے میں اگر یورپ اور امریکہ نے ایشیا، مشرقِ وسطیٰ، افریقہ اور لاطینی امریکہ کے عوام اور حکومتوں کو احترام کی نگاہ سے نہ دیکھا تو تشدد کا پہیہ یوں ہی گھومتا رہے گا۔ تا آنکہ دنیا بھر کے ممالک اور اقوام باہم احترام کے رشتے میں بندھ جائیں اور ظلم و استحصال کا مکمل خاتمہ ہو جائے۔

میں جب گزشتہ دہائیوں کے دوران دنیا میں رُونما ہونے والی سیاسی تبدیلیوں کا مشاہدہ کرتا ہوں تو اس نتیجے پر پہنچتا ہوں کہ 1960ء کی دہائی میں لکھی جانے والی فینن کی یہ تحریریں نہ صرف بصیرت آموز اور عمیق تھیں بلکہ ایک طرح کی پیش گوئیاں بھی تھیں۔ فینن ایک بہترین تشخیص کار نظر آتا ہے۔ فلسفہ داں اور سیاستداں اس کے ماخذات اور توجیہات سے متفق نہ بھی ہوں مگر وہ اس کے بتائے گئے، سامراج اور مقامی آبادیوں کے متحرک رشتے کے متعلق گہرے مشاہدات اور نظریات کو نظر انداز نہیں کر سکتے۔

فینن ایک عظیم دماغ کا مالک تھا۔ جس نے پُرتشدد انقلابات اور انقلابیوں کی نفسیات کا ادراک حاصل کرنے کے لیے ہمیں اپنے ساتھ شامل کیا۔ وہ ایک ایسی دُنیا کا خواب دیکھتا تھا جہاں تشدد اور منافرت کا گردشی پہیہ ہمیشہ کے لیے رُک جائے گا اور بنی نوع انسان امن اور انصاف کی فضا میں زندگی گزار رہے ہوں گے۔

فینن کا خیال تھا کہ:

"یہ ایسی صورت میں ممکن ہے جب سامراجی طاقتیں یہ تسلیم کر لیں کہ انھوں نے طویل عرصے تک انسانیت پر مظالم ڈھائے ہیں اور یہ کہ سامراجی طاقتیں اپنی سابقہ کالونیوں کی بحالی اور تعمیر نو کرنے پر رضا مند ہوں۔ وہ تمام انسانوں کو انفرادی اور قومی سطح پر احترام کی نگاہ سے دیکھیں اور لوگوں کو مذہب اور جمہوریت کے نام پر تبدیل کرنے کی کوشش نہ کریں۔ کالونی زدہ دُنیا (سابق نو آبادیات)، جنھوں نے ان کو صدیوں تک غلام بنائے رکھا، یہ توقع رکھتی ہے کہ سامراجی طاقتیں اپنی گزشتہ کالونیوں کی از سرِ نو بحالی کے لیے ان کی مدد کریں گی اور ہمیشہ کے لیے بنی نوع انسان کو کامیاب و کامران اور فاتح بنا دیں گی۔"

ooo

امن ساز شخصیات

لیوٹالسٹائے کا امن اور محبت کا طریق

جب میں بیسویں صدی کی تاریخ کا مطالعہ کرتے ہوئے امن پسند لیڈران کی زندگیوں کا جائزہ لیتا ہوں تو مجھے ایک دل چسپ بات معلوم ہوتی ہے، یہ لیڈران کسی نہ کسی حوالے سے لیوٹالسٹائے سے متاثر تھے۔ کچھ نے ان کو بطور ایک ناول نگار سراہا اور اکثر نے ان کو ایک فلاسفر کے طور پر خراجِ عقیدت پیش کیا۔ اہل علم و دانش کی اکثریت نے لیوٹالسٹائے کے ناول: "War And Peace" کو اس زمانے کا سب سے بڑا ناول قرار دیا ہے۔

ٹالسٹائے نے بیسویں صدی کی جن امن ساز شخصیات کو متاثر کیا ان میں موہن داس گاندھی بھی شامل تھے۔ ٹالسٹائے کی زندگی کے آخری چند سالوں کے دوران گاندھی اور ان کے درمیان خطوط کا تبادلہ بھی ہوا۔ ان خطوط میں گاندھی نے جنوبی افریقہ میں قیام کے دوران اپنی سیاسی سرگرمیوں کا احوال بیان کرنے کے ساتھ ساتھ ہندوستانیوں کے انسانی حقوق کے حوالے سے اپنی سیاسی جدوجہد کا ذکر کیا۔ گاندھی، ٹالسٹائے کی فیاضانہ حمایت سے اس قدر متاثر ہوئے کہ انھوں نے جنوبی افریقہ کے اس آشرم کا نام جہاں وہ اپنے ہم خیال پیروکاروں کی تربیت کرتے تھے "ٹالسٹائے فارم" رکھ دیا۔ چونکہ گاندھی سے "دلائی لاما" اور "مارٹن لُوتھر کنگ جونیئر" بھی متاثر تھے اور ان کے رہنما اصولوں پر کاربند تھے، لہٰذا ہم کہہ سکتے ہیں کہ بیسویں صدی کی پُرامن تحریکوں کو ٹالسٹائے کے افکار نے متاثر کیا تھا۔

ٹالسٹائے نوجوانی میں افسانے اور ناول لکھتے تھے۔ مگر پیرانہ سالی میں رُوحانی اور فلسفیانہ تحاریر پر توجہ دینے لگے تھے۔ زندگی کے آخری چند سالوں میں اُنھوں نے اپنے مشاہدات اور بصائر، مضامین کی صورت میں دُنیا کے سامنے پیش کیے۔ اکثر لوگ ان مضامین کو سونے کی کان سے تشبیہ دیتے ہیں۔ کیونکہ یہ مضامین ٹالسٹائے کے وسیع علم اور تجربات کا نچوڑ ہیں، جن سے ان کی انسانی نفسیات، سماجیات اور تاریخ پر گرفت مسلمہ طور پر نظر آتی ہے۔ ان تحاریر سے وہ اپنے آپ کو ایک عمر رسیدہ دانش ور ثابت کرنے میں کامیاب نظر آتے ہیں جو گزشتہ نسل کی عقل و دانش آنے والی نسل کو منتقل کرنے پر کمربستہ ہے۔

جب میں ٹالسٹائی کے ان فلسفیانہ مضامین کا مطالعہ کرتا ہوں جو ان کی زندگی کی آخری اور بیسویں صدی کی پہلی دہائی میں لکھے گئے تھے تو ان کو بہت بصیرت انگیز پاتا ہوں۔ یہ وہ وقت تھا جب رُوس ایک پُرتشدد کیمونسٹ انقلاب کی جانب بڑھ رہا تھا۔ ایک مضمون میں وہ لکھتے ہیں کہ بنی نوع انسان کے سامنے ہر وقت انفرادی اور اجتماعی طور پر دو راستے ہوتے ہیں وہ ان میں سے کسی ایک کا انتخاب کرنے میں آزاد ہوتے ہیں۔ ایک راستہ نفرت اور تشدد کا ہے جب کہ دوسرا راستہ امن اور محبت کا ہے۔ ٹالسٹائی جانتے تھے کہ ہر دور میں کسی ایک کا انتخاب کرنے والے لوگ اپنی تحریک کے حق میں بہترین دلائل اور جواز رکھتے ہیں۔ مگر ان کا خیال تھا کہ تاریخ میں جن لوگوں نے اپنی تحریک کی کامیابی کے لیے عدم برداشت اور تشدد کا راستہ اپنایا انھوں نے ہمیشہ تشدد کے ایک نہ ختم ہونے والے سلسلے کی بنیاد رکھ دی۔

چنانچہ ٹالسٹائی نے اقوامِ عالم کے سرکردہ افراد کو یہ پیغام دیا کہ وہ اپنے مقاصد کے حصول کے لیے تشدد کو ترک کر کے محبت کا راستہ اپنائیں۔ محبت کا راستہ ان کو بالآخر دیرپا امن کی طرف لے کر جائے گا۔ مگر محبت کا راستہ اپنانے کے لیے افراد کو اپنے باطن میں رُوحانیت پیدا کرنی پڑتی ہے اور قربانی دینے کے لیے تیار رہنا پڑتا ہے۔ ایسی تبدیلی ایک باطنی تبدیلی کا تقاضہ کرتی ہے مگر عموماً لوگ اپنی ذاتی اور سماجی زندگی میں ضبط وتحمل سے کام نہیں لیتے اور نہ ہی کوئی نئی روش اختیار کرنے پر آمادہ ہوتے ہیں۔ اکثر لوگ آگ کو آگ سے بُجھانا چاہتے ہیں، گویا انتقام لینے پر یقین رکھتے ہیں۔ اس طرح ایک تکلیف دہ دائرے کے اندر زندگی گزار دیتے ہیں۔

ان افراد کی نفسیات کا جائزہ لینے کے بعد جو نفرت اور تشدد کا راستہ اپناتے ہیں۔ ٹالسٹائی نے کہا کہ ایسا تکلیف دہ دائرہ مختلف سطحوں پر قائم ہوتا ہے۔ ایسا عمل ذاتی، سماجی، جذباتی، سیاسی، قومی اور بین الاقوامی طور پر ہوسکتا ہے۔

انھوں نے لکھا کہ یہ جنگ مختلف طبقات کے درمیان ہوسکتی ہے۔ مثلاً امیر اور غریب کے درمیان۔ کسی معاشرے کے، ظالم اور مظلوم طبقے کے درمیان بھی ایسا ہوسکتا ہے۔ اُنھوں نے لکھا:

> ”اکثر محنت کش افراد جو زمین سے محروم ہوتے ہیں اور ان کو اپنی محنت ثمر بار ہوتی ہوئی نظر نہیں آتی تو وہ جاگیرداروں اور سرمایہ کاروں سے نفرت کرنے لگتے ہیں جو ان کو ہمیشہ غلام بنا کر رکھنا چاہتے ہیں۔ اس کے برعکس جاگیردار اور سرمایہ دار بھی یہ جانتے ہیں کہ محنت کش ان کے بارے میں کیا سوچتے ہیں لہٰذا وہ بھی محنت کشوں کو قابو میں رکھنے کے لیے حکومتی طاقت سمیت مختلف حربے استعمال کرتے ہیں۔“

ٹالسٹائی کو اچھی طرح معلوم تھا کہ انسانی تاریخ اور بالخصوص بیسویں صدی ایسے واقعات سے بھری پڑی ہے۔ انسانی معاشروں میں جہاں جہاں ظالم وجابر لوگوں نے محنت کش طبقات کو دبانے کی کوشش کی وہاں حالات مزید خراب ہوئے، تناؤ بڑھا اور نتیجتاً وہاں تشدد پھوٹ پڑا اور پھر اِس تشدد نے معاشرے کو خُون میں نہلا دیا اور بہت سے لوگ موت کے منہ میں چلے گئے۔ ٹالسٹائی کا ماننا تھا کہ غصہ، تلخی اور ناراضگی کا اظہار جیسے کسی معاشرے میں امیر اور غریب طبقات کے درمیان پایا جاتا ہے، ویسا ہی امیر اور غریب اقوام کے درمیان بھی نظر آتا ہے۔

جب سے امیر، سرمایہ دار اور سامراجی اقوام، افریقہ اور ایشیاء کی غریب اقوام کا استحصال کر رہی ہیں تب سے دونوں اطراف میں تناؤ اور نفرت بڑھتی رہی ہے۔ بات یہیں پر ختم نہیں ہوئی بلکہ دوسری اقوام کے لیے نفرت کی آگ کو زندہ رکھنے کے لیے حبّ الوطنی کے فلسفے کا ایندھن استعمال کرنا شروع کیا گیا۔ پھر کیا تھا؟ اس حُب الوطنی کے جذبے کو زندہ وتابندہ رکھنے کے لیے اور ملکی سرحدوں اور اپنے مفادات کی حفاظت کے لیے اقوامِ عالم نے دفاعِ وطن کے لیے بے دریغ وسائل خرچ کرنے شروع کیے۔ انھوں نے اپنے وہ قیمتی وسائل جوان کے غریب، بے کس اور محروم طبقات پر خرچ ہونے چاہیے تھے، اپنی افواج کو مضبوط کرنے اور ہتھیار خریدنے پر لٹا دیے اور افواج میں موجود سپاہیوں اور افسران کو دوسرے انسانوں کو جنھیں ان کے لیڈر دشمن سمجھتے تھے ہلاک کرنے کی تربیت اور ترغیب دی جانے لگی۔ ٹالسٹائی نے لکھا:

> ”اقوامِ عالم ایک دوسرے کا خاتمہ کرنے کے 'بین الاقوامی قتلِ عام' کی خاطر اپنے آپ کو مسلح کرنے کے لیے دفاعی اخراجات میں ایک تواتر سے اضافہ کر رہی ہیں۔ وہ اپنی زمینی فوج، بحری آب دوزوں اور فضائی طاقت کو بڑھانے کی ایک اندھی دوڑ میں دیوانہ وار مصروف ہیں۔“

ٹالسٹائی نے اس حقیقت کو اُجاگر کیا کہ اُنیسویں صدی میں نوآبادیات کی روایت ایک ایسا منظرنامہ پیش کرتی ہے جس میں سامراجی طاقتیں کئی کمزور اقوام پر مسلّط تھیں۔ یہ محکوم اقوام اپنے بدیسی آقاؤں کے لیے رنج وغصہ اور نفرت رکھتی تھیں۔ ہر بڑی سامراجی طاقت کے زیرِ تسلّط ایک یا ایک سے زیادہ کمزور اقوام تھیں جوان کی خواہش کے برعکس محکوم بن گئیں۔ ان کو مجبور کیا جاتا کہ وہ ایک بڑی سلطنت کے لیے مل کر کام کریں۔۔۔ جیسا کہ ہم دیکھتے ہیں کہ آسٹریا، انگلستان، روس اور فرانس نے پولینڈ، آئرلینڈ، ہندوستان، فِن لینڈ اور الجیریا کو اپنی نوآبادیات بنا رکھا تھا۔ چنانچہ بڑی امیر اقوام اور غریب اقوام کے درمیان بڑھتی ہوئی نفرت کے علاوہ حاکم اور محکوم اقوام کے درمیان بھی ایک مستقل طور

پر بڑھتا ہوا غم و غصہ پایا جاتا تھا۔

ٹالسٹائے کا ماننا تھا جو لوگ تشدد کے راستے پر چلتے ہیں ان کو یقین ہوتا ہے کہ اگر وہ سرمایہ داروں اور ان کے قائم کردہ جابرانہ نظام کو بزورِ طاقت تباہ کر دیں تو وہ ایک انصاف پر مبنی پُرامن معاشرہ قائم کر دیں گے۔ ٹالسٹائے کا خیال تھا کہ یہ بھی ایک خام خیالی ہے۔ ان کا کہنا تھا کہ جو نظام تشدد اور طاقت کی مجامعت سے وقوع پذیر ہوتا ہے وہ مزید تشدد کو جنم دیتا ہے۔ اور یہ سلسلہ ایک نسل سے دوسری نسل تک چلتا ہے۔ جس میں زیادہ سے زیادہ معصوم بچے، مرد اور عورتیں ہلاک ہوتے رہتے ہیں۔ انھوں نے کہا:

"تشدد کے نتیجے میں عدل و انصاف سے ملتی جلتی صورت حال تو پیدا ہو جاتی ہے مگر 'لوگ آپس میں غیر متشددانہ اور منصفانہ زندگی بسر کریں گے۔' ایسا نہیں ہوسکتا۔"

ٹالسٹائے نے بیسویں صدی کی پہلی دہائی میں روس میں اپنی آنکھوں سے "زار" اور "اشتراکیت پسندوں" اور حکومت اور انقلابیوں کے درمیان بڑھتے ہوئے تشدد اور نفرت کو دیکھ رکھا تھا ان مشاہدات کے تناظر میں انھوں نے لکھا:

"میں دیکھتا ہوں کہ گزشتہ ایک دو سال کے دوران حکومتی افواج نے لوگوں کو گولیوں سے چھلنی کرنے اور پھانسیاں دینے کا ایک لامتناہی سلسلہ شروع کر رکھا ہے۔ اس دوران ہزاروں لوگ مارے جا چکے ہیں اس کے جواب میں مزاحمتی تحریکوں کے بم دھاکوں سے ہزاروں لوگ لقمۂ اجل بن چکے ہیں۔"

ٹالسٹائے کے خیال میں روسی حکومت تشدد کے ہتھیار کو لوگوں کو اپنے کنٹرول میں رکھنے کے لیے استعمال کر رہی تھی جب کہ انقلابی لوگ اسے لوگوں کو متحد رکھنے کے لیے استعمال کر رہے تھے۔ انھوں نے محسوس کیا کہ صرف خالص محبت ہی لوگوں کو متحد رکھ سکتی ہے۔ ایسا ممکن ہے کہ ایک مشترک دشمن کے سامنے پُرتشدد افراد کو عارضی طور پر متحد کر دے مگر یہ اتحاد دیرپا ثابت نہیں ہو سکتا۔ یہی لوگ پھر بکھر جائیں گے۔

ٹالسٹائے کا ماننا تھا کہ دونوں اطراف کے لیڈران خواہ ان کا تعلق حکمران طبقے سے ہو یا انقلابیوں سے، وہ حاکم یا محکوم اور امیر ہوں یا غریب، جو تشدد کو سیاسی اور سماجی تبدیلی لانے کے لیے استعمال کرتے ہیں اپنے دِلوں کی گہرائی میں اچھی طرح جانتے ہیں اور مانتے ہیں کہ وہ تشدد کے ذریعے

ایک دیر پا امن قائم نہیں کر سکتے۔ وہ نہ چاہتے ہوئے بھی ایک ایسے تضاد کا حصہ بن جاتے ہیں جس سے دُور رہنا چاہتے تھے۔ان کا یہ نظریہ کہ "نتائج، اسباب کا جواز فراہم کرتے ہیں۔" (Ends justify the means.) وقت کی کسوٹی پر پُورا نہیں اترتا۔ان کے بقول:

"دونوں حریف اگرچہ اپنے مؤقف پر ڈٹے ہوتے ہیں وہ اپنے تئیں تسلی دینے کے لیے بے شمار دلائل دیتے ہیں کہ تشدد مفید اور ضروری شے ہے۔مگر دِل میں اس بات کے قائل ہوتے ہیں کہ تشدد متفقہ نصب العین نہیں بلکہ اس کے مشابہ نتیجہ حاصل کر سکتا ہے اور وہ بھی عارضی۔درحقیقت وہ نصب العین سے قریب ہونے کی بجائے دور جا رہے ہوتے ہیں۔"

ٹالسٹائے اچھی طرح جانتے تھے کہ وہ لوگ جو تشدد کے ہتھیار کو اپنے مقاصد کے حصول کے لیے استعمال کرتے ہیں یہ بھول جاتے ہیں کہ امن کے حصول کے لیے کوئی 'مختصر راستہ' نہیں ہوتا۔محبت کی راہوں پر چلنے کے لیے لوگوں کا روّیہ ایک طویل دوڑ دوڑنے والے کھلاڑیوں والا ہونا لازمی ہے۔ایسے لوگ جو قربانیاں دینے کے لیے تیار ہوں ان کو اس تلخ حقیقت سے آگاہی تھی کہ امن کے حصول کے سیاسی راستے کشت وخوں کی ندی سے گزرتے ہیں۔انھوں نے افراد اور گروہوں کو تجویز دی کہ وہ انفرادی اور اجتماعی طور پر امن کے حصول کے لیے رُوحانیت کے راستے کے بارے میں سنجیدگی سے غور کریں۔

"روحانیت کا راستہ محبت کا راستہ تھا۔انسانی تاریخ اس پر شاہد ہے کہ یہی وہ راستہ تھا جو پیغمبروں، صوفیوں اور روحانی پیشواؤں نے انسانوں کو دکھایا۔تمام مذہبی روایتوں کی اصل رُوح بھی یہی تھی۔تمام قدیم مذہبی عقائد نے اس بات کا پرچار کیا کہ محبت زندگی کا لازمی اور خوشگوار پہلو ہے۔مصر کے قدیم پروہتوں نے ، ہندوستان کے برہمنوں نے ، بدھ مت، تاؤازم اور یگر رُوحانی روایات میں انسان دوستی، رحم ،ہمدردی، ملنساری، رحم دلی، صدقہ اور محبت عظیم اقدار سمجھی جاتی تھیں۔"

تمام مذاہب اس بات پر یقین رکھتے ہیں کہ انسان جہاں ایک پُرتشدد سیاہ رُخ رکھتے ہیں وہاں اپنے اندر ایک امن کا روشن چراغ بھی رکھتے ہیں۔یہی وہ الٰہیاتی اور مقدس رُخ ہے جس میں خدا بستا ہے اور اپنا اظہار محبت کی صورت میں کرتا ہے۔زندگی کے آخری برسوں میں ٹالسٹائے اپنی شخصیت کے اس پہلو کی طرف متوجہ ہو گئے تھے اور اُنھوں نے دوسروں کو بھی اس پر قائل کرنے کی کوشش شروع کر دی۔اُنھوں نے لکھا:

"میری تعلیمات کا ایک ہی منبع ہے وہ انسان کا دل ہے اور اپنا اظہار محبت کی صورت میں کرتا ہے۔۔"

ٹالسٹائے جو بذاتِ خود ایک رُوحانی امن پسند اور محبت کرنے والے انسان تھے، ایسے عیسائیوں سے مایوس تھے جو سماجی تبدیلی حاصل کرنے کے لیے پُرتشدد ذرائع استعمال کر رہے تھے۔ انھوں نے اپنے عیسائی قارئین کو یاد کروایا کہ اگر وہ حضرت عیسیٰؑ کے فلسفے اور اوّلین چار صدیوں کی عیسائی تاریخ کا مطالعہ کریں تو انھیں معلوم ہوگا کہ باعمل عیسائیوں نے اپنی ذاتی اور سماجی زندگیوں میں محبت کا رُوحانی راستہ اپنایا۔ خالص عیسائی اپنی ذاتی زندگی میں بدلہ لینے کی رغبت کی بجائے معاف کر دینے کی روش اپناتے ہیں تاکہ تشدد کا دائرہ ٹوٹ سکے اور لوگ تشدد کے اس چکر سے باہر نکل جائیں۔ انھیں اچھی طرح معلوم ہوتا ہے کہ اگر ان کے ساتھ زیادتی ہو جائے تو یہ اس بات کا جواز نہیں کہ وہ بھی بدلے میں زیادتی ہی کریں۔

وہ عیسائی جو اپنی ذاتی زندگیوں میں امن پسند تھے انھوں نے کسی فوج میں شمولیت سے انکار کر دیا۔ وہ نہ ہی اپنے رہنماؤں کی حوصلہ افزائی کرتے تھے کہ وہ جنگیں چھیڑ کر دوسرے انسانوں کا قتلِ عام کریں۔ وہ جانتے تھے کہ یسوع مسیح کا یہ فرمان کہ اپنے ہمسائیوں سے پیار کرو، پڑوسی معاشروں اور اقوام پر بھی لاگو ہوتا ہے، جو اس چیز کے حق دار ہیں کہ ان کے ساتھ بھائیوں اور بہنوں کی طرح کا سلوک کیا جائے نہ کہ دشمنوں کی طرح ان سے نفرت کی جائے۔

ٹالسٹائے نے متعدد فدائین عیسائیوں کی مثالیں پیش کیں جنھوں نے فوج میں شامل ہونے سے انکار کر دیا تھا۔ اور اس انکار کی سزا ان کو موت یا عمر قید کی صورت میں دی گئی۔ ان امن پسندوں نے فوج کو گلے نہ لگانے کو ترجیح دی۔ ٹالسٹائے کا ماننا تھا کہ عیسائی اخلاقیات جنگ کے حق میں نہیں ہیں۔ اُنھوں نے لکھا: "تیسری صدی کا عیسائی کلیسا کسی عیسائی کو فوج میں شامل ہونے سے منع کرتا ہے۔"

انھوں نے بہت سے راسخ العقیدہ عیسائیوں کی مثالیں پیش کیں جنھوں نے اپنے آدرشوں کی خاطر قربانیاں پیش کیں۔

"مارسیلس، ٹرائے کے لشکر میں سپاہی تھا۔ مگر حضرت عیسیٰؑ کی تعلیمات کی روشنی میں اس نے سارے لشکر کے سامنے اپنے فوجی اعزازات اُتار کر زمین پر پھینکے اور اعلان کیا کہ چونکہ وہ عیسائی بن چکا ہے اس لیے فوج کا حصہ نہیں رہ سکتا۔ اس کو قید میں ڈال دیا گیا لیکن اس نے جیل میں جا کر بھی یہی کہا کہ ایک عیسائی ہتھیار نہیں اُٹھا سکتا، اس کو

قتل کر دیا گیا۔اس کے بعد سیسان نے، جو اسی رجمنٹ میں تھا فوجی نوکری کو خیر باد کہہ دیا اس کو بھی قتل کر دیا گیا۔"

ٹالسٹائے کا آدرش کہ جنگ عیسائیت سے مطابقت نہیں رکھتی، اتنا مضبوط ثابت ہوا کہ عیسائیوں نے جنگ میں حصہ لینے سے انکار کر دیا، خواہ اس کا حکم عیسائی حکمران ہی دے رہا ہو۔ان کا پختہ یقین تھا کہ عیسائیوں کو جنگ وجدل کرنے کی اجازت نہیں۔خواہ یہ جنگ جائز ہی کیوں نہ ہو یا اس جنگ کا حکم عیسائی حکمران ہی کیوں نہ دیں۔

ٹالسٹائے کا ماننا تھا کہ عیسائیت کی چوتھی صدی کے دوران عیسائیوں نے اپنی ذاتی سماجی قومی اور بین الاقوامی زندگیوں میں حضرت عیسیٰؑ کی تعلیمات کو پسِ پشت ڈال دیا اور تشدد اور لڑائیوں کی راہیں اپنا لیں۔حتیٰ کہ انھوں نے صلیبی جنگیں شروع کر دیں، جن کے نتیجے میں دوسرے مذاہب کے ہزاروں لوگ قتل کر دیئے گئے۔

حضرت عیسیٰؑ نے نفرت کا نہیں بلکہ محبت کا پیغام دیا۔انتقام کی بجائے معاف کر دینے کا سبق دیا اور تشدد کی بجائے امن و آشتی پر زور دیا۔ٹالسٹائے کا خیال تھا کہ گزشتہ پندرہ صدیوں کے دوران لوگوں نے جب جنگ کی ہولناکیاں دیکھ لیں تو انھیں احساس ہوا کہ حضرت عیسیٰؑ کی تعلیمات کس قدر دانشمندانہ تھیں۔ چنانچہ بیسویں صدی میں نہ صرف انسان دوست عیسائی بلکہ دوسرے انسانی و روحانی روایت اور عقائد رکھنے والے لوگ خواہ وہ خدا کو ماننے والے ہوں یا نہ ہوں امن کا راستہ اپنانے پر زور دیتے ہیں۔یہ لوگ انفرادی اور اجتماعی سطح پر نفرت اور تشدد کی مخالفت کرتے ہیں۔کیوں کہ وہ جانتے ہیں کہ یہ اجتماعی خودکشی اور موت کو آواز دینے کے مترادف ہے۔وہ اس کی بجائے محبت اور امن کا راستہ اپنانے کی تائید کرتے ہیں۔کیونکہ وہ جانتے ہیں کہ یہی راستہ بنی نوع انساں کے ارتقاء کا باعث بنے گا۔ٹالسٹائے کا تعلق امن پسندوں کے اسی گروہ سے تھا۔اُن کا یقین تھا کہ صرف محبت ہی لوگوں کو متحد رکھ سکتی ہے اور اس زمین پر امن قائم رکھ سکتی ہے۔دُنیا سے رُخصت ہونے سے پہلے ان کا یہ پیغام تھا کہ ان کے (امن پسند) گروپ میں شمولیت اختیار کریں۔اُنھوں نے لکھا:

> "اگر آپ ناخوش ہو اور مجھے معلوم ہے کہ آپ ناخوش ہو تو یاد رکھو کہ جو مشورہ میں تمھیں دے رہا ہوں وہ میرے دماغ کی اختراع نہیں ہے بلکہ یہ دُنیا کے انسانوں میں سے بہترین اور اعلیٰ ترین انسانوں کی رُوحانی محنت کا نچوڑ ہے۔اور یہی شے تمھاری پریشاں حالی دُور کر سکتی ہے۔یہی وہ نسخہ ہے جس سے انسانیت فلاح کی بلند ترین سطح پر پہنچ سکتی ہے۔"

ٹالسٹائے کی تعلیمات پڑھنے کے بعد میرے لیے یہ سمجھنا آسان تھا کہ اکثر لوگ ٹالسٹائے کو بیسویں صدی کا ایک بہترین دماغ کیوں مانتے ہیں۔ گزشتہ کئی برسوں سے دُنیا بھر میں لوگ ان کی رہنمائی سے علم، بے پناہ دانائی اور حوصلہ افزائی لیتے ہیں۔ مگر دُنیا میں ایسے لوگ بھی موجود ہیں جو ان کی تعلیمات سے متفق نہیں ہیں اور یہ رائے رکھتے ہیں کہ ٹالسٹائے ایک فلاسفر تھے سیاسی کارکن نہیں تھے، وہ ایک لکھاری تھے جنگجو نہیں تھے اور وہ ایک ناول نگار تھے انقلابی نہیں تھے۔ بلکہ بعض نے تو یہاں تک کہہ دیا کہ ان کا فلسفہ ایک تصوراتی اور مثالی معاشرت کے سوا کچھ نہیں جو سننے میں تو اچھا لگتا ہے مگر کاغذ پر ہے، گلیوں میں نہیں۔ کتابوں میں لکھا ہو تو بھلا لگتا ہے مگر میدانِ جنگ میں اس کا کوئی کام نہیں ہے۔ ایسی آراء کے باوجود اس میں کوئی شک نہیں کہ ان کی تحریروں نے بیسویں صدی عیسوی میں لاکھوں نہیں کروڑوں لوگوں کو متاثر کیا اور ان کے فلسفے کو موہن داس گاندھی اور مارٹن لوتھر کنگ جونیئر جیسے عظیم رہنماؤں اور امن کے پیامبروں نے گلے سے لگایا۔

ooo

مارٹن لُوتھر کنگ جونیئر

محبّت، امن اور انصاف کی علامت

جب میں مارٹن لُوتھر کنگ جونیئر کی سوانح حیات پڑھ رہا تھا اور ان کے امن کے فلسفے پر غور کر رہا تھا تو اس دوران مجھے بار بار موہن داس گاندھی کی یاد آ رہی تھی۔ گاندھی کنگ کے رُوحانی اور سیاسی پیش روؤں میں سے تھے بلکہ امریکہ میں بہت سے لوگ ان کو "نیگرو گاندھی" کے لقب سے بھی یاد کرتے تھے۔ گاندھی کی تصویر کنگ کے دفتر میں نمایاں طور پر آویزاں ہی نہ تھی بلکہ ان کے دل و دماغ پر بھی نقش تھی۔ کنگ نے شمالی امریکہ میں عدم تشدد کی سیاسی حکمتِ عملی متعارف کروائی۔ یہ وہ پالیسی تھی جو گاندھی نے جنوبی افریقہ کے قیام کے دوران تشکیل دی اور بعد ازاں جس کو ہندوستان کو برطانوی سامراج سے آزادی دلوانے کے لیے استعمال کیا۔

کنگ اپنی سیاسی جدوجہد میں حیران کن حد تک کامیاب رہے۔ انھوں نے امریکہ میں چند سالوں میں وہ کامیابیاں حاصل کر لیں جو دیگر سیاسی لیڈر کئی دہائیوں کی کاوشوں سے بھی حاصل نہ کر سکے تھے۔ 1964ء میں انھوں نے 35 سال کی عمر میں امن کا نوبل انعام وصول کیا اس طرح وہ ایسا عالی شان انعام حاصل کرنے والے سب سے کم عمر فرد تھے۔ بلاشبہ کنگ دُنیا بھر میں امن انصاف اور محبّت کی علامت بن کر اُبھرے تھے۔

جب میں نے کنگ کی سوانح حیات پڑھی تو مجھے معلوم ہوا کہ وہ اپنی انتالیس سال کی عمر میں زندگی کے کئی ایک ادوار سے گزرے تھے۔ کنگ ایک ایسے خاندان میں پرورش پا کر جوان ہوئے تھے جو سیاسی اور مذہبی طور پر ایک باشعور خاندان مانا جاتا تھا۔ ان کی والدہ ایک مہربان، نرم خُو اور پیار کرنے والی خاتون تھیں جب کہ ان کے والد راسخ العقیدہ عیسائی ہونے کے ساتھ ساتھ انسانی حقوق کی تنظیم کے سرگرم کارکن تھے۔ بچپن میں ہی کلیسا ان کو اپنا دوسرا گھر محسوس ہوتا تھا۔ بچپن اور جوانی کے زمانے میں کنگ کو نسلی امتیاز سے متعلق کچھ تلخ تجربات ہوئے جن سے وہ دُکھی ہو گئے اور جنھوں نے

ان کو بہت برہم بھی کیا۔ جیسے ایک سفید فام شخص کے پاؤں پر غلطی سے پاؤں آجانے پر انھوں نے تھپڑ وصول کیا تھا۔ اور ایک دفعہ انھوں نے ایک بس میں 90 میل کا سفر اس لیے کھڑے ہو کر طے کیا تھا کیونکہ سفید جلِد رکھنے والے افراد کے لیے مخصوص نشست پر کالی جِلد کے حامل افراد کو بیٹھنے کی اجازت نہ تھی۔ انھوں نے اپنے ان احساسات کا اظہار اپنی سوانح حیات میں ان الفاظ میں کیا ہے:

> "اٹلانٹا جاتے ہوئے بس کے سفر کے دوران میں نشستوں کے درمیان روش میں 90 میل تک کھڑا رہا۔ وہ رات مجھے بھلائے نہیں بھولتی۔ میں زندگی میں پہلی بار اس قدر برہم ہوا تھا۔"

کنگ یہ جان کر بہت دُکھی ہو جاتے تھے کہ سفید فام لوگ ان کی سیاہ فام برادری کے مردوں اور عورتوں کو گائے اور بندر کے القابات سے نوازتے تھے۔ پھر جب انھوں نے اپنے قبیلے کے افراد کی تاریخ کا مطالعہ کیا تو ان کو مزید معلوم ہوا کہ سیاہ فاموں پر ماضی میں بھی کس قدر ظلم ڈھائے جاتے رہے ہیں اور ناانصافیاں ہوتی رہی ہیں۔ کنگ کے سوانح نگار 'آدم فیئر کلو' لکھتے ہیں:

> "کسی کالے شخص کی درخت کے ساتھ جھولتی ہوئی لاش نسل پرستی کی واضح علامت تھی۔ 1887ء اور 1927ء کے درمیان 3302 سیاہ فاموں کو ڈنڈے مار مار کر ہلاک کر دیا گیا تھا۔ ایسا عموماً عوامی اجتماعات میں بغاوت کی سزا کے لبادے میں ہوتا تھا۔ اگرچہ یہ کام بعد میں آہستہ آہستہ ختم ہو گیا تھا مگر کنگ کے بچپن کے زمانے کے یہ خوف ناک مناظر ان کی یادداشتوں میں نقش تھے۔"

کنگ نے ایسے والدین کے ہاں پرورش پائی تھی جو انسانوں میں اونچ نیچ کو تسلیم نہیں کرتے تھے اور نہ ہی انسانی تضحیک کو۔ بلکہ وہ ایسی صورتِ حال پر احتجاج بھی کرتے تھے۔ اپنی آپ بیتی میں کنگ اپنے بچپن کا ایک واقعہ یوں سناتے ہیں:

> "ایک دفعہ میں اپنے والد کے ساتھ کار میں سفر کر رہا تھا کہ ہمیں ٹریفک پولیس نے روک لیا۔ جب آفیسر نے میرے والد کو "لڑکا" کہہ کر مخاطب کیا تو میرے والد نے اس کو ٹوک دیا اور سختی سے کہا کہ وہ ان کو احترام سے مخاطب کرے۔ ورنہ وہ اس کے ساتھ تعاون نہیں کریں گے۔ پولیس آفیسر جو کسی سیاہ فام باشندے سے ایسے ردِعمل کی امید نہیں رکھتا تھا، بہت حیران ہوا۔"

کنگ نے اپنی زندگی کے آغاز سے ہی عزتِ نفس کا سبق سیکھ لیا تھا۔ کنگ کے والدین نے ان کو عیسائی محبّت کا پیغام بھی سمجھایا۔ جب بھی وہ سفید فام لوگوں کے امتیازی سلوک کی وجہ سے غصے میں

آ جاتے تو ان کے والدین ان کو سمجھاتے کہ حضرت عیسیٰ نے ہمیں اپنے دشمن سے محبت کرنے کی تعلیم دی ہے۔ان کے والدین کنگ کو سمجھاتے کہ وہ بے شک غیر منصفانہ روّیے اور غیر مساویانہ پالیسی سے نفرت کریں مگر انسانوں سے پیار کریں کیونکہ تمام انسانیت خداوند کی اولاد ہے۔

کنگ کے دل میں سفید فام غرباء کے لیے بھی ہمدردی پیدا ہوگئی جو سیاہ فاموں کی طرح پُر آشوب زندگی بسر کر رہے تھے۔نسلی تفریق کے ساتھ ساتھ طبقاتی تفریق کا شعور بھی کنگ کے دل میں پیدا ہو چکا تھا۔لہٰذا ان کا دل تمام محروم اور غربت کی چکی میں پستے ہوئے افراد کے لیے برابر دھڑکتا تھا۔

جب کنگ یونیورسٹی پہنچے تو ان کا تعارف چند روشن خیال عیسائی عالموں سے ہوا جن میں پال ٹیلچ اور 'والٹر راشن بُش' شامل تھے۔ یہ لوگ عیسائی سماجیات کے مبلغ تھے۔ یہاں کنگ نے سیکھا کہ بنیاد پرست عیسائی مبلغین اور جدید عیسائی فلسفیوں میں کیا فرق ہے۔کنگ نے آزاد خیال انسان دوست عیسائی روایت کا انتخاب کیا۔یونیورسٹی تعلیم کے آغاز میں ہی ان پر واضح ہوگیا تھا کہ لوگوں کی روزمرہ زندگی کے تجربات ماضی کے خیالات وتصورات سے زیادہ اہم ہوتے ہیں: 'موت کے بعد جنت میں جانے کی فکر کرنے کی بجائے اس دُنیا میں لوگوں کے آلام ومصائب کا خاتمہ کر کے ایک پُرامن جنت ارضی بنانے کی کوشش کی جانی چاہیے۔'

1955ء میں بوسٹن یونیورسٹی سے کنگ نے سوشیالوجی کے مضمون:

Systematic Theology میں ڈاکٹریٹ کی ڈگری حاصل کی۔وہ عملی زندگی میں سماجیات اور مذہبی نظریات کو باہم مدغم کر کے پیش کرتے تھے کیونکہ وہ انسان کی ذاتی اور سماجی بھلائی پر یقین رکھتے تھے۔گریجویشن کرنے کے بعد اپنے والد اور دادا کے نقشِ قدم پر چلتے ہوئے کنگ نے ایک عیسائی پادری بن کر سوشل گوسپل (Social Gospal) کی تبلیغ کرنے کو فیصلہ کیا۔ان کے سامنے ان کے والد کی عمدہ مثال موجود تھی۔لہٰذا ایک ڈاکٹر یا وکیل بننے کی بجائے جیسا کہ انھوں نے زندگی کے مختلف ادوار میں سوچا تھا، وہ ایک مبلغ بن گئے۔ان کے پاس یہ انتخاب موجود تھا کہ وہ ریاست ہائے متحدہ امریکہ کے شمال میں ایک آزاد خیال معاشرے میں جا بسیں، مگر انھوں نے ملک کے جنوب میں سیاہ فام اکثریتی علاقے ریاستِ الابامہ میں رہنے کا فیصلہ کیا۔اس فیصلے کی اہم وجہ یہ تھی کہ وہ اپنی برادری سے دُور نہیں رہنا چاہتے تھے۔ان کو اہلیہ 'کوریٹا سکاٹ' بھی ان کے اس فیصلے میں ان کی ہم خیال تھیں کیونکہ وہ بھی سماجی مسائل کے حل میں دلچسپی رکھتی تھیں۔ دونوں شمال میں بس کر اپنی سیاہ فام برادری سے دُور، تماشائی بن کر نہیں رہنا چاہتے تھے۔کنگ کے دل میں انسانوں کی خدمت کا بالعموم اور اپنی سیاہ فام

برادری کی خدمت کا جذبہ بالخصوص بدرجہ اُتم موجود تھا۔

کنگ نے مذہبی پیشے کا آغاز ایک مبلغ کے طور پر کیا۔ وہ ریاست الابامہ (امریکہ) کے شہر منٹگمری میں شاہراہِ ڈیکسٹر پر واقع ایک باپٹسٹ چرچ میں تعینات ہو گئے۔ اپنے خُطبات میں وہ حاضرین کو مقامی سیاست میں حصہ لینے اور ووٹ کی طاقت استعمال کرنے کی ترغیب دیتے تا کہ امتیازی قوانین کا خاتمہ کیا جا سکے۔ ذہانت، علم اور کرشماتی شخصیت کا حامل ہونے کی وجہ سے بہت قلیل وقت میں کنگ اپنے علاقے میں ایک بہترین مذہبی پیشواء کے طور پر پہچانے جانے لگے۔ میرے لیے یہ ایک اچنبھے کی بات تھی کہ کنگ ان ریاستوں میں نسلی مساوات کا پرچار کر رہے تھے جو سفید فاموں کی برتری کے مراکز سمجھے جاتے تھے۔ مثال کے طور پر: 'کو کلکس کلاں' (Ku Klux Klan)۔۔۔

کنگ کی ذاتی، سماجی اور سیاسی زندگی کا ایک اہم موڑ "روزا پارک" کا واقعہ تھا۔ یکم دسمبر 1955ء کے دن سیاہ فام برادری سے متعلق ایک معزز خاتون روزا پارک نے بس میں سفر کرتے ہوئے اپنی سیٹ ایک سفید فام شخص کے لیے خالی کرنے سے انکار کر دیا۔ جس پر اس کو یہ امتیازی قانون توڑنے پر پولیس کے حوالے کر دیا گیا۔ سیاہ فاموں کے صبر کا پیمانہ ویسے بھی لبریز ہو رہا تھا لہٰذا انھوں نے اس واقعہ پر شدید ردِ عمل دیا، انھوں نے متحد ہو کر احتجاج کرنے کا منصوبہ بنایا اور کنگ کو اپنا لیڈر منتخب کر لیا۔ اس تحریک میں شامل ہو کر کنگ ایک مذہبی پیشواء سے سیاسی رہنما بن گئے۔ انھوں نے نہایت دردمندانہ اور دیگر تقاریر کے ذریعے سیاہ فاموں پر زور دیا کہ وہ بسوں کا بائیکاٹ کر دیں اور اگلا پورا سال انھوں نے بائیکاٹ اور ہڑتالوں کا سلسلہ جاری رکھا جس کہ وجہ سے اکثر سفید فام پولیس اور حکومتی اہلکاران کے دشمن بن گئے۔ حکومتی عہدے داروں کو اندازہ نہیں تھا کہ منٹگمری شہر میں موجود عورتوں، مردوں اور بچوں کی پچاس ہزار کی آبادی اس قدر طویل جدوجہد کے لیے اُٹھ کھڑی ہو گی۔ جب تحریک آگے بڑھی تو متشدد ہوتی گئی۔ پھر ایک وقت آیا جب کنگ نے اپنے آپ سے سوال کیا کہ کیا ان کے مظاہرے اور بائیکاٹ ان کی عیسائی تعلیمات سے متصادم تو نہیں؟ انھوں نے اپنے آپ سے مشکل سوالات کیے: 'کیا بائیکاٹ کا طریقہ غیر عیسائی ہے؟ اور کیا غیر اخلاقی طریقے سے نیک مقاصد حاصل کیے جا سکتے ہیں؟' پھر وہ وقت بھی آیا جب بہت غور و فکر کے بعد کنگ نے اپنے آپ کو قائل کر لیا کہ بُرائی کے ساتھ عدم تعاون ایسا ہی جیسے بھلائی کے ساتھ تعاون کرنا۔ انھوں نے گاندھی کا "عدم تشدد کے ساتھ عدم تعاون سے سول نافرمانی" کا فلسفہ دل و جاں سے قبول کر لیا تھا۔

مجھے کنگ کی داستانِ حیات پڑھتے ہوئے یہ جان کر تعجب انگیز خوشی ہوئی کہ کنگ نے گاندھی کے فلسفے کو اپنی برادری کے مزاج کے مطابق ڈھالا۔ ستیا گراہا (گاندھی کا عدم تشدد کا فلسفہ) روحانی اور

نفسیاتی طور پر کالے امریکیوں سے میل نہیں کھاتا تھا۔لہٰذا کنگ نے عیسائی تعلیمات اور گاندھی کی سیاسی حکمت عملی کو آپس میں مدغم کر کے ایک نیا نظریہ پیش کیا جس میں عیسائیت کی محبت اور گاندھی کا عدم تشدد شامل تھا۔اس طرح یہ نظریہ قابلِ قبول بن گیا۔کنگ کا خیال تھا کہ گاندھی نے حضرت عیسیٰ کے "اپنے دشمن سے محبت کرو" کے فلسفے کو ایک قدم آگے بڑھا کر اس میں سماجی پہلو شامل کر دیا تھا۔وہ پُرامید تھے کہ گورے لوگ ان کے جائز مطالبات مان لیں گے۔وہ سفید فام افراد میں سے ان لوگوں پر متعجب تھے جو منفی مزاج اور سخت رویہ رکھتے تھے اور جو سیاہ فاموں کی مساوات اور انصاف کی جنگ کو اہم نہیں جانتے تھے بلکہ چند سیاہ فاموں کے رویے نے کنگ کو جھنجھوڑ دیا تھا۔کنگ نے کبھی یہ سوچا بھی نہ تھا کہ ان کی برادری میں سے کچھ لوگ انھیں چند سفید فام افراد کو ہلاک کر کے اپنی تحریک کو تقویت دینے کا مشورہ دیں گے۔انھوں نے لکھا:

> "میرے چرچ کا ایک رکن ایک دن میرے پاس آیا اور بولا اگر ہم آٹھ دس گورے مار دیں تو یہ ہماری تحریک کے لیے سودمند ثابت ہوگا۔سفید فام لوگ یہی زبان سمجھتے ہیں۔"

کنگ نے اس کی تجویز رد کر دی۔

بسوں کا بائیکاٹ 381 دن تک چلا۔کنگ کے لیے یہ بات باعثِ اطمینان تھی کہ ان کی نیگرو برادری کے 50000 افراد اپنے جائز مطالبات منوانے کے لیے سربکفن میدان میں اُتر آئے تھے۔وہ مصیبتیں جھیلنے اور قربانیاں دینے کے لیے تیار تھے۔کنگ نے خود بھی اپنے حصے کی قربانی دی۔ان کے گھر پر بم پھینکے گئے اور ان کو پابند سلاسل کر دیا گیا۔اس مشکل وقت میں کنگ کے رُوحانی عقائد نے انھیں وافر طاقت فراہم کی۔وہ خوش قسمت تھے کہ ایسے میں ان کو اپنی بیوی کی حمایت حاصل تھی۔جب ان کے گھر پر بم گرائے گئے تو ان کے سُسر، بیٹی کو لینے آئے، مگر اس نے والد کے ساتھ جانے سے انکار کر دیا اور اس مشکل وقت میں ان کی زوجہ کوریٹا نے اپنے شوہر کا ساتھ دینے کا فیصلہ کیا۔

بالآخر سپریم کورٹ نے قانون میں ترمیم کر دی، جس سے منٹگمری میں اس امتیازی قانون کا خاتمہ ہوگیا۔کنگ نے جب پہلی مشترکہ بس میں سفر کیا تو ان کا سر فخر سے بلند ہوگیا۔21 دسمبر 1956ء بسوں میں امتیازی سلوک کے خاتمے کا دن تھا۔کنگ بھی ایک بس میں سوار ہوئے اور اگلی سیٹ لی۔وہ 'گلین سمائلی' نامی سفید فام باشندے کے ساتھ سب سے اگلی نشست پر براجمان تھے۔

یہ جنگ جیتنے کے بعد کنگ کا سیاسی قد بلند ہوگیا۔اب وہ قومی سطح پر کالوں کے حقوق کی جدوجہد میں ایک سیاسی رہنما بن کر اُبھر رہے تھے۔اگلے چند برسوں میں کنگ نے امریکہ کے مختلف

شہروں کا سفر کیا۔ وہ محبت اور امن کا پیغام سب تک پہنچانا چاہتے تھے۔ وہ چاہتے تھے کہ نیگروؤں کے ساتھ دہائیوں سے روا امتیازی سلوک اور نا انصافی کی سیاہ رات کا خاتمہ ہوتا کہ وہ باہم عزت و احترام اور ہم آہنگی کے ساتھ اپنے سفید فام ہم وطنوں اور پڑوسیوں کے ساتھ ایک خوش گوار زندگی گزار سکیں۔

جنوری 1957ء میں "کنگ کو سدرن کرسچین لیڈر شپ کانفرنس" کا صدر منتخب کر لیا گیا۔ ان کی ذمہ داری کالوں اور گوروں کو ہم آہنگ کرنا تھی۔ وہ تمام عمر اس عہدے پر فائز رہے۔ متعدد بار کنگ کو عدالتوں میں پیش ہونا پڑا اور بائیکاٹوں اور احتجاجوں میں شامل ہونے پر ان کو جیل میں ڈال دیا گیا۔ اس پر انھوں نے لکھا:

"میں ابھی تک جتنی جیلوں میں رہا ہوں ان میں سے یہ جیل بدترین ہے۔ یہ ایک گندہ کثیف کنواں ہے جس میں کوئی شے ایسی نہیں جس کو کسی اعتبار سے بھی قابلِ قبول کہا جا سکے۔ جہاں پر چیونٹیوں اور کاکروچوں کا بلبلانا روزمرہ کا کام ہے۔ بہت سے کمروں میں گدہ تک نہیں ہے اور ہمیں ننگے فرش پر سونا پڑتا ہے۔"

مگر کنگ کو معلوم تھا کہ معاشرے میں اصلاح کی کوشش کرنا پھولوں کا بستر نہیں ہے۔ انھوں نے قید و بند کی مشکلات صبر اور وقار کے ساتھ جھیلیں۔ ایک دفعہ جب وہ اپنے مداح کے لیے کتاب پر آٹو گراف دے رہے تھے تو ایک عورت نے خنجر سے ان پر حملہ کر دیا ان کو ہسپتال لے جانا پڑا۔ اس حملے کے بعد کنگ نے دوبارہ غور و فکر شروع کر دیا۔ ان کے کچھ دوستوں کا مشورہ تھا کہ تشدد کا جواب تشدد سے دینا چاہیے، مگر کنگ نے اپنا غیر متشددانہ مؤقف قائم رکھا اور اپنی عدم تشدد کی پالیسی پر قائم رہے۔ انھوں نے اس پالیسی کا اظہار ان الفاظ میں کیا:

"عدم تشدد کا پیروکار، اپنے اوپر تشدد ہونے کے باوجود کبھی بھی تشدد کا راستہ نہیں اپناتا۔ کیونکہ اس کو یقین ہوتا ہے کہ اس کی تکلیف اور رنج و غم ایک عظیم سماجی تبدیلی کے لیے ضروری ہے۔"

کنگ کی مساوات اور انصاف کے لیے جدوجہد کے دوران سب سے زیادہ اذیت انگیز لمحہ اس وقت آیا جب ڈائریکٹر پبلک سیفٹی کے حکم پر پولیس نے فائرنگ شروع کر دی۔ مگر ان کے پیروکاروں نے جارحیت کا جواب جارحیت سے نہیں دیا بلکہ گاندھی والے عدم تشدد والے طریقے اپنائے جس سے کنگ کا سر فخر سے بلند ہو گیا۔ اُنھوں نے لکھا:

"بُل کونر کے لوگ مظاہرین پر نظر رکھے ہوئے تھے۔ مظاہرین گھٹنوں کے بل جھک گئے وہ تشدد کے دوران اپنی جگہ سے نہیں ہل رہے تھے حالانکہ ان پر پولیس

نے، کتّوں، ڈنڈوں اور پانی کے چھڑکاؤ سے حملہ کر دیا تھا۔ پھر آہستہ آہستہ نیگرو اُٹھے اور آگے بڑھنے لگے۔ کونر کے لوگ حیران و پریشان ان کالوں کو دیکھ رہے تھے۔ سینکڑوں کالے باشندے مارچ کرتے ہوئے ان کے سامنے سے گزر رہے تھے۔ وہ اپنے طے شدہ پروگرام کے تحت دُعا کی جگہ پر اکٹھے ہوئے۔ اس دن مجھے عدم تشدد میں پنہاں فخر اور طاقت کا اندازہ ہوا۔"

اس دن کنگ نے اپنے آپ کو ہندوستان کے 'بھورے فقیر' گاندھی کا شاگرد محسوس کیا۔ 1963ء میں کنگ نے واشنگٹن میں ایک جلوس کی قیادت کی۔ یہ جلوس اتنا بڑا اور پُرجوش تھا کہ شاید یہ امریکہ کی تاریخ کا سب سے بڑا جلوس رہا ہو۔ یہی وہ جلوس تھا جس کے دوران کنگ نے اپنی تاریخ ساز تقریر کی تھی اور اپنی شاہکار نظم (I Have a Dream) (میرا ایک خواب ہے) پڑھی تھی۔ اس نظم کا ایک بند کچھ یوں تھا کہ:

"میرا خواب ہے کہ ایک دن آئے گا جب میرے چاروں بچے اپنے رنگ کی وجہ سے نہیں بلکہ اپنے کردار کی پختگی کی وجہ سے جانچے جائیں گے۔"

کنگ کی زندگی کا ایک اہم موڑ صدر جانسن کی طرف سے دعوت تھی۔ اس موقع پر شہری حقوق کے قانون (Civil Rights Act) پر دستخط ہونے تھے۔ وہ اپنی سوانح عمری میں یوں رقمطراز ہیں:

"میری خوش بختی ہے کہ جب صدر جانس نے شہری حقوق کے قانون پر دستخط کیے تو میں ان کے ساتھ کھڑا تھا۔ صدر جانسن جس قلم سے بل پر دستخط کیے تھے وہ انھوں نے مجھے عطا کیا۔ یہ میرے لیے ایک قیمتی متاع ہے۔ جس کو میں ہمیشہ اپنے پاس رکھوں گا۔"

یہ موقع نہ صرف کنگ بلکہ انسانی حقوق کے کارکنوں کے لیے اہم تھا۔ 2 جولائی 1964ء کو صدر جانسن نے شہری حقوق کے قانون پر دستخط کر دیئے تو شہری حقوق کی جدوجہد کرنے والوں کے لیے یہ موقع کسی فتح سے کم نہیں تھا۔

جب 1964ء میں کنگ نے امن کا نوبل انعام حاصل کر لیا تو وہ ایک بین الاقوامی شخصیت بن گئے اور بہت سے ممالک اور معاشرے ان کا پیغام ان کی زبانی سننے کے لیے ان کو اپنے ہاں مدعو کرنے لگے۔ کنگ کی زندگی کا ایک خوشگوار واقعہ اپنی بیوی کوریٹا کے ہمراہ ہندوستان کا سفر تھا۔ یہ سفر انھوں نے اپنے مرشد گاندھی کی رہائش اور بود و باش کا درشن کرنے کے لیے کیا۔ ہندوستان میں زندگی کے تمام شعبوں سے متعلق افراد نے کنگ اور ان کی اہلیہ کا پُرتپاک خیر مقدم کیا۔ وہاں جا کر کنگ کو معلوم

ہوا کہ منٹگمری کے احتجاج کی کوریج امریکہ کے اخباروں سے زیادہ ہندوستانی اخباروں نے کی تھی۔ انھوں نے ہندوستان جا کر یہ بھی دیکھا کہ ہندوستانی اچھوت برادری کا حال امریکہ کی نیگرو برادری سے مختلف نہیں ہے۔

جب کنگ امریکہ واپس آئے تو اس وقت تک وہ ایک ایسے بین الاقوامی لیڈر بن چکے تھے جو دنیا کے تمام محروم اور مظلوم طبقات کے حقوق کی جنگ لڑ رہے تھے۔ وہ سامراجیت اور نو آبادیات کے خلاف تھے۔ امریکہ کے نیگروز کی جدوجہد کو خانگی تحریک گردانتے اور نیگروز کے ساتھ امتیازی سلوک کو "اندرونی سامراجیت" سمجھتے تھے۔ ناانصافی خواہ نسلی ہو، لسانی ہو، صنفی ہو یا مذہبی، کنگ اس کی مخالفت کرتے تھے مگر یہ ایک المیہ ہے کہ کنگ کی پُرامن شخصیت، سیاسی نظر اور فلسفہ، ان کی زندگی کے آخری سالوں میں متعدد سفید فاموں اور سیاہ فاموں کی طرف سے تواتر کے ساتھ تنقید کا نشانہ بنتے رہے۔

اکثر پُرتشدد گروہ بشمول "کوکلکس کلان" ان پر حملہ آور ہوئے۔ کوکلکس کلان سے متعلق افراد جو ان سے شدید نفرت کرتے تھے، کنگ کے خاندان، گھر اور چرچ پر حملہ کی منصوبہ بندی میں کلیدی کردار ادا کیا۔ جب ساری دنیا نوبل انعام وصول کرنے پر کنگ کو خراجِ تحسین پیش کر رہی تھی، ایف۔ بی۔ آئی (FBI) کا ڈائریکٹر 'ایڈ گار ہُوور' برسرعام کنگ کو 'امریکہ کا بدنام زمانہ جھوٹا' جیسے القابات سے پکار رہا تھا۔ ان کو خوف تھا کہ کنگ سیاہ فام مسیحا کے طور پر دُنیا کے سامنے ابھر رہے تھے۔

مگر کنگ جس طبقے کے بارے میں سب سے زیادہ فکرمند تھے وہ ان کی اپنی برادری کے وہ افراد تھے جو جارحیت اور تشدد پر یقین رکھتے تھے۔ یہ لوگ کنگ کی پُرامن آئیڈیالوجی کے خلاف تھے اور ان کے فلسفے کو غیر حقیقت پسندانہ اور مثالیت پسندانہ سمجھتے تھے۔ کنگ کو مالکم ایکس، سٹوکلے کریشال اور بلیک پاور مومنٹ کے دیگر پیروکاروں کی طرف سے تنقید کا سامنا تھا۔ ان کے مخالفین میں ایک اہم نام 'فرینز فینن' کا بھی ہے جو ایک سیاہ فام نفسیات داں تھے اور الجیرین تحریک آزادی کے سرگرم رُکن رہ چکے تھے۔ انہوں نے اپنی مشہور تصنیف "زمین کی بدبختی" (The Wretched of the Earth) لکھ کر لاکھوں لوگوں کو اپنا گرویدہ بنا لیا تھا۔ بلیک پاور مومنٹ (سیاہ فام آبادی کی افرادی طاقت کی تحریک) کا یہ بھی مطالبہ تھا کہ لفظ "نیگرو" کو "سیاہ فام" سے بدل دیا جائے اور وہ سفید فاموں کو اپنی تحریک کا حصہ بنانے پر کنگ سے متفق بھی نہیں تھے۔ ان میں اکثر کنگ سے مایوس اور نااُمید ہو کر افریقہ جا بسے تھے۔ یہ لوگ ووٹ کی بجائے گولی سے انقلاب لانا چاہتے تھے۔ بالخصوص مالکم ایکس سفید فاموں کو شک کی نظر سے دیکھتے تھے اور ان کا ماننا تھا کہ 'کالے' باشندے بلیک کافی کی طرح کڑوے کسیلے ہیں۔ ان کو سفید فاموں کی کریم کی آمیزش سے بے رنگ و بے جان نہیں کرنا چاہیے۔

مالکم ایکس نے کنگ پر الزام لگایا کہ وہ سیاہ فاموں کو امن سے مصائب جھیلنے کا درس دے رہے ہیں جبکہ کنگ کا خیال تھا کہ مالکم خود "مایوسی" کے مرض کا شکار ہیں۔ اور ابھی تک کچھ ذاتی المیوں کے اثر سے باہر نہیں نکل پائے جن میں ان کی دادی کے ساتھ زنا بالجبر اور والد کا قتل شامل تھے۔ کنگ اگرچہ مالکم کے نظریات کے مخالف تھے مگر ان کے جذباتی صدمات کے حوالے سے دل میں نرم گوشہ رکھتے تھے۔

کنگ کا فلسفہ اور آدرش کالوں کی تحریک سے مختلف تھے۔ کنگ فریز فینن کی بجائے لیو ٹالسٹائے اور موہن داس گاندھی کے آدرشوں سے زیادہ متاثر تھے۔ وہ جارحانہ ذرائع کی بجائے پُرامن طریقے سے سماجی تبدیلی لانے کے حق میں تھے۔

اکثر کا خیال تھا کہ کنگ کے افکار زمانے کے سماجی اور سیاسی ماحول سے ہم پلہ نہیں تھے جو تشدد سے لبریز ہے۔ ان کا کہنا تھا کہ 'جب کلیساؤں پر بم برسائے جا رہے ہوں اور شہری حقوق کے علمبردار کارکن بے رحمی سے قتل کیے جا رہے ہوں تو اس وقت کنگ کے محبت بھرے پیغامات معذرت خواہانہ، بے سروپا اور تلخ حقائق کو ایک نیا لبادہ پہنانے سے زیادہ کچھ نہیں۔'

دوسروں کو شاید نامناسب لگتا ہو مگر کنگ کے لیے امن اور محبت ان کے آدرش اور خواب کا حصہ تھے جن کی تعبیر کے لیے وہ کچھ بھی اور سب کچھ قربان کرنے کے لیے تیار تھے، حتیٰ کہ اپنی زندگی بھی۔ کنگ جمہوری ذرائع اور عدم جارحیت کے اصول پر کاربند تھے وہ ایک درگزر کرنے والا انسان تھا جو انتقام کے ذریعے تشدد کا سلسلہ جاری رکھنے کا قائل نہ تھا۔ انہوں نے ایک دفعہ کہا: "آنکھ کے بدلے آنکھ کا قدیم اصول سب کو اندھا کر دیتا ہے۔"

کس قدر دُکھ کی بات ہے کہ اپنے مُرشد گاندھی کی طرح کنگ کو بھی ظالمانہ تشدد کا نشانہ بنایا گیا۔ امن کے دونوں پیغمبر اپنے قاتلوں کے ہاتھوں بے دردی سے مار دیئے گئے۔ اپنی موت سے ایک دن قبل کنگ نے گاندھی کے ادھورے خوابوں کا یوں تذکرہ کیا:

> "مہاتما گاندھی نے اپنے لوگوں کی آزادی کے لیے برس ہا برس محنت کی، مگر اس تلخ حقیقت کا سامنا کرنا پڑا کیونکہ گاندھی ایک شکستہ دل کے ساتھ قتل ہوئے کیونکہ وہ قوم جس کو گاندھی متحد کرنا چاہتے تھے، ہندوؤں اور مسلمانوں کے بیچ تنازعے کے وجہ سے ہندوستان اور پاکستان میں تقسیم ہو گئی۔"

مگر بدقسمتی سے کنگ اور گاندھی، دونوں مذہب اور سیاست کو الگ کرنے کے خلاف تھے شاید ان کا احساس نہیں تھا کہ ان دونوں کا گٹھ جوڑ کس قدر خطرناک ہوتا ہے۔

4 اپریل 1968ء کے دن 'جیمز ارل رے' کے ہاتھوں کنگ کے بہیمانہ قتل کے بعد پورے

امریکہ میں غم و غصے اور تشدد کی لہر دوڑ گئی۔ جب کنگ کے لاکھوں مداحین اور پیروکار سیاہ ماتمی لباس میں خاموشی سے امن مارچ کر کے ماتم کر رہے تھے اس وقت امریکی حکومت کے بہت سے سفید فام اور FBI کے اہلکار دل ہی دل میں خوش ہو رہے تھے۔ اور FBI کے اٹلانٹا آفس میں ایک ایجنٹ جوشِ جذبات میں یہ تک کہہ گیا:

''بالآخر انھوں نے ہیرو کو جا ہی لیا۔''

ہزاروں نوجوان نیگرو بازاروں میں سڑکوں پر نکل آئے۔ وہ پولیس سے گتھم گتھا ہوئے انھوں نے دُکانوں کی کھڑکیاں توڑیں اور جلاؤ گھیراؤ کا بازار گرم کر دیا۔ جب ہنگامہ تھما تو 46 لوگ مارے جا چکے تھے۔ 35000 زخمی تھے اور 20000 سے زائد جیلوں میں قید ہو چکے تھے۔ کنگ کا امن کا خواب وقتی طور پر ایک ڈراؤنا خواب بن چکا تھا۔

متعدد سیاہ فام مسلح گروہوں کے نزدیک کنگ کا قتل ''عدم تشدد'' کے تابوت میں آخری کیل تھا۔ سٹو کلے کرمیشال نے کہا: ''سفید امریکیوں نے ڈاکٹر کنگ کو قتل کر کے بہت سے سیاہ فاموں کی آنکھیں کھول دیں ہیں۔ اب کسی دانش وارانہ یا مدبرانہ مکالمے کی کوئی گنجائش باقی نہیں رہی۔ سیاہ فاموں کو معلوم ہے کہ اب انھیں ہتھیار ہی اٹھانے ہیں۔''

اس ملے جلے ردِعمل کے ماحول میں اور کنگ کی وفات کے کچھ برس بعد ان کی خدمات کا نئے سرے سے جائزہ لیا گیا اور ان کی سالگرہ کو قومی تعطیل کے طور پر منانے کا فیصلہ کیا گیا۔ کنگ کے سوانح نگار نے لکھا:

''قتل کا واقعہ ان کو شہید کے درجے پر فائز کر گیا۔ 1985ء میں امریکی کانگریس نے کنگ کے پیدائش کے دن کو قومی تعطیلات کی فہرست میں شامل کر کے ان کو جارج واشنگٹن اور ابراہم لنکن کی صف میں لا کھڑا کیا۔''

آج امریکہ کے اندر اور باہر کروڑوں مرد اور خواتین کنگ کو قدر کی نگاہ سے دیکھتے ہیں۔ وہ ان کی سیاہ فاموں کے حقوق کے لیے خدمات کو بالخصوص اور دُنیا بھر کے مظلوم طبقات کے لیے ان کے کام کو بالعموم سراہتے اور فخر محسوس کرتے ہیں۔

(نوٹ: اس مضمون میں، مَیں نے 'نیگرو' کی اصطلاح اس لیے استعمال کی ہے کہ مارٹن لوتھر کنگ جونیئر نے اپنی تحریروں اور تقریروں میں یہی لفظ استعمال کیا تھا۔ اگرچہ میں اس امر سے آگاہ ہوں کہ زمانۂ موجود میں سیاسی طور پر لفظ ''سیاہ فام'' لکھنا زیادہ مناسب ہے۔)

ooo

عبدالغفار خان۔۔۔ایک امن پسند پٹھان

میں 1972ء کی وہ سہ پہر کبھی نہیں بھول سکتا جس دن میں پشاور کے جناح پارک میں ہزاروں افراد کے ساتھ کھڑا عبدالغفار خان کی جلسہ گاہ میں آمد کا منتظر تھا۔عبدالغفار خان، افغانستان میں اپنی طویل جلاوطنی کے بعد واپس لوٹ رہے تھے۔ بالآخر جب وہ جلسہ گاہ پہنچے تو مجمع نے پُرجوش نعروں سے ان کا استقبال کیا۔دُور سے وہ لاغر اور ضعیف دکھائی دے رہے تھے۔مگر جب انھوں نے خطاب کیا تو ان کی آواز چاروں طرف سے اس طرح گونجی جیسے کوئی شیر دھاڑ رہا ہو۔وہ اپنی تقریر میں خطرناک حد تک سچ بول رہے تھے۔ انھوں نے محمد علی جناح مسلم لیگ اور پاکستان کے قیام میں ان کے کردار کو سرِ عام تنقید کا نشانہ بنانے میں کوئی عار محسوس نہ کی۔

کس قدر دلچسپ اور عجیب بات ہے کہ عبدالغفار خان جناح پارک میں ہی محمد علی جناح پر تنقید کر رہے تھے۔خان نے اپنی بے خوفی اور ایماندارانہ روش کی وجہ سے نیلسن مینڈیلا کی طرح ایک ربع صدی سے زائد کا عرصہ برطانوی ہندوستانی اور پاکستانی جیلوں میں گزار دیا۔1988ء میں 98 سال کی عمر میں وفات سے قبل بھی جنرل ضیاء الحق کی فوجی حکومت کے خلاف بیان دینے کی پاداش میں آخری چند سال انھوں نے اپنے گھر میں نظر بندی کی اذیت میں بسر کیے۔

معروف عوامی شاعر حبیب جالبؔ کی طرح، خان بھی کسی جرنیل، بادشاہ یا آمر سے مرعوب نہیں ہوتے تھے، وہ ایسے پٹھان تھے جو امن اور آزادی کے علمبردار تھے۔وہ ایک غیر معمولی لیڈر تھے جنھوں نے انتقام پسند پٹھانوں کو ایک امن پسند قوم میں بدل دیا۔پٹھان ان سے محبت کرتے تھے کیونکہ وہ ان کے دل و دماغ جیت چکے تھے۔

عبدالغفار خان 1890ء میں پشاور سے 20 میل شمال میں اُتمازئی کے مقام پر پیدا ہوئے۔ان کا تعلق ایک خوشحال خانوادے سے تھا۔وہ بہرام خان کے چار بچوں میں سے سب سے چھوٹے تھے۔ان کے والد ایک ہمدرد اور کنبہ پرور انسان تھے۔ان کی والدہ بھی ایک کشادہ دل اور مہربان خاتون تھیں۔عبدالغفار خان ایک نازاں پٹھان تھے۔کم عُمری میں اُنھوں نے 'ملاّ مستان' کا نام

سُنا جو اس زمانے میں پٹھانوں کے دِلوں میں گھر کر چکے تھے، کیونکہ وہ سامراجی برطانوی فوج کے خلاف بغاوت کر چکے تھے۔ مُلا مستان نے مختلف دیہاتوں کا دورہ کیا اور اپنی ولولہ انگیز تقاریر سے دس ہزار کا ایک لشکر تیار کیا۔ یہ لشکر برطانوی فوج سے لڑا اور آزادی کے لیے متعدد قربانیاں دیں۔ مُلا مستان کی رُوداد نے سترہ سالہ عبدالغفار خان کے دل و دماغ پر گہرے نقوش ثبت کر دیئے۔ جب عبدالغفار خان اٹھارہ اُنیس برس کے تھے تو اُن کے اسکول کی طرف سے انھیں برطانوی فوج میں بھرتی ہونے کے لیے منتخب کر لیا گیا۔ بہت سے خاندانوں کے لیے اس زمانے میں برطانوی فوج میں بھرتی ہونا ایک اعزاز کی بات تھی۔ مگر عبدالغفار خان نے یہ کہہ کر برٹش انڈین آرمی میں بھرتی ہونے سے انکار کر دیا کہ برطانیہ نے بہادر پٹھانوں کو غلام بنا رکھا ہے۔

جب عبدالغفار خان جوان ہوئے تو انھیں احساس ہوا کہ پٹھان ثقافت میں پرورش پانا رحمت اور زحمت کا مغلوبہ ہے۔ اس کلچر میں جہاں سخاوت اور امانت داری جیسی اقدار موجود ہیں وہاں مخالفین سے بدلہ لینے جیسی قباحتیں بھی موجود ہیں۔ پٹھان انتقام لینے کو فخر یہ کام سمجھتے ہیں۔ اگر ایک قبیلے کے کسی فرد سے دوسرے قبیلے کا کوئی فرد قتل ہو جاتا تو دوسرے قبیلے پر لازم ہو جاتا کہ وہ فریقِ اوّل کے کسی فرد کو قتل کر دے۔ انتقام کی یہ روایت نسلوں سے چلی آ رہی تھی۔ جب تک بدلہ نہ لے لیتا وہ قبیلہ شرمندگی کے تالاب میں ڈُوبا رہتا۔

جوانی کے زمانے میں ہی خان کو معلوم ہو چکا تھا کہ پٹھان قوم آزادی کی بہت قدر کرتی ہے کیونکہ پٹھانوں کے نزدیک آزادی سے جینا ہی پُروقار زندگی ہے۔ اس جذبے کی وجہ سے ہی پٹھانوں نے انگریزوں کو جو پورے ہندوستان پر قابض تھے اپنے اوپر مسلط نہیں ہونے دیا۔ انگریز "درہ خیبر" کا سیاسی اور فوجی کنٹرول حاصل کرنا چاہتے تھے، مگر پٹھانوں نے مزاحمت کی اور ہندوستان میں داخل ہونے کی یہ اہم گزرگاہ اپنے کنٹرول میں رکھی۔ پٹھان جنگجو رات کو برطانوی کیمپوں پر حملہ کرتے اور انگریزوں کو نقصان پہنچا کر پہاڑوں میں جا چھپتے۔ بالآخر انگریزوں کو تسلیم کرنا پڑا کہ پٹھان گوریلا دُنیا کے بہترین جنگجو ہیں۔ وہ صدیوں سے آزاد زندگی گزارتے آئے تھے اور اس آزادی کی خاطر اپنی جانیں قربان کرنے کے لیے تیار تھے۔ ایک پٹھان کے نزدیک آزادی کے بغیر زندگی کے کوئی معنی نہیں تھے۔ ان کے نزدیک غلام کی کوئی عزت نہیں ہوتی۔۔۔

انگریزوں نے حتی الوسع کوشش کی کہ پٹھانوں کے اس جذبے کو بزورِ طاقت اور ہر قسم کے مظالم سے خاتمہ کر دیں۔ ان کے ظلم و ستم اس قدر شدید ہوتے گئے کہ ایسے برطانوی جو اس وقت انسانی حقوق کے علمبردار تھے برطانوی فوج کے خلاف سراپا احتجاج بن گئے۔ عینی بسانت جو ہندوستان کی

مقامی ثقافت قائم رکھنے پر یقین رکھتی تھیں نے برطانیہ کے منافقانہ رویے کی ان الفاظ میں مخالفت کی:

"ہم یہ بلند و بانگ دعوے کرتے ہیں کہ ہماری پٹھان قوم سے کوئی دشمنی نہیں۔ جب کہ ہندوستان میں ہم ان کی فصلیں تباہ کررہے ہیں، گاؤں جلا رہے ہیں، گھر لُوٹ رہے ہیں، مویشی چُرا رہے ہیں، ان کے جوانوں کو باغی کہہ کر پھانسی پر لٹکا رہے ہیں۔ جب وہ مزاحمت کرتے ہیں تو ہم ان کی عورتوں اور بچوں کو برف خانوں میں لے جا کر ٹھٹھر ٹھٹھر کر مرنے پر مجبور کردیتے ہیں۔"

عبدالغفار جہاں جہاں گئے اپنے علاقے کے دیہاتوں میں غربت اور جہالت دیکھی۔ اب وہ ایک اصلاح کار حاجی واحد کے ساتھ مل کر بچوں کے لیے اسکول بنانے کے کام میں شامل ہو گئے۔ حالات کی ستم ظریفی کہ خان کے عوامی تعلیم عام کرنے کے عمل کو برطانوی حکومت نے اپنے لیے خطرہ محسوس کرتے ہوئے ان کو جیل میں ڈال دیا۔ عبدالغفار خان نے انگریزوں کو تو بہادری سے برداشت کرلیا مگر وہ ان بنیاد پرست مُلاؤں کو کسی طور برداشت کرنے کے لیے تیار نہ تھے جو مسلمان بچوں کو مغربی غیر مذہبی تعلیم دینے کی مخالفت کررہے تھے۔ وہ صرف مدرسوں میں دی جانے والی مذہبی تعلیم کو ہی درست سمجھتے تھے۔ عبدالغفار دلبرداشتہ تھے کہ ان کے اپنے ہم وطن ہی اپنی برداری کی بہتری کی راہ میں دیوار بنے بیٹھے تھے۔ اور ان کی اصلاح کارانہ کوششوں کی مخالفت کررہے تھے۔

بالآخر وہ ہندوستان کی آزادی کی تحریک (National Liberation Movement) میں شامل ہو گئے۔ انھوں نے ہندوستان کے شہروں دہلی، کلکتہ، لکھنؤ کے دورے کیے اور انڈین کانگریس کے قومی سطح کے سیاسی رہنماؤں جن میں جواہر لال نہرو، سردار پٹیل اور عبدالکلام آزاد شامل تھے، ملاقاتیں کیں۔ مگر جس شخص نے ان سب کو سب سے زیادہ متاثر کیا وہ موہن داس گاندھی تھے۔ انھوں نے ان الفاظ میں گاندھی کو خراجِ تحسین پیش کیا: "جب میں گاندھی جی سے ملا تو ان کے عدمِ تشدد کے افکار سے آگاہی ملی۔ انھوں نے میری زندگی بدل کر رکھ دی۔"

جواب میں گاندھی بھی عبدالغفار خان کی جرأت، تحریک سے وابستگی اور جذبۂ ایثار سے متاثر ہوئے اور ان کے ساتھ ملک کے مختلف حصّوں کے دورے کر کے اپنے عدم تشدد کے فلسفے کی تبلیغ کی۔ 1920ء میں عبدالغفار نے انڈین نیشنل کانگریس کی میٹنگ میں شمولیت کی۔ قومی آزادی کے متوالوں سے متاثر ہو کر جب وہ واپس اپنے لوگوں میں آئے تو ایک ولولۂ تازہ سے سرشار تھے۔ گھر واپس پہنچے تو پولیس نے خان کو مستقبل کا خطرناک باغی لیڈر گردانتے ہوئے گرفتار کرلیا۔ عدالت نے ان کو 4 سال کی قید سُنادی۔ چار سال بعد 1924ء میں وہ جیل سے رہا ہوئے تو ان کو خوش آمدید کہنے کے لیے ہزاروں

لوگ جمع ہو چکے تھے۔ اس مجمع سے خان نے ایک تاریخی خطاب کیا جس میں اُنھوں نے اپنے لوگوں کو اس شیرنی کی کہانی سُنائی جو اپنا بچہ بھیڑوں کے ایک ریوڑ میں چھوڑ کر مَر گئی تھی۔ شیر کا بچہ بھیڑوں میں پرورش پاتے ہوئے بھیڑوں جیسا بن گیا تھا۔ عبدالغفار نے پٹھانوں کو متنبہ کیا کہ انگریزوں کا مقصد پٹھان قوم کو بھیڑیں بنانا ہے مگر وہ شیر ہیں اور وہ ہمت، بہادری اور آزادی سے جئیں۔ دہلی میں حرّیت پسندوں سے ملنے کے بعد انھوں نے پٹھانوں کی غیر لڑاکا سپاہیوں کی فوج کھڑی کرنے کا فیصلہ کیا۔ جس کا نام انھوں نے 'خدائی خدمت گار' رکھا۔ ان کا نعرہ تھا لوگوں کی خدمت کے ذریعے خدا کی خدمت۔

عبدالغفار خان نے اپنے خاندان کی امارت کی نمود و نمائش چھوڑ کر ایک سادہ اور درویشانہ طرزِ زندگی اپنا لیا۔ انھوں نے اپنے لوگوں کو اپنا اس قدر گرویدہ بنا لیا کہ انھوں نے عبدالغفار خان کو باچا خان (بادشاہ خان) کا لقب دے دیا۔ اور چونکہ ان کی زندگی اور کام موہن داس گاندھی کے نقشِ قدم پر تھا اس لیے اکثر لوگ ان کو "سرحدی گاندھی" بھی پکارنے لگے۔ انھوں نے تاریخ کی سب سے پہلی غیر لڑاکا سپاہ قائم کی جس کی وردی سُرخ تھی۔ ان کی غیر تشدد پسندانہ روش قابلِ دید تھی اس فوج کا مطمع نظر انگریزی فوج کے علاوہ پٹھانوں میں موجود تشدد، نفرت اور انتقامی روایت کا خاتمہ تھا۔ وہ پٹھانوں کے جارحانہ مزاج کو امن پسند قوم میں بدلنا چاہتے تھے۔ عبدالغفار خان خواتین کو مردوں کے برابر حقوق دینے کے قائل تھے وہ پٹھان خواتین پر زور دیتے کہ وہ گھروں سے باہر نکل کر سماجی، تعلیمی اور سیاسی سرگرمیوں کا حصہ بنیں۔ وہ ہر مذہبی بنیاد پرست اور قدامت پسند پٹھان سے یوں مخاطب ہوتے: "اے پٹھانو! تم اپنے لیے آزادی مانگتے ہو مگر اپنی عورتوں کو پابندیوں میں جکڑ کر رکھنا چاہتے ہو؟"

موہن داس گاندھی کی طرح عبدالغفار کا ماننا تھا کہ ہندوستان کی تقسیم غیر فطری تھی ان کو اچھی طرح علم تھا کہ مختلف ثقافت اور لسانی پہچان کی حامل اقوام صدیوں سے ہندوستان میں ہم آہنگی کے ساتھ بستی آ رہی ہیں اب ان کے بیچ مذہبی اختلافات، تعصب اور نفرت کے بیچ بونا خطرناک ہے۔ کیونکہ ایسا کرنے کا نتیجہ ہمیشہ تشدد اور قتل و غارت کی صورت میں نکلتا ہے۔ اور ایسے فسادات جنگل کی آگ کی طرح پھیلتے ہیں جو ایک دفعہ بھڑک جانے پر قابو کرنا مشکل ہو جاتے ہیں۔ اکثر مسلمان بالخصوص مسلم لیگ کے ارکان اس بات پر حیرت زدہ تھے کہ ابوالکلام آزاد کی طرح عبدالغفار بھی ہندوستان کو تقسیم کر کے ایک مسلم ریاست بنانے کے خلاف تھے۔ عبدالغفار کے غیر متشددانہ فلسفے پر عمل پیرا دیکھ کر گاندھی بہت متاثر ہوئے وہ کہا کرتے تھے: "انگریز عدم تشدد سے خوف زدہ ہیں۔ ایک غیر متشدد پٹھان، ایک لڑاکا پٹھان سے زیادہ خطرناک ہوتا ہے۔"

عبدالغفار خان اس وقت بہت مایوس ہوئے جب بعد میں آنے والی پاکستانی حکومتوں نے

پٹھانوں کو تعلیم دینے کی حمایت نہیں کی۔ پٹھانوں کے حقوق کی جنگ لڑنے کے لیے اور ملک کو ایک غیر مذہبی ریاست بنانے کے لیے ان کے پیروکاروں نے ایک سیاسی جماعت بنالی جس کا نام "نیشنل عوامی پارٹی" رکھا اور اس کی سربراہی عبدالغفار کے فرزند ولی خان نے سنبھال لی۔ خان نے اپنی پیران سالی میں بھی جمہوریت، انسانی حقوق اور آزادی کی جدوجہد جاری رکھی۔ جب انھوں نے جنرل ضیاء الحق کی فوجی آمریت کی مخالفت کی تو ان کو گھر میں نظر بند کر دیا گیا۔ خان نے وصیت کی کہ فوت ہونے پر ان کو افغانستان میں دفن کیا جائے۔ 1988ء میں ان کی وفات کے وقت روسی فوج اور مجاہدین کے درمیان جنگ اپنے عروج پر تھی۔ ان کے جنازے کے دن دونوں اطراف نے ایک دن کا سیز فائر کیا اور افغان پاکستان بارڈر کھول دیا تاکہ عبدالغفار خان کا جسدِ خاکی ان کی وصیت کے مطابق افغانستان لے جایا جا سکے۔ چنانچہ ان کو کابل میں سپردِ خاک کر دیا گیا۔

عبدالغفار تمام عمر امن کی علامت بن کر زندہ رہے۔ حتیٰ کہ ان کی موت پر بھی لڑائی بند کر دی گئی۔ ان کا ایمان تھا کہ عدم تشدد نہ صرف زندگی کا بہترین طریقہ ہے بلکہ ایک پُرامن دنیا بنانے کا واحد طریقہ ہے۔ پٹھان قوم آج بھی ایک اور عبدالغفار کی منتظر ہے جو ان کو اعلیٰ تعلیم، روشن خیالی اور امن سے لیس کر دے۔ بہت سے حریت پسند اور امن پسند لوگوں کا خیال ہے کہ عبدالغفار خان امن کے نوبل انعام کے حقدار تھے۔

ooo

کوفی عنان۔۔۔اقوامِ متحدہ اور عالمگیر امن

عالمی امن اور اقوامِ متحدہ کے لیے ان کی اعلیٰ ترین خدمات کے اعتراف میں کوفی عنان کو دسمبر 2001ء میں امن کا نوبل انعام عطا کیا گیا۔ یہ 11 ستمبر 2001ء کے المناک واقعے کے چند ہفتے بعد کا ذکر ہے۔ اس موقع پر تقریر کرتے ہوئے کوفی عنان نے کہا:

"اس صدی کی تیسری دہائی میں ہم آگ کے دروازے سے داخل ہوئے ہیں۔ 9/11 کے دہشت ناک واقعے کے بعد اگر ہم مستقبل کے لیے ایک بہتر دنیا کا تصور رکھتے ہیں تو ہمیں یہ دھیان میں رکھنا ہوگا کہ آج انسانیت نا قابلِ تقسیم ہے۔ نئے خطرات اقوام، مذاہب اور نسلوں میں تمیز نہیں کریں گے۔ ایک نیا عدم تحفظ ہر امیر غریب کے دل و دماغ میں جاگزیں ہو چکا ہے۔ دُکھ اور سُکھ کا صدیوں پُرانا رشتہ جو انسانوں کو یکجا رکھتا تھا۔ دوبارہ سے ایک گہری شدت کے ساتھ محسوس ہونے لگا ہے۔"

کوفی عنان نے 1962ء میں اقوامِ متحدہ میں شمولیت اختیار کی۔ ان کی ادارے کے ساتھ دِلی وابستگی کے ساتھ انتھک محنت اور عالمگیر امن کے لیے اپنی بے مثال کاوشوں کی وجہ سے اعلیٰ عہدوں پر فائز ہوتے گئے۔ وہ براعظم افریقہ کے سب سے پہلے باشندے تھے جو اقوامِ متحدہ کی سیکرٹری جنرل کے عہدے پر فائز ہوئے۔

ان کی کتاب : Interventions: A Life in War and Peace دراصل ان کی سیاسی سوانح عمری ہے، جب وہ ایک بین الاقوامی اسٹیج پر کام کرتے ہوئے دُنیا کے تنازعات سُلجھانے کے لیے دیگر سیاسی لیڈروں کے ساتھ مل کر کام کر رہے تھے۔ جن میں سے کچھ امن پسند اور زیادہ جارحیت پسند لیڈر تھے۔ یہ کتاب ان کی کامیابیوں، ناکامیوں، خوابوں، گھمبیر مسائل اور سیاسی مسائل کا احاطہ کرتی ہے۔ اپنی سوانح حیات میں کوفی عنان اپنی سیاسی بصیرت کا تفصیل سے ذکر کرتے ہیں۔ وہ بتاتے ہیں کس طرح چند امیر اور طاقت ور ملکوں کے لیڈر بہت سے غریب ترقی پذیر ممالک کے مستقبل کے فیصلے کرتے ہیں۔ وہ ظالم اور مطلق العنان لیڈروں کے ساتھ اپنے اندوہ ناک اور مایوس

کن روابط کی کہانی بھی سناتے ہیں اور امن پسند، انسانیت پسند جمہوری لیڈروں کے ساتھ اپنے مفید مکالمے کا تذکرہ بھی کرتے ہیں۔ جب ان کو "فاختہ" یا غیر لڑا کا جنگجو کہا جاتا تو وہ فخر محسوس کرتے۔ کیونکہ ان کا ماننا تھا کہ پُر امن مذاکرات فوجی کاروائی سے بہتر نتائج پیدا کرتے ہیں۔ بالخصوص جب پُر امن مذاکرات کے پیچھے طاقت ہو۔

وہ عالمی امن پر یقین رکھتے تھے۔ ان کا ماننا تھا کہ پُر امن دنیا کے لیے نہ صرف دنیا بھر کے لیڈروں میں امن کا شعور پیدا کرنے کی ضرورت ہے بلکہ ترقی پذیر ممالک میں بسنے والے افراد کی معاشی حالت سدھارنے کی بھی اشد ضرورت ہے۔ کیونکہ غربت اور بھوک بڑی آسانی سے نفرت، تشدد اور جنگ کی راہ دکھا دیتی ہیں۔

عنان اپنی کتاب میں ان مشاہدات، تجربات اور اسباق کا ذکر بھی کرتے ہیں جو انھوں نے اقوام متحدہ کے ساتھ اپنی 50 سالہ وابستگی کے دوران حاصل کیے، جس دوران وہ دنیا بھر میں سفر کر کے ایشیا، افریقہ، شمالی امریکہ اور مشرقِ وسطیٰ کے سیاسی لیڈروں سے ملاقاتیں اور مذاکرات کر رہے تھے۔ وہ عالمی امن کی راہ میں حائل رکاوٹوں کا ذکر کرتے ہیں۔ اور صدام حسین جیسے آمر سے بھی بات چیت کرنے کی سیاسی دانش مندی کی اہمیت بھی بیان کرتے ہیں کیونکہ وہ اچھی طرح جانتے ہیں کہ اگر امن کے دشمنوں سے ہاتھ نہ ملائے جائیں اور ان کی عزت نہ کی جائے، تو وہ ان سے نہ تو مذاکرات کر سکتے ہیں اور نہ ہی کوئی معاہدہ کر سکتے ہیں۔ لہٰذا امن کی خاطر وہ ہمیشہ کچھ زیادہ کرنے کے لیے تیار رہتے تھے۔

عنان جہاں اکثر سیاسی مذاکرات کے محاذوں پر کامیاب و کامران لوٹے وہاں کچھ محاذوں پر ناکام بھی ہوئے۔ ان میں سے ایک واقعہ 2000ء میں ان کی افغان وزیر خارجہ احمد متوکل سے اسلام آباد میں ملاقات تھی۔ عنان، اسامہ بن لادن جیسے عالمی دہشت گرد کا تبادلہ کرنے پر بات چیت کرنا چاہتے تھے۔ مگر وہ یہ جان کر ششدرہ گئے کہ افغانی حکومت اسامہ بن لادن کو ایک قابلِ تکریم مہمان سمجھتی تھی۔ اسامہ بن لادن امریکہ کے حوالے نہ کرنے کی صورت میں جب انھوں نے افغانی سیاسی لیڈروں پر مغربی ممالک میں سفری پابندیاں لگ جانے کے امکان کی بات کی تو افغانی وزیر خارجہ کا جواب سُن کر وہ مزید ہکا بکا رہ گئے۔ احمد متوکل نے کہا: "ہم سفر کیوں کریں گے؟ ہم کہیں نہیں جانا چاہتے؟"

اس دن کوفی عنان نے اپنے آپ کو بند گلی میں محسوس کیا۔ وہ دنیا کے جانے مانے سیاسی لیڈروں سے کامیابی سے ہر طرح کا مکالمہ اور مذاکرہ کرتے آئے تھے مگر وہ پہاڑوں سے آئے ہوئے

اس شخص کے سامنے اپنے آپ کو بے بس محسوس کر رہے تھے۔عنان اور متوکل کا مکالمہ اس حقیقت کی غمازی کرتا ہے کہ افغان طالبان دیگر دنیا سے کس قدر کٹ چکے ہیں اور افغانستان اور بقیہ دنیا کے درمیان ایک وسیع خلیج حائل ہے۔صدیوں پر محیط اس خلیج کے اسباب جغرافیائی بھی ہیں، ثقافتی اور تاریخی بھی۔اس خلا کو دور ہونے میں بہت سا وقت لگے گا، تب کہیں جا کر طالبان اور کسی بین الاقوامی نمائندے کے درمیان کوئی با مقصد بات چیت ممکن ہوگی۔ثقافتی، مذہبی اور تاریخی تفریق اور سیاسی سماجی اور معاشی حالات نے ایسا خلا پیدا کر رکھا ہے، جس کو عنان جیسا زیرک انسان بھی عبور نہ کر سکا۔نتیجتاً 11 ستمبر کا واقعہ رونما ہو گیا۔

اپنی سوانح حیات میں جہاں وہ اقوامِ متحدہ کی کامیابیوں کا ذکر کرتے ہیں وہاں ان کی ناکامیوں سے بھی پردہ اُٹھاتے ہیں اور اس ضمن میں بوسنیا، صومالیہ اور روانڈا کا ذکر ضرور کرتے ہیں۔روانڈا میں اقوامِ متحدہ نے حالات کی سنگینی کا صحیح طور پر ادراک نہیں کیا تھا اور وہاں پر موجود امن دستوں کی بروقت امداد نہ کی جس سے بدتر نسل کشی کو روکا نہ جا سکا۔وہ لکھتے ہیں کہ وہاں پر بروقت امداد بھیجنے کے سلسلے میں اقوامِ متحدہ سے غفلت ہوئی۔انھوں نے لکھا:

”روانڈا میں بھی ہمیں ناکامی ہوئی۔روانڈا کی تن تنہا آواز کسی کو سُنائی نہ دیتی تھی مگر ہمارے اقوامِ متحدہ کے ایک فوجی کمانڈر نے ایک انسانی المیے کی پیش گوئی کر دی تھی مگر اقوامِ متحدہ کے ہیڈ کوارٹر نیویارک میں ہمارے فیصلے صومالیہ کے واقعات کے پس منظر میں ہوتے تھے۔لہٰذا جب روانڈا میں نسل کشی کا بازار گرم ہوا تو وہاں پر موجود امن قائم کرنے والے دستے اپنے ملکوں کو واپس لوٹ گئے۔“

اس تاریک دور میں جب رونڈا میں نسل کشی برپا تھی چند ممالک کے متحدہ فوجی دستے بھی تیار کیے گئے تھے مگر کونسل سے بروقت منظوری نہ ہونے کی وجہ سے وہ بھی روانہ نہ ہو سکے۔روانڈہ میں نسل کشی سے متعلق عنان کے تاثرات پڑھتے ہوئے مجھے کینیڈا کے لیفٹیننٹ جنرل رومیو ڈیلیئر کے الفاظ یاد آرہے تھے جو اقوامِ متحدہ میں روانڈا کی نمائندگی کر رہے تھے۔اُنھوں نے اپنی سیاسی سرگزشت:

Shake hand with the Devil

The Failure of Humanity in Rwanda

کی پشت پر لکھا:

”یہ کتاب ان چند افراد کی رُوداد ہے جن کو اپنے جیسے کچھ بے بس افراد کی حفاظت کی ذمہ داری سونپی گئی تھی تاکہ وہ بھی امن کا ذائقہ چکھ سکیں، امن سے زندگی گزار سکیں مگر

ہم خاموش تماشائی بن کر شیطان کو جنتِ ارضی میں اُتر کر ان انسانوں کے خون کی ہولی کھیلتے ہوئے دیکھتے رہے جن کی حفاظت کی ذمہ داری ہمیں سونپی گئی تھی۔"

عنان اقوامِ متحدہ کی ناکامیوں کا ذکر کرتے ہوئے اور روانڈہ جیسے انسانی المیوں کا ذکر کرتے ہیں جن کو روکا نہ جا سکا، یہ ضرور بتاتے ہیں کہ ان کی تنظیم نے ان سے کیا سیکھا؟ وہ دو دشمنوں کے بیچ مسلح تصادم کا ذکر کرتے ہوئے انصاف اور توازن کا دامن ہاتھ سے نہیں چھوڑتے۔ لبنان کے مقدمے میں وہ جہاں حزب اللہ کے اسرائیل پر حملے پر تنقید کرتے ہیں وہاں اسرائیل کے شدید ردِعمل کو بھی معاف نہیں کرتے۔ چنانچہ لکھتے ہیں:

"مجھے مسئلے کے آغاز سے ہی معلوم تھا کہ اسرائیل اپنی انتقامی کارروائی میں کس حد تک جا سکتا ہے۔ اگرچہ اسرائیلی جوابی کارروائی میں حق بجانب تھے کیونکہ حملے کی صورت میں ہر قوم کو اپنا دفاع کرنے کا بہرحال حق حاصل ہے مگر اسرائیل کا اپنی سرحدوں کا دفاع کا حق ایک وسیع جنگ اور علاقوں پر قبضے کی صورت اختیار کر گیا۔ اگرچہ یہ مشکل اہداف تھے وہ اپنی بھرپور فوجی طاقت سے ایک معروف گوریلا تنظیم کا قلع قمع کرنا چاہتے تھے۔ اسرائیل کے پاس دفاع اور حملہ دونوں کے لیے ہتھیار موجود تھے۔ دوسری طرف حزب اللہ ایک ایسی تنظیم تھی جس کی جڑیں لبنانی معاشرے میں پھیلی ہوئی تھیں اور یہی تنظیم لبنانیوں کی دیرینہ محرومیوں اور لاچارگی کی نمائندہ جماعت بن کر ابھر رہی تھی۔"

عنان کا خیال ہے کہ اسرائیلی قیادت نے اس موقع پر غیر دانشمندانہ اقدام کیے جب انھوں نے اسرائیلی لیڈر "احداولمادت" سے جنگ بندی کی درخواست کی تو ان کا جواب تھا: "ہم حزب اللہ کے خلاف فوجی کارروائی نہ صرف جاری رکھیں گے بلکہ اس میں مزید شدت بھی لائیں گے۔" حزب اللہ کے خلاف فوجی کارروائی میں اسرائیل کی حمایت کرنے پر وہ امریکہ کو تنقید کا نشانہ بناتے ہیں۔ وہ اسرائیلی امریکی اور برطانوی سیاسی قیادت کی اس غاصبانہ طرزِ فکر سے متفق نہیں کہ فوجی کارروائی اور بمباری سے سیاسی مسائل کو حل کیا جا سکتا ہے۔ اسرائیل نے جنگ جیتے بغیر لبنان پر بمباری جاری رکھی انھوں نے لکھا:

"امریکہ اور برطانیہ کا خیال تھا کہ حزب اللہ نے اسرائیل کو ایک منفرد موقع فراہم کیا تھا کہ وہ ایک ایسی تنظیم کو مکمل طور پر کچل ڈالے جس کی جڑیں لبنان کے طول و عرض میں پھیل چکی ہیں اور جس نے لبنان کے اندر ریاست کے بیچ میں ریاست بنا رکھی ہے اور

حزب اللہ جیسی تنظیم کے لیے محض بچ نکلنا ہی جیت ہے۔ اس جنگ میں 'نہ ہارنا' حزب اللہ کے لیے جیت کی ہی ایک صورت تھی۔"

عراق کی جنگ کا تفصیلی جائزہ لیتے ہوئے عنان لکھتے ہیں کہ کس طرح اقوام متحدہ نے صدام حسین کے ساتھ امن مذاکرات کا آغاز اس وقت کیا جب امریکہ بغداد پر بمباری کرنے کے لیے اپنے پَر تول رہا تھا۔ امریکی حکومت اور بش انتظامیہ ان مذاکرات کی راہ میں مسلسل روڑے اٹکا رہے تھے۔ امریکی توقعات کے برعکس جب عنان، صدام سے ملنے گئے تو صدام نے ان سے کہا:

"مجھے معلوم ہے طاقت ور لوگ آپ کے یہاں تشریف لانے پر خوش نہیں ہیں۔"

جب عنان سے پوچھا گیا کہ وہ دُنیا کے ظالم و جابر حکمران سے ملنے کیوں گئے؟ تو انھوں نے کہا: "عراق کے صدام حسین، سوڈان کے بشیر اور لیبیا کے کرنل قذافی جیسے لیڈروں کے ساتھ مل بیٹھنا ایک ایسی ذمہ داری ہے جس سے غفلت برت کر کچھ حاصل نہیں کیا جا سکتا۔ جو ہم حاصل کرنا چاہتے ہیں اس سودے بازی کی قیمت اس قدر بڑی ہے کہ آپ کے پاس یہ انتخاب نہیں ہے کہ آپ کہیں: ''میں اس شخص سے ہاتھ نہیں ملا سکتا یا ایسے لیڈر سے بات کرنا پسند نہیں کرتا۔" ایسا کرنے سے آپ انسانی جانوں کے ضیاع کا جواز فراہم کر دیں گے۔ میں بات چیت کر کے ایسے لیڈروں کو باور کروانا چاہتا ہوں کہ وہ راست اقدام کریں۔ میں ناکام بھی ہو سکتا ہوں مگر میری ذمہ داری ہے کہ اپنی سی کوشش جاری رکھوں۔ امن کو مواقع ضرور فراہم کروں۔"

عنان امریکی حکومت کے کردار پر مایوسی کا اظہار بھی کرتے ہیں اقوامِ متحدہ کے ساتھ مل کر کام کرنے کی بجائے امریکہ نے علیحدہ ہو کر اکیلے کام کرنے کو ترجیح دی۔ امریکی نمائندے 'سینڈی برگر' نے کہا اگر اقوام متحدہ نے امریکہ کی حمایت نہ بھی کی تو امریکہ اپنے جنگی منصوبے پر عمل کرے گا۔ امریکی انتظامیہ کی طرف سے عنان کو بتایا گیا کہ عراق پر بمباری کرنے کے لیے امریکی طیارے پرواز بھرنے کے لیے تیار کھڑے ہیں۔

عنان جہاں صدام کو سلامتی کونسل کی تجاویز رد کرنے پر موردِ الزام ٹھہراتے ہیں وہاں امریکہ کو عراق کے خلاف ایک مسلح جارحانہ کاروائی کرنے پر تنقید کا نشانہ بھی بناتے ہیں۔ عنان جو ایک امن پسند لیڈر تھے، امریکہ اور برطانیہ سے مخاطب ہو کر کہتے ہیں کہ چند دن کی بمباری سے املاک اور انسانی جانوں کے ضیاع سے ماضی کے دیرینہ سماجی، معاشی، سیاسی اور حفاظتی مسائل کیسے حل ہو سکتے ہیں؟

انھوں نے لکھا: "صدام کا اندازہ ایک دفعہ پھر غلط نکلا اس نے امریکہ اور اس کے اتحادیوں کو "آپریشن ڈیزرٹ فاکس" شروع کرنے کا جواز فراہم کر دیا۔ جس کا آغاز 16 دسمبر کو چار دن کی بمباری

سے ہوا۔ گزشتہ سال کے طویل مذاکرات کے دوران جب بھی فوجی کاروائی کی تجویز سامنے لائی جاتی میں ایک ہی سوال پوچھتا تھا۔

"بمباری کے بعد کیا ہوگا؟

مجھے اس کا جواب نہ لندن سے ملا اور نہ واشنگٹن سے۔"

جب عنان عراق کی طرف سے سیکورٹی کونسل کی قراردادوں پر عمل کرنے سے صاف انکار کرنے کی بات کرتے ہیں تو یہ ذکر ضرور کرتے ہیں کہ اس کے پس منظر میں مغربی دُنیا اقوام متحدہ اور اسرائیل کا دُہرا سیاسی معیار بھی تھا۔ عنان نے اعتراف کیا کہ مشرقِ وسطیٰ اور اس سے پرے کے لیڈر 1997ء اور 2003ء کے درمیان ایک سوال مسلسل پوچھتے آئے تھے۔ اور یہ سوال بہت مشکل نہ تھا:

''اقوامِ متحدہ کی سیکورٹی کونسل جیسے ایک حکومت (عراق) کو سنگین پابندیوں کا خوف دلا کر گھٹنے ٹیکنے پر مجبور کر رہی ہے ویسی پابندیاں وہ اسرائیل پر کیوں نہیں لگاتی؟''

امریکی اس کا یہ جواب دیتے تھے صدام حسین اقوام متحدہ کی قراردادوں پر عمل نہیں کرتا تھا جبکہ ویسی بے عملی کا مظاہرہ اسرائیل بھی کر رہا تھا جس نے 1967ء سے فلسطین کے علاقوں پر قبضہ کر رکھا ہے۔ یہ تفاوت بہت سے ممالک کو کھٹکتی تھی۔ اپنی کتاب میں عنان جنگ اور امن کی سیاسی حکمتِ عملی کو بھی زیرِ بحث لاتے ہوئے سیاسی لیڈروں اور قوموں کی نفسیات پر روشنی ڈالتے ہیں۔ انھوں نے عراق کی قومی نفسیات میں دوغلے پن کا ذکر کرتے ہوئے کہا:

"ایک طرف تو عراق نے وسیع تر تباہی پھیلانے والے ہتھیار 1991ء اور 2003ء کے دوران تلف کر دیئے تھے مگر دوسری طرف عراقی حکومت دُنیا پر یہ حقیقت آشکار کرنے پر تیار نہیں تھی۔ ایسا کیوں تھا؟ جب یہی سوال اقوام متحدہ کے نمائندے نے عراق کے ڈپٹی پرائم منسٹر طارق عزیز سے پوچھا تو اس نے جواب دیا: "ایرانی اور یہودی"۔۔۔

طارق عزیز دراصل یہ کہنا چاہتا تھا کہ عراق نہیں چاہتا کہ اس کے دشمن اسرائیل اور ایران کو معلوم ہو کہ عراق کمزور غیر محفوظ اور بے اختیار ہو چکا ہے۔ ایسا کرنا ایک بھرم رکھنے کے لیے ضروری تھا مگر یہ جھوٹ ان پر الٹا پڑ گیا اور پوری عراقی قوم کو اس کا خمیازہ بھگتنا پڑا۔

عنان 11/9 کے بعد صدر بُش کی جنگی حکمتِ عملی کو تنقید کا نشانہ بناتے ہوئے کہتے ہیں کہ بُش انتظامیہ نے اپنے سیاسی کارڈ دانش مندی سے نہ کھیلے۔ 11/9 کے سانحے کے بعد تمام دنیا کی ہمدردیاں امریکیوں کے ساتھ تھیں مگر امریکہ کے انتقامی رویے سے دُنیا میں کئی قسم کے المیے جنم پذیر ہو

گئے جس سے امریکہ اور باقی دُنیا کے درمیان ایک خلیج حائل ہوگئی۔ جب بُش نے عراق کو ایکسز آف ایول (Axis of Evil) (برائی کے مآخذ) قرار دیا اور امریکہ نے 20 مارچ 2003ء کو عراق پر حملہ کر دیا تو ساری دنیا کو ایک بدترین بحران میں دھکیل دیا گیا۔ عنان نے عراق کی جنگ روکنے کی بہت کوشش کی مگر ناکام رہے۔ وہ پوچھتے ہیں کہ امریکہ نے عراق پر قبضہ کیوں کیا؟ اور امریکہ کے یہ جنگ مسلط کرنے کے جواز پر حیران بھی ہوتے ہیں: ”عراق کی جنگ نہ صرف اقوام متحدہ کے چارٹر کی خلاف ورزی تھی بلکہ غیر قانونی بھی تھی۔ جنگ پر مبصرین کے جواز بھی بدلتے رہے ہیں:

کیا یہ جنگ اس لیے تھی کہ عراق نے اقوامِ متحدہ کی سیکورٹی کونسل کے مطالبات تسلیم کرنے سے انکار کر دیا تھا؟

کیا یہ جنگ دہشت گردی کی حمایت کی سزا تھی؟

کیا یہ جنگ عراق میں تختہ الٹ کر جمہوریت قائم کرنے کے لیے تھی؟''

بالآخر جیسا کہ سب جانتے ہیں عراق کے پاس سے عالمگیر تباہی پھیلانے والے ہتھیار دریافت نہ ہوئے۔ القاعدہ سے عراق کے روابط بھی ثابت نہ ہو سکے اور صدام حسین کا تختہ اُلٹ کر ایک نئی حکومت بنانے کا خیال اکثریت سے مسترد ہو چکا تھا۔ ایسا کرنا قابض فوج اور مقبوضہ ملک دونوں کے لیے تباہ کن سمجھا گیا۔“

عراق پر حملے کے بعد جب ایک صحافی نے ٹیلی وژن انٹرویو میں عنان سے پوچھا کہ کیا عراق امریکی حملہ غیر قانونی تھا تو انھوں نے جواب دیا کہ: ”ہاں“۔

عنان اس کو اس لیے غیر قانونی سمجھتے تھے کیونکہ امریکہ نے سیکورٹی کونسل کی منظوری کے بغیر بدست زور یہ حملہ کیا تھا۔ وہ انٹرویو اقوامِ متحدہ اور ریاست ہائے متحدہ امریکہ کے درمیان کھلی محاذ آرائی اور تعلقات میں تعطل کا باعث بنا۔ اپنا سچ یوں برملا اور ایمانداری سے بیان کرنے پر عنان نے امریکہ کو ایک طرح سے للکار دیا تھا۔ ایسا کر کے انھوں نے اپنے عہدے اور مستقبل کو خطرے میں ڈال دیا تھا۔ ان کے رفیق دیرینہ ٹیڈ سورن سن جو سابق صدر جان کنیڈی کے تقریر نگار تھے، نے عنان کو اس موقع پر ایک نیم سنجیدہ اور نیم مزاحیہ ای میل بھیجی۔ انھوں نے لکھا:

”آپ کا بی بی سی کو دیا گیا بیان (ا) آپ کو تاریخ میں ایک جرأت مند، سچا اور آزاد سیکریٹری جنرل کے طور پر امر کر دے گا۔ (ب) آپ اس عہدے پر تیسری بار تعینات نہیں ہوں گے۔ مبارک ہو۔“

ٹیڈ عنان کو یہ باور کروانے کی کوشش کر رہے تھے کہ ان کا ایک لفظ ”ہاں“ ان کو اس عہدے

سے دست بردار کر دے گا۔ عنان اپنی سیاسی سرگزشت میں سچے شفاف اور واشگاف ہیں وہ حزب اللہ، القاعدہ اور صدام حسین کے خلاف ہیں کیوں کہ عالمی امن کے لیے خطرہ ہیں مگر ان کے نزدیک اسرائیل، امریکہ اور برطانیہ دُنیا کی سلامتی کے لیے ان سے کہیں بڑا خطرہ ہیں۔

ان کا خیال ہے کہ اقوامِ متحدہ کو (جہاں تک ممکن ہو) غریب اور لاچار اقوام کی حمایت اور حفاظت کی کوشش جاری رکھنی چاہیے بالخصوص امیر اور طاقتور ممالک کی عتاب سے۔

عنان کا ماننا ہے اقوامِ متحدہ کی بنیادی ذمہ داری عوام ہیں ملک نہیں۔۔۔وہ لکھتے ہیں:

> "میں اقوامِ متحدہ کو ان لوگوں کی خدمت پر مامور کرنا چاہتا تھا جن کے لیے یہ تنظیم بنائی گئی تھی۔ (قومی سلامتی کی آڑ میں) قومی سالمیت کو ہتھیار بنا کر نسل کشی اور انسانی حقوق کی پامالی کرنے کی اجازت نہیں ہونی چاہیے۔"

عنان کی سیاسی سرگزشت ایک تازہ ہوا کا جھونکا ہے۔ مجھے یقین ہے کہ یہ کتاب ایک دانشمندانہ رُوداد کے طور پر سیاستدانوں کی آئندہ نسلوں کو ضرور متاثر کرے گی اور ان سیاسی رہنماؤں اور اور کارکنان کے لیے جو دنیا میں عالمی امن کا خواب دیکھتے ہیں، راہنمائی فراہم کرے گی۔

OOO

نواں باب

تخلیقیت اور دیوانگی

تخلیقیت اور دیوانگی

"شاعر ایک ایسا اُداس پیکر ہے
جس کا دل ایک انجانے کرب سے چُور ہے
اور اس کے ہونٹ ۔۔۔
عجیب طرز سے تراشے گئے ہیں
کہ جب شاعر کی آہ وزاری ان سے گزرتی ہے
تو ایک خوبصورت موسیقی وجود میں آتی ہے"
(سورن کر یکے گارڈ)

نفسیات کی دُنیا میں یہ خیال نیا نہیں ہے کہ تخلیقیت اور دیوانگی کا آپس میں ایک پُراسرار رشتہ موجود ہے۔ ہاں البتہ یہ ضرور ہے کہ صدیوں سے یہ نظریہ مختلف صورتیں اختیار کرتا آیا ہے۔ اور یہ صورتیں انسان میں موجود دونوں عناصر کی ماہیت کو سمجھنے کی صلاحیت کے بل بوتے پر ظہور پذیر ہوتی رہی ہیں۔

قدیم یونان میں "خدائی دیوانگی" یا الوہیاتی دیوانگی کا تصور موجود تھا۔ اس تصور میں دیوانگی محض دماغی خلل کا نام نہیں تھا بلکہ یونانیوں کے خیال میں انسانوں کے ساتھ بدروحیں چمٹ جاتی تھیں اور ایسا اس زمانے کے خداؤں یا دیوتاؤں کے حکم پر ہوتا تھا۔ مختلف دیوتا مختلف قسم کے مظاہر پیدا کرتے تھے۔ مثلاً مستقبل کا حال جاننے والے دیوتا کا نام اپالو (Appolo) تھا۔ ایروس (Eros) 'محبت کا دیوتا' تھا، جبکہ میوسز (Muses) موسیقی اور شاعری کا دیوتا تھا۔ انھوں نے اس کے لیے ایک لفظ {Enthusiasm} بھی چُن رکھا تھا۔ جس کا مطلب "جذبِ دروں" ہے۔ یونانی فلاسفر سقراط نے

دعویٰ کیا کہ:

"اگر کوئی شخص میوسز (Muses) کی عطا کردہ دیوانگی سے تہی دامن شاعری کے دروازے پر یہ سمجھ کر دستک دے کہ وہ شاعری کے فن سے واقف ہے تو اس کی اشعار کبھی کمال کو نہیں چُھو سکتے۔ بلکہ ایک بے خود اور دیوانے شاعر کی شاعری کے سامنے گرہن زدہ لگتے ہیں۔"

ارسطو نے ایک جگہ سوال اٹھایا تھا: "ایسا کیوں ہے کہ فلسفے، شاعری اور آرٹ میں درجہ کمال پر فائز لوگ اپنے باطن میں کوئی دیوانگی ضرور رکھتے ہیں۔"

اس نظریئے کا عکس کہ تخلیقیت اور دیوانگی کا آپس میں پُراسرار رشتہ ہے، لاتعداد لکھاریوں، آرٹسٹوں اور فلسفیوں کی تحریروں میں صدیوں سے نظر آتا ہے۔ رابرٹ برٹن (Robert Burton) نے سترھویں صدی میں کہا تھا: "تمام شاعر پاگل ہوتے ہیں۔"

کچھ فن کاروں کا خیال تھا کہ دیوانگی کے جراثیم بعض خاندانوں میں پائے جاتے ہیں۔ واں گو (Van Gogh) نے اپنے ایک خط میں لکھا: "دیوانگی کی جڑیں دماغی مسافت میں پائی جاتی ہیں جو نسل در نسل چلتی ہیں۔ یہ ایسا مرض ہے جس کا کوئی علاج نہیں ہے۔"

اُنیسویں صدی میں نفسیات دانوں اور دماغی طبیبوں نے فن کاروں اور نفسیاتی مریضوں کے خاندانوں کا سنجیدگی سے مطالعہ کرنا شرع کر دیا تھا۔ اٹلی کے سائنسداں سیزر لمبروسہ (Cesare Lombrosa) وہ پہلے سائنس داں تھے جنھوں نے تخلیقیت کا رشتہ ذہنی عارضے سے جوڑا مگر اپنے مؤقف اور ماخذات کے حوالے سے ضرورت سے کچھ زیادہ ہی پُرجوش ثابت ہوئے۔ ان کا ماننا تھا کہ تمام تخلیقی لوگ ذہنی طور پر بیمار ہوتے ہیں۔ اپنے مفروضے کے حق میں اُنھوں نے دوستوفسکی (Dostoevsky) بیتھوون (Beethoven) اور شاپن آور (Schopenhaver) کی مثالیں پیش کیں۔

مگر بیسویں صدی میں آ کر جب تحقیق کے طریقہ کار نے ترقی کر لی تو نفسیاتی عارضوں میں مبتلا افراد اور تخلیقی افراد کے خاندانوں پر گہری تحقیق شروع ہوگئی اب جو نتائج اخذ کیے گئے وہ زیادہ معتبر تھے۔ بیسویں صدی کے دوسرے حصے میں سائنسدانوں نے ثابت کیا کہ نہ صرف بعض خاندانوں میں دیوانگی یا تخلیقیت پائی جاتی ہے بلکہ یہ دونوں ایک خاندان میں بھی موجود ہوسکتی ہیں۔ بعد ازاں ان خاندانوں پر مشاہدات اور مطالعات کیے گئے۔ جن میں "شیزو فرینیا" (Schizophrenia) اور مینک ڈیپریسو اِلنیس (Manic Depressive Illness) شامل تھے۔ یہ وہ دماغی عارضے ہیں جن سے دُنیا کی ایک فی صد آبادی آج بھی متاثر ہے۔ ان

مشاہدات اور تحلیقات سے یہ نتیجہ برآمد ہوا کہ ان بیماریوں کا شکار افراد کے پہلے درجے کے رشتہ داروں میں یہ دونوں بیماریاں موجود تھیں۔ مشاہدات کی ایک کثیر تعداد اس بات کی صاف گواہی دیتی ہے کہ دونوں دماغی امراض وراثتی طور ایک نسل سے دوسری نسل میں منتقل ہوتے ہیں۔ اور بیمار افراد کے خاندان کے ان بیماریوں سے متاثر ہونے کا امکان عام افراد سے زیادہ ہوتا ہے۔

یورپ اور شمالی امریکہ میں کیے گئے دیگر مطالعات سے یہ نتائج بھی اخذ کیے گئے کہ تخلیقی افراد اور ان کے رشتے داروں کا ذہنی عارضوں میں مبتلا ہونے کا امکان دیگر آبادی سے زیادہ ہوتا ہے اور یہ کہ تخلیقیت اور دیوانگی ان خاندانوں میں وراثتی طور پر منتقل ہوتی ہے یہاں پر یہ جاننا بھی اہم ہے کہ جب ہم 'تخلیقیت' کہتے ہیں تو اس کا اظہار کسی ایک شکل تک محدود نہیں۔ تخلیقی افراد ادیب، شاعر، فن کار، موسیقی کار اور رقاص بھی ہو سکتے ہیں۔ اب دیکھنا یہ ہے کہ تخلیقی افراد اور نفسیاتی مریضوں میں کون سی قدر مشترک ہوتی ہے؟

یہ بات عام طور پر تسلیم کی گئی ہے کہ دونوں طرح کے افراد کی کارکردگی عام لوگوں سے کہیں بڑھ کر ہوتی ہے اور اس کی وجہ ان کی غیر روایتی سوچ اور غیر مروّجہ طرزِ زندگی ہوتا ہے۔ دونوں لاشعور پر زیادہ انحصار کرتے ہیں اور اپنے اردگرد کے ماحول کو بدل دیتے ہیں۔ ایسے افراد دیگر (روایتی افراد) سے مختلف ہوتے ہیں۔ امریکی ماہر نفسیات سلوانو آریتی (Silvano Arieti) کے مطابق:

> "تخلیقی افراد اور نفسیاتی مریض دونوں اپنے اردگرد کی دُنیا کو بدل دینا چاہتے ہیں۔ مگر دونوں کے مظاہر ایک دوسرے سے مختلف ہوتے ہیں۔ تخلیقی فرد حقیقت کو خوبصورت بناتا ہے یا انسانی علم کے میدان یا تجربے کو وسیع کرتا ہے۔ تاکہ اس کا مظاہر انسانیت کے لیے سودمند اور اس کی تخلیق کی عالمگیر قبولیت پیدا ہو۔ اس کے برعکس ایک نفسیاتی مریض کی تبدیلی اُس کی ذاتی اور فریب خوردہ سوچ کے تابع ہو کر وقوع پذیر ہوتی ہے جو کہ نہ صرف عالمگیر قبولیت کی حامل نہیں ہوتی بلکہ اکثر اوقات محض انا کی تسکین بلکہ اس کی اپنی ذات اور دیگر افراد کے لیے تباہی خیز بھی ہو سکتی ہے۔"

ذہنی امراض کے معالجین کے سامنے سب سے بڑا مسئلہ یہ ہوتا ہے کہ ان تخلیقی افراد کے ساتھ کیسا سلوک کریں جن کے اندر دماغی خلل کا عارضہ شیزوفرینیا، ڈیپریشن یا دیگر دماغی عارضوں کی صورت میں موجود ہوتا ہے۔ اکثر فن کار اپنے تخلیقی اظہار اور نفسیاتی بگاڑ کے رشتے پر اپنے تیئں انگشت بدنداں ہوتے ہیں۔

کچھ تخلیقی افراد ایسے بھی ہیں کہ جب ان کو جذباتی کرب اور نفسیاتی عارضہ لاحق ہو جاتا ہے تو

وہ اپنا علاج کروانے کے لیے تیار ہو جاتے ہیں۔ یہ علاج ادویات سے، سائیکوتھراپی سے یا دونوں کے اشتراک سے ہو سکتا ہے، تاکہ ان کے عارضے کو قابو میں لایا جا سکے۔ مگر کچھ ایسے تخلیقی افراد بھی مطالعے میں آئے جو سمجھتے ہیں کہ ادویات ان کے تخلیقی عمل میں خلل ڈالیں گی۔ ان کا خیال ہے کہ تخلیقیت اور دیوانگی ایک "مجموعی معاہدہ" (Package Deal) ہے۔ وہ چاہتے ہیں کہ ایک کی بجائے دونوں کیفیات ساتھ ساتھ چلیں۔ ناروے کے نامور مصور ایڈورڈ مُونک (Edvard Munch) یاسیت کے دورے پڑنے پر کئی ایک دفعہ ہسپتال میں داخل ہو چکے تھے۔ انھوں نے کہا: "ایک دفعہ ایک جرمن نے مجھ سے کہا: تُم چاہو تو اپنے نفسیاتی عارضے پر قابو پا سکتے ہو۔" میں نے جواب دیا: "یہ میرے اور میرے آرٹ کا حصہ ہے اس کو مجھ سے الگ نہیں کیا جا سکتا۔ اس طرح میرا آرٹ تباہ ہو جائے گا۔ میں اپنا کرب باقی رکھنا چاہتا ہوں۔"

گزشتہ چند دہائیوں کے دوران ایسی ادویات دریافت ہو چکی ہیں جو کئی اقسام کے ذہنی عارضوں کا تریاق ہیں۔ ان ادویات میں اینٹی ڈیپرسنٹ (Anti-Depressant)، اینٹی سائیکوٹک (Anti-Psychotic) اور لیتھیم کاربونیٹ (Lithium Carbonate) شامل ہیں۔ ان میں سے لیتھیم کاربونیٹ مینک ڈیپریسوال نیس (Manic Depressive illness) کے تدراک کے لیے خاص طور پر کارگر دوائی ہے۔ 1979ء میں ڈاکٹر پولیٹن (Polatin) اور ڈاکٹر فیو (Fieve) نے لکھا: "ایک تخلیقی فرد جو خفیف جنوں (Hypomanic) کے عرصے میں بہترین کام کر رہا ہوتا ہے۔ یہ شکایت کرتا ہے کہ لیتھیم کاربونیٹ اس کے لیے ایک بریک کا کام کرتی ہے۔"

ایسے مریضوں کا خیال تھا کہ لیتھیم کاربونیٹ تخلیقی عمل میں رکاوٹ ہے۔ اس کے استعمال سے وہ اپنا اظہار نہیں کر سکتے، جذبہ تخلیق ماند پڑ جاتا ہے اور مطمع نظر کہیں گُم ہو جاتا ہے۔ ان مریضوں نے یہ بھی نشان دہی کی کہ جب وہ یاسیت کا شکار ہوتے ہیں تو علامات اس قدر حوصلہ شکن ہوتی ہیں کہ وہ بے چین ہو جاتے ہیں اور اپنے موڈ کو درمیانے درجے کی اُٹھان دینا چاہتے ہیں۔ جب یاسیت ختم ہو جاتی ہے تو وہ مزاج کی خوش گوارگی اور یاسیت کی گردش میں رہنا پسند کرتے ہیں۔ چہ جائیکہ لیتھیم کاربونیٹ کا استعمال کر کے موڈ کو متوازن رکھیں۔

مگر جب ان تحفظات کو پرکھا گیا تو بات کچھ اور نکلی۔ تخلیقی افراد کو جب لیتھیم کاربونیٹ کا استعمال کروایا گیا تو اکثر نے بتایا کہ اس کے استعمال سے ان کی تخلیقی صلاحیت میں اضافہ ہوا ہے۔ انھوں نے تسلیم کیا کہ دوا نے یاسیت کی علامات پر قابو پا کر ان کی ارتکاز کی صلاحیت کو جلا بخشی

ہے۔البتہ تخلیقی افراد کی قلیل تعداد نے دوااس لیے چھوڑ دی کہ اس کے مضر اثرات اصل فوائد پر حاوی ہورہے تھے۔البتہ فنکاروں کے باطنی معرکوں کو حل کرنے کے حوالے سے سائیکوتھراپی کے کردار پر ادیبوں اور طبیبوں کے تاثرات مِلے جُلے تھے۔اس کی ایک انتہا پر ورجینیاؤ ولف جیسی نامور ادیبہ ہیں جو سائیکوتھراپی کو ذہن کے ساتھ زنا بالجبر قرار دیتی ہیں اور دوسری جانب مائرن مارشل (Myron Marshall) جیسے تھراپسٹ ہیں جن کا ماننا ہے کہ فنکار سائیکوتھراپی کے ذریعے اپنی ذاتی اور تخلیقی زندگی میں رنگ بھر سکتے ہیں۔ مائرن مارشل نے لکھا:

> ”کچھ فنکار سائیکوتھراپی کو اس لیے ترجیح دیتے ہیں کہ وہ ان رکاوٹوں کو عبور کرنا چاہتے ہیں جو ان کی آزاد اظہار کی صلاحیتوں کی راہ میں دیوار بن کر کھڑی ہوتی ہیں۔“

کچھ نفسیاتی معالج (سائیکوتھراپسٹ)،سائیکوتھراپی کے عمل کو خود ایک تخلیقی عمل گردانتے ہیں جس سے مریض اور معالج دونوں کی تخلیقی نشوونما ہوتی ہے۔البرٹ روتھن برگ (Albert Rothen Burg) نے اپنے مضمون: ”تخلیقیت اور نفسیاتی معالجہ“ (Creativity and Psychotherapy) میں لکھا:

> ”مریض اور معالج دونوں تخلیقیت کے سہولت کار بن جاتے ہیں۔دونوں کی توجہ مریض کے تخلیقی وجود پر مرکوز ہوتی ہے اور دونوں باہمی تخلیقی عمل کا حصہ بن جاتے ہیں جس کا محور و مرکز مریض کی شخصیت،اوصاف اور ڈھانچہ زندگی ہوتا ہے۔“

شخصیت کے اوصاف اُجاگر کرنے اور ڈھانچہ زندگی وضع کرنے سے میری مراد یہ ہے کہ وہ اپنی تخلیقیت کا اظہار آرٹ اور سائنس میں کریں۔ثانی الذکر علاقوں میں تخلیق اور تخلیقیت سے میری مراد پُرمعنی نئی قابلِ قدر شے کا ظہور پذیر ہونا ہے۔سائیکوتھراپی میں بھی تو ہم ایک نئی اور قابلِ قدر شے کو پیدا کرتے ہیں۔ مریض کے اندر ایک بہتر شخصیت اور ڈھانچہ تشکیل پاتا ہے۔ ایسا عمل مریض اور معاشرے کے وسیع تر مفاد میں ہے۔ اکثر ماہرین کا خیال ہے کہ تخلیقی شخصیات خواہ سماجی اصلاح کار ہوں،روحانی پیشوا ہوں،فن کار ہوں یا سائنسداں ہمیں انسانی ارتقاء کی اگلی منزل سے روشناس کرواتے ہیں۔حتیٰ کہ جب وہ تکلیف میں بھی ہوتے ہیں تو ہمارے لیے ہوتے ہیں کیونکہ وہ اپنے کرب کے سمندر سے ہمارے لیے گوہرِ نایاب چُن رہے ہوتے ہیں۔ہمیں ان کامیابیوں کو خراجِ عقیدت پیش کرنا چاہیے۔

کے جیمی سن (Kay Jamison) نے لکھا:

"تخلیقی دماغ بادِ مخالف کی سمت سفر کرتا ہے اور واپسی پر اپنے ساتھ ایسے الفاظ، آوازیں اور خاکے لاتا ہے جو انسانی دُکھوں، تکلیفوں اور آہ و بکا کا ازالہ کرتی ہیں ایسا کرتے ہوئے ایسے افراد جس کرب سے گزرتے ہیں وہ ہمارے غم کا عشرِ عشیر بھی نہیں بلاشبہ ایسے افراد ہماری نیک تمناؤں اور خراجِ عقیدت کے حق دار ہیں۔"

"آرٹ بھی ایک قسم کا علاج ہے میں حیران ہوتا ہوں کہ وہ لوگ جو لکھتے نہیں، موسیقی ترتیب نہیں دیتے اور تصویریں نہیں بناتے، انسانی دُنیا کے پاگل کر دینے والے حالات، اُداسی اور خوفناک ماحول میں کیسے زندہ ہیں۔" (گراہم گرین)

ooo

ورجینیا وُولف۔۔۔تشدد پسند رُوح کی حامل ادیبہ

ورجینیا وُ ولف بیک وقت ایک خوش قسمت اور بدقسمت انسان تھیں۔ایک طرف جہاں وہ اپنے تخلیقی اظہار کی معراج کو پہنچیں اور ایسے ناول لکھے جو اُن کی وفات کے پچاس سال بعد آج بھی انگریزی ادب میں ایک بلند مقام رکھتے ہیں تو دوسری طرف ان پر یاسیت کے دورے پڑتے تھے جو رفتہ رفتہ شدید تر ہوتے گئے۔ بالآخر ایک دن انھوں نے اپنے کوٹ کی جیبیں پتھروں سے بھر لیں اور دریا میں چھلانگ لگا کر اپنی جان لے لی۔

بظاہر یُوں محسوس ہوتا ہے کہ ان کی زندگی میں تخلیقیت اور دیوانگی کا چولی دامن کا ساتھ رہا مگر ان پر زیادہ تر دورے اس وقت پڑتے تھے جب ان کا ناول مکمل ہو کر اشاعت کے لیے چلا جاتا تھا اور وہ اس کے تنقیدی جائزے کی منتظر ہوتی تھیں۔

ان کی سوانح حیات کے مطالعے سے ان کی زندگی کے دلچسپ اور منفرد پہلو سامنے آتے ہیں۔ ان کی طرح ان کا خاندان بھی بیک وقت خوش بخت اور بدنصیب تھا۔ جس نے جہاں بہت سے لکھاری اور فن کار پیدا کیے وہاں اسی خاندان کے اکثر افراد شدید یاسیت (Manic-Depressive Illness) کا شکار تھے۔ اکثر اوقات ان افراد کو ہسپتال جا کر علاج کروانا پڑتا تھا۔

ان کا خاندان ان تحقیق کاروں کے لیے ایک سائنسی ثبوت تھا جو یہ معلوم کرنا چاہتے تھے کہ تخلیقیت اور دیوانگی نہ صرف موروثی ہوتی ہے بلکہ خاندانوں میں موجود ہوتی ہے۔ ان خاندانوں میں پیدا ہونے والے بچے بچپن سے ہی غیر روایتی سوچ اور طرزِ زندگی کے حامل ہوتے ہیں۔ ان میں سے جو مضبوط شخصیت کے حامل اور صدموں کو برداشت کرنے کی صلاحیت رکھتے ہیں وہ فن کار بن جاتے ہیں اور جو کمزور شخصیت رکھتے ہیں وہ ذہنی بحران کا شکار ہو جاتے ہیں۔ ان میں سے چند افراد ایسے بھی ہوتے ہیں جو اپنی شخصیت میں بیک وقت دونوں رجحان رکھتے ہیں۔ ورجینیا وُ ولف کا شمار ان چند افراد میں ہوتا ہے۔

تھامس کیرامیگنو (Thomas Caramagno) نے ورجینیا وُ ولف کے خاندان

میں نسل در نسل پائی جانے والی شدید یاسیت کی بیماری کا تذکرہ بہت اثر انگیز پیرائے میں کیا۔اس کے علاوہ ''کے۔جیمی سن'' بھی اس حوالے سے لکھتے ہیں:

"وُولف کے دادا، ماں، بہن، بھائی اور بھتیجی پر تواتر سے یاسیت کے دورے پڑتے تھے۔ اُن کے والد اور ایک بھائی سائیکلو تھائی میک (Cyclothymic) یعنی ''غیر معتدل مزاجی'' کے مرض کا شکار تھے۔جب کہ ایک کزن جو شدید یاسیت کا شکار ہو کر ہسپتال میں داخل رہ چکے تھے بالآخر اسی بیماری سے جاں بحق ہوئے۔"

اس ضمن میں نفسیاتی تجزیہ کار ایلما بانڈ (Alma Bond) نے لکھا:

"ورجینیا کے پر دادا، دادا، چچا اور کزن سب کے سب نامور لکھاری تھے۔ان کی والدہ جولیا جیکسن جو خود ایک شائع شدہ لکھاری تھیں، ایک ایسی فرانسیسی معتبر شخصیت کی پوتی تھیں جن کا تعلق فرانسیسی شاہی خاندان میں ماری آنتوئے نیٹ (Marie Antoinette) تھا۔ورجینیا کی بہن وینیسا (Vanessa) ایک مشہور مصورہ بنی جس کی شادی اہم نقاد کلائیو بیل سے ہوئی۔جب کہ ان کا بھائی آندریاں (Andrian) ایک ممتاز نفسیاتی تجزیہ کار لکھاری اور ایڈیٹر تھا۔"

ورجینیا کی والدہ جو خود ڈپریشن کی مریضہ تھیں ان کی پرورش اور دیکھ بھال اس انداز میں نہ کر سکیں جس کی کم سن ورجینیا کو ضرورت تھی۔ورجینیا نے اپنی والدہ کے حوالے سے اپنی یادداشتوں میں ایک جگہ لکھا:

"مجھے اب سمجھ آتا ہے کہ میری والدہ کی زندگی میں میرے علاوہ بھی کرنے کو بہت کچھ تھا۔ اُن کے اپنے اتنے بکھیڑے تھے کہ مجھے سنبھالنے کے لیے نہ ان کے پاس وقت تھا اور نہ ہمت۔مجھے یاد نہیں پڑتا کہ میری ماں نے میرے ساتھ اکیلے میں کبھی چند منٹ سے زیادہ وقت گزارا ہو۔"

ایلما بانڈ کے مطابق:

"وُولف کی والدہ ایک نرگسیت زدہ خاتون تھیں جن کو ہر لمحہ اپنی توثیق درکار تھی۔چنانچہ ان کے پاس زیرِ پرورش بچی کی ضروریات پر توجہ دینے کی مہلت ہی کہاں تھی؟ لہٰذا وُولف جذباتی طور پر ایک محرومی کا شکار بچی تھی۔اس محرومی نے اس کی خوداعتمادی اور خودتوقیری کو شدید متاثر کیا۔اوائل عمری میں ہی اس کے ہاں کچھ عارضے سر اُبھارنا شروع ہو گئے تھے۔مثال کے طور پر یہ کہا جاتا ہے کہ اس کے مزاج میں شدت دکھائی دیتی تھی۔جیسے

بہت زیادہ غصہ، اُداسی یا بے حد نشاط کے دورے پڑنا۔ یہ بھی دیکھنے میں آیا کہ وہ اپنی ذات کے حوالے سے مطمئن نہیں تھی۔ وہ اپنی یاداشتوں میں بھی اپنی ذات کے حوالے سے بات نہیں کرتی۔"

وُولف کے والدین کے گزشتہ شادیوں میں سے بھی بچے موجود تھے جو ان کے ساتھ رہتے تھے۔ وہ اوران کی بہن ونیسا اپنے سوتیلے بھائیوں کے ہاتھوں جنسی زیادتی کا شکار ہوچکی تھیں۔ کم عمری کے اس بھیانک تجربے نے ان کی باقاعدہ جنسی نشوونما کو بھی متاثر کیا۔ بہت سی مشکلات کے باوجود وُولف کا اپنی والدہ کے ساتھ اُنسیت کا رشتہ استوار رہا۔ وُولف کی زندگی کا پہلا نروس بریک ڈاؤن تیرہ سال کی عمر میں اپنی والدہ کی وفات کے موقع پر ہوا۔ ان پر یاسیت کا دوسرا دورہ اس وقت پڑا جب بائیس سال کی عمر میں ان کی والد کا انتقال ہوا۔

وُولف کی رومانوی زندگی بھی کئی ایک طرح سے مشکلات سے دوچار رہی۔ ''لیونارڈ'' کے ساتھ شادی سے قبل وہ لیزبین (Lesbian) ہم جنس پرستی کے تجربات کرچکی تھیں۔ خاندان میں ذہنی بیماریوں کے شواہد موجود ہونے کی وجہ سے وُولف اوران کے شوہر لیونارڈ نے بچے پیدا نہ کرنے کا فیصلہ کیا اور محبوب سے زیادہ ایک دوسرے کے دوست بن گئے۔ ان کی ازدواجی زندگی سے جنس خارج ہوگئی۔

لیونارڈ ایک خیال رکھنے والا شوہر تھا۔ جب کبھی وُولف پر ڈیپریشن کا دورانیہ آتا تو وہ مہینوں اس کی تیمارداری کرتا۔ پھر 1922ء میں ایک عجیب بات ہوئی لیونارڈ کے ساتھ شادی کے بندھن میں ہوتے ہوئے وُولف ایک خاتون لکھاری "ویٹا سیک ویل ویسٹ" میں دلچسپی لینے لگیں۔ ویٹا کا تعلق نامور ادبی تنظیم "بلیوسٹا کنگ" سے تھا۔ وہ پہلے ایک دوسرے کی سہیلیاں اور پھر محبوبائیں بن گئیں۔

اس رشتے نے دونوں کی زندگیوں پر دُوررس اور نمایاں اثرات مرتب کیے۔ وُولف نے اس دوستی کو دو رُوحوں کا ملاپ قرار دیا۔ وہ کئی برس تک ایک دوسرے سے سیکھتی رہیں اور اس عرصے میں دونوں نے بہترین ادب تخلیق کیا۔ ویٹا کو احساس ہوا کہ وُولف کا فن ان کو معاشرے میں آزادی سے رہنے کا متقاضی ہے۔ یہ بات شاید لیونارڈ کو سمجھ نہیں آئی تھی۔ ویٹا کو یہ معلوم ہوگیا تھا کہ وُولف کی کہانیاں تصوراتی نہیں مشاہداتی ہیں۔ مگر کچھ سالوں کے بعد ویٹا کی وُولف میں جنسی دلچسپی ماند پڑنا شروع ہوگئی اگرچہ وہ کچھ عرصہ دوست ضرور رہیں مگر وُولف نے ویٹا کو اس وقت خیرباد کہہ دیا جب وہ "گوین اوبین" میں دلچسپی لینے لگی جس کو وُولف ناپسند کرتی تھی۔ وُولف نے لکھا: "میرا رشتہ ویٹا کے ساتھ ختم ہو چکا ہے۔ ہمارے درمیان کوئی تلخ کلامی نہیں ہوئی اور نہ لڑائی۔ ہماری دوستی ایک پھل تھا جو پک کر گر گیا۔"

البرٹ رُوتھن برگ کا خیال ہے کہ تنازعہ یا کوئی بھی قضیہ تخلیقیت کو جلا بخشتا ہے اور فن کاروں

اورلکھاریوں میں ہم جنس پرستی کے فوائد اور نقصانات دونوں موجود ہیں۔اس سے جہاں ان کی زندگی مشکلات میں گھر جاتی ہے وہاں ان کی تخلیقیت کو جلا بھی بخشتی ہے۔تنازعہ بھی خوبصورت تخلیقی کام کا مؤجب بنتا ہے جبکہ ہم جنس پرستی کئی تنازعات میں سے ایک ہے جو کسی جھگڑے کا محرک بن سکتے ہیں۔

ایک نوجوان لکھاری کے طور پر ورجینیا ؤولف کو کئی قسم کے خوف، اندیشوں اور تذبذب نے گھیر رکھا تھا۔ ان کو خوف تھا کہ لکھاری کے طور پر وہ ناکام ہو جائیں گی۔ایک دفعہ انھوں نے اپنی ڈائری میں لکھا: ”مجھے یہ خوف دامن گیر تھا کہ مجھے حقیر جان کر نظرانداز کر دیا جائے گا۔“

وہ اپنے آپ سے سوال کرتی تھیں: ”کیا وہ وقت بھی آئے گا کہ مجھ میں اتنی ہمت آجائے گی، جب میں اپنی تحریروں کو کتابی شکل میں دیکھ کر نہیں گھبراؤں گی، نہ میرے ہاتھ کانپیں گے اور نہ شرما کر کہیں چُھپ جاؤں گی۔ان کو فکر تھی کہ پڑھنے والے ان کی تحریروں کے بارے میں کیا سوچیں گے؟ جب میں کوئی تبصرہ لکھتی ہوں تو اس کا ہر جملہ اس انداز سے تحریر کرتی ہوں جیسے اس نے تین ججوں کے سامنے پیش ہونا ہے۔“

بہرحال چالیس سال کی عمر کو پہنچنے تک وہ اچھی خاصی پُراعتماد ہو چکی تھیں۔انھوں نے اپنی ڈائری میں لکھا:

”میرے ذہن میں کوئی شک وشبہ نہیں کہ اب مجھے پتہ چل چکا ہے کہ کوئی بات کیسے شروع کرنی ہے۔مجھے اپنی آواز میں بات کرنے کا فن آ گیا ہے اور مجھے اچھا لگتا ہے کہ کسی کے ردعمل سے ماوراء ہو کر میں اپنی بات کر سکتی ہوں۔“

انھوں نے مزید لکھا:

”مجھے وہ لکھنا ہے جو مجھے پسند ہے اور لوگوں نے وہ کہنا ہے جو انھیں اچھا لگتا ہے۔بطور ایک لکھاری میرے کرنے کا کام صرف یہ ہے کہ میں یہ دیکھنا شروع کر دوں کہ میری تحریر غیر معمولی انفرادیت موجود ہے یا نہیں۔ مجھے طاقت نہیں، جنون نہیں کوئی چمک دمک نہیں، صرف الگ شناخت درکار ہے۔میرا خیال ہے یہ وہ وصف ہے جو میرے لیے قابلِ احترام ہے۔سچ تو یہ ہے کہ لکھنا میرے نزدیک گہری خوشی ہے جب کہ پڑھا جانا محض سطحی لُطف۔“

پھر وہ اس مقام پر پہنچیں جہاں سے یہ آوازیں ضبط تحریر میں لائیں: ”اب میں لکھتی ہوں، لکھتی ہوں اور صرف لکھتی ہوں یہ دُنیا کا خوبصورت ترین احساس ہے۔“

رفتہ رفتہ وہ ایک پُراعتماد لکھاری بن کر اُبھریں اور بہت سی خواتین کے لیے ایک قابلِ تقلید مثال بن گئیں۔ ورجینیا ؤولف کو عورتوں کے المیوں اور کاوشوں میں گہری دلچسپی تھی

ان کی کتاب A Room of One's Own اور 'عورتوں کے پیشے اور ان کا تخلیق کردہ ادب' کے حوالے سے وُولف کے خطابات نسائی ادب کے اہم سنگِ میل ہیں۔ ان کو پُختہ یقین تھا کہ اگر کسی عورت نے ادب تخلیق کرنا ہے تو اس کے پاس اپنے مالی وسائل اور اپنی رہائش گاہ ہونی چاہیے۔ وہ اس تلخ حقیقت سے بھی بخوبی آگاہ تھیں کہ فنی اور شعوری آزادی کا معاشی آزادی سے گہرا تعلق ہے مگر رائج الوقت سماجی قانونی اور سیاسی پابندیاں عورت کی معاشی آزادی کی راہ میں حائل ہیں۔ ان کے نزدیک اس مسئلے کا حل مردوں کی اس سمت میں تربیت ہے جس سے وہ عورت کی کاوشوں اور کارناموں کی حوصلہ افزائی کریں ان کی مدد کریں اور معاشرے میں ان کی کارکردگی کو نمایاں کریں۔ کیوں کہ ادب کے مستقبل کا دارومدار اس بات پر ہے کہ مرد عورتوں کے تخلیقی اظہار کو کیسے دیکھتے ہیں۔

وہ عورتوں کی بھی حوصلہ افزائی کرتی ہیں:

> ''اپنی سوچ آزاد رکھیں، اور زندگی کے بارے میں اپنی ذاتی رائے قائم کریں کیونکہ ان کا ماننا تھا کہ تخلیقی کام کے ضمن میں خواہ آپ نے کسی ناول پر تبصرہ ہی کیوں نہ کرنا ہو، آپ اس وقت کچھ نہیں لکھ سکتے جب تک آپ کی سوچ خالص اپنی نہ ہو اور انسانی رشتوں، اخلاقیات اور جنس کے بارے میں رائے دینے کے حوالے سے اپنا سچ بیان کرنے کا سلیقہ نہ جانتے ہوں۔"

وہ اپنی ہم عصر لکھاری کو متنبہ کرتی ہیں کہ اگر اُنھوں نے عظیم ادب تخلیق کرنا ہے اور ادبی شاہ پارے وجود میں لانے ہیں تو ان کو اپنے مزاج سے غصّہ، شکوہ اور تلخی نکال باہر کرنی ہوگی۔ کیونکہ ماضی میں خواتین لکھاریوں کے غصے کی وجہ سے نسائی ادب نے بہت نقصان اٹھایا ہے۔ ان کے نزدیک ایک تخلیقی فرد یا فن کار یا ادیب انسانیت کی رُوح کی گہرائی میں غوطہ زن ہوتا ہے، جہاں جنس اور تذکیرو تانیث اپنے معنی کھو دیتی ہے۔ اُنھوں نے لکھا: ''انسانی تاریخ میں جو عظیم لکھاری پیدا ہوئے وہ نہ مرد تھے اور نہ خواتین۔ وہ پڑھنے والے کی رُوح تک جانے کا راستہ جانتے تھے اور رُوح جنس سے ماوراء ہے۔ اس مقام پر رومانوی جذبات کو پس پشت ڈال دیا جاتا ہے۔ رُوح کی گہرائی میں غوطہ زن ہو کر ایک لکھاری بلندی، بالیدگی اور نشوونما کا سامان پیدا کرتا ہے۔ اس کے صفحات سے مرد و زن برابر مستفید ہوتے ہیں۔ وہاں پر نہ رقابت کی آگ کا غصہ ہے اور نہ جنسِ مخالف کی کشش کا دھوکہ۔"

وُولف نے انگریزی ادب میں وہ مقام حاصل کیا کہ 'برٹش ویکلی' نے ایک بار اُن کو "قابل ترین خاتون ناول نگار" کا لقب دیا۔ ایلیٹ (Eliot) نے دعویٰ کیا کہ وہ لندن کی ادبی دنیا کا محور و مرکز ہیں۔

یہ کتنا بڑا المیہ ہے کہ وُولف نے لیونارڈ کے ساتھ مل کر انسان نفسیات اور نفسیاتی تجزیات پر

(ہوگارتھ پریس سے) متعدد کتابیں شائع کیں مگر کبھی اپنا نفسیاتی علاج نہ کروایا۔ وہ سائیکوتھراپی (Psychotherapy) کو "دماغ کے ساتھ زنا بالجبر" کہتی تھیں۔ دونوں کا خیال تھا کہ یہ دیوانگی ہی ہے جو ورجینیا سے ناول تخلیق کرواتی ہے۔ اور ان کے لیے وقفے وقفے سے بے خود ہو جانا علاج کروانے سے بہتر ہے۔ البتہ لیونارڈ نے آخری دنوں تک ان کا خیال رکھا۔

1941ء میں 59 سال کی عمر میں جب وُولف نے بالآخر اپنی زندگی کو ختم کرنے کا فیصلہ کیا تو لیونارڈ کو نہایت محبت بھرا خط لکھا جس میں نگہداشت اور تیمارداری کرنے پر اُس کو دل و جان سے سراہا اور شکریہ ادا کیا۔ انھوں نے لکھا:

"مجھے یقین ہے مجھ پر ایک دفعہ پھر دیوانگی کا دورہ پڑ رہا ہے۔ میرے خیال میں ہم اس دفعہ اس پُرآشوب دورانیے کو سہہ نہیں پائیں گے اور اس دفعہ میں تندرست بھی نہ ہو سکوں گی۔ مجھے آوازیں آتی ہیں، دماغ میں ایک شور برپا ہے اور میں لکھائی پر توجہ نہیں دے پاتی، لہٰذا میں وہی کر رہی ہوں جو میرے نزدیک مناسب ہے۔ تم نے مجھے تمام ممکنہ خوشی عطا کی ہے۔ تم نے میرے لیے وہ سب کچھ کیا جو ایک مخلص ساتھی کو کرنا چاہیے۔ اس موذی مرض کے آنے سے قبل شاید ہم ایک نشاط انگیز زندگی گزار رہے تھے۔ میں اب مزید نہیں لڑ سکتی۔"

یہ امر دلچسپی کا باعث ہے کہ وُولف نے اپنے نفسیاتی خلل کے تجربات کو اپنی کہانیوں میں سمو دیا۔ حتیٰ کہ اپنے دُکھوں کو بھی آرٹ کی افزودگی اور زندگی کی رعنائی کے لیے بروئے کار لایا۔ انھوں نے ایک جگہ لکھا:

"میرا تجربہ ہے کہ دیوانگی اپنی تمام ہولناکی کے ساتھ ایک لاجواب شے ہے۔ میرا یقین کرو میں اب بھی اس کے لاوے سے تخلیقیت کی چنگاریاں حاصل کرتی ہوں جو اُبل اُبل کر نکلتی ہیں۔ ہوش مندی کی طرح قطرہ قطرہ نہیں۔ میں تین ماہ نہیں بلکہ چھ ماہ صاحبِ فراش رہی تو معلوم ہوا کہ خود آگاہی کس شے کا نام ہے۔"

ان کا ماننا تھا کہ لٹریچر پڑھنے سے ہمیں اپنے ہی بارے میں کئی سوالات کے جوابات ملتے ہیں۔ ورجینیا وُولف گزشتہ دہائیوں سے انگریزی ادب میں اہم مقام پر فائز ہونے کے ساتھ ساتھ نفسیات دانوں اور ادیبوں کے لیے ایک سربستہ راز بھی ہیں۔

ooo

ونسنٹ واں گو۔۔۔لاجواب قابلیت کا حامل دیوانہ

ونسنٹ واں گو نے رنگوں کو نئے معنی دیئے۔ اُنھوں نے انسانی جذبات، احساسات المیوں اور خوابوں کو بیان کرنے کے لیے ایک نئی زبان دریافت کی۔ اُنھوں نے دیوانگی اور تخلیقیت کے پُراسرار رشتے پر نئے سوالات اُٹھائے۔ ان کی شخصیت اور کام فن کاروں اور ماہرینِ نفسیات کے لیے آج بھی ایک معمہ ہے۔ نفسیات کی نصابی کتب میں "واں گو کا عارضہ" (Van Gogh Syndrome) موجود ہے۔ اس بیماری میں نفسیاتی مریض دیوانگی کا دورہ پڑنے پر اپنے جسم کا کوئی حصہ خود کاٹ دیتا ہے۔ اس بیماری کا نام واں گو کی یاد میں اس واقعے سے منسوب ہے جس کے مطابق اُنھوں نے ایک دفعہ غصے میں آکر اپنا کان کاٹ دیا تھا۔ جب ہم واں گو کی زندگی کا جائزہ لیتے ہیں تو وہ ہمیں تخلیقی کاموں میں فن کی معراج کے ساتھ ساتھ کچھ المناک حالات وواقعات سے لبریز نظر آتی ہے۔

واں گو 30 مارچ 1853ء کو ہالینڈ میں پیدا ہوئے۔ ان کے والد (تھیوڈرس) مذہبی رجحان رکھتے تھے اور عیسائی مبلغ تھے۔ جب کہ ان کی والدہ (اینا) گھر داری کے ساتھ فنکارانہ صلاحیتوں کی حامل خاتون تھیں۔ واں گو کی پیدائش سے ایک برس قبل ان کا ایک بھائی فوت ہو گیا تھا جس کا نام بھی ونسنٹ تھا۔ انسان سوچتا ہے کہ یہ بچہ بڑا ہو کر جب اپنے بھائی کی قبر دیکھنے گیا ہوگا اور کتبے پر اپنا نام دیکھا ہوگا تو اس نے کیسا محسوس کیا ہوگا۔

واں گو بچپن اور کم عمری سے ہی وہ شرمیلے تنہائی پسند اور اپنی ذات میں مگن رہنے والے تھے۔ وہ انسانوں سے زیادہ فطرت کے قریب رہنا پسند کرتے اور کئی کئی گھنٹے جانوروں اور پرندوں کے ساتھ گزارتے۔ وہ مزاج کے تیز تھے ان کو معمولی باتوں پر جلد غصہ آجاتا تھا۔ حتیٰ کہ ان کو کبھی کسی نے ہنستے مسکراتے نہ دیکھا تھا۔ واں گو کا اپنے والد کے ساتھ بیک وقت محبت اور نفرت پر مبنی ابہام کا رشتہ استوار تھا۔ وہ ان کو عجیب وغریب لڑکا گردانتے تھے جب کہ واں گو کی والدہ کا خیال تھا کہ ان کا بیٹا زندگی میں ہمیشہ مشکل اور طویل راستہ اختیار کرتا ہے۔

وان گو کو روایتی تعلیم پسند نہیں تھی۔ جب ان کو بورڈنگ اسکول میں داخل کروایا گیا تو اُنھوں نے اس خدشے سے کہ روایتی تعلیم و تربیت ان کی تخلیقی صلاحیتوں کو کچل ڈالے گی، اُدھورا چھوڑ دیا۔اوائل عمری سے ہی ان کو مصوّری کا شوق تھا۔ جب ان کی عمر سولہ سال تھی تو اُنھوں نے ایک ایسے تاجر کے ہاں ملازمت کر لی جو یورپ کے تصویری مراکز میں پینٹنگز فروخت کرتا تھا۔انھوں نے اس تاجر کے ساتھ پانچ سال کام کیا۔ جب ان کے بھائی "تھیو" نے بھی وہاں ملازمت کر لی تو دونوں بھائی بہت اچھے دوست بن گئے۔ وان گو اپنے بھائی سے اس قدر محبت کرتے تھے کہ تمام عمر اُنھوں نے "تھیو" کو سینکڑوں خطوط لکھے۔

1874ء میں جب انھیں کام کے سلسلے میں لندن بھیج دیا گیا تو ان کی زندگی میں یکے بعد دیگرے بحران آنے لگے۔ سب سے پہلا بحران "ناکام محبت" تھی ۔ وہ "ارسلہ" کی محبت میں گرفتار ہو گئے جو ان کی مالک مکان کی بیٹی تھی۔ مگر وہ اپنے شرمیلے پن کی وجہ سے کافی عرصے تک محبت کا اظہار نہیں کر پائے۔ پھر جب ہمت کر کے ایک دن اپنا دل کھول کر ارسلہ کے سامنے رکھا تو ان پر یاسیت کا پہاڑ ٹوٹ پڑا کیونکہ اب ارسلہ کی منگنی ہو چکی تھی۔ انھوں نے ارسلہ سے منگنی توڑ ڈالنے کی درخواست کی مگر اس نے ایسا کرنے سے انکار کر دیا۔ وان گو کے جذبات کو اس قدر ٹھیس پہنچی کہ اُنھوں نے فنِ مصوّری کو کچھ عرصے کے لیے خیر باد کہہ دیا اور تاجر کے ہاں نوکری بھی چھوڑ دی۔ محبت اور آرٹ چھوڑ دینے کے بعد اُنھوں نے ایک اسکول میں پڑھانا شروع کر دیا۔ اُنھوں نے مذہب کا مطالعہ شروع کر دیا حتیٰ کہ اپنے والد کی طرح کچھ عرصہ مذہب کی تبلیغ بھی کی مگر یہ راہِ فرار زیادہ کارگر ثابت نہ ہوئی۔ اس عرصے میں وان گو جذباتی طور پر بہت گھائل رہے۔ 1877ء میں جس اسکول میں وہ معلم تھے وہاں ایک ایسا ناخوش گوار واقعہ پیش آیا جس نے ان کی زندگی کا دھارا بدل کر رکھ دیا۔ ایک شرارتی طالب علم نے ایک دن مذاقاً عقب سے ان کا کوٹ زور سے کھینچا۔ اس پر وان گو اس قدر برانگیختہ ہو گئے کہ لڑکے کی پٹائی کر دی۔ یہ پہلا موقع تھا جب وہ سرِ عام آپے سے باہر ہوئے۔ نتیجتاً ان کو اسکول نوکری سے برخاست کر دیا گیا۔ 1880ء میں جب وان گو اپنے وجودی بحران سے باہر نکلے تو ان کو معلوم ہوا کہ ان کی ذات کی بقا صرف اور صرف ان کے فن سے وابستہ ہے۔ اور انھوں نے اپنی باقی زندگی اس کے لیے وقف کرنی ہے یہ سوچے بغیر کہ لوگ ان کی ذات اور ان کے فن کے بارے میں کیا رائے رکھتے ہیں۔ یہ احساس ہو جانے پر وان گو نے اپنے فن کو خلوصِ نیت سے گلے لگا لیا۔ 1880ء میں ہی وہ برسلز چلے گئے جہاں انھوں نے خاکہ نگاری اور مصوّری کی باقاعدہ تربیت حاصل کی اور اہم مصوّروں کے ساتھ وقت گزارا۔

1881ء میں واں گو ایک اور رومانوی بحران سے دوچار ہو گئے وہ اس بار اپنی کزن "کی" کی محبت میں گرفتار ہو گئے تھے جو بیوہ اور ایک بچے کی ماں تھی۔ واں گو کے اظہارِ محبت پر "کی" نے معذرت خوانہ انداز اختیار کیا کیونکہ وہ ابھی تو شوہر کی موت کے غم میں مبتلا تھی۔ وہ ایک دفعہ پھر دل برداشتہ ہو گئے۔ وہ اپنی محبت کی بے توقیری پر اس قدر رنجیدہ ہوئے کہ ایک دن "کی" کے خاندان کے رُوبرُو اپنا ہاتھ شمع کے شعلے پر اس وقت تک رکھے رکھا جب تک کمرے میں گوشت کے جلنے کی بساندنہ پھیل گئی۔ یہ پہلا موقع تھا جب واں نے سرِ عام اپنے آپ کو اذیت دی۔

اس واقعہ کے بعد واں گو "برسلز" سے "ہیگ" چلے گئے جہاں وہ ایک حاملہ طوائف کی محبت میں گرفتار ہو گئے۔ وہ اس کے ساتھ ڈیڑھ سال رہے۔ طوائف کے ہاں بیٹا پیدا ہوا وہ اس کے بیٹے سے بھی محبت اور شفقت سے پیش آتے تھے۔ مگر ان کا جی ہیگ سے جلد بھر گیا اور وہ جنوبی فرانس کے شہر آرلیز (Arles) میں جا بسے۔ وہاں جا کر وہ نامور مصوّر ایڈولف مونٹی سیلی (Adolf Monticelli) سے ملے جن کے وہ ایک عرصے سے مداح تھے۔

واں کی بطور ایک مصوّر فنی زندگی کا باقاعدہ آغاز 1881ء میں خاکے بنانے سے ہوا تھا۔ 1883ء میں انھوں نے باقاعدہ مصوّری شروع کر دی اور اگلے سات سالوں میں 800 تصاویر بنا ڈالیں۔ مگر شومئی قسمت ملاحظہ ہو کہ ان کو 24 مارچ 1888ء کو اس وقت ہسپتال داخل ہونا پڑا جب اُنھوں نے اپنا ہی ایک کان کاٹ دیا۔ اس دورے کے دوران اُن کو آوازیں سُنائی دیتیں: "اس کو مار ڈالو، مار ڈالو۔۔۔" بعض لوگوں کا خیال ہے کہ جن دنوں وہ مذہب کی طرف مائل تھے اُنھوں نے انجیل مقدس میں کہیں پڑا تھا: "اگر تمھارا کان تمھیں تنگ کرے تو اس کو اتار پھینکو۔"

اگلے اٹھارہ ماہ کے دوران ان کو شدید یاسیت کے آٹھ دورے پڑے مگر وہ اس حالت میں بھی تصویریں بناتے رہے۔ بعض اوقات ان کا دورہ ہفتوں کا ہوتا تھا اور کئی بار مہینوں کا۔۔۔ بہر کیف ان اٹھارہ ماہ میں بھی واں نے 450 پینٹنگز بنا ڈالیں۔ اس دوران تقریباً ہر روز وہ اپنے بھائی کو خطوط لکھتے رہے۔ وہ اپنے بھائی کو ان خطوط میں اپنی اس کیفیت کو مرگی کے دورے، کپکپی اور باطنی یاسیت کا نام دیتے رہے۔ وہ کبھی یہ بھی کہتے کہ شاید ان کی ذہنی بیماری موروثی یا خاندانی ہے۔ انھوں نے اپنے بھائی کو لکھا:

> "مجھے یہ عارضہ وراثت میں ملا ہے اس کا تعلق ان جرثوموں کی ساخت سے ہے جو ایک ہی خاندان کے افراد میں سفر کرتے ہیں اور نسل در نسل ان کو کمزور سے کمزور تر کرتے رہتے ہیں اس کا کوئی علاج نہیں۔"

جب ہم واں گو کی کیفیت کا خالص طبی حوالے سے جائزہ لیتے ہیں تو ہمیں اس ضمن میں

مختلف آراء دیکھنے کو ملتی ہیں۔ اس میں کوئی شبہ نہیں کہ واں گو کی شخصیت نفسیاتی طور پر ایک "آدم بیزار" شخصیت تھی جس پر پاگل پن کے دورے پڑتے تھے مگر ان کو درحقیقت کون سا ذہنی عارضہ لاحق تھا؟ اس پر اتفاق نہ ہوسکا۔ کچھ معالجین کا خیال ہے کہ وہ شیزوفرینیا کے مریض تھے جب کہ بعض ان کو شدید یاسیت کا مریض (Manic Depressive Illness) کا شکار قرار دیتے ہیں۔ کچھ ماہرینِ نفسیات نے یہ نتیجہ نکالا کہ واں گو مرگی کے مریض تھے جب کہ بعض اس بات پر متفق تھے کہ وہ اپنے اتالیق مورٹی سیلی کی طرح فریب نظری میں مبتلا کرنے والی منشیات کے زیرِ اثر رہتے تھے۔ مورٹی سیلی کے بارے میں مشہور تھا کہ وہ "ایب سینتھ" (Absinthe) کا کثرت سے استعمال کرتے تھے۔ جب کہ واں گو بھی (L.S.D)، Absinthe, Mescaline, Psilocybin ایل-ایس-ڈی، سیلوسیبین، مسکالین اور ایب سینتھ چاروں منشیات لیتے تھے۔

اٹھارہ ماہ کے کرب اور اذیت کے بعد بالآخر ایک دن واں گو نے اپنے پیٹ میں گولی مار لی۔ یہ جولائی 1890ء کی 27 تاریخ تھی۔ وہ اپنے کمرے کے باہر شدید اذیت میں تڑپتے ہوئے پائے گئے۔ ان کے بھائی تھیو کو فوری بلا بھیجا گیا اور دو دن بعد واں اپنے بھائی کی باہوں میں وفات پا گئے۔ واں گو کی خودکشی کے حوالے سے بھی متعدد روایات مشہور ہیں۔ کچھ لوگوں کا خیال ہے کہ وہ اپنے بھائی تھیو پر بہت زیادہ جذباتی انحصار کرتے تھے اور جب انھیں خبر ملی کہ تھیو بیمار ہے تو وہ برداشت نہ کر پائے اور اپنی زندگی بھی ختم کر لی۔ انھوں نے ایک خط میں بھائی کو لکھا تھا کہ اگر اسے کچھ ہوا تو وہ زندہ نہیں رہ سکیں گے اور خودکشی کر لیں گے۔ بعض لوگ سمجھتے ہیں کہ وہ کامیابی اور مقبولیت سے گھبراتے تھے۔ جب ان کو معلوم ہوا کہ لوگ ان کی بنائی ہوئی تصویر کو سراہنے لگے ہیں اور بعض نے تو ان کی تصاویر خریدی بھی ہیں تو انھوں نے اپنی زندگی ختم کرنے کا فیصلہ کر لیا۔ ایک دفعہ انھوں نے اپنی والدہ کو لکھا تھا:

"ایک مصوّر کے لیے سب سے خوفناک شے اس کی شہرت اور کامیابی ہے۔"

واں گو کا ذہنی عارضہ ایک ایسا جذبہ محرکہ تھا جس کے ذریعے ان کی زندگی کے المیے اور کرب سینکڑوں فن پاروں میں ڈھل کر تاریخ میں امر ہو گئے۔ جس نے فنِ مصوّری کو نئے معنی عطا کیے۔ واں گو دیوانہ سہی مگر بلاشبہ ایک ایسا عظیم فن کار تھا جس نے انسانیت کو اپنے تخلیقی تحفوں سے نوازا۔ اس کی دیوانگی اس کی تخلیقت کے لیے جذبہِ محرکہ تھی۔

ooo

دسواں باب

تخلیقیت اور جنسیات

نیلسن مینڈیلا اور اُن کی ازواج

جب میں تخلیقی شخصیات کی سوانح ہائے حیات کا مطالعہ کر رہا تھا تو مجھے ان میں ایک قدر مشترک نظر آئی۔ میں نے دیکھا کہ سائنسداں ہوں یا فن کار، شاعر ہوں یا فلسفی، اصلاح کار ہوں یا انقلابی رہنما اور اُنھوں نے فن کی دُنیا شاعری یا فلسفے میں کارہائے نمایاں انجام دیئے ہوں یا دُنیا میں انقلاب برپا کیے ہوں، بدقسمتی سے ان میں سے اکثر کی ازدواجی زندگی المیوں سے دوچار تھی اور ان کو فنی زندگی یا سیاسی زندگی اور خاندانی زندگی میں توازن برقرار رکھنے میں مشکلات کا سامنا تھا۔ اپنے نصب العین کے ساتھ وابستگی اور تخلیقی جستجو نے ان کی رُومانوی زندگی کو گرہن زدہ کر دیا تھا۔ ہم دیکھتے ہیں کہ موہن داس گاندھی، رابندر ناتھ ٹیگور، محمد اقبال، چارلس ڈارون، پابلو پکاسو اور چے گویرا جیسے اکابرین اپنی رُومانوی زندگیوں کے تنازعے کامیابی سے حل نہ کر سکے۔ اس مضمون میں نیلسن مینڈیلا اور ان کی زندگی میں آنے والی خواتین پر روشنی ڈالی جائے گی۔

جب نیلسن مینڈیلا جوانی میں قدم رکھ رہے تھے تو انھیں معلوم ہوا کہ ان کے سرپرست "ریجنٹ" نے ان کی اور اپنے بیٹے جسٹس کی شادیوں کا بندوبست کر رکھا ہے۔ ریجنٹ مینڈیلا کے والد کی وفات کے بعد ان کے سرپرست بن گئے تھے۔ گویا مینڈیلا ان کے مُنہ بولے بیٹے تھے۔ مینڈیلا ریجنٹ کی دل سے عزت کرتے تھے اور ان کو ریجنٹ کے اخلاص اور نیت پر رتی بھر بھی شبہ نہیں تھا۔ مگر مینڈیلا کو یہ ادراک بھی تھا کہ دل کے معاملے میں فیصلہ ان کو خود کرنا چاہیے۔ مینڈیلا اور جسٹس نے اس معاملے پر تفصیلی گفتگو کی اور غور و خوص کے بعد جوہانسبرگ بھاگ جانے کا فیصلہ کیا۔ وہ نئے شہر میں جا کر بسنا اور کام کرنا چاہتے تھے۔ دونوں نوجوانوں کے پاس اس راہِ فرار کے علاوہ کوئی حل نہیں تھا۔ ایک محفوظ اور آرام دہ گھر سے نکل کر جوہانسبرگ جیسے بڑے شہر میں چلے جانا ایسے ہی تھا جیسے کوئی نو وارد کسی انجانے جنگل میں بھٹکتا پھر رہا ہو۔ گھر سے بھاگ کر ایک بڑے شہر میں پناہ گزیں ہو جانا ان کی زندگی کا اہم موڑ تھا۔ ابتدا میں تو وہ انسانوں کے سمندر میں گُم ہو گئے مگر جلد ہی اُنھوں نے چند مخلص دوست بنا لیے ان میں سے ایک اہم نام "والٹر" کا ہے۔ جنہوں نے نہ صرف ان کی پیشہ وارانہ بلکہ سیاسی رہنمائی بھی کی۔

جوہانسبرگ کا سفر نیلسن مینڈیلا کی زندگی میں اہم پیش رفت ثابت ہوا۔ جس کا آغاز ایک بے جوڑ شادی سے فرار سے ہوا تھا۔ جوہانسبرگ میں قیام پذیر ہونے کے بعد مینڈیلا نے اپنی سیاسی سرگرمیوں کا آغاز کر دیا۔ ان کی زیادہ تر سیاسی ملاقاتیں "والٹر" کی رہائش گاہ پر ہوتی تھیں۔ ایسے ہی ایک اجلاس میں ان کی ملاقات "ایولن میز" (Evelyn Mase) سے ہوئی۔ وہ ایک خُوبرُو نرس تھیں۔ دونوں ایک دوسرے کو پسند کرنے لگے، محبت میں گرفتار ہوئے اور شادی کر کے گھر بسانے کا فیصلہ کر لیا۔ جُوں جُوں مینڈیلا کی سیاسی سرگرمیاں تیز ہوتی گئیں اسی ڈھنگ سے ان کی خاندانی ذمہ داریوں میں بھی اضافہ ہوتا گیا۔ مگر جب انھیں سیاست اور اپنے کنبے میں سے کسی ایک کا انتخاب کرنا ہوتا تو وہ اپنی سیاسی تحریک کو خاندان پر ترجیح دیتے۔

وہ خوش قسمت تھے کہ ان کو ایک سمجھ دار بیوی ملی تھی جو ان کی سیاسی وابستگی کی نزاکت کا ادراک رکھتی تھی۔ اُن کا بیٹا مدیبا تھمبی باپ کی کمی شدت سے محسوس کرتا۔ یہاں یہ بات قابلِ ذکر ہے کہ مینڈیلا جو ایک محبت کرنے والے شوہر تھے اپنی جان نثار بیوی کے ساتھ وقت گزارنا اور خوبصورت بیٹے کے ساتھ کھیلنا چاہتے تھے۔ مینڈیلا نے اپنے پدرانہ جذبات کا اظہار ان الفاظ میں کیا:

> "مجھے خاندانی زندگی پسند ہے اگرچہ اس کے لیے مجھے قلیل وقت ملا۔ مجھے مدیبا تھمبی کے ساتھ کھیلنا، اس کو نہلانا اور پھر رات کو بستر پر دراز ہو کر کہانی سنانا بہت راحت دیتا ہے دراصل مجھے بچوں کے ساتھ باتیں کرنا اور کھیلنا ہمیشہ سے پسند رہا ہے۔ یہ وہ عمل ہے جو مجھے بہت پُرسکون بنا دیتا ہے۔"

اکثر سیاسی کارکنوں اور انقلابیوں کو دھیرے دھیرے احساس ہوتا ہے کہ ان کی شادی دراصل ان کے نصب العین کے ساتھ ہو چکی ہے۔ مینڈیلا کے ایک دوست آنٹن لمباڈی نے اس تلخ حقیقت کا اظہار اپنے ایک دوست والٹر کی شادی کے موقع پر اس کی دُلہن البرٹینا سے ان الفاظ میں کیا:
"البرٹینا تم ایک شادی شدہ آدمی سے شادی کر رہی ہو۔ والٹر نے تم سے ملنے سے بہت پہلے سیاست سے شادی کر لی تھی۔" جب مینڈیلا کا زیادہ وقت اپنے رفیق کاروں کے ساتھ گزرنے لگا تو دھیرے دھیرے ان کو یقین ہونے لگا کہ جس انسان کے سامنے ایک عظیم نصب العین ہو اور وہ اس کے لیے دل وجاں سے جدوجہد کر رہا ہو اس کی خاندانی زندگی نہیں ہوتی۔ مینڈیلا کی اہلیہ ان کو بار بار یاد کرواتیں کہ ان کا بیٹا ان کو بہت یاد کرتا ہے وہ ان کے ساتھ کھیلنا چاہتا ہے۔ وہ اپنے ہی بیٹے کے لیے اجنبی بن رہے تھے۔ اُنھوں نے لکھا: "ایک دن میری بیوی نے مجھے اطلاع دی کہ بڑا بیٹا جو اس وقت پانچ برس کا تھا پوچھ رہا ہے کہ ڈیڈی کہاں رہتے ہیں؟"

مینڈیلا اپنے کنبے کے ساتھ زیادہ وقت گزارنا چاہتے تھے مگر ان کی سماجی مصروفیات اور سیاست کے ساتھ وابستگی کی وجہ سے ایسا ممکن نہیں تھا۔ان کے نزدیک پوری قوم ان کا خاندان بن چکا تھا اور ان کی ذاتی فیملی انقلاب کی قربان گاہ میں قربان ہونے جا رہی تھی۔ چنانچہ مینڈیلا نے اپنے آپ کو ایک باطنی کشمکش میں مبتلا پایا۔انھوں نے لکھا:

"میں کبھی کبھی حیران ہوتا ہوں اور پریشان بھی کہ کیا اس بات کا کوئی جواز ہے کہ کوئی شخص دوسروں کی فلاح و بہبود کے لیے اپنے کنبے کے مستقبل کو داؤ پر لگا دے۔"

بعض انقلابی رہنما اور گوریلا جنگجو اپنے آپ کو اس بات پر قائل کر لیتے ہیں کہ قومی مفادات خاندانی فرائض سے زیادہ اہم ہوتے ہیں ان کے نزدیک سیاسی مقاصد ذاتیات سے زیادہ بلند ہوتے ہیں۔ان کے ساتھ کچھ ایسے بھی ہیں جو یہ سمجھتے ہیں کہ زندگی کے دونوں پہلو یکساں طور پر اہم ہیں مگر مینڈیلا اپنا فلسفہ یوں بیان کرتے ہیں: "میں یہ تو کبھی نہیں کہتا کہ آزادی کی جدوجہد خاندانی زندگی سے بلند درجہ رکھتی ہے۔ایسا ہرگز نہیں۔البتہ دونوں مختلف ہیں اور اپنی اپنی جگہ اہم ہیں۔"

مگر جب انقلابی رہنما اور گوریلا جنگجو اپنی جدوجہد کا اگلا قدم اُٹھاتے ہیں تو ان کے ذاتی کنبے کو سنگین مسائل کا سامنا کرنا پڑتا ہے۔دسمبر 1965ء میں جب مینڈیلا کو بغاوت کے الزام میں پولیس نے گرفتار کرلیا تو ان کے بچے ایک غیر یقینی کیفیت اور تذبذب میں مبتلا ہو گئے۔اُنھوں نے کہا:

"اپنے بچوں کے سامنے گرفتار ہونا خوش آئند بات نہیں اگر چہ انسان کو معلوم ہوتا ہے کہ جو کچھ وہ کر رہا ہے وہ راست بازی پر مبنی ہے۔مگر بچے ان پیچیدہ باتوں کو نہیں سمجھتے وہ یہی دیکھتے ہیں کہ ان کے باپ کو اس کی بات سُنے بغیر چند سفید فام حکام گرفتار کر کے لے گئے ہیں۔"

جیسے جیسے مینڈیلا کی سیاسی سرگرمیاں تیز تر ہو رہی تھیں ان کا اپنی بیوی "ایولن" کے ساتھ رشتہ کشیدہ ہو رہا تھا۔ان کے اختلافات نے ان کو ایک دوسرے سے دُور کر دیا۔ایولن نے مذہب میں پناہ حاصل کر لی۔ مینڈیلا ظاہر کی دُنیا کو بدلنا چاہتے تھے جب کہ ایولن باطنی تبدیلی کے حق میں تھیں۔مینڈیلا سماجی تبدیلی لانا چاہتے تھے جب کہ ایولن رُوحانی کایا کلپ کرنا چاہتی تھیں۔ مینڈیلا سیاست پر انحصار کرتے تھے ایولن مذہب پر۔مینڈیلا نے انقلاب کو خوش آمدید کہا جب کہ ایولن نے خدا کو گلے لگا لیا۔اب دونوں اکٹھے خوش نہیں رہ سکتے تھے۔مینڈیلا سمجھتے تھے کہ ایولن بہت ضعیف الاعتقاد واقع ہوئی ہے جب کہ ایولن کا خیال تھا کہ مینڈیلا ایک جارحانہ مزاج کے حامل ہیں۔انھوں نے لکھا کہ:

"اس نے مجھے عقیدہ بدلنے پر قائل کرنا شروع کر دیا تھا وہ چاہتی تھی کہ میں اپنی تحریک کی کامیابی کی جدوجہد ترک کر کے خدا سے لَو لگا لوں جب کہ اس کا عقیدہ اس کو ظالم کے ظلم کے سامنے سر جھکانے کا درس دیتا تھا اور مجھے یہ قبول نہیں تھا۔"

بطور والدین بھی مینڈیلا اور ایولن کے درمیان اختلافات تھے ان اختلافات نے تنازعات کی اور تنازعات نے تناؤ کی شکل اختیار کر لی جو غیض و غضب بنا اور بالآخر جنگ کی صورت اختیار کر گیا۔ مینڈیلا نے اعتراف کیا کہ ہم نے اپنی جنگ بچوں کے لاشعور میں بھی ڈال دی تھی وہ بچوں کو مذہبی بنانا چاہتی تھی اور میں سیاسی، ازدواجی زندگی میں آگے چل کر دونوں کی آرزوئیں اور تمنائیں یکسر مختلف ہوتی گئیں وہ ایک دوسرے کی رائے کا احترام کر کے تنازعات کا حل نہ نکال سکے ان کی محبت میں مذہب اور سیاست کی آمیزش ہو گئی تھی۔ نتیجتاً دونوں میں طلاق ہو گئی۔ آخر کار جب مینڈیلا قید سے رہا ہو کر آئے تو انھوں نے اپنے آپ کو بھری دُنیا میں تنہا محسوس کیا۔ انھوں نے لکھا: "جب میں جیل سے باہر آیا تو دیکھا کہ وہ جا چکی ہے اور جاتے ہوئے بچے بھی ساتھ لے گئی ہے۔"

کیا ایک انقلابی لیڈر اور گوریلا جنگجو گھر ٹوٹ جانے پر عام آدمی کی طرح محسوس کرتا ہے؟ کیا سیاسی وابستگیاں انسان کا جذباتی صدمہ کم کر سکتی ہیں؟ مینڈیلا کا دُکھ شدید تھا۔ انھوں نے لکھا: "میں ایک خالی گھر میں داخل ہوا جہاں سناٹے نے میرا استقبال کیا، اس نے کھڑکیوں سے پردے بھی اتار لیے تھے یہ اگرچہ چھوٹی سی بات ہے مگر معلوم نہیں کیوں مجھے بہت شدت سے محسوس ہوئی"۔ والد کی جُدائی کا صدمہ کم کرنے کے لیے ان کے بیٹے نے ان کا لباس پہننا شروع کر دیا۔ تھمبی کو باپ کے لباس سے اُنس ہو گیا تھا۔ مینڈیلا نے لکھا:

"ہماری علیحدگی کے بعد تھمبی اکثر میرا لباس پہن لیتا اگرچہ وہ اس سے کافی بڑا تھا مگر وہ لباس شاید بیٹے کو اکثر دُور رہنے والے باپ کی قربت فراہم کرتا تھا۔"

کچھ وقت گزر جانے کے بعد انقلابی رہنما اور گوریلا جنگجو ذاتی زندگی کے صدمات سے باہر نکل آتے ہیں اور زندگی کو رواں کر لیتے ہیں۔ شادی ٹوٹ جانے کے بعد ان میں سے کچھ مجرد رہنا چاہتے ہیں، بعض مخلوط جنسی تعلقات میں پڑ جاتے ہیں اور کچھ یک زوجیت کی رسم نبھاتے نظر آتے ہیں۔ یعنی ایک وقت میں ایک عورت۔

ایولن سے طلاق اور جُدائی کے صدمے سے نکلنے کے بعد مینڈیلا کی ملاقات ایک نوجوان حسینہ "وِنی" (Winnie) سے ہوئی اور جلد ہی اس کی محبت میں گرفتار ہو گئے۔ ایک کم دورانیے کے رومانوی رشتے کے بعد دونوں نے شادی کر لی۔ "وِنی" ایک سماجی کارکن تھیں۔ جہاں ایولن مذہبی تھیں

وہاں "وِنی" سیاست میں دلچسپی رکھتی تھیں۔ جب "وِنی" نے اپنے والد کو مینڈیلا کے ساتھ قائم رومانوی تعلق کے بارے میں بتایا تو انھوں نے مسکرا کر جواب دیا: "مگر تم ایک زنداں پسند پرندے سے شادی کرنے جارہی ہو۔"

یہاں یہ سوال پیدا ہوتا ہے کہ ایولن کے ساتھ پُرآشوب تجربے کے بعد مینڈیلا نے دوسری شادی کرنے کا فیصلہ کیوں کیا؟ یوں لگتا ہے کہ ان کو اُمید تھی کہ اگر ان کو ایک مناسب شریکِ حیات مل جائے تو وہ اپنی سیاسی اور رومانوی زندگی میں توازن قائم کرلیں گے۔ وہ لاشعوری طور پر "وِنی" پر جذباتی انحصار کر رہے تھے اس اُمید پر کہ وہ ان کی سیاسی جدوجہد اور انقلابی وابستگی کا نہ صرف ادراک کرے گی بلکہ ایک ہمدردانہ رویہ بھی اختیار کرے گی مگر وہ ایسی خواتین کے المیوں سے بھی واقف تھے انھوں نے لکھا: "وہ جیل میں بند ہو یا باہر ہو ایک حریت پسند کی بیوی کی زندگی بیوگی کی زندگی ہوتی ہے۔"

مینڈیلا پُرامید تھے کہ "وِنی" یہ آزمائش قبول کر کے قربانی کے لیے تیار ہوجائے گی۔ جذباتی تناظر میں مینڈیلا کے دوستوں، رفقائے کار اور دیگر انقلابی رہنماؤں کی تائید کافی نہیں تھی۔ ان کو اس سے بڑھ کر ایک جذباتی سہارے کی ضرورت تھی جو ان کی محبوبہ اور شریک حیات کی طرف سے میسر ہو۔ ان کی محبت ایک دوسرے کے لیے بہت بڑا سہارا بن سکتا تھا۔ اُنھوں نے اعتراف کیا:

""وِنی" سے محبت نے مجھے مستقبل میں آنے والے مصائب سے نمٹنے کے لیے اضافی قوت عطا کی۔"

مگر جب جنوبی افریقہ کی حکومت نے نئی قانون سازی کی جس کے مطابق سیاہ فام قبائل کو خاندانی بنیاد پر تقسیم کر دیا گیا تو "وِنی" ایک کڑی آزمائش میں پڑ گئی۔ دونوں سیاسی طور پر متحرک تھے مگر مخالف کیمپوں میں تھے اور مختلف سیاسی جماعتوں سے وابستہ تھے۔ وہ دونوں آدمیوں سے بے حد پیار کرتی تھی مگر انتخاب ایک کا کرنا تھا۔ "وِنی" نے شوہر کا انتخاب کیا۔ یہ اس کے ضمیر کا فیصلہ تھا۔ مینڈیلا نے لکھا: ""وِنی" کے لیے یہ ایک انتہائی دشوار فیصلہ تھا اس کا شوہر اور والد مخالف گروپوں میں تھے وہ والد سے پیار کرتی تھی مگر ان کی سیاست کو مسترد کر دیا۔"

سیاسی لیڈر، انقلابی رہنما اور گوریلا جنگجو منقسم وفاداریوں کے ساتھ زندہ رہنا سیکھ لیتے ہیں۔ مگر ایسے تنازعات دِلی رِشتوں اور خاندانوں کو ناقابلِ تلافی نقصان پہنچاتے ہیں۔ شروع میں تو مینڈیلا "وِنی" کے سیاسی کارکن ہونے پر خوش تھے مگر جب اس کی سیاسی سرگرمیوں میں تیزی آئی تو وہ قدرے پریشان ہو گئے۔ وہ نہیں چاہتے تھے کہ وِنی نوکری سے ہاتھ دھو بیٹھے، تکالیف اُٹھائے یا جیلوں کی ہوا کھائے۔ اُنھوں نے اعتراف کیا:

"میری بطور تحریک کے لیڈر اور بطور شوہر الگ الگ ذمہ داریاں تھیں میرے جذبات گڈ مڈ ہو گئے۔ کیونکہ شوہر اور سیاسی رہنما کی ترجیحات کبھی یکساں نہیں ہوتیں۔ دوسرے کئی انقلابی رہنماؤں اور گوریلا جنگجوؤں کی طرح مینڈیلا کے لیے بھی سیاسی، رومانوی اور خاندانی زندگی میں توازن رکھنا آسان نہ تھا۔"

آخر جب مینڈیلا جزیرۂ رابن کے قید خانے سے آزاد ہوئے تو ان کو "وِنی" کے ساتھ نئے تنازعات کا سامنا تھا۔ یہ ایسے جھگڑے تھے جن کا حل دونوں مل کر بھی نہ نکال سکے۔ بالآخر مینڈیلا نے شادی ختم کرنے کا فیصلہ کر لیا۔ یہ تکلیف دہ امر ہے کہ مینڈیلا جیسا انقلابی رہنما، سیاسی کارکن اور گوریلا جنگجو جو سفید فام جنوبی افریقہ کی سفید فام حکومت اور سیاہ فام قبائلی سرداروں کے ساتھ تنازعات کامیابی سے نمٹا چکا تھا، اپنے نجی تنازعے حل نہ کر سکا۔ ان کی شادی کیوں ختم ہوگئی؟ مینڈیلا نے اس بات کو اس طرح بیان کیا:

"اُس نے ایک ایسے شخص سے شادی کی جو اس کو جلد ہی چھوڑ گیا۔ وہ شخص ایک افسانوی کردار بن گیا پھر وہ کردار جب واپس لوٹا تو ایک عام آدمی تھا۔"

مینڈیلا کی زندگی کا ایک ہی پچھتاوا تھا کہ وہ اپنے ذاتی خاندان کو مناسب وقت نہ دے سکے۔ انھوں نے ان جذبات کا اظہار اپنی بیٹی ذنڈزی کی شادی کی تقریب میں ان الفاظ میں کیا:

"جب تمھاری زندگی ایک جدوجہد بن جائے جیسے میری تو، خاندان کے لیے کوئی وقت نہیں بچتا۔"

ان کے اعتراف پر ان کی بیٹی ذنڈزی نے جواباً کہا:

"جنوبی افریقہ کے انقلاب کے بعد اس کے والد اس کے والد نہیں رہے بلکہ قوم کے باپ بن چکے ہیں۔ بابائے قوم کا اور کسی خاندان کے سربراہ کا کردار ادا کرنے میں توازن قائم رکھنا کبھی آسان نہیں رہا۔ سیاسی ذمہ داریوں کے ساتھ خاندانی ذمہ داریاں نبھانا جان جوکھوں کا کام ہے۔"

مینڈیلا نے لکھا: "بابائے قوم خوش آئند ہے مگر خاندان کا باپ بن کر ان کے ساتھ رہنا زیادہ پُرمسرت ہے اور یہ مسرت میرے حصے میں بہت کم آئی۔۔۔"

مینڈیلا کی زندگی کی کہانی ایک کامیاب گوریلا جنگجو کے المیوں اور خوابوں کی داستان ہے۔ یہ اس سفر کی رُوداد ہے جو سیاسی آگاہی سے شروع ہو کر ان کی قوم کے لیے ملک میں دُوررس سیاسی تبدیلی پر اختتام پذیر ہوتا ہے۔ مینڈیلا دُنیا بھر کے کروڑوں لوگوں کے لیے چراغِ راہ بن گئے اور قابلِ تقلید

مثال بن کر اُبھرے۔ان کی قربانیوں نے ان کو ایک انقلابی سے امن کا سفیر بنا دیا۔ایک ربع صدی تک پابند سلاسل رہنا ان کو ایک عظیم لیڈر بنا گیا۔دُنیا نے ان کے کام کا اعتراف ان کو امن کا نوبل انعام دے کر کیا جس پر وہ خود بھی حیران رہ گئے۔ان کی جدوجہد کا خوبصورت پہلو یہ ہے کہ دیگر انقلابی لیڈران اور گوریلا جنگجوؤں کے برعکس ان کی جدوجہد جمہوری انتخابات اور عوام کو انتقالِ اقتدار کی صورت میں نتیجہ خیز ہوئی۔جس میں اکثریتی پارٹی نے عنانِ اقتدار سنبھالا۔کس قدر دُکھ کی بات ہے کہ ایک کامیاب سیاسی ثالث اپنی بیویوں کے معاملے میں کامیاب نہ ہوا جبکہ وہ سیاسی مخالفین کے معاملے میں کامیاب نکلا۔وہ شوہر کے کردار کے مقابلے میں انقلابی کے طور پر زیادہ کامیاب تھا۔باپ کے کردار کی نسبت گوریلا جنگجو کے طور پر زیادہ بہتر ثابت ہوا اور بطور سیاسی کارکن، دادا کے کردار سے زیادہ پُراثر نکلا۔مگر جب مینڈیلا کی شخصیت ایک طویل دوڑ لگانے والے شخص کی سی تھی لہٰذا انھوں نے اپنی اسّی ویں (80th) سالگرہ پر تیسری شادی کا فیصلہ کر لیا۔اس دفعہ ان کی شریکِ حیات گراکا میکل (Graca Machel) بنیں۔گراکا ایک 55 سالہ بیوہ تھیں جو آنجہانی سیمورا میکل کی سابقہ بیوی تھیں جو موزمبیق کے بانی صدر تھے اور ایک سازش کے تحت جنوبی افریقہ ملاوی اور موزمبیق کے ایجنٹوں کے ہاتھوں جہاز تباہ کر کے ہلاک کر دیئے گئے تھے۔مینڈیلا کی تیسری شادی، خاندانی زندگی اور سیاسی زندگی میں توازن پیدا کرنے کی ایک اور کوشش تھی جو ان کی بقیہ زندگی کے آخری دنوں تک ایک غیر یقینی کی دُھند میں گھری رہی۔

ooo

چارلس ڈارون۔۔۔خدا اور بیوی کے ساتھ تنازعہ

میں نے جب چارلس ڈارون کی خودنوشت کا جائزہ لیا تو مجھ پر واضح ہوا کہ ان کے نظریہ ارتقاء سے خُدا کے حوالے سے نہ صرف عیسائیوں کے ساتھ بلکہ "ایما" کے ساتھ ایک تنازعہ کھڑا ہو گیا تھا۔ ایما وہ خاتون تھیں جن سے چارلس ڈارون بہت پیار کرتے تھے اور جنہوں نے آگے چل کر ان کے دس بچوں کی ماں بننا تھا۔

ڈارون ایک سائنسداں تھے۔ وہ بچپن سے ہی چٹانوں، حشرات الارض، پرندوں اور حیوانات میں گہری دلچسپی رکھتے تھے۔ پھر وہ پرندوں اور جانوروں کو مار کر جمع کرنے لگ گئے۔ تا وقتیکہ ان کی بہن نے ان کو اس کام سے روک نہ دیا۔ والدہ کی وفات کے بعد وہ بہن کی کفالت میں تھے۔ بہن نے ان سے کہا کہ وہ اپنا مردہ خانہ وسیع کرنے کے لیے جانوروں کو ہلاک کرنا بند کر دیں۔ نوجوانی میں ڈارون کو بحری جہاز (بیگل) کے ذریعے دنیا کے مختلف حصوں سے چٹانوں اور جانوروں کی باقیات کے نمونے حاصل کرنے کا موقع ملا اور اس سے اگلے بیس برس تک وہ شہادتیں اکھٹی کر کے مزید تحقیق کے ذریعے اپنے نظریئے کو پختہ کرتے رہے۔ بالآخر اُنھوں نے اپنے نظریئے کو 1859ء میں اپنی شاہکار کتاب: The Origin of Species میں پیش کر دیا۔ اپنی کتاب میں انھوں نے سائنسی طور پر ثابت کیا کہ 'زمین پر زندگی مجموعی فطری انتخاب اور ہمہ وقتی تغیر پذیری پر مبنی ارتقائی عمل سے وجود میں آئی۔ یہ ارتقائی عمل کئی کروڑ سالوں پر محیط تھا۔ جس کے دوران ایک واحد جرثومہ ارتقائی مراحل طے کرتا ہوا ایک پیچیدہ انسان بنا۔' ڈارون کا نظریۂ ارتقاء مذہبی پیشوایت کیسے قبول کر سکتی تھی جن کی مذہبی کتابوں میں زمین پر زندگی کے آغاز کی کہانی یکسر مختلف تھی۔

اُنھوں نے ڈارون کو ستانا شروع کر دیا۔ ڈارون ایک امن پسند انسان تھے۔ وہ مذہب اور سیاست کے تند و تیز مباحث سے دامن بچاتے تھے۔ مگر ان کے کچھ شاگرد، رفیق کار اور خیر خواہوں نے ان کا دفاع کیا۔ احباب نے مذہبی پیشواؤں کے ساتھ مناظروں میں حصّہ لیا۔ ان مباحث نے ڈارون کو جہاں مقبول کیا وہاں کسی حد تک قابلِ مذمت بھی بنا دیا۔ ڈارون عیسائی مذہبی پیشوائیت کے ساتھ

تنازعات نمٹانے میں کسی حد تک کامیاب ہو گئے مگر اپنی بیوی کے ساتھ یہ تنازعہ نہ نمٹا پائے جو ایک راسخ العقیدہ اور باعمل عیسائی تھی۔ ڈارون عقلیت پسند ہونے کے ناطے کسی خُدا یا ماورائی ہستی کو نہیں مانتے تھے۔ کیونکہ کلیسا کسی ایسی ہستی کا وجود ثابت کرنے میں ناکام رہا تھا۔ جب کہ ان کی بیوی کا خدا پر اندھا یقین تھا۔ وہ فکرمند تھی کہ ان کا شوہر منطقی سوچ اور دلیل پر زیادہ زور دیتا ہے اور جذبات کو یکسر نظر انداز کر دیتا ہے۔ ان کو یہ خدشہ بھی دامن گیر تھا کہ اگر وہ خدا سے انکاری رہا تو جہنم کی آگ میں جلے گا۔ ڈارون کو ایسا کوئی خوف نہیں تھا کیونکہ وہ مرنے کے بعد کی زندگی پر یقین نہیں رکھتے تھے۔

وفات سے کچھ عرصہ قبل تحریر کی گئی اپنی خودنوشت میں ڈارون نے دوٹوک الفاظ میں اپنے اس عدم ایمان کا ذکر کیا ہے۔ ان کے کچھ بیانات پر ان کی بیوی اس قدر مضطرب تھی کہ انھوں نے بعد از وفات شائع ہونے والی ڈارون کی سوانح حیات سے وہ الفاظ حذف کر دیئے جس سے ایمان والے طیش میں آسکتے تھے۔ ماں کے اس رویئے کی وجہ سے ان کے بچے عیسائی ماں اور دھریئے باپ کے بیچ کشمکش کا شکار تھے۔ وہ اندھی تقلید اور دلیل کے درمیان پس رہے تھے۔ بالآخر وہ ماں سے متفق ہو گئے کیونکہ وہ اس کو افسردہ نہیں کرنا چاہتے تھے مگر وہ باور نہ کر پائے کہ وہ اپنے باپ کے سچ پر پردہ ڈال رہے ہیں۔

"اوریجن آف سپیشیز" شائع ہونے کے ایک سو سال بعد 1959ء میں ڈارون کی پوتی 'نورا بارلو' جراٗتِ رندانہ کا مظاہرہ کرتے ہوئے دادا کے مکمل سچ کو دُنیا کے سامنے لائی۔ یہ ڈارون کی مکمل سوانح حیات تھی۔ یہ کتاب ڈارون کے چرچ اور اپنی بیوی کے ساتھ اختلافات کی مکمل رُوداد ہے۔ اس کتاب کے مطالعے سے ہمیں معلوم ہوتا ہے ہے کہ ڈارون خدا پر عدم ایمان اور عیسائیت کی حقیقت کے بارے میں کس قدر دیانت دار تھے۔ اُنھوں نے لکھا:

"رفتہ رفتہ مجھے یقین ہو چکا ہے کہ عیسائیت کسی الوہیاتی ہستی کی نازل کردہ نہیں۔"

ڈارون نے لکھا کہ مذہب سے میری بیزاری کسی سنگین آفت یا حادثے کا نتیجہ نہیں بلکہ ایک عرصے کی تحقیق اور عقلی کاشوں کا ثمر ہے۔ اور اپنے اردگرد کی دنیا کو سمجھنے کا نتیجہ ہے۔ انھوں نے سوانح حیات میں لکھا:

> "مذہب پر بے یقینی پیدا ہونے کی رفتار بہت سست تھی مگر بالآخر مکمل ہو گئی۔ رفتار اتنی کم تھی مجھے ایک لمحے کے لیے بھی کوئی تردّد نہ ہوا کہ اخذ کردہ نتیجہ درست بھی ہو سکتا ہے۔ مگر اب میں سمجھتا ہوں کہ کوئی عقل مند انسان عیسائیت کو سچا کیسے مان سکتا ہے۔ جن کی کتاب میں سادہ الفاظ میں لکھا ہے کہ: ''جو لوگ ایمان نہیں رکھتے، جن میں میرے والد، بھائی اور کئی دوست شامل ہیں، ہمیشہ ہمیشہ کے لیے سزائیں بھگتیں

گے۔ یہ خیال کس قدر بھیانک ہے۔“

ڈارون کے یہ الفاظ مذہبی پیشواؤں پر بجلی بن کر گرے۔ اور یہی سطور ایما نے ڈارون کی سوانح حیات سے حذف کر دی تھیں۔ نورا نے ان کا ذکر ایک صفحے کے نچلے حاشیے میں ان الفاظ میں یوں کیا ہے:

”مسز ڈارون نے مسودے میں ان الفاظ: ”مذہب پر بے یقینی“ سے لے کر ”کس قدر بھیانک خیال ہے“ تک۔ کی اپنے الفاظ میں یوں وضاحت کی تھی: ’میں پسند نہیں کرتی کہ یہ الفاظ شائع ہوں۔ مجھے یہ خام لگتے ہیں۔ ہمیشہ ہمیشہ کی سزا کے بارے میں اتنے سخت الفاظ نہیں کہے جا سکتے۔ موجودہ عیسائیت ایسی نہیں رہی۔ (اگرچہ الفاظ موجود ہیں) یہ ان کے شوہر کی وفات کے چھ ماہ بعد لکھا گیا تھا۔ اور یہ سطور شائع نہیں ہوئیں تھیں۔“

ڈارون کی بیوی کا ردِّعمل میرے لیے حیران کُن اور کسی حد تک مضحکہ خیز تھا۔ یہ کہنے کی بجائے کہ ان کے شوہر کا دہریت پر مبنی پُختہ سچ ان سے برداشت نہیں ہوا۔ وہ اس کو ”خام“ کہتی ہیں۔ وہ یہ تاثر دینے کی بھی کوشش کرتی ہیں کہ موجودہ عیسائیت ارتقاء کے عمل سے گزر کر اب ’سرزنش‘ سے زیادہ ’دردمند‘ ہو چکی ہے۔ جب کہ ڈارون نے کہا کہ اُنھوں نے خالصتاً حق پر مبنی بات کی اور عیسائیت کے تاریک پہلو کی پردہ پوشی کرنے کی کوشش نہیں کی۔

ڈارون نے جب ”عہد نامہ قدیم“ (Old Testament) کا مطالعہ کیا تو ان پر انکشاف ہوا کہ وہاں بیان کیا گیا خدا سخت گیر، ظالم اور منتقم مزاج ہے۔ اُنھوں نے لکھا:

”میں رفتہ رفتہ اس نتیجے پر پہنچا کہ ”عہد نامہ قدیم“ دنیا کی تاریخ غلط طریقے سے بیان کرتی ہے۔ جیسے ”بابل کا مینار“ اور ”قوس قزح“ کے قصے میں خدا کی دراندازی وغیرہ۔ وہاں پر خُدا کو ایک انتقام پسند اور ظالم بتایا جانا کسی طور قابلِ یقین نہیں۔ یہ ایسے ہی ہے جیسے ہندوؤں کی کتابوں کے قصے یا کسی اور وحشی انسان کا عقیدہ۔“

ڈارون کا ماننا تھا کہ مقدس صحیفے ماضی پرستوں کی میراث ہے جب کہ انسانیت کا مستقبل سائنس اور فلسفے سے وابستہ ہے۔ سائنس کی راہ اختیار کر کے اُنھوں نے اپنا سچ دریافت کر لیا اور دنیا کو بھی دکھا دیا۔ اُنھوں نے لکھا:

”میں نے راست اقدام کیا۔ میں نے بتدریج سائنس کا اتباع کیا اور اپنی زندگی سائنس کے لیے وقف کر دی۔“

ڈارون کی سرگزشت ان کی سائنس کے ساتھ عقیدت کی آئینہ دار ہے۔ وہ اپنے عقائد کے حوالے سے پُرعزم، پُرسکون اور مطمئن تھے۔ ڈارون کی زندگی کا المیہ یہ بھی تھا کہ بچپن میں ان کے والد

کو جب احساس ہوا کہ وہ ان کے نقشِ قدم پر چل کر ڈاکٹر نہیں بننا چاہتے تو ان کو مشورہ دیا کہ وہ عیسائی مبلغ بن جائیں اور اس کے لیے "الٰہیات" کا مضمون پڑھیں۔ بدقسمتی سے ڈارون نے جتنا گہرائی سے مذہب کو پڑھا اسی قدر عیسائیت سے مایوس ہوتے گئے۔ اپنی سوانح حیات میں اُنھوں نے لکھا:

"جس شدت سے قدامت پسند مجھ پر تنقیدی حملے کرتے ہیں، دیکھ کر مجھے مضحکہ خیز لگتا ہے کہ میں کبھی مذہبی پیشوا بننا چاہتا تھا۔"

ڈارون نے مذہب اور سائنس کا تنازعہ نمٹا لیا اور خاموشی سے دہریت اختیار کر لی۔ مگر وہ اپنی بیوی کے حوالے سے پریشان رہے جس سے بہت پیار کرتے تھے۔ جب ان کی بیوی کو ان کے دہریہ افکار کے بارے میں معلوم ہوا تو اُنھوں نے ڈارون کو خط لکھا جس میں اُنھوں نے ڈارون کی سائنسی طرزِ فکر پر اپنے خدشات کا اظہار کیا اور کہا کہ اُن کو دُکھ ہے کہ ڈارون ایمان سے تہی دامن ہو چکے ہیں۔ اُنھوں نے نہایت ملائمت سے التجا کی کہ وہ اس امکان کو رد نہ کریں کہ ایک عظیم طاقت موجود ہے جو ان کو عقل و دانش سے نواز دے گی۔ ایک جگہ اُنھوں نے لکھا:

"آپ کا دماغ بہت سے دلچسپ موضوعات اور خیالات سے بھرپور ہے اور آپ کی باتیں پُرتاثیر ہیں۔" اور اسی خط میں دوسری جگہ لکھا: "خیال رکھنا کہ تمھاری سائنسی معرکے سر کرنے کی عادت، جیسے کہ کسی بات کو بغیر ثبوت کے یقین نہ کرنا، تمھیں مذہبی اعتقادات پر بھی سوال اُٹھانے پر مائل نہ کر دے جو سائنسی طور پر ثابت نہیں کیے جا سکتے۔ حالانکہ وہ سچ ہیں مگر تمھاری سمجھ سے بالاتر ہیں اور ہمارے ادراک میں نہیں سما سکتے۔"

ڈارون اپنے دل و دماغ میں واضح تھے کہ انسان بندر کی ارتقاء یافتہ شکل ہے، نہ کہ فرشتوں کی کم تر شکل۔ اور یہ کہ زندگی کو وحی کی تعلیمات کے بغیر بھی سمجھا جا سکتا ہے۔ مگر جہاں تک ان کی بیوی کے احساسات و جذبات کا تعلق تھا وہ ان کے دل و دماغ کو نہ بدل سکے اور ساری زندگی اسی تنازعے میں گزار دی۔ ان کے کرب کا اندازہ اس تحریر سے ہوتا ہے جو اُنھوں نے اپنی بیوی کے خط کے نیچے لکھی۔ اُنھوں نے لکھا:

"جب میں مر جاؤں تو جان لینا کہ میں نے تمھارے اس خط کو کئی بار چُوما ہے اور رویا ہوں۔" (چارلس ڈارون)

ایسے بوسے اور آنسو ایسے دھریے کا مقدر بن جاتے ہیں جو کسی ایمان والی خاتون سے شادی کرتا ہے اور تمام عمر دل اور دماغ کی چپقلش میں گزار دیتا ہے۔

ooo

اقبال کی رُومانوی اور ازدواجی زندگی

اچھا ہے دل کے ساتھ رہے پاسبانِ عقل
لیکن کبھی کبھی اسے تنہا بھی چھوڑ دے
(اقبال)

جب ہم محمد اقبال کی زندگی کا نفسیاتی تجزیہ کرتے ہیں تو ہمیں معلوم ہوتا ہے کہ ایک نازک دل اور فائق ذہن رکھنے کے باوجود وہ تمام عمر کئی رومانوی تضادات کا شکار رہے۔ یہ تضادات پہلی دفعہ اس وقت منظرِ عام پر آئے جب اقبال اعلیٰ تعلیم کے حصول کے لیے یورپ گئے۔ یورپ پہنچ کر اُنھیں محسوس ہوا کہ ان کے اندر کچھ ایسی مردانہ وجاہت ہے جو جنسِ مخالف کے لیے کشش کا باعث ہے۔ یہ احساس ان کو اپنے روایتی دیس میں نہیں ہو سکتا تھا۔ جہاں پر گھٹن زدہ رُومانوی ماحول تھا اور عورتوں کو بچپن سے ہی سکھایا جاتا تھا کہ وہ مردانہ کشش سے دُور رہیں۔ یورپ میں جلد ہی اقبال کے گرد خواتین دوستوں کا ایک حلقہ بن گیا۔ جس میں مشرق اور مغرب کی خواتین شامل تھیں۔ مشرقی خواتین میں ایک نام عطیہ فیضی کا ہے۔ اقبال اور عطیہ فیضی کا رشتہ تیزی سے پروان چڑھا وہ اکثر عشائیوں میں اکھٹے شریک ہونے لگے۔ شام کے کھانے کے بعد طویل چہل قدمی ہوتی جس میں دونوں زندگی کے سربستہ رازوں پر گفتگو کرتے۔ اقبال، عطیہ فیضی کے حُسن سے تو متاثر تھے ہی وہ ان کی ذہانت کے بھی قائل ہو چکے تھے۔ یہاں تک کہ انھوں نے اپنے پی ایچ ڈی کے مقالے (تھیسز) کے لیے عطیہ سے رائے طلب کی۔ جب ہم عطیہ کی ڈائریاں دیکھتے ہیں تو ہمیں نظر آتا ہے کہ وہ اقبال کا ذکر ایک دوست سے بڑھ کر ایک عاشق کے طور پر کرتی ہیں۔ ان کا اقبال کے ساتھ رشتہ اس نہج پر پہنچ چکا تھا جہاں دوستی اور محبّت میں فرق کرنا مشکل ہو جاتا ہے۔

1908ء میں جب اقبال اپنی تعلیم مکمل کر کے یورپ سے واپس ہندوستان لوٹے تو ایک نفسیاتی بحران میں مبتلا ہو گئے۔ مغرب کے آزاد خیال ماحول سے لطف اندوز ہونے کے بعد اقبال کا

اپنے معاشرے کے قدامت پسندانہ ماحول میں دم گھٹنے لگا۔اس ذہنی حالت میں اُنھوں نے عطیہ فیضی کو ایک خط لکھا جس میں اُنھوں نے اپنے ان خیالات کا اظہار بڑی بے باکی سے کیا۔ یہ خط اکثر مبصرین کے درمیان موضوعِ بحث رہا ہے۔ اقبالؔ کے سوانح نگار عبدالمجید سالکؔ نے "ذکرِ اقبال" نامی کتاب میں بھی اس کا ذکر کیا ہے۔اس خط میں اقبالؔ نے اپنی زندگی سے مایوسی کا اظہار کیا اور اپنی بیوی کو کسی حد تک اپنے دُکھوں اور تکلیفوں کی وجہ قرار دیا۔ اُنھوں نے لکھا کہ ان کے والد نے بہت کم عمری میں ان کی منشا کے خلاف ان کی شادی کر دی تھی جو ان کے لیے کسی بوجھ سے کم نہیں ہے۔ اقبال نے لکھا کہ وہ کئی دفعہ اپنی اس مایوسی کو شراب میں غرق کرنے کی کوشش کرتے ہیں۔ شراب کے اثر کے تحت خودکشی کرنا آسان ہوتا ہے۔ اقبال نے لکھا کہ وہ تمام عمر کے لیے اپنی بیوی کی کفالت کرنے کے لیے تیار ہیں مگر وہ اپنی روزمرہ زندگی میں اس کی موجودگی کی اذیت برداشت نہیں کر سکتے۔ اسی خط میں اقبال نے لکھا کہ بطور انسان یہ ان کا حق ہے کہ وہ ایک پُرمسرت زندگی گزاریں اور اگر معاشرہ ان کو اس حق سے محروم رکھنے کی کوشش کرتا ہے تو وہ اس کے خلاف بغاوت کر دیں گے۔ انہوں نے مزید لکھا کہ اب دو ہی راستے بچے ہیں یا تو وہ اس لعنتی معاشرے کو چھوڑ دیں یا مے نوشی سے اپنے اعصاب کو بے حس کر لیں۔ اقبال کے مطابق کتابوں کے مردہ اور ویران صفحے ان کو خوشی نہیں دے سکتے۔ ان کی رُوح میں غیض و غضب کی آگ اس قدر بھر چکی ہے کہ وہ ان کتابوں کو مشرقی روایات کے ساتھ جلا کر راکھ کا ڈھیر بنا دے گی۔ یہ خط اقبال کی اس وقت کی مایوسی کا آئینہ دار ہے۔ان کے اندر دفن غصہ (بیوی کے حوالے سے)، مشرقی معاشرے کی فرسودہ اقدار اور اپنے خاندان کا روایتی چلن، سب ظاہر ہو رہے تھے۔

عطیہ فیضی نے اقبال کے درد آمیز خط کا بڑا ہمدردانہ جواب دیا۔ اُنھوں نے اقبال کو مشورہ دیا کہ وہ اپنے دوستوں کی محافل آباد کر کے ذہنی سکون حاصل کرنے کی کوشش کریں۔ مگر اقبال نہ صرف اپنی شادی بلکہ اپنی ثقافت، روایات اور مذہب تک سے بیزار ہو چکے تھے۔ یوں محسوس ہوتا ہے کہ زندگی کے اس مرحلے میں اقبال ایک چوراہے پر کھڑے تھے۔ ایک طرف اپنے معاشرے کے روایتی تقاضے ان کو یہاں رہنے پر اکسا رہے تھے اور اور دوسری طرف یورپ کے آزاد ماحول کی فضائیں ان کو واپس بلا رہی تھیں جہاں مالی آسودگی کے ساتھ عطیہ فیضی کی ممکنہ قربت بھی حاصل تھی۔ ایسا ممکن ہے کہ اقبال، عطیہ فیضی کو اپنی شریکِ حیات بنانا چاہتے ہوں۔ اگر ایسا تھا تو اس کا اظہار کبھی کھل کر نہ کر پائے۔ شاید اس کی وجہ ان کی کم ہمتی رہی ہو۔ اقبال کے اس اعتراف کے باوجود کہ اقبال اپنی ازدواجی زندگی سے کس قدر ناخوش تھے، عطیہ نے ان کی جانب اس حوالے سے کسی قسم کی کوئی پیش رفت نہ کی۔

وہ ایک جہان دیدہ اور دانش مند خاتون تھیں اور انھیں معلوم تھا کہ اقبال کو دوسری بیوی کی نہیں بلکہ نفسیاتی معالج کی ضرورت ہے۔ ایسا بھی ممکن ہے کہ اس احساس نے کہ عطیہ ان کی شریکِ حیات نہیں بن سکتی، اقبال کے نفسیاتی بحران کو مزید گہرا کر دیا ہو۔

جب کوئی انسان کسی جذباتی اور نفسیاتی بحران سے دوچار ہوتا ہے تو کچھ فیصلے غم و غصے اور مایوسی کی کیفیت میں کرتا ہے۔ اقبال کے ساتھ بھی بالکل ایسا ہی ہوا۔ اُنھوں نے دوبارہ شادی کا فیصلہ کر لیا اور کسی سے مشورہ کیے بغیر سردار بیگم کا انتخاب کر لیا۔ مگر نکاح اور رُخصتی کے وقفے کے دوران اقبال کو کچھ بے نام خطوط موصول ہوئے جن میں سردار بیگم کے کردار پر سوال اُٹھائے گئے تھے۔ اقبال ان بے نام خطوط سے اس قدر دل برداشتہ ہوئے کہ اُنھوں نے سردار بیگم کو رُخصتی سے پہلے طلاق دینے کا فیصلہ کر لیا۔ اس اثناء میں اقبال کو مختار بیگم کا رشتہ موصول ہوا۔ مختار بیگم لدھیانہ (پنجاب) کے معروف ڈاکٹر سبحان علی کی صاحبزادی تھیں۔ اس سے قبل اقبال کی ہمشیرہ کریم بی بی لدھیانہ گئی تھیں وہاں ان کی ملاقات مختار بیگم سے ہوئی تھی۔ اُنھوں نے واپسی پر مختار بیگم کے حُسن کی اتنی تعریف کی کہ اقبال ان سے شادی پر فوری رضا مند ہو گئے۔ اقبال اور ان کی نئی نویلی دلہن شادی کے بعد لاہور آ گئے۔ اگلے روز اقبال نے جب اپنی بیگم کا قریب سے جائزہ لیا تو مایوس ہو گئے۔ وہ بالکل خوب صورت نہیں تھیں۔ بعد میں انکشاف ہوا کہ اقبال کو اس شادی میں دھوکہ دیا گیا ہے۔ دراصل ان کی شادی ایک دوسری مختار بیگم سے کر دی گئی جو ڈاکٹر سبحان علی کی بھتیجی تھی۔ مگر جب اقبال کو یہ حقیقت معلوم ہوئی اس وقت تک دیر ہو چکی تھی کیونکہ وہ بیوی کے ساتھ جسمانی تعلق قائم کر چکے تھے۔ یہ ابھی تک راز ہے کہ اس دھوکے کا ذمہ دار کون تھا۔

بادی النظر میں تو یُوں محسوس ہوتا ہے کہ لدھیانہ کے دورے کے دوران کریم بی بی کو دھوکہ دیا گیا تھا۔ مگر ان کو اس سازش کا آلۂ کار بھی سمجھا جا سکتا ہے۔ اور اس کے ثبوت کے طور پر رشیدہ بیگم کے بیانات ہمارے سامنے ہیں۔ (رشیدہ بیگم اقبال کی بہو ہیں جو ان کے بڑے صاحبزادے آفتاب کی بیوی ہیں) رشیدہ بیگم فرماتی ہیں کہ اقبال کی بہن کا ان کی پہلی بیوی کے لیے دل میں نرم گوشہ تھا۔ اور اُنھوں نے ہی سردار بیگم کے خلاف گمنام خطوط لکھے تھے۔ قرین از قیاس ہے کہ جب اقبال کی بہن کو معلوم ہوا کہ وہ سردار بیگم کو چھوڑنے کے باوجود ایک اور شادی پر بضد ہیں تو اُنھوں نے ہی مختار بیگم اور اقبال کی شادی کو خراب کرنے کا منصوبہ بنایا ہو۔ اور اس کے لیے اپنے بھائی کی شادی ایسی خاتون سے کروا دی ہو جو اس قدر خوب صورت نہیں تھی جتنی بتائی گئی تھی۔ ابھی اقبال اس صدمے سے باہر نہیں آئے تھے کہ ان کو سردار بیگم کا خط مُوصول ہوا۔ جن کو اقبال ذہنی طور پر بُھلا چکے تھے اور وہ ابھی تک

اپنے والدین کے پاس ہی رہ رہی تھیں۔ سردار بیگم نے لکھا کہ وہ ان کے ساتھ رُخصت ہونے کی منتظر ہیں اور اگر اُنھوں نے انکار کر دیا تو وہ آئندہ کبھی شادی نہیں کریں گی۔ اُنھوں نے گہرے دُکھ کا اظہار بھی کیا کہ اقبال جیسے اعلیٰ ذہانت کے حامل شخص نے افواہوں اور سنی سنائی باتوں میں آ کر جلد بازی میں طلاق کا فیصلہ کیا۔

سردار بیگم کے خط نے اقبال کو شدید احساسِ جرم میں مبتلا کر دیا۔ وہ مزید غمگین اس وقت ہوئے جب اُنھیں معلوم ہوا کہ سردار بیگم کے خلاف گمنام خطوط نبی بخش نامی وکیل نے لکھے تھے۔ جو سردار بیگم کو اپنی بہو بنانا چاہتا تھا۔ (مگر رشیدہ بیگم اس بات سے متفق نہیں۔ ان کا اصرار ہے کہ خطوط نویسی کا کام کریم بی بی کا ہی تھا)۔ اقبال نے اپنے چند دوستوں سے بات کی جو سردار بیگم کے خاندان سے راہ رسم رکھتے تھے۔ انھوں نے خبر دی کہ سردار بیگم سے متعلق الزامات میں کوئی صداقت نہیں تھی۔ شرمندگی اور احساسِ جُرم میں مبتلا اقبال کے سامنے ایک رکاوٹ آن کھڑی ہوئی۔ اقبال کے مذہبی دوستوں نے بتایا کہ ایک دفعہ طلاق دینے کے بعد اس خاتون سے نکاح نہیں کیا جا سکتا جب تک وہ کسی اور سے نکاح کر کے طلاق حاصل نہ کر لے۔ جس کو شریعت میں حلالہ کہا جاتا ہے۔ پریشان حال اقبال نے اپنا معاملہ جب ایک واقف کار مولانا کے سامنے رکھا تو اُنھوں نے مسئلہ حل کر دیا۔ اُنھوں نے اقبال کو بتایا کہ حلالہ کا اطلاق اس وقت ہوتا ہے جب آپ شادی کی تکمیل کر چکے ہوں۔ مگر اقبال اُلجھن کا شکار ضرور رہے اور اُنھوں نے سردار بیگم کو اپنے گھر لانے سے قبل شادی اور نکاح کے تمام لوازمات پورے کیے۔

اس طرح سردار بیگم جن سے اقبال نے دوسری شادی کی وہ ان کی دوسری اور چوتھی بیگم بن گئیں۔ گویا دو سال کے عرصے میں اقبال نے اپنی زندگی میں تین شادیوں اور دو بیویوں کا اضافہ کیا۔ دلچسپ بات یہ بھی ہے کہ اقبال کی پہلی زوجہ جو ابھی تک سیالکوٹ رہ رہی تھیں، لاہور آ کر باقی دو بیگمات کے ساتھ رہنے لگیں۔ پہلی بیگم سے اقبال کے دو بچے تھے۔ آفتاب اور معراج بی بی۔ یہ وہ وقت تھا جب اقبال تین بیگمات اور دو بچوں کے ساتھ لاہور میں رہتے تھے۔ تعدد ازواج پر مبنی یہ ماحول خاندانی سکون کے لیے زیادہ عملی انتظام نہیں تھا۔ ایک دن اقبال کی پہلی بیگم کی والدہ لاہور تشریف لائیں۔ اُنھوں نے اقبال سے کہا کہ وہ ایک غیر ذمہ دار شوہر ہیں اور اپنی بیٹی اور دونوں بیٹوں کو اپنے ساتھ سیالکوٹ لے گئیں۔

اقبال کے اکثر سوانح نگار اس بات پر متفق ہیں کہ سردار بیگم ان کی پسندیدہ بیگم تھیں اور وہ تینوں میں سب سے زیادہ خوب صورت بھی تھیں۔ ان میں سے اقبال کے دو بچے جاوید اور منیرہ پیدا

ہوئے۔ یہ اور بات کہ وقت گزرنے کے ساتھ اقبال کی سردار بیگم کے ساتھ اُلفت بھی ماند پڑ گئی۔ اقبال فطری طور پر روایتی خاندانی زندگی کے تقاضے نبھانے والے نہیں تھے۔ سردار بیگم کو بھی رفتہ رفتہ احساس ہوا کہ اگرچہ اقبال ایک کامیاب شاعر اور فلسفی تھے مگر بطور شوہر ناکام تھے۔ اس احساس نے ان کو اقبال سے دل ہی دل میں ناراض کر دیا۔ اقبال کے صاحبزادے جاوید اقبال اپنے والدین کے درمیان رشتے کی نوعیت کو یوں بیان کرتے ہیں۔

> "ہمارے پاس گھریلو اخراجات کے لیے رقم کی ہمیشہ کمی رہتی تھی۔ ہماری والدہ چاہتی تھیں کہ ہمارے والد اپنا وکالت کا کام سنجیدگی سے کریں۔ ہم اس وقت کرائے کے مکان میں رہتے تھے اور والدہ چاہتی تھیں کہ ہمارا اپنا مکان ہو۔ مجھے ابھی تک یاد ہے میں نے کئی دفعہ اپنی والدہ کو روتے ہوئے اور والد کو لعن طعن کرتے ہوئے دیکھا۔ وہ کہتیں کہ میں نوکر کی طرح کام کرتی ہوں اور بچت کرنے کے لیے سرتوڑ کوششیں کرتی ہوں جب کہ شوہر لیٹ کر شاعری لکھتے رہتے ہیں اور بے فکری کی ہنسی ہنستے رہتے ہیں۔"

اقبال کی ایسی خانگی صورت حال اس بات پر دلالت کرتی ہے کہ ایک عظیم دانشور جو کسی بھی سیاست دان، شاعر یا عالم کی آنکھوں میں آنکھیں ڈال کر بات کر سکتا ہے اپنی بیگم کے اعتراضات کے تسلی بخش جوابات نہ دے سکا۔ اگر ان کی پسندیدہ بیگم کے ساتھ ان کا رشتہ اس نوعیت کا تھا تو دیگر دونوں کے ساتھ رشتے کی نوعیت کا اندازہ بخوبی کیا جا سکتا ہے۔ اپنی تینوں بیگمات کے ساتھ رہتے ہوئے اقبال نے عطیہ فیضی کے ساتھ خط و کتابت جاری رکھی۔ اقبال کی رُومانوی زندگی ایک مشرقی شاعر کی زندگی تھی وہ جس سے محبت کرتا ہے اس سے شادی نہیں کر سکتا اور جس سے شادی کرتا ہے اس سے محبت نہیں کر سکتا۔

اقبال نے یورپ میں جانے کا فیصلہ نہیں کیا مگر ان کے یورپی خواتین سے روابط قائم رہے۔ وہ ہندوستان آتیں اور اقبال سے ملتیں اور اقبال بھی ان سے مل کر بہت خوش ہوتے۔ سردار بیگم کی وفات کے بعد بچوں (جاوید اور منیرہ) کی نگہداشت کے لیے ہندوستانی آیا رکھنے کی بجائے اقبال نے ایک جرمن گورنس رکھ لی جن کا نام آنٹی ڈورس تھا۔ بظاہر یوں لگتا ہے کہ مس ڈورس کو دوہری ذمہ داری سونپی گئی تھی بچوں کی دیکھ بھال اور اقبال کی یورپ کی یادوں کو تازہ رکھنا۔

یہ حیران کن بات ہے کہ "شاعرِ مشرق" جن کے پاس اُمتِ مسلمہ کے جملہ مسائل کا حل موجود تھا، اپنے رومانوی اور ازدواجی مسائل سے بے بہرہ رہے۔ مجھے یہ یقین کرتے ہوئے دقت محسوس ہوتی

ہے کہ اُنھوں نے سولہ سال کی رفاقت کے بعد اپنی پہلی بیگم اور دو بچوں کو چھوڑ دیا۔اور دوسری بیگم کو گمنام خطوط سے متاثر ہوکر طلاق دے دی اور تیسری شادی کی تکمیل کے بعد انھیں معلوم ہوا کہ ان کے ساتھ دھوکہ ہوا ہے اور اس سے زیادہ حیران کُن بات یہ ہے کہ اُنھوں نے سردار بیگم سے دوسری شادی کرنے کے لیے ایک مولوی سے فتویٰ لیا اور پھر دوسرا فتویٰ لے کر پہلے فتویٰ کو مسترد کر دیا۔

شاید ان تجربات کے بعد اقبال نے یہ نتیجہ نکالا ہو کہ ایک کامیاب تخلیقی زندگی ایک کامیاب ازدواجی زندگی سے زیادہ آسان ہے۔ اقبال پر الفاظ بہت آسانی سے نازل ہوتے تھے مگر رومانوی المیوں کے جوابات نہیں۔شاید اسی لیے اُنھوں نے کہا:

ے اقبال بڑا اپدیشک ہے من باتوں میں موہ لیتا ہے
گفتار کا یہ غازی تو بنا ، کردار کا غازی بن نہ سکا

ooo

کارل مارکس سے محبت کرنے کی قیمت

جب ہم تخلیقی شخصیات کی سوانح ہائے حیات کا مطالعہ کرتے ہیں تو ہمیں معلوم ہوتا ہے کہ غیر روایتی طرزِ زندگی اور تخلیقی کام میں مگن ہونے کی وجہ سے ان کی ازواج ان سے محبت کرنے کی بھاری قیمت چُکاتی ہیں جو جذباتی اور سماجی قربانی کی صورت میں ہوتی ہے۔صورتِ حال اس وقت اور بھی زیادہ گھمبیر ہو جاتی ہے جب یہی شخصیات اصلاح کار یا انقلابی بن جاتی ہیں۔ کیونکہ اب کئی قسم کے مالی ،سیاسی اور قانونی مسائل سر اُٹھا لیتے ہیں، جو صورتِ حال کو مزید پیچیدہ بنا دیتے ہیں۔ان بیگمات کو اپنی شادیاں بچانے کے لیے ایک کے بعد ایک قربانی دینی پڑتی ہے۔

کارل مارکس بھی اس سے مستثنیٰ نہیں تھے۔جینی وان ویسٹ فالن (Jenny Von Westphalen) مارکس کی کم سنی کے دور کی محبوبہ تھیں۔ جو بعد ازاں ان کی بیوی اور ان کے بچوں کی ماں بنیں۔ جینی نے مارکس کے ساتھ کیا گیا جوانی کا عہد نبھانے کے لیے ایک طویل عرصے تک صعوبتیں برداشت کیں۔ان کو کبھی اندازہ بھی نہیں تھا کہ ایک انقلابی شخص سے محبت کرنے کے لیے ان کو کیا دُکھ جھیلنے پڑیں گے۔ ایسا انقلابی شخص جس نے "داس کیپٹل" (Das Capital) یعنی "سرمایہ" نامی شاہکار کتاب لکھی، جو کیمونزم (اشتراکیت) کی بنیاد ثابت ہوئی۔اور کارل مارکس کیمونزم کے پیغمبر کہلائے۔ جب ہم جینی کے کارل مارکس کے ساتھ رومانوی رشتے کا جائزہ لیتے ہیں تو ہمیں ان مصائب کا علم ہوتا ہے۔

انتظار کی اذیت

جب جینی اور کارل مارکس ایک دوسرے کی محبت میں گرفتار ہوئے تو جینی کی عمر 22 سال اور مارکس کی عمر اٹھارہ برس تھی۔انھیں شادی کر کے گھر بسانے کے لیے مزید سات سال انتظار کرنا تھا۔جینی نے اپنا عشق گھر والوں سے پوشیدہ رکھا کیونکہ اس کو خدشہ تھا کہ کم تر سماجی درجے کی وجہ سے وہ کارل مارکس کو ان کا شوہر تسلیم نہیں کریں گے۔اور یہ کہ مارکس نے تعلیم مکمل کر کے اپنے آپ کو مالی طور پر مستحکم کرنا تھا تاکہ شادی شدہ زندگی کی ذمہ داریاں اُٹھا سکیں۔ان سات سالوں کے دوران مارکس نے جینی

کو کئی ایک خطوط لکھے، تحائف بھیجے اور محبت بھری نظمیں بھجوائیں۔ جن میں ان کی رومانوی جذبات کی ترجمانی ہوتی تھی۔ اُنھوں نے ایک خط کا اختتام یُوں کیا: "میری ازل سے پیاری جینی واں ویسٹ فالن کے لیے، برلن 1836ء-خزاں کے اختتام پر۔۔۔"

جینی بھی مارکس کے خطوط کے جوابات محبت کے ساتھ دیتی مگر اس کے ساتھ ایک غیر متوقع مستقبل کی بے چینی اور خوف شامل ہوتا۔ ایک خط میں اس نے لکھا:

> "میں تمھاری منہ زور اور جوان محبت کا جواب دینے کی متحمل نہیں ہوں۔ مجھے آغاز سے ہی علم تھا بلکہ اس سے بھی پہلے میں اس محبت کی اسیر ہو چکی تھی جس کی وضاحت تم نے کبھی تغافل، کبھی ہوشیاری اور کبھی منطق سے کی تھی۔ میرے پیارے کارل! میرا مسئلہ یہ ہے کہ تمھارا خوبصورت لمس، جنونِ محبت اور پھر اس حوالے سے تمھاری باتیں، تمھارا تخیل کسی بھی حسینہ کو خوشی سے پاگل بنا سکتا ہے۔ مگر یہ حسین جذبات مجھے بے چینی اور غیر یقینی کیفیت سے بھی دوچار کرتے ہیں۔"

مالی مشکلات

کارل مارکس کی معاشیات اور دولت کے ساتھ گہری دلچسپی اور ان کی محنت کش طبقے کے لیے سیاسی معیشت کے فلسفے کے لیے جدوجہد کے باوجود عملی طور پر وہ دولت کے استعمال کے فن سے ناواقف تھے۔ وہ کبھی استوار نوکری پر نہ رہے نہ کبھی ان کا مستقل آمدنی کا کوئی ذریعہ رہا اور نہ ہی کبھی بینک میں کچھ رقم پس انداز کر سکے۔ ان کے سوانح نگار ڈیوڈ میک لیلن نے لکھا: "رینیشے ذیتونگ نامی اخبار جس کی ادارت مارکس کرتے تھے، پر پابندی لگنے کے بعد وہ ایک دفعہ پھر بے روزگار ہو گئے۔ اب ان کی سب سے بڑی ضرورت ایک محفوظ نوکری کا حصول تھا۔ جس کے بعد وہ شادی کرنا چاہتے تھے۔"

شادی کے بعد بھی ان کی معاشی بے یقینی اور مالی ابتری جاری رہی۔ اس کا سب سے زیادہ اثر جینی پر پڑا جو بچوں کی نگہداشت اور روزمرہ اخراجات کی ادائیگیوں کی ذمہ دار تھی۔ وہ مسلسل مالی بحران کا شکار ہو گئی۔ وہ مالی معاملات کی ذمہ دار تو تھی مگر کوئی مالی اختیارات نہ رکھتی تھی۔ اس کے ساتھ اس کو مارکس کا مالی طور پر غیر ذمہ دارانہ رویہ بھی برداشت کرنا تھا۔ اکثر گھر میں بچوں کو کھانا کھلانے کے لیے رقم نہ ہوتی اور کئی بار گھر کا سامان کپڑے اور فرنیچر گروی رکھ کر مکان کا کرایہ ادا کیا جاتا۔ ان مالی مشکلات نے جینی کے لیے شدید جذباتی مشکلات پیدا کر دیں جو ایک خوش حال گھرانے میں پیدا ہوئی تھی جہاں روزمرہ اخراجات پورے کرنے جیسے مسائل نہیں تھے۔ کئی مواقع پر مارکس کی والدہ اور ان کے دوستوں

نے ان کی مالی اعانت کی۔ ایک جگہ مارکس نے لکھا: "میری بیوی بیمار ہے۔ میری پیاری جینی بیمار ہے۔ شاید اس کو دماغی بخار ہے مگر دوا خریدنے کے لیے میرے پاس رقم نہیں ہے۔" وہ بطور صحافی بھی کام نہیں کر سکتے تھے کیونکہ کالم لکھنے کے لیے بھی اخبار پڑھنے پڑتے تھے۔ انھوں نے ایک جگہ یہ لکھا: "میں "ڈانا" (Dana) کے لیے مضامین نہیں لکھتا کیونکہ میرے پاس اخبار خریدنے کے لیے ایک پائی بھی نہیں۔"

جلاوطنی اور گرفتاری کا کرب

جذباتی اور مالی مشکلات کے ساتھ جینی کو جلاوطنی کا کرب بھی سہنا پڑا۔ سیاسی نظریات اور صحافتی سرگرمیوں کی وجہ سے مارکس کے لیے ان کے آبائی وطن جرمنی اور فرانس کی سرزمین تنگ کر دی گئی اور حفاظت کے لیے ان کو برطانیہ یا برسلز جانا تھا۔ جینی نے ان کا ساتھ دیا۔ "میک لیلن" مارکس کی زندگی کو "رت جگوں بھری طویل شب" کہتا ہے۔ جلاوطنی کے دُکھ کے ساتھ جینی کو برسلز میں گرفتاری کا دُکھ بھی جھیلنا پڑا۔ مارکس نے یہ کہانی یُوں بیان کی ہے:

> "میں ہجرت کی تیاری میں مصروف تھا کہ اچانک پولیس کمشنر دس گارڈز کے ساتھ میرے گھر میں داخل ہوا۔ اُنھوں نے سارے گھر کی تلاشی لی اور پھر کوئی کاغذات نہ ملنے کی پاداش میں مجھے گرفتار کر لیا۔"

ایک موقع پر جینی کو اُٹھا لیا گیا اور دھکم پیل میں پولیس اسٹیشن لے جایا گیا۔ مارکس نے لکھا: "آوارہ گردی کے الزام میں میری بیوی کو گرفتار کر کے ٹاؤن ہال کی جیل میں نظر بند کر دیا گیا اور ایسے کمرے میں رکھا گیا جہاں گمشدہ عورتیں بند تھیں۔" ہراسگی کرنے کے پس منظر میں یہ سوچ کارفرما تھی کہ مارکس اپنی تحریروں کے ذریعے عوام کو بغاوت اور انقلاب پر اُکسا رہے ہیں۔ میک لیلن نے لکھا:

> "مشہور مارکسٹ رہنما "ولہیم وُولف" کو گرفتار کر لیا گیا اور جن غیر ملکیوں کو دیس سے نکالنا تھا ان کی فہرست تیار کی گئی جس میں مارکس کا نام سرِ فہرست تھا۔"

ایک غیر منظم شخص کے ساتھ رہنا

مارکس کا ذہن نہایت منظم تھا مگر ان کی روزمرہ زندگی بے ترتیب اور غیر منظم تھی۔ اکثر تخلیقی شخصیات کی طرح جو وقت کی اہمیت اور صفائی ستھرائی کے بارے میں لاپرواہ ہوتی ہیں۔ جینی کو ان کی عجیب عادات، بے سروپا مزاج اور بے ترتیب روزمرہ زندگی کو برداشت کرنا پڑ رہا تھا۔ پروشیا کی

حکومت کے ایک جاسوس نے مارکس کے حوالے سے جج کو اس طرح کی رپورٹ دی:

"اپنی نجی زندگی میں وہ ایک نک چڑھا اور انتہائی بے ترتیب انسان ہے اور اس کے ساتھ بدلحاظ میزبان بھی ہے۔ وہ ایک خانہ بدوش کی بودوباش رکھتا ہے۔ نہانا دھونا اور لباس تبدیل کرنے کی زحمت کبھی کبھار ہی کرتا ہے اور اکثر شراب کے نشے میں دُھت ملتا ہے۔ وہ کئی کئی دن فارغ رہتا ہے مگر جب کام کرنے پر آتا ہے تو دن رات ایک کر دیتا ہے۔ اس کا سونے اور جاگنے کا کوئی وقت مقرر نہیں۔ وہ اکثر ساری رات جاگتا ہے اور پھر دوپہر کو پورے لباس میں صوفے پر سو جاتا ہے اور شام تک خوابِ خرگوش کے مزے لیتا ہے۔ اس کے کمرے میں دُنیا جہان کا شور اس کی نیند میں مخل نہیں ہو سکتا۔"

بے وفائی کا دھچکہ

جینی ابھی تک کئی جذباتی، سماجی اور سیاسی مشکلات تو برداشت کرتی آئی تھی مگر اس وقت شدید دل شکستہ ہو گئی جب اسے معلوم ہوا کہ کارل مارکس نے جینی سے کئی سال چھوٹی ایک نوجوان خاتون سے نہ صرف یارانہ قائم کر رکھا ہے بلکہ حاملہ بھی کر دیا ہے۔ اس نے اپنی سرگزشت میں:

"1851ء کی گرمیوں میں ایک ایسا واقعہ پیش آیا جس کی تفصیل میں یہاں بیان نہیں کرنا چاہتی مگر اس نے ہماری نجی اور دیگر زندگی کی مشکلات میں خاطر خواہ اضافہ کیا۔"

مارکس کے سوانح نگار میک لیلن کہتے ہیں:

"وہ واقعہ مارکس کے ناجائز بچے فریڈرک کی پیدائش تھی۔ اس کی ماں کا نام "ہیلن ڈیموث" تھا۔ 27 سالہ ہیلن خوبصورت نہ سہی مگر پُرکشش ضرور تھی۔ جس کی وجہ سے اس کے حلقے میں مداحین کی کمی نہ تھی۔ ساری بات پر پردہ ڈالنے اور جگ ہنسائی سے بچنے کے لیے کارل مارکس کے دوست فریڈرک اینجلز نے دوستی کا حق ادا کیا۔ جن کو جینی، عورت باز ہونے کے ناطے پسند نہیں کرتی تھی۔ اینجلز نے مارکس کے ناجائز بچے کی ولدیت قبول کر لی اور قانونی باپ بن گئے۔"

جینی اپنے شوہر کے رویے پر اس قدر نادم تھی کہ اس نے اس کا ذکر نہ تو دوستوں سے کیا اور نہ کسی رشتہ دار سے۔ وہ برہم، مایوس اور غمگین تو تھی مگر اپنی ازدواجی زندگی کے دیگر دُکھوں کی طرح اس کرب کو بھی خاموشی سے سہہ لیا۔

مایوس کُن احساسات

مارکس اور جینی کی زندگی میں کئی مواقع ایسے بھی آئے جب دونوں نے اپنے آپ کو مایوسی کی دلدل میں غرق پایا۔ 1852ء میں مارکس نے لکھا: ”جب میں اپنی بیوی کے دُکھ اور اپنی بے بسی دیکھتا ہوں تو اپنے آپ کو شیطان سمجھنے لگتا ہوں۔ نحوست کی کوئی حد نہیں ہوتی۔“ جینی نہ ختم ہونے والے تناؤ میں زندگی گزر رہی تھی اس کا اثر اس کے دماغ پر پڑ رہا تھا۔ اس نے لکھا: ”میں اکثر تنہا بیٹھ کر روتی ہوں۔ مگر اس سے درد کم نہیں ہوتا۔ میرا دماغ پھٹ رہا ہے ایک ہفتے سے اپنی ہمت بندھا رہی ہوں مگر اس سے زیادہ کچھ بھی نہیں کرسکتی۔“

محبت کی چنگاری کو جلائے رکھنا

ان گنت مشکلات کے باوجود جینی اپنے شوہر سے پیار کرتی تھی وہ اپنی زندگی ان پر نچھاور کر چکی تھی۔ وہ صرف دوست اور محبوبہ ہی نہیں بلکہ ان کے بچوں کی ماں بھی تھی۔ اگرچہ وہ اکثر مایوس اور بیزار ہو جاتی مگر جلد ہی ان کیفیات سے باہر آجاتی اور آگے چل پڑتی۔ مارکس کو احساس نہیں تھا کہ سیاسی اور خاندانی زندگی کے درمیان توازن قائم کرنا اس قدر مشکل ہوگا مگر اس کے باوجود اُنھوں نے ایک اچھا باپ اور شوہر بننے کی بھرپور کوشش کی۔ ان کی زیادہ مشکلات ایک انقلابی شخص کے ساتھ والہانہ محبت تھی۔ وہ اس کے دل میں اپنی جگہ بنانے کی سرتوڑ کوشش کر رہی تھیں۔ وہ جانتی تھی کہ وہ اس سے پیار تو کرتا ہے مگر عجیب عامیانہ اور پُراسرار طریقے سے۔ دونوں نے تمام عمر ایک دوسرے کو خطوط لکھے۔ 1856ء میں مارکس نے جینی کے نام یہ خط لکھا:

”پیاری جان!

تمھارا خط پڑھ کر بے حد خُوشی ہوئی۔ تمہیں ہر قسم کی بات مجھ سے کرتے ہوئے کبھی ہچکچاہٹ نہیں ہوتی۔ اگر تمھیں کچھ تلخ حقائق کا سامنا کرنا پڑ رہا ہے تو مجھے بھی کوئی چہرہ نہیں ملتا جس کے اندر تم ایسے نایاب اوصاف تلاش کرسکوں اور اس چہرے کی ہر جھری مجھے زندگی کی بہترین یادوں سے روشناس کروائے۔ حتیٰ کہ لامحدود غم اور ناقابلِ تلافی نقصانات مجھے تمھارے خوبصورت رُوپ میں دکھتے ہیں۔ جو اس کو گہنا رہے ہیں اور جب میں تمھارا خوبصورت چہرہ چُومتا ہوں تو وہ دُور ہو جاتے ہیں۔ تمھاری باہوں کی نرم آغوش میں سونا اور تمھارے بوسوں سے جاگنا جنت سے کم نہیں۔“

ایسے ہی خطوط تھے جنھوں نے جینی کو اچھے دِنوں کی اُمید دلائے رکھی۔اسی لیے کئی آلام اور مصائب کے باوجود وہ زندگی کے آخری دن تک ان سے پیار کرتی رہی۔کارل مارکس کے ساتھ 38 سالہ رفاقت کے بعد 1881ء میں 67 سال کی عمر میں جینی فوت ہوگئی۔مارکس بھی اس کے بعد زیادہ عرصہ نہ جی پائے کیونکہ اس کے بغیر وہ اپنے آپ کو ایک گمشدہ انسان سمجھتے تھے۔وہ بھی 1883ء میں 65 سال کی عمر میں وفات پا گئے۔

ooo

گیارواں باب

تخلیقیت، دیوانگی اور رُوحانیت

غزالی، ٹالسٹائے اور ینگ کی روحانی آپ بیتیوں پر ایک نفسیاتی معالج کا غور و خوض

بطور انسان دوست نفسیاتی معالج مجھے ہمیشہ سے انسانوں کے ان ذاتی تجربات سے دلچسپی رہی ہے جن کو عام فہم زبان میں پُراسرار سرگزشت یا رُوحانی واردات کہا جاتا ہے۔ ان تجربات کی نفسیاتی جانکاری کے لیے میں نے تین نابغہِ روزگار شخصیات کا انتخاب کیا جو مختلف مذہبی اور معاشرتی پس منظر رکھتی تھیں۔ ان کا انتخاب کرنے کی ایک وجہ یہ بھی تھی کہ انہوں نے اپنی درج ذیل رُوحانی آپ بیتیاں خود تحریر کی تھیں:

- صوفیانہ طریق: ابو حمید غزالی
- اعتراف : لیو ٹالسٹائے
- سُرخ کتاب: کارل ینگ

ان روحانی آپ بیتیوں کا مطالعہ کرنے کا ایک مقصد یہ بھی تھا کہ میں ان شخصیات کے روحانی تجربات کا تقابلی جائزہ لے سکوں اور یہ جان سکوں کہ وہ خود ان تجربات کی کیفیت کو کیسے بیان کرتے ہیں۔ درج ذیل مضامین میں ان مفکرین کی آپ بیتیوں کا خلاصہ بیان کرنے کی کوشش کی جائے گی اور یہ پہلو اُجاگر کیا جائے گا کہ انھوں نے خود ان تجربات کو کیا معنی دیئے۔ ان کی جدو جہد اور کامیابیوں کا خلاصہ بیان کرنے کے بعد میں اپنی معروضات بھی پیش کروں گا۔ مجھے کامل اُمید ہے کہ ان مضامین کے مطالعے کے بعد آپ کو رُوحانی تجربات کی نفسیاتی جانکاری حاصل کرنے میں مدد ملے گی اور آپ روحانی اور سائنسی سچ کا فرق بھی جان پائیں گے۔ یہ روحانی وارداتیں پڑھنا، سمجھنا اور زندگی میں ان کے معنی تلاش کرنا میرے لیے ایک مفید تجربہ تھا۔ مجھے امید ہے کہ آپ یہ مضامین پڑھ کر اتنے ہی لُطف ہوں گے جتنا میں ان مضامین کو لکھتے وقت ہوا تھا۔

امن کا متمنی

سہیل

غزالی کی رُوحانی کایا کلپ اور

اسلامی دنیا میں سائنس و فلسفہ

ابوحمید الغزالی مسلم دُنیا کے سب سے زیادہ متنازعہ فلسفی تھے۔ کچھ لوگ ان سے محبت کرتے ہیں تو بعض نفرت۔ اکثر ان کو سراہتے ہیں اور کچھ ان کے فلسفے سے اتفاق نہیں کرتے۔ کچھ لوگ سمجھتے ہیں کہ انھوں نے مسلمانوں کی روحانی بصیرت کی بلندیوں کی طرف رہنمائی کی مگر اس کے برعکس بعض لوگوں کا خیال ہے کہ انھوں نے مسلمانوں کو فلسفیانہ یاس و حرماں کی گہرائیوں میں غرق کر دیا۔ یہ واحد مسلمان فلسفی ہیں جنہوں نے دیگر تمام فلسفیوں کو صلائے عام دے دی۔

غزالی 1058ء میں ایران کے شہر تبران میں پیدا ہوئے۔ وہ ابھی کمسن تھے جب ان کے والد فوت ہو گئے اور ان کی پرورش کی ذمہ داری والد کے ایک صوفی دوست نے لے لی۔ غزالی خوش نصیب تھے کہ انھوں نے فلسفے کی تعلیم نامور فلسفی "الجوینی" سے حاصل کی۔ جب 1085ء میں الجوینی وفات پا گئے تو غزالی نیشا پُور میں نظام الملک کے دربار میں چلے گئے جنہوں نے غزالی کو اس وقت کی بغداد کی اعلیٰ شہرت یافتہ درس گاہ مدرسہ نظامیہ میں داخل کروا دیا۔

1095ء میں 37 سال کی عمر کو پہنچنے تک غزالی روایتی تعلیم، ادب اور فلسفے کی معراج کو چھو رہے تھے۔ اب وہ ایک پروفیسر اور فلسفی بن چکے تھے اور ان کی پہلی تصنیف: "مقاصدِ فلسفہ" شائع ہو چکی تھی۔ غزالی سلطان، عوام، اساتذہ اور طلباء کی نظر میں ایک معتبر شخصیت تھے۔

پھر کیا ہوا؟

اپنی خوش قسمتی اور شہرت کی بلندیوں پر پہنچ کر غزالی ایک وجودی بحران کا شکار ہو گئے۔ چند ماہ کے دوران ان کو یہ احساس ستانے لگا کہ وہ اپنی زندگی میں جو کچھ کر رہے ہیں وہ درست نہیں کیونکہ اس کی وجوہات ناقص ہیں۔ اُنھیں معلوم ہوا کہ وہ اپنے ساتھ پوری طرح سے دیانت دار نہیں ہیں۔ اس

تکلیف دہ احساس کی وجہ سے ان کے اندر ایک جذباتی اور ذہنی تنازعہ کھڑا ہوگیا۔ان کی رُوح کی گہرائی میں یہ احساس اُجاگر ہوگیا تھا کہ وہ قرآن، حدیث اور دیگر مذہبی کتب کی تعلیم خدا کی خوشنودی کے لیے نہیں بلکہ اپنی انا کی تسکین کے لیے کر رہے ہیں۔وہ ان وجوہات پر جتنا غور کرتے اتنا ہی احساسِ جرم میں مبتلا ہوتے جاتے۔کئی برس بعد اپنی روحانی سرگزشت: صُوفیانہ طریق: (Path to Sufism) میں انہوں نے لکھا:

"میں نے عوام کو تعلیم دینے کے پس منظر میں اپنی نیت پر غور کیا تو مجھے جواب ملا کہ میرا ایسا کرنا خالصتاً خدا کی رضا کے لیے نہیں بلکہ اس کا محرک دُنیا میں شہرت اور ایک معزز و معتبر شخصیت بننا تھا۔تب مجھے یقین ہوگیا کہ میں دریا بُرد ہونے کے لیے کنارے پر کھڑا ہوں۔"

وقت گزرنے کے ساتھ غزالی کے احساسِ ندامت میں اضافہ ہوگیا بالآخر یہ نفسیاتی بحران اعصاب شکنی کی صورت اختیار کر گیا۔وہ ذہنی اور جسمانی طور پر بیمار پڑ گئے۔وہ نہ تو ٹھوس غذا کھا سکتے تھے اور نہ سیال غذا پی سکتے تھے۔وہ راتوں کو جاگتے۔وہ اپنی راتیں بستر میں کروٹ بدلتے ہوئے گزارتے کیونکہ ان کا بے چین دماغ اور مجرم ضمیر ان کو ہر دم بے سکون رکھتا۔وہ جتنا سنبھلنے کی کوشش کرتے اسی قدر بیمار محسوس کرتے۔وہ اپنے آپ کو جذباتی طور پر اپاہج محسوس کرنے لگ گئے۔پھر وہ وقت آیا کہ فلسفے کا یہ مستند پروفیسر خاموش ہوگیا۔ان کو مکمل چُپ لگ گئی بالآخر وہ زمین بوس ہو گئے۔اُنھوں نے لیکچر دینے بند کر دیئے اور فلسفے کی زندگی کو خیر باد کہہ دیا۔ان کی حالت اس قدر ابتر ہو گئی کہ طبیبوں نے ان کو لاعلاج قرار دے دیا۔"صوفیانہ طریق" میں اُنھوں نے لکھا:

"خُدا نے میری زبان مقفل کر دی تاکہ میں عوامی خطبات نہ کر سکوں، اس زبان بندی نے میرے دل کو یاسیت میں مبتلا کر دیا اور اس کے ساتھ میرا کھانا ہضم کرنے کی صلاحیت سلب ہوگئی۔اب نہ تو میں شوربہ پی سکتا نہ ٹھوس غذا کھا سکتا تھا۔جس سے میں اس قدر لاغر ہوگیا کہ طبیب بھی میرے شفایاب ہونے کے حوالے سے مایوس ہوگئے اور کہنے لگے: یہ عارضہ اس کے دل میں پنہاں ہے اور وہاں سے دماغ تک جا چکا ہے۔اس کا کوئی علاج نہیں، جب تک اس کا دل اس بے چینی سے آزاد نہیں ہوتا جو اس میں سرایت کر چکی ہے۔"

غزالی کے بیان سے محسوس ہوتا ہے کہ وہ "مالیخولیا" میں مبتلا ہوئے تھے۔شرمندگی اور عام تضحیک سے بچنے کے لیے اور اساتذہ اور طلباء کی سوالیہ نظروں سے دُور رہنے کے لیے اور بالخصوص

سلطان کے سوالات کا سامنا کرنے سے پہلوتہی کے لیے غزالی نے اعلان کیا کہ وہ مکہ جا رہے ہیں۔لیکن ایسا کرنا عوام الناس کی اطلاع کے لیے تھا۔اصل میں ان کی مکہ جا کر حج کرنے کی نیت نہ تھی۔ان کا ارادہ تھا کہ وہ خاموشی سے بغداد سے نکل کر اپنے خاندان، طلباء اور رفقائے کرام (اساتذہ) سے دور دمشق چلے جائیں۔وہ دُنیا سے چھپ جانا چاہتے تھے اور کسی گوشہ تنہائی میں بیٹھ کر مراقبہ کرنا چاہتے تھے، تا کہ وہ جذباتی شعوری اور وجودی بحران کا حل تلاش کر سکیں۔

چنانچہ غزالی نے کبھی واپس بغداد نہ لوٹنے کے ارادے سے دمشق کا رختِ سفر باندھ لیا۔ایک طویل عرصے تک وہ اپنے دل کے ایک تاریک گوشے میں مقیم رہے۔پھر کیا ہوا کہ وقت گزرنے کے ساتھ وہ تاریکی اور یاسیت کے اندھیرے گہرے ہوتے گئے اور ان کی مایوسی ابتر ہوتی گئی۔وہ خود اپنی ہمت سے اس کیفیت سے نکل نہیں سکتے تھے اور ان کے پاس کوئی دوست یا رہبر استاد بھی نہ تھا۔غزالی اس تاریکی میں لمبا عرصہ رہے۔ان کا دُکھ بہت گہرا تھا۔بالآخر تاریکی کی گہرائی میں ان کو روشنی کی ایک کرن دکھائی دی اور ان کے باطن میں روحانی بدلاؤ کا آغاز ہوا۔اپنی روحانی صحت یابی کے لیے اُنھوں نے فلسفے کے میدان کو خیر باد کہہ کر روحانی راستے پر چلنے کا فیصلہ کر لیا۔اپنی یاسیت، تنہائی اور گوشہ نشینی کے دور میں غزالی نے صوفیا اور اولیاء کی کتابوں کا مطالعہ کیا۔ان شخصیات میں حارث المحاسبی، الجنید، الشبلی اور ابو یزید بسطامی شامل تھے۔ان کتابوں کے مطالعے سے ان پر انکشاف ہوا کہ دراصل صوفی لوگ دیسوں کے مالک ہیں، الفاظ کے سوداگر نہیں۔

اُنھوں نے یہ بھی دریافت کیا کہ علوم دو طرح کے ہیں: نازل شدہ اور منطقی۔یعنی ایک علم وہ ہے جو وحی کے ذریعہ ملتا ہے اور دوسرا وہ ہے جو انسان اپنے تجربے مشاہدے اور عقل وشعور کے ذریعے حاصل کرتا ہے۔عمیق مطالعہ اور گہری غور وفکر کے بعد غزالی نے صوفی کا طریق اپنانے کا فیصلہ کر لیا۔ان کو یقین تھا کہ صوفی کی نظر بلند، طرزِ زندگی بہترین اور اخلاق خالص ترین ہوتا ہے۔چنانچہ روحانیت کے راستے کے انتخاب کے بعد ایک عالم ولی بن گیا اور ایک فلاسفر صوفی بن ہو گیا۔

جب غزالی نے قرآن وحدیث اور صوفیانہ طرزِ زندگی کو اپنی نجات کا ذریعہ سمجھ لیا تو ان کے جذباتی، شعوری اور روحانی قضیے حل ہونا شروع ہو گئے اب انھوں نے وحی کو دلیل پر اور نبوت کو فلسفے پر ترجیح دینی شروع کر دی۔انھوں نے اپنی منطق کو خدا کے سامنے سجدہ ریز کر دیا۔اس سے اگلے دس سال غزالی نے ایک صوفی کے طور پر تنہائی میں گزارے۔وہ عملی دنیا کی گہما گہمی سے کنارہ کش ہو چکے تھے وہ سیاسی زندگی میں موجود دولت اور شہرت سے الگ تھے اور اپنے مداحوں اور طلباء کی طرف سے عزت واحترام سے بھی اپنے آپ کو محروم کر چکے تھے۔اس دوران انھوں نے اپنے جذباتی بحران کو

روحانی اصلاح میں تبدیل کر دیا پھر غزالی کو سلطان کی طرف سے ایک غیر متوقع دعوت موصول ہوئی۔انھوں نے غزالی کو واپس بغداد جا کر تدریس دوبارہ شروع کرنے کا مشورہ دیا۔

غزالی نے صوفی کے طور پر اپنی نجی زندگی ترک کر کے دوبارہ عوامی زندگی میں بطور فلسفی اور دانشور نمودار ہونے پر غور کرنا شروع کر دیا۔بہت سوچ بچار اور اپنے فاضل روحانی رفقائے کار سے مشورے کے بعد انھوں نے واپس جانے کا فیصلہ کرلیا۔انھوں نے اپنے آپ کو قائل کرلیا کہ مسلمان اُمت اور قوم کو ایک نجات دہندہ اور مسیحا کی ضرورت ہوتی ہے۔انھوں نے سُن رکھا تھا کہ ان کو اس منصب کے لیے منتخب کرلیا گیا ہے۔اس مقام پر پہنچ کر صوفی ایک مصلح بن گیا اور اس نے فیصلہ کیا کہ وہ عوام الناس میں جا کر قوم کی اصلاح کرے۔"صوفیانہ طریق" میں غزالی نے لکھا:

"نتیجتاً میں نے ان دانشوروں سے مشورہ چاہا جو قلب و نظر جانچنے میں تاک ہیں ان سب کا ایک ہی مشورہ تھا کہ مجھے گوشہ نشینی ترک کر دینی چاہیے مگر مذہب نہیں۔اس پر مستزاد یہ کہ اولیاء اللہ کو میرے حوالے سے ایسے خواب بھی تسلسل سے آئے جن کی تعبیر یہ بنتی تھی کہ میرا بغداد واپسی کا سفر میرے لیے بہتر ثابت ہوگا اور یہ کہ مجھے اللہ سبحان و تعالیٰ نے اس صدی کے لیے چُن لیا ہے کیونکہ اللہ سبحان و تعالیٰ ہر صدی کے آغاز پر مذہب کی تجدید کرتا ہے۔اس طرح میری امید مضبوط ہوگئی اور ان شہادتوں کے میسر آنے سے میرا ارادہ زیادہ مضبوط ہوگیا۔"

جب غزالی بغداد واپس گئے تو نہ صرف ان کا طرزِ زندگی بلکہ فلسفے اور فلسفیوں کے حوالے سے نقطہ نظر تبدیل ہو چکا تھا۔بطور صوفی تو وہ فلسفیوں کو چھوڑ چکے تھے مگر بطور اصلاح کار وہ ان کے مخالف بن گئے۔انھوں نے یہ یقین کرنا شروع کر دیا کہ فلسفے اور نبوت کے درمیان اور دلیل اور وحی کے بیچ میں اختلاف ہے۔ان کو پختہ یقین ہوگیا کہ وحی سچ ہے مگر دلیل سچ نہیں۔نبوت کی بنیاد حق پر ہے اور فلسفے کی باطل پر۔انھوں نے لکھا:

"اس فسق و فجور کی وجہ سے فلسفیوں کی کُتب کی پیروی پر قدوغن ہونی چاہیے کیونکہ یہ دھوکہ ہے اور ایمان والوں کے لیے خطرہ ہیں۔"

اپنی رُوحانی سرگزشت میں غزالی "تین سچ" کا ذکر کرتے ہیں: پہلا سچ حواسِ خمسہ کا سچ ہے جو عوام الناس کا سچ ہے۔دوسرا سچ دلیل کا سچ ہے جس کی بنیاد منطق ہے، یہ فلسفیوں کا سچ ہے۔اور تیسرا سچ انبیاء اور اولیاء کا سچ ہے جس کی بنیاد وحی ہے۔

جب غزالی فلسفی تھے تو دوسرے یعنی دلیل والے سچ پر یقین رکھتے تھے لیکن جب وہ صوفی

بن گئے تو انھوں نے تیسرے یعنی وحی والے سچ پر ایمان لے آئے، ان کا ماننا تھا کہ یہ سچ کی اعلیٰ ترین قسم ہے۔ مگر اصلاح کار بن کر انھوں نے دلیل والے سچ کو مسترد کر دیا۔ نہ صرف مسترد کر دیا بلکہ اس کے خلاف تبلیغ شروع کر دی ان کا کہنا تھا کہ یہ مسلمانوں کے لیے خطرناک ہے یہ ان کو ایمان سے محروم کر کے گمراہی کے راستے پر ڈال دے گا۔ انہوں نے مسلمانوں کو نصیحت کی:

دلیل کے سچ کو چھوڑ کر صوفیانہ سچ پر ایمان لائیں۔

دلیل کو چھوڑ کر وحی پر ایمان لائیں۔

فلسفے کو چھوڑ کر نبوت اور سنت پر ایمان لائیں۔ اور

انبیاء اور آسمانی صحیفوں پر بند آنکھوں سے ایمان لائیں۔

جب ہم مسلمان عالموں اور دانشوروں کے افکار کا مطالعہ کرتے ہیں جن میں الکندی، الرازی، الفارابی اور بو علی سینا شامل ہیں، تو ہمیں معلوم ہوتا ہے کہ غزالی کے برعکس ان اکابرین کے نزدیک وحی اور دلیل میں کوئی اختلاف نہ تھا۔ اور نہ وہ خدا، نبوت، فلسفے اور سائنس کے درمیان کسی تفاوت پر یقین رکھتے تھے۔ مگر اپنے نئے نظریئے کی بنیاد پر غزالی نے یہ تبلیغ شروع کر دی کہ مسلم اُمّہ سائنس اور فلسفے کو مکمل طور پر مسترد کر دے اور وحی اور پیغمبری ہدایات پر عمل کرے جن کی بنیاد قرآنی تعلیمات اور حدیث ہے۔ وہ دل و دماغ سے اس بات کے قائل ہو چکے تھے کہ اگر مسلمانوں نے سائنس اور فلسفے کی تعلیم بالخصوص ریاضی کی تعلیم جاری رکھی تو اُن کا خدا پر سے ایمان اُٹھ جائے گا اور وہ دہریئے بن جائیں گے۔ یہ وہ وقت تھا جب انھوں نے اپنی معروف یا غیر معروف کتاب: 'تفاوتِ فلسفہ' (Incoherence of Philosophy) لکھی۔ جس میں انھوں نے نہ صرف الفارابی اور بُو علی سینا بلکہ افلاطون اور ارسطو کو بھی چیلنج کر دیا۔ انھوں نے مسلمانوں کو ہدایت کی وہ ایسے فلسفیوں سے دُور رہیں کیونکہ وہ انسانیت کو گمراہ کر رہے ہیں۔

"تفاوتِ فلسفہ" کے بعد غزالی نے یکے بعد دیگرے اپنی کُتب شائع کروائیں جن میں "کیمیائے سعادت"، "احیائے علوم الدین" اور "المنقید الدلال" شامل ہیں۔ اب غزالی نے اپنی گمشدہ شہرت بطور ایک مسلم دانشور فلسفی اور مصلح دوبارہ حاصل کر لی۔ چونکہ وہ خود کبھی فلسفی رہے تھے لہٰذا فلسفیوں اور فلسفے پر ان کے حملے سخت اور شدید تھے۔ وقت گزرنے کے ساتھ ان کے پیروکاروں میں اضافہ ہوا۔ ان کے اکثر شاگردوں اور پیرکاروں نے ان کو "حجتہ الاسلام" پکارنا شروع کر دیا اور وہ غزالی کو پیغمبرِ اسلام کے بعد اسلام کا سب سے بڑا مبلغ سمجھنے لگے۔ ان کے مسیحا بننے کے خواب کو تعبیر مل چکی تھی۔ وہی طلباء اور پیروکار جو کبھی فلسفے سے پیار کرتے تھے اب اپنے مرشد غزالی کی تقلید میں اس سے نفرت کرنے لگے تھے۔

جہاں اکثر مسلمان ان کو اللہ کی رحمت سمجھتے ہیں وہیں پر کئی ایک ان کو لعنت سمجھتے ہیں۔ان کا خیال ہے کہ مسلمانوں کو سیدھی راہ دکھانے کی بجائے انھوں نے فلسفے اور سائنس جیسے جدید علوم سے دُور کر دیا۔وہ ان کو مسلمانوں کے تہذیبی زوال کی سب سے بڑی وجہ قرار دیتے ہیں۔ایک مسلمان فلسفی ابن رُشد نے غزالی کی کتاب "تفاوتِ فلسفہ" کے منفی اثرات کم کرنے کے لیے اس کے جواب میں ایک کتاب لکھی جس کا نام: ''تفاوت کی تفاوت'' (Incoherence of Incoherence) ہے۔مگر اس وقت مسلم اُمّہ کا علمی نقصان ہو چکا تھا۔اُمتِ مسلمہ کے درمیان، دلیل اور وحی، فلسفے اور نبوت، مذہب اور سائنس کے درمیان کئی دہائیوں سے جو جنگ جاری تھی اس میں نبوت، وحی اور مذہب کو فتح ہوئی جبکہ دلیل، سائنس اور فلسفہ شکست سے دوچار ہوئے۔

یہاں ایک بات حیرت انگیز ہے کہ جہاں مسلمانوں نے غزالی کی تقلید کی وہاں عیسائیوں نے ابنِ رشد کی تعلیمات اپنا لیں۔یونانی کتب کا عربی میں ترجمہ کر کے جو بعد میں لاطینی میں ترجمہ ہوئیں ابنِ رشد نے یونانی اور مغربی فلسفیوں کے درمیان پُل کا کام کیا۔یہاں یہ بات قابلِ ذکر ہے کہ مغربی دنیا میں بھی سائنس اور مذہب کے درمیان جنگ کئی صدیوں تک چلی تھی۔بالآخر فریڈک نطشے نے اعلان کیا تھا کہ "خدا مر گیا۔" عیسائی دنیا میں خدا اور مذہب فوت ہو گئے جب کہ سائنس اور فلسفہ زندہ رہے بلکہ پھلے پھولے۔اس کے برعکس مُسلم دنیا میں سائنس اور فلسفہ وفات پا گئے جبکہ خدا اور مذہب زندہ رہے۔

میکسیکو کے نوبل انعام یافتہ "اکٹویو پاز" نے اپنی کتاب: "آلٹرنیٹرنگ کرنٹ" میں لکھا:

"اسلام کو اُن مشکلات کا سامنا ہے جو ماضی میں عیسائیت کو درپیش تھیں۔جب ابوحمید الغزالی کو خدا کی واحدانیت پر یقین کرنے کی کوئی سائنسی اور فلسفیانہ دلیل نہ مل سکی تو انھوں نے "تفاوتِ فلسفہ" تحریر کر ڈالی اور اس کے ایک سو سال بعد ابنِ رشد نے "تفاوت کی تفاوت" لکھ کر ان کے دلائل کو رد کر دیا۔مسلمانوں میں بھی خدا اور فلسفے کی جنگ کسی ایک کی موت تک جاری رہی۔اس معرکے میں خدا نے فتح پائی۔اگر کوئی مسلم نطشے ہوتا تو وہ لکھتا کہ ''فلسفہ مر گیا۔ہم سب نے مل کر اس کو مارا ہے۔تم نے مارا، میں نے مارا۔"

اس میں حیرانی کی بات نہیں کہ اگر مسلمانوں میں صدیوں تک سائنسدان اور فلسفی پیدا نہ ہو سکے۔کیونکہ مسلم تہذیب نے غزالی کی صوفیانہ تعلیمات کی پیروی کی۔مسلمانوں نے فلسفیوں سے زیادہ شعرا پیدا کیے اور سائنسدانوں سے زیادہ صوفیاء پیدا کیے۔پاکستانی سائنسداں پرویز ہود بھائی نے اپنی کتاب "سائنس اور اسلام" میں اس صورتِ حال کو یُوں بیان کیا ہے:

"تقریباً 700 قبل اسلامی تہذیب نے سائنس اپنانے کا ارادہ ترک کر دیا تھا اس وقت سے آج تک سوائے سلطنتِ عثمانیہ اور محمد علی کے مصر میں چند کاوشوں کے صورتِ حال کو بہتر بنانے کے لیے کوئی اہم کوشش نہ ہو سکی۔ اکثر مسلمان اس بات کو نہ صرف تسلیم کرتے ہیں بلکہ گہرے دُکھ کا اظہار بھی کرتے ہیں۔ دراصل اسلام کے اندر یہی چند افراد جدیدیت کے قائل ہیں۔ مگر اکثر بنیاد پرست مسلمانوں کو اس کا کوئی رنج نہیں۔ بلکہ وہ اس نقصان پر خوش ہیں کیونکہ ان کے نزدیک سائنس سے فاصلہ اسلام کو غیر مذہبی اثرات سے محفوظ رکھنے کے لیے ضروری تھا۔"

غزالی 1111ء میں وفات پا گئے مگر ان کے افکار زندہ ہیں۔ خواہ ان کے اثرات مثبت تھے یا منفی انھوں نے ہدایت کی یا گمراہ کیا مگر اس میں شُبہ نہیں کہ غزالی نے اسلامی دُنیا کی نفسیات میں انقلابی تبدیلی لانے میں اہم کردار ادا کیا۔ غزالی کی عظمت کی بڑی وجہ یہ ہے کہ کوئی ان کو پسند کرے یا ان سے نفرت کرے، محبت کرے یا نفرت کرے ان کے افکار کی تائید کرے یا مسترد کر دے مگر تاریخ کا کوئی سنجیدہ طالب علم ان کو نظر انداز نہیں کر سکتا۔

ooo

لیوٹالسٹائے کا رُوحانی سفر

لیوٹالسٹائے کی پرورش ایک روایتی عیسائی خاندان میں ہوئی۔ وہ عیسائی تعلیمات کی اہمیت اور گہرائی سمجھے بغیر ان کی پیروی کرتے اور سکھلائے ہوئے طریقے کے مطابق عبادات میں باقاعدگی سے حصہ لیتے۔ جب وہ ابھی بلوغت کی عمر میں ہی تھے تو اُنھوں نے ایک ساتھی طالب علم سے سُنا: ”خدا کا کوئی وجود نہیں ہے جو ہمیں بتایا جاتا ہے یہ محض ذہنی اختراع ہے۔“ اس طالب علم کا نام ”ولادمیر ملیوتن“ (Vladimir Milyutin) تھا۔ یہ سُن کر ٹالسٹائے محظوظ بھی ہوئے اور حیران بھی۔ تب سے انھوں نے خدا اور عبادات کی طرف توجہ کم کر دی۔ عملی زندگی میں اُنھوں نے دیکھا کہ مذہبی لوگ غیر مذہبی لوگوں سے بہتر نہیں ہیں۔ ان کا مشاہدہ تھا کہ قابلیت، امانت داری، بھروسہ، خوش اطواری اور خوش اخلاقی بے عقیدہ لوگوں میں کوٹ کوٹ کر بھری ہوئی تھیں۔

اُنھوں نے یہ بھی دیکھا کہ بہت سے عقیدہ مند مومن لوگ جنھوں نے سائنس اور فلسفے کی تعلیم حاصل کر رکھی تھی اور زندگی کے تجربات سے کچھ سیکھا تھا وہ دل ہی دل میں خدا پر ایمان سے فارغ ہو چکے تھے مگر پھر بھی مذہبی رسومات کی پیروی اس لیے کرنے میں مشغول تھے تاکہ اپنے خاندان اور برادری کے ساتھ سماجی کردار ادا کرتے رہیں۔ جبکہ بعض نے ان عبادات و رسومات کو روزِ اول سے احمقانہ اور لایعنی سمجھ کر ترک کر دیا تھا۔

سولہ سال کی عمر میں ٹالسٹائے نے کلیسا میں جانا، عبادت کرنا اور روزے رکھنا بند کر دیا تھا اور فلسفہ پڑھنا شروع کر دیا تھا۔ ایک اچھا عیسائی بننے کی بجائے اُنھوں نے ایک کامیاب انسان بننے پر اپنی توجہ مرکوز کر دی مگر ان کی کامیابی کا محور دنیاوی کامیابی تھی۔ ان کے اندر دوسروں سے بہتر بننے کی خواہش انگڑائی لینے لگی وہ دوسروں سے زیادہ امیر، معروف اور اہم بننا چاہتے تھے۔ ان کا خواب تھا کہ وہ ایک جانے پہچانے ادیب دانشور اور فلسفی بن جائیں اور ان کی خوش قسمتی اور محنت کا ثمر تھا کہ اُن کو اپنے خواب کی تعبیر مل گئی اور پھر پچاس سال کی عمر میں جب ٹالسٹائے شہرت اور دولت کے عروج پر تھے تو وہ ایک وجودی بحران سے گزرے جس کے دوران اُنھوں نے اپنی زندگی پر غور کیا اور مراقبہ

خودشناسی کیا۔

بحران کے دوران انھوں نے کیا دریافت کیا؟ جب انھوں نے اپنے ماضی پر غور کیا تو ان کو محسوس ہوا کہ ان کی دولت کامیابی اور شہرت ٹھوس اخلاقی بنیادوں پر قائم نہیں تھیں۔ انھوں نے لکھا:

"جب بھی میں نے اخلاقی بلندی کا پُرخلوص اظہار کیا تو مجھے حقارت اور استرداد کا سامنا ہوا، مگر جب میں نے کم تر انسانی جذبات کا پرچار کیا تو مجھے پذیرائی ملی۔ جاہ طلبی، لالچ، شہوت پرستی، غرور، غصہ اور انتقام کو پذیرائی ملتی تھی۔ ٹالسٹائے کو محسوس ہوا کہ ان کی شہرت حقیقت میں تہی دامن اور اخلاقی طور پر دیوالیہ تھی اور جو کچھ وہ کرتے آئے ہیں اس پر پشیماں اور شرمندہ ہیں۔ وہ اپنے ضمیر کا سامنا نہیں کر پا رہے تھے۔" انھوں نے تحریر کیا:

> "میں جب اُس دور کو یاد کرتا ہوں تو اپنے آپ سے گھن آتی ہے، وحشت زدہ ہو جاتا ہوں اور دل میں ایک کسک اٹھتی ہے۔ میں نے جنگ میں لوگوں کو قتل کیا اور لوگوں کو انفرادی دنگل کی دعوت دیتا تھا، تاکہ ان کو ہلاک کر سکوں۔ میں گمراہ تھا، کسانوں کی محنت کی کمائی ہڑپ کر جاتا، ان کو سزائیں دیتا، بے مہار زندگی گزارتا اور لوگوں کے ساتھ دھوکہ کرتا۔ جھوٹ بولنا، ڈاکہ ڈالنا بے راہ روی، نشے میں مدہوش رہنا، تشدد کرنا حتیٰ کہ قتل تک کر دینا میرا وطیرہ تھا۔ غرضیکہ کوئی ایسا جرم نہیں تھا جو مجھ سے سرزد نہ ہوا ہو اور ان کرتوتوں کے باوجود لوگ میرے کردار کی تعریف کرتے اور میرے ہم عصر مجھے مقابلتاً ایک اعلیٰ خصائل کا حامل شخص تصور کرتے تھے۔"

ٹالسٹائے نے یہ بھی دریافت کیا کہ بطور ادیب ان کا کام جھوٹ، دھوکہ دہی اور منافقت پر مبنی تھا اور وہ جھوٹ کو سچ بنا کر پیش کر رہے ہیں مگر اس کام میں وہ اکیلے نہیں ہیں۔ وہ ایسے ادیبوں کے گروہ کا حصہ ہیں جس کا ایک الگ مسلک ہے اور جس میں سب ایک سا کام کرتے ہیں۔ وہ ایسی برادری کا حصہ ہیں جہاں جھوٹ کو پذیرائی اور سچ کو رسوائی کا سامنا ہے۔ انھوں نے لکھا:

> "میں نے بطور تخلیق کار، شاعر اور ادیب وہ تعلیم دی جس سے میں خود پوری طرح واقف نہ تھا اور اس کے لیے مجھے معاوضہ ملتا تھا مجھے بہترین کھانا پینا، رہائش، خواتین اور معاشرے میں شہرت اس کے علاوہ تھی۔ اس کا مطلب یہ ہوا کہ جو کچھ میں پڑھا رہا تھا وہ درست تھا۔"

ٹالسٹائے کے اندر یہ احساس بھی جاگزیں ہو گیا تھا کہ وہ ایک خاص فرقے کا حصہ ہیں جو ایک مذہب کی طرح معاشرے میں مقدس ہے۔ جہاں فنکار اور لکھاری پادریوں کی طرح ہیں اور اس

مذہب کے تمام پادری بد کردار ہیں بلکہ حقیر کردار کے حامل کہا جائے تو غلط نہ ہو گا۔اس احساس نے ٹالسٹائے کو بہت بے چین اور نادم کر دیا۔ان کو معلوم ہوا کہ لکھاریوں کا یہ گروہ ذہنی مریضوں کا دارلامان ہے جہاں ہر پاگل دوسرے کو پاگل سمجھتا ہے۔ ہر کوئی کہے گا سب دیوانے ہیں ماسوائے میرے۔

رفتہ رفتہ ٹالسٹائے نہ صرف آرٹ اور ادب سے مایوس ہو گئے بلکہ ترقی کے جدید تصور سے بیزار ہو گئے۔پھر یُوں ہوا کہ ٹالسٹائے دو جذباتی تجربات سے گزرے۔ایک تو انھوں نے کسی کو سرعام موت کی سزا پاتے دیکھا، دوسرے ان کے بھائی کی فوتگی۔یہ دو واقعات ان کی اپنی ذات اور دیگر لکھاریوں سے مایوسی نے ان کو ایک جذباتی بحران سے دوچار کر دیا۔اس ذہنی بحران کا آغاز کیسے ہوا؟ آیئے ان کی زبان سے سُنیں:

”آغاز میں مجھے کچھ عرصہ بے اطمینانی رہی اور زندگی منجمد محسوس ہوئی۔مجھے کچھ معلوم نہ تھا کہ مجھے کیا کرنا چاہیے اور زندگی کیسے گزارنی چاہیے۔میں اپنے آپ کو گمشدہ اور ملامت زدہ سمجھتا تھا مگر، یہ عرصہ گزر گیا اور میں پہلے کی طرح رہنے لگا مگر کچھ عرصے بعد گمشدگی اور خود مذمّتی کے دورے تواتر سے پڑنے لگے۔اس دوران میرا ضمیر کچو کے لگاتا اور یہ سوال کرتا: ”یہ سب کس لیے ہے؟ یہ کس جانب لے جائے گا؟“

ٹالسٹائے باطنی تنازعے میں مبتلا ہو چکے تھے۔وقت گزرنے کے ساتھ یہ تنازعہ شدت اختیار کرنے لگا اور ایک وقت آیا جب ان کے لیے مزید زندہ رہنا دوبھر ہو گیا۔وہ تخلیقی اور جذباتی طور پر اپاہج ہو گئے انھیں معلوم کرنا تھا کہ جو کچھ وہ کر رہے ہیں کیوں کر رہے ہیں؟ کیونکہ اس قضیے سے ان کے اندر موجود ذاتی عدم تحفظ اور وجودی مایوسی جنم لے رہی تھی انھوں نے لکھا:

”جب تک مجھے معلوم نہ ہو جاتا کہ میں جو کچھ کر رہا ہوں، کیوں کر رہا ہوں میرا جینا مشکل ہو گیا۔ بالآخر میری اُداسی، مایوسی اور تنازعہ ذہنی بحران کی صورت اختیار کر گیا مجھے یوں محسوس ہوتا جیسے میرے نیچے سے زمین کھینچ لی گئی ہے اور میں جس سہارے پر جیتا آیا ہوں وہ ختم ہو چکا ہے۔۔۔کچھ نہیں بچا۔“

ٹالسٹائے کو محسوس ہوا کہ جیسے ان کی زندگی بے معنی اور بے وقعت ہو چکی ہے۔ان کی یاسیت ،اُداسی اور مایوسی ایسے مقام پر پہنچ گئے جہاں انھوں نے خودکشی کا سوچنا شروع کر دیا۔انھوں نے لکھا:

”جہاں میں رہتا تھا اس کمرے کی چھت میں بٹوارے کی جگہ پر لٹکنے کی جگہ تھی جو الگ تھلگ تھی جہاں میں لباس وغیرہ تبدیل کرتا تھا۔میں نے گھر میں موجود رسّی غائب کر دی مبادہ کہیں چھت سے لٹک کر زندگی کا خاتمہ نہ کر دوں۔ میں نے بندوق لے کر

شکار پر جانا بند کر دیا کہ کہیں اپنے آپ کو گولی مار کر خودکشی نہ کر لوں۔"

انھیں یہ احساس تڑپا رہا تھا کہ ان کی دولت اور شہرت محض دھوکہ بازی اور احمقانہ دھوکہ بازی کے سوا کچھ نہیں۔ ٹالسٹائے ایک بے معنی زندگی نہیں جی سکتے تھے۔ انھیں زندہ رہنے کے لیے ایک منزل، ایک مقصد اور ایک آدرش درکار تھا اور جب انھیں کوئی مقصد نظر نہیں آ رہا تھا تو ان کے اندر جاں سوزی کے خیالات تواتر سے اور شدت سے پیدا ہو رہے تھے۔ انھوں نے لکھا:

"یہ بہت وحشت ناک احساس تھا اور اس وحشت سے بچ نکلنے کا واحد راستہ خودکشی تھا۔ تاریکی کا خوف بہت شدید تھا اور میں جلد از جلد اس سے چھٹکارہ پانا چاہتا تھا۔ گولی سے یا پھندے سے۔ تاریکی میں گم ہونے کا خوف مجھے خودکشی پر آمادہ کر رہا تھا۔"

اس مقام پر ٹالسٹائے نے زندگی کے معنی تلاش کرنے کے لیے سائنسدانوں، دانشوروں اور فلسفیوں کی کتابوں اور فلسفیانہ تعلیمات کی طرف رجوع کیا۔ انھوں نے ایک ہی سوال پوچھا:

"کیا زندگی کا کوئی مقصد ہے جو مجھے قریب آتی ہوئی موت سے بچا سکے؟"

ٹالسٹائے کو معلوم ہوا کہ سائنس کی دو اقسام ہیں: تجرباتی سائنس اور تجریدی سائنس۔ ایک (پہلی قسم) زندگی میں کسی مقصد کے ہونے یا نہ ہونے کو تسلیم نہیں کرتی، دوسری مانتی تو ہے مگر اس مقصد کے حق میں تسلی بخش وضاحت نہیں رکھتی۔ انھوں نے لکھا: "عمومی طور پر زندگی کے مقصد کے حوالے سے تجرباتی سائنس سے یہ سوال کرنا بنتا ہے:

سوال: میں کیوں زندہ ہوں؟

جواب: ایک لامحدود زمان و مکاں میں نہایت چھوٹے پیمائش میں نہ آ سکنے والے ذرات لامحدود پیچیدگی سے اپنی ہیئت تبدیل کرتے رہتے ہیں اور جب آپ کو ان کے تغیر پذیر ہونے کے قوانین کی سمجھ آ جائے گی تو آپ کو یہ جواب بھی مل جائے گا کہ آپ زمین پر کیوں زندہ ہیں۔ پھر تجریدی سائنس کے حلقے میں، مَیں نے اپنے آپ سے کہا:

"تمام انسانیت روحانی اصولوں اور آدرشوں پر زندہ ہے، جو اس کی رہنمائی کرتے ہیں وہ نظریات مذاہب میں، سائنس میں، آرٹ میں اور حکومتوں کی شکل میں رونما ہوتے ہیں۔ اور یہی نظریات جب بلندی کا سفر کرتے ہیں تو انسانیت کو فلاح ملتی ہے۔ میں بھی انسانیت کا حصہ ہوں اس لیے میرا منصب یہ ہے کہ اس آگاہی اور احساس کو آگے پہنچاؤں۔"

ٹالسٹائے سائنس اور فلسفے کی طرف سے دیئے گئے عمومی اور تجریدی جوابات سے مطمئن نہ

ہوئے وہ ان کی یاسیت اور خفگی رفع نہ کر سکے۔ انھوں نے بہت کوشش کی مگر ہر دفعہ غیر تسلی بخش جوابات ملے۔ اب انھوں نے ایک آخری کوشش کرنے کی ٹھانی:

"میری زندگی کے کیا معنی ہیں؟"

"کوئی معنی نہیں"

یا

"میری زندگی کا کیا نتیجہ نکلے گا؟"

"کچھ بھی نہیں۔۔۔"

یا

"ہر شے جو موجود ہے کیوں موجود ہے؟ اور میں کیوں زندہ ہوں؟"

"کیونکہ، بس ہر شے موجود ہے۔"

ایسے سائنسی اور فلسفیانہ جوابات ان کی تشفی نہ کر سکے بلکہ انھوں نے ان کی وجودی یاسیت میں اضافہ کر دیا۔ ان کو ذاتی، مضبوط اور قربت سے بھرپور جوابات چاہئیں تھے جب کہ سائنس اور فلسفہ انھیں غیر ذاتی، تجریدی اور عام جوابات دے رہے تھے جو ان کو غیر تسلی بخش محسوس ہوئے۔

سائنس اور فلسفے کے تجریدی خیالات و نظریات سے مایوس ہو کر ٹالسٹائے نے اصل زندگی پر توجہ دینی شروع کی اور اپنے اردگرد کے عام لوگوں کی روزمرہ زندگی کا مطالعہ شروع کر دیا جیسے کسان اور مزدور وغیرہ۔ انھوں نے لکھا:

> "جب سائنس سے جواب نہیں ملا تو میں نے روزمرہ زندگی میں اس کا جواب ڈھونڈنا شروع کر دیا اس اُمید پر کہ اپنے اردگرد بکھرے لوگوں سے جواب مل جائے گا۔ میں نے اپنے جیسے عام لوگوں کا مشاہدہ شروع کیا کہ وہ کیسے زندگی گزارتے ہیں اور ان سوالات کے بارے میں ان کا کیا رویہ ہے جو مجھے یاسیت میں مبتلا کر چکے ہیں۔"

جب انھوں نے عام عوام کا غور سے مطالعہ کیا تو ان پر یہ عقدہ کھلا کہ زندگی میں درپیش مسائل سلجھانے کے لیے ان کے پاس بنے بنائے طریقے موجود ہیں۔ انھوں نے دیکھا کہ لوگ زندہ رہتے ہیں اور زندگی کو گزارتے رہتے ہیں۔ وہ فلسفیانہ مباحث میں نہیں پڑتے کہ زندگی کے کوئی معنی تلاش کریں۔ دراصل وہ زندگی کے جھمیلوں میں اس قدر مصروف ہوتے ہیں کہ تجریدی مباحث کے لیے ان کے پاس وقت ہی نہیں ہوتا۔ عام لوگوں کا خیال ہے کہ ایسی عیاشی کے سائنسدان، دانشور اور مفکرین ہی متحمل ہو سکتے ہیں۔ ان کو اپنے اوپر اپنی برادری اور اپنے خاندانوں پر یقینِ محکم ہوتا ہے اور یہی یقین

ان کو زندگی کے معنی دیتا ہے۔ ٹالسٹائے نے دریافت کیا کہ عام لوگ زندگی کے اپنے اخذ شدہ معنی پر شک نہیں کرتے۔

ان پڑھ اور کم تعلیم یافتہ مزدوروں اور کسانوں سے تبادلہ خیال کر کے ٹالسٹائے کو زندگی کے معنی کے حوالے سے سوالات کے کچھ ایسے جوابات مل گئے جو عالموں، پرفیسروں، فلسفیوں، لکھاریوں اور شاعروں کی تحریروں سے نہیں ملے تھے۔ بہت غور اور دروں بینی کے بعد ٹالسٹائے کو ایک نئی بصیرت ملی مگر یہ بھی ایک المناک تضاد ثابت ہوئی۔ اُنھوں نے لکھا:

"ایک تضاد پیدا ہوا جس سے نکلنے کے دو راستے تھے ایک دلیل و برہان کا راستہ تھا اور دوسرا غیر منطقی۔

مگر میں نے جس کو مدلل راستہ سمجھا تھا وہ اتنا مدلل نہیں تھا جتنا میں نے فرض کیا تھا اور، غیر مدلل راستہ اتنا بھی احمقانہ نہ تھا جتنا میں نے خیال کر لیا تھا۔ اب میں نے دلیل والے راستے کو چن کر اس پر مزید تسلی کرنے کا فیصلہ کیا۔"

ٹالسٹائے نے یہ نتیجہ نکالا کہ سائنسدانوں اور فلسفیوں کی مدلل اور منطقی سوچ کی بھی حدود ہیں وہ مجسم کائنات میں کارفرما قوانینِ فطرت دریافت کر سکتے ہیں مگر زندگی کا کیا مقصد ہے؟ ایسے سوالات کے جوابات نہیں دے سکتے۔ انھوں نے لکھا:

"مجھے یہ سمجھ آئی کہ یقین پر مبنی جوابات جتنے بھی مہمل اور غیر مدلل ہوں ان کا ایک فائدہ یہ ہے کہ وہ اپنے ہر خواب میں محدود اور لامحدود کا رشتہ قائم کرتے ہیں جس کے بغیر مسئلہ حل نہیں ہوتا۔"

چنانچہ ٹالسٹائے نے زندگی کے معنی تلاش کرنے کے لیے اور اپنے ذہنی سکون کے لیے "ایمان" قبول کر لیا۔ ان کے ایمان نے ان کو بچا لیا اور وہ خودکشی کے کنارے سے واپس پلٹ آئے۔ یقین اور ایمان جو بھی ہو، وہ جو بھی جوابات دے کسی کو بھی دے اور کسی قسم کے بھی جوابات دے، وہ محدود انسان کو لامحدود معنی دیتا ہے۔ ایسے معنی جو رنج والم اور موت سے ماورا ہیں۔

یہاں ایک بات دلچسپ ہے کہ جب ٹالسٹائے کو زندگی کے معنی "ایمان" سے مل گئے تو انھوں نے ان معانی کو عالمگیر بنانے کی کوششیں شروع کر دیں۔ ان کا ماننا تھا کہ تمام انسانوں کو اپنی زندگی کو معنی دینے کے لیے ایمان لانے کی ضرورت ہے مگر ان کا یقین مذہبی ایمان پر تھا۔ عیسائی مذہب، یہ وہ ایمان تھا جو ان کے پرکھوں، معاشرے اور خاندان کا دین تھا۔ ٹالسٹائے اس نتیجے پر پہنچے کہ نوجوانی میں انھوں نے خدا اور عیسائیت کے گہرے معانی اور مسلمہ دانش پر غور کیے بغیر مسترد کر دیا تھا۔

نازل شدہ اور روایات پر مبنی ایمان کو قبول کرنا اور دلیل کو مسترد کرنا ٹالسٹائے کے لیے آسان نہ تھا کیونکہ وہ سائنس اور فلسفے کا دل کی گہرائیوں سے احترام کرتے تھے۔اس مشکل کو آسان کرنے کے لیے انھوں نے مختلف ادیان اور مذہبی پیشواؤں کا مطالعہ شروع کر دیا۔انھوں نے کہا:

"مجھے اس کی سمجھ آ چکی تھی مگر میرے لیے سب آسان نہ تھا۔میں اپنے ایمان کو قبول کرنے کے لیے تیار تھا اگر وہ مجھ سے دلیل و برہان کو مسترد کرنے کا مطالبہ نہ کرے جو کہ غلط ہوتا۔میں نے بدھ مت اور اسلام کی کتابوں کا مطالعہ کیا اور سب سے بڑھ کر میں نے عیسائیت کا مطالعہ کتابوں اور ارد گرد موجود لوگوں کے ذریعے کیا۔"

بالآخر ٹالسٹائے اس نتیجے پر پہنچے کہ مذہبی پیشواء، سائنسی علوم رکھنے والوں سے مختلف نہیں تھے کیونکہ سائنسدان بھی تجریدی نظریات کی بنیاد پر کام کرتے تھے۔

وہ اس بات کے قائل بھی ہو گئے کہ سچ عام آدمی کے پاس ہوتا ہے کیونکہ وہ اس پر بحث کرنے کی بجائے اس کے ساتھ زندگی بسر کرتا ہے۔چنانچہ ٹالسٹائے کو اپنا سچ، زندگی کے معانی، اپنی منزل، اپنے خواب اور اپنے آدرش مل چکے تھے۔مگر اپنا ایمان والا سوال اب بھی ان کے سامنے اسی طرح تن کر کھڑا تھا۔کیونکہ ابھی تک جزوی جواب ملا تھا اور ان کو کہیں نہ کہیں کچھ غلط محسوس ہو رہا تھا انھوں نے لکھا:

"مسئلہ یہ تھا کہ جو جواب ملا تھا وہ میرے اطمینانِ قلب کے لیے تھا اور اس کا اطلاق میری زندگی پر ہوتا تھا جب کہ میں اس کو عالمگیر سطح پر لاگو کرنا چاہتا تھا۔"

یہ ٹالسٹائے کے لیے ایک گہرا احساس تھا۔اب ایک اور المیہ درپیش تھا: کیا وہ ایک صوفی بن کر اپنے آپ سچ پر توجہ مرکوز کر لیں یا پیامبر بن کر سچ اپنی معاشرت اور انسانیت تک پہنچائیں کیونکہ ان کا ایمان تھا کہ ان کا جواب صرف ان کے لیے نہیں سب کے لیے ہے۔

جب ٹالسٹائے اپنے وجودی بحران، علمی عدم تحفظ، مایوسی اور یاسیت سے صحت یاب ہوئے اور نفسیاتی بحران سے باہر نکلے تو انھوں نے خدا کو گلے لگا رکھا تھا۔خدا کی تلاش نے ان کو زندگی کے معنی دیئے۔اُنھوں نے سائنسی اور روحانی سچ کے درمیان تنازعہ بھی حل کر لیا۔اُنھوں نے محسوس کیا کہ اپنے فہم سے سائنسی سچ اور اپنے احساسات سے روحانی سچ دریافت کرتے ہیں۔سائنسی سچ ایک عملی دلیل و قرائن پر مبنی سچ ہے جبکہ روحانی سچ ایک موضوعاتی جذبات و احساسات پر مبنی سچ ہے۔انھوں نے لکھا:

"میں کہوں گا کہ خدا کی تلاش میں نکل پڑنا کسی دلیل کی بنیاد پر نہیں تھا بلکہ میرے احساس کی وجہ سے تھا اور دلیل کے خلاف تھا کیونکہ یہ کسی سوچ کی بنیاد پر نہیں بلکہ

میرے دل کی آواز تھی۔"

انھوں نے دریافت کیا کہ سائنسی سچ کی تلاش کے لیے ہم اپنا دماغ استعمال کرتے ہیں اور روحانی سچ کے لیے دل۔ جب ٹالسٹائے خدا کو ڈھونڈ رہے تھے تو انھیں معلوم ہوا کہ خدا کسی تصور اور خیال کا نام نہیں بلکہ ایک زندہ تجربے اور قلبی واردات کا نام ہے۔ انھوں نے لکھا:

"خدا کا تصور دراصل خدا نہیں ہے۔ میں دراصل انہی دنوں میں زندہ تھا جب خدا پر ایمان رکھتا تھا۔ خدا کو جاننا اور زندہ ہونا ایک ہی بات ہے۔ خدا زندگی ہے۔

خدا کی تلاش، خدا کی دریافت اور پھر خدا کے ساتھ زندگی نے ٹالسٹائے کی زندگی میں معجزہ رونما کر دیا انھوں نے لکھا:

"میں خودکشی کرنے سے بچ گیا۔"

ٹالسٹائے کا ماننا تھا کہ وہ ایک دریا کے کنارے سے دوسرے کی طرف تیر کر جا رہے تھے کہ ایک طوفان میں گھر گئے پھر اس کے اندر گم ہو گئے۔ بالآخر ان کو معلوم ہوا کہ وہ کنارا دراصل خدا تھا۔ پھر وہ خدا کی جانب پوری یکسوئی اور دل وجاں سے کھنچتے ہوئے چلے گئے چنانچہ ایک دانشور سنت بن گیا اور ایک ادیب صوفی بن گیا۔ خدا کو دریافت کرنے کے بعد ٹالسٹائے نے خدا کے اشتراکی خیالات اور انسانی دوست اقدار اپنا لیں اور کسانوں اور مزدوروں کی خدمت کرنی شروع کر دی ۔غریب لوگوں کی خدمت میں ان کو زندگی کے معانی مل گئے۔ ایک جاں نثار عیسائی بننے کے بعد ٹالسٹائے نے محبت کی تبلیغ شروع کر دی۔ ان کا ماننا تھا کہ دوسروں کی سیوا کر کے ہم سچ دریافت کر سکتے ہیں انھوں نے لکھا:

"میں نے اپنے آپ سے کہا انفرادی طور پر الٰہیاتی سچ تک رسائی ممکن نہیں۔ یہ ان لوگوں کے گروہ پر آشکار ہوتا ہے جو محبت کی خاطر متحد و یکجا ہوں۔"

اشتراکیت پسند بننے کے ساتھ ساتھ ٹالسٹائے ایک امن کے پیامبر بھی بن گئے۔ ان کو یہ جان کر وحشت ہوتی کہ عیسائی دوسرے انسانوں کو ہلاک کر رہے تھے اور ان کے سیاسی اور مذہبی رہنما اس چیز کا جواز مہیا کر رہے تھے۔ اُنھوں نے لکھا:

"ایک وقت تھا جب رُوس حالتِ جنگ میں تھا اور روسی عیسائی محبت کے نام پر اپنے جیسے انسانوں کو ہلاک کر رہے تھے۔ اس بارے میں نہ سوچنا ناممکن تھا کیونکہ قتل کرنا ایمان کے بنیادی اُصولوں کے خلاف ہے۔ اس کے باوجود ہماری افواج کی کامیابی کے لیے کلیساؤں میں دُعائیں مانگی جا رہی تھیں اور ایمان کے مبلغ مذہبی پیشوا مذہب

اور خدا کے نام پر دوسروں کو قتل کرنے کا جواز مہیا کر رہے تھے اور جنگی ہلاکتوں کے علاوہ میں نے دیکھا کہ جنگ کے بعد ہونے والے فسادات میں بھی کلیسا کے مجاور، معززین، اساتذہ اور راہب جو تنگ نظر اور جفا کوش تھے بے بس اور لاچار نوجوانوں کو گمراہ کہہ کر قتل کرنے کی اجازت دے رہے تھے۔ یہ جان کر مجھے شدید وحشت ہوئی کہ ایسا وہ لوگ کر رہے تھے جو عیسائیت کا پرچار کرتے تھے۔"

امن کے حق میں اور جنگ کے خلاف ٹالسٹائی نے خطبات کیے اور کتابیں تحریر کیں۔ انھوں نے عیسائیوں سے اپیل کی کہ وہ حضرت عیسیٰؑ کی تعلیمات پر عمل کریں اور فوج میں شمولیت اختیار نہ کریں۔ اُنھوں نے عیسائیوں کو امن پسند بننے کی تعلیم دینی شروع کر دی۔ ٹالسٹائی زندگی کے اواخر میں اتنے ہی امن پسند کارکن کے طور پر معروف ہو گئے جتنے زندگی کے اوائل میں بطور ناول نگار ہوئے تھے۔ ان کے دنیا بھر میں پیروکار تھے جن میں موہن داس گاندھی اور مارٹن لوتھر کنگ جونیئر دو اہم نام ہیں۔

ٹالسٹائی جن کی پیشہ وارانہ زندگی کا آغاز بطور ناول نگار ہوا تھا ایک صوفی اور پھر بیسویں صدی میں امن کے سب سے عظیم پیامبر بن گئے۔ ان کا ایمان تھا کہ اپنے معاشرے میں محبت بانٹ کر پُر امن دنیا پیدا کر سکتے ہیں۔ ٹالسٹائی نے جس شے کی انسانیت میں تبلیغ کی اس پر عمل کیا اور جو کیا اسی کی تبلیغ کی۔

ooo

کارل ینگ کا رُوح اور خدا کے ساتھ معاملہ

کارل ینگ (Carl Jung) کا شمار بیسویں صدی کے معزز ترین نفسیات دانوں اور نفسیاتی معالجین میں ہوتا ہے۔ ان کو New Age Moment کا روحِ رواں سمجھا جاتا ہے۔ ان کے (Introversion)، (Extroversion)، (Anima)، (Animus) اور (Collective Unconscious) جیسے نئے موضوعات رائج الوقت نفسیات کا حصہ ہیں۔

ینگ 1875ء میں سوئٹزر لینڈ میں پیدا ہوئے۔ ان کے والد "سوئس ریفارم چرچ" میں پادری تھے۔ نوجوانی میں ہی وہ گوئٹے، نطشے اور شاپن آور کی تحریروں سے متاثر تھے۔ 1896ء میں وہ عاملوں میں دل چسپی لینے لگے۔ وہ ان کے اجتماعات میں جاتے اور جوتشیوں کا وجد کی حالت میں مشاہدہ کرتے۔ 1899ء میں جب ینگ نے رچرڈ وان کرافٹ ایبنگ کی نفسیات پر لکھی گئی نصاب کی کتاب کا مطالعہ کیا تو اُنھوں نے ایک نفسیات داں بننے کا فیصلہ کرلیا۔ 1906ء میں اُنھوں نے سگمنڈ فرائڈ سے روابط شروع کر دیئے۔ بعد ازاں ملاقات بھی کی۔ دونوں کے درمیان بہت جوش وخروش کے ساتھ مکالمے اور مباحثے ہوئے کیونکہ دونوں کی دلچسپی کا میدان انسانی لاشعور تھا۔ دونوں کے درمیان جہاں کئی مماثلتیں تھیں وہاں کچھ موضوعات پر اختلافات بھی موجود تھے۔

یُنگ کا خیال تھا کہ فرائڈ کے نظریات جنسیات سے آلودہ ہیں جبکہ فرائڈ سمجھتے تھے کہ ینگ کے حواس پر رُوحانیت سوار ہے۔ ینگ کا یہ بھی خیال تھا کہ فرائڈ ضرورت سے زیادہ سائنسی ہیں۔ جبکہ فرائڈ کا کہنا تھا کہ ینگ کے نظریات سائنسی نہیں ہیں۔ بالآخر 1913ء میں دونوں کی راہیں جدا ہو گئیں۔

فرائڈ سے علیحدگی کے بعد ینگ کو کچھ غیر معمولی تجربات پیش آئے۔ جن میں انھوں نے کچھ پُراسرار اور حیران کُن مناظر دیکھے۔ یہ سب کچھ ان کے لیے پریشان کُن تھا۔ ایسے ہی ایک تجربے کا ذکر انھوں نے ان الفاظ میں کیا:

"گزشتہ موسمِ سرما میں ایک رات میں کھڑکی کے پاس کھڑا شمال کی جانب دیکھ رہا تھا

۔شمالی اُفق پر مجھے ایک خونی لکیر نظر آئی جیسے دُور سے سمندر کی سطح پر روشنی ٹمٹماتی ہے۔ یہ ٹمٹماتی ہوئی سرخ لکیر شمالی اُفق پر مشرق سے مغرب کی جانب کھنچتی چلی گئی تھی۔اُن دنوں مجھ سے کسی نے پوچھا کہ مستقبل میں دنیا میں کون سے واقعات رونما ہونے والے ہیں تو میں نے جواب دیا کہ مجھے زیادہ علم نہیں مگر میں خون کے دریا بہتے ہوئے دیکھ رہا ہوں۔“

یُنگ کو فکر لاحق ہوگئی کہ ان کا نروس بریک ڈاؤن (شکستِ اعصاب) ہو جائے گا اور خوف ستانے لگا کہ شاید وہ پاگل پن میں مبتلا ہو رہے ہیں۔انھوں نے لکھا:

”یہ اکتوبر 1913ء کی بات ہے جب مجھے خونی لکیر نظر آئی تھی۔ یہ ایسے وقت پر ہوا جو میرے لیے اہم تھا۔میں اس وقت عمر کی چالیسویں سال میں تھا۔اس وقت دنیاوی لحاظ سے مجھے وہ سب کچھ حاصل تھا جس کی تمنا کبھی میں نے کی تھی۔مجھے عزت، وقار، دولت، طاقت اور علم کے علاوہ ہر انسانی خوشی حاصل تھی۔اب ان اشیاء کی تمنا ختم ہو رہی تھی۔مگر خواہشات ختم ہونے کے ساتھ اس کی جگہ وحشت نے لے لی۔خونی سیلاب کے خواب نے مجھے ساکت کر دیا تھا۔مجھے اس کی سنگینی کا اندازہ ہو رہا تھا مگر اس وقت مجھے سمجھ نہیں آئی۔“

جب پہلی جنگِ عظیم کا آغاز (1914ء میں) ہوا تو ینگ کو محسوس ہوا کہ ان کو نظر آنے والا خواب درحقیقت جنگ کی پیش گوئی تھی اور یہ کہ ان کا ”اجتماعی شعور“ سے رابطہ ہو چکا تھا۔اگلے چند ماہ تک ینگ کو ایک تواتر سے رات کو خواب اور دن کو کچھ درشن دکھائی دیتے تھے۔چونکہ ان کا ماننا تھا کہ خواب بھی کسی شے کے وقوع پذیر ہونے کی اطلاع ہوتے ہیں اس لیے وہ تصورات کو متشکل کرنے کا ہُنر سیکھنے لگے۔رفتہ رفتہ ینگ کو اس بات کا یقین ہوگیا کہ ان کے خواب رُوح اور خدا سے رابطے کا ذریعہ ہیں۔ان روحانی تجربات کے دوران ینگ کو معلوم ہوا کہ ان کے خواب نہ صرف ماضی کا عکس ہیں بلکہ مستقبل کی پیش گوئیاں بھی ہیں۔وہ ہمیں زندگی میں دانش مندانہ فیصلے کرنے کی تحریک دیتے ہیں انھوں نے لکھا:

”گہری دُروں بینی نے مجھے یہ تک سکھایا کہ میں اپنے کام اور فیصلے خوابوں کی روشنی میں کروں۔خواب زندگی کے راستے متعین کرتے ہیں۔آپ اکثر ان کی زبان نہیں سمجھتے مگر وہ آپ کو اچھی طرح جانتے ہیں۔ ہر کوئی ان کی زبان سیکھنا چاہے گا مگر ان کی زبان سیکھنا بہت مشکل ہے۔صرف علم رکھنا کافی نہیں دل کا حال جاننا ضروری

ہے۔اس سے بصیرت پیدا ہوتی ہے۔"

ینُگ کو احساس ہوا کہ سائیکوتھراپسٹ (نفسیاتی معالج) بن کر وہ مغرور ہو گئے ہیں ان کی روحانی وارداتیں ان کو انسانیت کی طرف رہنمائی کر رہی تھیں۔"اس دوران میں نے یہی سیکھا کہ مجھے صرف اعلیٰ ترین انسانی ہمدردی کا حامل ہونے کی ضرورت تھی۔"

جب ینگ کو اپنے خوابوں اور مناظر کے ذریعے خدا کے بارے میں آگاہی حاصل ہوئی تو انہیں معلوم ہوا کہ یہ خُدا ویسا نہیں جیسا ان کو اتوار کے اجتماعات میں بتایا جاتا تھا۔ یہ تو مختلف خدا تھا جو اپنے آپ کو ان پر ظاہر کر رہا تھا۔انہوں نے لکھا:

"اگر آپ لڑکے ہیں تو خدا عورت ہے، آپ عورت ہیں تو خدا لڑکا ہے۔اگر آپ مرد ہیں تو آپ کا خدا نوجوان دوشیزہ ہے۔گویا وہ جو بھی ہے آپ نہیں ہیں۔"

ینُگ نے یہ بھی سیکھا کہ ہر انسان کا ایک انفرادی سچ ہوتا ہے جو اس نے خود دریافت کرنا ہوتا ہے۔لوگوں کو عیسیٰ کو ماننے کی ضرورت نہیں کیونکہ وہ خود عیسیٰ بن سکتے ہیں اور اپنا سچ خود تلاش کر سکتے ہیں۔آپ عیسائی نہ بنو عیسیٰ بن جاؤ ورنہ آپ خُدا کے کسی کام کے نہیں۔

جب ینگ کو غیر معمولی تجربات ہو رہے تھے ان پر خوف اور تشکیک طاری تھا۔اُن کو اپنے دل و دماغ، عقل اور پرکھ پر بھروسہ نہیں تھا۔وہ اپنے آپ سے کہتے:

"کیا یہ اصل ہے یا میرا واہمہ؟

کیا یہ حقیقت ہے یا افسانہ؟

کیا یہ سب کچھ حقیقی ہے یا فریب؟"

ینُگ کے تجربات و مشاہدات نے ان کو اپنے باطنی سچ سے جوڑ دیا۔وہ شروع میں جھجک کا شکار تھے مگر رفتہ رفتہ اُنھوں نے اس راستے کی طرف خدائی رہنمائی کی پیروی شروع کر دی۔اُنھوں نے لکھا:

"اگلی چھ راتوں میں اپنے من میں ڈُوب جانے کا جذبہ خاموش تھا کیونکہ میں خوف، سرکشی اور کراہت کے درمیان ہچکولے کھا رہا تھا اور اپنے جنون کی گرفت میں تھا۔میں دروں بینی سے بھی غافل تھا مگر ساتویں رات کو میرے باطن کی گہرائی سے آواز آئی:

"اپنے باطن کی گہرائی میں جھانکو اور اس سے دُعا مانگو۔"

اپنے خوابوں اور درشنوں کے درمیان ینُگ کو بہت شبیہیں نظر آئیں اُنھوں نے ان میں سے اکثر کی تصاویر بھی بنائیں۔جب وہ ان کے بارے میں لکھ رہے تھے تو ساتھ ساتھ ان کے خاکے بھی بنا

رہے تھے۔ان میں سے ایک شبیہ صحرا کی تھی:

"چھٹی رات کو میری روح مجھے صحرا میں لے گئی اور یہ میری ذات کا صحرا تھا۔"

یُنگ نے الفاظ اور شبیہات کی پُراسراریت اور ان کے درمیان مخصوص ربط دریافت کر لیا تھا۔مگر ان کے ہاتھ سے صبر کا دامن چھوٹتا جا رہا تھا۔

وہ جلد از جلد مکمل سچ کو پا لینا چاہتے تھے مگر ان کی رُوح نے ان کو انتظار کرنے کو کہا کیوں کہ وہ ابھی پورا سچ قبول کرنے کے لیے تیار نہ تھے۔یُنگ کا شعوری ذہن (لاشعور) کا تصور ان کو روح کے تصور کی طرف لے گیا اور بالآخر وہ خُدا کے تصور سے آشنا ہوئے۔اُنھوں نے لاشعور، روح اور خدا کے درمیان ایک روحانی ربط دریافت کر لیا تھا اور وہ ایک لاشعوری خُدا پر یقین کرنے لگ لگے۔یُنگ کو روحانی تجربات ہو چکے تو اُنھوں نے اپنے تجربات کو اپنے ذاتی معانی پہنانے شروع کر دیئے مگر انھیں عمیق سچ کے منکشف ہونے تک انتظار کرنا تھا۔انھیں بتایا گیا کہ وہ ان تجربات کو منطقی اور شعوری معانی پہنائے بغیر صرف محسوس کریں۔ان کے بقول خدا نے کہا: "کیا تمھیں اب بھی معلوم نہیں ہوا کہ تم اپنی خود نمائی کی تسکین کے لیے کوئی کتاب نہیں لکھ رہے بلکہ مجھ سے بات کر رہے ہو۔" یُنگ نے 25 دن اور 25 راتیں صحرا میں گزاریں تاوقتیکہ وہ تھک ہار کر چُور ہو گئے۔اب وہ اس سے زیادہ انتظار نہیں کر سکتے تھے۔ان کا پیمانۂ صبر لبریز ہو رہا تھا اور ان کو یہ خدشہ بھی تھا کہ کہیں ان کا رُوحانی خواب بکھر نہ جائے۔اور پھر روح کی گہرائی سے آواز آئی جو وقت کی ہیئت کو للکار رہی تھی۔"وقت کی روح، وقت کی ہر ہیئت کی طرح اپنے آپ کو انتہائی شاطر سمجھتی ہے۔مگر عقل سادہ لوح ہے۔اسی لیے چالاک آدمی عقل مند انسان کا ہمیشہ مذاق اڑاتا ہے کیونکہ ٹھٹھہ کرنا ہی اس کا ہتھیار ہوتا ہے۔وہ اپنے تیز زہریلے ہتھیار کو استعمال کرتا ہے مگر جب اس پر سادہ لوح عقل حملہ آور ہوتی ہے تو مذاق اُڑانے والا خود مذاق بن جاتا ہے۔اور صحرا میں جہاں نہ کوئی سنتا ہے اور نہ جواب دیتا ہے، اس کا اپنے آپ سے نفرت اور حقارت کے ہاتھوں دم گھٹنے لگتا ہے۔"اب صحرا ایک باغ بن جاتا ہے۔"مجھے جلد ہی صحرا کو سرسبز ہوتے ہوئے دیکھنا تھا۔"

صحرا کو سرسبز ہوتا دیکھنے کے بعد یُنگ کو سورج اور سانپ کی شبیہات دکھائی گئیں۔"بہتی ندی کی اتھاہ گہرائی میں سُرخ سورج چمک رہا ہے۔تاریک پانی سے اس کی شعاعیں باہر نکل رہی ہیں اور پھر وہاں میں جو کچھ دیکھتا ہوں اس سے خوف مجھے اپنی گرفت میں لے لیتا ہے۔پانی کے اندر ایک سیاہ چٹان پر چھوٹے چھوٹے بے شمار سانپ ہیں جو مزید گہرائی کی طرف جانے کی کوشش کر رہے ہیں جہاں سورج چمک رہا ہے۔ہزاروں سانپ سورج پر جمع ہو کر اس کو ڈھانپ لیتے ہیں۔"

یُنگ دوبارہ خوف زدہ ہو گئے۔ ان کو (نروس بریک ڈاؤن) شکستِ اعصاب اور دیوانہ ہو جانے کا خدشہ لاحق تھا۔ مگر انھیں اپنی روح، خدا اور لاشعور پر اعتماد کرنا تھا جنھوں نے مل کر ینگ کی رہنمائی امن اور سکون کی طرف کرنی تھی۔ خواہ ایسا دیوانگی کے راستے سے گزر ہی کر کیوں نہ ہو۔ انھوں نے اپنی رُوح سے کہا:

"میں حیرت زدہ ہوں مگر حیرت زدہ رہنا چاہتا ہوں کیونکہ میں نے قسم کھائی تھی کہ تمھاری رہنمائی پر اعتماد کروں گا خواہ یہ دیوانگی کے راستے سے گزر کر ہی کیوں نہ ہو۔۔۔"

یُنگ نے معنویت اور لایعنیت کا آپس میں رشتہ بھی معلوم کر لیا۔ ان کے بقول: "بامعنی ہونا وہ لمحہ ہے جب کوئی لغوبات تبدیل ہوتی ہے۔ اسی طرح بے معنی ہونا بھی ایک تبدیلی کا لمحہ ہے جب کوئی لغوبات، بامعنی ہو جاتی ہے۔"

ینگ جب وجودی بحران سے باہر آئے تو انھوں نے خدا کو گلے لگا رکھا تھا۔ کیونکہ خُدا ان کی زندگی کو زیادہ بامعنی بنا رہا تھا۔ وہ خُدا کو اپنے اندر دوبارہ جنم لینے کے تجربے سے گزرے اور اس کا مشاہدہ کیا۔ وہ فریڈرک نطشے کی اس بات سے متاثر تھے جو اس نے اپنی تصنیف Thus Spoke Zarathustra میں کہی تھی کہ "خدا مر گیا۔" یُنگ نے اپنی کتاب: The Red Book میں کہا کہ "خُدا کا دوبارہ جنم ہوا۔" مگر یہ خُدا عیسائیوں کے روایتی خُدا سے مختلف ہے۔ روایتی خُدا میں محبت، ہم آہنگی، امن اور ترحم ہے۔ جبکہ یُنگ کا خُدا دو جہتی ہے۔ اس کا ایک رُخ روشن ہے تو دوسرا تاریک ہے۔ اُنھوں نے لکھا:

"مجھے خدا یوں سمجھ آیا کہ نیا خدا ہمہ جہت ہے۔ اگر خُدا صرف اچھائی اور حُسن کا پیکر ہو تو وہ زندگی کی کاملیت کا احاطہ کیسے کرے گا؟ جس میں خوبصورتی، بدصورتی، محبت، نفرت، مزاح، سنجیدگی، انسانیت اور غیر انسانی رویہ موجود ہے۔"

اور پھر یُنگ کو احساس ہوا کہ اگر وہ دیوانے بھی ہو گئے تو ان کی دیوانگی پاگل پن والی دیوانگی نہیں ہوگی بلکہ وہ ایک سَنت، درویش یا سادُھو والی دیوانگی ہوگی۔ چونکہ وہ خود بھی ڈاکٹر تھے۔ چنانچہ اُنھوں نے لکھا:

"جب آپ رُوح کی دنیا میں داخل ہو جاتے ہیں تو آپ ایک دیوانے کی طرح ہوتے ہیں اور کوئی بھی طبیب آپ کو بیمار سمجھے گا۔ جو میں یہاں کہہ رہا ہوں اس کو بیماری ہی سمجھا جائے گا مگر جتنا میں سمجھتا ہوں کوئی دوسرا نہیں سمجھ سکتا۔"

رفتہ رفتہ یُنگ نے زندگی سے متعلق نئی بصیرت پیدا کرنی شروع کر دی۔ اُنھوں نے دانش حاصل کرنی شروع کر دی اور زندگی کو ایک نئی روشنی سے دیکھنا شروع کر دیا۔ اُنھوں نے واقعات اور

ان کے مطالب میں ایک رشتہ دریافت کرلیا۔

"واقعات کے کوئی معانی نہیں ہوتے ہم ان سے معانی اخذ کرتے ہیں۔" انھوں نے یہ بھی لکھا کہ: "معانی کبھی مستقل نہیں ہوتے۔ وہ وقت کے ساتھ بدلتے رہتے ہیں۔ جب زندگی تبدیل ہوتی ہے تو معانی بھی بدل جاتے ہیں۔ جو آج بھیانک لگتا ہے وہ سو سال کے بعد اچھا ہوسکتا ہے اور دو سو سال بعد دوبارہ بُرا ہوسکتا ہے۔" ینگ کا یہ بھی کہنا تھا کہ: "عقل مند لوگ اپنی کمزوریوں اور کجیوں کو تسلیم نہ کرنے یا لڑنے کی بجائے ان کو قبول کرتے ہیں جس نے اپنی معذوری کو تسلیم کرلیا اس نے بہت کچھ سیکھ لیا۔"

پھر وہ وقت بھی آیا کہ ینگ کا اپنی رُوح کے ساتھ مکالمے کے دوران تنازعہ کھڑا ہوگیا۔ ان کو صحیح طور پر سمجھ نہیں آرہا تھا کہ رُوح ان کو کیا کہنا چاہ رہی ہے چنانچہ انھوں نے رُوح سے جھگڑا شروع کردیا۔ مگر رُوح نے ان سے کہا کہ وہ صبر کریں، سوچیں اور پھر اپنا مُدعا بیان کریں۔ پھر ان کے اپنے اندر تنازعہ پیدا ہوگیا۔ ان کی ذات کا ایک حصہ ان کی روح کی پیروی کرنے پر تیار تھا جبکہ دوسرا روح پر اعتماد نہیں کرتا تھا۔ نیتجتاً وہ اپنے آپ سے خفا رہنے لگے۔ ان کو محسوس ہوا کہ وہ اپنے آپ سے برسرِ پیکار ہیں۔ اور ایک خانہ جنگی سے دوچار ہیں۔ "میرے اندر خانہ جنگی شروع ہوگئی جہاں قاتل بھی میں تھا اور مقتول بھی۔" ینگ کا مدّعا یہ تھا کہ ان کے مشاہدات اور تجربات کے کوئی معنی ہوں مگر ان سے کہا جارہا تھا کہ وہ لایعنیت کو قبول کریں۔ ینگ اس کی مزاحمت کررہے تھے جب کہ ان کی روح اصرار کررہی تھی۔ بالآخر ینگ اس وقت کامیاب ہوگئے جب انھوں نے وہ "لایعنی پن" دریافت کرلیا۔

ینگ کو خوابوں کی عمیق تعبیریں بھی سمجھ آنے لگیں۔ "ہم صرف جاگتے ہوئے ہی نہیں خوابوں میں بھی زندہ ہوتے ہیں۔ بلکہ کئی دفعہ ہم کئی بڑے کام خواب میں سرانجام دیتے ہیں۔" ینگ کا ماننا تھا کہ بلند ہونے کے لیے گہرائی میں جانا ضروری ہے۔ گویا ہمیں اپنی بلندی حاصل کرنی ہے تو اپنی گہرائی کی تہہ تک جانا ہوگا۔ "اگر ہمارے اندر گہرائی نہیں ہوگی تو ہم بلندی تک کیسے جاسکتے ہیں؟" ان روحانی تجربات نے ینگ کو اپنے گہرے اور بلند سچ تک رسائی میں مدد کی اور انھوں نے یقین سے بے یقینی کا سفر طے کیا۔

"یہ خُدا کا ابہام ہے کہ وہ تاریک ابہام سے پیدا ہوتا ہے اور روشن ابہام کی طرف بلند ہوتا ہے، مگر ابہام زندگی کا ایک پہلو ہے۔ ابہام کو نظرانداز کردینا بہت آسان ہے مگر ابہام کے ساتھ زندہ رہنے سے کٹھن کوئی دوسرا کام نہیں ہے۔"

اپنے روحانی تجربات کے دوران ینگ کو احساس ہوا جیسے علامتی طور پر وہ حاملہ تھے اور زچگی

کے بعد ان پر روح اور خُدا کا پُراسرار رشتہ منکشف ہوا ہے" اور جب ماں (میری روح) نے خدا کا حمل اٹھا رکھا تھا تو مجھے معلوم نہ تھا بلکہ مجھے یوں محسوس ہوتا جیسے میری روح ہی خُدا ہے اگرچہ خدا اس کے اندر تھا۔"

یُنگ نے دریافت کیا کہ ہر انسان کو اپنے خدا کو جنم دینا ہوتا ہے۔ یہ ایک ایسا صوفیانہ راز تھا جس کو محسوس کرنے، سمجھنے اور اس سے لطف اندوز ہونے تک ان کو ایک طویل عرصہ لگا۔

یُنگ نے یہ بھی دریافت کیا کہ انسانی سوچ اور احساسات میں ایک توازن ہونا چاہیئے۔ بد قسمتی سے کچھ لوگ سوچتے ہیں مگر محسوس نہیں کرتے اور بعض لوگ محسوس تو کرتے ہیں مگر سوچ سے عاری ہوتے ہیں۔ یُنگ کو بتایا گیا کہ وہ لوگوں کی سوچ اور احساس کو ان کی شخصیت میں ہم آہنگ کریں۔ انھوں نے دریافت کیا کہ "دروں بیں" لوگ سوچتے زیادہ ہیں اور محسوس بہت کم کرتے ہیں جب کہ "بیرونِ بیں" لوگ محسوس زیادہ کرتے ہیں اور سوچتے بہت کم ہیں۔ اگر سوچنے والا اپنی سوچ کے لطف کو محسوس کرنے لگے اور محسوس کرنے والا اپنی سوچ کو بھی قبول کر لے تو زندگی میں بہت سدھار اور نکھار آجائے۔

ان خیالات کا اظہار یُنگ نے اپنی کتابوں اور تقریروں میں کیا جو اُنھوں نے انسانی نفسیات اور شخصیت پر تحریر کیں تھیں۔ یُنگ نے دریافت کیا کہ ہر انسان کا زندگی میں ایک نصب العین اور منزل ہوتی ہے۔ وہ لوگ جو اس کو دریافت کر کے اس پر عمل پیرا ہو جاتے ہیں وہ اپنی زندگی کو با معنی بنا لیتے ہیں۔ وہ نیچے سے شروع کر کے بلندی کی طرف جاتے ہیں اس طرح وہ اپنے آپ کو دریافت کرتے ہیں۔

> "کبھی یہ نہ کہو کہ اپنی زندگی جیو۔ یہ زندگی کبھی خوش گوار نہیں ہوگی بلکہ ایک طویل عذاب ہوگی کیونکہ آپ کو اپنا خالق بننا تھا اگر تم نے اپنے آپ کو پیدا کرنا ہے تو کمتر اور گہرائی سے شروع کرنا ہوگا نہ کہ اچھے اور بلند سے۔"

پھر یُنگ کو احساس ہوا کہ زندہ رہنا سوچنے سے زیادہ بہتر ہے۔ یوں یُنگ کی روحانیت کے سفر کے اختتام پر ان کو بتایا گیا کہ وہ پیغمبر مسیحا اور عیسیٰ ہیں۔ سیلوم (حضرت عیسیٰ کے ایک صحابی کی روح) نے کہا: "مریم عیسیٰ کی ماں تھی کیا تمھیں یہ بات سمجھ آئی؟"

میں: میں دیکھتا ہوں کہ ایک ناقابلِ بیان طاقت مجھے مجبور کر رہی ہے کہ میں خداوند عیسیٰ کی آخری سزا (مصلوب ہونے کے عمل) سے گزروں۔ مگر میں مریم کو اپنی ماں کیسے کہہ سکتا ہوں؟

سیلوم: تم عیسیٰ ہو۔ میں اس طرح بازو پھیلا کر کھڑا ہوں جیسے کسی کو مصلوب کیا جا رہا

ہو۔ میرا جسم بالکل سیدھا ہے اور اس کو ایک سانپ نے بُری طرح جکڑ رکھا ہے۔ اے سیلوم، تم کہتے ہو کہ میں عیسیٰ ہوں۔ مجھے یوں لگتا ہے کہ میں ایک اُونچے پہاڑ پر اکیلا کھڑا ہوں۔ میرے بازو دونوں طرف پھیلے ہوئے ہیں۔ سانپ نے بل کھا کر میرے جسم کو بُری طرح جکڑ رکھا ہے۔ اور میرے جسم سے خون بہہ کر نیچے پہاڑ کے اطراف میں گر رہا ہے۔ سیلوم جھکتی ہے اور اپنے سیاہ بالوں سے میرے پاؤں کو باندھ دیتی ہے۔ وہ دیر تک وہاں پڑی رہتی ہے۔ پھر وہ چلا اُٹھتی ہے: ”مجھے روشنی نظر آ رہی ہے۔“

حقیقتاً اسے روشنی نظر آتی ہے کیونکہ اس کی آنکھیں کھلی ہیں۔ سانپ میرے جسم سے الگ ہو کر زمین پر نقاہت زدہ ہو کر گر پڑا ہے۔ میں سانپ کے اُوپر سے گزر کر پیغمبر کے پاؤں میں جُھک جاتا ہوں جن کا وجود آگ کے شعلے کی طرح روشن ہے۔

سیلوم: تمھارا کام یہاں مکمل ہوا۔ باقی چیزیں بعد میں آئیں گی۔ انتھک جستجو جاری رکھو اور اس سے بڑھ کر وہ سب کچھ لکھو جو تم دیکھتے ہو۔

ینگ کا روحانی سفر اس وقت مکمل ہو گیا تھا جب اُنھوں نے کہا کہ ”میں نے ایک نیا خدا دیکھا ہے۔“ یُنگ کا وجودی بحران اور روحانی قضیہ حل ہو گیا۔ ان کو ذہنی اطمینان نصیب ہوا۔ ان کا ماننا تھا کہ ان کا تجربہ ہر عورت اور مرد کا تجربہ تھا۔ ہر ذی روح کو اپنا صلیب اُٹھا کر چلنا چاہیے اور اپنے خوابوں اور آدرشوں کی پیروی کر کے اپنی زندگی کے معانی تلاش کرنے چاہئیں۔ ان کا عقیدہ تھا کہ ہماری نجات دوسرے انسانوں سے محبت کرنے میں ہے۔ ”طاقتور وہ ہے جو محبت کرتا ہے۔“

روحانی تجربات کے بعد ینگ کے نفس نے ان کو ترغیب دی کہ وہ خدا کی آواز بن جائیں اور اعلان کر دیں کہ وہ نیا مسیحا، نئے پیغمبر اور نئے نجات دہندہ ہیں۔ مگر اُنھوں نے نفس کی آواز پر کان نہ دھرے۔ ان کی ایک شاگردہ ”کیری بینز“ جنھوں نے ینگ کے ساتھ مکالمے اپنی ڈائریوں میں تحریر کیے تھے۔ انہوں نے ینگ کو لکھا:

> ”ایسی مختلف شبیہات تھیں جیسے الیاس، فادر فلیمان وغیرہ ہوں۔ مگر یہ نشانِ راہ تھے۔ منزل وہ تھی جس کو آپ مالک (ماسٹر) کہتے ہو۔ آپ کو یقین تھا کہ یہ مالک (رب) وہی ہے جس نے بُدھا، عیسیٰ اور محمدؐ کو متاثر کیا۔ یہ وہی لوگ ہیں جنھوں نے خُدا سے کلام کیا۔ مگر دیگر نے اپنے آپ کو خُدا سے منسوب کیا۔ مگر آپ نے ایسا نہیں کیا یہ آپ کا کام ہی نہیں تھا۔ جیسا کہ آپ نے کہا بھی کہ آپ کو نفسیات داں ہی رہنا ہے جو اس سارے عمل کو سمجھتا ہے۔“

ینگ نے پیغمبر بننے کی ترغیب کو نظر انداز کیا اور وہ نفسیات داں ہی رہے۔ انھوں نے اپنی روحانی وارداتوں کو صیغہ راز میں رکھا۔ وہ چند سال قبل اور وقوع پذیر ہونے کے سو سال بعد شائع ہوئی ہیں۔ مگر ینگ نے اپنے متعدد روحانی تجربات کا ذکر ''انسانی نفسیات اور شخصیت'' کے عنوان سے مضامین میں تفصیل سے کیا ہے۔ ان کا ماننا تھا کہ ان کے روحانی تجربات اس قدر منفرد اور نمایاں تھے کہ ان کو ہضم کرنے اور سمجھنے میں چالیس برس لگ گئے۔ وفات سے چند سال قبل انھوں نے لکھا:

"جس عرصے میں، میں تم سے اپنے تجربے بیان کر رہا تھا وہ سال میری زندگی میں بہت اہم تھے۔ میں باطنی تصویریں ظاہر کر رہا تھا۔ باقی سب کچھ اس سے نکلتا ہے۔ یہ اس وقت شروع ہوا تھا، باقی تفاصیل اہم نہیں ہیں۔"

''میری ساری عمر اس عمل کی وضاحت کرتے ہوئے گزر گئی جو کچھ میرے لاشعور سے برآمد ہوا تھا اور ایک پُراسرار ندی میرے اوپر سیلاب بن کر اُتری تھی اور مجھے توڑ دینے کے درپے تھی۔ یہ سب کچھ اس قدر زیادہ تھا کہ اس کے لیے ایک عمر کم ہے۔ جو کچھ اس کے بعد ہوا وہ ظاہری جلوہ تھا، سائنسی توجیح تھی اور زندگی کے ساتھ ہم آہنگی تھی۔ مگر اصلی واردات وہ تھی جو شروع میں ہوئی۔ سب کچھ وہی تھا۔''

ینگ ایک سائنسداں تھے۔ ان کو معلوم تھا کہ جذباتی یا موضوعاتی روحانی تجربات کو عملی امتحان میں کامیاب ہونے کے بعد ہی عام عوام میں قبولیت حاصل ہوسکتی ہے۔ اُنھوں نے اعتراف کیا:

"مجھے مدعا بیان کرنے میں 45 سال لگ گئے اور ان تجربات کو سائنسی معانی پہنانے کے لیے ایک طویل مدت تک کام کرتا رہا۔"

ینگ اپنی زندگی میں اپنے روحانی تجربات کو ظاہر کرنے سے خوف زدہ تھے کیونکہ وہ اپنے مداحین، طلباء اور رفقائے کار کی نظر میں اپنا وقار کھونا نہیں چاہتے تھے۔

ooo

ایک انسان دوست نفسیاتی معالج کا وجودی بحران پر اظہارِ خیال

یہ جان کر مجھے حیرت ہوئی کی وجودی بحران میں مبتلا ہونے سے قبل تینوں مفکرین شہرت اور شان و شوکت کے عروج پر تھے۔ غزالی ایک معتبر فلسفی اور پروفیسر تھے۔ ٹالسٹائے ایک معروف ناول نگار اور یُنگ ایک نامور نفسیاتی معالج تھے۔ مگر تینوں عظیم شخصیات نے اپنی اپنی زندگی کے مقاصد پر سوالات اٹھا دیئے۔ انھوں نے اپنے آپ سے جس قدر سوالات کیے اسی قدر مایوس ہوتے گئے۔ ان کو یہ خلش تھی کہ ان کی زندگیاں سچی اور کھری نہیں تھیں۔ اگرچہ وہ دوسروں کی نظر میں پُروقار تھے مگر اپنی نظر میں خالص نہیں تھے۔ ان کو یہ احساس ستانے لگا کہ ان کی شہرت کی بلند و بالا عمارت متزلزل بنیادوں پر کھڑی تھی اور ان کی کامیابی ایک فریب تھی۔ ایسی مایوسی نے ان کے قلوب میں اُداسی بھر دی وہ یاسیت کا شکار ہو گئے اور جذباتی طور پر دوسرِوں سے دُور ہو گئے۔ ایسی یاسیت، اُداسی اور تنہائی ان کو خود بینی کی جانب لے گئی۔ اس درُوں بینی کے دوران وہ ایسی حقیقت سے روشناس ہوئے جس سے وہ پہلے واقف نہ تھے۔ اپنے اپنے مذہبی پس منظر کی وجہ سے وہ ایسی سچائی کو روحانی سچائی سمجھنے لگے کیونکہ وہ ان کو خدا کے قریب لائی تھی۔ یہ امر میرے لیے باعث دلچسپی تھا کہ دُنیا کی نظر میں وہ اعصابی شکستگی کا شکار ہوئے تھے مگر اُنھیں یقین تھا کہ ان کو روحانی بالیدگی حاصل ہوئی تھی۔

دو ترغیبات

ذہنی اور روحانی بالیدگی کے دوران تینوں شخصیات کو دو ترغیبات کا سامنا تھا۔ پہلی ترغیب یہ تھی کہ سائنس اور فلسفے کو مسترد کیا جائے، دلیل پر مبنی علم سے انحراف کیا جائے اور نازل شدہ روحانی علم کو مقبول کیا جائے۔ غزالی نے یہ ترغیب اپنا لی اور سائنس و فلسفے کو مکمل طور پر مسترد کر دیا۔ ٹالسٹائے نے

سائنس اور فلسفے کو مسترد تو نہ کیا مگر عقلی علم کو محدود گردانا۔مگر دوسری طرف ادب (فکشن) کو یکسر مسترد کر دیا اور آئندہ کبھی ناول نہ لکھنے کا فیصلہ کر لیا۔مگر یُنگ اس ترغیب کے بہکاوے میں نہ آئے۔اُنھوں نے سائنس کا احترام کیا بلکہ اپنے روحانی تجربات کو سائنسی زبان میں بیان کرنے کی کوشش کی۔مجھے یہ بات بہت دلچسپ محسوس ہوئی کہ روحانی بحران کے بعد تینوں مفکرین نے زندگی کے واقعات بیان کرنے کے لیے مذہبی زبان بولنی شروع کر دی کیونکہ انھوں نے اپنے وجودی بحران کو روحانی معانی پہنانے شروع کر دیئے تھے۔

تینوں اکابرین کو جو دوسری ترغیب اپنی طرف کھینچ رہی تھی وہ ماورائی عظمت کی ترغیب تھی۔ان کے اندر روحانی پیشوا بننے کی خواہش پیدا ہوئی اور ان کے اندر گرو، نجات دہندہ اور مسیحا بن جانے کا جذبہ سر اُٹھانے لگا۔غزالی نے اس ترغیب سے مغلوب ہو کر ایک مصلح ہونے کا اعلان کر دیا۔اُنھوں نے"احیائے علوم الدین" کے عنوان سے کتابیں تصنیف کیں تا کہ مسلمان قوم اور مسلم امہّ کی اصلاح کر سکیں۔

ٹالسٹائے نے بھی ایک کتاب: The Kingdom of God is within You کے عنوان سے تحریر کی اور امن کے علمبردار بن گئے۔انھوں نے عیسائیوں سے کہا کہ وہ فوج میں شمولیت اختیار نہ کریں کیونکہ عیسائیوں کو حضرت عیسیٰ کا بتایا ہوا امن کا راستہ اختیار کرنا ہے۔انھوں نے ایک تحریک شروع کی جس کے ذریعے امن اور عدم تشدد کو فروغ دیا۔معروف شخصیات جنھوں نے ٹالسٹائے کو اپنا رہبر تسلیم کیا ان میں موہن داس گاندھی اور مارٹن لوتھر کنگ جونیئر شامل ہیں۔

اس کے برعکس یُنگ نے مسیحا بننے کی ترغیب کو نظر انداز کیا۔وہ عوامی زندگی میں ایک سائنسداں، نفسیات داں اور نفسیاتی معالج کے طور پر ہی پہچانے جاتے رہے۔چنانچہ انھوں نے اپنی روحانی سرگزشت "ایک سُرخ کتاب" بھی اپنی زندگی میں شائع نہ کروائی۔ان کا خیال تھا کہ اس کتاب کی اشاعت سے ہم عصر سائنسدانوں کی نظروں میں ان کی ساکھ متاثر ہوگی۔چنانچہ انھوں نے اپنے روحانی تجربات کو نفسیات کی زبان میں پیش کیا۔جہاں انھوں نے انٹرورژن (Introversion)، ایکسٹروورژن (Extroversion)، انیما (Anima)، اینیمس (Animus)، کلیکٹو ان کانشئیس (Coliective Unconcious) کے تصورات پیش کیے جو بیسویں صدی کی نافذ الوقت نفسیات کا حصّہ ہیں۔

نفسیاتی سچ اور سائنسی سچ

تینوں دانشوروں کو اپنے روحانی سفر میں جن سوالات کا سامنا تھا ان میں سے ایک سوال یہ تھا:

''کیا روحانی سچ اور سائنسی سچ کے مابین کوئی تنازعہ ہے؟''

غزالی کا ماننا تھا کہ دونوں میں تضاد موجود ہے۔ ان کا خیال تھا کہ سائنسی سچ دلیل پر مبنی ہے جب کہ روحانی سچ نازل شدہ سچائی ہے۔ چونکہ دونوں میں اختلاف تھا لہٰذا انھوں نے ایک کا انتخاب کرنا تھا۔ انھوں نے روحانی سچ کو اپنا لیا۔

یہ بات میرے لیے دلچسپی کا باعث تھی کہ غزالی کے نقطہ نظر کی دیگر مسلمان فلسفیوں الکندی، الرازی، الفارابی اور بوعلی سینا کے افکار سے تائید نہیں ہوتی جو ان سے قبل مسلم دُنیا کے نامور سائنسدانوں میں شامل تھے اور نہ ہی ابن رشد نے ان کی تعلیمات کو قبول کیا جو غزالی سے ایک سو سال بعد آئے۔ وہ اس بات سے متفق نہیں تھے کہ روحانیت کو قبول کرنے کے لیے سائنس اور فلسفے کو مسترد کرنا ضروری ہے۔

ٹالسٹائے بھی اس المیے کا شکار رہے۔ مگر وہ بھی اس بات پر مُصر تھے کہ وہ نازل شدہ سچائی کو سائنسی سچائی کی قیمت پر قبول کرنے کے لیے تیار نہیں۔ وہ روحانی سچائی کو اس شرط پر ماننے کے لیے تیار نہ تھے کہ وہ سائنسی سچائی کو مسترد کریں۔ وہ دونوں کو حقیقت مانتے تھے اور متضاد نہیں سمجھتے تھے۔ اسی طرح ینگ کا بھی راسخ خیال تھا کہ دونوں سچائیوں میں کوئی اختلاف نہیں بلکہ درحقیقت دونوں ایک دوسرے کی تائید کرتی ہیں۔ بطور ایک نفسیات داں وہ انسانی نفسیات کی گرہوں پر گہری نظر رکھتے تھے۔ اور کہتے تھے کہ انسانی نفسیات کے دو پہلو ہیں: عقلی پہلو اور جذباتی پہلو۔

ان کے بقول:

سائنسی سچ کا تعلق ہماری سوچ سے ہے۔
روحانی سچ کا تعلق ہمارے احساسات سے ہے۔
سائنسی سچ کا تعلق ہمارے دماغ سے ہے۔
روحانی سچ کا تعلق ہمارے دل سے ہے۔
سائنسی سچ ثبوت پر مبنی سچ ہے۔
روحانی سچ کے لیے کسی ثبوت یا شہادت کی ضرورت نہیں۔

ینگ کو معلوم تھا کہ موضوعی روحانی سچ کو معروضی سائنسی سچائی کے طور پر منوانے کے لیے

سائنسی معیار پر پُورا اترنا ضروری ہے۔اس بنیاد پر انھوں نے 45 سال پر محیط اپنے روحانی تجربات کو روحانی سچ کے قالب میں ڈھالنے کے لیے استعمال کیا جو ان کو 1913ء میں پیش آنے لگے تھے۔ تاکہ وہ اس کو سائنسی سچ کے طور پر قبولیت کے لیے دُنیا کے سامنے پیش کر سکیں۔ان کو معلوم تھا کہ ایک سائنسداں سب سے پہلے ایک مفروضہ قائم کرتا ہے۔جو اس کا دراصل موضوعی سچ ہوتا ہے۔پھر اس مفروضے کو سائنسی معیار پر پرکھتا ہے اور دیکھتا ہے کہ کیا وہ معروضی سچ کے طور پر ثابت کیا جا سکتا ہے۔میرے لیے یہ بات بھی دلچسپ تھی کہ وہ مسلمان فلسفی جو سائنسداں یا طبیب تھے ان مسلمان فلسفیوں سے مختلف نقطہ نظر رکھتے تھے جن کے پاس صرف مذہبی تعلیم تھی۔انہوں نے سائنس،طبّ اور نفسیات کی تعلیم حاصل نہیں کی تھی۔جبکہ بہت سے سائنسدانوں کا ماننا تھا کہ قوانینِ فطرت عالمگیر ہیں ان کو معروضی معیارات کے ذریعے ثابت کیا جا سکتا ہے اور ان معروضی سچائیوں کو قبول کرنے کے لیے لوگوں کو خدا پر ایمان لانے یا کسی روحانی یا مذہبی روایت کو ماننے کی ضرورت نہیں۔

ایمان اور زندگی کی معنویت

لیو ٹالسٹائے کی طرح اکثر صوفی یہ خیال کرتے ہیں کہ سائنس قوانینِ فطرت تو دریافت کرتی ہے مگر زندگی کی معنویت سے متعلق سوالات کا جواب نہیں دیتی۔چنانچہ وہ اس بات کے حق میں دلیلیں لے آتے ہیں اور کہتے ہیں کہ زندگی کو معانی پہنانے کے لیے ہمیں ایمان کی ضرورت ہوتی ہے اور پھر مذہبی اور روحانی ایمان کی روشنی میں زندگی کے معنویت سے متعلق اٹھائے گئے سوالات کے جوابات دیتے ہیں۔

اس کے جواب میں ایرک فرام (Eric Fromm) جو ایک انسان دوست نفسیاتی معالج ہیں، یہ دلیل پیش کرتے ہیں کہ "عقیدہ" رکھنے کا مطلب مذہبی ایمان رکھنا نہیں ہے۔یقینی اور بے یقینی شخصی اوصاف ہیں۔مذہبی عقیدہ رکھنے کے باوجود اکثر لوگ تشکیک کا شکار ہوتے ہیں۔جبکہ بہت سے بے عقیدہ لوگ عام زندگی میں بہت پُریقین ہوتے ہیں۔گویا کچھ لوگوں کے دماغ شکوک وشبہات سے بھرے ہوتے ہیں اور بعض لوگ بہت پُریقین ہوتے ہیں۔ایرک فرام مذہبی عقیدے اور بے مذہبی عقیدے کا موازنہ کرتے ہیں۔مذہبی عقائد رکھنے والے لوگ معجزوں اور دعاؤں پر یقین رکھتے ہیں اور دنیاوی کام سنوارنے کے لیے خدائی مداخلت کا انتظار کرتے ہیں جبکہ غیر مذہبی لوگ قوانینِ فطرت پر یقین رکھتے ہیں۔

اکثر سائنسداں غیر مذہبی عقیدہ رکھتے ہیں ایک سرجن کا ایمان ہوتا ہے کہ ٹوٹی ہوئی ہڈی پر

ایک خاص ترکیب سے پلستر کرنے کے بعد وہ ہڈی جُڑ جائے گی اور ایک زچگی سے متعلق سرجن یہ یقین رکھتا ہے کہ بچہ کم وبیش 9 ماہ میں پیدا ہو جائے گا۔ ایسا یقین ان کے تجربے، دانش اور قوانینِ فطرت کے علم کے حصول سے پیدا ہوتا ہے۔ صدیوں سے سائنسداں یہ قوانینِ فطرت دریافت کرتے آئے ہیں۔

حیاتیاتی سائنسدان، بیالوجی سے متعلق قوانین دریافت کرتے ہیں۔

نفسیاتی سائنسدان، نفسیاتی قوانینِ فطرت دریافت کرتے ہیں۔

سماجی سائنسداں معاشرے سے متعلق قوانین دریافت کرتے ہیں اور فلکیاتی سائنسداں فلکیات سے متعلق قوانینِ فطرت دریافت کرتے ہیں۔

جہاں مذہبی اور روحانی لوگوں کا ماننا ہے کہ ایک بامقصد زندگی گزارنے کے لیے ہمیں مذہبی اور روحانی اعتقاد رکھنے کی ضرورت ہے۔ وہاں پر اکثر انسان دوست معالجین، جن میں ایرک فرام (Eric Fram)، رولو مے (Rollo May)، ابراہم ماسلو (Abraham Maslow) اور وکٹر اور فرینکل (Victor Frankl) شامل ہیں۔ یہ خیال ہے کہ کسی مذہبی یا روحانی روایت کی تقلید کیے بغیر بھی ایک بامقصد زندگی پیدا کی جاسکتی ہے۔ انسان اپنی تخلیقیت کو اُجاگر کر کے آپس میں پیار بھرے رشتے قائم کر کے اور خدمتِ خلق کر کے زندگی کو بامقصد بنا سکتے ہیں۔ گزشتہ کچھ دہائیوں سے ان افراد کی تعداد بڑھ رہی ہے، جنہوں نے خُدا اور مذہب کے بغیر بھی ایک بامقصد زندگی پیدا کر لی ہے۔ 1900ء میں ایسے افراد کی تعداد دُنیا بھر میں صرف ایک فی صد تھی جو بڑھ کر 2000ء میں 15 فی صد ہو گئی۔ کینیڈا میں ان کی تعداد 20 فیصد ہے جبکہ (Scandinavia) میں ایسے لوگوں کی تعداد 50 فیصد سے تجاوز کر چکی ہے۔ آج اکیسویں صدی میں دُنیا کی 7 ارب آبادی میں سے 4 ارب کسی نہ کسی مذہب کے پیروکار ہیں۔ 2 ارب روحانی روایت کی تقلید کرتے ہیں جبکہ ایک ارب لوگ غیر مذہبی انسانی روایت پر عمل پیرا ہیں۔

حتمی معروضات

میری رائے میں ایسے تجربات جن کو ہم روایتی طور پر صوفیانہ اور روحانی وادات کہتے ہیں بہت منفرد تجربات ہوتے ہیں اور ان کا نفسیات کی کسوٹی پر پرکھا جانا ضروری ہے۔ ایسے انسانی تجربات کی سائنسی توجیح اور غیر مذہبی تشریح کرنا بھی ضروری ہے۔ بطور ایک انسان دوست نفسیاتی معالج میرا ماننا ہے کہ کہ روحانی سرگزشت سونے کی کان ہے جو ہمیں قیمتی معلومات فراہم کرتی ہے۔ اس سے قطع نظر کہ ہم ان کی رُوحانی وضاحت کو درست تسلیم کریں یا نہ کریں یہ تجربات ہمیں خاص ادراک ضرور فراہم

کرتے ہیں۔ یہ تخلیقی افراد کی کہانیاں ہیں۔ ایسے افراد جو شاہراہوں کو چھوڑ کر اپنے من کی پگ ڈنڈی پر چلتے ہیں۔ ان کی کتابیں دانش مندی کے خزانے ہیں جو انسانی نفسیات کے حوالے سے گہری بصیرتوں سے لبریز ہیں اور انسانی شخصیت کی نشوونما پر نسخہ کیمیا ہیں۔ ایسی شخصیات بہت اہم ہیں کیوں کہ ایسے تخلیقی افراد اپنے معاشرے میں مثبت انقلاب برپا کرنے اور انسانی ارتقاء میں اہم کردار ادا کرتے ہیں۔ جب ہم ان کی تعلیمات کے سماجی اثرات پر غور کرتے ہیں تو ہمیں معلوم ہوتا ہے کہ غزالی نے مسلم دُنیا پر گہرے اثرات مرتب کیے۔ گزشتہ کئی صدیوں سے ان کے پیروکاروں نے روحانیت کو گلے لگا رکھا ہے اور سائنس اور فلسفے سے دُور ہیں۔ ٹالسٹائے ایک سوشلسٹ بن گئے اور امن کے علمبردار بن کر اُبھرے۔ اُنھوں نے بیسویں صدی میں موہن داس گاندھی اور مارٹن لوتھر کنگ جونیئر جیسے سیاسی رہنماؤں کو متاثر کیا۔ ینگ نفسیاتی معالج ہی رہے۔ اُنھوں نے اپنے روحانی تجربات کو مروّجہ نفسیات میں شامل کیا، اور ”نیو ایج موومنٹ“ کے سرکردہ اور قابلِ تقلید لیڈر بن کر اُبھرے۔

ooo

بارہواں باب

تخلیقیت اور نفسیاتی معالجہ

تخلیقی شخصیات کے تین گروہ

جن تخلیقی شخصیات سے میں نے بطور طبیب یا عام زندگی میں ملاقات کی ان شخصیات کو میں تین گروہوں میں تقسیم کرتا ہوں:

پہلا گروہ: پہلا گروہ ان شخصیات پر مشتمل ہے جو خوش حال، صحت مند اور کامیاب ہیں ان افراد نے اپنی تخلیقی ذات اور روایتی ذات میں توازن پیدا کر لیا ہے اور اپنے ماحول کے ساتھ ہم آہنگ ہو کر زندگی گزار رہے ہیں۔ اُنھوں نے اپنے روایتی رشتے داروں، رفقائے کار اور پڑوسیوں سے تنازعات حل کر لیے ہیں اور اپنا ایک سپورٹیو نیٹ ورک (Supportive Network) بنا لیا ہے جو نہ صرف ان کی روز مرہ زندگی بلکہ مشکلات میں بھی کام آتا ہے۔ ایسی تخلیقی شخصیات کو نفسیاتی معالجے کی ہرگز ضرورت نہیں ہے۔

دوسرا گروہ: دوسرا گروہ ان تخلیقی شخصیات پر مشتمل ہے جو معمولی نوعیت کے جذباتی یا سماجی مسائل سے دوچار ہیں۔ ان کے اپنی تخلیقی ذات، خاندان اور معاشرے کے مابین کچھ تنازعے ہیں جو ابھی تک حل طلب ہیں۔ مگر یہ لوگ اپنی زندگیوں میں کم شدت کے سانحات سے دوچار رہتے ہیں لیکن طبی امداد نہیں لیتے کیونکہ یہ سمجھتے ہیں کہ یہ المیے ان کی زندگی، طرزِ زندگی اور رویوں کی وجہ سے ہیں۔ ان افراد کو جذباتی اور سماجی اعصاب شکنی کا سامنا نہیں ہوتا۔

تیسرا گروہ: تیسرا گروہ ان تخلیقی شخصیات پر مشتمل ہے جو شدید جذباتی، خاندانی اور سماجی مسائل سے دوچار ہیں اور یہ مسائل انھیں اور ان کے پیاروں اور عزیز رشتے داروں کو دُکھی کر دیتے ہیں کیونکہ ایسے نفسیاتی مسائل بہت تکلیف دہ ہیں۔ ان افراد کی تخلیقی شخصیت اور روایتی شخصیت کے درمیان ایسے تنازعات موجود ہیں جو حل طلب ہیں اور اس کے لیے نفسیاتی علاج کی ضرورت ہے۔ ایسے افراد خاندانی جھگڑے کرتے ہیں، بے چینی کا شکار رہتے ہیں اور بعض اوقات دیوانگی کے دوروں سے گزرتے ہیں اور اکثر پاگل بھی ہو جاتے ہیں۔ یہ بد قسمتی کی بات ہے کہ اکثر روایتی معالجین، تخلیقی شخصیات کے نفسیاتی معالجے کی تربیت نہیں

رکھتے ایسے روایتی ڈاکٹرز، نرسیں اور معالجین بے چینی یاسیت اور تشکیک جیسے عارضوں کا علاج تو تجویز کرتے ہیں مگر تخلیقی شخصیات کے تخلیقی پہلوؤں کو نظر انداز کر دیتے ہیں۔ یہ صورتِ حال تخلیقی شخصیات کے لیے بیزار کن ہوتی ہے کیونکہ وہ جانتے ہیں کہ ایسے معالجین ان کے اصل عارضے سے بے بہرہ ہیں ان کو اندیشہ ہوتا ہے کہ دوائیاں اور علاج ان کی تخلیقیت کو متاثر کریں گے۔ میرا خیال ہے کہ بطور نفسیاتی معالجین یہ ہماری پیشہ وارانہ ذمہ داری ہے کہ ہم تخلیقی اقلیت سے متعلق افراد کے منفرد امراض کے علاج کے لیے بہتر طریقے تلاش کریں۔ ہم نہ صرف ان کے طبی علاج پر توجہ دیں بلکہ ان کی منفرد شخصیات کو بھی دھیان میں رکھیں۔ بطور ایک تخلیقی فرد اور نفسیاتی معالج میں نے یہ دریافت کیا ہے کہ مریضوں کی تخلیقیت کو جاننا اور ان کی شخصیت کے تاریک رُخ سے نبرد آزما ہونے کے صحت مندانہ طریقے اختیار کرنا ان کے شفایاب ہونے اور صحت مند رہنے کے لیے کار آمد ہو سکتا ہے۔ گزشتہ سالوں کے دوران میں نے تخلیقی شخصیات کی مخصوص ضروریات کی جان کاری حاصل کی جس سے ان کا علاج کرنے میں بہت مدد ہوئی۔

اگلے باب میں، مَیں تخلیقی شخصیات کے ساتھ اپنے کچھ نفسیاتی تجربات کا ذکر کروں گا۔ یہ وہ تجربات ہیں جو ایسے مریضوں سے متعلق ہیں جو شدید جذباتی، تعلیمی، پیشہ وارانہ اور سماجی مسائل میں مبتلا تھے اور انفرادی، خاندانی اور گروہی علاج کے امتزاج سے ان افراد کو بہت فائدہ ہوا۔ ادویات آخری حل کے طور پر اس وقت تجویز کی گئیں جب ان کی بیماری تخلیقی معالجے میں رکاوٹ بنی۔ مجھے اُمید ہے کہ ذہنی امراض کے معالجین کے لیے تخلیقی شخصیات کی مخصوص ضروریات اور ان کے مسائل کی نزاکت کو سمجھنے کے لیے یہ باب سود مند ثابت ہوگا۔

جواں عمر تخلیقی افراد اور نفسیاتی معالجہ:

مجھے متعدد نوعمر تخلیقی افراد ملے جو اپنے خاندانوں اور تعلیمی اداروں کی وجہ سے اذیت میں مبتلا تھے۔ ان میں سے کچھ بے چین اور مایوس تھے جب کہ بعض خفا تھے۔ بعض کو اسکول سے خارج کر دیا گیا اور اکثر خود اسکول چھوڑ گئے۔ کچھ ایسے بھی تھے جن کے پاس معقول آمدن کا کوئی ذریعہ نہیں تھا اور وہ اپنے والدین پر انحصار کرتے تھے۔ ان والدین میں سے اکثر نے کچھ عرصہ ایسے بچوں کی مالی امداد کی مگر پھر ان کا صبر کا پیمانہ لبریز ہونے لگا۔ کچھ خاندانوں میں والدین میں سے ایک تو معاون تھا مگر دوسرا غیر معاون تھا۔ جس کی وجہ سے خاندان میں ایک تناؤ در آیا۔ بہت سے والدین کا خیال تھا کہ ان کے بچے

دراصل سُست ہیں اور اپنی غیر ذمہ داریوں پر پردہ ڈالنے کے لیے تخلیقیت کو استعمال کر رہے ہیں۔ میں نے جن نوجوانوں کے ساتھ کام کیا ان میں سے اکثر کا روزمرّہ کا معمول بہت عجیب تھا وہ ساری رات یا تو پڑھتے یا لکھتے مصوّری کرتے، ڈرائینگ کرتے، موسیقی سُنتے یا اپنے ہم خیال دوستوں سے باتیں کرتے رہتے یا انٹرنیٹ پر مشغول رہتے اور پھر سارا دن سو کر گزارتے تھے۔ میں ایسے نوجوانوں کو کلینک پر سہ پہر کے اوقات دیتا۔ کیونکہ وہ صبح کے وقت سو رہے ہوتے تھے اور اکثر مقررہ وقت پر نہ پہنچ پاتے تھے جس کی وجہ سے ان کے گھروں میں صبح صبح ہنگامہ کھڑا ہو جاتا تھا۔ یہ نوجوان لڑکے، لڑکیاں اپنے لباس، خوراک اور صحت کا خیال بھی نہیں رکھتے تھے۔ وہ اپنے تئیں بے نیاز گردانتے جبکہ ان کے والدین انھیں لاپرواہ سمجھتے تھے جو اپنی زندگیاں ضائع کر رہے ہیں۔ نیز ان کے خاندان کے ناصح افراد ان کو نکما، مفت خور اور ناکام تک کہہ دیتے جوان نوجوانوں کو ہتک آمیز، دل شکن اور بے ہودہ بات لگتی۔ یہ میرے لیے دلچسپ بات تھی کہ والدین کا خیال تھا کہ ان کے بچے جذباتی، ذہنی عارضے میں مبتلا ہیں جن کو پیشہ وارانہ علاج اور ماہرِ نفسیات سے ملنے کی ضرورت ہے جب کہ ان نوجوانوں کا ماننا تھا کہ نہ تو وہ دیوانے ہیں اور نہ ان کو کسی طبیبِ نفسی سے ملنے کی ضرورت ہے۔ مجھ سے ملنے سے پہلے وہ کئی ایک نفسیاتی معالجین کے پاس جا چکے تھے مگر زیادہ دیر ان کے پاس نہیں ٹھہرے تھے۔ جب میں نے نوجوانوں سے ان کے سابق معالجین کو چھوڑ دینے کی وجہ دریافت کی تو ان کا جواب تھا کہ انھوں نے محسوس کیا کہ ان کے معالج ان کو جانچنے لگ گئے تھے۔ وہ علاج کرنے کی بجائے ان کو طفلانہ مجرم کہنے لگے اور ان کو جنونی، دماغی مریض اور نرگیست زدہ جیسے القابات دینے لگے تھے۔ نوجوانوں کو محسوس ہوا کہ ان کے معالجین ان کو اصول اور ضوابط کی پابندی کرنے کی تاکید کرنے لگے جوان کو بُرا لگا اور وہ اس پر خفا ہو گئے اور مزاحمت کرنے لگے۔

مختصر اشناء میں ان نوخیز تخلیقی افراد نے اپنے معالجوں کے ساتھ ویسا ہی مخالفانہ رشتہ قائم کر لیا جو اُنھوں نے اس سے قبل اپنے والدین اساتذہ اور دیگر نصیحت کرنے والے افراد کے ساتھ قائم کر رکھا تھا۔ اکثر اوقات ان نوجوانوں نے اپنے معالجین کے پاس جانے سے انکار کر دیا اور ان کے والدین ان کو دوبارہ علاج پر قائل نہ کر سکے۔ میں اپنے آپ کو خوش قسمت سمجھتا ہوں کہ ان میں سے کئی نوجوانوں نے مجھ سے رابطہ کیا اور میں نے ان کی مدد کی۔ میرے علاج سے وہ اپنے نفسیاتی عارضوں کو حل کرنے میں نہ صرف کامیاب ہو گئے بلکہ اپنی ذاتی، خاندانی، تعلیمی اور سماجی زندگیوں میں سرخرو ہوئے۔ جب میں نے ان تمام تخلیقی نوجوانوں کے رویے پر بطور معالج غور کیا تو اس نتیجے پر پہنچا کہ وہ اصول وضوابط پر اس لیے مزاحمت کرتے تھے کیونکہ وہ کسی بھی قسم کے جبر کو تسلیم نہیں کرتے تھے۔ وہ ہر

قسم کی حکمرانی کو جیسا کہ آئن اسٹائن نے کہا 'جعلی اختیار' سمجھتے تھے جو احترام اور حفاظت کی بجائے ان کے اندر خوف پیدا کرتی تھی اور نصیحت کرنے والے ان کو حاکم محسوس ہوتے تھے۔ چنانچہ نوجوان اس چیز کی شدید مخالفت کرتے تھے جب کہ ان کے والدین اور اساتذہ ان کو باغی سمجھ کر ان کو سزا دینے کی کوشش کرتے تھے۔

یہ میرا مشاہدہ رہا ہے کہ تخلیقی نوجوان محبت سے پرورش کرنے والے والدین کے ساتھ خوش رہتے ہیں مگر نظم وضبط مسلط کرنے والے والدین کی طاقت کے سامنے مزاحمت کرتے ہیں۔ یہ بات بھی دلچسپ ہے کہ اکثر روایتی خاندانوں میں ماں ایک شفیق پرورش کرنے والی جبکہ والد اس کا متضاد ہوتا ہے۔مگر جدید خاندانوں میں اس کے برعکس بھی ہوتا ہے۔ ماں باپ میں سے ایک ہونے کی صورت میں دونوں کام ایک ہی فرد کرتا ہے۔

میں بہت سے ایسے تخلیقی بچوں سے مل چکا ہوں جن کا اپنی ماں کے ساتھ ایک خوب صورت رشتہ قائم تھا مگر اس وقت تک، جب تک ماں کا رویہ مشفقانہ تھا۔ جوں ہی ماں کا سلوک انضباطی ہوا بچوں نے مزاحمت شروع کر دی اور دونوں میں ایک دوسرے کو نیچا دکھانے کی جدوجہد شروع ہو گئی۔مخلوط خاندانوں میں صورتِ حال بہت پیچیدہ تھی کیونکہ وہاں پر بچوں اور والدین کے درمیان انضباطی اور مشفقانہ کردار میں نہایت احتیاط کے ساتھ توازن قائم کرنے کی زیادہ ضرورت تھی۔

تخلیقی نوعمروں اور سخت گیر والدین کے درمیان جھگڑا آسانی سے شدت اختیار کر کے تناؤ کی صورت اختیار کر سکتا ہے۔ جو خفگی اور ناراضگی کا روپ دھار کر متشدد بھی ہو سکتا ہے۔اس کے نتیجے میں نوجوان یا تو گھر سے بھاگ جاتے ہیں یا نکال دیئے جاتے ہیں۔بعض اوقات پولیس بلانی پڑتی ہے جو بچوں کو کسی شیلٹر ہاؤس (عارضی رہائش) یا ہسپتال پہنچا دیتی ہے۔ وہاں سے کسی بچوں کی مدد کرنے والی تنظیم (Child Aid Society) سے درخواست کی جاتی ہے کہ وہ کوئی رضاعی گھر تلاش کر کے بچہ ان کو سونپ دیں۔مگر کچھ عرصے بعد نئے گھر میں بھی بچوں اور والدین کے درمیاں حاکم اور محکوم والی جنگ دوبارہ سے شروع ہو جاتی ہے۔

جب میں ایسے نوخیز افراد سے ملتا ہوں تو میں نہایت مشفقانہ انداز سے ان کے تخلیقی پہلوؤں پر اپنی توجہ مرکوز کر لیتا ہوں ان کی بے چینی، یاسیت اور خفگی کو زیرِ بحث لانے کی بجائے میں ان کے مشاغل، شوق اور خوابوں پر بات کرتا ہوں۔ میں پوچھتا ہوں کہ وہ کیا پڑھنا پسند کرتے ہیں؟ کیا لکھتے ہیں؟ کیا وہ مصوری کرتے یا مجسمے تراشتے ہیں؟ میں ان سے یہ بھی کہتا ہوں کہ وہ اپنی تخلیقی مصنوعات لا کر مجھے دکھائیں۔ وہ پُرجوش ہو جاتے ہیں۔بعض اوقات میں ان کی زندگی کا پہلا شخص ہوتا ہوں جس

نے ان کی تخلیقی دلچسپیوں میں دلچسپی لی۔ ان بچوں کے والدین ایک خوش گوار حیرت سے دوچار ہو جاتے ہیں جب وہ دیکھتے ہیں کہ ان کے بچے کس بے تابی سے اگلے سائیکوتھراپی سیشن کا انتظار کرتے ہیں۔

جب میں ایسے نوجوانوں کا اعتماد حاصل کر لیتا ہوں اور ہمارے درمیان ایک خصوصی ناطہ قائم ہو جاتا ہے تو میں ان سے ایک سادہ اور گہرا سوال کرتا ہوں: کیا تم ایک صحت مند، خوشگوار اور کامیاب زندگی گزارنا چاہتے ہو؟ وہ عموماً اثبات میں جواب دیتے ہیں۔ پھر میں ان کو بتاتا ہوں کہ میں نے اپنے کلینک کا نام "تخلیقی معالجہ" اس لیے رکھا ہے کہ ہم انسان کی تخلیقی صلاحیت پر توجہ دیتے ہیں کیونکہ میرا ماننا ہے کہ تخلیقی صلاحیت کی نشوونما کا انسان کی ذہنی صحت سے گہرا تعلق ہے۔ اس لیے انسان کی تخلیقی جہت اس کی ذہنی صحت سے نہایت مضبوطی سے منسلک ہے۔ میں ان کو باور کرواتا ہوں کہ بطور نفسیاتی معالج اور لکھاری میری صائب رائے ہے کہ آرٹسٹوں کی کامیابی ان کی آزادی سے جڑی ہے اور تخلیقی اور فنکارانہ آزادی کے لیے معاشی اور جذباتی آزادی بہت ضروری ہے۔ باقی لوگوں کی طرح آرٹسٹوں کو بھی زندہ رہنے کے لیے معاشی وسائل درکار ہوتے ہیں تاکہ وہ سامانِ فن خرید سکیں اور اپنے دوستوں کے ساتھ تفریح بھی کر سکیں۔ ایسی ملاقاتوں میں جن کے دوران میں ان کے ساتھ دیانتدارانہ اور شفاف باتیں کر سکتا ہوں میں ان بچوں سے کہتا ہوں کہ وہ اپنی زندگی کا نقشہ بنائیں جن میں وہ اپنا ماضی، مستقبل اور حال کی تصویر بنائیں۔ جب وہ نقشہ بنا لیتے ہیں تو میں ان سے کہتا ہوں کہ وہ اب اپنا لائحہ عمل لکھیں جس کے ذریعے وہ معاشی اور جذباتی آزادی حاصل کر سکیں گے۔ جب تخلیقی نوجوان میرے ساتھ اپنا ذہنی رشتہ استوار کر لیتے ہیں اور اپنی سوچ کا دھارا بدلنے کے لیے تیار ہو جاتے ہیں تو میں درج ذیل عوامل کی صورت میں ان کی مدد کرتا ہوں:

جز وقتی نوکری کا حصول

اسکول میں دوبارہ داخلہ

خاندان کو باور کروانا کہ وہ ایسے بچوں سے صرف حقیقت پسندانہ توقعات وابستہ کریں۔

ان کی رہائش کا بندوبست کرنے میں اعانت

ایسے دوست تلاش کرنے میں مدد کرنا جو ان کی تخلیقی صلاحیتوں کو سراہتے ہوں اور جذباتی سہارا بن سکتے ہوں۔ ایسے دوستوں کے گروہوں کو میں 'فیملی آف دی ہارٹ' یا 'ہم خیال احباب' کہتا ہوں۔

میں ایسے نوجوانوں کے والدین سے بھی رابطہ کرتا ہوں اور کہتا ہوں کہ وہ ان بچوں سے مکان

کا کرایہ طلب نہ کریں تاکہ وہ اچھا محسوس کریں۔ میں والدین سے یہ بھی گزارش کرتا ہوں کہ ان بچوں کو معاشی آزادی کے حصول کے لیے کی جانے والی کوششوں اور چھوٹی چھوٹی کامیابیوں کو سراہیں۔

معاشی آزادی حاصل ہو جانے کے بعد میں جذباتی آزادی کے حصول کے لیے اُن کی حوصلہ افزائی کرتا ہوں اور ان کی رُومانوی زندگیوں پر بات کرتا ہوں میں ان کے ساتھ رومانوی زندگی پر تبادلہِ خیال کرتے ہوئے تجویز کرتا ہوں کہ تخلیقی افراد کو رُومانوی زندگی میں خاص قسم کے ساتھیوں کی ضرورت ہوتی ہے۔ جوان کی اس ضرورت کو تسلیم کریں کہ انھیں کچھ وقت صرف اپنے لیے بھی چاہیے ہوتا ہے تاکہ وہ ایک پُرسکون گوشے میں اپنا تخلیقی کام جاری رکھ سکیں اور جو تخلیقی سرگرمیوں کے دوران نظر انداز، رنجیدہ یا اداس محسوس نہ کریں۔ اس کے بعد میں ان کے والدین کو کلینک پر دعوت دیتا ہوں اور بچوں اور والدین کی باہم توقعات پر بات کرتا ہوں مگر معاملات اس وقت پیچیدہ ہو جاتے ہیں جب تخلیقی خواتین یا تو حاملہ ہوتی ہیں یا ان کے ہاں بچے پیدا ہو چکے ہوتے ہیں۔ ہم تخلیقی اور خاندانی زندگی کے درمیان توازن پر مکالمہ کرتے ہیں۔ شادی کی منصوبہ بندی کرنے والے نوجوانوں کو میں تجویز دیتا ہوں کہ خاندان بنانا تخلیقی افراد کی زندگی کا نہایت اہم فیصلہ ہوتا ہے۔ میں ایسے بہت سے فن کاروں سے مل چکا ہوں جو شادی کر کے پچھتا رہے تھے۔ وہ بچوں کو پسند تو کرتے تھے مگر یہ بھی چاہتے تھے کہ اُنھوں نے بچے پیدا نہ کیے ہوتے کیونکہ وہ اپنے تخلیقی کام میں اتنے محو ہیں کہ بچوں کی ذمہ داریاں پوری کرنے کے لیے وقت نہیں نکال پاتے۔ بچے پیدا کرنے کا فیصلہ جہاں روایتی افراد کے لیے آسان نہیں ہوتا وہاں تخلیقی افراد کے لیے دشوار ترین ہوتا ہے۔ میں تخلیقی نوجوانوں کو مشورہ دیتا ہوں کہ وہ بچے پیدا کرنے والے فیصلے کو بہت سنجیدگی سے لیں اور خاندان بسانے سے اس وقت اجتناب کریں جب تک اس کے لیے تیار نہ ہوں۔ اس طرز کی ملاقاتوں، مباحثوں اور اعانت سے چند مہینوں کے دوران ہی تخلیقی نوجوان بہتر محسوس کرنا شروع کر دیتے ہیں جب وہ بہتر ہو جاتے ہیں تو ان کی بے چینی، یاسیت اور غصہ خود بخود کم ہو جاتا ہے اور وہ اپنے ناصح اشخاص (والدین، اساتذہ وغیرہ) کے ساتھ صحت مندانہ رشتہ قائم کر لیتے ہیں۔ جب ان کے جذباتی دکھوں کا مداوا ہو جاتا ہے تو وہ اپنی ذاتی، خاندانی، تخلیقی، سماجی اور فنکارانہ زندگیوں کے درمیان توازن قائم کرنے میں بھی کامیاب ہو جاتے ہیں۔

جب یہ نوجوان اپنی تخلیقی ذمہ داریاں تسلیم کر لیتے ہیں وہ تخلیقی شخصیات اور ان کے طرزِ زندگی سے وابستہ بحرانوں سے نمٹنے کا فن سیکھ جاتے ہیں اب وہ ایک حقیقت پسندانہ لائحہ عمل اپنا کر اپنے خوابوں کو شرمندہ تعبیر کرنے کے قابل ہو جاتے ہیں۔ جب خاندان یہ تسلیم کر لیتے ہیں کہ ان کے ہاں جنم لینے والے بچے دراصل تخلیقی افراد ہیں تو وہ ان کے ساتھ رابطہ کرنے میں آسانی محسوس کرتے ہیں باہم

تنازعات کو بہت طریقے سے حل کرنے کے قابل ہو جاتے ہیں اور ایسے بچوں سے حقیقت پسندانہ توقعات رکھتے ہیں۔

تخلیقی افراد کو چاہیے کہ وہ اپنے سامنے موجود راستوں اور منزلوں کا انتخاب بہت عقل مندی سے کریں۔ اکثر ایسا ہوتا ہے کہ ان کی تخلیقی زندگی ان کی تعلیمی پیشہ وارانہ اور خاندانی زندگی سے متصادم ہو جاتی ہے۔ تخلیقی افراد کو نہ صرف اپنی تخلیقیت کی نشوونما کرنی ہوتی ہے بلکہ زندگی کے دوسروں پہلوؤں کو بھی اپنے ساتھ لے کر چلنا ہوتا ہے۔

محبت اور رُوحانیت کی طرح تخلیقیت بھی قربانیاں مانگتی ہے مگر کچھ تخلیقی افراد یہ قربانیاں دینے کے لیے تیار ہوتے مگر اکثر ایسا نہیں کر پاتے۔ بعض اوقات میں اپنے تخلیقی سفر کی رُوداد ان خاص افراد کو سُناتا ہوں۔ بہت سے نوجوان میری کہانی کے ذریعے میرے ساتھ بہت جلد مربوط ہو جاتے ہیں میں ان کو تجویز کرتا ہوں کہ وہ ورجینیا وُولف، واں گو، ڈیانا اربس، عذرا پاؤنڈ، انائس نِن اور دیگر افراد کی سوانح ہائے حیات کا مطالعہ کریں جن کا احوال میں نے اس کتاب میں بیان کیا ہے۔ یہ آپ بیتیاں میرے مریضوں کو یہ پیغام دیتی ہیں کہ وہ زندگی سے حقیقت پسندانہ توقعات وابستہ کریں۔ روایتی مریضوں کے مقابلے میں تخلیقی افراد کے ساتھ کام کرنا جہاں قدرے کٹھن ہوتا ہے وہاں اکثر مفید بھی ہوتا ہے۔ میں تخلیقی افراد کا معالجہ کرنے کی جستجو رکھتا ہوں کیونکہ میں ان سے اتنا ہی سیکھتا ہوں جتنا وہ مجھ سے مستفید ہوتے ہیں۔

ooo

تخلیقی بالغان اور نفسیاتی معالجہ

علیشیا جونز کی کہانی

وہ سہ پہر مجھے اچھی طرح یاد ہے جس دن مجھے ڈاکٹر "گال" کی طرف سے ٹیلی فون کال موصول ہوئی تھی۔ ڈاکٹر "گال" ہمارے علاقے کے ایک معزز فیملی فیزیشن ہیں۔ ان کی خواہش تھی کہ میں علیشیا کو اپنے ہاں سائیکوتھراپی کے لیے لے لوں۔ انہوں نے یہ بھی بتایا کہ علیشیا غیر معمولی اور منفرد خاتون ہیں جن کے ساتھ کام کر کے مجھے مزہ آئے گا۔

جب علیشیا مجھ سے ملنے آئیں تو وہ سر سے پاؤں تک سیاہ لباس میں ملبوس تھیں۔ ان کی زُلفیں سیاہ تھیں، ان کا لباس سیاہ تھا حتیٰ کہ ان کے جوتے بھی سیاہ تھے۔ انھوں نے اپنی گردن کے گرد زنجیریں پہن رکھی تھیں۔ اگرچہ ان کا لباس وحشی قبائل کی طرز کا تھا مگر اس سے اعلیٰ ذوق جھلکتا تھا۔ ابتدائی بات چیت میں علیشیا مجھے اُلجھن کا شکار اور شرمیلی محسوس ہوئی۔ میں نے ان کو تسلی دی۔ انہوں نے بتایا کہ ان کو "مینک ڈیپرسو" (Manic Depressive) کی بیماری تشخیص ہوئی ہے اور یہ کہ کئی سالوں سے ان کا علاج لیتھیم (Lithium)، اینٹی ڈیپریسنٹ (Anti-Depressant) اور دیگر ادویات اور معاون معالجے سے ہو رہا ہے۔ ڈاکٹر کا خیال ہے کہ علیشیا کو ان کے کلینک کی استعداد سے زیادہ علاج کی ضرورت ہے۔ چونکہ وہ ڈاکٹر گال کو قدر کی نگاہ سے دیکھتی ہیں اس لیے ان کے مشورے کے نتیجے میں وہ مجھ (ڈاکٹر خالد سہیل) سے نفسیاتی معالجہ کروانے کے لیے تیار ہو گئی ہیں۔

ملاقات میں انہوں نے بتایا کہ وہ والدین کے ساتھ رہتی ہیں اور وہ اور ان کی بہنیں کئی برس سے کوئی کام نہیں کرتیں۔ جب بات آگے بڑھی تو مجھے معلوم ہوا کہ علیشیا کو شاعری میں گہری دلچسپی ہے۔ اس کے علاوہ وہ موسیقی، مصوری اور مجسمہ سازی کا بھی شوق رکھتی ہیں۔ ان کو جانوروں سے پیار ہے اور انہوں نے اپنے گھر کی بیس منٹ (تہہ خانے) میں کئی جانور پال رکھے ہیں۔ مجھے یہ جاننے میں

دیر نہ لگی کہ وہ ایک تخلیقی شخصیت کی مالک ہیں۔ یہ میری خوش بختی تھی کہ علیشیا میرے ساتھ گھل مل گئیں اور ہم دونوں آسانی سے ان کا معالجہ کرنے کی کاوش کرنے لگے۔ میں نے ان سے کہا کہ وہ ایک ایسی نظم لکھ کر لائیں جوان کے وجودی المیے کی آئینہ دار ہو۔ بہت سے لکھاری اپنا مطمع نظر اور مافی الضمیر بولنے سے زیادہ لکھ کر بہتر طور پر بیان کر سکتے ہیں۔ علیشیا میرے لیے درج ذیل نظم لکھ کر لائی:۔

پنجہ نما حوض میں نہاتی عورت

کمرہ بھاپ سے بھر چکا ہے
حبس شدہ ہوا میں ترش قسم کی خوشبو پھیلی ہوئی ہے
میری ایک نظر پنجہ نما (نہانے کے) حوض پر پڑتی ہے
اس کے اوپر ایک فوارہ چل رہا ہے
اور ایک زرد پردے کے پیچھے ایک جسم ڈھیر ہوا پڑا ہے
جب میں پنجہ نما ٹب کے قریب جاتی ہوں
ترش باس اور بھی تیز محسوس ہوتی ہے
میں آہستہ آہستہ آگے جھک جاتی ہوں
میری انگلیاں پردے کو پکڑ لیتی ہیں
میرا دل زور زور سے دھڑکتا ہے
میں جب سانس لینے کی کوشش کرتی ہوں
تو ماحول کی حدّت ناقابلِ برداشت ہو جاتی ہے
میں آہستہ آہستہ پردے کو پیچھے ہٹا دیتی ہوں
اس کا سر ایک طرف جھک گیا ہے
اس کی زُلفیں اس کے چہرے کو ڈھانپ رہی ہیں
گرم پانی کی سلائیاں اس کی سفید جلد پر برس رہی ہیں
اس کا چہرہ نا اُمیدی کے غم سے برفیدہ ہو چکا ہے
میں اس کو غور سے دیکھتی ہوں
مجھے وہ بے لباس گڑیا دِکھتی ہے
سیاہ سنگھار اس کے اُداس آنسوؤں کے ذریعے اس کے بے جان رُخساروں پر پھیل چکا ہے

مجھے اس کی چھاتیوں، ٹانگوں اور چہرے پر نیلگوں نشان نظر آتے ہیں
یوں لگتا ہے وہ کسی شے سے لڑتے لڑتے ہار چکی ہے
اس کے زخم خوردہ ہاتھ دائیں بائیں یوں رکھے ہیں
کہ کلائیوں کا رُخ اوپر کی طرف ہے
آسمان کی طرف
جو اس کو قبول کرے گا یا نہیں
اس کو معلوم نہیں
اس کی انگلیوں کی پوروں سے بہتی ہوئی خون کی دھار سے پانی سُرخ ہو رہا ہے
اس کی کلائیوں کے گہرے زخم اس طرح کُھل رہے ہیں
جیسے کسی وحشی جانور نے حملہ کیا ہو
اس سے بہتا ہوا خون زندگی کو نکاسی رو کی نذر کر رہا ہے
میں اس کے منجمد جسم کے پاس کھڑی ہوں
پنجہ نما نہانے کا حوض سُرخ ہو چکا ہے
اس کے ہونٹوں اور ٹھوڑی سے خون بہہ رہا ہے
اس کی ناک سے بہتا ہوا خون اس کے ہونٹوں کو گلنار کر رہا ہے
میں پنجہ نما حوض میں پڑی عورت کو اس وقت تک گھورتی رہتی ہوں
جب تک مجھے یہ معلوم نہیں ہو جاتا کہ پنجہ نما حوض میں پڑی عورت، میں خود ہوں"

علیشیا کی نظم پڑھ کر مجھے شک ہوا کہ ماضی میں اس کے ساتھ جنسی زیادتی ہوئی ہے اور اس کا ذکر وہ نفسیاتی معالجے کی نشستوں میں نہیں کر پائی۔ مجھے یہ بھی معلوم ہوا کہ علیشیا کے اندر خودسوزی اور خودکشی ایسے خیالات پائے جاتے ہیں۔ اس کے بعد ہر نشست میں علیشیا کسی نظم کا ایک صفحہ یا ڈائری کا کوئی ورق لاتی اور مجھے سناتی۔ رفتہ رفتہ اس کی تخلیقی تحریریں اس کے علاج کا جزو بنتی چلی گئیں جو اس کی تخلیقی شخصیت کی ضرورت تھی۔ جب میرے اور علیشیا کے درمیان معالجانہ اعتماد پختہ ہو گیا تو ایک نشست میں، میں نے اس کے والدین کو مدعو کر لیا۔ وہ بہت خوش اخلاق اور مہربان تھے۔ مگر روایتی والدین تھے۔ وہ علیشیا کی شخصیت کو سمجھ نہیں سکے تھے وہ صرف اتنا جانتے تھے کہ ان کی ایک بیٹی صحت مند اور تندرست ہے جب کہ دوسری جذباتی اور ذہنی عارضوں میں مبتلا ہے اور جس کی ہر طرح مدد کرنے کے لیے وہ تیار

ہیں کیوں کہ وہ اس سے پیار کرتے ہیں۔

جب میں نے ان کو بتایا کہ ان کی بیٹی "تخلیقی شخصیت" کی حامل ہے تو اُنھوں نے کہا کہ یہ اصطلاح ان کے لیے نئی ہے۔ پھر میں نے ان کو سمجھایا کہ تخلیقی شخصیت کے حامل افراد عموماً درج ذیل اوصاف رکھتے ہیں:

جذباتی طور پر نہایت حساس ہوتے ہیں۔

اصول وضوابط کی پابندی نہیں کرتے۔

جداگانہ سوچ رکھتے ہیں۔

غیر روایتی طرزِ زندگی جیتے ہیں۔

اپنے تخلیقی جوہر کا اظہار کرنا چاہتے ہیں۔

وہ ہر طرح سے منفرد رہنا چاہتے ہیں۔

علیشیا کے والدین کا ردِ عمل تھا کہ یہ تمام خوبیاں اس میں موجود ہیں۔ جب میں نے ان کو بتایا کہ ایک دن آئے گا جب وہ ایک خود مختار اور معاشی طور پر آزاد زندگی گزارنے کے قابل ہو گی تو انھوں نے جواب دیا: "یہ ایک معجزہ ہو گا" میں مسکرایا اور انھیں نہایت اعتماد سے بتایا کہ مناسب سلوک اور رہنمائی سے تخلیقی افراد معجزے برپا کر سکتے ہیں۔ اس انٹرویو کے دوران میں نے محسوس کیا کہ علیشیا کے والدا اپنی ذہنی طور پر بیمار بیٹی کو تاعمر ہر قسم کی مدد دینے کو تیار ہو چکے ہیں۔

چند دنوں کی تھراپی کے بعد علیشیا کے والدین نے بتایا کہ وہ اپنی نوکریوں سے ریٹائر ہو کر "میری ٹائمز" جا کر اپنے رشتے داروں کے ساتھ رہنا چاہتے ہیں۔ علیشیا بھی والدین کے ساتھ ہجرت کا سوچ رہی تھی۔ میں نے اس کو تجویز کیا کہ وہ یہیں رُک جائے اور والدین کے بغیر اپنے تئیں زندگی شروع کرنے کی کوشش کرے۔ علیشیا نے کسی قدر لیت ولعل کے بعد میری تجویز مان لی۔ میں نے اس کو "کینیڈا مینٹل ہیلتھ ایسوسی ایشن" کے پاس اپنی اس طبی سفارش کے ساتھ بھجوایا کہ وہ اس کے لیے ایسی رہائش کا بندوبست کریں جہاں وہ اپنے جانوروں کے ساتھ رہ سکے۔ وہ بہت خوش ہوئی۔ اس کے والدین نے بھی اس کی مدد کی۔ یہ تھراپی کی ایک بڑی کامیابی تھی۔ چند ماہ بعد علیشیا اپنی نئی رہائش گاہ میں سکون سے رہنے لگی۔ اور اپنی خلوت اور آزادی سے لطف اندوز ہونے لگی۔ اس کے والدین بھی مطمئن ہو گئے انھیں یقین نہیں آ رہا تھا کہ وہ علیشیا کے بغیر دوسرے شہر میں جا رہے ہیں۔

چونکہ علیشیا جانوروں سے پیار کرتی تھی میں نے تھراپی میں اس عنصر کو شامل کر لیا۔ اس کے لیے جانور اس کے بچے اور دوست تھے۔ اس نے بہت سے بے گھر جانوروں کی پرورش کی تھی۔ اور اس

وقت تک ساتھ رکھا تھا جب تک مر نہ گئے۔ وہ جانوروں کی مدر ٹریسا تھی جس سے دُکھ اور تکلیف کے ہاتھوں مرتے ہوئے جانور دیکھے نہیں جا سکتے تھے۔ اس کی حتیٰ الوسع کوشش ہوتی تھی کہ جانوروں کو تکلیفوں اور دکھوں کا جس قدر ہو سکے مداوا ہو۔ جانور علیشیا کی خوبیاں اُجاگر کرتے تھے۔ اور میں نے اس کی جانوروں کے ساتھ ہمدردی کو ایک طاقت ور عنصر کے طور پر علیشیا کے علاج میں استعمال کیا۔

ایک دن وہ درج ذیل نظم لائی۔ جس میں اس نے لے پالک امریکی چوہے کے بارے میں اپنے احساسات بیان کیے تھے:

نظم

جب میں نے تمہیں پہلی بار دیکھا
تم تنہا اور اُداس تھے
تمھارا کوئی گھر نہیں تھا
تمھارا کوئی پیار کرنے والا نہیں تھا
اور نہ کوئی خیال رکھنے والا
تمھارا سارا سارا دن اکیلے بیٹھے رہتے
تم نظر انداز تھے
بے حال اور تنہا تھے
میرا دل تمھارے لیے دھڑکا
پھر تم میرے ساتھ آ گئے
اب تمھاری نئی زندگی شروع ہو گئی
ہمارے لیے بہت مشکلات تھیں
مگر وہ ہمیں ایک دوسرے کے قریب لے آئیں
بہت جلد تم میری زندگی کی اہم ہستی بن گئے
تمھاری بیزاری اور غصہ میں پوری طرح سمجھتی ہوں
تمھیں طویل بدسلوکی نے اندر سے زخمی کر دیا ہے
لہٰذا تمھارے دکھوں کا مداوا کرنا میں نے اپنا نصب العین بنا لیا ہے
میں نے ایک دفعہ بھی ہتھیار ڈال دینے کا نہیں سوچا

میں چاہتی ہوں کہ تم مجھ پر اعتماد کرو
میں چاہتی ہوں کہ تم محفوظ محسوس کرو
تمھیں اب کوئی تکلیف نہیں دے گا
تم میرے دل میں بستے چلے گئے
اس میں کئی سال لگ گئے
مجھے معلوم ہے تم بھی مجھ سے پیار کرتے ہو
مگر اس کا اظہار آسانی سے نہیں کر پاتے
مگر اُس سے فرق نہیں پڑتا
میرے پیارے "پو" میں نے ہمیشہ کیا
اور ہمیشہ تم سے پیار کروں گی
جب دیگر (دوست) شش و پنج میں مبتلا تھے تم نے ہمیشہ پہل کی
بے خوفی اور بے باکی سے
تمھارا اب ویسے بھی الگ مقام ہے
کیونکہ تم اب بزرگ ہو
ناتواں ہو رہے ہو
مجھے یقین ہے میں نے تمھارے ساتھ بہترین سلوک کیا ہے
میں چاہتی ہوں کہ تم خوشی سے اس دنیا سے کوچ کرو
اس احساس کے ساتھ کہ تمھیں بہت پیار ملا
اور یہ کہ میرے دل میں تمھارے لیے ایک خاص جگہ رہے گی
"پو" میرے پیارے "پو" تم جیسا کوئی اور نہیں ہو گا۔''

علیشیا کی جانوروں کے ساتھ محبت کو مدِنظر رکھتے ہوئے میں نے اس کو مشورہ دیا کہ مقامی "خدا ترس" تنظیم میں رضا کارانہ کام کرنے کے بارے میں غور کرے۔ وہ فوراً تیار ہو گئی۔ چند ہفتوں کے اندر اندر ہی اس نے نہ صرف نئے دوست بنا لیے بلکہ اس نے اپنے کام کے ساتھ لگن، تن دہی اور جانوروں کے ساتھ محبت کی وجہ سے وہاں پر موجود عملے کے دل جیت لیے۔ جُوں جُوں تھراپی آگے بڑھی اس کی یاسیت کم ہوتی گئی۔ اس نے خود اذیتی ختم کر دی نئے دوست بنائے اور جذباتی

توازن اور آزادانہ زندگی کی طرف پیش قدمی شروع کردی۔

علیشیا کی تھراپی کی دوسری کامیابی اس وقت ہوئی جب "خدا ترس" تنظیم کی طرف سے اس کو جز وقتی کام کی پیشکش موصول ہوئی۔علیشیا کی خوشی کا ٹھکانہ نہ رہا۔ کیونکہ یہ اس کی معاشی آزادی کی طرف اہم قدم تھا۔

پچھلی دفعہ جب علیشیا کی والدہ آنٹاریو آئیں تو وہ مجھ سے ملیں اور ان کی بیٹی کی مدد کرنے پر میرا شکریہ ادا کیا۔ میں نے بیٹی کے لیے ان کی محبت اور غیر مشروط اعانت کو خراجِ تحسین پیش کیا۔علیشیا کے نفسیاتی علاج کے دوران ایسے لمحات بھی آئے جب علیشیا مجھ سے سخت ناراض ہوگئی کیونکہ میں اس کی صحت اور آزادی پر زور دے رہا تھا۔ میں نے اس کو جذبات کا اظہار کرنے دیا مگر میں اپنے مؤقف پر مضبوطی سے قائم رہا۔

رفتہ رفتہ اس کا احساس ہوگیا کہ میں اس کی مدد کے لیے سب کچھ کر رہا تھا نا کہ تکلیف دینے کے لیے۔ اب جب کہ وہ شفایاب ہوچکی ہے وہ میری "سخت گیر محبت" کو سراہتی ہے۔اب ہم گزرے ہوئے مشکل وقت کو یاد کر کے ہنستے ہیں۔ جب ہم ایک دوسرے کو للکارتے تھے مگر اپنے تنازعات کو حل کرنے لے لیے تخلیقی طریقے بھی ڈھونڈ لیتے تھے۔

گزشتہ چند برسوں کے دوران علیشیا نے یہ تسلیم کرلیا ہے کہ وہ ایک تخلیقی شخصیت ہے۔اس نے نئے دوست بنائے ہیں اور جذباتی اور معاشی طور پر آزادانہ زندگی گزارنا سیکھ لیا ہے۔اس کے والدین اور ڈاکٹر اس کی صحت یابی پر حیران ہیں اور میں بھی۔اب وہ جذباتی طور پر متوازن، پُرسکون اور اس وقت سے کئی گنا زیادہ بہتر ہے جب میں اس سے پہلی دفعہ ملا تھا۔جب میں نے اس کو بتایا کہ ہمارا کلینک تخلیقی افراد کے مسائل حل کرنے میں مدد کرتا ہے اور اس سے کہا کہ کیا وہ اس میں اپنا حصہ ڈالے گی تو اس نے فوری طور پر اپنی رضامندی ظاہر کردی۔

اس کی عزتِ نفس کے احترام میں ہم نے "علیشیا جونز" کا فرضی نام استعمال کیا ہے۔اس نے ان الفاظ میں اپنی کہانی بیان کی:

علیشیا کی کہانی اس کی اپنی زبانی

جب میں پیچھے مڑ کر اپنی زندگی پر غور کرتی ہوں تو حیران ہوتی ہوں کہ میں ابھی تک زندہ کیسے ہوں؟ کئی دفعہ میں موت کے دروازے تک پہنچ گئی تھی اور دروازہ کھٹکھٹا کر اور چلا چلا کر کہہ رہی تھی: "مجھے اندر آنے دو۔" مگر کوئی نہ کوئی ہے جو ہر بار میری روح سے

کہتا ہے: "ہار نہ مانو۔"

جب میں کم عمر تھی تو لوگوں کے ساتھ گھل مل جانا چاہتی تھی مگر جن سے میں پیار کرتی تھی انھوں نے مجھے دھوکہ دیا۔ مجھے معلوم نہ تھا کہ مینک ڈیپریشن مجھے توڑ دینے کا انتظار کر رہا تھا۔ لہٰذا یاسیت کا زہر میرے پورے جسم میں پھیل گیا۔ 12 سال کی عمر میں مَیں شدید بیمار ہوگئی۔ "یہ بلوغت کے اثرات ہیں۔" میری ماں نے تسلی دی۔ مگر کیا اس کا اثر دماغ پر بھی ہوتا ہے جیسے میرے ساتھ ہو رہا تھا؟ سر درد ختم کرنے کے لیے 'ایناسین' اور 'ٹائلی نال' جیسی گولیاں استعمال کرنے کا زمانہ مجھے اچھی طرح یاد ہے۔ کیونکہ مجھے معلوم نہ تھا کہ وہ مِگرین (نصف سر کا درد) تھا۔

چودہ سال کی عمر تک میری بہن میری بہترین دوست تھی۔ ہم باربی ڈال کے ذریعے کہانیاں اور پلاٹ تیار کرتے تھے۔ ہمیں گُڑیوں کے ایسے جوڑے بناتے ہوئے گھنٹوں لگ جاتے جن میں کوئی اکیلا نہیں ہوتا تھا۔ سب کے بہترین شوہر اور بوائے فرینڈز ہوتے تھے۔ اگرچہ ہمارے پاس گڑیوں کی کمی تھی مگر تمام عورتیں خوب صورت اور خوشحال تھیں۔ ایسی زندگی کا خواب ہم اُس عمر میں دیکھتی تھیں۔ میری بہن جولی بڑی ہوگئی اس کے دوست تھے۔ بوائے فرینڈ تھے، شہرت تھی۔ وہ اب بھی ہر پارٹی کی جان ہے۔

میں نے بھی کوشش کی مگر میں اپنے خول سے باہر نہ نکل سکی۔ میں بہت زیادہ شرمیلی تھی اور ہر وقت اپنے سُنہرے بالوں کی چھاؤں میں چھپی رہتی تھی۔ میں نے کبھی اپنے آپ کو خوب صورت اور اچھا نہیں سمجھا تھا۔ لوگ ہمیشہ میری مہربان طبیعت اور اعتبار کر لینے کی عادت کا فائدہ اٹھاتے تھے۔ میرے والدین "نووا اسکوشیا" کے ہیں۔ اپنی روایات کے مطابق انہوں نے ہمیں ہمیشہ دوسروں کا احترام کرنے کی نصیحت کی اور ہمیں یہ سکھایا کہ دوسروں کے اندر خامیاں نہیں بلکہ خوبیاں تلاش کیا کریں۔ اگر ہم وعدہ کریں تو اس کو ہر صورت میں پورا کریں۔ ہماری ماں نے ہمیں سکھایا کہ ہم لوگوں سے ویسا ہی سلوک کریں جیسا سلوک ہم چاہتے ہیں کہ ہمارے ساتھ کیا جائے۔ مگر آنٹاریو کے لوگ ان باتوں کی اتنی پرواہ نہیں کرتے جتنا مشرق کے لوگ کرتے ہیں۔ ہم نے یہ سب تلخ تجربات سے سیکھا ہے۔

جب میں ہائی اسکول میں داخل ہوئی تو میری زندگی اجیرن ہونے کا دور شروع ہو گیا۔ مجھے دوسری لڑکیوں نے دہشت زدہ کرنا شروع کر دیا۔ ایسا کیوں ہوا؟ مجھے آج

تک اس بات کی سمجھ نہیں آئی۔ میں تو اتنی شرمیلی تھی کہ لوگوں سے باتیں تک نہیں کرتی تھی۔ شاید اس وجہ سے مجھے مختلف سمجھ لیا گیا تھا۔ بعد میں مجھے سمجھ آئی کہ میری خاموشی نے ان لڑکیوں کو بھڑکا دیا تھا۔ ان کے خیال میں مَیں ان سے بہتر تھی اس لیے ان سے بات کرنا پسند نہیں کرتی تھی۔ مگر یہ سچ ہے کہ مجھے باتیں کرنے سے خوف آتا تھا۔ میں بات کرنے سے ڈرتی تھی۔ میں نے اپنے خول میں اور موسیقی میں پناہ ڈھونڈ لی۔ میں مخصوص گروپ کو سنتی تھی۔ پھر "ٹول" میری زندگی میں وارد ہوا۔ اور "مے نارڈ" میرے دماغ میں بیدار ہو گیا۔ نویں جماعت کے آخری دنوں میں مجھے یقین ہو گیا کہ میں واقعی دوسروں سے مختلف ہوں۔ میری مریضانہ سوچ میرے لباس اور میک اپ میں بھی ظاہر ہونے لگی۔ دسویں جماعت میں، میں ایک "اسکن ہیڈ" سرمنڈوں کے گروہ کا حصہ بن گئی۔ اس گروہ نے میرا دماغی اور جسمانی استحصال کیا۔ انھوں نے مجھے ذلیل کیا اور میرے اندر رہی سہی عزتِ نفس پامال کرنے کی کوشش کی۔

انھوں نے مجھے یہ احساس دلایا کہ مجھے ان کی ضرورت ہے اور میں ان کے بغیر کچھ بھی نہیں اور ایک عرصے تک میں یہی سمجھتی رہی۔ میں نے اپنا کنوارا پن 15 سال کی عمر میں گنوا دیا اور مجھے کچھ بھی محسوس نہ ہوا۔ مجھے پروزیک (گولیاں) دی گئیں جن سے میں قدرے بہتر محسوس کرنے لگی۔ مگر میرا سر درد بڑھتا گیا۔ اس کو سُن کرنے کے لیے میں نے منشیات کا استعمال شروع کر دیا۔ مگر میں مکمل سُن نہیں ہوتی تھی حتیٰ کہ سولہ سال کی عمر میں میرے ساتھ زنا بالجبر ہوا۔ اس کے بعد میں نے اپنے آپ کو کاٹنا (زخمی کرنا) شروع کیا۔ منشیات زیادہ مقدار میں لینے لگی۔ اُلٹی کرنے کے لیے یا ٹانکے لگوانے کے لیے۔

پھر مینارڈ میری زندگی اور میرے دماغ پر سوار رہنے لگا۔ ہوا یوں کہ وہ جس بینڈ کا ٹیم لیڈر تھا میں اس بینڈ کا شو دیکھنے گئی ہوئی تھی۔ جب میری اور مینارڈ کی نظریں آپس میں ٹکرائیں تو مجھے یوں محسوس ہوا جیسے میں ابد ہو گئی ہوں۔ مجھے یوں لگا کہ وہ میری جان لے لے مگر اپنا تھوڑا سا حصہ میرے وجود میں پیوست کر دے۔ بہر حال ہوا سو ہوا۔۔۔ میں رونے کی بجائے خفا تھی مجھے معلوم تھا کہ میں اس سب کچھ کی حق دار نہیں تھی جو سرمنڈے افراد میرے ساتھ کر رہے تھے۔ جب میں سترہ سال کی تھی تو مجھے "لیتھیم" شروع کروا دی گئی۔ کیوں کہ اب میں پوری طرح "مینک ڈیپریسو" (Manic Depressive) ہو چکی تھی۔ میں اب اپنے آپ کو زیادہ سے زیادہ کاٹنے لگ گئی۔ آدمیوں اور اسکول کے

خلاف میری نفرت بڑھ گئی۔ میں خود اذیتی کے ایسے گرداب میں تھی کہ مجھے پرواہ نہیں ہوتی تھی کہ میں کس کے ساتھ سو رہی ہوں۔ میں شراب سمیت دیگر منشیات کا کثرت سے استعمال کرنے لگی۔ میرا ایک بوائے فرینڈ بھی تھا۔ میرا خیال تھا کہ وہ مجھ سے پیار کرتا ہے مگر ایک دن وہ زبردستی میرے اوپر چڑھ گیا اور بار بار کہنے لگا "میں تمھارے ساتھ زنا بالجبر کر رہا ہوں۔ اس دن کے بعد دنیا سے میرا رہا سہا اعتبار بھی اُٹھ گیا۔ میری تمام مصوری بھی رنجیدہ ہوگئی۔ اب اس میں بھی زنا کاری کی تصویریں نظر آتیں تھیں۔ میں نے اپنا کرب ناک راز اپنی ماں سے چھپا رکھا تھا مگر ایک دن میری ماں سے لڑائی ہوئی تو میں نے چلا چلا کر سب کچھ اُگل دیا۔ وہ سکتے میں آ گئیں۔ صورتِ حال اتنی خراب ہو چکی تھی کہ میں مار پیٹ اور توڑ پھوڑ کرنے لگی تھی۔ میری بہن بھی مجھ سے ڈرنے لگی تھی۔ میں ایک عفریت بن چکی تھی۔ مجھے سب سے نفرت تھی اور سب سے بڑھ کر اپنے آپ سے نفرت کرنے لگی تھی۔ مگر میرے اندر ایک ایسا تھا جو کہتا تھا کہ میں ایک صحت مند زندگی جیئوں۔ یہ "لوکاز" کی محبت تھی۔

"لوکاز" سے میرا پیار ایسا تھا کہ اس کی محبت میں سجدہ ریز ہو چکی تھی۔ مجھے مختلف ڈاکٹروں اور نفسیاتی معالجین کو دکھایا گیا۔ میں تباہ کن منشیات کی رسیا بن چکی تھی۔ جو مجھے خودکشی کے قریب لے جاتیں۔ مگر معلوم نہیں کیسے واپس لوٹ آتی۔ لوکاز نے بھی میری بیماری کا فائدہ اُٹھایا۔ میرا خیال تھا کہ وہ میری حالت کو سمجھ کر مجھ سے زیادہ پیار کرے گا کیونکہ اس کے اپنے والد بھی مینک ڈیپریشن کے مریض تھے۔ مگر وہ بھی میرا مسئلہ نہ سمجھ سکا۔ اس کے بقول میں پاگل، لاعلاج اور دیوانی تھی۔ میں نے اس کے لیے سب کچھ کیا مگر اس کا خیال تھا کہ ہمارے درمیان تنازعات کی وجہ میرا غیر متوازن دماغ تھا۔ ان دنوں میں نے اپنے بازوؤں کو 160 جگہوں سے کاٹا تھا۔ میں اپنی چھاتیوں اور پیٹ کو بھی زخمی کرنے لگی تھی۔ میں چاہتی تھی کہ درد سے اپنی اندرونی چوٹوں کا مداوا کروں۔ مگر اندرونی زخموں کا گندا خون باہر آنے سے پہلے میرے بیرونی زخموں کو سی دیا جاتا تھا۔

ایک دن میں نے زیادہ مقدار میں شراب، سکون آور ادویات اور چرس کی خوراک لے لی۔ میرے دوستوں نے بتایا کہ میری سانس رک رہی تھی۔ اور ڈاکٹروں نے سی پی-آر (CPR) کر کے میری جان بچائی تھی۔

میرے دماغ میں مینارڈ کا تصور کھلبلی مچانے لگا۔ وہ زیادہ سے زیادہ متشدد ہوتا

جا رہا تھا۔ پھر بالآخر مجھے احساس ہوا کہ اس حالت کو بدلنا ہوگا۔لوکاز کی محبت مجھے مار رہی تھی۔سب نے مجھے دھوکہ دیا۔اس دنیا میں کوئی میرا اپنا نہیں تھا۔میں کہیں کی نہیں رہی تھی۔میں مرنا چاہتی تھی۔لوکاز اور میری علیحدگی ہوگئی۔اب میری زندگی میں اُداسی اور یاسیت کے سوا کچھ نہیں بچا تھا۔

بالآخر ڈاکٹر گال نے مجھے Creative Psychotherapy Clinic بھجوایا جہاں میرا درست علاج ہوا۔میں دیگر نفسیاتی معالجین کے پاس بھی جاتی رہی ہوں مگر کوئی قابلِ ذکر افاقہ نہیں ہوا۔اب میں نے ایک اور کوشش کرنے کا فیصلہ کیا۔میں نے ایک مرد ڈاکٹر سے علاج کروانے کا فیصلہ کر لیا مگر ایسا کرنا میرے لیے بہت مشکل تھا۔انتہائی کٹھن مگر نتیجہ اچھا برآمد ہوا۔پانچ سال بے روزگار رہنے کے بعد اب میرے پاس اپنی نوکری ہے اور خودمختار زندگی ہے۔اگر میرے پاس جانور نہ ہوتے اور میرے اندر لکھنے کی صلاحیت نہ ہوتی تو میں ہوش وحواس کھو چکی ہوتی۔اب میرے خاندان میں ہر کوئی کہتا ہے کہ میں سب سے مضبوط فرد ہوں۔میرے خیال میں یہ آپ پر منحصر ہوتا ہے کہ آپ بیماری سے لڑیں یا اپنے آپ کو مرنے دیں۔

مجھے اس سے کوئی فرق نہیں پڑتا کہ لوگ میرے بارے میں کیا سوچتے ہیں۔میں وہ لباس پہنتی ہوں جو مجھے پسند ہوتا ہے ویسا سوچتی ہوں جیسا سوچنا چاہتی ہوں۔اور اپنے آپ کو خراجِ تحسین پیش کرتی ہوں۔اپنے آپ پر فخر کرتی ہوں۔میں نے ان تجربات سے ایمانداری اور صاف گوئی کا سبق سیکھا ہے۔مجھے معلوم ہے میں عام انسانوں جیسی کبھی نہ بن پاؤں گی۔مگر میں ویسا بننا بھی نہیں چاہتی۔اپنے اندر یہ خیالات اور احساس نمودار کرنے کے لیے مجھے ایک عرصہ لگا ہے۔مجھے معلوم ہے کہ چیزیں میرے لیے سیکھنے کا واحد طریقہ مشکل ہے مگر یہ وہ قیمت ہے جو آپ تخلیقی شخص بننے کے ادا کرتے ہیں۔

ooo

اندرونی ساخت، نظم وضبط اور تنظیم کا فقدان

برُوس کی کہانی

میرے معالجہ کار کے دوران وہ افراد میری زیادہ توجہ کا مرکز ہوتے ہیں جو نہایت ذہین اور روشن مستقبل کے حامل ہونے کے باوجود اپنی پیشہ وارانہ زندگی میں مسائل کا شکار رہتے ہیں۔ اکثر ناکام اور ناخوش ہوتے ہیں مگر اس کی وجہ نہیں جانتے۔ وہ مجھے بتاتے ہیں کہ وہ متعدد ڈاکٹروں اور ماہرینِ نفسیات سے بھی مل چکے ہیں۔ جہاں ان کو کئی طرح کی تشخیص ملی ہے۔ مثلاً پاگل پن، دیوانگی اور نرگیست زدہ شخصیت وغیرہ۔ یہ القابات ان کو پریشان کرتے ہیں۔

میرے تجزیئے کے بعد وہ میری رائے بھی پوچھتے ہیں، میں ان کو بتاتا ہوں کہ وہ تخلیقی شخصیت کے حامل ہیں اور چونکہ وہ ایک غیر روایتی سوچ کے حامل ہیں اور منفرد طرزِ زندگی رکھتے ہیں اس لیے ان کو زندگی میں مسائل کا سامنا ہے۔ چونکہ ان کی تخلیقی ذات کی نشوونما ہو چکی ہے اس لیے جو کچھ وہ اپنی خوشی، شوق اور لگن سے کرنا چاہتے ہیں کر گزرتے ہیں اور اس میں کامیاب بھی ہو جاتے ہیں۔ اس کے ساتھ ساتھ چونکہ ان کی "تربیتی ذات" کی نشوونما کمزور ہوتی ہے اس لیے وہ اصول وضوابط کی پاسداری کرتے ہوئے اور اس سے متعلق نظام کا حصہ بنتے ہوئے دِقت محسوس کرتے ہیں۔

اکثر افراد میں اندرونی نظم وضبط اور ساخت کا فقدان ہوتا ہے اور ان کو منظم اداروں کا حصہ بننے کے لیے احباب کی مدد کی ضرورت ہوتی ہے۔ اگر ایسے افراد خاندان نہ بنائیں یعنی تنہا زندگی بسر کریں تو اپنی بے ترتیب زندگی کے ساتھ سمجھوتہ کر لیتے ہیں اور اگر شادی کر لیں اور بچے پیدا کر لیں تو ان کے خاندانوں کو ان کے ساتھ رہنے میں مشکلات ہوتی ہیں۔ خاندان کو تخلیقی افراد بیک وقت بیزار کُن اور دلچسپ دِکھتے ہیں۔ اپنی ذہانت اور تخلیقی جوہر کی وجہ سے وہ بیویوں اور بچوں کو خوشنما محسوس ہوتے ہیں جب کہ اندرونی نظم وضبط کے فقدان کی وجہ سے جب وعدے پورے نہیں کر پاتے تو

خاندان ان سے مایوس اور بیزار ہوجاتے ہیں۔ایسے افراد کے ساتھ رابطہ استوار ہوجانے کے بعد میں ان کی نہاں قوتوں اور کمزوریوں سے آگاہ کرتا ہوں اور ان سے کہتا ہوں کہ اپنے ایفائے عہد اور قوانین کی پاسداری کی عادات اپنانے کے لیے دوسروں سے مدد لیں۔

ایسا ہی ایک شخص برُوس تھا۔ وہ ایک قابل وکیل تھا جس کی عدالت میں کارکردگی لاجواب تھی۔مگر اس کو ریکارڈ مکمل کرنے اور بِل بھجوانے میں شدید مشکلات درپیش تھی۔مؤکلین کی طرف اس کے ہزاروں ڈالر کے واجبات تھے مگر اس کی بیوی کو ماہانہ اخراجات کی ادائیگیاں کرتے وقت مشکل پیش آتی تھی اور وہ اس قدر مایوس ہو چکی تھی کہ بروس کو چھوڑ دینے کا سوچنے لگی تھی۔وہ اس کو متعدد ماہرینِ نفسیات کے پاس بھی لے گئی مگر کوئی خاص فرق نہیں پڑا۔جب بروس اور اس کی بیوی مجھ سے ملے تو میں نے انھیں بتایا کہ چند ماہ کی تھراپی سے اس کا مسئلہ حل نہیں ہوگا وہ تشکیک کا شکار تھی۔میں نے اس کو بتایا کہ وہ بروس پر رائے زنی اور نقطہ چینی بند کر دے۔اور مجھے اس کے مسئلے کی نشان دہی کرنے دے۔

چند ہفتوں کی تھراپی کے بعد میں نے بروس کو ہوم ورک دینا شروع کر دیا جس پر وہ عمل کرتا۔میں نے اس سے کہا کہ وہ لوگوں کی طرف اُدھار کی ایک فہرست تیار کرے۔پھر اس فہرست کو سامنے رکھ کر بِل بنائے اور ان کو بھجوائے۔نتیجتاً ایک ہفتے کے اندر بروس کو پچاس ہزار ڈالر سے اوپر کی رقم موصول ہوگئی۔جس سے نہ صرف اس نے قرضوں کی ادائیگیاں کر دیں بلکہ فیملی کو سیر کے لیے بھی لے گیا۔یہ عمل بروس، اس کی بیوی اور خاندان کے باہمی تعلقات میں بہتری کی طرف اہم قدم ثابت ہوا۔

جب بروس کو اپنی کمزوری کا احساس ہوگیا تو اس نے کچھ کام ماتحت اسٹاف کو تفویض کرنے شروع کر دیئے اور بروقت بِل بنا کر بھیجنے کے سلسلے میں اپنے اسٹاف سے مدد لینی شروع کر دی۔ایک دن میں نے بروس سے کہا کہ کیا وہ ہمارے ساتھ معالجے کا اپنا تجربہ بیان کرنا چاہے گا تاکہ دوسرے بھی اس سے مستفید ہوسکیں۔ مجھے پورا یقین تھا کہ اس کے جوابات سے بہت سے افراد نہ صرف اپنی کارکردگی بلکہ طرزِ زندگی بھی بہتر بنا سکیں گے۔بروس رضامند تو ہوگیا مگر وعدہ کر لینے کے باوجود ایک سوال نامے کے جوابات دینے میں اچھی خاصی دیر کر دی۔اس کتاب کے لیے کہانی بھیجنے والا وہ آخری شخص تھا۔میں مایوس نہیں ہوا کیونکہ مجھے معلوم تھا کہ اس کا انٹرویو اس قدر اہم ہوگا کہ اس کے لیے انتظار کیا جاسکتا ہے۔بروس کے انٹرویو سے قبل میں گرین زون فلسفے کی جھلک تازہ کرنا چاہتا ہوں:

سبز، زرد اور سُرخ حلقے

سبز حلقہ (Green Zone)

جب لوگ اپنے مزاج کے اعتبار سے سبز حلقے میں ہوتے ہیں تو وہ دیگر عوامل کے علاوہ پُر مسرت اور خوشگوار ہوتے ہیں وہ اپنے اردگرد موجود افراد سے مدلل گفتگو بہت آسانی سے کر لیتے ہیں اور اگر کبھی بحث ومباحثہ یا تنازعہ کھڑا ہو جائے تو وہ بڑی خوشی سے اپنی اندرونی طاقت کے بل بوتے پر صحت مندانہ اور تعمیری حل تلاش کر لیتے ہیں۔ جس سے ایسا مکالمہ کرنے کی حوصلہ افزائی ہوتی ہے جس کے تحت اگر مسئلہ حل نہ ہو رہا ہو تو رشتہ ختم کر دینے کا حل سامنے آ جاتا ہے۔ مگر سب سے بڑھ کر سبز حلقے میں رہنے والے افراد اختلافات کے درمیان پُل بھی تعمیر کرتے ہیں۔

زرد حلقہ (Yellow Zone)

زرد زون میں لوگ قدرے پریشان اور اُداس ہوتے ہیں۔ بے چینی، خفگی اور اُداسی ان کی فکر وعمل کو متاثر کرتی ہے۔ اپنے مزاج کے ناآسودہ پن کی وجہ سے دوسروں سے ابلاغ نہیں کر پاتے، مشکل صورت سے نمٹ نہیں سکتے اور باہمی تنازعات حل کرنے کی صلاحیت میں کمی واقع ہو جاتی ہے۔ یہ حلقہ ایک طرح سے پھسلتی ہوئی ڈھلوان ہوتا ہے۔ جب یہاں توازن نہیں رہتا تو وہ سُرخ حلقے میں جا گرتے ہیں۔

سُرخ حلقہ (Red Zone)

مزاج کے سُرخ حلقے میں رہنے والے انتہائی ناخوش، جذباتی طور پر بے قابو، غصے سے بھرے ہوئے اور اکثر خستہ حال ہوتے ہیں۔ یہ اکثر قابو سے باہر ہو جاتے ہیں۔ غصہ کرتے ہیں، گالیاں بکتے ہیں اور دوسرے لوگوں سے کٹ کر رہ جاتے ہیں۔ عموماً فرار کی راہ لیتے ہیں۔ کبھی کبھی اپنے آپ سے بھی فرار کی کوشش کرتے ہیں۔ وہ مشکل صورتِ حال سے نمٹ نہیں سکتے۔ ان میں سے اکثر اپنے پہناوے کے معاملے میں بھی لاپرواہ ہوتے ہیں۔ خوراک سے بے بہرہ ہوتے ہیں اور اپنے خاندان کے افراد کی ذمہ داری اٹھانے سے کتراتے ہیں۔

بروس کا انٹرویو:

1: جب آپ پہلی دفعہ مجھ سے ملنے آئے تو اس وقت آپ مزاج کے کس حلقے میں تھے؟

بروس: دسمبر 2001ء میں جب میں آپ سے ملنے کے لیے آیا تو اکثر سُرخ زون میں رہتا تھا

ماسوائے مختصر وقفے کے جن کے دوران میں زرد حلقے میں چلا جاتا تھا۔ مگر سبز حلقے میں بہت کم جاتا تھا۔ یہ اس وقت ہوتا جب کمرۂ عدالت میں کسی بحث کے دوران میرا پلا بھاری رہتا۔ میں ان لمحات کے دوران بہت خوش ہوتا تھا ایسے مواقع پر میری توجہ جج اور مخالف وکیل پر ہوتی تھی۔ میں اپنے پختہ دلائل سے محظوظ بھی ہوتا اور گواہوں سے جرح کرتے ہوئے پُرجوش بھی ہوتا۔ ان مختصر وقفوں کے علاوہ میں سارا وقت بدمزاج ہی ہوتا تھا۔

2: آپ کی روزمرہ زندگی میں کون کون سی علامات زیادہ واضح تھیں؟

بروس: میں اوقاتِ کار اور اس کے بعد بھی اکثر ناخوش اور ذہنی تناؤ کا شکار ہی رہتا تھا۔ مگر وکالت بہت اچھی تھی میرے پاس آنے والے مقدمات جہاں مشکل تھے وہاں کافی لُطف انگیز بھی تھے۔ میں دفتر میں دیر تک، اور کبھی تقریباً ایک ہفتے میں 100 گھنٹے کام کرتا تھا۔ میری پیشہ وارانہ ساکھ بہت بلند تھی۔ میرے گاہک مجھے بڑے شوق سے دوسرے لوگوں کو میرا نام تجویز کرتے تھے۔ میں نے کبھی اپنے کام کا اشتہار نہیں دیا۔ میرا کام لوگوں کی زبان کے ذریعے فروغ پا رہا تھا۔ مگر میں وکالت کے پیشے سے منسلک روزمرہ کے عملی، آسان اور چھوٹے موٹے دفتری کام ثابت قدمی سے نہیں کر سکتا تھا اور مقدمے کا خلاصہ لکھ کر بل تیار کرنے کے اوقات بے ترتیب تھے۔ جس کی وجہ سے پُرانے مقدمات کے بل تیار کر کے مؤکلین کو بھجوانے میں شدید دشواری ہوتی تھی۔ اس پر بہت وقت برباد ہوتا اور اسٹاف کو بہت بے زاری ہوتی۔ نتیجہ کیا نکلا میری آمدن کسی طور میرے اعلیٰ معیار کے مطابق نہ رہی اور قرض کا بوجھ بڑھتا جا رہا تھا اور میرے دفتر میں نامکمل فائلوں کے انبار لگے ہوئے تھے۔ ایک فائل پر کچھ کام ہوتا اور پھر اس کو ادھورا چھوڑ کر دوسری پر کام شروع ہو جاتا پھر تیسری پر اس طرح نامکمل فائلیں بلوں کی تاخیر کا باعث بن رہی تھیں۔ عدالتی کاروائی کے علاوہ میرے دفتری کام کی کوئی تنظیم اور ترتیب نہ تھی اور نہ کوئی منصوبہ بندی اور پیش بندی۔ کئی دفعہ کوئی بہت اہم فائل نامکمل رہ جاتی جس سے مجھ پر لاپرواہی کا مقدمہ بن سکتا تھا۔

3: اس چیز کے آپ کی ذاتی اور خاندانی زندگی پر کیا اثرات مرتب ہو رہے تھے؟

بروس: دیر تک دفتر میں کام کرنے کی وجہ سے میں خاندان سے بہت کم مل پاتا تھا۔ میں صبح اس وقت دفتر چلا جاتا جب میری بیوی اور بچے ابھی سو رہے ہوتے اور اس وقت واپس لوٹتا جب وہ رات کو دوبارہ محوِ خواب ہوتے۔ میری پہلی بیوی بچوں سمیت مجھے چھوڑ کر جا چکی تھی جب کہ دوسری مجھ سے عاجز آ کر بیگانہ ہو رہی تھی اور بچوں کے معاملے میں اتنا غیر ذمہ دار رہا تھا کہ

اس کی تلافی ممکن نہ تھی۔

4: ان مسائل میں ساتھ آپ کتنے عرصے سے مبتلا تھے؟

بروس: جب میں پیچھے مُڑ کر دیکھتا ہوں تو یہی نظر آتا ہے کہ ان مسائل کے ساتھ میں نے ساری عمر گزار دی ہے۔ میرا دورِ طالب علمی نامکمل کاموں، آخری وقت رٹا لگانے، اوسط درجے کی کارکردگی اور کبھی کبھی اچھی کارکردگی سے عبارت ہے۔ میں چار یونیورسٹیوں میں پڑھا ہوں۔ مگر ان سے سند نہ لے سکا۔ قانون کی ڈگری میری واحد سند ہے۔ میں نے 40 سال تک مختلف شعبہ ہائے زندگی میں کام کیا اور ملازمتیں بھی کیں مگر سب جگہوں سے مجھے نوکری سے برخاست کر دیا گیا۔

5: دیگر ڈاکٹروں اور ماہرینِ نفسیات نے آپ کی کیا تشخیص کی اور کیا علاج تجویز کیا؟

بروس: میرے نقطہ نظر میں 'آنٹاریو' ذہنی صحت کے علاج کے حوالے سے بدترین جگہ ہے۔ یوں محسوس ہوتا ہے کہ یہاں ماہرین کی کمی ہے اور دوسرے یہ ناممکن ہے کہ آپ کو کوئی قابل ڈاکٹر یا کوئی ایسی تنظیم مل جائے جو طبی مکالمہ، دوائیں اور معالجہ کرنے کے لیے دل سے تیار ہو۔ آپ سے ملنے سے پہلے میری کئی تشخصیات ہوئی تھیں۔ ان میں شخصی علتوں کے علاوہ جذباتی و ذہنی بیماریاں جیسے نرگسیت زدہ، یاسیت زدہ، بے چینی کا شکار آدم بیزار" توجہ کی کمی میں مبتلا مریض'' شامل تھیں۔

اس کے علاوہ بھی کچھ عارضے تشخیص ہوئے تھے مگر میں اس وقت ان کے نام بھول رہا ہوں۔ علاج کے لیے جو دوائیں مجھے دی گئیں ان میں پیکسل (Pixel)، ایفی کسر (Effexor)، ڈیکسڈرین (Dexedrine)، ریٹالین (Ritalin)، پروزیک (Prozac) اور ان کے مرکبات شامل تھے ان قارئین کے لیے جو ڈاکٹر یا مریض نہیں، سادہ زبان میں مَیں مختلف اوقات میں اینٹی ڈپریسنٹ (Anti Depressants)، سیٹمولینٹس (Stimulants) اور اینٹی انگزائٹی (Anti-Anxiety) قسم کی ادویات استعمال کر رہا تھا۔ اس کے علاوہ وہ اگر کوئی مشاورت یا معالجہ مجھے میسر تھا تو وہ پرائیویٹ یا نجی نوعیت کا تھا۔ جو مختلف ماہرِ نفسیات کی پیشکش تھی۔ مگر وہ بھی تواتر سے یا باقاعدگی سے نہیں تھی۔ سب بے کار ثابت ہوا۔

6: ہمارے کلینک اور معالجے نے آپ کی کس طرح مدد کی؟

بروس: آپ نے مجھے شروع ہی سے بتا دیا تھا کہ میرے مسئلے کو کوئی نام نہیں دیا جائے گا کیونکہ کوئی

شخص بھی کسی عارضے پر مکمل طور پر پورا نہیں اترتا۔آپ نے فائل میں میرے عارضے کو جو بھی نام دیا ہو، مگر آپ نے میرے مسئلے کی طرف عملی مظاہرہ پیش قدمی کی اور اس کے روزمرہ اثرات کو مدِنظر رکھا۔آپ نے یہ جانچنے میں کئی ماہ صرف نہیں کر دیئے کہ میرے بچپن میں میرے ساتھ کیا کیا حادثات پیش آئے تھے۔آپ کے ہاں یہ طریقہ اپنایا جاتا ہے کہ مسئلہ معلوم ہو جانے کے بعد مریض کو اس کا مسئلہ سمجھایا جاتا ہے اور پھر ایک طویل معالجے کے ذریعے اس کو حل کیا جاتا ہے اور عملی طریقے استعمال کر کے اور عملی مشورے دے کر مخصوص ذاتی عارضے کا علاج کیا جاتا ہے۔ یہاں پر حوصلہ افزائی اور مکالمے کا ماحول ہے۔ ہفتہ وار نشستوں میں پچھلی کارکردگی پر غور کر کے اگلا قدم اُٹھایا جاتا ہے جس کو بے بی سٹیپ (Baby Step) کہا جاتا ہے۔اور ایسے طریقے استعمال کیے جاتے ہیں جو آسان اور قابلِ عمل ہوتے ہیں اور جن سے مسئلے تک رسائی میں آسانی ہوتی ہے۔ایک سال کے دوران ادویات کے منفی اثرات اور مثبت اثرات کے فقدان کی وجہ سے پیدا ہونے والی پیچیدگیوں کو برداشت کرنے کے بعد یہاں آ کر معلوم ہوا کہ آپ ادویات کو آخری حربے کے طور پر استعمال کرتے ہیں۔

7: آپ نے دوسرے لوگوں، جو زرد یا سُرخ زون میں تھے کا اثر لیے بغیر سبز زون (حلقے) میں رہنا کیسے سیکھا؟

بروس: آپ کے ساتھ میرے معالجے کے پانچ چھ ماہ کے عرصے کے دوران میں نے یہ سیکھا ہے کہ میں صرف ایک شخص کو کنٹرول کر سکتا ہوں اور وہ شخص میں خود ہوں۔۔میرے مسائل کو لے کر میری بیوی کا ردِعمل بہت بھیانک تھا۔جس کی وجہ سے میں غیر مستقل مزاج مایوس اور الگ تھلگ سا ہو گیا۔اس کے احساسات میں غیر محسوس طریقے سے اپنے اندر جذب کر رہا تھا۔وہ احساسات مجھے مزید بیمار کر رہے تھے بلکہ میرے تندرست ہونے کے راستے میں رکاوٹ بن رہے تھے۔آپ نے مجھے ایموشنل رین کوٹ (Emotional Raincoat) یا جذباتی برساتی اوڑھنا سکھایا۔ جو دوسروں کی باتوں کو میرے اندر جذب ہونے سے روکتی تھی اور مجھے اپنے اوپر غور کر کے بہتر بننے کا موقع دیتی تھی۔جس سے دوسروں کی احساسات سے قطع نظر میں اپنے گرین زون میں رہتا تھا۔

8: آپ کو یہ احساس پہلی دفعہ کب ہوا کہ نہایت ذہین اور تخلیقی شخص ہونے کے باوجود آپ کے اندر نظم وضبط، تنظیم اور ساخت کا مسئلہ ہے؟

بروس: نو ماہ کی تھراپی کے بعد میں نے تسلیم کیا کہ میرے اندر کوئی ایسا مسئلہ موجود ہے جو محض قوتِ ارادی اور چند عملی اقدامات کے ذریعے حل نہیں ہوسکتا۔۔۔ مجھے معلوم ہے کہ میں ایک ذہین شخص ہوں اور میرے اندر تخلیقی قوت بھی موجود ہے مگر میرے اندر نظم و ضبط، خود تنظیمی اور باطنی ساخت موجود نہیں ہے جس سے میں قانونی پیشے کے تقاضے پورے کرنے کے ساتھ ساتھ ایک بہترین شوہر اور باپ کی ذمہ داریوں سے بھی عہدہ برآہ ہوسکوں۔

9: آپ کو یہ احساس کب ہوا کہ اگر آپ نے اپنے پیشے میں کامیاب ہونا ہے تو اپنے رفقائے کار سے مدد لینی چاہیے؟

بروس: جب میں نے یہ تسلیم کرلیا کہ میرے اندر اندرونی ڈھانچہ موجود نہیں ہے تو (آپ کی مہرباں مداخلت سے) میں اس نتیجے پر پہنچا کہ ڈھانچہ بیرونی طور پر بھی تو بنایا جا سکتا ہے۔ایک دفعہ میرے والد نے مجھے بتایا کہ میں ایک ملازم رکھ لوں جو میرے ساتھ رہے اور میرے کام کو لکھتا رہے۔(مقدمات کا ریکارڈ رکھے) اور بل بنانے والوں کو ضروری معلومات مہیا کرے۔ بعد میں معلوم ہوا کہ میرے والد کا مشورہ ایسا غلط بھی نہیں تھا اگرچہ میں نے اس وقت ان کی بات کو مذاق سمجھ کر ٹال دیا تھا۔اب مجھے ایک ٹیم بنا رہا ہوں جو تین کلرکوں، ایک سیکرٹری اور ایک جونیئر وکیل پر مشتمل ہوگی یہ لوگ بیرونی طور پر ایک ڈھانچہ، تنظیم اور وہ نظم و ضبط پیدا کریں گے جس کا میری ذات کے اندر فقدان ہے۔

ماہرینِ نفسیات کے لیے یہ امر حیران کن ہے کہ ایسی تخلیقی شخصیات جو شخصیاتی عارضوں کی درجہ بندی میں نہیں آتیں، ایسی خصوصیات ضرور رکھتی ہیں جو "نرگسیت زدہ" اور "سماج بیزار" شخصیات میں پائی جاتی ہیں مگر ان دونوں میں نمایاں فرق ہے۔نرگسیت زدہ (خود پرست) اور اینٹی سوشل (سماج بیزار) شخصیات مردہ ضمیر رکھتی ہیں۔ کیونکہ یہ لوگ خود غرض، اپنے کام نکلوانے والے اور بعض اوقات استحصالی سوچ کے حامل ہوتے ہیں۔ان کے اندر اپنے عزیز و اقارب کو تکلیف دینے کے بعد کسی قسم کا احساسِ ندامت یا پچھتاوے کے احساسات پیدا نہیں ہوتے۔اس کے برعکس تخلیقی شخصیات کا ضمیر زندہ ہوتا ہے اور یہ واقعتاً دوسروں کا خیال رکھتے ہیں۔ بالخصوص اپنے کنبے اور دوستوں کا۔وہ اپنی سستی کی وجہ سے دوسروں کو تکلیف پہنچاتے ہیں اور بعد میں پچھتاتے ہیں ان کے عزیز و اقارب ان کو لا پرواہ تو سمجھتے ہیں مگر بے پرواہ نہیں۔اور وہ ان کو بے ساختہ کی بجائے جذباتی اور غیر ذمہ دار کی بجائے آزاد منش سمجھتے ہیں۔

میں اپنے معالجے کے کام کے دوران ایسے افراد کے میاں بیوی، رشتے داروں اور قریبی

دوستوں کو دعوت دیتا ہوں اور ان شخصیات کے بارے میں ان کا آگاہی دیتا ہوں۔ جب وہ ان افراد کے مسئلے کو سمجھ جاتے ہیں تو پھر ان کے ساتھ معاملات چلانے میں آسانی محسوس کرتے ہیں۔ دراصل تخلیقی افراد اپنے پسندیدہ کاموں کو کرنے میں اس قدر محو ہوتے ہیں کہ وہ دوسرے افراد کی ضروریات سے پہلوتہی کر جاتے ہیں۔ جب تخلیقی افراد اپنے مسائل کے پیچ وخم اچھی طرح سمجھ جاتے ہیں تو انھیں معلوم ہوتا ہے کہ ان کی تخلیقی شخصیت مِلی جُلی افادیت رکھتی ہے وہ اپنی زندگیوں کو ازسرِ نومنظم کرتے ہیں۔ اور پہلے سے زیادہ تعمیری اور کامیاب ٹھہرتے ہیں۔ ہاں البتہ ان کو اپنے ساتھ دیگر خیال رکھنے والے افراد کی ضرورت ہوتی ہے۔ میرا خیال ہے کہ ایک سکریٹری اور اسسٹنٹ کی سب سے بڑی طاقت یہ ہے کہ وہ ان افراد کے لیے کام کی تربیت یافتہ اور منظم کریں جو تخلیقی تو ہیں مگر غیر منظم ہیں۔

میرے خیال میں یہ بہت بدقسمتی کی بات ہے کہ نفسیاتی درجہ بندی میں تخلیقی افراد کی کوئی جگہ نہیں ہے۔ ہم ان کو پاگل یا "نفسیاتی" کہہ کر پکارتے ہیں۔ جو کہ ان کے منہ پر تمانچہ ہے اور ان کے پیاروں کے لیے بہت تکلیف دہ بات ہے۔ یہاں میں یہ نہیں کہہ رہا کہ ایسا کوئی دیوانہ نہیں جو تخلیقی نہ ہو میں یہ کہنا چاہتا ہوں کہ ہمیں ان تخلیقی شخصیات کو جو دیوانگی کا شکار نہیں، الگ سے دیکھنا چاہیے۔ تخلیقی شخصیات اور ان کے جذباتی اور سماجی مسائل میں خصوصی دلچسپی کی وجہ سے میں اپنے ادبی سفر میں درجنوں لکھاریوں کے انٹرویو بھی کر چکا ہوں۔

ooo

طویل حمل والا بچہ

کانیہ سِلوا کمار کی کہانی

”ناول لکھنا، ایک بچے کو جنم دینے کی طرح ہے۔“

یہ بات مجھے ڈاکٹر خالد سہیل نے بتائی تھی اور اس وقت تک میرے لیے یہ ایک سادہ اور بنیادی استعارہ تھا جب تک میں تخلیقیت کو سمجھنے سے گریزاں تھی۔ بلکہ یہ درست نہ ہوگا اگر آپ مجھے عورت جان کر یہ سمجھ بیٹھیں کہ میں زچگی کے عمل کو رُوحانیت سے جوڑ رہی ہوں۔

میں کئی دہائیوں سے اپنے آپ کو لکھاری سمجھتی آ رہی ہوں۔ یہ آغاز میں جب میں دوستوں پر فکشن لکھتی تھی تو یہ محض بچگانہ وقت گزاری کا عمل تھا۔ پھر رفتہ رفتہ میری تحریر کا ارتقاء ہوا اور اس میں میری نفسیات کے عناصر شامل ہو گئے۔ اور پھر مزید گہرائی میں جا کر میری تحریریں میرے تصورات کو بیان کرنے لگیں۔

کئی سال کی کاوش سے میں چند مختصر سی کہانیاں لکھ پائی کچھ غیر ادبی مضامین لکھے مگر نامکمل کام ہمیشہ پچھتاوہ بن کر میرا پیچھا کرتے رہے۔ یہ پچھتاوے ایک بھوتوں کی طرح تھے۔ ان میں سب سے بڑا ”بھوت“ میرا (نامکمل) ناول تھا۔ تقریباً جو ایک دہائی تک میرے ساتھ چمٹا رہا، دماغ پر سوار رہا اور ٹس سے مس نہ ہوا یعنی مجھے نامکمل ناول نے ایک عذاب میں مبتلا کر رکھا تھا۔ اور میں اپنے تئیں بہت خفا تھی کہ ناول کیوں مکمل نہ ہو سکا۔ میں اس متواتر دباؤ سے چھٹکارا پانے میں ناکام رہی تھی۔ ہر دفعہ جب میں لکھنے کی کوشش کرتی اندر کا مدیر مجھے کام سے روک دیتا۔ اور لکھاری کی یعنی میری لعن طعن شروع کر دیتا۔ بُھوت مختلف طریقوں سے میرے ساتھ جنگ کرتا تھا اور میں ہر دفعہ اس سے ہار جاتی تھی۔ اسی طور باقی زندگی کے معاملات میں بھی ایک فرد کے طور پر میں ہمیشہ ہارتی رہی۔ میرا تصور لکھاری کے قلم کی بجائے ایک تیز دھار والی تلوار بن گیا۔ اس پر مستزاد یہ کہ میں نے تلوار کا رُخ اپنی طرف موڑ

لیا۔ میرے دماغ نے اس ہتھیار کو استعمال کر کے میری رُوح کو غصے، تشکیک اور خوف کے ذریعے چکنا چُور کر دیا۔ میں انسانی لحاظ سے کم سے کمتر سطح پر آتی گئی۔ بھوت بد سے بدتر ہوتا گیا تو میں نے فیصلہ کیا کہ مجھے مدد کی ضرورت تھی۔ چنانچہ میں نے علاج کروانے کا فیصلہ کیا۔ میں نے ایک ایسے شخص سے مدد مانگی جو یہ سمجھ سکتا تھا کہ جب اپنے تخلیقی دماغ کا ہتھیار اپنے ہی اوپر وار کرتا ہے تو کیسا محسوس ہوتا ہے۔ میں نے ایسے شخص سے مدد مانگی جو میرے خیال بھوت کو نکال کر مجھے میرا قلم واپس دلوا سکتا تھا۔

مگر ہوا کیا؟ چند ایک نشستوں کے بعد میرے معالج نے مجھ سے کہا: "ناول لکھنا بچے کو جنم دینے جیسا ہے۔" بظاہر یہ ایک گھسا پِٹا محاورہ تھا۔ مگر مجھ پر اس لمحے یہ احساس کی بجلی بن کر گرا۔ میری بد نما تخلیقی حس نے مجھے بھوت دیئے تھے۔۔۔ مگر میری زندگی تو میری تھی۔ گویا طبیب کے بقول میرا نا مکمل ناول ایک بُرا خیال بن کر میرا پیچھا نہیں کر رہا تھا بلکہ وہ (پیٹ میں) اپنی پرورش کا انتظار کر رہا تھا۔ وہ مجھ سے غذا کا طلبگار تھا، مگر یہ انسانی بچے کی طرح بھی نہیں تھا جس کی نشوونما وقت کا گھڑیال کرتا۔ جیسے انسان کا حیاتیاتی ارتقاء اربوں سال ایسی طویل مدت میں ہوا تھا۔ ناول کے پلنے کا اپنا منفرد طریقہ تھا میں بے نیاز و بے خبر تھی کہ یہ بچہ کب پیدا ہو گا۔

مگر پھر بھی حیاتیاتی عمل کے ساتھ اس کی کچھ قدریں ضرور مشترک تھیں۔ جیسے تخلیقی حمل کو بھی ایک اور رہبر کی ضرورت ہوتی ہے۔ مجھے بھی کسی ایسی شخص کی ضرورت تھی جو مجھے صحیح خوراک بہم پہنچاتا، یاد دلاتا کہ اس معاملے میں جلد بازی نہیں کرنی اور مجھے وہ طریقے سمجھاتا جن سے میں اپنی (صحت کا خیال رکھ سکوں) اور اپنی جسمانی صحت بہترین حالت میں رکھ سکوں۔ جب میں تندرست ہوئی تو مجھے احساس ہوا کہ یہ ناول اسی وقت جنم لے گا جب یہ اس کے لیے خود تیار ہو گا۔ چنانچہ ایک تخلیقی زچگی کی جگہ بنانے کے لیے بھوت جا چکا تھا۔ اب کچھ مشکل نہیں رہا تھا۔ تخلیقی درد (دردِ زہ کی طرح) اپنی مرضی سے آتے اور جاتے ہیں۔ آمد (خیال و استغراق) کبھی واویلا مچاتے ہوئے آتے ہیں اور کبھی قطرہ قطرہ گرتے ہیں۔ یہ فیصلہ ناول خود کرتا ہے کہ کس طرح اور کون سا متن اس کو لکھنے کے لیے مناسب ہے۔ میں تو ناول کی منشا پوری کرنے کا ایک ذریعہ ہوں۔ جب وہ پیدا ہونے والا تھا تو میں نے اپنے آپ کو دو باتیں بتائیں: پہلی؛ ہاں میں واقعی لکھاری ہوں اور دوسری؛ مجھے اس مرحلے سے لُطف اندوز ہونا ہے۔

ooo

طریقہ کار پر اعتماد کریں

سنگا سِلوا کُمار

زندگی میں پیش آنے والی مشکلات کی مجھے کبھی سمجھ نہیں آئی۔ میں ہمیشہ شش و پنج اور اُلجھن کا شکار رہا کہ میرے ساتھ بار بار منفی تجربات کیوں پیش آ رہے تھے۔ باوجودیکہ میں زندگی میں محنت کر رہا تھا اور تجربات سے سبق بھی حاصل کر رہا تھا۔ کامیابی کے حصول کے لیے جدوجہد کرنے کے باوجود مجھے محسوس ہو رہا تھا کہ ناکامیوں نے میرا گھر دیکھ لیا ہے۔ جُوں جُوں وقت گزرا اور میں بڑھاپے کی طرف جانا شروع ہوا تو میری ذات، میرے یقین، میرے خوابوں اور میرے مضبوط ایمان میں بھی دراڑیں پڑنی شروع ہو گئیں۔ میں نے کئی سال کاروباری اور تخلیقی منصوبوں پر گنوا دیئے یہ جانے بغیر کے میں ایک خول میں بند ہوں۔ چنانچہ میری مثبت انگیزی اور جوش و جذبہ، بے چینی، عدم تحفظ اور مستقل ذاتی تشکیک میں بدل گئے۔

2019ء کا سال میری زندگی کا سب سے بڑا امتحان بن کر آیا۔ میں نے اپنے تین سب سے بڑے کاروبار تباہ ہوتے ہوئے دیکھے۔ مگر اس میں میرے لیے خوابِ غفلت سے بیدار ہونے کا پیغام بھی تھا۔ میں ایسے لوگوں کے ساتھ مل کر کاروبار کر رہا تھا جو میرے ہنر اور صلاحیتوں کو اپنے مفادات کے لیے استعمال کر رہے تھے۔ میں شکست خوردگی سے بھی بڑی ندامت محسوس کر رہا تھا اور اس بات پر حیران و پریشان تھا کہ مجھے میری صلاحیتوں اور ہنرمندی کے مطابق کامیابی کیوں نہیں ملتی۔ مجھے ان دنوں کسی دانشمند کا قول یاد آ رہا تھا: ”اگر تمھیں اپنے اردگرد ہر شخص احمق نظر آتا ہو تو کہیں ایسا تو نہیں کہ تم خود بہت بڑے احمق ہو؟“

بدقسمتی سے میرے اسکول کے دن اور نوجوانی کا دور سارے کا سارا ڈانٹ ڈپٹ اور نسلی امتیاز جیسے عذابوں میں گزرا۔ جس دوران یہ احساس مجھے ہر دم تڑپاتا رہتا تھا کہ میں جہاں پر ہوں وہاں

سے تعلق نہیں رکھتا۔ یہ احساس میرے ذہن کے نہاں خانے میں کہیں نہ کہیں آج بھی جاگزین ہے۔ جلد کا رنگ سفید ہونے کا ایک فائدہ یہ بھی ہے کہ آپ اپنی کجیوں کی پردہ پوشی بیرونی دُنیا پر عصبیت کا الزام لگا کر، کر سکتے ہیں اور اس طرح زندگی میں ہونے والی ناانصافیوں سے بھی سمجھوتہ کیا جا سکتا ہے۔ بہر حال 35 سال کی عمر تک پہنچتے پہنچتے میں ایک ایسے شخص کی کامیابیوں اور ناکامیوں کا تجزیہ کرنے بیٹھ گیا جس نے ایک غیر روایتی پیشہ وارانہ زندگی گزاری تھی۔ چنانچہ میں یہ سوچنے پر مجبور ہو گیا کہ خود میں ایسا کیا کر رہا تھا کہ میری زندگی میں اس طرز کے تجربات ہو رہے تھے۔

مجھے یہ احساس شدت سے ہوا کہ اس طرز کے پریشان کن منفی اور تکلیف دہ تجربات نہ صرف میرے کاروبار سے الگ نہیں تھے بلکہ کسی نہ کسی طریقے سے میرے نجی رشتوں اور رومانوی رشتوں کو بھی متاثر کر رہے تھے۔ مجھے اپنے آپ کو بھی اپنی ذات کے کٹہرے میں کھڑا کرنا تھا اور یہ وہ وقت تھا جب میں نے اپنا نفسیاتی معالجہ کروانے کا فیصلہ کیا اور یوں ڈاکٹر خالد سہیل کی مہرباں محفل میں قدم رکھا۔ اس اقدام نے نہ صرف میری ذہنی صحت کو بہتر بنانے اور اپنے آپ کو دریافت کرنے میں کلیدی کردار ادا کیا بلکہ میری زندگی بھی بچائی۔ اور آنے والے دنوں میں میری زندگی کے ممکنہ تاریک دور سے بھی بچا لیا۔ میں سوچ بھی نہیں سکتا کہ اس تھراپی کے بغیر آنے والے دنوں کے تلخ تجربات سے کیسے نبرد آزما ہو سکتا تھا۔ اس معالجے نے مجھے اس قابل بنا دیا کہ میں اپنے اردگرد موجود لوگوں سے جو مجھ سے محبت کرتے ہیں مدد طلب کروں۔

اکثر یہ سننے میں آتا ہے کہ "خوشی کا راز انسان کے اندر موجود ہوتا ہے۔" مجھے ہمیشہ سے یہ بات معلوم تھی، سمجھ بھی آتی تھی اور اس پر یقین بھی تھا مگر سچ تو یہ ہے کہ میں نے اس بات کی گہرائی اور طاقت کا اندازہ لگانے کے لیے کبھی صحیح طور سے کاوش ہی نہیں کی تھی۔ بلکہ اس وقت ڈاکٹر خالد سہیل کے لیے اپنے یہ تاثرات لکھنا بھی میرے لیے مشکل ہو رہا ہے، کیونکہ میں ابھی تک ان کی محبت کے دریا میں غوطہ زن ہوں۔ ایک طرف تو میں زندگی کے ایک پُر آشوب، خوف ناک اور مشکل ترین دور سے گزر رہا ہوں مگر دوسری طرف تمام تکالیف کے باوجود میں شفایابی اور ذات کی تلاش کے نایاب تجربے سے بھی گزر رہا ہوں۔ مجھے اپنے خیالات یکجا کر کے سپردِ قلم کرنے میں اچھی خاصی مشکل کا سامنا ہے کیونکہ میں ایک پینڈولم بن گیا ہوں جو دو انتہاؤں کے درمیان جھول رہا ہوں۔ میں ایک اجنبی سے معالجے کی طاقت کیسے بیان کر سکتا ہوں اور یہ کہ اس معالجے نے میرے لیے ایک جادوائی کام کیسے کیا جبکہ میں اس وقت کئی قسم کی جذباتی مشکلات میں گھرا ہوا ہوں۔

میری زندگی مکمل طور پر بکھر چکی تھی۔ سب کچھ ختم ہو گیا تھا میری اُمیدوں اور آرزوں کا جنازہ

نکل چکا تھا۔ میں ایک تخلیقی شخص کے طور پر پہلے بھی ایسے مقامات دیکھ چکا ہوں۔ 2009ء کی کساد بازاری سے میرا کپڑے کا کاروبار خسارے کے بعد بند ہو گیا تھا۔ مجھے معلوم کرنا تھا کہ جس کاروبار میں مَیں نے سات سال تک دل و جان سے محنت کی تھی اس کی تباہی کے بعد میں کہاں کھڑا تھا۔ ایک ایسا کاروبار جو پھل پُھول رہا ہو مگر اس میں مشکلات درپیش ہوں جیسے ناتجربہ کاری، غلط فیصلے یا بیرونی عوامل جن پر ہم قدرت نہیں رکھتے تو یہ اور بات ہے مگر یہاں ایسا نہیں تھا۔

دلچسپ بات یہ ہے کہ میں پھر اسی مقام پر محسوس کر رہا ہوں مگر اس دفعہ میری زندگی کے اکثر پہلو مجھ سے چِھن چکے ہیں۔ اب میرے سامنے راستہ بھی دُھندلا ہے اور غیر واضح بھی۔ اس دفعہ فرق یہ ہے کہ میں اپنی ذات کے بارے میں جتنی جان کاری رکھتا ہوں پہلے کبھی نہیں تھی۔ کائنات نے مجھے مجبور کر دیا ہے کہ میں اپنے اندر گہرائی سے جھانکوں اور ڈاکٹر خالد سہیل کی تھراپی کی مدد سے اپنے آپ کو یہ کہہ سکوں کہ میں ایک فن کار ہوں۔ یہ ایک قوی بیان ہے جو میں نے اپنے بارے میں پہلی دفعہ دیا ہے۔ اس میں، میں نے دراصل اپنے آپ کو خراجِ تحسین پیش کیا ہے۔ ڈاکٹر خالد سہیل کے بغیر ایسا ممکن نہیں تھا۔

اپنی ذات میں موجود ایک فن کار کو تسلیم کرنے سے میں اس قابل ہوا ہوں کہ اپنے آپ کو تخلیقی فرد کہہ سکوں۔ اگرچہ میرے اندر فن اور تخلیقی جوہر کہیں نہ کہیں پہلے بھی موجود تھے مگر صرف یہ احساس تھا کہ میں ایک ایسا فرد ہوں جس کے اندر تخلیقی ہنر اور صلاحیت ہے جس سے وہ ایک کاروبار اچھے طریقے سے چلا سکتا ہے یقیناً میرے بچپن اور جواں عمری کے تجربات نے بھی میرا راستہ متعین کرنے کی راہ دکھائی ہو گی کیونکہ جب بھی میرے کسی استاد، کوچ یا ادارے نے میری رہنمائی کی، نتیجہ ناکامی نکلا۔ کیونکہ ایسی کامیابی کو معاشرہ اپنے پیمانے سے ناپتا تھا۔ میری محنت کے باوجود صلہ نہیں ملتا تھا۔

میں اپنی فطری ذات کی نشوونما کرنے کی بجائے لاشعوری طور پر اپنے آپ کو معاشرے کے سانچے کے مطابق ڈھالنے کے لیے اپنی کانٹ چھانٹ میں مصروف تھا۔ اگرچہ اب بہتری آ رہی ہے مگر عمومی طور پر معاشرہ تخلیقی اور فنکارانہ دماغ کو قبول نہیں کرتا۔ چہ جائیکہ وہ ایک ایسے مہاجر بچے کو قبول کر لے جو معاشرے کے طے شدہ راستے پر چلنے کے لیے موزوں ہی نہ ہو۔ کسی معاشرے کی سماجی و ثقافتی معیارات پر پُورا نہ اُترنے کا احساس کسی بچے کی اپنے بارے میں رائے قائم کرنے کے حوالے سے کس قدر نقصان دہ ہے۔ یہ صرف میں ہی جانتا ہوں۔ میں شکر گزار ہوں کہ نفسیاتی معالجے کی مدد سے میں ایک خوش گوار احساس کی شفاف ندی میں غوطہ زن ہو سکا اور وہ ایسا موسیقی اور فن کی طرف لوٹ جانے سے پیدا ہوا۔

میں نے زندگی کے بیس برس بطور ڈی۔ جے (موسیقی کے منتخب ریکارڈ چلانے والا) کے طور پر گزارے ہیں۔ یہ شروع میں جز وقتی مشغلہ تھا جب میری اصل توجہ اپنے کاروبار پر مرکوز تھی، مگر اس وقت میری ضرورت بن گئی جب میں زندگی کے نشیب و فراز سے نبرد آزما ہو رہا تھا اور بالآخر میری پیشہ وارانہ زندگی کا اہم جزو بن گئی۔ یہ ایک ایسا کام تھا جو مجھے دیس پردیس لیے پھرتا تھا۔ مواقع پیدا کرتا، آمدن پیدا کرتا، تجربات سے سیراب کرتا، خوب صورت یادوں سے مزین کرتا تھا اور ہمیشہ اچھا محسوس ہوتا تھا۔ اب میں سوچتا ہوں کہ کتنا اچھا ہوتا اگر میں موسیقی کو ہی اپنی جواں عمری میں اپنا شوق اور جنون بنا لیتا۔ مگر Imposter Syndrome (کسی پیشے میں ماہر نہ ہونے کا احساس) نے مجھے ایسا نہ کرنے دیا۔

آج نفسیاتی معالجہ کے ذریعے اپنی ذات اور مقصدِ زیست کی تلاش مجھے دوبارہ موسیقی کی طرف دوبارہ لے آئی ہے۔ کلبوں میں گزرے ایک طویل عرصہ زندگی کے بعد اب میں پہلی بار وثوق سے اپنے آپ کو موسیقار کہہ سکتا ہوں۔ اب میرے پاس خواب ہیں جو اس وقت نہیں تھے بلکہ اس وقت میں خواب دیکھنے سے ہی ڈرتا تھا۔ اب جُوں جُوں وقت گزر رہا ہے میری ذات کے پرت ہٹ رہے ہیں اور مجھے معلوم ہو رہا ہے کہ میں اصل میں ہوں کون؟

اس سفر میں اہم سنگِ میل وہ مقام تھا جب ڈاکٹر خالد سہیل نے مجھے کُھل کر بات کرنے کا موقع فراہم کیا۔ میں نے یہ بات ان افراد سے کرنی تھی جو میرے دل کے قریب ہیں کہ میں موسیقی کو اپنا جنون اور شوق بنانا چاہتا ہوں اور اس شوق کو لے کر آگے بڑھنا چاہتا ہوں مگر یہ ایک ایسا کام تھا جس کے لیے اب میری عمر نہیں رہی تھی۔ اس پر مستزاد یہ کہ میری موسیقی کے میدان میں تربیت بھی نہیں تھی لہٰذا میں ڈی۔ جے کو دوبارہ اپنا پیشہ بنانے سے خوف زدہ تھا۔

بہرکیف جب میں نے اپنے قریبی افراد سے اپنی خواہش کا اظہار کیا تو مجھے محسوس ہوا کہ میں کس قدر غلط سوچ رہا تھا وہ لوگ میری صلاحیت اور ہنر سے واقف تھے انھوں نے میری حوصلہ افزائی کی اور اس بات کو تسلیم کیا کہ دراصل میرے اندر ایک فن کار موجود ہے یہ عمل اگلے مرحلے کے لیے بنیاد ثابت ہوا۔ اب اگرچہ میری زندگی کے بہت سے پہلو گُم ہو چکے ہیں کچھ مبہم ہیں اور بعض خوف زدہ کرنے والے۔ مگر اپنی ذات کو سمجھنے کے حوالے سے میں بہت پُریقین ہوں کہ میں ایک فرد کے طور پر کیسا ہوں اور اس دُنیا کو مجھ سے کیا فائدہ ہو رہا ہے۔ میں اپنی ذات کے اندر جتنا گہرا غوطہ لگاتا ہوں اسی قدر اپنے آپ سے واقف ہوتا ہوں اور اپنی بے شمار کجیاں اور خامیاں مجھے نظر آتی ہیں مجھے یہ بھی خبر ملتی ہے کہ میں کس قدر بہترین انسان ہوں۔ اردگرد کی دُنیا کے لیے کس قدر فائدہ مند ہوں۔ ایسا

اس وقت ممکن ہوا جب میں نے اپنے آپ کو بطور ایک فن کار تسلیم کر لیا۔ اس عمل نے مجھے اپنی ذات سے پوری طرح آشنا کیا۔

میرا سفر ختم نہیں ہوا ابھی مجھے بہت کچھ کرنا ہے مجھے زندگی میں آئندہ آنے والے مسائل سے نبرد آزما ہونا ہے۔ مگر اب یہ مشکل نہیں ہوگا اور یہ آسان ہو جاتا ہے جب آپ کو معلوم ہو جاتا ہے کہ آپ دراصل کون ہیں؟ گویا اپنی ذات سے واقف ہو کر اور ناواقف رہ کر مسائل کا سامنا کرنے میں بہت فرق ہے۔

اپنی ذات کی جان کاری کا ایک فائدہ یہ بھی ہے کہ آپ کو معلوم ہو جاتا ہے کہ میری تخلیقیت اور فن ایک بڑے مقصد کے لیے کام کر رہے ہیں اور مجھے اصل کامیابی کا مطلب سمجھا رہے ہیں۔ اور یہ مطلب میری ذات کی سمجھ کے حوالے سے زیادہ معتبر ہے اس مطلب کے مقابلے میں جو معاشرہ مجھے دیکھنا چاہتا ہے۔ یہاں پر کامیابی کے حوالے سے میں کسی دانشمند انسان کے دو الفاظ لکھنا چاہتا ہوں۔ جب میں زندگی میں آگے بڑھتا ہوں تو ان کے مطالب اور بھی واضح ہوتے جاتے ہیں: "مستقل مزاجی اور ثابت قدمی"۔

ooo

میرا کلینکل ڈیپریشن کا سفر

نبیل پرویز

میرا نام نبیل ہے اور میں 31 اگست 2015ء کو پہلی بار ڈاکٹر خالد سہیل کے زیرِ علاج آیا۔ اس تاریخ کو اس قدر باریکی سے یاد رکھنے کی وجہ یہ ہے کہ میں اپنی زندگی کو دو ادوار میں تقسیم دیکھتا ہوں۔ اور یہ تاریخ ایک لکیر ہے جو میری زندگی کو "قبل" اور "بعد" کے ادوار میں تقسیم کرتی ہے۔ ایسا کیوں ہے؟ اس سوال کا جواب آپ کو میری کہانی پڑھ کر معلوم ہوگا۔

میں زندگی کا زیادہ حصہ اپنے آپ کو ایک کامیاب انسان سمجھتا آیا ہوں اور میرے خیال میں دیگر لوگوں کا بھی یہی خیال ہے۔ میری تعلیمی کارکردگی بہترین تھی، جسمانی طور پر تندرست تھا، میری سماجی زندگی قابلِ رشک تھی اور اس کے ساتھ میرے موسیقی سے متعلق تخلیقی مشاغل بھی تھے۔

مگر 2010ء کے آغاز سے مجھے اپنے بارے میں کبھی کبھار منفی خیالات آنے شروع ہوئے۔ ان احساسات میں اہم احساس اپنے آپ کو نالائق سمجھنا تھا۔ ان خیالات کے آنے کی پہلی وجہ یہ تھی کہ میرے کچھ رشتے ٹوٹ چکے تھے۔ اور دوسری وجہ تعلیمی کارکردگی میں معمولی ناکامیاں تھیں۔ مگر اس وقت میں اپنے کاموں میں اس قدر اُلجھا ہوا تھا کہ ان خیالات کو اپنے پاس زیادہ دیر نہ رہنے دیتا اور نظرانداز کرتا رہا۔

کبھی کبھار ایسی سوچیں یاسیت میں تبدیل ہو کر ایک خوفناک احساس بھی پیدا کر لیتی تھیں۔ جیسے، میں اس دنیا میں میری کیا افادیت ہے؟ بلکہ یہ دنیا میرے بغیر بھی کتنی اچھی ہوگی۔ مگر ایسا کبھی کبھار ہوتا تھا اس لیے میں نے اس کو اہمیت نہیں دی۔ میں نے اپنے آپ سے کہا کہ: "ہر انسان کی زندگی میں بُرے دن بھی آتے ہیں۔" اور اپنی توجہ گریجویٹ ڈگری کی تکمیل پر مرکوز کر لیتا اور میڈیکل اسکول میں داخلے کی درخواستوں کی کوششیں کرتا رہتا۔

5 مئی 2011ء کو ٹورانٹو یونیورسٹی کی فیکلٹی آف میڈیسن سے مجھے خط موصول ہوا کہ مجھے میڈیکل ڈاکٹر کے پروگرام میں داخلے کے لیے قبول کر لیا گیا ہے۔اس دن میری خوشی کی انتہا ہو گئی۔میں نے اپنے اسکول اور ریسرچ پر جو محنت کی تھی اس کا پھل ملنے کا وقت آن پہنچا تھا جو میرے اور میرے خاندان کے لیے فخر کی بات تھی۔اسی سال کی گرمیوں میں، میں نے ایم۔ ایس۔سی کے مقالے کا کامیاب دفاع کیا اور میڈیکل اسٹوڈنٹ کے طور پر منتخب کر لیا گیا۔مگر اس دوران میں اپنی شناخت کے حوالے سے مخمصے کا شکار ہو گیا کیونکہ میں ٹورانٹو کی موسیقی کی دنیا میں ایک ویب سائٹ بنا کر اپنا نام بنا رہا تھا۔جو مقبول ہو رہی تھی اور تواتر سے دیکھی جا رہی تھی مجھے اکثر موسیقار کے طور پر تقریبات میں مدعو بھی کیا جا رہا تھا۔

میرا خیال تھا کہ میڈیکل اسکول میں تعلیم حاصل کرنے کے لیے شہر میں جا بسنے کا ایک فائدہ یہ بھی ہو گا کہ میں موسیقی پر اپنی زیادہ توجہ مرکوز کر سکوں گا مگر بدقسمتی سے میرا یہ مفروضہ بہت جلد غلط ثابت ہوا۔میڈیکل اسکول پہنچ کر مجھے ایک اور جھٹکا لگا، یہاں میں ملک کے لائق ترین طلباء کے درمیان موجود تھا۔مجھے یہ احساس بھی ہوا کہ میں ذہین ہوں اس لیے ان کے درمیان موجود ہوں۔اس کے ساتھ مجھے اس گمان نے آ گھیرا کہ میں آخری دنوں میں رٹہ لگا کر اور چند آخری رتجگوں کے عوض امتحان میں کامیاب ہوا تھا اور یہ کہ میں ماضی میں بھی اسی قسم کی تیاری ہی سے امتحان میں کامیاب ہوتا آیا ہوں۔مگر کیا اس عادت سے میں طبی تعلیم جیسا وسیع علاقہ عبور کر لوں گا؟ اس پر مستزاد یہ کہ دوسری طرف زندگی کا متبادل اور لطیف پہلو موسیقی مجھے اپنی طرف کھینچ رہا تھا۔پھر ہوا یہ کہ میں نے میڈیکل کی تعلیم کا وقت موسیقی اور اس سے متعلق تقریبات کو دینا شروع کر دیا۔

نتیجہ کیا نکلنا تھا؟ میں اٹانومی کے پہلے امتحان میں فیل ہو گیا۔ایسا میری زندگی میں پہلی دفعہ ہوا تھا۔یہ وہ وقت تھا جب پہلی دفعہ مجھے منفی خیالات پھر سے آنا شروع ہوئے۔مگر اس دفعہ میں ان خیالات کو نظر انداز نہیں کر سکا۔میری پہلی ناکامی نقارۂ بیداری بننے کی بجائے موسیقی اور پارٹیوں میں فرار کی راہ تلاش کرنے کی لاشعوری خواہش بن گئی اور یہ چیز بذاتِ خود ایک احساس جرم اور شرمندگی کا باعث بن گئی۔میں اپنے آپ کو سمجھاتا رہا کہ میں اپنی مطالعے کی عادات کو تبدیل کروں گا مگر یہ تاخیری حربے کے علاوہ کچھ بھی نہیں تھا۔اور جب تک مجھے اس کا ادراک ہوتا میں ایک اور امتحان میں فیل ہو چکا تھا۔

اب اپنے آپ کو ایک نالائق فرد سمجھنے کا احساس مجھے خودکشی کی طرف لے جا رہا تھا۔مگر ایسا خیال اکثر نہیں آتا تھا۔کہہ لیجیے کہ دو ماہ میں ایک دفعہ ایسا خیال آتا تھا۔مگر حوصلہ شکستگی کا سفر اگلے تین

چار سال جاری رہا۔ بالآخر 2014ء میں مجھے کہہ دیا گیا کہ میں میڈیکل اسکول چھوڑ دوں۔ اس مقام پر پہنچ کر مجھے زندگی کی ہر شے زہریلی محسوس ہو رہی تھی۔ میں شراب نوشی میں مبتلا ہو گیا۔ جسمانی طور پر بدنما ہو گیا اور بے خوابی کا شکار ہو گیا۔ رومانوی طور پر میں ایک زہر آلود رشتے میں بھی تھا اور میرے ذمے قرضہ قابو سے باہر ہو رہا تھا۔ میں اتنا لاچار تھا کہ کسی کو اپنی صحیح حالت بتاتے ہوئے بھی شرم آتی تھی۔ میں ایک کٹی ہوئی پتنگ تھا جس کی زندگی کا کوئی مقصد نہیں تھا مگر اپنے خاندان اور دوستوں کو یہی باور کروا رہا تھا کہ میں اب بھی میڈیکل اسکول میں ہوں۔ جب کہ میڈیکل کالج کے ساتھیوں کو میں یہ بتاتا کہ تخلیقی دُنیا میں بھی میری زندگی کامیابی سے چل رہی ہے۔ حالانکہ وہ ایک رائیگانی سے زیادہ کچھ نہیں تھی۔

2015ء میں، مَیں خودکشی کے بارے میں مہینے میں ایک بار سوچنے لگا تھا۔ اور اسی سال کے اگست میں، مَیں ایک دن میں کئی بار اس بارے میں سوچتا تھا۔ مجھے لگتا تھا کہ میرا جانے کا وقت آن پہنچا ہے چنانچہ میں نے فیصلہ کیا کہ میں مقامی ٹرین اسٹیشن کی طرف جاؤں اور ریل گاڑی کے نیچے آ کر جتنا جلدی ممکن ہو زندگی کا خاتمہ کرلوں۔

جب میں ٹرین اسٹیشن کی طرف جا رہا تھا تو میرے اوپر کپکپی طاری ہو گئی اور میرا ذہن بھٹکنا شروع ہو گیا۔ میرے قدم اسٹیشن کی طرف مڑنے کی بجائے (Center for Addiction and Mental Health) "ادارہ برائے انسدادِ منشیات اور ذہنی صحت" کی طرف مُڑ گئے۔ میں کئی ایک دفعہ عمارت کے اندر اور باہر چکر لگاتا رہا، مگر اپنے آپ کو ایمرجنسی ڈیپارٹمنٹ کے استقبالیے تک نہ لے جا سکا۔ بالآخر ایک بینچ پر بیٹھ گیا اور بے بسی سے رونے لگا۔ مجھے معلوم نہیں تھا کہ اس مقام سے آگے میری زندگی کے لیے کیا ہے۔ کچھ دیر کے بعد میں نے میڈیکل اسکول میں اپنے سب سے قریبی دوست کو فون کیا اور بتایا کہ میں اپنا نقصان کرنے جا رہا ہوں۔ اس نے مجھے روکا اور کہا کہ وہ میرے پاس پہنچ رہا ہے اور ہم ،میرے اپارٹمنٹ کے پاس موجود پارک میں ملیں گے۔ جب ہم ملے اور میں نے روتے ہوئے اس احساسات سے متعلق اپنا سچ بتایا جو پہلے کسی کو نہیں بتایا تھا تو اس نے مجھ سے کہا کہ اگر ضرورت ہو تو وہ میرے ساتھ ذہنی صحت والے ادارے میں جا سکتا ہے مگر وہاں پر داخل ہوتے ہی وہ لوگ خاندان کے کسی فرد کو بلائیں گے۔ پھر اس نے میری ہمت بندھائی اور کہا کہ میں اپنے بھائی کو فون کر کے صحیح صورتِ حال سے آگاہ کروں اور جب تک میرا بھائی نہیں پہنچ جاتا وہ میرے ساتھ ہی رہے گا اور بھائی کو کچھ آگاہی بھی دے گا۔ اس کے بعد میں فیصلہ کروں گا کہ ہسپتال جانا ہے یا کچھ وقت خاندان کے ساتھ گزار کر اگلا قدم اٹھانا ہے۔

جب بھائی پہنچا اور اس کو میں نے اپنی حقیقی صورتِ حال سے آگاہ کیا تو ہم دونوں بھائی پھوٹ پھوٹ کر رونے لگے۔ پھر بھائی مجھے گھر لے گیا۔ اگلے دن میرا والدین کے ساتھ انتہائی جذباتی مکالمہ ہوا۔ میرے والد کا ڈاکٹر خالد سہیل کے ساتھ ذاتی تعلق ہے اُنھوں نے مجھے مشورہ دیا کہ میں ڈاکٹر خالد سہیل سے رابطہ کروں۔ چنانچہ چند دن بعد ان کے کلینک پر ملاقات طے ہوگئی۔ میں اس بات پر ان کا شکر گزار رہوں۔ یہاں سے میری زندگی کا "بعد" والا دور شروع ہوتا ہے۔

ڈاکٹر سہیل سے ابتدائی ملاقات میں، مَیں نے ان کو سب کچھ تفصیل سے بتا دیا جو میرے ساتھ گزشتہ کئی برسوں سے ہو رہا تھا۔ میں نے انھیں بتایا کہ مجھے مستقل طور پر یہ احساس دامن گیر ہے کہ میں نے کئی ماسک پہن رکھے ہیں۔ کچھ لوگوں کو میڈیکل اسکول کا ماسک نظر آتا ہے تو کچھ لوگوں کو موسیقار کا جب کہ کچھ لوگوں کو "سب اچھا ہے" کا ماسک نظر آتا ہے۔ اس سارے چکر میں مَیں اپنی شناخت کھو چکا ہوں اور مجھے خود معلوم نہیں کہ میں کون ہوں۔ اس تجزیئے کے بعد ڈاکٹر سہیل نے بتایا کہ مجھے "کلینکل ڈیپریشن" یعنی "شدید یاسیت" کا عارضہ لاحق ہے۔ مگر وہ اس کو "وجودی یاسیت" کا نام دیں گے۔ ان کے خیال میں اکثر تخلیقی افراد جب اپنی تعلیمی یا روایتی اور تخلیقی شخصیت کے درمیان معلق ہو جاتے ہیں تو اس ذہنی عارضے کا شکار ہو جاتے ہیں۔ ہم جیسے لوگ جب تعلیمی اور پیشہ وارانہ میدان میں اعلیٰ مقامات پر پہنچتے ہیں تو وہ اپنے آپ کو اداروں کے ضوابط میں قید محسوس کرتے ہیں۔ جہاں ان کو اپنی آزادی سلب ہوتی ہوئی محسوس ہوتی ہے۔ نتیجتاً ہمارا دماغی نظام ہماری روایتی اور تخلیقی شخصیت کے کھینچاؤ کے درمیان سمجھوتہ کروانے میں مشکل محسوس کرتا ہے۔ بالخصوص جب کسی کا پیشہ اور جنون پہلے سے آپس میں ہم آہنگ نہ ہوں۔

ایک بات جو میں کبھی نہیں بھول سکتا وہ یہ تھی کہ ڈاکٹر خالد سہیل نے مجھ سے کہا کہ اس وقت میرے آفس کے اُس کونے میں آپ دیوار کی طرف منہ کر کے کھڑے ہوں۔ آپ کو اس دیوار کے سوا کچھ نظر نہیں آ رہا کیونکہ آپ خودکشی اپنے مسئلے کا حل سمجھتے ہیں اور ان کا کام یہ ہوگا کہ وہ میرا رخ موڑ دیں تاکہ میں سارا کمرہ دیکھ سکوں اور پھر رفتہ رفتہ مجھے کمرے کے درمیان میں لے آئیں تاکہ میں 360 ڈگری کے زاویے سے سارا کمرہ دیکھ سکوں بلکہ لامحدود انتخاب میرے سامنے ہوں اور جہاں سے چاہوں ساری دنیا کو دیکھ سکوں۔ اس کے ساتھ انھوں نے یہ وضاحت بھی کی "سرٹالین" المعروف "ذولوفٹ" نامی دوائی، جو کہ ایک "یاسیت کش" اور مزاج میں توازن رکھنے والی دوا ہے استعمال کر سکتا ہوں۔ اور اس کے ساتھ معالجے کی نشستیں باقاعدگی سے ان کے کلینک میں جاری رہیں گی۔ جس سے مجھے اپنے آپ کو سمجھنے میں مدد ملے گی۔ اور یہ کہ زندگی میں آگے کیسے بڑھنا ہے۔ چونکہ میرا پس منظر تحقیق

اور طب ہے، میں نے رضامندی ظاہر کرتے ہوئے کہا کہ یہ ایک اچھا پروگرام ہے۔ مجھے طمانیت ہوئی کہ بالآخر میں اس قابل ہو جاؤں گا کہ اپنے ماسک اتار پھینکوں اور یہ معلوم کرسکوں کہ انھوں نے اپنے پیچھے کس کو چھپایا ہوا تھا۔

اگلے چند ماہ اہم تھے۔ جب آہستہ آہستہ میں اپنی بکھری ہوئی ذات کو اکٹھا کر رہا تھا تو میرے خاندان نے میرا بہت ساتھ دیا۔ اس سارے عمل میں میرے بھائی کا کردار اہم تھا۔ ہم ایک ایسا کام کرنے لگ گئے جو آغاز کے دنوں کی یادوں میں اب بھی موجود ہے۔ میرے بھائی نے مجھے مشورہ دیا کہ میں ایک روزنامچہ رکھوں۔ نوٹ بک لوں اور اس میں اپنی اس کامیابی کا اندراج کروں جو میں نے ہائی اسکول کے بعد سے آج تک تعلیمی، ذاتی اور پیشہ وارانہ میدان میں حاصل کی تھی۔

ایسا کرنے میں مجھے دشواری ہوئی مگر بالآخر میں ایک فہرست بنانے میں کامیاب ہو گیا جو سات صفحات پر مشتمل تھی۔ ایسا کرنے سے مجھے محسوس ہوا کہ میڈیکل اسکول میں ناکام ہونے کے باوجود میں ایک بے کار فرد نہیں تھا۔ اس سے قطع نظر کہ میرا دماغ مجھے کیا بتا رہا تھا۔ یہ مشق میرے لیے ایک بنیاد ثابت ہوئی۔ جب میں اپنے آپ کو معاشی طور پر بحال کرنے کے لیے تعلیمی کوائف لکھ رہا تھا تو میں بیان نہیں کرسکتا کہ اس سارے عمل میں یہ اقدام کس قدر اہم ثابت ہوا۔ اس سے میرا کھویا ہوا اعتماد بحال ہوا۔

2016ء کے آغاز میں بالآخر مجھے پراجیکٹ مینجمنٹ کے شعبے سے متعلق ایک جگہ نوکری مل گئی۔ یہ ایک کلینیکل ریسرچ کا شعبہ تھا۔ اس سے میرے اندر یہ احساس بیدار ہوا کہ دیگر لوگ یہ سمجھتے ہیں کہ میں معاشرے کے لیے کارآمد شخص ہوں۔

منفی خیالات اب بھی آتے تھے مگر میرے معالجے کی نشستوں اور ادویات کی وجہ سے زیادہ دیر برقرار نہیں رہتے تھے۔ نوکری کی تلاش نے بھی ان خیالات کو مجھ سے دُور رکھا۔ میرا ایک معمول تھا اور میں درست سمت کی طرف رواں دواں تھا۔ لہٰذا بُرے خیالات کم ہو رہے تھے۔ جب کبھی میں نسخہ لینے میں دیر کر دیتا تو مجھے احساس ہوتا کہ دوائیں بھی کس قدر ضروری تھیں۔ اگر یہ تاخیر منفی خیالات سے منطبق ہو جاتی تو ایک آدھ دن تک ایسے خیالات آتے رہتے مگر مجھے یہ احساس دلا جاتے کہ "سرٹالین" میرا مزاج متوازن رکھنے کے لیے کس قدر بنیادی عنصر ہے۔ یہ بُرے خیالات کو بے قابو ہونے سے روکتی اور مختصر اثنا میں اپنے آپ کو یاد کرواتا، کہ میں بے کار نہیں بلکہ قابل قدر انسان ہوں۔

2016ء کے اواخر میں میرے ایک دوست نے مجھے تحفے میں ایک کیمرہ دیا۔ اس نے سوشل میڈیا پر لگائی گئی میری کچھ تصاویر دیکھ رکھی تھیں۔ اس تحفے نے میری تخلیقیت کا ایک نیا دروازہ

کھول دیا۔ اور یہ ایک ایسا مشغلہ تھا جو میں اپنی پیشہ وارانہ مصروفیت کے باوجود برقرار رکھ سکتا تھا۔ جب تصویروں کی نوک پلک درست کرنے کے عمل میں ذرا گہرائی میں غوطہ زن ہوا تو مجھے یاد آیا کہ میں اپنے بچپن میں ڈرائنگ پر کتنا زیادہ وقت صرف کرتا تھا۔ یہ عمل میرے لیے ایک مراقبے سے کم نہیں تھا۔ اس سال کے آخر تک مجھے معاوضے کے ساتھ عارضی کام کی پہلی پیشکش موصول ہوئی۔ اس میں، مَیں نے کرسمس کی تقریب میں فوٹوگرافی کرنی تھی۔ مجھے بہت اچھا محسوس ہوا کہ صبح نو بجے سے شام پانچ بجے کے کام سے میری ایک متوازن آمدن موجود ہے۔ اور فوٹوگرافی جیسے تخلیقی کام سے بھی میری اضافی آمدن آنا شروع ہو گئی ہے۔

یہ احساس بھی حوصلہ افزا تھا کہ دوسرے لوگ یہ سمجھتے ہیں کہ میرا فوٹوگرافی والا تخلیقی کام ایک مالی مفاد بھی اپنے اندر رکھتا ہے۔ میرا اپنے اوپر اعتماد بحال ہوتا جا رہا تھا۔ 2017ء میں مجھے ٹورانٹو میں منعقد ایک موسیقی کے فیسٹیول میں بطور پرنسپل فوٹوگرافر اور ٹیم مینیجر کے طور پر منتخب کر لیا گیا۔ یہ ذمہ داری 2018ء تک میرے پاس رہی اور اس دوران مجھے شہر کے اہم تخلیقی لوگوں کے ساتھ ملاقاتیں کرنے اور ایک حلقہ احباب بنانے کا موقع مل گیا۔ 2017ء کے اواخر میں مجھے کل وقتی محقق کا کام بھی مل گیا۔ یہ ایک Economic Consultancy تھی، جس سے میری خودتوقیری میں اضافہ ہوا۔ مگر اس طرح کے کثیر جہتی کاموں سے کسی قدر شناخت کا مسئلہ ضرور پیدا ہوا۔ میں فوٹوگرافی کے حوالے سے اپنے رفقائے کار کے ساتھ بے باک تھا اور کوئی بات مخفی نہیں تھی مگر مجھے احساس اب بھی ہوتا تھا کہ تحقیق سے وابستہ اپنے رفقائے کار سے یہ بات مخفی رکھوں۔ یوں مجھے لگتا جیسے میں نے ایک ماسک اب بھی پہن رکھا ہے۔ میں اس احساس سے نفرت کرتا تھا۔

مگر اس دفعہ میرے پاس کچھ صحت مندانہ ہتھیار موجود تھے اور ایک وجودی بحران سے دوچار ہونے کی بجائے میں نے اپنا سنجیدہ ذاتی تجزیہ کرنے کا فیصلہ کیا۔ مجھے ادراک ہوا کہ ایک نہایت تجزیہ کار دماغ رکھنے کے باوجود سائنس کا میدان میرے لیے موزوں نہیں تھا۔ مجھے اچھا لگتا تھا اور اب بھی لگتا ہے جب میں سائنسی میدان میں کامیابیوں کی خبریں پڑھتا ہوں۔ جس میں دیگر غیر دلچسپ اور بعض اوقات احمقانہ مواد بھی موجود ہوتا ہے۔ مگر دواساز کمپنیوں اور بائیوٹیکنالوجی کلائنٹ کے بجائے میں اپنے منتخب کردہ موضوعات پر خود تحقیق کرنا چاہتا ہوں۔ اور میری ذات کا یہ حصہ بے انتہا خوشی محسوس کرے گا جب زندگی میں، اپنی دریافت خود کروں گا۔ اس کے برعکس میرے لیے یہ بات زیادہ پُر لطف و روح پرور تھی کہ میں کیمرے کی آنکھ کے پیچھے سے ایسے فن پارے تخلیق کروں جو کثیر ترین ناظرین کی توجہ اور تحسین کا باعث ہوں۔

2018ء کے آخر میں، مَیں نے تحقیقی کام اور اس سے وابستہ نوکری کو خیر آباد کہا اور کلی طور پر ایک آزاد فوٹو گرافر اور تخلیقی پروڈیوسر بن گیا۔ میں نے اپنی انتظامی اور تجزیاتی صلاحیتیں بھی اسی کام پر صرف کرنی شروع کر دیں۔ 2019ء میں مجھے نیویارک سٹی میں ایک اہم پراڈکٹ کی مارکیٹنگ کی تصویر کشی کے لیے مدعو کیا گیا۔ یہ وہ موقع تھا جب مجھے ادراک ہوا کہ میں نے زندگی میں درست فیصلے کیے تھے۔ اگرچہ مالی طور پر میں اب بھی مستحکم نہیں تھا مگر اس بات سے مطمئن اور خوش تھا کہ گزشتہ چند سالوں کے دوران میں نے اپنے اندر ایک نیا انسان دریافت کیا۔ فوٹو گرافی کے کام کے مواقع تواتر سے مجھے مل رہے تھے۔ ان کے ساتھ ذاتی سفر کے تجربات بھی تھے اور میں اپنے آپ کو خوش قسمت سمجھ رہا تھا۔ اس کا سب سے بہترین پہلو یہ تھا کہ اب میرے چہرے پر کوئی ماسک نہیں تھا۔ میں نے اپنے آپ سے وعدہ کیا کہ آگے بڑھتے ہوئے زندگی کے تمام فیصلوں میں، مَیں بے شرمی کی حد تک اپنی ہستی پر انحصار کروں گا۔

میں نے شاعری لکھنی اور دوسروں کو سنانی شروع کر دی۔ اور اپنے احساسات غیر مبہم طور سے بیان کرنے شروع کر دیئے۔ مجھے ایک بات اچھی طرح سمجھ آ گئی کہ اگر میں اپنے آپ کو ویسا تسلیم کر لوں جیسا ہوں تو دنیا بھی مجھے ویسا ہی تسلیم کرے گی۔ 2020ء کا آغاز میں نے ایک بلند اشارے سے کیا۔ جب میری تصاویر ایک قومی پرچے میں شائع ہوئیں۔ میں نے کئی ایک ایسے منصوبے بھی تیار کر رکھے تھے جو بطور فوٹو گرافر میری پیشہ وارانہ کارکردگی اور مالی خوشحالی کے حوالے سے مفید تھے۔

جب کرونا کی وبا پھیلنا شروع ہوئی تو اس سے چند ماہ قبل میرے فوٹو گرافی کے نصف پراجیکٹ آسٹسن ٹیکساس میں تکمیل کے مراحل میں تھے۔ دیگر نصف مکمل نہ ہو سکے۔ اور میرا دیگر کام بھی رُک گیا۔ اگر ایسا "پہلے والے دور" میں ہوتا تو میں یقیناً مایوسی کی دلدل میں غرق ہو جاتا۔ مگر 2020ء جہاں دنیا کے لیے وبالِ جان بن کر نمودار ہوا میرے لیے ایک پوشیدہ رحمت بن کر نازل ہوا۔ اس دوران مجھے سب سے بہترین تحفہ "وقت" میسر آ گیا تھا۔ مجھے غور کرنے اور مراقبہ کرنے کا وقت مل گیا۔ اس دوران میں صرف ان لوگوں کے قریب ہو گیا جو میرے دل کے قریب تھے۔ میں نے بطور فوٹو گرافر اپنے سفرناموں پر مبنی دو کتب شائع کیں۔ میں نے دوڑ لگانی شروع کر دی اور اب بھی ہفتے میں دو دفعہ دوڑ لگاتا ہوں۔ یہ میرے مراقبے کا حصہ ہے اور میں جسمانی طور پر بہترین شکل میں ہوں۔ میں نے اپنے خاندانی گھر سے نکل جانے کا فیصلہ کیا اور یہ کہ میں کُل وقتی کام ایسی جگہ تلاش کروں جو مالی مشکلات کا شکار ہو۔ مگر مجھے ایک ٹیکنیکل کمپنی میں 'کسٹمر سروس' کی نوکری مل گئی۔ اس نے مجھے اپنے وہ مشاغل جاری رکھنے کا موقع بھی دیا جو میں نے گزشتہ سالوں میں اپنائی تھیں۔ میں نے

فوٹوگرافی کو بطور ذاتی مشغلہ کے جاری رکھا۔ بلکہ مجھے 2021ء کے آخر میں کئی ایک عارضی مگر بہتر معاوضے والے کام بھی مل گئے۔ گذشتہ سال مجھے ایک بہترین خاتون بھی مل گئی۔ اور اب میں اس کو اپنی زندگی کا ساتھی بنانے کا سوچ رہا ہوں۔ کسٹمر سروس میں ایک سال گزارنے کے بعد میں اب پراڈکٹ مارکیٹنگ ٹیم میں تخلیقی پروڈیوسر بنا دیا گیا ہوں۔ میں کل وقتی طور پر اب وہ کچھ کر سکتا ہوں جو مزاجاً اور دل سے کرنا چاہتا ہوں۔ میں بہت خوش ہوں کہ میں زندگی کے نہایت حسین موڑ پر کھڑا ہوں۔

یہ ایک خوب صورت احساس ہے۔ میں اپنی کہانی یہاں ختم کرنا چاہتا ہوں۔ مگر یہ تسلیم کیے بغیر نہیں کہ گذشتہ برسوں میں میری چند ناکامیاں بھی تھیں۔ معالجہ اور مراقبہ کوئی معجزہ نہیں جو کسی کو تمام تفکرات سے آزاد کر دیں گے، مگر یہ میرے جذبات میں توازن برقرار رکھنے کا ذریعہ ضرور ہیں۔ یہ ناکامیوں کا احساس بھی دلاتے ہیں اور ان سے چھٹکارا پانے کا ہنر بھی دیتے ہیں۔ جب سے میرا نیا سفر شروع ہوا ہے میں ہر آنے والے دن کو تحفے کے طور پر لیتا ہوں۔

25 اگست 2021ء کے بعد ہر دن ایک نعمت ہے جو میں عام حالات میں حاصل نہ کر پاتا۔ میں ان تحفہ نما دنوں کے لیے شکرگزار ہوں۔ جب میں ڈاکٹر سہیل سے پہلی دفعہ ملا میں نے اپنے مزاج کو 10 میں سے صفر نمبر دیئے تھے۔ اب 6 سال کے بعد میں جب ان سے ملتا ہوں تو یہ شمار 10 میں سے 7 تا 9 ہوتا ہے۔ میں 10 میں سے 10 اس لیے نہیں کہتا کیوں کہ میں کاملیت پر یقین نہیں رکھتا۔ زندگی میں بہتری لانے کی گنجائش ہر وقت موجود ہوتی ہے۔ اور میں اس احساس کے ساتھ خوش ہوں۔

ooo

تیرہواں باب

آئندہ کی نسلوں کے لیے تخلیقی میراث

تخلیقی بچوں کی ایک ماں کا انٹرویو

برونی میتھیسن

ڈاکٹر سہیل: جب آپ کو تخلیقی اقلیت اور روایتی اکثریت سے متعارف کروایا گیا تو آپ کو کیسا محسوس ہوا؟

برونی: یہ ایک ایسا تصور ہے جس کے بارے میں مجھے حقیقتاً کچھ معلوم نہیں تھا۔ اس کو سمجھنے کے بعد مجھے پتہ چلا کہ جس طرح میں زندگی گزار رہی ہوں اور جو میرے خیال میں زندگی گزارنے کا صحیح طریقہ ہے، دوسرے لوگ اس طرح سے زندگی نہیں گزارتے۔ میں جانتی ہوں کہ کچھ لوگ ایسے ضرور ہیں جو مجھ سے مختلف طریقے سے زندگی بسر کرتے ہیں مگر میں ان کے بارے میں صرف اندازے لگاتی ہوں اور رائے قائم کرتی ہوں اور ان پر سوال اٹھاتی ہوں۔ مثال کے طور پر میرے کالج کے دنوں کے دو دوستوں نے شادی کیوں نہ کی؟ روایتی اکثریت کا خیال ہے کہ "ان کو موزوں شریکِ زندگی نہیں مل سکا ہوگا، توقعات بہت زیادہ ہوتی ہیں یا شاید جو ملا ہو وہ بہت حکم چلانے والا ہو جس کے ساتھ گزارہ کرنا مشکل ہو، وغیرہ۔ ان کو تنہا دیکھ کر مجھے ترس آتا ہے۔ ان کے اولاد بھی نہیں۔ کس قدر دکھ کی بات ہے۔۔۔" مگر عین ممکن ہے کہ حقیقت اس سے یکسر مختلف ہو۔ یہ بھی ہوسکتا ہے کہ ان کو اکیلا رہنا پسند ہو۔ ہاں البتہ روایتی اکثریت ان کو الگ تھلگ ضرور گردانتی ہے۔ مگر ان کو کبھی احساسِ کمتری نہیں ہوتا اور اگر وہ یہ کہہ دیں کہ "مجھے اکیلا رہنا پسند ہے" اور میں اپنی زندگی نہیں بدلوں گا تو روایتی اکثریت کا ردِعمل یہ ہوتا ہے کہ وہ اپنے "مختلف طرزِ زندگی" کا جواز پیش کر رہے ہیں۔ اب انھوں نے کوئی بہانہ تو تراشا ہے، وغیرہ وغیرہ۔ اس سے مجھے یہ

احساس بھی ہوا کہ روایتی اکثریت، تخلیقی اقلیت سے زیادہ طاقتور ہے۔ یہاں میں اپنی مثال دوں گی۔ مجھے نوعمری سے ہیئر ڈریسر بننے کا شوق تھا۔ ہمارے تعلیمی نظام کا ڈھانچہ کچھ اس طرح بنایا گیا ہے کہ آپ کو اتنا ذہین ضرور ہونا چاہیے کہ ہائی اسکول (انٹرمیڈیٹ) تک آسانی سے پاس کر لیں۔ اگر آپ ہائی اسکول پاس نہ کر سکیں تو آپ کو کسی ووکیشنل اسکول (Vocational School) میں جانا پڑتا ہے جو دسویں جماعت کے برابر ہے۔ میں یہ نہیں چاہتی تھی کہ معاشرہ یہ خیال کرلے کہ میں کند ذہن ہونے کی وجہ سے ہائی اسکول (بارھویں جماعت) پاس نہیں کر پائی۔ چنانچہ میں نے فیصلہ کیا کہ میں ہیئر ڈریسر نہیں بنوں گی اور اس کی بجائے قانونی سیکرٹری بنوں گی۔ میں چاہتی تھی کہ لوگ سمجھیں کہ میں ذہین لڑکی ہوں۔ میں نے اب جانا ہے کہ وہ میرے لیے ناموزوں کیریئر تھا۔ صبح 9 بجے سے شام 5 بجے تک کا کام میرے لیے مشکل تھا۔ کیونکہ اس سے میرے پاس تخلیقی کاموں کے لیے وقت نہیں بچتا تھا۔ اس تصور یا فلسفے کو سمجھنے کے بعد مجھے یہ بھی احساس ہوا کہ کسی روایتی گھر میں تخلیقی بیٹیوں کا وجود کس قدر کٹھن ہوتا ہے اور تخلیقی بچے غیر روایتی طرز زندگی کا انتخاب کیوں کرتے ہیں۔ میری توقعات یہ تھیں کہ میری بچیاں بڑی ہوں گی، اسکول جائیں گی اور اس کے بعد یونیورسٹی۔۔۔ کیونکہ معاشرے میں موجود روایتی اکثریت ایسا ہی کرتی ہے۔ اگرچہ ان بچوں کی کثیر تعداد ایسا اس لیے کرتی ہے کیونکہ ان پر والدین اور روایتی اکثریت کا اثر اور دباؤ ہوتا ہے۔ اور اکثر نتیجہ یونیورسٹی کے پہلے سال میں ہی سے ان طلباء کا بڑی تعداد میں انخلاء ہوتا ہے۔ بہر حال روایت کے مطابق یونیورسٹی میں جس مضمون میں ان بچوں نے میجر کیا ہوتا ہے اس کے مطابق نوکری کرتے ہیں۔ اپنے لیے مناسب شریک حیات ڈھونڈتے ہیں، شادی کرتے ہیں اور امی ابو کے لیے پوتے، پوتیاں، نواسے نواسیاں پیدا کرتے ہیں۔ زبردست!!! مگر یہ سب کس کی خاطر ہے؟ امی اور ابو کے لیے تاکہ وہ روایتی اکثریت کے اندر رہتے ہوئے فخر محسوس کر سکیں۔ ان پر بھی ایک دباؤ ہوتا ہے۔ اور وہ دباؤ ہمارے معاشرے کا ہوتا ہے جس کی اکثریت روایتی افراد پر مشتمل ہے۔ میری پہلی بیٹی "لنڈسے" نے ایک مختلف راستے کا انتخاب کیا۔ چونکہ اس پر بھی روایتی دباؤ تھا۔ ہائی اسکول کے آخری سال تک وہ فیصلہ نہیں کر پائی تھی کہ زندگی میں کون سا پیشہ اپنانا چاہتی ہے۔ اس کا موسیقی کا ایک بینڈ بھی تھا جو اس نے 16 سال کی عمر میں بنایا تھا۔ وہ بارھویں جماعت دوبارہ پاس کرنا چاہتی تھی تاکہ

کسی فیصلے پر پہنچنے کے لیے ایک سال اور غور کر سکے۔ مگر اس کے والد اور میں نے اس سے کہا کہ چونکہ اس نے ہائی اسکول پاس کر لیا ہے۔ اب وقت آ گیا ہے کہ وہ اب آگے بڑھے اور اپنے مستقبل کے حوالے سے کوئی فیصلہ کر لے۔ اس کو بچپن سے ہی جانوروں سے پیار تھا۔ چنانچہ اس نے فیصلہ کیا کہ وہ شیری ڈن (Sheridan) کالج میں ایک سال ویٹریزی (Veternary) کا کورس کرے گی۔ کورس کے بعد اس کو بلیوں کے ہسپتال میں ملازمت بھی مل گئی مگر الرجی کی وجہ سے چھوڑنی پڑی۔ اس کے بعد اس نے بینڈ جاری رکھا۔ مگر آمدن کے لیے جانوروں کے چند کلینک اور کافی شاپ میں کام کرتی رہی۔ اس کا اصل شوق موسیقی تھا۔ مگر میں، اس کے والد اور دادا دادی لنڈ سے سے خوش نہیں تھے کیونکہ جو رقم وہ کماتی تھی وہ موسیقی کی نظر ہو جاتی۔ حتیٰ کہ وہ اپنے لیے جوتے تک بھی نہیں خریدتی تھی۔ میں جب اس سے کہتی لنڈ سے اپنے جوتوں پر نظر ڈالو ان کے پیچھے سوراخ ہیں۔ تو جواب دیتی: ’’مجھے معلوم ہے مگر نئے جوتے خریدنے کے لیے میرے پاس رقم نہیں ہے۔‘‘ اس کی تمام رقم موسیقی کے اسٹوڈیو پر خرچ ہو جاتی تھی۔ پھر ایک دن میں اس کے ساتھ گئی اور اس کو نئے جوتے خرید کر دیئے۔ مجھے اس کے ساتھ وقت گزار کر مزہ آتا ہے۔ اگر چہ میں دل ہی دل میں حیران و پریشان بھی تھی۔ اچھا لباس پہننا اور اپنے آپ کو صاف ستھرا اور چاک و چوبند رکھنا میری اقدار رہی ہیں۔ مجھے یہ سمجھ نہیں آتا تھا کہ میری بیٹی ان اقدار کو دیکھتے ہوئے پل بڑھ کر جوان ہوئی ہے پھر اس کے لیے میری اقدار کیوں اہم نہیں ہیں۔ اس کا ایک اور شوق موسیقی ہے۔ جس کا اس کو جنون ہے۔ آج موسیقی ہی اس کا منافع بخش پیشہ بن چکا ہے۔ اتنا مفید ہے کہ اس کا بینڈ سال 2020ء میں ”جونو“ ایوارڈز کے لیے نامزد ہوا ہے۔ مجھے اب جا کر سمجھ آئی ہے۔ مگر اتنے سال میں نے بیٹی کے ساتھ کشیدہ رہ کر ضائع کر دیئے۔ ظاہر ہے میرے اس رویے کا اس پر مثبت اثر تو نہیں پڑا ہو گا مگر اس کو اپنے اوپر اعتماد تھا۔ اور وہ اپنی دھن میں مگن ہر قیمت پر اپنے شوق کو پروان چڑھاتی رہی۔ جب وہ پانچ چھ سال کی تھی تو میں ایک رات بستر میں اس کے ساتھ لیٹی ہوئی تھی اور ہم باتیں کر رہے تھے۔ وہ بولی: ’’امی جان! میں ایک اسٹیج پر ہوں اور میرے سامنے لوگوں کا ایک ہجوم ہے۔ میں نے کہا: ”واقعی؟“ میرا خیال تھا کہ چونکہ اس کو جانور پسند ہیں اور شاید اس کو خیال آ رہا ہے کہ وہ جانوروں پر کوئی لیکچر وغیرہ کا سوچ رہی ہے۔ اس کی یہ بات کئی برس تک میرے دماغ میں سمائی رہی۔ بالآخر سچ ثابت ہوئی۔

ڈاکٹر سہیل: آپ کی بیٹیاں کس عمر کی تھیں جب آپ کو معلوم ہوا کہ وہ دوسرے بچوں سے مختلف ہیں اور یہ جاننے کے بعد آپ کا کیا ردعمل تھا؟

برونی: لنڈسے کے معاملے میں مجھے اس کے آغاز بچپن سے معلوم ہو گیا تھا کہ وہ دیگر بچوں سے مختلف ہے۔ جب میں نے اس کو نرسری اسکول میں داخل کروایا تو مجھے اساتذہ سے جو معلومات ملیں وہ یہ تھیں کہ کھیلوں کے وقفے میں لنڈسے الگ کھیلتی ہے اور دیگر بچوں کے ساتھ گھلتی ملتی نہیں۔ میں حیران ہوئی اور کسی قدر پریشان بھی کہ ایسا کیوں تھا۔ جب وہ پرائمری اسکول میں تھی تو پتہ چلا کہ وہ دوسری لڑکیوں کے ساتھ مل کر کھیلنے کی بجائے اکیلی رہنا پسند کرتی ہے۔ اسے دیگر لڑکیوں کے ساتھ دوستی کرنے میں مشکلات کا سامنا تھا۔ اس کے بجائے وہ لڑکوں کے ساتھ کھیلنا پسند کرتی تھی۔ جب وہ پانچویں جماعت میں تھی تو ایک دن اس نے بتایا کہ دوسری لڑکیاں اس کو اپنی سرگرمیوں میں شامل کرنے سے گریزاں تھیں اور وہ اس وجہ سے پریشان ہے۔ میں نے لنڈسے کی ٹیچر سے بات کی۔ اس نے مجھے اس سے حوالے سے کوئی وجہ نہ بتائی بلکہ اس معاملے سے ہی احتراز کیا۔ مجھے ٹیچر کا ایسا بے حسی کا رویہ اچھا نہ لگا۔ لنڈسے کو جانوروں سے بے حد پیار تھا اور دیگر بچے اس وجہ سے اس کا مذاق بھی اڑاتے تھے۔ ایک مختلف بچی ہونے کی وجہ سے اسکول میں اس کی ملامت بھی ہوتی تھی۔ مجھے اچھی طرح یاد ہے کہ ایک وقت ایسا بھی آیا کہ لنڈسے نے مجھ سے کہا: ''میں جو بھی ہوں ایسی ہی ہوں۔ اگر کوئی مجھے پسند نہیں کرتا تو بھی ٹھیک ہے۔'' گویا وہ ساتھی طلباء کے سماجی دباؤ کی پرواہ نہیں کرتی تھی اور اس کی یہ ادا مجھے پسند تھی۔ مجھے یہ بھی یاد ہے کہ اس کا بہترین دوست ''میٹ'' نامی ایک لڑکا تھا۔ یہ اس کی جماعت چہارم سے جماعت ہشتم کی بات ہے جب وہ آٹھویں جماعت میں تھی تو میں نے گمان کیا کہ دونوں ''بوائے فرینڈ'' اور ''گرل فرینڈ'' ہیں۔ مگر لنڈسے نے بڑے وثوق سے مجھے بتایا کہ ایسا نہیں تھا۔ وہ صرف اچھے دوست تھے اور ابھی تک ہیں۔ ایک دفعہ کا ذکر ہے کہ جب لنڈسے ساتویں یا آٹھویں جماعت میں تھی اسکول کے طلباء نے جوڑوں کی شکل میں اسٹیج پر رقص کرنا تھا۔ لنڈسے کو رقص کرنے کے لیے ساتھی نہ مل سکا۔ میں اور میری والدہ بھی یہ تقریب دیکھنے کے لیے گئے ہوئے تھے۔ لنڈسے نے فیصلہ کیا کہ وہ اکیلی ہی ڈانس کرے گی۔ میں اور میری ماں لنڈسے کی کارکردگی دیکھ کر دنگ رہ گئے۔ مجھے یاد ہے کہ ہم نے یہ بات بھی کی تھی کہ ہم تو کم از کم ایسا رقص نہیں کر سکتے تھے۔ اس کی کارکردگی بہت

شاندار تھی۔ مجھے یہ بھی یاد ہے کہ جب وہ جماعت چہارم یا پنجم میں تھی ایک دن اسکول سے واپس آ کر سیدھی اپنے کمرے میں چلی گئی۔ پھر واپس آئی اور مجھ سے مخاطب ہوئی: "میں میل باکس تک جا رہی ہوں۔" میں نے پوچھا کیوں؟ تو اس کا جواب تھا: "میں جانوروں کے کاروبار کے لیے ایک اشتہار پوسٹ کر رہی ہوں۔ یہ اشتہار "جانور محل" والوں کے لیے ہے۔ میں جانوروں کی نگہداشت اور ان کو سیر کروانے کی اہلیت رکھتی ہوں۔" ایسا انوکھا خیال در آنے پر میں نے لنڈ سے کی ذہانت کو داد دی۔ اس نے جانوروں کی قربت حاصل کرنے کے لیے کس طریقے سے اپنے لیے ایک ضرورت پیدا کی۔ میں نے یہ بھی دیکھا کہ جب لنڈ سے کو کوئی بات پسند آتی تھی وہ اس کے اندر کس قدر محو ہو جاتی تھی۔ جب وہ ہائی اسکول میں تھی تو اس کے دوست ضرور بنے مگر وہ کسی گروہ کا حصہ پھر بھی نہ بن پائی۔ میں نے یہ بھی دیکھا کہ اس کی طرح اس کے کچھ دوست بھی مختلف تھے۔ مگر مجھے اچھا لگتا تھا۔ دسویں اور بارہویں جماعت کے دوران لنڈ سے کا بوائے فرینڈ بھی تھا۔ وہ لڑکا ہمیں بھی پسند تھا۔ مگر اس کی ماں کافی مذہبی تھی۔ وہ کیتھولک عیسائی تھیں۔ مجھے لنڈ سے کی کچھ باتیں یاد ہیں جو انھوں نے اس سے کی تھیں۔ ان دنوں "شارٹ ٹاپ" (مختصر قمیض جس سے پیٹ کا نچلا حصہ نظر آتا ہے) اور "لو جینز" (نیچی بیلٹ والی پتلون) کا رواج تھا۔ اس لباس میں اگر لڑکی کا پیٹ ذرا بڑا ہو تو وہ دکھائی دیتا تھا۔ ایک دفعہ انھوں نے لنڈ سے سے پوچھا: "کیا وہ حاملہ ہے؟" یہ سن کر مجھے دھچکا لگا۔ مجھے یہ بات بالکل ہضم نہ ہو سکی۔ ان کو اس کا موسیقی کا بینڈ بھی پسند نہ تھا۔ انھوں نے کہا کہ موسیقی میں اس کا کوئی مستقبل نہیں ہے۔ لنڈ سے نے اپنا موسیقی کا پہلا بینڈ ہائی اسکول میں ہی شروع کر دیا تھا جس کا نام "لن سریاٹ" "Linsriot" تھا۔ ایک شام اس نے اپنے بوائے فرینڈ کے گھر سے ہمیں فون کیا اور کہا کہ ہم اس کو لینے آ جائیں۔ وہ پریشان لگ رہی تھی۔ لڑکے کی والدہ نے کہا کہ وہ لنڈ سے سے کہہ رہی تھی کہ وہ موسیقی کا شوق ترک کر دے۔ اس میں کوئی مستقبل نہیں۔ ہم کچھ نہ بولے اور لنڈ سے کو لے کر گھر آ گئے۔ مگر ہم ماں کی اس حرکت پر پریشان ضرور ہوئے۔ ہم نے لنڈ سے سے کہا کہ موسیقی کو چھوڑنے یا نہ چھوڑنے کا فیصلہ اس کا اپنا ہوگا اور اگر کسی کو اس سلسلے میں مشورہ دینے کا حق ہے تو وہ ہم ہیں۔ اور یہ کہ اس کے بوائے فرینڈ کی والدہ کو یہ حق نہیں پہنچتا کہ وہ یہ فیصلہ کریں کہ لنڈ سے نے اپنی زندگی کے ساتھ کیا کرنا ہے حالانکہ ان کا خاندان کافی امیر تھا۔ ان کی ٹم ہارٹنز "Tim Hortins" کی پانچ کافی شاپس بھی

تھیں۔لیکن میں نہیں چاہتی تھی کہ میری بیٹی کسی شیش محل کی شہزادی بنے اور اب تو میں یہ بھی نہیں چاہتی تھی کہ وہ کسی ایسے خاندان کے ساتھ مراسم استوار کرے جو اس کو اس قدر قابو میں رکھنا چاہتے ہیں۔ بہرحال میں نے لنڈسے سے ایسی کوئی بات نہ کی۔ بالآخر ان کے ہائی اسکول کے آخر سال میں گریجویشن کے بعد ان کا رشتہ ختم ہو گیا۔لنڈسے کو احساس ہو گیا تھا کہ اس کا بوائے فرینڈ بھی اس کو کس قدر قابو میں رکھنے کی کوشش کرتا تھا۔ وہ جب اس کے ساتھ تعلق میں تھی تو موسیقی پر توجہ نہیں دے پا رہی تھی۔ رشتہ ختم ہونے کے بعد لنڈسے آگے بڑھ گئی۔لنڈسے کے بارے میں، مَیں یہی کہہ سکتی ہوں کہ اس کے پاس جو بھی وسائل ہیں وہ سب کے سب اس کے شوقِ موسیقی کے لیے وقف ہیں۔ وہ یہی کرتی ہے اور یہی اس کا جنون رہے گا۔اس کی ثابت قدمی کا پھل اس کو مل گیا۔اس کو جونو (JUNO) (موسیقی ایوارڈ) کے لیے نامزد کر لیا گیا۔ یہ اس کا خواب تھا۔ وہ خوش ہے اور اچھی کارکردگی دکھا رہی ہے۔

میری چھوٹی بیٹی ملیسا جب ہائی اسکول میں داخل ہوئی تو وہ زندگی کے ایک ایسے دور سے گزر رہی تھی جو کسی طور بھی خوشگوار نہیں تھا اور نہ ہی اس سے نمٹنا اتنا آسان۔ ملیسا بہت تخلیقی شخصیت کی حامل ہے۔ وہ گرافک آرٹ کرتی ہے۔البتہ ملیسا کے نوعمری کے دنوں سے ہی اپنے دوست تھے جس میں اکثر لڑکیاں تھیں۔ 15 سے 17 برس تک عرصہ مشکل تھا۔ وہ رفیقانہ دباؤ (Peer Pressure) کا شکار تھی۔ اس کو آخری حدود تک جانے کی عادت تھی۔ اس کو گالی دینے پر پہلی دفعہ اسکول سے معطل کیا گیا اور دوسری دفعہ ایک دوست کی مدد کرنے پر۔

ہوا یوں کہ اپنی سہیلی کو دی جانے والی گالی کے جواب میں ملیسا نے اس لڑکی کے ساتھ جھگڑا کیا تھا۔ ایک اور بار ملیسا کی پرنسپل نے مجھے فون کر کے بلا بھیجا۔کیتھولک اسکولوں میں طالب علم یونیفارم پہنتے ہیں اور وہ پورے گلے والے بلیک سویٹر پہنتے ہیں۔ پرنسپل نے مجھے ایک سوئیٹر دکھاتے ہوئے کہا کہ میں ملیسا سے کہوں کہ وہ لڑکیوں سے سوئیٹر لینے بند کرے۔ میں نے اپنی بیٹیوں کو کم عمری میں ہی سلائی کرنا سکھا رکھا تھا کیونکہ میں چاہتی تھی کہ وہ یہ ہنر سیکھ لیں۔ میں نے خود بھی اسکول کے زمانے میں ہوم اکنامکس لے رکھی تھی جس میں کھانا پکانا اور سلائی کرنا سکھایا جاتا ہے۔اس لیے سلائی کا ہنر میرے نزدیک ایک اہم ہنر تھا۔ ہائی اسکول میں اب یہ مضمون نہیں پڑھایا جاتا۔ چنانچہ ملیسا نے اپنے سلائی کے فن

کو استعمال کر کے اس لڑکی کے سوئیٹر کو اطراف سے سی کر تنگ کر دیا تھا۔ اب سوئیٹر جسم سے چمٹ کر اس کے خدوخال واضح کر رہا تھا۔ دوسری لڑکیوں نے جب ایسا دیکھا تو ان کو یہ خیال پسند آیا۔ چنانچہ انھوں نے بھی ملیسا سے رابطہ کیا وہ ان کے سوئیٹر بھی سی دے۔ مگر تنگ سوئیٹر اسکول کو قابل قبول نہیں تھے۔ پرنسپل نے معلوم کروالیا کہ ملیسا لڑکیوں کے سوئیٹر چست کر کے دے رہی تھی۔ انھوں نے مجھ سے کہا کہ میں ملیسا کو منع کروں۔ پرنسپل اور میرے درمیان دیگر بات چیت بھی ہوئی۔ میں نے کہا کہ مجھے ملیسا کے رویے پر تشویش ہے۔ مجھے یاد ہے کہ پرنسپل نے مجھے تسلی دیتے ہوئے کہا تھا: ''فکرمند نہ ہوں۔ ملیسا ٹھیک ہو جائے گی۔'' مگر میں نے سوچا اس حُسن کے ساتھ وہ اس دنیا میں کیسے کامیاب ہو گی۔ مگر خوش قسمتی یہ ہے کہ وہ حسین ہے اور ٹھیک جا رہی ہے۔

سہیل: آپ کو اپنی جواں سال بیٹیوں سے کیا توقعات ہیں؟

برونی: مجھے اپنی بیٹیوں سے بہت توقعات ہیں مگر ضروری نہیں کہ ان کی زندگی میری توقعات کے مطابق بسر ہو۔ مثلاً میں چاہوں گی کہ وہ اپنے لیے ایک شریکِ حیات تلاش کر کے ایک جگہ سکونت اختیار کر لیں اور ایک صحت مندانہ زندگی اپنائیں۔ میں کہنا یہ چاہتی ہوں کہ ان کے حلقہ احباب میں مثبت اور کھرے دوست ہوں۔ ایک پیار کرنے والا خاندان ہو۔ میں یہ بھی چاہتی ہوں کہ میری بیٹیوں کی اولاد بھی ہو۔ ہونے تو دو دو بچے چاہئیں مگر ایک بھی ہو تو بھی ٹھیک ہے۔ لنڈسے نے تو مجھے بتا دیا ہے کہ اس نے اور اس کے بوائے فرینڈ ڈائلن نے فیصلہ کیا ہے کہ وہ بچے پیدا نہیں کریں گے۔ وہ ممکنہ طور پر لے پالک بچہ رکھیں گے۔ لنڈسے کی عمر اس فروری میں 35 سال ہو جائے گی۔ اس کا حیاتیاتی گھڑیال بتا رہا ہے کہ اس کی بچہ پیدا کرنے کی عمر ڈھل رہی ہے۔ مجھے امید ہے کہ وہ اس مسئلے پر دوبارہ غور کرے گی اور اپنے بچے پیدا کرنے کے بارے میں سوچے گی۔

میری چھوٹی بیٹی ملیسا نے سوچ رکھا ہے کہ وہ بچے پیدا کرے گی۔ اس کی عمر اس وقت 31 سال ہے۔ حال ہی میں اس کے اپنے بوائے فرینڈ سے علیحدگی ہوئی ہے۔ لڑکا امریکہ میں ہے۔ کووڈ-19 کی وجہ سے اپریل 2020ء کے بعد سے اب تک ان کی ملاقات نہیں ہوئی۔ اب وہ اکیلی ہے۔ اگر اگلے دو سال تک اپنے لیے شریک سفر نہیں ڈھونڈتی جو اس جیسی سوچ رکھتا تو شاید وہ بھی ماں نہ بن سکے۔ بہرحال یہ بچوں والی توقعات اگلے چند سالوں میں پوری ہوتی ہوئی نظر نہیں آتیں۔ شاید اس میں دس سال لگ جائیں۔ مگر جو بھی

ہوتا ہے مجھے قبول کرنا ہوگا۔ میری یہ بھی توقع ہے کہ لنڈسے اپنے کیریئر کے ساتھ ساتھ ڈائلن کے ساتھ اپنے تعلقات بھی خوشگوار رکھے۔ فی الحال دونوں اچھے جا رہے ہیں اور میں اُمید کرتی ہوں کہ وہ مل کر اپنی زندگی خوشحال بنائیں گے۔ میری یہ بھی توقع ہے کہ ملیسا اپنی فوٹوگرافی اور گرافک آرٹ کو لے کر آگے بڑھے اور اپنے لیے ایسے پارٹنر کا انتخاب کرے جو اس جیسی دلچسپیاں اور مقاصد رکھتا ہو۔ میرے خیال میں وہ بھی ایسی ہی امیدیں رکھتی ہے۔ میں یہ بھی توقع رکھتی ہوں کہ میری بیٹیاں میری اور میرے شوہر کی بطور والدین احترام کریں اور جب ہم بوڑھے ہو جائیں اور ہمیں ان کی ضرورت ہو تو وہ موجود ہوں۔ ہم نے کبھی یہ توقع نہیں رکھی کہ ہم بیٹیوں کے ساتھ رہیں گے۔ البتہ جب ہم ضعیف ہو جائیں گے اور ہماری صحت اچھی نہ رہے گی یا کوئی بیماری آلے گی تو ہم توقع رکھیں گے کہ وہ ہمیں ڈاکٹر کے پاس لے جائیں گی اور ہمیں کھانا منگوا دیا کریں گے۔ اور ہم میں سے کوئی طویل نگہداشت والی بیماری میں مبتلا ہو گیا تو وہ ہم سے ملنے آیا کریں گی اور ہماری نگہداشت کا بندوبست کروا دیں گی۔ ابھی تک جب کبھی ہمیں کسی چیز کی ضرورت پڑی ہے انھوں نے مدد کی ہے اور سب سے بڑھ کر یہ کہ وہ اپنی صحت کا خیال رکھیں اور لوگوں سے تعلقات استوار رکھیں۔

ڈاکٹر سہیل: اس سارے عرصے کے دوران آپ کی توقعات تبدیل ہوئیں؟

برونی: گزشتہ برسوں کے دوران میری توقعات ڈرامائی انداز میں تبدیل ہوئی ہیں۔ آغاز میں میری بیٹیوں سے یہی توقعات تھیں کہ وہ اسکول میں اچھی کارکردگی دکھائیں اور پھر یونیورسٹی میں پہنچیں۔ مگر ایسا نہیں ہوا کیونکہ میری بیٹیاں تخلیقی بچے ہیں۔ ہمارا نظام تعلیمی قابلیت کی بنیاد پر چلتا ہے۔ وہ بچے جن کا دماغ اداراتی نظام کے سانچے میں ڈھل جاتا ہے وہ اچھی کارکردگی دکھاتے ہیں۔ ایسے بچوں کی تعداد 20 فی صد ہوگی۔ دیگر 80 فی صد طالب علم جو تخلیقی ذہن کے حامل ہوتے ہیں یا عملی کام کرنے سے زیادہ سیکھتے ہیں۔ تعلیمی اداروں سے مایوس ہو کر دلچسپی گنوا بیٹھتے ہیں۔ مجھے ذاتی طور پر اسکول بہت بیزار کرتا تھا وہاں میری کارکردگی تسلی بخش تھی مگر مجھے روایتی بچوں کے مقابلے میں زیادہ محنت کرنی پڑتی تھی۔ مگر میری بیٹیاں ایسا کرنے پر آمادہ نہیں تھیں اور وہ اسکول سے مایوس رہتی تھیں۔ بہر حال وہ اسی نظام میں چلتی رہیں۔ لنڈسے کو جانوروں سے پیار تھا۔ اس نے کالج کے بعد کچھ عرصہ جانوروں کی نگہداشت کا کام کیا مگر اس کا اصل عشق موسیقی تھا اور اس نے

موسیقی کے شوق کے راستے میں کسی شے کو نہیں آنے دیا۔ اس نے "رائل کنزرویٹری" میں کچھ کورسز لیے۔ پھر اس نے یونیورسٹی جا کر موسیقی کی تعلیم لینے کا فیصلہ کیا۔ یونیورسٹی میں اس کو ایک میٹل بینڈ میں کام کرنے کا موقع مل گیا۔ اس نے ایسا اس لیے کیا کہ اس کو امید تھی کہ ایسا کرنے سے موسیقی کی دنیا میں نئے دروازے کھلیں گے اور ایسا ہی ہوا۔ گزشتہ برس اس نے بینڈ کو الوداع کہا اور موسیقی کا اپنا البم بنایا۔ جس سے اس کو "جونو" ایوارڈ کے لیے منتخب کیا گیا۔ وہ بہت کامیاب رہی۔ مگر اس کامیابی کے لیے اس نے بہت زیادہ محنت کی ہے۔ گویا میری یہ توقعات ہیں کہ وہ یونیورسٹی جائے، شادی کرے، گھر خریدے، بچے پیدا کرے وغیرہ، پوری نہیں ہوسکیں۔ البتہ اس نے اپنے طریقے سے کامیابی حاصل کی ہے۔ چھوٹی بیٹی ملیسا نے ہائی اسکول میں ایک سال اضافی لگایا کیوں کہ اس کو معلوم نہ تھا کہ اس نے مستقبل میں کیا کرنا ہے۔ ہائی اسکول ختم کرنے کے بعد اس نے OCAD (آنٹاریو کالج آف آرٹ اینڈ ڈیزائن) میں داخلے کی درخواست دے دی۔ یہ آنٹاریو کا سب سے معتبر اور اعلیٰ ترین آرٹ اسکول ہے اور یہاں پر داخلہ لینا بھی بہت دشوار بھی ہے۔ وہاں پر آپ کو اپنا پورٹ فولیو (گزشتہ کام) دکھانا ہوتا ہے۔ جو اس نے دکھایا اور اس کو داخلہ مل گیا۔ اس موقع پر وہ بہت خوش ہوئی۔ میں نے اس کو اسی سال ستمبر میں وہاں کی رہائش میں منتقل کر دیا۔ مگر تین ہفتے بعد مجھے ملیسا کی طرف سے کال موصول ہوئی۔ وہ بولی: "اماں، یہ جگہ میرے لیے نہیں ہے۔ میں آپ کو ابھی سے اس لیے بتا رہی ہوں کہ آپ ان سے فیس واپس لے لیں۔" میں اور اس کے ابا بہت پریشان ہوئے مگر میں نے فیصلہ کیا کہ زبردستی کرنے کا کوئی فائدہ نہیں۔ البتہ میں نے اس سے اتنا ضرور پوچھا: "کیا یہ تمھارا حتمی فیصلہ ہے؟" اس نے "ہاں" کہا۔ میں نے اس سے کہا کہ فیس میں سے رہائش کی رقم واپس نہیں مل سکتی لہٰذا اس کو دسمبر تک وہیں رہنا ہوگا۔ اس دوران وہ اپنے لیے کوئی نوکری تلاش کر سکتی ہے۔ اس کو "اربن آوٹ فٹرز" میں نوکری مل گئی جو اس کو بہت پسند آئی اور وہ اس لطف اندوز بھی ہوئی۔ وہ دسمبر کے آخر میں گھر واپس آ گئی۔ دو سال بعد ملیسا نے مجھے بتایا کہ اس وقت وہ بھی یاسیت کا شکار تھی کیونکہ اس دوران میری والدہ اور اس کی نانی جو اس کے دل کے قریب تھیں گزر گئیں تھیں۔ وہ اگست میں فوت ہوئی تھیں، یعنی کالج کے شروع ہونے سے ایک ماہ قبل۔ اس کو کالج چھوڑنے کا پچھتاوا نہیں تھا مگر اس نے بتایا کہ اس فیصلے کے پیچھے یاسیت کا عنصر بھی تھا۔ اس نے مجھے اور میرے شوہر کو بتایا کہ وہ نوکری ڈھونڈے

گی اور اس وقت تک کام کرے گی جب تک وہ فیصلہ نہیں کر لیتی کہ اس کو کرنا کیا ہے۔ اس نے کہا کہ اب کالج جانے کا کوئی فائدہ نہیں کیونکہ اس نے فیصلہ کیا کہ اس نے پڑھنا کیا ہے۔ اس طرح دوبارہ رقم کا ضیاع ہوگا۔ بہر حال اس کو "راجرز اسٹور" پر نوکری مل گئی۔ اس کی ذمہ داری ان صارفین کی مدد کرنا تھا جن کو اپنے فون سے مسائل تھے۔ یہ نوکری اس کے آنکھیں وا کرنے کا سبب بنی۔ اس نے تین سال یہ نوکری کی اور فیصلہ کیا کہ وہ صارفین کی خدمت اس کے بس کا روگ نہیں تھا۔ اس کو بُرا لگتا تھا کہ کمپنی کی پالیسیوں کی وجہ سے وہ صارفین کی خدمت جیسے وہ چاہتی تھی، نہیں کر پا رہی تھی۔ اس کے علاوہ اس کو کئی برہم صارفین سے بھی واسطہ پڑتا تھا جن سے نمٹنا اس کے لیے دشوار تھا۔ چنانچہ اس نے فیصلہ کیا کہ وہ "درھم کالج" میں گرافک آرٹس کا تین سالہ کورس لے گی۔ یہ ایک اچھا فیصلہ تھا۔ اس نے اچھی کارکردگی دکھائی۔ اس کو اچھے کام ملتے رہے اور کامیاب زندگی۔ یہاں بھی میری توقعات یہی تھی کہ وہ یونیورسٹی جائے، نوکری کر لے، شادی کر لے، گھر خرید لے اور اس کے بچے ہوں۔ ایسا نہیں ہوسکا۔ اب معاشرہ تبدیل ہو چکا ہے جب میں جوان ہو رہی تھی تو میں نے کبھی ایسا خواب نہیں دیکھا کہ میں بڑی ہو کر شادی کروں گی۔ میں ہیئر ڈریسر بننا چاہتی تھی۔ یا کچھ اور، جو بھی۔۔۔ اس وقت معاشرہ مجھ سے وہی توقعات رکھتا تھا جو بعد میں، مَیں نے اپنی بیٹیوں سے رکھیں۔ اسکول جاؤ یا شاید کالج یا یونیورسٹی، نوکری کرو ، شادی کرو، گھر خریدو اور بچے پیدا کرو۔ ہمارے زمانے میں اکثر نوجوان یہی کرتے تھے۔ میرے اکثر دوست 21 اور 23 برس کی عمر میں شادی کر چکے تھے اگلے 2 یا 3 برس میں ان کا اپنا گھر تھا۔ اور 25 اور 29 سال کے درمیان ان کے بچے تھے، مگر میں نوجوانی میں شادی نہیں کرنا چاہتی تھی۔ ہائی اسکول کے دنوں میں مختصر عرصے کے لیے میرا ایک بوائے فرینڈ تھا مگر ہمارا تعلق جلد ختم ہوگیا۔ پھر میں پال سے ملی۔ جس سے مجھے پہلی دفعہ حقیقی محبت ہوگئی۔ ہمارا رشتہ 5 سال چلا، جس کے دوران کئی بار علیحدگی بھی ہوئی۔ سب سے طویل ناراضگی 9 ماہ چلی۔ یہ وقت میرے لیے بہت مشکل تھا۔ تعلق ختم کرنے میں پہل میں ہی کرتی تھی کیونکہ مجھے محسوس ہوتا تھا کہ رشتے کے بیچ میں کچھ ٹھیک نہیں ہے مگر مجھے اس کی سمجھ نہیں آتی تھی۔ بالآخر مجھے اس کی بہن کے ذریعے معلوم ہوگیا کہ وہ دوسری عورتوں کے ساتھ سو رہا تھا۔ مجھے بہت دُکھ ہوا۔ اس نے مجھے قائل کر لیا تھا کہ ہم دوبارہ رشتے میں بندھ جائیں مگر رشتہ زیادہ دیر نہ چلا۔ اس نے شادی کی تجویز بھی دی مگر میں

اپنے آپ کو ایسے شخص سے شادی پر قائل نہ کر پائی جو میرے ساتھ تعلق میں ہوتے ہوئے کسی عورت کے پاس جائے۔ اگلا ایک سال میں اکیلی رہی۔ پھر میری ملاقات "راڈ" سے ہوئی۔ ہماری دلچسپیاں اور آرزوئیں یکساں تھیں۔ ہم ایک دوسرے کے ساتھ بہت خوش تھے اور ہم نے ایک سال کے اندر ہی شادی کر لی۔ اس وقت میری عمر 25 سال اور راڈ 28 برس کا تھا۔ اس وقت کے معاشرتی رواج کے مطابق ہم نے دیر سے شادی کی تھی۔ ہمارے بچے 35-30 برس کی عمروں میں پیدا ہوئے جو معاشرے کی نظر میں بچے پیدا کرنے کے لیے بڑی عمریں تھیں۔ ہماری بیٹیوں کی ہم عمروں کے اکثر والدین ہم سے 10 سال چھوٹے تھے۔ بہرحال دنیا تبدیل ہو چکی ہے۔ اکثر والدین جن کا جنم 1945ء اور 1965ء کے درمیان ہوا تھا، کی اولادیں ہائی اسکول سے فارغ ہوتے ہی کام حاصل کر لیتی تھیں اور یہ کام کُل وقتی ہوتا تھا جس کے ساتھ کچھ مراعات بھی شامل ہوتی تھیں۔ جہاں تک میرا اور میرے شوہر کے لیے نوکری کے حصول کا معاملہ تھا، دنیا ہماری مٹھی میں تھی۔ میرے معاملے میں یوں تھا کہ ان دنوں اگر آپ کو شارٹ ہینڈ (مختصر نویسی) اور ٹائپ رائٹر کا استعمال آتا تھا تو نوکری ملنا بہت آسان تھا۔

ایک اچھی نوکری حاصل کرنے کے لیے آپ کو ڈگری کی ضرورت نہیں تھی اور اگر آپ کے پاس دفتر کی اچھی نوکری ہوتی تھی تو یہ ایک قابلِ فخر بات تھی۔ بالخصوص اگر آپ کا تعلق ایسے خاندان سے ہو جو جسمانی مشقت والے کام کرتا آیا ہو۔ مثال کے طور پر آپ کے والد کسی فیکٹری وغیرہ میں یا کسی کمپنی میں کام کرتے تھے اور والدہ بھی اگر وہ گھر داری کے ساتھ باہر بھی کام کرتی تھیں، اس دور میں اکثر مائیں گھر دار خاتون ہی ہوتی تھیں۔ اگرچہ میری والدہ نے اس وقت کام شروع کر دیا تھا جب میں 9 سال کی تھی۔ آج کے دور میں ہائی اسکول کی عمر میں آپ میکڈانلڈ یا کسی اور جگہ کم معاوضے پر کام کر سکتے ہیں۔ مگر کم سے کم معاوضے والے افراد ایک مکمل گھر خریدنے کے قابل نہیں ہوتے اور نہ بچوں کی نگہداشت یا ان کے لیے مستقبل کی کوئی منصوبہ بندی کر سکتے ہیں۔ اکثر لوگ دو دو جز وقتی کام کر کے گزارہ کرتے ہیں۔ آج کل کے بچے (جو 1980ء یا اس کے بعد پیدا ہوئے) بے روزگاری بڑھ جانے کی وجہ سے اپنے آپ کو ایک اچھی زندگی دینے کے قابل نہیں سمجھتے، جس وجہ سے غیر محفوظ محسوس کرتے ہیں۔ دوسری جنگِ عظیم کے بعد جنم لینے والے افراد کو اس دور میں محفوظ نوکریاں مل جاتی تھیں۔ ان کو کل وقتی نوکری مراعات کے ساتھ ملتی

تھیں۔ ہمارے آج کے بچوں کی طرح نہیں جن کو عارضی ملازمت ملتی ہے جو ایک مخصوص معیاد اور معاہدے کے تحت ہوتی ہے اور کُل وقتی ملازمت ملنے سے قبل ان کے معاہدۂ ملازمت کی کئی بار تجدید ہوتی ہے۔ بعض بچوں پر کالج اور یونیورسٹی کی تعلیم حاصل کرنے کا دباؤ ہوتا ہے جس کی وجہ سے قرضے لے لیتے ہیں جن کا بوجھ تعلیم مکمل ہونے تک رہتا ہے۔ اکثر لڑکے لڑکیاں نوجوانی میں اپنا محبوب ڈھونڈ لیتے ہیں اکھٹے رہتے ہیں اور شادی سے قبل بچے بھی پیدا کر لیتے ہیں۔ ان کو اپنے پیشے میں مستقل طور پر رچنے بسنے کے لیے طویل عرصہ درکار رہوتا ہے۔ بہت سے افراد اپنی عمر کی تیسویں دہائی کے اواخر یا چالسیویں دہائی کے آغاز تک بھی ایک اچھی اور پُرسکون زندگی حاصل نہیں کر پاتے۔ دوسری جانب بہت سے نوجوان ایسے بھی ہیں جو (من کی پگڈنڈی پر چلتے ہوئے) اپنے شوق کی آبیاری کرتے ہیں۔ جو درست ہے اگر وہ کامیاب ہو جائیں۔ کچھ شوق ذرا مہنگے ہوتے ہیں اگر آپ محنت کرنے کے لیے تیار نہیں۔ میں ایسے بہت سے والدین سے واقف ہوں جو متعدد بار اپنے بچوں کی فیسیں بھر چکے ہیں کیونکہ بچوں کو معلوم نہیں کہ وہ کرنا کیا چاہتے ہیں۔ اور ہر بار اپنا ارادہ بدل لیتے ہیں۔ ہم نے اپنی بیٹیوں کو بتایا تھا کہ ہم ان کی کالج کی فیس ادا کریں گے۔ البتہ وہ اگر فیل ہوگئیں یا تعلیم مکمل نہ کی تو ان کو فیس واپس کرنی ہوگی۔ ہم ان کی تعلیم پر اُٹھنے والی رقم ضائع نہیں کریں گے۔ میری ایک ہی خواہش ہے جس کو آپ میری توقع بھی کہہ سکتے ہیں کہ میری بیٹیاں اپنے لیے ایک مہربان، قابلِ اعتبار اور کامیاب ساتھی ڈھونڈیں جو ان کا شریکِ حیات بنے۔ اور اگر وہ چاہیں تو کم از کم ایک بچہ ضرور پیدا کریں۔ میں ایسا اس لیے سوچتی ہوں کہ میرے ایسے بہت سے دوست ہیں جنھوں نے آغازِ جوانی میں مختلف وجوہات کی خاطر بچے نہ پیدا کرنے کا فیصلہ کیا۔ وہ اب میرے سامنے یہ اقرار کرتے ہیں کہ یہ ان کی زندگی کا سب سے بڑا پچھتاوہ ہے۔ خواتین کے لیے بچہ پیدا کرنے کی عمر 21 سے 42 تک ہوتی ہے۔ کچھ مرد ایسے بھی تھے جنھوں نے ایسی طلاق یافتہ یا بیوہ خواتین سے شادی کر لی جن کے پہلے سے بچے موجود تھے اور انھوں نے اپنے بچے پیدا نہ کرنے کا فیصلہ کیا۔ میں اپنی بیٹیوں کو سمجھاتی ہوں کہ میں اور ان کے والد نے بچے پیدا نہ کرنے کا فیصلہ کیا ہوتا تو زندگی کس قدر بے کیف اور ویران ہوتی۔ ہم تنہا محسوس کرتے اور خاندان کی زندگی کے لیے ترستے رہتے اور اگر ہمارے والدین زندہ ہوتے تو ہم خاندانی زندگی کے لُطف کے لیے ان سے جڑ جاتے مگر والدین

کے جانے کے بعد چونکہ ہمارے بہن بھائی اور دور کے کزن بھی نہیں ہیں ایسے میں ہم محسوس کرتے کہ ہم کسی خاندان کا حصہ نہیں ہیں۔ بہرحال یہ ان کی زندگی ہے وہ جو کچھ اپنی زندگی کے ساتھ کر رہی ہیں اگر اس میں کامیاب اور مطمئن ہیں تو ٹھیک ہے۔ میں بھی مطمئن ہوں۔

ڈاکٹر سہیل: کیا آپ بیٹیوں سے مایوس ہیں یا ان پر فخر محسوس کرتی ہیں؟

برونی: مجھے ان پر فخر ہے۔ وہ کام کی اخلاقیات سے بخوبی واقف ہیں۔ وہ جانتی ہیں جو کام وہ کر رہی ہیں اس کی تکمیل کیسے کرنی ہے۔ وہ مہربان اور عمدہ سوچ کی حامل ہیں۔ ان کے بہت سے دوست ہیں اور ان کے ایسے مشاغل ہیں جن سے خوب لطف اندوز ہوتی ہیں۔ وہ بالغ ہیں اور اپنے فیصلے خود کرتی ہیں۔ اگرچہ عامل اور بالغ بچے بھی بعض اوقات ایسے کام کرتے ہیں جن پر والدین سوال اُٹھا دیتے ہیں کہ کیا وہ درست ہیں؟ لنڈ سے ایک پابند سبزی خور ہے۔ مجھے اندیشہ ہوتا ہے کہ اس کی ضروری غذائیت نظر انداز ہو رہی ہے۔ اور خدشہ ہے کہ اس کی صحت متاثر نہ ہو۔ کبھی کبھار وہ زیادہ تھک جاتی ہے۔ شاید یہ اسی وجہ سے ہے کیونکہ بطور موسیقی کار اس کا کام سخت ہے۔ مجھے حیرانی ہوتی ہے کہ وہ اپنی خوراک کا خیال کیوں نہیں رکھتی، مگر میرا یہ کام نہیں کہ ہر وقت یہی دیکھتی رہوں کہ وہ کیا کھاتی ہے اور کتنا کھاتی ہے؟ میرے لیے تنقیدی نگاہ رکھنا مشکل ہے۔ مگر مجھے اس پر تشویش ضرور ہے۔ ملیسا مجھے بتاتی ہے کہ وہ ماضی میں کبھی کبھار منشیات استعمال کرتی رہی ہے۔ خاص کر موسیقی کے میلوں میں۔ وہ یہ بھی کہتی ہے کہ وہ کبھی بھی ایسی شے کا استعمال نہیں کرتی جس سے واقف نہ ہو۔ وہ کسی شے کے ساتھ تجربے کرنے سے قبل یہ جائزہ ضرور لیتی ہے کہ اس کا دوسروں پر کیا اثر ہوگا۔ وہ بتاتی ہے کہ تمام موسیقی کے مراکز کے پاس منشیات کے مراکز ہیں جہاں پر آزمودہ اور محفوظ اشیاء میسر ہیں۔ مجھے یقین ہے کہ وہ محتاط ہے مگر اس کا ایسا کرنا مجھے پسند نہیں ہے۔ وہ کبھی کبھار سکون کے لیے چرس کی قلیل مقدار استعمال کرتی ہے۔ مجھے معلوم ہے کہ مجھے اس کی رائے کا احترام کرنا چاہیے مگر بطور ماں مجھے تشویش ضرور ہے۔ لنڈ سے منشیات استعمال نہیں کرتی ہاں البتہ چرس ملی ٹافیاں کبھی کبھار لے لیتی ہے۔ دونوں لڑکیوں نے ممکنہ طور پر بچے پیدا نہ کرنے کا عندیہ دے دیا ہے۔ مگر میری خواہش ہے کہ وہ کم از کم ایک بچہ ضرور پیدا کریں۔ ورنہ ہمارا خاندان بہت مختصر ہے۔ بہر حال اگر یہ اگلے دس سال تک نہیں ہو پاتا تو میں ان کے فیصلے پر سر تسلیم خم کر لوں گی۔

ڈاکٹر سہیل: کیا اس حوالے سے آپ کے شوہر کا ردِّ عمل آپ سے مختلف ہے؟

برونی: میرے شوہر کا ردِّ عمل ہمیشہ میرے جیسا ہی رہا ہے۔ اس حوالے سے ہم دونوں ایک جیسی سوچ رکھتے ہیں۔ ہمیں احساس ہے کہ یہ ان کی اپنی زندگی ہے اور ہمیں ان کے فیصلوں کا احترام کرنا ہے خواہ وہ ہماری گزشتہ توقعات کے مطابق نہ ہوں۔

ڈاکٹر سہیل: کیا آپ اپنے آپ کو تخلیقی فرد سمجھتی ہیں یا روایتی؟

برونی: میں اپنے آپ کو ایک تخلیقی فرد سمجھتی ہوں۔ میں اسکول کے زمانے میں آرٹ میں بہت دلچسپی رکھتی تھی۔ مجھے اچھی طرح یاد ہے کہ چوتھی پانچویں اور چھٹی جماعت میں، میں میگزینوں میں موجود مشاہیر کی تصاویر بناتی تھی۔ میں عورتوں کے مختلف ملبوسات کی تصاویر بھی بناتی تھی۔ اس زمانے میں، مَیں ڈریس ڈیزائنر بننا چاہتی تھی۔ اسکول کے ایک ہال کی دیوار پر میری بنائی ہوئی ایک تصویر آویزاں تھی اس وقت میں پانچویں جماعت کی طالبہ تھی۔ اس تصویر کے تین چہرے تھے۔ مجھے یاد ہے کہ پرنسپل نے مجھے بلا کر مبارک باد دی اور بتایا کہ میری بنائی تصویر کس ہال میں لگائی گئی ہے۔ جب میں آٹھویں جماعت میں تھی تو چھٹی کے بعد آرٹ کی کلاس ہوتی تھی میں نے موروں کی دو تصاویر بنائیں۔ اس کے کئی برس بعد جب اسکول کی "ری یونین" ہوئی اس وقت میری عمر 25 برس تھی۔ میں ساتویں، آٹھویں جماعت کے ٹیچر سے باتیں کر رہی تھی۔ اُنھوں نے مجھ سے دریافت کیا: ''آپ آرٹ کی دنیا میں آج کل کیا کر رہی ہیں؟'' میں نے جب انھیں بتایا کہ میں لیگل سیکرٹری ہوں تو وہ بہت حیران ہوئے اور بولے: ''تمھیں یاد ہے تم نے ایک دفعہ دو موروں کی ایک تصویر بنائی تھی؟ میں نے "ہاں" کہا تو بولے: ''وہ تصویر آج بھی میرے گھر میں آویزاں ہے۔ جب میں نے ہائی اسکول شروع کیا تو آرٹ میں داخلہ لیا تھا مگر مجھے محسوس ہوا کہ میں ہر قسم کا آرٹ پسند نہیں کرتی۔ مجھے صرف لوگوں کی تصویریں بنانا اور تجریدی آرٹ پسند تھا۔ مجھے تاریخی آرٹ، آئل پینٹنگ، مناظر کی تصاویر اور آرٹ کی دیگر جہتیں پسند نہیں تھیں۔ اگرچہ میں نے ایک دفعہ اپنی تصویر بنائی اور A+ گریڈ حاصل کیا تھا۔ چنانچہ میں نے سوچنا شروع کر دیا کہ آرٹ کے علاوہ کوئی پیشہ اپناؤں گی۔ مجھے اس وقت احساس نہیں تھا کہ آرٹ کے شعبے میں بھی متعدد مواقع میسر تھے۔ لہٰذا اکثر لڑکیوں کی طرح میں بھی روایتی راستے پر چلنا شروع ہو گئی۔ مجھے ٹائپنگ اور شارٹ ہینڈ آتی تھی۔ اس زمانے میں اس ہنر کے ساتھ کوئی بھی آفس آپ کو ملازمت پیش کر سکتا

تھا۔ چنانچہ میں نے فیصلہ کیا کہ کالج میں داخل ہو کر قانونی معاونت کی تعلیم حاصل کروں اور وکلاء کے لیے کام کروں۔ چنانچہ یہ کام میں نے تیرہ سال تک کیا اس دوران میرے بچے پیدا ہو چکے تھے۔ مگر میں نے کچھ عرصہ ملازمت سے توقف کیا جب تک ملیسا اسکول جانا شروع نہ ہو گئی۔ اس کے بعد میں نے دوبارہ جزوقتی کام شروع کر دیا۔ اس کے بعد میں فائنانشل سروسز کے محکمے میں چلی گئی۔ دو سالوں (2005-2007) کے علاوہ میں نے ہمیشہ جزوقتی کام ہی کیا۔ اب چونکہ سرکاری طور پر میں ایک سینئر شہری ہوں لہٰذا ریٹائرڈ تصور کی جاتی ہوں۔ مگر ریٹائرڈ زندگی میں میرے پاس بہت سا وقت ہوتا ہے مگر میں گھریلو فرد نہیں ہوں۔ مجھے گھر سے باہر رہنا پسند ہے۔ میں یا تو سماجی کاموں میں یا پھر دوستوں کے ساتھ مصروف رہتی ہوں۔ آج کل وباء کا زمانہ ہے اس کے باوجود میں دوستوں کے ساتھ چہل قدمی کرتے ہوئے یا ریستورانوں کے برآمدوں میں کھانے کھاتے ہوئے پائی جاتی ہوں۔ مجھے جزوقتی کام کرنا اب بھی پسند ہے۔ میں ایک "نیلام گھر" کے لیے آن لائن کام کرتی رہی ہوں جہاں میں بیچنے والی اشیاء کو تیار کرتی تھی۔ مگر اس کام کا کوئی باقاعدہ شیڈول نہیں ہے۔ چنانچہ بیچ میں ایسے ہفتے بھی آجاتے ہیں جب میں کام نہیں کرتی اور جب کام کرتی ہوں تو وہ ہفتے میں ایک یا دو دن سے زیادہ نہیں ہوتا۔ جب موسم سرما آتا ہے تو مجھے بے چینی شروع ہو جاتی ہے کیونکہ میں دوستوں کے ساتھ ملاقاتیں اور موسم گرما کی طرح لمبی لمبی سیر نہیں کر پاتی۔ میں اب بھی سوچتی ہوں کہ کچھ ایسا کروں جو تخلیقی ہو۔ میں نے اسکول کے دنوں کی کچھ تصاویر بنا رکھی ہیں ان میں کچھ اکرائیلک، کچھ واٹر کلر اور دیگر افراد کی تصاویر ہیں۔ مگر میرا اس وقت مسئلہ یہ ہے کہ مجھے ایک جذبہ محرکہ کی ضرورت ہے۔ جب میں سو کر اُٹھتی ہوں تو پہلا خیال یہی ہوتا ہے کہ آج میں نے کچھ (تخلیقی) کرنا ہے۔ کرنے کو بہت کچھ ہے مگر مجھ میں جذبہ جنوں کی قلت ہے۔ مجھے اُمید ہے کہ بہت جلد میں اس مسئلے پر قابو پا لوں گی اور کچھ نہ کچھ شروع کر دوں گی۔ تو آپ کے (میرے تخلیقی یا روایتی ہونے کے حوالے سے) سوال کا مختصر جواب یہ ہے کہ میں اپنے آپ کو ایک تخلیقی فرد ضرور سمجھتی ہوں مگر میں نے زندگی کا زیادہ عرصہ ایک روایتی فرد کے طور پر گزارا۔

ooo

تخلیقی بچے کی والدہ کے تاثرات

جوڈی ملز

بعض والدین ہاکی کے کھلاڑیوں کی طرح باریک بین ہوتے ہیں اور بعض فٹ بال کے کھلاڑیوں کی طرح وسیع النظر۔ میں ایک ایسی ماں ہوں جو غیر مشروط محبت کا جذبہ رکھتی ہے۔ مجھے ٹھیک سے یاد نہیں کہ میں نے اور میرے شوہر نے ہمارے بیٹے کو پہلا گٹار کب دلوایا تھا۔ مگر موسیقی کے اس آلے نے اس کی زندگی میں اہم کردار ادا کیا۔ ہمارا بیٹا "ق" کئی مہینوں سے گٹار کا تقاضہ کر رہا تھا۔ مگر میں اس کو گٹار دلوانے میں ہچکچاہٹ کا شکار تھی کیونکہ اس سال کے شروع میں اس نے دو سال کی سکھلائی کے بعد پیانو کی کلاس ترک کر دی تھی۔ چونکہ میں اور میرے شوہر ہم دونوں گٹار بجاتے ہیں ہمارے گھر میں چند صوتی گٹار موجود تھے۔ مگر بیٹا وہ گٹار لینے سے گریزاں تھا۔ اس کو الیکٹرک گٹار چاہیے تھا۔ مجھے معلوم تھا کہ گٹار میں دلچسپی پیدا کرنے کے لیے اس کو گٹار کی محبت میں گرفتار ہونا پڑے گا۔ چنانچہ میں نے اپنی جیب کے مطابق سب سے خوبصورت گٹار اس کے لیے خریدا اور اس کی آٹھویں سالگرہ پر ہم نے 10 واٹ کے ایمپلی فائر کے ساتھ ''سٹریٹو کاسٹر'' برانڈ کا گٹار اس کو پیش کیا۔ جب اس نے گٹار کو کھولا تو اس کی خوشی کی انتہا نہ رہی۔

ہم نے اس کے چہرے پر بہت بڑی مسکراہٹ دیکھی اور اس کا روشن چہرہ قابلِ دید تھا۔ مگر چند ماہ کی سکھلائی کے بعد اس کا جوش ٹھنڈا پڑ گیا۔ وہ گٹار پر روایتی نغمے نہیں بجانا چاہتا تھا۔ جیسے 'میری کی ایک چھوٹی سی بھیڑ تھی۔' وغیرہ وغیرہ۔ چنانچہ میں نے اس سے پوچھا کہ اس کو کس قسم کے نغمے گٹار پر بجانے پسند ہیں تو میرے بیٹے نے سر کو جنبش دی اور بولا مجھے سوچنے دیجیے اور وہ اپنے کمرے میں چلا گیا اور آدھ گھنٹے کے بعد واپس آیا تو بہت خوش اور پر عزم لگ رہا تھا۔ اس نے 'رِک سپرنگ فیلڈ' کا نغمہ "جے سی کی لڑکی" گنگنایا۔

میں نے بیٹے کو بتایا کہ اس گانے میں ٹائمنگ، (وقوف) اور تار ہلانے کی ترتیب کافی مشکل

ہے، مگر خوش قسمتی سے اس کا گٹار ٹیچر اس کی قابلیت جان چکا تھا۔ اس نے جیسے گانے وہ بجانا چاہتا تھا اجازت دے دی اور اس نے وہی نغمے سکھانے شروع کر دیئے۔

تین ماہ کے اندر اندر وہ نغمے کے گٹار والے حصے سیکھ چکا تھا۔ اس میں انفرادی فن بھی شامل تھا۔ میں اور میرے شوہر اپنے بیٹے کو اتنی کاملیت سے گٹار بجاتا دیکھ کر دنگ رہ گئے۔ ہمیں اسی وقت معلوم ہو گیا کہ ہمارا بیٹا گٹارسٹ بننے کے لیے ہی پیدا ہوا ہے۔

دو سال آگے بڑھتے ہیں۔ "ق" اب گٹار کا فن شناس بن رہا تھا اور کم و بیش ہر گانا گٹار پر بجا سکتا تھا۔ مجھے محسوس ہوا کہ اب وہ ایک اور چیلنج کے لیے تیار تھا۔ اور وہ چیلنج تھا اپنا بینڈ بنانا۔ چنانچہ میں نے مشورہ دیا کہ "ق"، اس کی بہن "ج" اور اس کا قریبی دوست "ب" مل کر ایک بینڈ بنا لیں۔ ترتیب یہ تھی کہ "ق" گٹار بجائے گا، "ج" گانا گائے گی اور "ب" ڈرم بجائے گا۔ انھوں نے کچھ عرصے کے لیے ایک گٹارسٹ بھی رکھا مگر وہ جلد رُخصت ہو گیا۔ اب کہ "ب" نے پیانو بجانی شروع کر دی۔ ہر اتوار کو میں سارا دن بیسمنٹ میں گزارتی جہاں بچوں کو گانا گانے کا فن سکھاتی اور مشق کرواتی۔ میں نے انہیں یہ بھی سکھایا کہ آلات موسیقی کس ترتیب سے رکھنے ہیں اور اسٹیج پر کیسے کام کرنا ہے۔

مئی 2012ء میں "ق" کے بینڈ نے ایک مقامی کافی شاپ میں اپنا پہلا شو کیا۔ شو بہت اچھا گیا۔ اب "ق" اور "ج" نے مل کر گانے لکھنے شروع کر دیئے۔ مجھے اپنے بچوں پر فخر ہونے لگا تھا۔ 13 سال کی عمر میں "ق" نے اپنی پہلی البم جاری ہونے پر پارٹی دے ڈالی۔ وہ اب اکیلے اور بینڈ کے ساتھ دونوں طرح سے گانے لگا تھا۔ اس کی گٹار بجانے کی اور گانے لکھنے کی صلاحیتیں فروغ پا رہی تھیں۔ مجھے اپنے بچوں پر فخر تھا کہ دونوں مل کر مشترکہ منزل کے لیے کس جانفشانی سے کام کر رہے تھے۔ بینڈ کا حصہ ہوتے ہوئے کارکردگی دکھانے کا جو ہنر انھوں نے سیکھا وہ قابل قدر تھا اور آج بھی ان کے پاس ہے۔

"ق" کی عمر صرف 14 برس تھی جب اس کا پہلا بینڈ بکھر گیا۔ اس نے دوسرا بینڈ بنا لیا اور پھر تیسرا۔ بالآخر وہ ایک تنہا فن کار کے طور پر کارکردگی دکھانے لگا۔ میں اور اس کا بہترین اور قریبی دوست ہر ہفتے اس کی تقریبات میں اس کے ساتھ جاتے تھے۔ 14 برس کی عمر میں "ق" نے مقامی "جواں رقص" کے لیے کام کیا۔ حاضرین عش عش کر اٹھے۔ ان کا ردِعمل بہت والہانہ تھا۔ اور لوگوں نے تصاویر بنانے اور آٹو گراف لینے کے لیے "ق" کو گھیرے میں لے لیا۔ میں اور میرا ایک دوست سیکورٹی اسٹاف کی مدد سے بڑی مشکل سے اس کو ہجوم سے حفاظت سے باہر لا پائے۔ ہم نے اس کے گرد ایک گھیرا بنا لیا تاکہ ہجوم اس کو کچل ہی نہ ڈالے۔ پھر ہم نے عمارت کے ایک بغلی کمرے میں جگہ بنائی جہاں پر لوگ اس کے ساتھ تصاویر بنا سکیں اور آٹو گراف لے سکیں۔

اس رات جب ہم گھر پہنچے تو "ق" کے سوشل میڈیا اکاؤنٹس اس کے ہزاروں نئے مداحین سے بھر چکے تھے۔ یہ اس کی کامیابی کا پہلا لطف تھا۔ اس نے کہا کہ ماں مجھے سمجھ نہیں آ رہی کہ کیا کروں۔ میں نے کہا کہ بیٹا اپنی کامیابی سے لطف اندوز ہو مگر کسی مداح کو مایوس نہیں کرنا۔ اچھی آراء پر شکریہ ادا کرو اور تنقید کو نظر انداز کرو۔ میں چاہتی تھی کہ "ق" اپنی پہلی کامیابی کو سمجھے اور شکر گزار بنے۔ اگلے چند ماہ میں "ق" نے مقامی رقص کی تقریبات میں گٹار بجانا شروع کر دیا۔ نتیجہ مختلف نہیں تھا۔ آٹو گراف اور تصاویر بنوانے کے لیے بچوں کی قطاریں لگ جاتی تھیں۔ میرا بچہ تیزی سے مقامی ہیرو بن رہا تھا۔ مجھے خدشہ تھا کہ یہ ناموری اور شہرت اس کے دماغ پر سوار نہ ہو جائے۔ چنانچہ ہر کامیاب تقریب کے بعد میں اس کو یاد کرواتی کہ بیٹا ہجوم میں موجود ہر فرد کے شکر گزار رہو اور ان تمام لوگوں کا بھی شکریہ ادا کرو جو سوشل میڈیا پر تمھیں پسند کرتے ہیں۔ کیوں کہ یہی لوگ ہیں جو تمھارے کام کو عروج پر پہنچائیں گے۔ میں اس کو یہ بھی یاد کرواتی کہ وہ موسیقی کی وجہ سے اس کے ساتھ جڑے ہیں اور اسے اس تعلق کو مضبوط بنانا ہے۔ مجھے یہ تسلیم کرنے میں عار محسوس نہیں ہوتی کہ جب میں اور "ق" اکٹھے مارکیٹ سے گزرتے تو بہت سی نگاہیں ہماری طرف مائل ہو جاتی تھیں۔ کیونکہ لوگ "ق" کو پہچان لیتے تھے۔ یہ بہت خوش آئند بات تھی۔ مگر میں ہمیشہ کم آمیزی کا مظاہرہ کرتی تھی۔ کیونکہ میں نہیں چاہتی تھی کہ "ق" کی انا بہت بڑی ہو جائے۔ میں چاہتی تھی کہ میرا بیٹا منکسر المزاج اور حلیم طبع رہے۔ 15 سال کی عمر میں "ق" نے پہلا مقامی دورہ کیا۔ یہ ایک ڈی۔ جے کے ساتھ تھا جو مقامی رقص کی پارٹیاں مدعو کرتا تھا۔ "ق" کے لیے یہ بہت دلچسپ اور خوشگوار بات تھی کہ وہ نئی جگہوں پر کارکردگی دکھاتا جہاں اس کو نئے شائقین ملتے۔ چند ماہ تک تو ہر ویک اینڈ پر ہم موسیقی کا ساز و سامان گاڑی میں ڈالتے اور ایک نئی جگہ پر پہنچ جاتے تھے۔ "ق" کو دیکھ کر شائقین کا ردِ عمل قابل دید ہوتا تھا۔ وہ بہت سے مداحین بنا رہا تھا اور زندگی کے سبق بھی سیکھ رہا تھا۔ ایک دفعہ کا ذکر ہے کہ کسی تقریب میں اسٹیج پر جانے سے پہلے "ق" نے مجھ سے کہا "ماما! کیا میں کامیاب ہو جاؤں گا؟" میں نے پُر یقین مسکراہٹ چہرے پر سجا کر جواب دیا: "ہاں مگر یہ کامیابی تمھیں ایسی شدت سے طلب کرنی ہوگی جیسے انسان کو ہوا کی طلب ہوتی ہے۔" وہ دن اور آج کا دن؛ میں اس سے یہی کہتی آئی ہوں۔

"ق" 16 برس کا ہوا تو اس کے کیریئر نے اہم سنگِ میل سر کیا۔ آج تک میں اس کے معاملات چلاتی آئی تھی مگر اب وہ انتظامی اور اشاعتی کام کے لئے اپنا منیجر رکھنے جا رہا تھا۔ چونکہ "ق" ابھی تک کم عمر تھا اس لیے اس کی طرف سے مجھے اور میرے شوہر کو معاہدے پر دستخط کرنے تھے۔ یہ ایک مشکل فیصلہ تھا۔ اگرچہ منیجر ایک خاندانی دوست تھا اور میں اس پر اعتبار بھی کرتی تھی، مگر قانونی پابندی اور معاہدے کرنے کے لیے تیار نہ تھی۔ چنانچہ میں نے "ق" سے پوچھا کہ کیا وہ موسیقی کو

مستقل پیشہ بنانے کے لیے سنجیدہ ہے تو اس کا جواب اثبات میں تھا۔ وہ یقینی طور پر اپنا مستقبل موسیقی میں دیکھ رہا تھا۔ ایک بالغ فرد والا معاہدہ کرنے کا مطلب تھا کہ "ق" بالغ دنیا میں داخل ہو رہا تھا۔ تھوڑے ہی عرصے کے بعد ہفتہ وار انتظامی میٹنگز شروع ہو گئیں۔ جن میں "ق" اور میں شامل ہوتے تھے۔ میں بیٹے کی قدرے کم سطح کی مدد کرتی رہی۔

پھر کیا ہوا؟ "ق" کے منیجر نے اس کی موسیقی کی دنیا میں طلب کو ریکارڈ سطح پر لانے کے لیے مشورہ دیا کہ "ق" گھر میں رہتے ہوئے (فاصلاتی تعلیمی پروگرام) کے تحت تعلیم مکمل کر لے۔ اس کا مطمع نظر یہ تھا کہ اس کے موسیقی کے پروگرام بھی چلتے رہیں اور تعلیم بھی جاری رہے گی۔ اگرچہ یہ ایک معقول تجویز تھی مگر میرے لیے زندگی کا سب سے بڑا پچھتاوہ بن گئی۔ میرا "ق" کو پبلک اسکول سے اٹھا کر ایک پرائیویٹ اسکول کے ذریعے آن لائن تعلیمی انتظام کرنا ایک غلط فیصلہ تھا۔ کیونکہ "ق" کو ایک تو ٹال مٹول کی عادت تھی اور دوسرے اس کے سر پر ہر وقت موسیقی سوار رہتی تھی۔ اس نے تعلیم کی پرواہ نہیں کی اور ہوم ورک پر توجہ نہ دی۔ اس موقع پر آن لائن تعلیم ایک غلط فیصلہ تھا۔ یہ احساس مجھے اس وقت ہوا جب اچھی نوکری نہ مل سکی اور اس کو ایک ریسٹوران میں برتن دھونے کا کام ہی مل سکا۔

چونکہ "ق" کی اسکولنگ کے اوقات لچکدار تھے اس لیے اس کے منیجر نے مشورہ دیا کہ ہمیں ایک ماہ نیویارک میں گزارنا چاہیے جہاں پر "ق" اپنے سماجی تعلقات پروان چڑھا سکتا ہے۔ گانے لکھنے کا کام کر سکتا ہے اور "اوپن مائیک" پر اپنی گٹار بجا سکتا ہے۔ چنانچہ ایک ماہ ہم نے ایک براؤن اسٹون اپارٹمنٹ کی بیسمنٹ میں گزارا جو بروکلن کے مقام پر تھی۔ "ق" اور مجھے نیویارک بہت پسند آیا۔ دن کے وقت "ق" یا اسکول کا کام کرتا یا نغمے لکھتا اور رات کو ہم مقامی موسیقی کی محفلوں میں پہنچ جاتے۔ جہاں وہ "اوپن مائیک" پر اپنی کارکردگی دکھاتا۔ اس دوران "ق" کی گانے لکھنے کی صلاحیت نکھر گئی۔ اس کے اعتماد میں بھی اضافہ ہوا اگرچہ ایک رات کو ہمیں یہ معلوم ہوا کہ موسیقی کی صنعت کس قدر مشکل ہے۔ اس رات "ق" کوئینز کے مقام پر ایک ریسٹورانٹ میں اوپن مائیک کے لیے گیا۔ اس کا ڈیجیٹل بورڈ خراب تھا جس کا صرف ایک چینل کام کر رہا تھا۔ ریسٹورانٹ کی بیسمنٹ میں آرٹ کی نمائش لگی ہوئی تھی۔ تقریباً ایک سو افراد "ق" کے پاس سے گزر کر نیچے بیسمنٹ میں گئے مگر ایک شخص نے بھی رُک کر اس کو نہیں سُنا۔ اس پر مستزاد یہ کہ جب بھی کوئی بیسمنٹ سے اوپر آتا وہ "ق" کو دیکھتا اور پھر آرٹ کے کسی نمونے کی بات کر کے آگے بڑھ جاتا۔ یہ بات "ق" کے لیے بہت دل شکستگی کا باعث بنی، اس جگہ سے ہم جلد از جلد باہر نکل آئے۔ جب ہم گھر پہنچے تو "ق" نے فیصلہ سنایا کہ بہت ہو گیا، میں یہ سب چھوڑ رہا ہوں۔ یہ انتہائی کٹھن ہے۔ میں نے اس کو اپنا غصہ نکالنے کا موقع دیا: ''ہاں بیٹا بے شک وہ ایک اچھی جگہ نہیں تھی۔'' میں نے اس سے اتفاق کرتے ہوئے کہا۔ اگلے روز "ق" کو "نیویارک سٹی" کی Bitter End

سٹریٹ میں ایک اور اوپن مائیک کے لیے بُک کر لیا گیا، مگر اس نے جانے سے انکار کر دیا۔ میں اس کو جانے کے لیے قائل کرتی رہی۔ "ایک اور موقع دو۔" آخر کار میں اس کو لے ہی گئی۔ وہاں پر حاضرین کی تعداد کچھ زیادہ نہیں تھی۔ ہم یہ دیکھ کر خوش ہوئے۔

اس سے قبل "ق" نیو یارک سٹی میں خدمت گار عملے کے لیے چند ایک اوپن مائیک کر چکا تھا۔ جب اس نے اپنی موسیقی کا سیٹ ختم کیا تو ایک خاتون "ق" کے پاس آئی اور کہا کہ وہ اس کی موسیقی سے بہت زیادہ لطف اندوز ہوئی تھی۔ وہ خاتون مشہور New York Songs Writer's Circle کی سربراہ نکلیں۔ انھوں نے "ق" کو اپنی اسٹیج پر، پرفارم کرنے کی دعوت دے دی۔ "ق" کی خوشی دیدنی تھی۔ اس چیز نے اس کے اندر اپنے کیریئر کے حوالے سے نئی توانائی بھر دی۔ میں نے اکثر دیکھا کہ جب "ق" مایوس ہو کر موسیقی کو خیر باد کہنے کے قریب ہوتا، کچھ ایسا ہو جاتا کہ اس میں آگے بڑھنے کی ہمت بندھ جاتی۔ نیو یارک سے واپسی پر "ق" نے نغمے لکھنے اور اوپن مائیک پر گانے گانے کا کام جاری رکھا۔ وہ اکیلا بھی کام کرتا اور اپنے بینڈ کے ساتھ بھی۔ "ق" کے لکھے نغمے اب زیادہ پختہ اور مفصل ہوتے جا رہے تھے۔ مجھے اس کی نغمے لکھنے کی صلاحیت پر فخر محسوس ہوا۔ جب گلوکاری کی صلاحیت پختہ ہوئی تو اس کی اسٹیج کی کارکردگی میں بھی نکھار آنے لگا۔ اس کے علاوہ اس کی گانے والی صلاحیت گٹار بجانے کی صلاحیت کے ساتھ مل کر اور بہتر ہو رہی تھی۔ گویا وہ ایک نغمہ نگار اور موسیقار کے طور پر اپنی صلاحیتیں منوا رہا تھا۔ اب اس کے چند نغمے مشہور ہو گئے اور اس کو چند نامور جگہوں پر بڑے شو مل گئے۔ اس کے ایک نغمے کو 170,000 ''سپوٹی فائی سٹریم'' ہٹ ہوئیں اور ایک ویڈیو کو یوٹیوب پر 250000 ویوز ملے۔

جوان ہو کر "ق" نے موسیقی کے بزنس کو بڑھانے میں فعال کردار ادا کرنا شروع کر دیا۔ اب وہ موسیقی کی تقریبات کی بکنگ لیتا، ریکارڈنگ سیشن کرتا، اپنے بینڈ کا انتظام دیکھتا اور موسیقی کے ساز و سامان کا بندوبست کرتا تھا۔ اس سب میں میرا کردار نہ ہونے کے برابر تھا۔ کیونکہ میں ذرا دُور رہ کر اپنے بیٹے کو ایک بڑے آدمی کی طرح اپنے معاملات نمٹاتے ہوئے دیکھنا چاہتی تھی۔ 21 سال کی عمر میں میرا بیٹا اپنے اپارٹمنٹ میں رہائش پذیر ہو گیا۔ وہ حقیقی طور اپنی کشتی کا خود بادبان تھا۔ اب وہ دو ملازمتیں کرنے کے علاوہ 3 بینڈوں میں اپنی کارکردگی دکھا رہا تھا۔ "ق" اب بھی اپنے کام سے متعلق اکثر مجھ سے مشورہ کرتا ہے۔ مگر میرا اس میں زیادہ فعال کردار نہیں ہے۔ میں اس طرح مطمئن ہوں کہ مجھے یقین ہے کہ "ق" کے معاملات اس کے فہیم ہاتھوں میں ہیں۔ مجھے معلوم ہے کہ اپنی لاجواب صلاحیتوں، مضبوط ارادوں اور آگے بڑھنے کے جذبے کے بل بوتے پر ایک دن وہ ایک کامیاب موسیقار ضرور بنے گا۔

ooo

تخلیقی خوابوں کا سفر جوئے شیر لانا ہے!

قوئین لاپیش

مجھے کبھی بھی یہ محسوس نہیں ہوا کہ آرٹسٹ بننا میرا اپنا انتخاب تھا۔ یہ ایک ایسی چیز ہے میں جس کے لیے پیدا ہوا تھا۔ میں ہوش سنبھالتے ہی موسیقی کی طرف مائل تھا اور اس کی کوئی ایک وجہ نہیں تھی۔ مختصر یہ کہ جتنا اچھا مجھے موسیقی محسوس کرواتی تھی اور کوئی شے نہیں کرواسکتی تھی۔ میں نے چار سال کی عمر میں پیانو بجانا شروع کر دیا تھا اور آٹھ سال کی عمر میں، میں نے فیصلہ کیا کہ مجھے گٹار بجانی ہے۔ وہ مجھے فوراً پسند نہیں آ گئی تھی۔ ہفتے میں ایک دن گٹار کا سبق لینے لیے ایک فرسودہ اور سنسان سی عمارت میں جاتا تھا۔

مجھے اچھی طرح یاد ہے کہ سردیوں میں جب میں کار سے نکلتا تھا تو موسم کس قدر شدید ہوتا تھا اور میں کس قدر خوفزدہ۔ اتنا ہی جتنا کہ گٹار کے 30 منٹ کی سکھلائی کے دوران ہوتا تھا۔ میں سبق کے دوران میں گٹار کی مشق بھی نہیں کرتا تھا۔ سبق کے خاتمے پر میں اپنا گٹار اسی طرح بستے میں بند کر دیتا تھا اور اگلے ہفتے اسی وقت 30 منٹ کے لیے کھولتا اور پھر اسی طرح بند کر دیتا تھا۔ ایسا کئی مہینوں تک رہا۔ بالآخر میں نے اپنے محسوسات والدین کو بتا دیئے۔ میں یہ جان کر حیرت زدہ رہ گیا کہ وہ دل و جان سے میری ہمت بندھا رہے تھے۔ چنانچہ میں نے ان سے کہا کہ میں گٹار پر "راک (جدید) موسیقی" بجانا چاہتا ہوں۔ اگلے ماہ میں نے "جے سی کی لڑکی" کے عنوان والا نغمہ سنا اور سیکھا۔

میں نے ایک "راک" ٹیچر رکھ لیا جو اسی بوسیدہ عمارت کی ایک اور ناگوار سی بیسمنٹ میں موسیقی سکھاتا تھا۔ میری تخلیقی زندگی میں، یہ ایک مثبت تبدیلی تھی۔ اب گٹار کی کلاس میں جاتے ہوئے میں بہت خوش ہوتا تھا۔ میں وہاں پہنچ کر کار سے باہر چھلانگ لگاتا دوڑ کر بیسمنٹ کی سیڑھیاں اترتا اور خوشی خوشی اپنا تازہ تازہ بند کیا ہوا گٹار باہر نکالتا۔ میرا نیا معلم مجھے سکھانے سے پہلے گیت کو سُن کر خود سیکھتا

تھا۔میں اس کو دیکھ رہا ہوتا۔یہ ایک نایاب ہُنر تھا جو میں نے سیکھا۔ایک سال کے اندر اندر میں ایک اناڑی سے ترقی پا کر بینڈ میں گٹار بجانے کے قابل ہو گیا۔میرا پہلا بینڈ "بروکن ریکارڈ" میری بہن کے ہمراہ تھا۔ہر نغمہ جو ہم نے بجانا ہوتا تھا پہلے میں سن کر سیکھتا تھا اور پھر اس کے تار دوسرے ممبران کو دکھاتا تھا۔۔۔بالآخر مجھے اپنے گانے لکھنے میں دلچسپی پیدا ہونے لگی۔میں نے اپنی بہن کے ساتھ مل کر پہلا نغمہ 12 سال کی عمر میں لکھا جس کو ہم نے مقامی کنسرٹ میں گایا۔مجھے اپنا گانا بجانے کا پہلا احساس ابھی تک یاد ہے۔اور یہ کہ دوسروں کے گانے بجانے سے وہ کس قدر مختلف تھا۔یہ حاضرین کے ساتھ گہرا اور مضبوط ربط پیدا کر رہا تھا اور کسی قدر نشہ آور بھی۔کچھ عرصے بعد میں نے اور میری بہن نے بینڈ کو تقسیم کرنے کا فیصلہ کیا اور میں نے اپنے دوستوں کے ساتھ مل کر ایک نیا بینڈ بنانے کی ٹھان لی۔جس میں میرا کام گانا تھا۔اس فیصلے نے موسیقی کے حوالے سے میرا نقطہ نظر بدل دیا۔اب موسیقی کے ساتھ میرا تعلق نئی گہرائی تک جا چکا تھا۔ایسا اس سے قبل نہیں ہوا تھا۔13 سال کی عمر میں، مَیں نے نغمات کا ایک البم لکھا اور میرے والدین نے ریکارڈنگ کے اخراجات ادا کیے۔میں اُس وقت ایک میوزک اسکول میں کام کر رہا تھا اور گٹار، ڈرم اور پیانو سکھانا ابھی شروع ہی کیا تھا۔اسکول نے ایک عارضی اسٹوڈیو بنا رکھا تھا۔ہم اس میں گانے ریکارڈ کرتے تھے۔البم تیار کرنے میں کئی ماہ لگ گئے کیونکہ پہلے گانا لکھا جاتا تھا اس کے بعد گٹار یا پیانو کے ساتھ گایا جاتا اس کے بعد ریکارڈنگ ہوتی تھی یہ مشکل لگتا تھا مگر میرے اردگرد افراد میری اتنی ہمت بندھا رہے تھے کہ میری گانے لکھنے کی صلاحیت بڑھتی گئی۔اسی چیز نے مجھے آگے بڑھایا۔میں نے اپنے آپ کو چیلنج کیا کہ زیادہ سے زیادہ گانے لکھوں گا اور ہر ہفتہ گزشتہ ہفتے سے بہتر ہو گا۔میری ماں ایک لکھاری ہیں چنانچہ ہم مل کر لکھتے تھے۔مجھے ان کے ساتھ کام کرنا اچھا لگتا تھا۔ہم نے کئی نغمے اکٹھے لکھے۔انھوں نے مجھے سمجھایا کہ گانے کا ڈھانچہ کیا ہوتا ہے اور شاعری اور طرزِ تحریر کا کیا کردار ہے۔میرے پہلے البم کے جاری ہونے کے چند ماہ بعد مجھے ایک فون کال موصول ہوئی۔ایک مینیجر اور پروڈیوسر نیو یارک سے بات کر رہے تھے۔وہ ایک عرصے سے موسیقی کی صنعت سے وابستہ تھے اور ہمارے ان سے خاندانی مراسم بھی تھے۔ان کو میرے تحریر کردہ نغمات پسند آئے تھے۔چنانچہ انھوں نے مجھ سے کہا کہ میں 3 نغمے لکھوں اور ان میں سے جو ان کو زیادہ پسند آئے گا وہ ایک نغمہ ریکارڈ کریں گے۔اس ماہ میں نے جلدی سے 3 نغمے لکھے اور ان کو "گیراج بینڈ" پروگرام کے ذریعے اپنے "آئی پیڈ" پر ریکارڈ کر لیا۔اُنھوں نے ایک نغمہ پسند کر لیا اور مجھے "نیش ویل" جا کر ریکارڈ کروانے کی دعوت دے ڈالی۔میں اس وقت 14 سال کا تھا اور اپنے خواب کی پیروی کر رہا تھا۔میں ریکارڈنگ اسٹوڈیو میں پیشہ وار افراد کے ساتھ موجود تھا جو میرے لکھے نغمے پر کام کر رہے

تھے۔جس وقت میں "نیش ویل" سے واپس آیا تب میں نے ابھی دسویں جماعت شروع کی تھی اور میری عمر صرف 15 برس تھی اور میں ایک آرٹسٹ کے طور پر اپنے قدم مضبوط کر رہا تھا۔میں نے موسیقی کو بطور کیریئر اپنا لیا تھا اور اپنے مقصد کے حصول کے لیے ہر ممکن کوشش کر رہا تھا۔اب میں نے تواتر سے موسیقی لکھنی شروع کر دی۔

اپنی جز وقتی ملازمت سے کمائی ہوئی رقم میں نے اپنی بیسمنٹ میں چھوٹا سا اسٹوڈیو بنانے پر صرف کر دی جہاں پر میرا زیادہ تر وقت گزرتا تھا۔مجھے اچھی طرح یاد ہے جب 15 سال کی عمر میں اپنا پہلا البم ریکارڈ کر کے جاری کرنے پر اسکول میں میری خوب دُرگت بنی تھی۔ہائی اسکول طالب علموں کے ساتھ عموماً ظالمانہ رویہ رکھتے ہیں۔مگر تخلیقی لوگوں کے ساتھ ان کا سلوک اور بھی بہیمانہ ہوتا ہے۔

کمرہ جماعت اور برآمدوں میں آتے جاتے مجھے مختلف ناموں سے پکارا جاتا اور میرا مذاق اُڑانے کے لیے مجھ سے آٹوگراف مانگے جاتے۔جب میں آن لائن جا کر موسیقی کے حوالے سے کوئی پوسٹ لگاتا تو ناپسندیدہ آراء کی بھرمار ہو جاتی تھی۔یہ بہت حوصلہ شکن بات تھی۔یہ اس وقت کی بات ہے جب میں ابھی اس پہاڑ کے قدموں میں کھڑا تھا جس کو سر کرنا چاہتا تھا۔جب میں پیچھے مُڑ کر دیکھتا ہوں تو مجھے سمجھ آتی ہے کہ میں روایت کے سانچے میں ڈھل جانے کو اچھا کیوں سمجھتا تھا۔اس لیے کہ اگر میں کالج میں پڑھ رہا ہوتا یا کاریں بیچ رہا ہوتا تو کسی کو کوئی اعتراض نہیں تھا کوئی میرا مذاق بھی نہ اُڑاتا۔بات دراصل یہ تھی کہ جب کوئی فرد مروجہ روایت سے ہٹ کر کوئی کام کرتا ہے تو وہ روایتی لوگوں کو بھونڈا نظر آتا ہے۔

اسکول کے زمانے میں ہی مجھے دعوت دی گئی کہ میں اپنے بینڈ کے ساتھ ان مقامات کے دورے کروں جہاں پر 300-400 بچوں کے اجتماعات منعقد ہوتے تھے۔یہ زبردست کام ثابت ہوا۔ہم لوگ (میں، میرے والدین، ایک قریب ترین دوست اور گٹارسٹ) گاڑی میں پورا آنٹاریو گھومتے تھے اور "شو" کرتے تھے۔ہر شو کے بعد ہم متعدد آٹوگراف دیتے اور اپنے مداحوں کے ساتھ گھومتے پھرتے تھے۔مجھے نغمے لکھنے کی تحریک ہوئی تا کہ میں یہ فرق معلوم کر سکوں کہ شائقین میرے اپنے لکھے گانوں اور دوسروں کے گائے ہوئے گانوں میں سے کن کو زیادہ پسند کرتے ہیں۔لہٰذا جب مجھے اپنے گانوں پر تائید و توثیق ملی تو میرے اعتماد میں اضافہ ہوا اور میں یہ سمجھنے لگا کہ اب میرا کوئی متبادل نہیں ہے۔میں ریکارڈنگ میں بھی ماہر ہوتا جا رہا تھا اب میں اپنی ریکارڈنگ پیشہ وار اور ماہر افراد سے کروانے لگا۔

اسی زمانے میں ایک ہیلووین پارٹی میں میری ملاقات ایک لڑکی سے ہوئی جو میری محبوبہ

بنی۔ میں اس کی محبت میں گرفتار ہو گیا کیوں کہ اس کو موسیقی بہت پسند تھی۔ مجھے رشتے نبھانے نہیں آتے۔ اس رشتے میں بھی میں اس کی توقع پر پورا نہ اُتر سکا کیوں کہ میں اکثر ملاقات کے مقررہ وقت پر دیر سے جاتا، کئی باتیں بھول جاتا، آسانی سے بھٹک جاتا اور اس وقت بے چین ہو جاتا جب مجھے لگتا کہ میں موسیقی سے زیادہ وقت محبوبہ کو دے رہا ہوں۔ ہمارے درمیان رومانوی تعلق پانچ سال تک رہا۔

جب میں 16 سال کا تھا تو ایک ماہ کے لیے نیو یارک گیا تھا تا کہ اپنے موسیقی کے کیرئیر کی ترویج کر سکوں۔ میں اور امی جان، بروکلین کے براؤن اسٹون کی بیسمنٹ میں ٹھہر گئے۔ پورا مہینہ میں یا تو لکھنا تھا جو پرفارم کرتا تھا۔ یہ وہ وقت تھا جب میں نے موسیقی کی پروڈکشن کو سنجیدہ لینا شروع کر دیا تھا۔ میں نے اس ایک ماہ کے عرصے میں اپنے آپ کو جتنا تخلیقی محسوس کیا اس سے پہلے کبھی نہیں کیا تھا۔ مہینے کے آخری دنوں میں، مَیں نے ٹاپ فلور پر ایک شو کیا۔ لوگ آتے تھے مجھے دیکھتے اور مجھے نظر انداز کر کے چلے جاتے۔ یہ میرے کیرئیر کا بدترین شو تھا۔ پہلی دفعہ مجھے محسوس ہوا کہ مجھے یہ کام ہی نہیں کرنا چاہیے۔ گھر جا کر میں رو پڑا اور ماں کو بتایا کہ میں موسیقی کو خیر باد کہہ کر کوئی محفوظ ملازمت کرنا چاہتا ہوں۔ میں بھی زمانے کے ساتھ اس کے اطوار کے مطابق زندگی گزارنا چاہتا ہوں۔ میری ماں نے کہا، بیٹے تم کامیاب ہو جاؤ گے مگر اپنی چاہت کو اس درجے پر لے جاؤ کہ یہ کام تمھیں سانس لینے سے زیادہ ضروری لگے۔

پھر وہ دن بھی آ گیا جس دن نیو یارک میں میرا آخری شو تھا، مگر میں نا امید تھا۔ میں جلد از جلد شو کر کے گھر کی پرواز لینا چاہتا تھا۔ میں نے شو والا لباس پہنا اور اپنا سامان تیار کر کے اسٹیج سے چھلانگ لگائی اور پرفارم کرنے لگ گیا۔ پہلے نغمے کے بعد حاضرین نے اس قدر زوردار تالی بجائی کہ اس سے پہلے اس تقریب میں نہیں بجائی گئی تھی۔

اس سے میرے اندر خوشی کی چنگاری جلنے لگی۔ چنانچہ باقی ماندہ شو میں، مَیں نے دل و جان سے پرفارمنس دی۔ حتیٰ کہ شو کے آخر میں خاتون میرے پاس آئی اس نے میرے نغمات کی تعریف کی اور مجھے اپنے "سونگ رائٹرز سرکل" میں آنے کی دعوت دے ڈالی۔

جب میں گھر واپس گیا تو میرے چہرے پر ایک مسکراہٹ تھی اور میرا جنون واپس لوٹ آیا تھا۔ آگے چل کر مجھے یہ لمحہ یاد آتا رہا۔ جب بھی میں نے موسیقی چھوڑ دینے کا فیصلہ کیا میں اپنے آپ کو وہ لمحہ یاد کروایا اور یہ کہ ایک لمحہ آپ کی ساری زندگی کیسے بدل سکتا ہے۔ کچھ ماہ بعد میں ایک 'شو' کرنے نیو یارک گیا وہاں 'شو' کے بعد ایک لڑکی مجھے ملی جس کی محبت میں، مَیں گرفتار ہو گیا۔ یہ وہ وقت تھا جب میں گانے لکھنے میں حد سے زیادہ مصروف تھا۔ میری رومانوی زندگی متاثر ہونے لگ گئی۔ مگر یہی لڑکی تھی

جو جلدی سے میری آمد کا اور تحریروں کا محور و مرکز بن گئی۔ میں اس کو دیکھ کر ہی نغمے لکھتا تھا اس نے میری تخلیقی قوت بڑھا دی۔ میں اس کے بارے میں ایک دن میں تین تین گیت بھی لکھ ڈالتا۔ جو ایک سے بڑھ کر ایک ہوتا تھا۔ وہ نغمہ نگار بھی تھی اور ہم دونوں مل کر گیت لکھتے تھے بلکہ ہم ایک دوسرے کے بارے میں اپنے احساسات نغمات کے ذریعے ظاہر کرتے تھے۔ جب بھی وہ میرے شہر میں آتی ہم ملتے اور اس کے بعد اور اچھے گیت منظر عام پر آتے۔ حتیٰ کہ ہمارے رشتے کے پیچیدہ پہلو بھی میرے قلم سے بچ نہ پاتے۔ میرا قلم میرے جذبات و کیفیات کو بھی گیتوں میں ڈھال دیتا تھا۔ اسی زمانے میں ، مَیں 17 سال کا ہو چکا تھا اب میں نے اپنا بینڈ بنانے کا فیصلہ کیا۔

میں نے KAJIJI (آن لائن خرید و فروخت کی ویب سائٹ) سے ایک ڈھولچی اور ایک گٹار بجانے والے کا بندوبست بھی کر لیا۔ ہم نے بہت جلد آپس میں ہم آہنگی پیدا کر لی۔ اور چند ماہ کے اندر اندر شو کرنے شروع کر دیئے۔ ہمارا پہلا شو اتنا کامیاب رہا کہ شو کی تمام ٹکٹیں بِک گئیں۔ اس میں اسی لڑکی نے میرے ساتھ اسی گیت پر فارم کیا جو گیت ہم نے اکٹھے لکھا تھا۔ حاضرین نے ہمیں کھڑے ہو کر داد دی اور شو کے بعد میں اور میری دوست نیلے بُوتھ میں بیٹھ کر گھنٹوں گفتگو کرتے رہے۔ ہماری گفتگو کے موضوعات کبھی ختم نہیں ہوتے تھے۔ جب وہ گھر واپس چلی جاتی تھی تو میں اُداس ہو جاتا تھا۔ روزمرہ اور روایتی زندگی کی طرف واپس لوٹنا، اسکول کا کام کرنا، جز وقتی کام کرنا حتیٰ کہ اپنی محبوبہ کی طرف لوٹنا تک مشکل ہو جاتا تھا۔ میں اس وقت بھی اپنی محبوبہ سے پیار کرتا تھا مگر مجھے محبت میں مبتلا ہونے اور کسی کے لیے یہ جذبہ رکھنے کا فرق معلوم نہیں تھا۔ اب مناسب یہی تھا کہ میں اپنی محبوبہ سے الگ ہو جاؤں۔ مگر اس عمر میں مجھے معلوم نہیں تھا کہ کیسے کروں یا شاید میں خوف زدہ تھا۔ میں نے یہ تمام احساسات اپنے نغمات میں لکھ ڈالے۔ میرے پاس جذبات باہر نکالنے کا یہی طریقہ تھا۔ میں موسیقی کو بطور تھراپی استعمال کرنے لگا۔ اس نے مجھے یاسیت اور بے چینی سے باہر نکالا، مگر میری بے چینی اس وقت قابو سے باہر ہو گئی جب میری محبوبہ نے مجھے الٹی میٹم دیا کہ: میں محبوبہ یا گرل فرینڈ میں سے ایک کا انتخاب کروں۔'' میرا ذہنی دباؤ قابو سے باہر ہو گیا۔ ہر صبح کے وقت مجھ پر کپکپی طاری رہنے لگی چنانچہ میں نے تھراپی لینے کا فیصلہ کیا۔

سترہ سال کی عمر میں، میں نفسیاتی معالج کے پاس پہنچ گیا اس علاج سے مجھے اپنی منتخب کردہ شاہراہِ زندگی (کیرئیر) سمجھنے میں نہ صرف مدد ملی بلکہ یہ بھی معلوم ہوا کہ میں جیسا ہوں ویسا کیوں ہوں۔ جن چیزوں کو میں اپنے قابو میں کر سکتا تھا میں نے ان چیزوں پر قابو پانا شروع کیا اور اپنا ذہنی دباؤ کم کرنے لگا۔

اسی عمر میں، مَیں نے ڈاکٹر خالد سہیل کی کتاب: ''تخلیقی اقلیت، خواب اور المیئے'' پڑھ ڈالی۔ میں نے یہ بھی سیکھا کہ خوشگوار رشتوں میں ہونے کے باوجود تخلیقی افراد کہیں اور محبت میں گرفتار ہونے سے کیوں نہیں بچ پاتے؟ کیونکہ آرٹ کی پرورش ہمیشہ محبت سے ہوتی ہے۔

اپنے آپ کو محبت سے روکنے کا مطلب یہ ہے کہ آپ اپنے آپ پر محبت کے دروازے بند کر رہے ہیں۔ اپنی ذات کی اس آگاہی نے میری یہ مدد کی کہ میں نے اپنے آپ کو تنہا سمجھنا بند کر دیا اور مجھے اس قابل بنا دیا کہ میں اپنی زندگی میں مثبت تبدیلی لاسکوں۔ اب میری عمر 22 سال ہے۔ میرے اپنے تخلیقی شعبے میں میری ایک معقول ملازمت ہے اور میں اپنے پسندیدہ شہر میں ذاتی اپارٹمنٹ میں رہتا ہوں۔ میرا ایک ایسی خاتون سے رومانوی رشتہ قائم ہے جو مجھ سے پیار کرتی ہے۔ اگر میرا نفسیاتی معالجہ نہ ہوا ہوتا تو شاید میں اس جگہ پر نہ ہوتا جہاں آج ہوں۔ جو لوگ نفسیاتی علاج کرواتے ہیں ان کو ذہنی طور پر ضعیف سمجھتے ہوئے ان کے ساتھ ایک کلنک لگ جاتا ہے۔ میرے خیال میں تھراپی کی مدد حاصل کرنے کے لیے ایک ہمت کی ضرورت ہوتی ہے۔ اور میں زندگی کا شکرگزار ہوں کہ میرے اندر یہ طاقت موجود ہے۔

ooo

تخلیقیت کی جہتیں

سروش وائیں

تخلیقیت میرے خاندان میں تواتر سے چلی آتی ہے۔میں اکثر اپنے نانا عبدالرشید کی کہانی کو یاد کرتا ہوں وہ ایک منکسر المزاج انسان تھے جو دن رات محنت کر کے اپنے خاندان کی ضروریات پوری کرتے تھے، مگر اس کے ساتھ وہ ایک مدھر آواز رکھتے تھے اور جہاں جاتے اپنے ساز و آواز سے محفل کو رنگ بھر دیتے تھے۔ان کے پاس کوئی قیمتی شے نہیں تھی، مگر مزاحمتی شاعری پڑھتے اور لکھتے تھے۔میرے دادا جان عارف عبدالمتین صاحب پاکستان کے نامور شاعر تھے۔ان کا اُردو اور پنجابی شاعری میں اپنا ایک الگ مقام ہے۔ان کی وجہ شہرت روایت سے ہٹ کر شاعری کرنا ہے۔جس میں انھوں نے "تراش" پر "خیال" کو ترجیح دی۔اس کے علاوہ انھوں نے یک مصرعی نظم کی بھی ترویج کی۔

میری والدہ نگہت رشید ایک ماہر گلوکارہ تھیں۔جنہوں نے زندگی بھر موسیقی سے پیار کیا۔ان کے بھائی خالد رشید بھی ایک مصور، موسیقار اور شاعر تھے۔میرے والد نوروز عارف وائیں نے زندگی کا ایک حصہ شاعری کے تجزیئے اور آرٹ کی پذیرائی کرنے اور الٰہیات اور سائنس کے مطالعے پر صرف کیا۔میرا ایک بھائی آذر وائیں ایک سے زیادہ آلات موسیقی بجا سکتا ہے۔اور دوسرا بھائی رومی وائیں ماہر موسیقی اور موسیقار ہے۔اور میرے چچا ڈاکٹر خالد سہیل ایک شاعر، ادیب، نفسیاتی معالج اور متنوع موضوعات پر درجنوں کتابوں کے مصنف ہیں۔البتہ میں ایک سائنسداں بننا چاہتا تھا۔میں بچپن میں ایک متجسس بچہ تھا جو اپنے ماحول پر غور کرتا رہتا ہے۔چنانچہ میں نے بہت جلدی میں بہت کچھ سیکھ لیا۔آغازِ بچپن ہی سے میں نے ہستی کی ماہیت و حقیقت پر غور کرنا شروع کر دیا تھا۔میں جاننا چاہتا تھا کی ہم اس دنیا میں کیوں موجود ہیں؟

دنیا کی فطرت سمجھنے کے دوران میں روحانیت کی طرف مائل ہوا۔اس کی بڑی وجہ

میرے والداور ان کا حلقہ احباب تھا۔ میری اوّلین بچپن کی یادیں 'رومی'، 'لاؤزو' اور 'بدھا' جیسی روحانی شخصیات کی کہانیوں سے لبالب بھری ہوئی ہیں۔ ہستی کی اصل ہیئت کے حوالے سے موت، پیدائش اور اخلاقیات جیسے الفاظ کی آوازیں میرے کانوں میں اوّلین بچپن میں ان دنوں میں ہی پڑنا شروع ہو گئی تھیں جب میں اپنی نصابی کتب میں کئی گیسوں کے امتزاج سے ستاروں کی تخلیق کا مطالعہ کر رہا تھا۔

آگے چل کر میں نے کئی مضامین پڑھے مگر کسی ایک پر نہ رک سکا۔ بالآخر میں نے اسٹرو فزکس (فلکیاتی طبیعیات) کا انتخاب کرلیا اور اس کو اپنا کیریئر بنانے کا فیصلہ کیا۔ اور پھر ہائی اسکول کے اگلے چار برس میں نے سائنس ہی پڑھی۔ میں نے اپنی صلاحیت کے مطابق پوری توجہ سائنس کے اس شعبے پر مرکوز کر دی۔ آگے چل کر فلسفہ اور سائنس نے میرے اردگرد موجود دنیا کو سمجھنے میں میری مدد کی۔ میرا دھیان اس وقت تخلیقی کام کی طرف نہیں جا پا رہا تھا۔ کیونکہ میرا خیال تھا کہ میں نے اپنے مستقبل کی پرواز کا راستہ متعین کرلیا ہے۔

اس سب کے ساتھ ساتھ میں نے ہائی اسکول کے دنوں میں اداکاری میں گہری دلچسپی لینی شروع کر دی تھی اور ایک ڈرامہ گھر میں داخلہ لے لیا تھا۔ اس کا نام "نیو انگلینڈ کلاسیکل اکیڈمی" تھا۔ یہ لوگ ڈرامہ سکھانے کا ایک اچھا پروگرام چلا رہے تھے۔ اس کے علاوہ وہاں پر سپورٹس وغیرہ کا بندوبست بھی تھا اور ایک دوسرے کے ساتھ گھل مل کر رہنے کا بندوبست بھی۔ دیکھتے ہی دیکھتے دیگر لوگ بھی وہاں پر آتے گئے۔ وہاں پر خوبصورت لڑکیاں بھی تھیں اور اگر میں یہ نہ کہوں کہ میرے وہاں پر داخلے کا ایک اہم عنصر یہ بھی تھا تو بددیانتی ہوگی۔

نتیجتاً سال میں ایک سے دو بڑے پروگرام جو عشائیوں اور دیگر تقریبات سے لے کر تھیٹر کی خصوصی پروڈکشن جو مقامی 'کلیئرمنٹ اوپیرا ہاؤس' میں ہوتی تھی' پر محیط تھے۔ ان پروگراموں میں مجھے اہم رول ملتا تھا اور شائقین کی بے پناہ داد بھی۔ مجھے معلوم ہوگیا کہ میں اداکاری میں تاک ہوں۔ میں اپنے کردار میں مکمل محو ہو جاتا تھا۔ وہاں مجھے نئے نئے لوگوں سے ملنے کا موقع بھی ملتا تھا۔ یہ وہ لوگ تھے، میں جن کے کردار ادا کرتا تھا۔ یہ اس وقت ہوتا جب ہم دوست آپس میں کسی ڈرامے کا مرکزی خیال اور مواد جمع کر کے اس پر بحث و مباحثہ کرتے تھے۔ ہر شو سے ہفتوں پہلے میں بہت شوق سے اپنے کرداروں کے طرز زندگی اور مزاج پر تحقیق کرتا تھا۔ مجھے اپنی شناخت ختم کر کے کردار کے قالب میں ڈھلنا پسند تھا۔ اس سے مجھے اپنی ذات سمجھنے میں بھی مدد ملی اور دوسرے کرداروں میں ڈھل کر مجھے اپنی ذات کے گہرے اور نفیس پہلو سمجھنے کا موقع بھی ملا اور کبھی کبھی صرف یہ اس احساس کا لطف بھی کافی تھا کہ میں ایک جگہ موجود ہوں اور پُرنشاط ہوں۔ میں ایک ایسی زندگی میں داخل ہو رہا تھا جہاں پہلے کبھی

نہیں تھا۔

پھر وہ وقت بھی آن پہنچا جب مجھے اپنی پیشہ وارانہ زندگی کا راستہ متعین کرنا تھا۔ پر یہ تنازعہ کھڑا ہو گیا۔ مجھے دو ایسے شعبوں میں سے کسی ایک کا انتخاب کرنا تھا مگر دونوں مجھے عزیز تھے یعنی سائنس اور اداکاری۔ البتہ میرے لاشعور میں کہیں پر ایک نیا جذبہ نمو پا رہا تھا۔ جب میں جوان ہو رہا تھا تو میرے اندر یہ احساس بھی جاگ رہا تھا کہ دُنیا میں بے پناہ رنج والم ہیں جو بلا جواز ہیں۔ میں بے انصافی کے اس نظام کو کمزور طبقات پر مظالم ڈھانے کا نظام سمجھتا اور مستزاد یہ کہ انسان ہی دوسرے انسانوں پر مظالم ڈھا رہے تھے۔ یہ کوئی حادثہ نہیں تھا۔ مجھے یہ بھی معلوم ہوا کہ تاریخ ایسے انسانوں کے کارناموں سے بھری پڑی ہے جو ان مظالم کے خاتمے کے لیے تجاویز رکھتے تھے۔ ان کا خیال تھا کہ انسانیت امن سے آگے بڑھنے کی صلاحیت رکھتی ہے اور ان مظالم کو روا رکھنے کا کوئی جواز نہیں ہے۔ اور نہ ہی قابلِ قبول ہیں۔

میرے اپنے وطن میں لوگوں پر پولیس کے مظالم، دہشت گردی کے خلاف غیر قانونی جنگ اور موجودہ دور میں بعد از نو آبادیاتی اقوام کی آہیں۔ جن کے وسائل طاقتور اقوام نے چھین لیے اور ان کے لوگوں کو بے یارو مددگار چھوڑ دیا گیا۔ یہ سب مناظر میرے دماغ میں گھومتے رہتے تھے۔ مجھے عظیم انقلابی لیڈر 'چے گویرا' کا یہ قول بہت پسند ہے:

> "یہ بہت ضروری ہے کہ تم دُنیا میں کہیں بھی اور کسی کے ساتھ بھی ہونے والے ظلم و نا انصافی کو دل کی گہرائی سے محسوس کرو۔"

میں نے فیصلہ کیا کہ یہ دُنیا چھوڑنے سے قبل انسانیت کی بھلائی کے لیے کچھ کر جاؤں۔ جیسا کہ ہمارے نسل کے اکثر خواتین و حضرات کرتے ہیں۔ مجھے سائنس اور اداکاری دونوں راستے پسند تھے۔ مگر میں نے اداکاری کا انتخاب کیا۔ میں بچپن میں اداکاری سے بہت لطف اندوز ہوا تھا۔ اب میں ذہنی طور پر تیار تھا۔ میرے والدین نے میری حوصلہ افزائی کی اور بہت جلد میں بہترین اسکولوں کی فہرست بنانے لگا۔ چند ماہ بعد میں، نیو یارک سٹی میں NYU ٹِش اسکول آف آرٹس کے "سٹیلا ایڈلر اسٹوڈیو آف ایکٹنگ" میں داخلہ حاصل کرنے میں کامیاب ہو گیا۔ میری آرزؤں کو اپنا مقام مل گیا تھا۔ اس کامیابی میں میری لاتعداد آزمائشی اداکاری اور میرے سخی دل ڈرامہ ٹیچر "ہیدی فگان" کی مدد شامل تھی۔ میں اپنا سفر شروع کرنے پر بے پناہ خوش تھا۔

NYU ٹِش کا منفرد ڈرامہ پروگرام تھا۔ یہ پروگرام ہائبرڈ یعنی "دوجہت" تھا۔ جس میں تعلیمی اور کنزرویٹری طرز کی کلاسز تھیں۔ کنزرویٹری جہاں اداکاری، موسیقی اور آرٹس سکھائے جاتے۔ یہ کلاسز

ہفتے میں تین دن منعقد ہوتیں تھیں باقی دنوں میں تعلیمی کلاسز ہوتی تھیں جہاں یا تو وہ سب کچھ پڑھایا جاتا تھا جو کنزرویٹری کلاسوں میں سکھایا جا رہا تھا یا آپ چاہیں تو اس سے ہٹ کر کوئی مضمون پڑھ لیں۔اس سے آپ مختلف النوع دلچسپیوں اور مضامین کی تعلیم حاصل کر سکتے تھے۔داخلے کے عمل کے دوران جب میرا انٹرویو ہو رہا تھا تو میں نے ایڈلر اسٹوڈیو میں داخل ہونے کی درخواست کی تھی۔یہ اسٹوڈیو 'سٹیلا ایڈلر' کے فلسفے پر قائم ہے جو یہاں پر ایک نامور ایکٹنگ ٹیچر رہی تھیں اور ایک دوسرے عظیم ٹیچر ''کون سٹان ٹن سٹانی سلاوسکی'' کی شاگرد تھیں۔ان کا فلسفہ اور مشہور مقولہ تھا:" انسانی نشوونما اور اداکاری کی نمو یکساں عوامل ہیں۔" یہ بات ایکٹنگ سیکھنے کے ایک طریقے سے نکلی ہے۔جس کا اصول یہ ہے کہ ایک اداکار کا کردار بہترین طریقے سے اس وقت پروان چڑھتا ہے جب وہ کردار کو پیش آنے والے حالات و واقعات اور اپنے تصور کرنے کی صلاحیت کو یکجا کرتا ہے۔دوسرے الفاظ میں اداکاروں کو اپنے جذباتی تجربات کی نشوونما 'منظر' کے تقاضوں کو سمجھ کر کرنی چاہیے، جس کی بنیاد وہ مواد ہوتا ہے جو اداکار کو دیا جاتا ہے۔چہ جائیکہ وہ اپنے ماضی کے ذاتی تجربات کی بنیاد پر کردار نبھانے کی کوشش کرے۔یہ ہنر مارلن برانڈو اور رابرٹ ڈی نیرو کی اداکارانہ زندگی میں بہت کام آیا اور اب میرے کام آ رہا تھا۔

کالج کا میرا پہلا سال کھٹا میٹھا تھا۔نیو یارک ایک خوب صورت اور مخمور کر دینے والا شہر ہے مگر اس کے ساتھ تنہائی کا احساس بھی پیدا کرتا ہے۔جس اثناء میں، مَیں نئے نئے دوست بنا رہا تھا مجھے یہ احساس بھی ہوا کہ دیگر طلباء کے مقابلے میں میرا اداکاری اور شوبز اور ڈرامے کی دُنیا کا علم محدود ہے۔میرے ساتھ دُنیا بھر سے آئے ہوئے طلباء تھے۔جن میں سے کچھ مشہور اداکاروں کے بچے بھی تھے۔جو اس پیشے کے اندر پیدا ہوئے تھے اور بعض آرٹس کے معتبر ہائی اسکولوں کے طلباء تھے۔جنھوں نے یہاں پہنچنے تک طویل تربیت حاصل کر رکھی تھی۔ان کے درمیان ایک میں تھا جو فزکس کے ایک نالائق طالب علم سے اداکار بننے جا رہا تھا۔مگر ایسا بھی نہیں تھا کہ میں پشیماں تھا۔مجھے معلوم تھا کہ میرے اندر صلاحیتوں کا فقدان نہیں ہے۔اور نہ ہی میں ان طلباء کے ساتھ کسی غیر صحت مندانہ دوڑ میں شامل تھا۔وہ میرے ساتھ بہت مہربان رویہ رکھتے تھے اور دلچسپ لوگ تھے۔ہاں مجھے یہ احساس جلد ہو گیا تھا کہ جماعت کے اوپر والے طلباء میں رہنے کے لیے مجھے زیادہ وقت لگانا تھا کیونکہ نصاب بہت مشکل تھا اور یہ احساس بھی تھا کہ دیگر طلباء اور میرے درمیان علمی خلیج حائل تھی۔اب میں نے سوچا کہ ایک لمحہ کہیں اور ضائع کیے بغیر مجھے ایکٹنگ کی تعلیم محنت سے حاصل کرنی ہوگی۔مگر کیا میری دیگر دلچسپیوں کا خون ہو جائے گا؟ کہیں ایسا نہ ہو کہ مجھے اداکاری بُری لگنے لگے۔کیا دیگر دلچسپیوں میں شامل

ہونا اپنے والدین کے وقت اور پیسے کو ضائع کرنے کے مترادف ہو گا جو انہوں نے میری تعلیم پر لگایا تھا؟

مگر میں اپنی دیگر دلچسپیوں کا گلہ بھی نہیں گھوٹنا چاہتا تھا اور اپنی اداکاری کی صلاحیت کو جامد بھی نہیں کر سکتا تھا۔ اب میں اپنی منزل کے بارے میں متزلزل ہو رہا تھا۔ میں نے اپنے دور کے کامیاب اداکاروں پر نظر ڈالی تو معلوم ہوا کہ ان کی زندگیوں میں اداکاری کے سوا کسی شے کی گنجائش نہیں تھی بلکہ اُنھوں نے زندگی میں دیگر دلچسپیوں کو بے دردی سے قربان کر کے اداکاری کے شوق کی آبیاری کی تھی۔ ایک میں تھا جو زندگی کی دلچسپیوں کو قربان کرنے پر تیار نہیں تھا۔

یہ وہ وقت تھا جب میں انکل سہیل سے خصوصی طور سے ملا۔ اگرچہ میں زندگی میں ان سے متعدد بار مل چکا تھا کیونکہ وہ اور میرے والد آپس میں بہت قریب تھے بلکہ میرے والدین اور انکل سہیل سال میں ایک بار دونوں اطراف سے سفر کر کے 'آنٹاریو' اور 'نیو ہیمپ شائر' کے درمیان کسی مقررہ مقام پر ضرور ملتے تھے۔ مجھے یاد ہے کہ میرے والد بچپن میں مجھے بتاتے تھے کہ تم انکل سہیل سے ملو وہ تمھیں پسند آئیں گے۔ اس سال جب میری سردیوں کی بریک ہوئی تو میں اپنے والدین کے ساتھ انکل سہیل سے ملنے نکل پڑا۔ اس دفعہ ملاقات کا درمیانی مقام "لاول" مقرر تھا۔

ملاقات کر کے ہم نے بہت دلچسپ باتیں کیں۔ جن کے موضوعات زندگی، ادب اور سائنس سے لے کر فلسفے تک تھے۔ اب میں ایک طالب علم کے طور پر منتظر تھا کہ میں ان باتوں سے کیا سیکھ پاتا ہوں۔ میں کالج کے سالِ اوّل میں تھا۔ میں علم حاصل کرنے کے ساتھ کامیاب ہونے کے لیے بھی بے تاب تھا۔ میں نے انکل سہیل سے پوچھا کہ میں اگلے سمسٹر کے کورسز کو کیسے تقسیم کروں؟ چونکہ مجھے سائنس سے متعلق کورسز بھی مل رہے تھے مگر میں ہچکچا رہا تھا۔ انکل سہیل نے اپنی دانشمندی کی پٹاری سے چند ہیرے مجھے عطا کیے۔ جن کی اب چار سال گزرنے کے بعد مجھے سمجھ آئی ہے۔ انکل سہیل نے کہا:

> "یہ ضروری ہے کہ آپ زندگی میں کچھ ترجیہات مقرر کریں۔ تم صرف دو ایسے مضامین لو جو تمھیں زیادہ پسند ہوں اور جن کا تمھیں شوق بھی ہو۔ تم ابھی نوجوان ہو۔ زندگی میں بہت کچھ سیکھنا ہے اور اس کے لیے تمھارے پاس بہت وقت ہو گا۔ سیکھنا ایک قدم ہے اگلا قدم ہضم کرنا ہے۔ علم ایک شے ہے اور دانش مندی دوسری شے ہے۔ میرا یہی مشورہ ہے کہ دو مضامین چنو اور ان پر پوری توجہ لگا دو۔"

یہ ملاقات بہت سودمند ثابت ہوئی۔ اس کے بعد میں نے ان سے اپنے دادا عارف عبدالمتین

کے بارے میں دریافت کیا۔جن کے وہ بہت قریب تھے۔اور اس سے ویسا رشتہ رکھتے تھے جیسا انکل سہیل کا اور میرا رشتہ ہے۔ مجھے اکثر یہ خیال آتا ہے کہ میں اپنے دادا اور نانا دونوں کی دانشمندی سے محروم رہا کیونکہ میں ابھی کمسن تھا جب دونوں اس دُنیا سے کوچ کر گئے۔اب میں اپنے دادا کی باتیں انکل سہیل سے سننے کے لیے بے تاب تھا۔ اُنھوں نے مجھے بتایا کہ وہ کیسے طویل مسافتیں طے کر کے دادا سے ملنے جاتے تھے۔اور یہ کہ وہ سال میں ایک دو بار ہی ایسا کر سکتے تھے اور یہ بھی بتایا کہ وہ کیسے کئی کئی ہفتے لگا کر دادا سے سوال پوچھنے کے لیے سوال تیار کرتے تھے جو ان کے مطابق مشکل سوالات ہوتے۔مگر دادا اس قدر آسانی سے اتنی خوبصورتی سے جواب دیتے جیسے پہلے سے ان سوالوں کو جانتے ہوں۔اس کے بعد انکل سہیل نے مجھے اپنی حالیہ شائع ہونے والی ایک کتاب دی جس کا نام (Dreams and Dilemmas: Creative Minority) ہے۔انھوں نے بتایا کہ میں اس برداری کا حصہ ہوں اور ہمیں دانش مندی کی شمعیں اگلی نسلوں تک پہنچانی ہیں۔میں نے کتاب کا پس ورق پلٹا تو اس پر لکھا تھا "ڈاکٹر خالد سہیل،شاعر اور فیزیوتھراپسٹ" میں حیران ہوا کہ ایک پیشہ ور طبیب مجھے کتاب پیش کر رہا تھا جو شاعر بھی تھا اور ایک اشاعتی ادارہ بھی چلا رہا تھا۔میں نے انکل سے اس بارے میں پوچھا۔انکل سہیل نے بتایا کہ اُنھوں نے صبح سویرے کا ایک مختصر حصہ لکھنے کے لیے مختص کر رکھا ہے جس میں تخلیقی تحریریں لکھی جاتی ہیں۔میں پھر حیران ہوا وہ ایک ڈاکٹر تھے اور کلینک چلا رہے تھے۔ ایک اشاعتی ادارہ چلا رہے تھے، باقاعدگی سے کتب چھاپ رہے تھے اور شاعری بھی کر رہے تھے اس سے میری دلچسپی اور تجسس کو مزید بڑھاوہ ملا۔

جب میں نے کتاب پڑھنی شروع کی تو بہت حیران ہوا۔میرا استقبال تخلیقی شخصیات کے گروہ نے کیا۔کتاب میں صرف فن کاروں کی کہانیاں نہیں بلکہ سائنسدانوں،طبیعات دانوں اور دیگر لوگوں کی روداد ہے جو مختلف شعبہ ہائے زندگی سے تعلق رکھتے ہیں۔میرے دماغ میں بھی ایک بیج بویا جا چکا تھا میں تخلیقیت کو ایک نئے زاویے سے دیکھنے لگا تھا۔مجھے پتہ چلا کہ تخلیقیت روایتی آرٹ کی پابندیوں سے آزاد ہے۔میں نے تخلیقی اظہار کو اس کی تمام اشکال میں دیکھنا شروع کر دیا مجھے تخلیقیت میں تنوع نظر آرہا تھا۔میرے سامنے اب یہ سوال تھا کہ میں اپنے فزکس، روحانیت اور سیاسی فلسفے کی محبت کو اداکاری کے اظہار کے فن کے ساتھ کیسے منطبق کروں؟

پھر مجھے یہ جواب ملا کہ جیسے کتاب میں ایسی تخلیقی شخصیات کی زندہ مثالیں موجود ہیں جو کثیر الجہت شوق رکھتی تھیں۔ جیسے میرے دادا جان شاعر بھی تھے اور پروفیسر بھی اور انکل سہیل خود، جو شائع شدہ مصنف بھی ہیں اور نفسیاتی معالج بھی۔اسی طرح میں بھی آزاد تھا کہ دو شعبوں کو بیک وقت اپنا سکتا

تھا۔ بلکہ ان کو ایک دوسرے میں ضم ہونے دوں۔ مجھے بطور ایک آرٹسٹ اپنی شناخت بنانے کے لیے یہ ایک اہم چراغِ راہ تھا۔ میں نے کتاب عطا کرنے پر انکل سہیل کا شکریہ ادا کیا اور اگلے دن ہم جدا ہو گئے مگر اس دفعہ یہ جدائی ایک مربوط جُدائی تھی۔

اب اسکول میں "تخلیقی اقلیت" کا نظریہ میری سیاسی اور فنکارانہ کاوشوں کو بھی جلا بخش رہا تھا۔ سالِ دوم کے آغاز میں خوش قسمتی سے مجھے ٹِش کے جنوبی ایشیائی تھیٹر میں "رامیانہ" نامی کھیل میں "داشاراتھا" کا کردار مل گیا۔ اس کی آڈیشن کے دوران مجھے معلوم ہوا کہ دیسی آرٹس میں شامل طلباء کی کتنی بڑی تعداد ہمارے پروگرام میں موجود ہے۔ مجھے خیال آیا کہ کتنا ہی اچھا ہو کہ ہمیں ایک ایسی جگہ دستیاب ہو جائے جہاں جمع ہو کر مختلف پس منظر کے ایشیائی طلباء سیاسی اور آرٹس کے حوالے سے اپنی اپنی شناخت پر تحقیق کریں اور آپس میں تبادلہ خیال کریں۔ اس شو کی پروڈکشن کے دوران مجھے اپنے اسکول کے بہت سے ہم خیال فنکار ملے۔ وہ بھی میرے ایک جگہ جمع ہونے والے خیال سے متفق تھے۔ آگے چل کر اس خیال کو تقویت ملی اور اس میں سارا ایشیا شامل ہو گیا اور چھ افراد نے ایک طلباء تنظیم کی بنیاد رکھی جس کا نام "آل ایشین آرٹس الائنس" رکھا گیا۔ ٹِش اسکول میں یہ ان طلباء کی آرٹس کے حوالے سے تعاون اور ترویج کی تنظیم تھی جن کا تعلق ایشیا سے تھا اور یہ اپنی طرز کی پہلی تنظیم تھی۔ اس کا مقصد اختلافات کو بُھلا کر اتفاقات کو لے کر آگے چلنا ایشیائی طلباء کی آرزوؤں کو زبان دینا اور مختلف ایشیائی ثقافتوں کے درمیان ہم آہنگی کا فروغ تھا۔

تخلیقی اقلیت کے فلسفے سے متاثر میں نے بطور 'کو فاؤنڈرز' (شریک بانی تنظیم) یہ پیغام دیا کہ "ہم ایشین امریکہ کے اندر ایک تخلیقی اقلیت ہیں۔ ہم نے آرٹ کے ذریعے اور سیاسی طور پر اپنے خیالات کی ترتیب و ترویج کرنی ہے۔" بطور ایک قائد میں جب تک ٹِش اسکول میں رہا اس کلب کا بہترین استعمال کیا۔ ہم نے مختلف طبقات کے درمیان ہم آہنگی پیدا کی اور طلباء کی مختلف وجوہات کی وجہ سے تقسیم ہونے سے روکا۔ کلب ابھی تک ایک ایسی جگہ ہے جہاں اجتماعی نشوونما کے مواقع فراہم کیے جاتے ہیں۔ اب ٹِش اسکول میں یہ سب سے بڑی تنظیم ہے۔

گزشتہ سال ٹِش سے میری گریجویشن ہوئی۔ اور مجھے ڈرامہ میں بیچلرز کی ڈگری عطا کی گئی۔ مگر میری شناخت ابھی تک بن رہی ہے۔ یہ میری آرزوؤں اور زندگی کی حقیقتوں کے درمیان جُھول رہی ہے۔ مگر میں اپنا سر ایک فن کار کے طور پر بلند کر سکتا ہوں۔ اس لیے نہیں کہ اب میرے پاس ڈگری آ گئی ہے بلکہ اس لیے کہ مجھے معلوم ہو گیا ہے کہ کیا شے مجھے تحریک دیتی ہے۔ میری اپنے ساتھ رفاقت جو مجھے زور آور مدوجزر سے نکال کر پُرسکون پانیوں میں لے جاتی ہے۔ اگرچہ میں کسی قدر ہچکچاہٹ سے

یہ کہہ سکتا ہوں کہ وبا (کرونا) کے زمانے میں آن لائن ڈگری مکمل کرنا کس قدر دشوار تھا۔ جب دس دس گھنٹے کمپیوٹر کی اسکرین پر بیٹھنا پڑتا تھا اس مشقت نے مجھے میری منزل دکھا دی۔ اب میں کامیابی کے لیے جلد بازی نہیں کرتا۔ میری آگے بڑھنے کی جستجو اپنی جگہ برقرار ہے مگر میں نے اپنی خوشی کے لیے ترجیحات بنائی ہیں مجھے کچھ اور بننے سے قبل ایک اچھا انسان بننا ہے۔ میں نہیں جانتا کہ اس سوچ اور عمل سے بطور فنکار میری شناخت پر کیا اثر پڑے گا۔ The Power of the Myth نامی کتاب میں بل موئیر، کیمپل جوزف سے پوچھتا ہے:

"لوگ ہر روز دن کا آغاز اپنے آپ کو ہیرو سمجھنے والے تصور کے ساتھ کیسے کریں؟"

جوزف کیمپل جواب دیتا ہے: "تم نے اپنی ذات کی گہرائی خود معلوم کرنی ہوگی۔"

دراصل یہ ایک گہری بات ہے۔ ہم کچھ بھی تخلیق نہیں کر سکتے جب تک ہمیں تخلیق کی اضطراری کیفیات سے واقفیت نہ ہو۔ اس کے بعد ہی ہمیں تخلیق کی مختلف جہتوں تک رسائی ہو سکتی ہے۔ ہمیں ہماری زندگی کے مختلف پہلوؤں، تخلیق کے مختلف مظاہر پر غور کرنا چاہیے۔ اس کے بعد ہمیں سمجھ آئے گا کہ ہمارے زندہ رہنے میں بھی کس قدر فنکاری پنہاں ہے۔ کیا یہ وہی شے نہیں جس کو ہم انسانی حالت کہتے ہیں؟

ooo

سچ کی قیمت

ڈاکٹر خالد سہیل

جب ہم تخلیقی شخصیات کی زندگیوں پر غور کرتے ہیں تو ہمیں معلوم ہوتا ہے کہ اکثر کو اپنے سچ کی خاطر بھاری قیمت ادا کرنی پڑی۔ یونانی فلسفی سقراط کو زہر کا پیالہ پینا پڑا۔ ان کو یہ سزا مذہبی پیشوائیت کی طرف سے اس لیے سنائی گئی کہ وہ یونانی خداؤں کو نہیں مانتے تھے اور ان پر الزام تھا کہ وہ نوجوانوں کو گمراہ کر رہے ہیں۔ انسانی تاریخ گواہ ہے کہ متعدد سائنسدانوں، مفکرین، فنکاروں، صوفیوں، شاعروں، فلسفیوں، اصلاح کاروں اور انقلابیوں کے ساتھ بھی سقراط جیسا سلوک کیا گیا۔ کیوں کہ وہ اپنے معاشروں، اقوام اور ملکوں میں رائج صدیوں پرانی روایات کو نہیں مانتے تھے بلکہ ان پر سوال اٹھاتے تھے۔ میں یہاں صرف چند مثالیں پیش کروں گا۔

"نکولاز کُوپرنائکس" نے جب دریافت کیا کہ سورج ساکن ہے اور زمین اس کے گرد گھومتی ہے نا کہ معاملہ اس کے برعکس ہے تو وہ اپنی دریافت لوگوں کے سامنے لانے سے گریزاں ہو گئے کیونکہ مذہبی پیشوائیت کی طرف سے ان کو سخت ترین سزا سنائے جانے کا اندیشہ تھا۔ انسانیت کی بدقسمتی جانیے کہ جس دن کُوپرنائکس اس دنیا سے کُوچ کر رہے تھے اس دن ان کی کتاب چھپ کر منظر عام پر آئی۔ ان کو اندازہ نہیں تھا کہ ان کی دریافت انسانوں کی فلکیات کے بارے میں سوچ میں انقلاب برپا کر دے گی۔

جب "گلیلیو گلیلی" نے کُوپرنائکس کی دریافت کی توثیق کی تو انھیں مذہبی پیشوائیت کی طرف سے ایسے ہی شدید ردِعمل کا سامنا کرنا پڑا جس کا خدشہ کُوپرنائکس کو اپنے زمانے میں تھا۔۔۔ کیتھولک چرچ نے گلیلیو پر مقدمہ چلایا۔ معافی مانگنے پر ان کی جان بخشی تو ہو گئی مگر باقی تمام عمر ان کو گھر میں نظر بند کر دیا گیا۔ گلیلیو نے مذہبی رہنماؤں کو یہ بتانے کی کوشش کی انجیلِ مقدس اخلاقیات کی کتاب ہے سائنس کی نہیں۔

دلچسپ بات یہ ہے کہ گلیلیو کی وفات کے تین سو سال بعد کیتھولک چرچ کے پوپ نے تسلیم کیا کہ کیتھولک چرچ اپنے فیصلے میں سخت گیر رہا تھا اور اس نے گلیلیو سے معافی مانگی۔ سائنسدانوں کے علاوہ کچھ فلسفی بھی تھے جیسے فریڈرک ہیگل، نطشے اور برٹرینڈ رسل جن کو غیر روایتی خیالات اور باغیانہ نظریات کی وجہ سے شمالی امریکہ اور یورپی یونیورسٹیوں میں پڑھانے کی اجازت نہیں تھی۔ سقراط کی طرح ان پر بھی نوجوان نسل کو گمراہ کرنے کا الزام تھا۔ سائنسدانوں اور فلاسفروں کے علاوہ کچھ آرٹسٹ بھی ایسے تھے جن کو اپنے آرٹ کی وجہ سے نہ صرف تنقید کا نشانہ بنایا گیا بلکہ مذمت کی گئی اور مذاق اڑایا گیا۔ جب فوٹوگرافر ڈیانہ اربس نے نیویارک میں اپنی تصویروں کی نمائش منعقد کی تو لوگ اس قدر برہم تھے کہ ان کہ تخلیقات پر تھوکا گیا۔

اسی طرح ایک اور مصور گستاف کلمیت جب گرجا گھروں کی دیواروں پر تصاویر بنا رہے تھے تو ان پر بے حیائی اور عریاں نگاری کا الزام لگایا گیا۔

بات مصوروں پر ہی ختم نہیں ہوتی بلکہ ادیب بھی اس قہر سے بچ نہ سکے۔ سعادت حسن منٹو اور آسکر وائلڈ پر بھی عریاں نگاری جیسے الزامات لگائے گئے۔ منٹو نے طوائفوں کے بارے میں افسانے لکھے جو اکثر روایتی قارئین مذہبی لکھاریوں اور قدامت پسند ناقدین کو بے ہودہ محسوس ہوئے۔ منٹو نے ایک دفعہ کہا تھا: "ہر عورت طوائف نہیں ہوتی۔ مگر ہر طوائف عورت ہوتی ہے۔"

سائنسدانوں، مفکرین، لکھاریوں، فلسفیوں، فوٹوگرافر اور مصوروں کے ساتھ ساتھ کچھ ایسے انقلابی اور اصلاح کار لیڈر بھی تھے جنھوں نے اپنے سچ کی بھاری قیمت چکائی۔ مارٹن لوتھر کنگ پر سیاہ فاموں کے حقوق کے لیے آواز اٹھانے کی پاداش میں مخالفین اور دشمنوں کی طرف سے حملہ کیا گیا۔

موہن داس گاندھی کو ایک ہندو انتہا پسند نے اس لیے قتل کر دیا کہ وہ مسلمانوں کے لیے مشفقانہ جذبات رکھتے تھے۔ اسرائیلی وزیر اعظم یٹزاک رابن کو ایک جنوبی یہودی نے اس لیے مار دیا کہ انھوں نے فلسطینی لیڈر یاسر عرفات سے مشرقِ وسطیٰ میں امن کی خاطر ہاتھ ملایا تھا۔ بہت سے انقلابی لیڈران گوریلا جنگ لڑنے کے لیے زیر زمین چلے گئے۔ بہت سے انقلابی اور اصلاح کار ایسے بھی تھے جن کو اپنے سچ کی خاطر طویل عمر جلا وطنی یا قید و بند کاٹنی پڑی۔ بیسویں صدی کے دو سیاسی لیڈران ربع صدی تک جیل میں بند رہے۔ یہ اکابرین نیلسن مینڈیلا اور عبد الغفار خان تھے۔ نیلسن مینڈیلا نے جب سفید فام جنوبی افریقہ کی حکومت کو اس بات پر للکارا کہ وہ وہاں سیاہ فام اقوام کو نسلی عصبیت کا نشانہ بنا رہی تھی تو ان پر دہشت گرد ہونے کا الزام لگا کر جیل میں ڈال دیا گیا۔

وقت گزرنے کے ساتھ دنیا نے مینڈیلا کے بارے میں اپنی رائے بدل دی۔ جب وہ رہا ہوئے اور سیاہ فاموں نے جنوبی افریقہ میں ایک جمہوری حکومت قائم کر دی تو مینڈیلا کو امن کا نوبل انعام دیا گیا۔

جب ہم تخلیقی شخصیات کی سوانح ہائے حیات کا مطالعہ کرتے ہیں تو اس نتیجے پر بھی پہنچتے ہیں کہ ایک نسل کے راندۂ درگاہ افراد اگلی نسل کے ہیرو بن کر اُبھرتے ہیں۔ ایسے افراد اپنے وقتوں میں دھتکارے جاتے ہیں، سزا پاتے ہیں یا مار دیئے جاتے ہیں۔ مگر بعد از مرگ بہت زیادہ چاہے جاتے ہیں۔

تخلیقی شخصیات اقلیت میں ہوتی ہیں مگر یہ لوگ روایتی اکثریت کو انسانی ارتقاء کی اگلی منزل کی جانب رہنمائی کرتی ہیں۔ یہ افراد اپنے من کی پگڈنڈی پر چلتے ہیں۔ مگر جب یہ اپنے سچ کی قیمت ادا کر دیتے ہیں تو وہی پگڈنڈیاں اگلی نسل کے لیے شاہراہیں بن جاتی ہیں۔

ooo

ڈاکٹر خالد سہیل سے انٹرویو

بے ٹی ڈیوس

بے ٹی: آپ تخلیقی شخصیات سے بہت متاثر لگتے ہیں۔ ان میں آپ کو کیا خاص بات نظر آتی ہے؟

سہیل: بطور ایک شاعر اور نفسیاتی معالج تخلیقی شخصیات نے مجھے ہمیشہ متاثر کیا ہے۔ میرا ماننا ہے کہ یہ خاص قسم کے لوگ ہوتے ہیں جو ہماری زندگی کے ہر پہلو پر سوال اُٹھاتے ہیں۔ وہ ہمیں ایسی دُنیا دکھاتے ہیں جو ہماری آنکھیں عام طور پر نہیں دیکھ سکتیں۔ ہمارے اوسط درجے کے دل محسوس نہیں کر سکتے اور ہمارے روایتی ذہن جس کا تصور نہیں کر سکتے۔ ہمیں وہ ہماری ذات کے عمیق اور بلند پہلوؤں سے روشناس کرواتے ہیں۔ وہ ہمیں نئے نقطہ ہائے نظر سے متعارف کرواتے، نئی بصیرتوں کا تحفہ دیتے اور سوچ کے نئے زاویے عطا کرتے ہیں۔ وہ ہماری ہستی کو خوبصورت بناتے ہیں زندگیوں کو رنگوں سے بھرتے اور نظری اُفق کو بلند کرتے ہیں۔ یہ لوگ باکمال ہوتے ہیں۔

بے ٹی: بہت سی تخلیقی شخصیات سے انٹرویو کرنے کے بعد اور ان کی سوانح عمری کا مطالعہ کرنے کے بعد وہ کون سی ایسی چیز ہے جو آپ کو ان میں مشترک نظر آئی؟

سہیل: تخلیقی شخصیات کی جو کہانیاں میں نے پڑھیں اور جو احوال سنے اُن سے اس نتیجے پر پہنچا ہوں کہ یہ افراد اپنے تخلیقی سفر میں مختلف ادوار سے گزرتے ہیں۔ پہلے مرحلے میں یہ افراد روایتی طریقوں اور طرزِ زندگی کی تنگ نظری سے آگاہی حاصل کرتے ہیں اور رفتہ رفتہ اپنے ماحول اور خود سے مایوس اور بے زار ہونے لگتے ہیں۔ دوسرے مرحلے میں یہ پُرانے اور بوسیدہ طرزِ زندگی اور سوچ کو مسترد کرتے ہیں۔ اب ان کی ذات کے اندر ایک تنازعہ کھڑا ہو جاتا ہے۔ مروجہ سانچوں میں ڈھلنے سے انکار کرنے پر تخلیقی افراد اور ان کی زندگی میں موجود اہم افراد کے درمیان بھی کشیدگی پیدا ہو جاتی ہے۔ ایسے تنازعے بڑی آسانی سے آدرشوں، رشتوں اور فلسفوں کی بلند بالا عمارات کو پَل جھپکنے میں زمین بوس کر دیتے ہیں۔ تیسرے مرحلے میں تخلیقی شخصیات نئے خیالات، نئے ذرائعِ

اظہار، نئے طرزِ زندگی اور نئے فلسفے دریافت کرتے ہیں۔ وہ پیدا شدہ رکاوٹوں کے اندر سے اپنے لیے نئے راستے نکال لیتے ہیں۔ اہلیت، صلاحیت، شخصیت اور میسر شدہ سیاسی اور سماجی ماحول کے اعتبار سے تخلیقی شخصیات آگے چل کر تین بڑے گروہوں میں سے کسی ایک میں شامل ہو سکتے ہیں۔ وہ گروہ درج ذیل ہیں:

سائنسداں جو اپنی کائنات کے رازہائے سربستہ کو آشکار کرنے کے لیے دوربینوں اور خوردبینوں کو استعمال میں لاتے ہیں۔ یہ لوگ منطقی وشعوری کاوشوں کے ساتھ اور سائنسی علوم کی مدد سے قوانین فطرت تلاش کرتے ہیں۔

فن کار جو انسانی زندگی کو حسن نظر سے دیکھتے ہیں یہ وہ لوگ ہیں جو نظمیں، ڈرامے، تصویریں اور دیگر شاہکار تخلیق کر کے ہماری زندگیوں کو افزودہ کرتے ہیں۔

اصلاح کار اور انقلابی شخصیات، جو سماجی اور سیاسی تحریکوں کے رہنما ہوتے ہوئے اپنی عوام کو یہ ترغیب دیتے ہیں کہ وہ ظالم حکومتوں کو مسترد کر دیں۔ اپنے حقوق اور آزادی کے لیے لڑیں اور ایک ایسے طرزِ زندگی کے حصول کی جدوجہد جس میں عزت نفس محفوظ ہو اور سماجی انصاف موجود ہو۔

ایسے اصلاح کار اور انقلابی فرد اپنے معاشروں کو ان کے تاریخی سفر میں انسانی ارتقاء سے روشناس کرواتے ہیں۔ وہ سائنسداں ہوں، فنکار ہوں، انقلابی ہوں یا اصلاح کار۔ یہ لوگ ہمیشہ پانی کے بہاؤ کی مختلف سمت میں تیرتے ہیں۔ تخلیقی شخصیات کے خاندان اور معاشرے اکثر ان کو آزمائشوں میں ڈال دیتے ہیں۔ ایسی آزمائشوں کی زد میں آ کر یہ افراد یا تو ہوش وخرد کھو بیٹھتے ہیں یا جان سے ہی گزر جاتے ہیں۔ بعض اوقات یہ افراد اس قدر ناخوش ہوتے ہیں کہ نفسیاتی بحرانوں سے دوچار ہو جاتے ہیں۔ بالآخر بات خودکشی تک جا پہنچتی ہے۔ اکثر اوقات ان کے قدامت پسند معاشرے بھی ان کو بے دخل کر دیتے ہیں یا جیل میں بند کر دیتے ہیں یا پھر پھانسی جیسی سزائیں بھی دے دیتے ہیں۔

بے ٹی: اب میں فلسفیانہ گفتگو سے ذاتی باتوں کی طرف آتی ہوں۔ آپ نے دیوانگی کا سامنا پہلی دفعہ کب کیا تھا؟

سہیل: یہ ایک بالواسطہ سامنا تھا۔ میری عمر دس سال تھی جب میرے والد جو ایک ریاضی داں تھے اور ریاضی پڑھاتے تھے، ایک دفعہ ذہنی بحران کا شکار ہو گئے۔ میں نے اُن کے ذہنی بحران میں مبتلا ہونے اور مکمل صحت یاب ہونے تک کا مکمل منظر دیکھا۔ مجھے اچھی طرح یاد ہے جس دن میرے والد کو ہمارے گھر سے جہاں میں، میری بہن اور میرے

والدین رہتے تھے کوہاٹ کے ایک ہسپتال میں لے جایا گیا اور وہاں جا کر ایک کھاٹ کے ساتھ باندھ دیا گیا تھا۔اس کے بعد ان کو لاہور لے جایا گیا جہاں میرے ننھیال نے اُن کی اُس وقت تک نگہداشت کی جب تک وہ مکمل صحت مند نہ ہو گئے۔ میں نے 10 سال کے کم سن بچے کے طور پر اپنے والد کی بیماری کو بہت قریب سے دیکھا۔

بے ٹی: کیا آپ اپنے والد سے ڈرتے تھے؟

سہیل: نہیں! میں کبھی بھی اپنے والد سے خوف زدہ نہیں تھا۔ وہ ایک مہربان، نرم خو اور پیار کرنے والے باپ تھے۔حتیٰ کے اپنی بیماری کے دوران بھی وہ محبت سے بھرپور تھے۔ میرے ماموں اور خالہ نے مجھے منع کر رکھا تھا کہ میں ان کے کمرے میں داخل نہ ہوں مگر جب کوئی دیکھ نہ رہا ہوتا تو میں چپکے سے اُن کے کمرے میں چلا جاتا تھا۔اس موقع پر وہ مجھے گلے لگاتے اور پیار کرتے۔ میں ان سے کبھی نہیں ڈرا۔

بے ٹی: انھوں نے ایسا کیا کیا یا کہا کہ آپ کو محسوس ہوا کہ وہ ذہنی عارضے میں مبتلا ہیں؟

سہیل: مجھے وہ شام اچھی طرح یاد ہے۔ میں اور میرے والد سیڑھیاں چڑھ کر چھت پر جا رہے تھے۔ وہ چھت کے قریب آخری سیڑھی پر رُک گئے۔آسمان کی طرف دیکھا اور ستاروں سے باتیں کرنے لگ گئے ۔ مجھے یہ تو پتہ چل گیا کہ ان کی یہ حرکت ٹھیک نہیں مگر ڈر نہیں لگا۔ بلکہ مجھے یہ ایک معصوم حرکت محسوس ہوئی۔اس کے بعد میں نے ان کو اکثر بڑبڑاتے اور خود کلامی کرتے دیکھا۔ میں نے یہ بھی دیکھا کہ وہ کئی کئی گھنٹے ایک ہی جگہ پر کھڑے رہتے تھے۔ان تمام چیزوں سے مجھے پتہ چلا کہ کسی غیر معمولی کیفیت سے گزر رہے ہیں اور ان کے ساتھ کچھ غیر معمولی تجربات ہو رہے ہیں۔

بے ٹی: ان تجربات کو وہ خود کیسے بیان کرتے تھے؟

سہیل: دوستوں اور خاندان کے افراد کا خیال تھا کہ وہ دیوانے ہو گئے تھے۔اس کے برعکس ان کا اپنا خیال تھا کہ ان کی روحانی کایا کلپ ہوئی ہے۔

بے ٹی: آپ ان پر گزرنے والی کیفیت کو کیا سمجھتے ہیں؟

سہیل: یہ ایک ایسا راز ہے جس کی مجھے ساری زندگی سمجھ نہیں آئی۔حالانکہ میں اس راز کو سمجھنا چاہتا تھا۔ اب میں سمجھتا ہوں کہ عین ممکن ہے کہ ان تجربات نے لاشعوری طور پر میرے نفسیات داں اور نفسیاتی معالج میں سے کوئی کردار ادا کیا ہو۔میں جانتا ہوں کہ میں ذہنی طور پر بیمار افراد کے لیے خصوصی ہمدردی رکھتا تھا۔ کیونکہ مجھے معلوم تھا کہ میرے خاندان کی طرح ان افراد کے خاندان کو بھی تنقید کا نشانہ بننے کی بجائے ہمدردی کی ضرورت

ہے۔ مجھے یہ بھی گمان ہوتا ہے کہ شاید تخلیقیت اور دیوانگی مجھے اپنے والد کے خاندان کی طرف سے وراثت میں ملی ہے۔ میرے والد کی طرح میرے چچا عارف عبدالمتین پر بھی یاسیت (ڈپریشن) کے دورے پڑتے تھے۔ میرے چچا اُردو اور پنجابی کے نامور شاعر تھے۔ جو جوانی میں دہریہ تھے مگر آخری عمر میں صوفی ہو گئے۔ میرے والد کے خاندان میں کچھ لوگ اور بھی تھے جو تخلیقی شخصیات تھیں اور دیوانگی میں مبتلا رہیں۔ میرے والد کی وفات کے بعد میں نے ان پر ایک افسانہ لکھا۔ جس کا نام "بریک تھرو" رکھا۔

بے ٹی: اس واقعے کے بعد آپ کے والد کی شخصیت میں کیا تبدیلی آئی؟

سہیل: اس واقعے سے قبل میرے والد ایک خوش لباس شخص تھے۔ جو جدید طرز کا لباس زیب تن کرتے جو اکثر تھری پیس سوٹ، ریشمی ٹائی اور پالش شدہ جوتوں پر مشتمل ہوتا تھا۔ ان کو ریاضی میں اعلیٰ تعلیم یافتہ ہونے پر فخر تھا اور اپنے رفقائے کار سے انگریزی میں گفتگو کرتے تھے۔ اس واقعے کے بعد وہ صوفی بن گئے اور ایک سادہ اور درویشانہ زندگی گزارنے لگ گئے۔ اس کے بعد ان کو کبھی سوٹ اور ٹائی میں نہیں دیکھا گیا۔ انھوں نے داڑھی بھی رکھ لی۔ وہ سادہ لباس پہنتے، سادہ خوراک کھاتے اور سادہ گھروں میں رہتے۔ انھوں نے صوفیانہ کُتب اور تحاریر پڑھنی شروع کر دیں۔ ایک وقت ایسا بھی آیا کہ مجھے خدشہ ہونے لگا کہ وہ گھر اور کنبے کو چھوڑ کر پہاڑوں میں کسی خانقاہ پر نہ جا بیٹھیں اور باقی زندگی وہیں پر نماز اور مراقبہ کرتے ہوئے گزار دیں۔ مگر وہ اپنے معاشرے کی خدمت کرنے پر یقین رکھتے تھے۔ چنانچہ انھوں نے کالج سے استعفیٰ دے کر ہائی اسکول میں پڑھانا شروع کر دیا۔ اور اپنی ایمانداری اور دیانت داری کی وجہ سے اپنے طلباء اور ان کے والدین کے نزدیک عزت پائی۔ میں نے ہمیشہ ان پر فخر کیا۔ وہ بلاشبہ ایک دانش مند انسان اور بہترین داستان گو تھے۔

بے ٹی: تخلیقیت کے ساتھ آپ کا پہلا واسطہ کب پڑا تھا؟

سہیل: مجھے کمسنی سے ہی فطرت سے پیار تھا۔ میں جنگل میں طویل چہل قدمی کے لیے چلا جاتا تھا، جہاں درخت، پرندے اور جانور دیکھ کر خوش ہوتا تھا۔ ہاں میں اکیلا رہنا پسند کرتا تھا اور زندگی پر غور کرتا تھا۔ اس کے بعد مجھے الفاظ اور کتابوں سے انس ہو گیا۔ پہلی کتاب جو میں نے اپنے والد کی لائبریری میں پڑھی اس کا نام "تذکرۃ اولیاء" تھا۔ جس میں اولیاء اللہ کی زندگی کے حالات رقم تھے۔ تقریباً 12 سال کی عمر میں، میں نے اپنی پسندیدہ صوفیہ رابعہ بصری پر ایک مضمون لکھا جو "بچوں کی دنیا" نامی میگزین میں شائع ہوا تھا۔ میں میگزین میں اپنا نام اور مضمون دیکھ کر خوش بہت ہوا۔ یہ تخلیقی شخصیت کا جنم

تھا۔اس کے بعد میں نے اپنے زمانہ طالب علمی میں نظمیں، افسانے اور مضامین لکھے۔ طبی تعلیم کے زمانے میں جب میں خیبر میڈیکل کالج میں تھا تو وہاں کے ادبی میگزین کا ایڈیٹر تھا۔ میں گزشتہ چالیس برس سے لکھ رہا ہوں اور تخلیقات کر رہا ہوں۔

بے ٹی: آپ کی تخلیقیت پر آپ کے والد کا کیا ردِعمل تھا؟

سہیل: وہ اکثر کہا کرتے تھے "تم مجھ پر نہیں۔ اپنے چچا پر گئے ہو۔" جب انھیں معلوم ہوا کہ میں نے ایک مقامی مشاعرے میں نظم پڑھی ہے تو انھوں نے مجھے ایک کہانی سنائی:

"ایک دفعہ ایک گاؤں میں سڑک کے کنارے ایک متوسط عمر کا شخص بیٹھا رو رہا تھا۔لوگوں نے دریافت کیا: "تم کیوں روتے ہو؟" اس نے جواب دیا: "میرا کوئی بیٹا نہیں بچا۔"

بڑے بیٹے کو کیا ہوا؟

"اس نے شادی کر لی ہے۔ اب وہ میرے بیٹے سے زیادہ بیوی کا شوہر ہے۔"

"درمیانے بیٹے کا حال سناؤ؟"

''وہ گاؤں چھوڑ کر شہر چل گیا ہے۔ اب ہماری کبھی کبھار ملاقات ہوتی ہے۔''

''مگر تمھارے سب سے چھوٹے بیٹے نے نہ تو شادی کی ہے اور نہ گاؤں چھوڑ کر شہر گیا ہے۔ اس کو کیا ہوا؟''

"وہ شاعر بن گیا ہے۔" اس شخص نے جواب دیا۔"

اس کے بعد میرے والد ہنسے اور بولے۔ میرا ایک ہی بیٹا ہے اور وہ شاعر بن گیا ہے۔ اس پر مجھے بھی ہنسی آ گئی۔

بے ٹی: آپ کے والد کی کایا کلپ کا آپ کی والدہ پر کیا اثر ہوا؟

سہیل: اُن کے لیے یہ ایک تکلیف دہ تجربہ تھا۔ وہ ایک روایتی خاتون تھیں جو ایک روایتی خاندان میں پل بڑھ کر جوان ہوئی تھیں۔ اُن کو سمجھ نہیں آ رہی تھی کہ وہ اس تبدیلی سے کیسے نبھاہ کریں لہٰذا اُن کو اذیت اٹھانی پڑی۔ جوں جوں میرے والد روشن خیال ہوتے گئے وہ ناخوش اور دائمی افسردگی میں ڈوبتی گئیں اور کئی قسم کے جسمانی اور جذباتی عارضوں میں مبتلا ہو گئیں۔ مجھ پر یہ واضح ہو گیا کہ میرے والد ایک تخلیقی شخصیت کے حامل ہیں جبکہ والدہ روایتی شخصیت رکھتی ہیں لہٰذا ایک ہی گھر میں رہتے ہوئے بھی دونوں دو مختلف دنیاؤں میں بستے تھے۔ میرے والد مثالیت پسند جب کہ والدہ حقیقت پسند تھیں۔ مجھے یہ بھی معلوم ہوا کہ میرے والد کے خاندان کے کئی افراد تخلیقی شخصیت کے مالک تھے۔ میرے والدین اور ان کے خاندان کا غور سے مطالعہ کرنے سے مجھے تخلیقی اور روایتی شخصیات کے

بارے میں آگاہی ہوئی۔ جو آگے چل کر میری پیشہ وارانہ زندگی کا جزو بن گئی۔

بے ٹی: ایک نفسیاتی معالج کے طور پر آپ نے گرین زون فلسفہ دریافت کیا جو ایک مقبول طریقہ علاج ٹھہرا۔ آپ اس کو اپنے "Creative Psychotherapy Clinic" میں استعمال بھی کرتے ہیں۔ مگر روایتی نفسیات اور طریقہ علاج کے بارے میں آپ کی کیا رائے ہے؟

سہیل: بطور ایک سائیکوتھراپسٹ مجھے حیرانی ہوتی ہے کہ روایتی نفسیات بنیادی طور پر پیتھالوجی پر توجہ دیتی ہے۔ جس میں خلیاتی سطح پر جا کر بیماری کی وجوہات کا کھوج لگایا جاتا ہے لہٰذا وہ جسمانی عارضوں مثال کے طور پر خبطی، جنونی اور پاگل پن اور دیگر کی بات کرتے ہیں۔ نفسیات کی کتابوں میں کہیں بھی محبت اور تخلیقیت کا ذکر نہیں ملتا۔ بدقسمتی سے روایتی نفسیات داں تخلیقی شخصیات اور روایتی خاندان اور معاشروں میں رہتے ہوئے ان کے المیوں پر بحث نہیں کرتے۔

ایسے نظریات دریافت کر کے اپنے طریقہ علاج میں لاگو کرنے سے مجھے بہت فائدہ ہوا ہے۔ میں نے اپنے کلینک میں ایسے بہت سے تخلیقی بچوں اور بالغوں کا علاج کیا ہے جن کو جذباتی مسائل درپیش تھے اور ان کا نروس بریک ڈاؤن یا تو ہو چکا تھا یا ہونے والا تھا۔

میں نے تھراپی کے ذریعے ان کو قائل کیا کہ وہ اپنی منفرد شخصیت کو تسلیم کریں اور اس کو اپنے خاندان اور برادری میں غصیلا اور لڑاکا بنانے کی بجائے ہم آہنگی پسند اور تعاون پسند بنائیں۔ مجھے یہ جان کر دُکھ ہوا کہ بہت سے تخلیقی افراد جو میرے پاس علاج کے لیے آئے ایسے تھے جن کو روایتی ماہرِ نفسیات اور ذہنی معالجین نے پاگل، دیوانہ، نرگسیت زدہ اور آدم بیزار قرار دے رکھا تھا۔ عین ممکن ہے کہ کچھ تخلیقی شخصیات میں یہ عارضے موجود ہوں مگر فرق یکسانیت سے کہیں زیادہ تھا۔ اس کتاب میں میں نے چند باب سائیکوتھراپی اور تخلیقی شخصیات کے لیے وقف کیے ہیں۔

بے ٹی: آپ کی خیال میں آپ کی کتاب سے کون لوگ فائدہ اُٹھائیں گے؟

سہیل: میرے خیال میں یہ بہت سے لوگوں کے کام آئے گی۔ سب سے پہلے تو اس کتاب کا فائدہ تخلیقی شخصیات کو ہوگا۔ یہ ان کو ان کی ذات کو بہتر طور پر سمجھنے میں مدد دے گی۔ وہ خواہ سائنسداں ہوں، فلسفی ہوں، آرٹسٹ ہوں، لکھاری ہوں، انقلابی ہوں یا اصلاح کار۔ ان کو تخلیقیت کے تاریک پہلو اور دیوانگی کے روشن پہلو سے متعارف کروائے گی۔ میرے خیال میں یہ ان کے لیے ضروری ہے کہ وہ اپنے خاندان کے اعانتی نظام (سپورٹ سسٹم)

اور نفسیاتی معالجے کی مدد سے اپنے بحرانوں کو مواقع میں تبدیل سکتے ہیں۔میرا خیال ہے کہ یہ کتاب فنکاروں اور نفسیاتی معالجین کے لیے پُل کا کام کرے گی۔یہ کتاب ان روایتی نفسیاتی معالجین کے لیے بھی مفید ہے جو روایتی طریقہ علاج اپنائے ہوئے ہیں۔یہ ان معالجین کو تخلیقی شخصیات کی مخصوص ضروریات کی طرف توجہ دینے میں رہنمائی کرئے گی۔اور ان کو مجبور کردے گی کہ وہ ایسے افراد کو دوا تجویز کرنے یا روایتی تھراپی کا مشورہ دینے سے پہلے دو دفعہ سوچیں اور مجھے یہ بھی اُمید ہے کہ یہ کتاب ان روایتی والدین اور اساتذہ کے لیے کارآمد ہوگی جن پر تخلیقی بچوں کی تعلیم و تربیت کی ذمہ داری ہوتی ہے تاکہ وہ ان کی مخصوص ضروریات سے آگاہ ہوں کہ ایسے بچے حاکمانہ رویّوں کو کیوں مسترد کرتے ہیں تاکہ وہ ان بچوں کے ساتھ معاندانہ رویے کی بجائے دوستانہ رویہ اپنائیں۔مجھے یہ بھی اُمید ہے کہ یہ کتاب مختلف مکاتبِ فکر کے مابین دیواروں کو گرا کر پُل کا کام کرے گی۔اور یہ پُل مختلف روایتوں، فلسفوں اور ثقافتوں کے درمیان ہم آہنگی پیدا کرے گا۔تاکہ ہم سب مل کر انسانی دُکھوں اور تکلیفوں کو کم کرسکیں اور تخلیقی افراد کی حمایت کریں تاکہ ان کے جوہر پوری طرح ظاہر کارفرما ہوسکیں اور اپنے کے کام سے انسانیت کی بہتر انداز سے خدمت کرسکیں۔میرا ماننا ہے کہ ہمیں تعاون کرنے والے خاندان اور معاشروں کی ضرورت ہے تاکہ تخلیقی افراد ارتقاء پذیر ہوں نشوونما پائیں اور تخلیقات کرتے رہیں۔کیونکہ یہ نہ صرف افراد کی زندگی اور موت کا سوال ہے بلکہ معاشروں اور ثقافتوں کا بھی۔میرے خیال میں کسی معاشرے یا ثقافت کے مستقبل کا دارومدار اس بات پر ہے کہ روایتی اکثریت وہاں کی تخلیقی اقلیت کے ساتھ کیسا سلوک کرتی ہے۔مشہور تاریخ داں آرنلڈ ٹوئن بی کا قول ہے: "تخلیقیت کو پھلنے پھولنے کا موقع دُنیا کے کسی بھی معاشرے کی زندگی اور موت کا سوال ہے۔یہ اس لیے اہم ہے کیونکہ آبادی کے اس صغیر حصے کی تخلیقی قابلیت، انسانیت کا سب سے قیمتی سرمایہ ہے۔"

ooo

کیا آپ ایک تخلیقی شخصیت ہیں؟

سوال نامہ

کیا آپ اپنے بارے میں یہ جاننے کے لیے متجسس ہیں کہ آپ بھی ایک تخلیقی شخصیت کے حامل فرد ہیں یا نہیں؟

آپ کی دلچسپی کے لیے درج ذیل سوالنامہ اس لیے بنایا گیا ہے کہ آپ یہ جانچ سکیں کہ آپ کی شخصیت کس حد تک تخلیقی اور کس حد تک روایتی ہے۔ ہر سوال کا جواب دیتے ہوئے آپ اپنی شخصیت کے اس وصف کی درجہ بندی 1 سے 4 تک کا نمبر دے کر ظاہر کر سکتے ہیں۔ آخر میں اسکور کو جمع کر کے آپ یہ معلوم کر سکیں گے کہ آپ کس حد تک ایک تخلیقی یا روایتی شخصیت ہیں۔

#	سوال	اسکور
1	کیا آپ بچپن سے شدید سردی، سخت گرمی اور اونچی آوازوں کے معاملے میں حساس واقع ہوئے ہیں؟	
2	کیا آپ کو دوسروں سے احکامات لیتے ہوئے دقت ہوتی ہے؟	
3	کیا آپ اپنے ساتھ وقت گزارنا اور دن میں خواب دیکھنا پسند کرتے ہیں؟	
4	کیا آپ دوسروں کے اندر شدید جذباتی ردعمل پیدا کر دیتے ہیں؟	
5	کیا آپ کو اشکال، رنگ، آوازیں اور الفاظ متاثر کرتے ہیں؟	
6	کیا آپ اپنے اردگرد کے جذباتی اور سماجی ماحول کے بارے میں دیگر لوگوں کی نسبت زیادہ آگاہی رکھتے ہیں؟	

7	کیا آپ انسانوں اور حیوانوں کے لیے دیگر لوگوں کے مقابلے میں زیادہ دردِ دل رکھتے ہیں؟	
8	کیا آپ کو ٹھوس حقائق کے مقابلے میں تجریدات زیادہ متاثر کرتی ہیں؟	
9	کیا تخلیقی اظہار اور ابلاغ آپ کی اشد ضرورت ہے؟	
10	کیا آپ سمجھتے ہیں کہ آپ ایک ہمدرد، مضبوط قوتِ ارادی کے حامل اور کسی حد تک ضدی انسان ہیں؟	
11	کیا آپ اپنے آپ کو روایتی نظاموں اور تنظیموں متصادم سمجھتے ہیں؟	
12	کیا آپ تقلید کی بجائے رہنمائی کرنا پسند کرتے ہیں؟	
13	کیا آپ کی سوچ غیر روایتی ہے؟	
14	کیا آپ کا طرزِ زندگی غیر روایتی ہے؟	
15	کیا آپ اپنے وقت ، پیسے اور صفائی وغیرہ کو اپنے دوستوں سے کم اہمیت دیتے ہیں؟	
16	معاشرے کی وہ اخلاقیات جو آپ کی نظر میں درست نہیں، کیا آپ ان کو مسترد بھی کرتے ہیں؟	
17	کیا آپ یہ سمجھتے ہیں کہ آپ کی شخصیت میں کچھ تاریک پہلو بھی موجود ہیں؟ مثال کے طور پر، کیا لوگ آپ کو خود غرض ،انا پرست ،سخت گیر اور نہایت ایمان دار شخص سمجھتے ہیں؟	
18	کیا آپ دوسروں کے تجربات کی بجائے اپنے تجربات پر زیادہ انحصار کرتے ہیں؟	
19	کیا آپ لگے بندھے کاموں سے جلد اکتا جاتے ہیں؟	
20	کیا آپ محسوس کرتے ہیں کہ آپ بہت جلد جذباتی مسائل اور تنازعات کا شکار ہو جاتے ہیں؟	
21	کیا آپ کے خاندان میں ذہنی امراض یا جذباتی مسائل کے شکار افراد کی مثالیں ملتی ہیں؟	
22	کیا آپ کے خاندان میں کامیاب یا ناکام ادیب ،موسیقار ، فلسفی یا فنکار موجود ہیں؟	

23	کیا آپ دُنیا کو ایک بہتر جگہ بنانے کی خواہش رکھتے ہیں یا یہ سمجھتے ہیں کہ آپ کو اس کے لیے کام کرنے کی ضرورت ہے؟	
24	کیا آپ کو دُنیا کی پُر اسراریت حیرت زدہ کرتی ہے؟	
25	کیا آپ یہ سمجھتے ہیں کہ آپ کو خاندان نہیں بنانا چاہیے تھا؟	

اسکور 1-50

آپ ایک روایتی شخصیت کے حامل ہیں یا آپ مروجہ اصول وضوابط کی پیروی کر کے اور دوسروں کے احکامات کے تحت ایک روایتی شخص کی طرز پر زندگی گزارنا پسند کرتے ہیں۔ جس کو ہنگامہ خیز اور پرخطر طرز زندگی کی بجائے ایک پرامن اور مستحکم طرز زندگی زیادہ پسند ہے۔

اسکور 51-75

آپ کے اندر بے پناہ تخلیقی جوہر موجود ہے۔ اگر آپ یہ سمجھتے ہیں کہ آپ اپنی تخلیقی ذات اور روایتی ذات سے متصادم ہیں تو آپ کو اپنے طرز زندگی کا تجزیہ کر کے ایسے تمام تنازعات ختم کرنے ہونگے۔

اسکور 75-100

آپ یقیناً ایک تخلیقی شخصیت ہیں۔ اگر آپ کو یہ معلوم ہو چکا ہے اور آپ نے اپنے تخلیقی جوہر کو بروئے کار لایا ہے تو آپ اس کا صلہ ملنے پر ضرور نازاں بھی ہوں گے، مگر آپ اپنے خاندان اور معاشرے کے ساتھ ایک ٹکراؤ جیسی صورت حال کا شکار بھی ہوں گے۔ اگر آپ کے خاندان میں ذہنی امراض کی مثالیں موجود ہیں تو اپنی زندگی میں ہم آہنگی اور توازن لانے کے لیے آپ کو نفسیاتی معالجہ کروانے کا بھی سوچنا چاہیے تا کہ آپ کی تخلیقی توانائیاں صحتمندانہ راستوں سے اپنے آپ کو آشکار کر سکیں۔

ooo

تخلیقی افراد

(ایک نظم)

تخلیقی افراد نے مجھے ہمیشہ اپنی طرف راغب کیا
سائنسدانوں کے دماغوں نے
فنکاروں کے دلوں نے
صوفیوں کی روحانیت نے
فلسفیوں کی منطق نے
اصلاح کاروں کے جنون نے
اور
انقلابیوں کی بغاوت نے
جنھوں نے انسانی ارتقاء کی اگلی منزل کی طرف رہنمائی کی
میں نے کئی برس ان افراد کی شخصیتوں کو سمجھنے
ان کے فلسفوں کا تجزیہ کرنے
اور
انسانی تاریخ میں ان کی شراکت کا مطالعہ کرنے میں گزار دیئے
تخلیقی افراد اقلیت میں ہوتے ہیں
مگر یہ روایتی اکثریت کو زندگی کی
نئی اونچائیوں اور عمیق گہرائیوں سے متعارف کرواتے ہیں

۔سہیل

ooo